UNIVERSIDAD COMI

FACULTAD DE FILOSOFÍA
Departamento de Filosofía III
(Hermenéutica y Filosofía de la Historia)

LAS CREENCIAS Y LA CRÍTICA A LA RELIGIÓN EN FRIEDRICH NIETZSCHE

MEMORIA PARA OPTAR AL GRADO DE DOCTOR
PRESENTADA POR

Néstor Juan Gómez Beretta

Bajo la dirección del doctor: Manuel Maceiras Fabián

Ponce, Puerto Rico - 2024

UNIVERSIDAD COMPLUTENSE DE MADRID

PROGRAMA DE DOCTORADO
FILOSOFÍA
CIENCIAS DE LA CONDUCTA Y SOCIEDAD

LAS CREENCIAS Y LA CRÍTICA A LA RELIGIÓN EN FRIEDRICH NIETZSCHE

Tesis presentada para la obtención del grado de Doctor por la Universidad Complutense de Madrid

Doctorando:
Néstor Juan Gómez Beretta

Director
Dr. Manuel Maceiras Fabián

2024

LAS CREENCIAS Y LA CRÍTICA A LA RELIGIÓN EN FRIEDRICH NIETZSCHE

© NÉSTOR JUAN GÓMEZ BERETTA

ISBN: 9798324639273

"Oh, Zarathustra, ich suche einen Echten, Rechten, Einfachen, Eindeutigen, einen Menschen aller Redlichkeit, ein Gefäß des Weisheit, einen Heiligen der Erkenntnis, einen großen Menschen! ¿Weiß Du es denn nicht, o Zarathustra? Ich suche Zarathustra".(*)

(Also sprach Zarathustra: Der Zauberer. Seite 228)

(*) ¡OH Zaratustra, yo busco a alguien veraz, recto, sencillo, alguien sin fingimientos, un hombre toda probidad, un vaso de sabiduría, un santo del conocimiento, un hombre!. ¡Oh Zaratustra! ¿No lo sabes por ventura? Yo busco a Zaratustra.

Mis más sincero agradecimiento a:

Mi esposa María de los Ángeles, al Dr. Carlos Rojas Osorio,
a mi colega y amigo Prof. Nelson Rodríguez Vélez,
al Ing. Felipe Jiménez González y
a la Pontificia Universidad Católica de Puerto Rico.

ÍNDICE

Índice general 9

Siglas-abreviaturas textos de F. Nietzsche 23

Prólogo 27

CAPÍTULO I
La utilidad de la historia para la vida 41

1. Introducción 42

1.1 Interpretación axiológica de la historia. Lo histórico y lo lógico. Objeto de la historia 42

1.2 Saturación histórica 43

1.3 Objetividad de la historia 44

1.4 La historia y lo histórico como categorías filosóficas y como parte de la conciencia social 45

1.5 La evolución de las especies y la historia 45

1.6 Objeto de estudio de la historia 46

1.7 La filosofía y los estudios históricos 47

1.8 La gran incógnita a despejar 49

1.9 Nietzsche, ¿un resentido?. El resentido como portador de valores -no nobles 51

1.10 Importancia de los valores morales, los mártires y los espíritus escépticos 53

2. **La II Intempestiva como expresión del valor no tradicional** 55

2.1 El Dios de los hombres y la transvaloración de los valores   57

2.2 ¿Transmutar o destruir los viejos valores, y qué valores? ..   58

3. **Punto de giro de la axiología nietzscheana en cuanto a la historia como valor moral no tradicional**   59

3.1 La idea nietzscheana de la historia: su importancia práctica   61

3.2 Necesidad de proyectar el futuro   63

3.3 El mal de lo positivo   65

3.4 ¿Dónde se desarrolla el valor de la vida?   67

4. **Exceso de historia. Cómo la historia pertenece al ser vivo. La trinidad de la historia. Nuestros tiempos. La historia y la política práctica...**   70

4.1 Los valores colectivos del hombre   75

4.2 De cómo debe de entenderse la historia   76

4.3 La Historia monumental   77

4.4 La historia anticuaria   85

4.5 Historia crítica   90

5. **Los servicios de la historia. Cómo penetra ésta en el cerebro del hombre Moderno**   96

5.1 ¿Qué se entiende por un pueblo culto   97

5.2 Por una unificación del alma alemana   102

5.3 Peligros de la sobresaturación histórica   103

5.4 ¿Qué tipo de personalidad es la que soporta la historia?   107

5.5 ¿Objetividad de la historia?   108

5.6	Historia: ¿objetividad y verdad?	110
5.7	Los intereses de los hombres, la verdad y la objetividad histórica	114

6. Las ideas humanistas y sociales propósito de la enseñanza histórica como creadora de valores .. 117

6.1	El cristianismo, formador de epígonos en historia de valores no deseables	119
6.2	Lo que se puede aprender del cristianismo	123
6.3	El peso de la historia y los jóvenes inexpertos	124
6.4	Papel de los teólogos cristianos en la siembra de valores-no-nobles	127
6.5	No absolutizar el elemento social. Siempre habrá hombres que salen del rebaño, y despuntan	129
6.6	Personajes que somatizan la tristeza del feudalismo como formación Histórica	131
6.7	La situación social y los afectos del hombre	133
6.8	Efectos de la idea cristiano-teológica	133
6.9	La superficialidad del hombre moderno	136
6.10	Luchar contra lo histórico y el ciego poder de lo real. El objeto del hombre a su paso por la historia. ¿Reino de la juventud?	138
6.11	Las masas como concepto histórico-abstracto. El reino de la juventud	140
6.12	La masa que vale es porque irradia valores	143
6.13	De cómo han de hacer los hombres su historia	144
6.14	Sentido histórico y nuevos valores-nobles de la juventud	146

7.	**Epílogo**	**149**
7.1	Verdadera cultura. Conócete a ti mismo	161
7.2	El bienestar colectivo	162
7.3	El paradigma como valor de motivación	163
7.4	¿Estamos capacitados para la vida?	166
7.5	La historia como valor vigorizante	168
7.6	Lo histórico, lo ahistórico y lo suprahistórico	168
7.7	Los grandes temas de Nietzsche	171

CAPÍTULO II
Nietzsche, y el ateísmo ... 183

1.	**Introducción: El Ateísmo como valor ético**	**183**
1.1	En los griegos	184
1.2	El hombre de Göthe como continuación de lo ateo	186
2.	**Comienzo de una revolución ideológica**	**188**
2.1	Afinidades y aversiones de Nietzsche. ¿Por qué Zaratustra?	188
2.2	Otras fuentes del ateísmo de Nietzsche	190
2.3	Modelos de anti-valores. Los insoportables	192
2.4	Los compañeros de viaje en su ruta al ateísmo	204
2.5	La embriaguez. (der Rausch)	211
2.6	En el Renacimiento	212
2.7	En los primigenios	214
2.8	En la Edad Media	216
2.9	Los modernos	216

2.10 Evolución histórica 218

2.11 ¿El politeísmo, es ateísmo? 219

2.12 Hacia una desvalorización de Dios como valor moral 221

2.13 Méritos del materialismo antiguo 221

2.14 La terrible irrupción filosófica de Platón 222

2.15 Estupor ante la terrible verdad 225

3. Profundizando en el ateísmo de Nietzsche. 229

3.1 Nietzsche es ateo 229

3.2 Moral noble o aristocrática 230

3.3 La moral y el Dios de los valores naturales 232

3.4 El hombre del futuro: el anticristo 237

3.5 El estilo sugerente en Nietzsche. (CI) 241

3.6 Terribles verdades 242

3.7 Más códigos Nietzscheanos 245

3.8 Lenguaje directo 249

3.9 ¿Dioses de Nietzsche?. Los superhombres, los «anticristo» 251

3.10 ¿Dioses de Nietzsche? Los superhombres, los anticristos 252

4. Cuestiones aún fundamentales 256

4.1 El estilo de Friedrich Nietzsche 257

5 Epílogo 260

5.1 Las armas de Nietzsche contra el cristianismo. «El tipo Jesús» 260

CAPÍTULO III
Por una axiología de la religión 269

1. Introducción 269

1.1 A contraluz la perspectiva de los valores 269

1.2 La crítica del cristianismo 269

2. Aspectos axiológicos 272

2.1 El valor en Nietzsche 273

2.2 ¿Qué son los valores? 274

2.3 Transvaloración de todos los valores. Transposición de la moral a lo metafísico. Enmascaramiento de la metafísica optimista de Nietzsche 275

3. La religión 280

4. Nietzsche: por una antropología axiológica 299

5. Moral y verdad. Aniquilación y triunfo 306

6. Conclusión 313

CAPÍTULO IV
Hacia una recreación de nuevos valores 319

1. Introducción 319

1.1 Objetivos: De una crítica de la metafísica a una crítica de la religión: Por una hipóstasis de nuevos valores 319

1.2 La creencia religiosa como ilusión 320

1.3 La imaginación del espíritu 320

1.4 El imperativo religioso 321

1.5 Las fronteras de los esclavos 322

1.6 Tarea sacerdotal: búsqueda de valores superiores y estables 324

2.	**Nueva imagen del creyente**	**326**
2.1	Tipología del camello: modelo del creyente	326
2.2	Fuentes de la creencia en la divinidad	327
2.3	La creencia a la luz del Dios moral y de la metafísica	330
2.4	Conciencia creadora y la estabilidad del lenguaje	331
2.5	Hipóstasis axiológica del ser	333
2.6	Ciencia vs. creencia	333
2.7	Lo bueno y lo malo: dos valores antagónicos	334
2.8	El concepto de Dios	335
3.	**La lógica y los valores**	**338**
3.1	Creencia-valor y verdad	339
3.2	La ficción de la religión y su función desvalorizadora	344
3.3	Caracteres negativos de la fe	344
3.4	Los valores de la decadencia	349
3.5	Del nihilismo a los valores a la muerte de Dios	354
3.6	Pluralismo axiológico	356
3.7	Realidad del ateo	358
3.8	Dios y el concepto de la divinidad	361
3.9	Por un nuevo espíritu creador	364
3.10	El deseo creador	366
3.11	Dionisos y el superhombre	370
3.12	Valor del sufrimiento	375
3.13	Dionisos: Der Übermensch	376
3.14	La afirmación del sentido de la tierra	379

4.	**Conclusión**	**383**
4.1	Por una cristología nietzscheana	383
4.2	Jesús el Redentor	387
4.3	El mensaje evangélico	391
4.4	Sobre la creencia religiosa	393

CAPÍTULO V
Nietzsche: El hombre, los valores de la discusión moral y el culto a los ideales 397

1.	**Introducción**	**397**
1.1	Encrucijadas	401
1.2	La voluntad como arte y como factor axiológico vital	404
2.	**Arquetipos axiológicos**	**406**
2.1	Aquiles, Áyax, Odiseo, Edipo y Prometeo, que aún viven a pesar del tiempo	406
2.2	Arte para el hombre	407
3.	**Énfasis en los valores de la discusión moral: moral y pudor**	**408**
3.1	Moral de valores extremos	409
3.2	Moral cristiana y moral nietzscheana	409
3.3	Por una apología a la moral nietzscheana	410
4.	**Voluntad nietzscheana y schopenhaueriana como parte de un mundo Axiológico**	**413**
4.1	El ideal de hombre en Nietzsche, como modelo de su ideal moral	415
4.2	Simplificación de los valores morales en la antropología nietzscheana. Teleología humana según se colige del pensamiento de Nietzsche	415

4.3	Simplificación aritmética del hombre nietzscheano: Dicotomía apolínea y dionisíaca:	418
4.4	Hombre culto y pensador	419
4.5	Elección entre Apolo y Dionisos	419
4.6	El hombre como derribador de ídolos	422
4.7	Hombre, aniquilador por excelencia	423
4.8	Hombre, rebelde por la verdad	424
4.9	El hombre como auténtico creyente	425
4.10	El hombre como sentido de la tierra	427
4.11	El hombre, un luchador por la verdad:	427
4.12	Hombre, el que encarna la virtud de la entereza	430
4.13	El hombre de la fuerza positiva, el no docto	436
4.14	El hombre de la edad madura	443
4.15	El hombre sincero	447

CAPÍTULO VI
La religión como engaño y devastación ... 453

1. Introducción ... 453

1.1	La religión: Dios como meta de los rebeldes	453
1.2	La fe y la metafísica	455

2. El cristianismo como producto de un pueblo oprimido ... 459

2.1	La esencia del Cristianismo	459
2.2	Enfermedad, Venganza y Liberación	461

3. Una nueva moral y una nueva religión ... 464

3.1	Sobre la necesidad de una religión	464

4.	**El eterno retorno como exigencia de la vida (amor fati)**	466
4.1	El eterno retorno como la eterna afirmación del ser	466
4.2	Eterno Retorno y Renacer	470
4.3	Eterno retorno y amor al destino	472
5.	**El nihilismo nietzscheano**	475
5.1	Búsqueda del nihilismo como superación	475
5.2	Las tres posibilidades del hombre ante el nihilismo	477
5.3	Raíces del nihilismo del yo	480
6.	**Conclusión**	483
6.1	La Fe y la religión	483
6.2	A modo de epitafio: ¿Dónde está Dios?	489

CAPÍTULO VII
Verdad y Verdad Religiosa ... 491

1.	**Introducción**	491
1.1	El enfrentamiento a la verdad	491
1.2	Tipos de verdad	493
2.	**La verdad desde el punto de vista natural y fisiológico**	498
3.	**Más sobre la idea nietzscheana acerca del origen del pensamiento y de la verdad**	510
3.1	Verdad y Voluntad	510
3.2	¿Qué es vivir? ¿Vivir es verdad?	514
3.3	La verdad nietzscheana viviseccionada	519
4.	**Epílogo**	544

CAPÍTULO VIII
El impacto de la religión en la conciencia 563

1. Introducción 563

1.1 Super-ego-represión y sublimación 563

1.2 Origen de los sentimientos morales: aspecto axiológico 564

1.3 Los contrarios como causas y efectos 564

1.4 Origen y obra de la moral y la religión 565

1.5 Cronología y fases de la formación moral del hombre Las tres Fases de La Formación moral 568

2. La moral como contranatura y contravalor 572

2.1 Valor y contravalor 572

2.2 El sentido de un nuevo valor: El Genio 573

2.3 Dicotomía axiológica. Actitud ascética ante el valor del cuerpo 575

2.4 Conciencia religiosa y enfermedad 577

2.5 Valor del dolor humano 578

2.6 Paso de la metafísica a la psicología 579

3. La irresponsabilidad y la nueva educación como valores eminentes 584

3.1 En busca de una liberación libre de todo pecado y de toda culpa 584

3.2 Ateísmo como una respuesta axiológica 587

3.3 La educación del hombre y la Fe en Dios 588

4. Epílogo: El poderío de la religión 592

CAPÍTULO IX
Moral, vida y albedrío humano en los presupuestos nietzscheanos. Inmoralismo y humanismo. Desacralización y trascendencia **595**

1. **Introducción** **595**

   1.1 El castigo 595

   1.2 La moral y el embrión del superhombre como propuestos filosóficos 599

2. **Desacralización de valores cristianos y exaltación del hombre** **610**

3. **Perspectiva inmoralista en las propuestas filosóficas de Nietzsche** **612**

4. **Epílogo** **629**

   4.1 Los hombres 648

CAPÍTULO X
El arte, como medio de liberación del dogma religioso **649**

1. **Introducción** **650**

   1.1 El arte liberador 652

   1.2 El arte como imagen y representación del mundo versus revelación bíblica 655

   1.3 Extremos ocasionales en los movimientos artísticos 660

2. **Concepción nietzscheana del arte como liberación del dogma Religioso** **664**

   2.1 Identificación del arte y el ser 669

   2.2 Idea nuclear nietzscheana del arte 674

   2.3 Importancia en Nietzsche, no obstante, de las apariencias en el arte 678

3. El pesimismo de Nietzsche en el contexto
   del arte, la cultura y las ciencias 682

4. Nietzsche y la dimensión del arte 690

4.1 La figura de Sócrates vs. la razón de ser del arte 694

5. Conclusiones: sentencias y flechas y otras
   ocurrencias Nietzscheana 703

CAPÍTULO XI
Epílogo: Cristo y su contrafigura: El superhombre 707

1. Introducción 707

2. Nietzsche y el Jesús de los Evangelios 712

3. Los puntos más oscuros e incoherentes del
   cristianismo. Negatividad de su mensaje 733

4. ¿Fue Jesús acaso para Nietzsche un personaje
   controversial y enigmático? 753

Conclusiones 779

Bibliografía de Nietzsche y sobre Nietzsche 785

SIGLAS Y REFERENCIA DE RECURSOS BIBLIOGRÁFICOS

VERSIÓN EN ESPAÑOL

MBM   (1972) *Más allá del bien y del mal.* [**]

GM   (1972) *Genealogía de la moral.* [**]

NT   (1973) *El nacimiento de la tragedia.* [**]

CI   (1973) *Crepúsculo de los ídolos.* [**]

AC   (1974) *El Anticristo.* [**]

HDH   (1996) *Humano demasiado humano*. Akal Ediciones, Madrid. 2 vls.
Traducción de Alfredo Brotons Muñoz.

EVS   (1996) *El viajero y su sombra*. Akal, Madrid, IIda. parte de HDH.
Traducción de Alfredo Brotons Muñoz ps. 115- a 222.

EH   (1998) *Ecce Homo.* [**]

VP   (1999) *La Voluntad de Poderío,* Biblioteca Edaf. Madrid. Prólogo de Dolores Castrillo Mirat. Traducción de Aníbal Froufe.

GS   (2000) *El Gay Saber o Gaya Ciencia* Colección Austral, Madrid.
Edición y traducción de Luis Jiménez Moreno.

AR   (2000) *Aurora,* Biblioteca Nueva, Madrid. 2da. Edición. Introducción, traducción y notas de Germán Cano.

AHZ   (2001) *Así habló Zaratustra.* (**) Biblioteca Nietzsche.

FETG   (2001) *La filosofía en la época trágica de los griegos* El Club Diógenes Valdemar Madrid. Traducción, prólogo y notas de Luis Fernández Moreno Claros.

SPM   (2002) *Sabiduría para pasado mañana-* Tecnos. Madrid. Selección de Fragmentos póstumos (1869-1889) Edición de Diego Sánchez Meca.

SUPHV   (2003) *Sobre la utilidad y el perjuicio de la historia para la vida* (II Intempestiva) Biblioteca Nueva, Madrid, Edición, traducción y notas de Germán Cano.

VERSIÓN EN ALEMÁN

WDB   (1994) *Werke in Drei Bänden* Könemann. Köln. Herausgegeben von R. Toman. Band 3.

WFU   (1994) *Weisheit für Übermorgen* dtv. Klassik. München. Unterstrichungen aus dem Nachlaß (1869-1889) von Heinz Friedrich.

NGF   (1996) *Die nachgelassenen Fragmente* (von 1869 bis 1889) Eine Auswal. Philipp Reclam jun. Stuttgart.

ASZ   (1999) *Also sprach Zarathustra,* (*) Band 4.

EH   (1999) *Ecce homo = Wie man wird, was man ist.* (*)

GD   (1999) *Götze-Dämmerung.* (*) Band 6. Seiten 55 bis 254.

JGB   (1999) Jenseits von Gut und Böse. (*) Band 5. Seiten 9 bis 244.

ZGM   (1999) *Zur Genealogie der Moral.* (*) Band 5. Seiten 245 bis 412.

DAC   (1999) *Der Antichrist.* (*) Band 6. Seiten 165 bis 254.

DGT   (1999) *Die Geburt der Tragödie.* (*) Band 1. Seiten 9 bis 156.

MAM   (1999) *Menschliches Allzumenschliches.* (*) Band 2.

DWS   (1999) *Der Wanderer und sein Schatten.* (*) Band 2. En MAM.

UGB   (1999) *Unzeitgemäße Betrachtungen,* (*) Band 1.

NNHL (1999) *Vom Nutzen und Nachteil der Historie für das Leben,* (*) Band 1. Zweite Stück.

UWL   (1999) *Über Wahrheit und Lüge im Aussermoralischen Sinne.* (*) Band 1. Nachgelassene Schriften (1870-1873) ps. 873 bis 890.

(**) Versión de Alianza Editorial, Introducción, traducción, y notas de Andrés Sánchez Pascual.

(*) dtv. Gruyter- München 1999. Kritische Studienausgabe Herausgegeben von Georgio Colli und Mazzino Montinari.

PRÓLOGO

Federico Nietzsche se percató de la crisis de la cultura del mundo europeo en el que le tocó vivir. Nadie como él se dedicó a una reflexión hasta las últimas consecuencias de la crisis de principios sobrevenida al mundo occidental, crisis que según Nietzsche ocurrida a causa de una supuesta contaminación cristiana de las mentes de los creyentes y en especial de los intelectuales, engañados todos, en mayor o menor medida, por la mentalidad teológica y sacerdotal. (cfr AC. Afs. 47 a 51. ps. 88 a 89) Con esta situación por delante, no se detuvo ante nada. Analizó, como bien dice él mismo, todos los rincones del alma moderna, dando su diagnóstico y la cura que era posible desde su perspectiva. El cristianismo ya va en declive después de que inexplicablemente, el hombre europeo, en contra de su naturaleza democrático-liberal, lo adoptó para que floreciera el despotismo y se debilitara por 1850 años la libertad humana. Lo que Nietzsche denomina «la muerte de Dios» (su ateísmo existencial) no es si no el nombre de esa crisis y de la transformación profunda que la acompaña; es este el tema de que se trata en el capítulo II.

Estos supuestos de fondo de la gran obra literaria y filosófica de Nietzsche van a guiar los propósitos generales de nuestra aproximación a sus textos, cuyo análisis e interpretación vamos a emprender a partir de los objetivos siguientes, que actuarán al tiempo como hilo conductor de toda la investigación.

1. La cultura griega como síntoma y destino de la cultura occidental

Nuestro primer objetivo se dirige a poner en evidencia, a lo largo de los capítulos, que la cultura y el destino de la moral y de la civilización occidental ha quedado marcado por la propia cultura griega. Es esta casi una obsesión del solitario de la Alta Engadina desde sus primeros escritos. En sus obras iniciales puede decirse que se parapeta en la cultura griega para, desde esa altura, a la que los antiguos habían llegado, poder mejor contemplar y valorar lo que se tiene *vis a vis*. Originalmente Nietzsche, y esta idea se mantiene en él durante toda su vida, piensa que Grecia es el modelo, y que la pobreza de la cultura que él percibe en el mundo alemán de entonces podía ser remediada en una vuelta al paradigma griego como una realidad natural, instintiva, de espíritu trágico no sólo para las obras de arte, sino para la actitud ante la vida; politeísta, de culto al hombre-dios y al dios-hombre, rebosante de vida. Alemania está aún en el corazón de Nietzsche para preocuparse por el destino de su cultura. Y la receta es Grecia, la antigua. Nietzsche abandonará ese nacionalismo alemán y adquirirá una perspectiva más europea. El romanticismo de pensar que se podía, sin más, volver a los griegos, también será superado y comprenderá la dialéctica de este gigantesco giro, entendiéndole sus contradicciones y la particularidad del momento temporal; aunque Dionisos, impronta del *Übermensch* que mantiene el perfume impuro, contradictorio y verdadero de toda su filosofía, volverá, con más vigor aún, en los años finales de su período de producción filosófica realidad tan presente que lo acompañará, hasta el atardecer de su vida lúcida, en la que lanza la gran y definitiva consigna: ¡*Dionisos contra el Crucificado!*, (cfr. EH. Por qué soy un destino Af .9 p. 145, y VP. 396 p. 232) para estar muy presente, después de un tiempo de crítica puntual a todos los aspectos de la cultura y la política europea en donde cierto espíritu ilustrado está vivo en él. Donde se enfrentan la filosofía de la muerte (cruz) vs. la filosofía del *elán* vital.

2. La ciencia como razón y pretexto

Nuestro segundo objetivo de fondo es no pasar por alto la reflexión que en Nietzsche vino motivada por la ciencia. Superado el primer romanticismo, de carácter muy estético y afincado en el modelo griego, se radicaliza su posición tomando la ciencia como punto de partida, o al menos lo que él encuentra, bueno o malo, en la ciencia de su época. Con Darwin la ciencia ha asestado un golpe mortal a la religión. El astrónomo polaco Nicolás Copérnico (1473-1543 vs. Hiparco y Tolomeo: geocentrismo vs. heliocentrismo), quizá influenciado por los pitagóricos (¡los griegos siempre presentes!) había herido el narcisismo humano al desplazarlo, con la silla de Pedro, del centro del Universo, como muy bien vio S. Freud, tal vez inspirado, este último, por el mismo Nietzsche. Quitar al hombre y su narcisismo del centro del Universo, llevó a este al verdadero humanismo (no de balde habían surgido casi al unísono Petrarca [1304-1374] –primer gran humanista– y los otros grandes del Renacimiento), o sea, se produjo el abandonó del geocentrismo y se potenció en su lugar, el antropocentrismo, el ser, la materia, la ciencia y al hombre como los protagonistas de su propio destino y como única meta para llegar al superhombre. Isaac Newton (1642-1727) dio una imagen del mundo que hizo remover a Immanuel Kant (1724-1804) de su total confianza en la fe para reconocer los derechos de la ciencia, no sin antes ponerle a la razón científica unos estrictos límites que le impidieron entrometerse en el supuesto divino reino moral. Pero fue Charles R. Darwin (1809-1882) quien completó la imagen científica del mundo. Con la tesis de la formación de la especie humana por los mismos mecanismos de las demás especies vivientes, rompiendo así abruptamente con el *Demiurgo* de Platón (-328-347) y la versión creacionista de Jehová o el Yahvé del Antiguo Testamento, arrebatando radicalmente, de este modo, al hombre, de la ideología de su origen divino. (cfr. Cap. VII Epílogo p. 508) Sigmund Freud (1856-1939) lo considera, con razón, la segunda gran herida al narcisismo humano. De hecho si podemos decir, como afirmamos en la tesis, que Darwin revolucionó las bases de hacer filosofía de Platón hacia acá y demostró, quizá sin quererlo incluso, in situ, el naturalismo de los griegos presocráticos. Y Nietzsche se percata de que con el origen natural de la especie humana no necesitamos la hipótesis de «Dios», para parafrasear la respuesta que el astrónomo Pierre Simón de Laplace (1749-1827) dio a Carlos L. Napoleón Bonaparte (1808-1873). Con el estudio de la teoría de la evolución Nietzsche se hace completamente naturalista, y muy cercano al materialismo no mecanicista –pues observamos que hay aspectos platónicos en sus primeras obras–. Y Darwin está siempre muy presente en ellas. Nietzsche dijo que los alemanes son historicistas por naturaleza (cfr. capt. I) y que sin George W. F. Hegel (1870-1831) no hay Darwin; pero también puede decirse que sin Darwin no hay Nietzsche. Sin duda hay en la obra del pensador alemán críticas al naturalista inglés; pero son críticas de detalle (cfr. VP Afs. 640-677-678, y CI. Af. 14), de perspectivas valorativas diferentes, pero, sobre el trasfondo de un acuerdo trascendental. Nietzsche cree que en la lucha por el poder, la teoría de la selección en realidad no favorece a los más fuertes, sino a la mayoría, y que es necesario defender a los fuertes de los débiles. Pero poco importan estos detalles; lo decisivo es para Nietzsche que la ciencia moderna completa la imagen del mundo y ya no necesita de ninguna explicación trascendentemente ultramundana. Y eso es lo que significa la muerte de Dios, en parte pues también abarca la muerte moral de los ideales, incluidos los políticos y cristianos. Desde tiempos inmemoriales la ignorancia humana había atribuido a explicaciones sobrenaturales todo cuanto no podía explicar racional o empíricamente, y aún mucho más, puesto que hasta la autoridad de los reyes era fundada teológicamente.

3. Naturalismo frente supranaturalismo: la ausencia de fundamento

No pueden pasar por alto nuestros objetivos lo que es referencia básica para interpretar a nuestro autor: su decidido naturalismo. Nietzsche agrega una premisa importante para el diagnóstico que hace en relación al fundamento de la moral y la religión. La moral y la religión nos enseñan a decir la verdad, pero ahora la verdad se va contra la moral y la religión (cfr. cap. VIII). La verdad es que no hace falta ninguna explicación religiosa para dar cuenta de los hechos religiosos, morales y políticos. Nietzsche mismo profundiza esa explicación naturalista, tratando de generalizarla. Su pensamiento del eterno retorno no tiene sólo una función axiológica, también intenta con este pensamiento mostrar la inmanencia del mundo de la naturaleza, es decir, su no necesidad de un Dios-Creador. Todavía el deísmo moderno dejó al Dios platónico y cristiano el papel de Creador de la máquina del mundo. Nietzsche intenta sustraer todo recurso a esa pretensión.

La muerte de dios es el diagnóstico, en parte como ya dijimos más arriba, el otro es la dimensión socio-política del asunto como implicación ideológica, que hace Nietzsche de la caída del *sobrenaturalismo* como forma ilusoria de explicar los hechos naturales y sociales. En ello Marx le hacía buena compañía. Pero con la muerte de Dios y con la caída del *sobrenaturalismo* se venía abajo toda la credibilidad de la religión y de la moral asociada a ella. Nietzsche completa la labor *desmitificadora* de la ciencia moderna mostrando que ya no necesitamos de la moral y las verdades fundadas en las grandes religiones tradicionales. Y es en ese aspecto fundamental que él realiza una labor *desmitificadora* no menos radical que la que hace la ciencia moderna con respecto al hecho de arrebatarle a la religión toda parcela de conocimiento que aún le fuera quedando. Kant le puso límites a la razón científica mostrando ilusoriamente que aún quedaba el reino sacrosanto de la moral y de la religión. Kant fue «un idiota», concluye el de la Alta Engadina, enyuntando, en esta definición y con su especial talento polémico, al filósofo-rey de los alemanes y al Cristo (cfr. CI. Los mejoradores de la humanidad Af. 7 p. 84 AC. Af. 11 p. 35) Nietzsche arrebata ese cantón para desmitificarlo completamente (cfr. cap. IX). Por eso el diagnóstico de Nietzsche es radical. No deja sin analizar ningún rincón de la cultura.

Con la muerte de Dios (cfr. GS, Af. 125) el hombre moderno queda sin ese refugio que todavía el deísmo moral de Kant le recordaba. Y Nietzsche va directo al problema crucial de los valores. En el platonismo y el cristianismo había un valor absoluto o unos valores absolutos. Con la muerte de Dios quedan para siempre sepultados estos valores supuestamente perennes. Y aún Nietzsche hace una doble labor: persiste con la ciencia moderna en acabar de desacreditar todo recurso a lo absoluto mostrando lo obsoleto de dicha solución y se esfuerza desesperadamente en abrir nuevas perspectivas. Para terminar de desacreditar la moral y la religión muestra que, en realidad no eran auténticos valores, pues descansan en valores nihilistas, en valores negadores de la vida. Para fundar su nueva tabla de valores, Nietzsche siente necesidad de rematar los valores que de por sí ya habían quedado desacreditados. Con la muerte de Dios llegamos al nihilismo, pues no hay ningún valor absoluto; pero Nietzsche consuma la muerte de Dios al agregar que todos esos valores del platonismo y del cristianismo eran nihilistas por negar la supremacía de la vida. Es decir, desde su tabla de valores Nietzsche hace lo posible por desacreditar la vieja tabla de valores; los valores absolutos del platonismo y del cristianismo. (Cfr. VP II. Afs. 251 a 285 ps. 163-179) Afincado en la vida en cuanto creadora de valores, Nietzsche muestra la negatividad de las viejas tablas de valores. Por encima de todo, no pierdas la esperanza. Y fustiga a quienes se dedican a destruir las esperanzas de quienes tienen esperanzas. A partir de ahí Nietzsche hace un análisis de las distintas clases de valores mostrando su negatividad. Muestra cómo nació el valor de la justicia, el valor de la verdad, el valor del bien, los valores democráticos y ni siquiera se le escapa la ciencia en la cual se había apoyado para desacreditar la imagen religiosa del mundo (cfr. caps. III y IV de MBM II Af. 92 ps. 85-86 y Af. 105 ps 93-94).

La ciencia depende de la voluntad de verdad, que no es más que la voluntad de poder. No es sino otra cara de ese ascetismo platónico y cristiano que exigía ser bueno para hallar la verdad. Sólo el alma de quien es bueno, de quien es sabio, puede volver a la patria celeste, apostrofaba Platón. En el interior de ti mora la verdad *(in interior me habitat veritas)*, agrega Agustín (354-430), Obispo de Hipona. No hay verdad sin disposición hacia el bien. El ascetismo del sabio platónico o del monje cristiano se prolonga en el sabio moderno. La verdad depende de una voluntad de verdad, y la voluntad de verdad no es sino una manifestación de la voluntad de poder (cfr. cap. VII). Para Nietzsche deja de ser importante la verdad; la verdad pierde todo encanto; y lo que realmente interesa es la vida y los valores que sobre ella se edifican y a la cual, desde luego, le son útiles. Ya no se trata de la creencia como tener por verdadero, se trata sin más de la creencia como afirmación del valor de la vida. Pero la vida es pasión y emoción, es caos y entusiasmo, es fuerza *expansionaria* y creatividad. La vida es voluntad de emoción, arte. La ciencia puede redimirse si se alía al arte, de hecho, hoy, ciencia y arte obligatoriamente se funden en una sola (cfr. cap. IX), si es ciencia jovial; ciencia creadora, ciencia que no se deja domesticar por los métodos científicos. La ciencia le sirvió de apoyo a Nietzsche para terminar de desmitificar la imagen religiosa del mundo y ahora la ciencia misma es desmitificada como voluntad de verdad y la voluntad de verdad como voluntad de poder. Nietzsche no deja nada intocado (cfr. cap. VII).

El judeocristianismo (AC Afs. 24–25 ps. 49 -52) predicó una moral que mantuvo su vigencia hasta la muerte de Dios. Pero ahora es necesario hacer la genealogía de esa moral y de esa religión. El judeocristianismo funda los ideales morales en la sumisión, en la resignación, en la piedad, en el resentimiento. Todos los ideales morales del judeocristianismo son valores de los débiles, de los resentidos. Antaño se llamó «bueno», al «poderoso» en el sentido religioso y político, pero en realidad portador de valores negativas y/o no-valores. Con el judeocristianismo retoman la batuta los no-valores y se trata de la moral del rebaño. La justicia nació de la venganza. La venganza de los débiles unidos contra los fuertes; como los débiles son mayoría se hacen fuertes contra los fuertes; pero los valores de los débiles, aunque sean mayoría, son valores de decadencia, de negatividad, de resentimiento. La moral de los sacerdotes judíos pasó al cristianismo y se hizo más universal con la ley del amor al prójimo, en realidad, «odio al prójimo», según la expresión nietzscheana (cfr. cap. VI) Pero esta moral del cristianismo pasa igualmente a la democracia ¡incluso al socialismo! (cfr. Nietzsche F, *La voluntad de Poderío* 1999, Edaf., Madrid. Af. 751 p. 408).

Nietzsche rechazó el arte musical de Richard Wagner (1813-1883 cfr. contra Parsifal 1882) porque en el fondo lo encontraba a éste muy cristiano al usar como fuentes las cofradías medievales de los Meistersinger (corporación medieval de poetas alemanes s.s. XIV-XV-XVI). Nietzsche se entusiasmó en los primeros tiempos, después lo calificó de pesimista y de despedir olor cadavérico, por ser él el primer filósofo moderno ateo, si bien no ateo ontológico pero si existencial. Con el filósofo del pesimismo, e hipocondríaco, Nietzsche comprendió que fuera de la teología no podemos decir que el ser es *primum inteligibile;* no hay reciprocidad entre ser e inteligibilidad, entre ser y verdad, entre ser y razón. Ya no se puede decir con Hegel «todo lo real es racional y todo lo racional es real». Para Schopenhauer el ser *nouménico* es voluntad y la voluntad es irracional. La poca racionalidad que los humanos alcanzamos es obra del entendimiento que imponen las categorías de la razón a las cosas y obtenemos así el fenómeno. Lo que conocemos, según Schopenhauer es siempre fenómeno, las cosas tal como el entendimiento les impone sus esquemas; el velo de maya que impide ver la esencia misma de lo real. Sin embargo, Nietzsche se convenció de que su maestro era todavía muy religioso y se refugiaba en la moral oriental de la resignación y la piedad. Resignación y piedad son para el Nietzsche maduro, valores decadentes, valores de los débiles. Esa vía oriental o budista la recorren aún algunos angustiados de Europa en la época de la muerte de Dios; es todavía nihilismo, apostrofa Nietzsche. Algo que aún hoy estamos viviendo.

4. La dimensión política de la crítica al fundamento

Otro propósito u objetivo de fondo de nuestro trabajo, que subyace a no pocas de sus páginas, es poner en relieve la dimensión política de la obra de Nietzsche, de acuerdo a los supuestos siguientes. La democracia creyó poderse fundamentar en un mundo secularizado; no era más que el mismo mundo cristiano. El protestantismo hizo posible esta variante democrática del cristianismo al surgir aquél asociado a un sistema social más abierto, pese a todo, y más progresista: el sistema burgués. No en vano Nietzsche prefiere, quizá como un mal menor, al protestantismo en relación al cristianismo. Sin embargo, el triunfo de la mayoría le oprime el corazón, en una época en que éste iba sin faltas asociado al triunfo de las dictaduras de las mayorías (recuérdese la Italia de Benito Mussolini (1883-1945), la propia Alemania de Adolf Hitler (1889-1945), la Rusia de Vladimir Ilich. U. Lenin (1879-1924), y en América Latina, digamos, la Argentina del General Juan Domingo Perón (1895-1980) años después. (cfr. cap. VII) Todos estos volcanes sociales los columbró nuestro filósofo y quizás por ello no propuso, en el orden político, como la mayoría de los filósofos-excepción de Karl H. Marx (1818-1883), un sistema concreto, sino que nos presentó para el porvenir un hombre y un sistema *metademocrático* y *metapartidista* –el superhombre y la voluntad de poder–, es decir, más allá de los partidos, más allá de las «democracias» y más allá de las religiones conocidas hasta entonces. Nietzsche fue, ya lo hemos dicho, naturalista rayano en lo materialista cuando se analizan las ciencias naturales, pero con un «pero»: en lo social no traspasó los límites idealistas de la filosofía clásica alemana y le dedicó demasiado tiempo a atacar al cristianismo. En realidad Nietzsche se dedicó más que todo a conocer el mundo tal como es, y no a establecer principios a los que éste debería adecuarse. Si algo conservó del platonismo fue un cierto regusto aristocrático, si bien también se burló de él, pues cita a Epicuro ironizando a los platónicos por amigos de los tiranos y de los comediantes políticos. Por los ejemplos históricos concretos y por lo que columbró (adivinó) en el horizonte mediato de Europa y América, sin entender que estos fueron sólo accidentes políticos desafortunados y transitorios, entendió, o quiso entender que, la democracia es el triunfo de los valores de la mayoría, y ya ha dicho que los valores de la mayoría son valores de resentidos, de decadentes, de la debilidad. La democracia es niveladora... cuando es perfecta, pero a la que aspiramos es a la imperfecta en una sociedad también imperfecta. Tampoco escapó a su crítica el socialismo. Nietzsche oyó hablar del socialismo, aunque parece ser que él y Marx, habiéndose solapado físicamente en el tiempo, nunca se encontraron y sigue siendo un misterio el porqué ninguno hizo referencias al otro. Ambos tenían grandes diferencias. Pero tenían también grandes coincidencias: se nutrieron de las mismas fuentes, repudiaron las mismas ideas filosóficas, admiraron a los mismos grandes hombres y los dos fueron naturalistas en cuanto a las ciencias, siendo en esto un poco superior el de Tréveris (ex *Augusta Treverorum* fundada por Augusto año 15), que alcanzó las ideas del materialismo y el ateísmo consecuentes. Los dos filósofos fueron ateos y de un ateísmo más científico y coherente, y no pesimista, como el de Schopenhauer. Los dos repudiaban, con mucha razón histórica y política, al igualitarismo y proclamaban «igualdad entre iguales y desigualdad entre desiguales». (cfr. Nietzsche, F. *El Nihilismo, Escritos Póstumos*, 2000 Península, Barcelona p.163) Y Nietzsche se plantea un gran problema, para el cual no dio respuestas: cuál es el principio que mueva a la justicia humana una vez desaparecida su ¿base teológica?; ¿todos somos iguales porque todos somos hermanos e hijos del mismo Padre? Ya lo hemos dicho y repetido: en lo social, que él no profundizó, terminó siendo idealista a pesar de querer regresar (elevarse) hacia la naturaleza y el «sentido de la tierra». Si hubiera profundizado el estudio sobre la producción, el comercio y las relaciones sociales vinculadas a los intereses de los grupos humanos, habría entendido que sí, somos hijos del mismo del mismo Padre (la naturaleza y lo social), que sólo en ese sentido somos iguales y que lo que mueve a la justicia no es una «base teológica». Es por eso que en Nietzsche ya no se da el valor de la justicia entendida en forma social. En Así habló Zaratustra es muy claro en decir y repetir que los valores de la justicia igualitaria del cristianismo, la democracia y el socialismo han caducado, en lo cual, sin embargo, no deja de tener la razón.

5. Moral de la religión y el tiempo como devenir

Aunque este objetivo está ya implícito en los anteriores, lo formulamos aquí explícitamente, porque en muchas de nuestras páginas está presente la relación que aquí se sugiere. La moral de las religiones ha llegado a su fin; es la muerte de Dios. Nietzsche piensa que se cierra una época y nace una nueva con nuevas tablas de valores. Para sustituir la moral del cristianismo, también propone una ética de inmoralista con sus ejes en el eterno retorno, el superhombre y la voluntad de poder. La gran transformación de la cultura tiene que hacerse desde estos nuevos ejes. El pensamiento del eterno retorno es un mito y como buen mito juega muchos papeles. En primer lugar, es un principio axiológico. Si eres capaz de soportar la idea de que todo se repite de la misma manera, incluso «*este rayo de luna y yo junto a los árboles*», entonces vivirás cada acto con tal plenitud que desearás que se repita eternamente. Este es el mensaje esencial del mito del eterno retorno. Pero también, como ha mostrado G. Vattimo, Nietzsche pretende con él superar la concepción lineal del tiempo judeocristiano. Es en la religión bíblica donde se inicia la concepción histórico-lineal del tiempo. Con la muerte de Dios ya no puede subsistir esa idea. La eternidad era una idea atribuida por el judeocristianismo sólo a Dios. Con la muerte de Dios ya no existe «*la interminabilis vita tota simul et æterna posseio*», según decía Ancius M. T. Boecio (480-525, *De consolatione philosophie*), la eternidad divina. Tampoco existen las formas eternas platónicas. La historia de un error mostró cómo poco a poco la historia occidental aniquiló esa suprema ilusión platónica. Kant fue el último suspiro de esa criatura angustiada. En el bostezo final del positivismo muere toda ilusión platónica de ideas eternas. Tampoco el ser «*todo a la vez ahora*» del poema eleático persiste; el ser y el pensar no coinciden ni por error, diría Nietzsche. El único ser es el devenir, el devenir en la forma de un repetirse eterno de las fuerzas cósmicas. El tiempo no es una línea que va de la creación al Apocalipsis; el tiempo es un círculo que no cesa de repetirse, aunque no en línea, sino es espiral donde el vector apunta, no obstante, siempre hacia arriba; y como la repetición es eterna el instante está bañado en esa inmensidad oceánica de la eternidad; ya no cuenta el tiempo, sino el instante, por pasajero que parezca; pero es una evocación de un instante que ya existió y que volverá a existir, y por ello ya no es tan pasajero. Podemos ilusionar la vida con este amor a la eternidad en la forma inmanente del eterno retorno. El instante eterno de Nietzsche no es el de los místicos que aún quedan presos en la imitación de la eternidad divina; es el momento de intensidad en que las fuerzas llegan al supremo momento de su máxima potencia; es el momento dionisiaco; es la oportunidad que tengo en cada hora de dar valor al instante. Nietzsche celebra el habernos redimido de la línea histórico-temporal del judeocristianismo. Pues esa línea histórico-temporal se había convertido en un historicismo sin ningún valor fuera de lo momentáneo y perecedero.

Pero hay más. En un universo donde las fuerzas son inmanentes y no se desgastan, sino que vuelven en oleadas periódicas de millones de años y en ese universo no hace falta creador alguno. El universo es un anillo del ser que no conoce cansancio ni novedad absoluta; es el eterno devenir sin metas y sin culpas; es inocencia del devenir. Lo que ocurre, ocurre por coyuntura de fuerzas, y nadie tiene la culpa. El mundo ha sido completamente desnaturalizado, como quería la ciencia moderna. El hombre de acción debe ejercer la soberanía del olvido, pues el historicismo paraliza la acción (cfr, cap. I). El instante del olvido es un momento supremo. Negar el pasado posibilita el porvenir, aunque sea una negación dialéctica, pues parafraseando a San Agustín el pasado tiene mucho que decirle al presente y al futuro. El eterno retorno, como «reafirmación del hombre», es el pensamiento del superhombre. Del hombre que lo arriesga todo hasta cambiar su visión del mundo y poder negar hasta el pasado; «*yo lo quise así*». El mundo es una masa broncínea de fuerzas, sin pérdidas ni desgastes que vuelve en oleadas en el gran año del ser. La voluntad de poder es el lado interno de la fuerza. Y el superhombre es el hombre de la voluntad de poder. La voluntad de poder está en todo; desde la metálica masa de fuerzas hasta el protoplasma y desde éste al gusano, y del gusano al hombre y al superhombre. El hombre es sólo un puente hacia el superhombre. Los santos del cristianismo eran resultado de una voluntad resentida y negadora de la vida. Los sabios de la ciencia eran ascetas que se negaban a reconocerlo. El superhombre es vida, y vida es sobreabundancia, como el hombre magnánimo de que habla Aristóteles. Ya nada queda del cristianismo. La muerte de Dios se ha consumado. Vivimos en un mundo post-cristiano. El evangelio «murió en la cruz», dijo ciertamente el filósofo, y es la única vez, que recordemos, en que Nietzsche favorece al Cristo. Pero esta frase queda eclipsada en un noventa y nueve por ciento con lo dicho en CI, en GM y en *El anticristo* (uso de epítetos como: idiota, sublime, infantil), son demasiado grandes, y no las únicas, como para no pensar que, el verdadero y no sólo virtual anticristo, es el propio Cristo. Para Nietzsche un predicador menesteroso, milagrero, ingenuo y que pasa por el mundo sin verlo y sin establecer contacto alguno con la realidad, no puede ser paradigma de redentor y salvador ni puede ser un paralelo de Dionisos. El redentor del hombre es el propio hombre superado en superhombre y con voluntad de poder. Este es precisamente el mensaje «secreto» y código de Nietzsche.

Ahora bien, la debilidad del diagnóstico cultural de Nietzsche es haberlo hecho como simple oposición al cristianismo. Es necesario ver la limitación de Nietzsche en meramente ponerse como la antítesis del cristianismo. Y juzgar de cristiano muchas cosas que, sin embargo, no estaríamos dispuestos a despachar así tan fácilmente.

¿Podemos renunciar a la idea de los derechos humanos creados por el hombre moderno desde la revolución francesa en un mundo donde existe aún el racismo, la discriminación contra la mujer, el secuestro de niños para obtener órganos, y el aplastamiento de los países poderosos contra los países pobres? Lo que parece difícil es hallar una base a estos valores de justicia. La defensa de Richard Rorty puede ser muy pragmática, pero no es suficiente. Decir que defendemos la democracia y los derechos del hombre por etnocentrismo, es decir, porque vemos que entre nosotros funciona, no es una base muy sólida. Decir con el postmodernismo que no necesitamos «fundamento» alguno es persistir en un nihilismo pasivo. La tarea del momento es encauzar la civilización y la cultura por un derrotero que aunque nuevo quizá, no pueda abandonar todos los valores que en el pasado y en el presente han ayudado a los seres humanos a resistir la injusticia y la opresión.

6. La religión con fondo y trasfondo

El estudio que he realizado acerca de Nietzsche no pretende ser una síntesis, sino que destaca el poderoso papel de la religión en su obra, la cual, como ya hemos dicho, exageró, con lo cual, una vez más, se acerca a lo mismo que hicieron los filósofos clásicos alemanes, tan criticados, no obstante, por él. (cfr. Nietzsche, F.*Ecce Homo*, 1998 Alianza Editorial, Madrid. El caso Wagner Af. 3 ps. 131-132) De alguna manera también a Nietzsche el cristianismo lo inficionó. De diferente modo, pero igualmente Nietzsche fue por lana y salió trasquilado.

Después de la crítica de la metafísica, Nietzsche se hace filósofo del aquende, amante del «sentido de la tierra» (cfr. Nietzsche F. *Así habló Zaratustra*, 2001 Alianza Editorial, Madrid. Prólogo 3 ps. 36-38) Nietzsche sufrió el impacto de la ciencia moderna y, sobre todo de Ch. Darwin. El mundo ha quedado desmitificado, completamente naturalizado. Nada hay más allá de la *Physis* y de la *polis*. Nietzsche nunca quiso resignarse a un fácil materialismo; un materialismo que se confunda con una débil moral del placer. Nietzsche se afincará en un esteticismo fabulador donde lo real desaparece en el placer de lo aparente (cfr. cap. X). Pero Nietzsche dijo también que con el fin del supuesto mundo verdadero, cae también el mundo aparente. Lo aparente sólo era a la luz de un fundamento en el ser. Apariencia y realidad se hermanan ahora en una unidad indisoluble. En lugar del mundo del «ser», Nietzsche aboga por un mundo del devenir. La crítica de la moral en el pensador solitario de la Alta Engadina es radical. Él se interroga por el valor de nuestras tablas de valores; y halló que la vida ascendente crea valores afirmativos y que la vida decadente crea valores reactivos. Las morales que niegan la vida son nihilistas. No se puede decir que Nietzsche desconozca la justicia, como han pretendido algunos analistas; él queda presa de una justicia aristocrática, ya que «la justicia en general» no existe: iguales entre iguales, desiguales entre desiguales. Pero mientras predicadores menesterosos judeocristianos y de toda laya, han pretendido una supuesta igualdad con base en la proletarización generalizada, vale decir, pobreza para todos porque sólo en la pobreza creen ver la «virtud», Nietzsche, por el contrario, así deben interpretarse sus códigos, pretendía, con el superhombre y la voluntad de poder, aristocratizarnos a todos. Por eso él es tan firme en la defensa de los fuertes y en este sentido nada contra corriente río arriba, como el salmón para procrear, y no se suma a las mayorías tradicionales de los moralizadores y/o «mejoradores» del hombre, que en realidad, lo que quieren es controlar a los que sufren. (cfr. Nietzsche, F. *Genealogía de la moral*, 1972 Alianza Editorial. Madrid)

Nietzsche tiene que ser tomado en cuenta por la radicalidad de su pensamiento y por la irreverencia y novedad de su pensar y actuar. Como se verá a lo largo de esta investigación su crítica es radical y afecta a los supuestos de la cultura occidental. No se puede comprender la crisis posmoderna que vivimos sin el poderoso impacto que el pensamiento de Nietzsche ha tenido en la moral, la religión, la filosofía, la política y el arte, es decir el arte trágico y con objetivos, no arte por el arte tipo Schopenhauer; sino arte como componente ígneo e inmanente en todo hombre. (cfr. cap. X) Pero en el corazón de toda esa crítica radical está su persistente crítica a la religión y su preocupación por los destinos del hombre, «del gran hombre» como repite varias veces a lo largo y ancho de su volcánica, conflictiva, retadora y difícil obra.

1 LA UTILIDAD DE LA HISTORIA PARA LA VIDA

"Todas las cosas que viven mucho tiempo se han impregnado paulatinamente tanto de razón que parece inverosímil pensar que su procedencia sea insensata ¿Acaso no se siente esa exacta historia de una génesis como algo paradójico y ofensivo? ¿No contradice el buen historiador en el fondo continuamente?".[1]

"El cansancio, cansancio al cansancio añade".[2]

"La tiranía tiene, entre otras muchas ventajas, la de poder hacer y decir lo que se quiere".[3]

---

[1] Nietzsche, F. (1999) *Aurora* Biblioteca Nueva, Madrid. Introducción, traducción y notas de Germán Cano. Af. 1 Racionalidad retrospectiva. p. 65 Morgenröthe (1999) Band 3 Erste Buch Af. 1 Nachträgliche Vernünftigkeit p. 19^{-5}.

[2] Sófocles (1965), *Ayante-Electra y Las Traquinianas,* Espasa Calpe, Colección Austral, Madrid. Traducción y notas de José María Aguado p. 33.

[3] *Ibíd.* (1994) *Antígona*, Editorial Biblos Buenos Aires Diálogo 82. Creonte sale del palacio p. 78 No. 155 ss.

1. Introducción

1.1 Interpretación axiológica de la historia. Objeto de la historia

El hombre no puede vivir sin conocer la historia de sus actos y su pasado, como no puede vivir sin arte dentro de sí (el más universal de los valores) y como no puede vivir sin pan. El hombre, después de comer y tener un techo, hace, irremediablemente política. No hacía falta que Aristóteles nos recordara que el hombre es un «animal político», cada momento de nuestras vidas nos lo confirma, pues es tan importante para nosotros hacer política como alimentarnos. La historia pone al hombre en contacto con su pasado, lo ayuda a conocer el presente y a planificar el futuro. Tenemos necesidad de los estudios históricos porque si no sabemos de dónde venimos y quiénes fuimos, no sabemos quiénes somos y a dónde vamos ni cuáles son los afectos que nos mueven y los desafectos que nos paralizan o disgustan. Ahora bien, el estudio de la historia debe de ser desmitificada y llevada al plano terrestre, vale decir, a los intereses de los hombres, de los pueblos y debe ir más a lo concreto, y al hombre y perorar menos sobre lo abstracto-universal. Nos dice Nietzsche, que:

> *"Cosa curiosa esta: se debería pensar que la historia anima a los hombres, sobre todo a ser sinceros, incluso a ser locos sinceros, y, ciertamente, éste ha sido siempre su efecto, salvo ahora. La formación histórica y la chaqueta del burgués universal dominan simultáneamente".*[4]

Más adelante insistiré sobre este tema. Nos sigue diciendo en el mismo lugar que, pese a que nunca se ha hablado tanto de «personalidades libres», lo cierto es que no existen, o no se ven por ningún lugar esas «personalidades libres», porque el hombre se ha replegado a su

---

[4] Nietzsche F. (1999) *Sobre la utilidad y el perjuicio de la historia para la vida,* II intempestiva, Biblioteca Nueva, Madrid Edición, traducción y notas de Germán Cano Af. 5 p. 78 Unzeitgemässe Betrachtungen (1999) de Gruyter München Kritische Studienausgabe Herausgegeben von G. Colli und M. Montinari Band 1 Von Nutzen und Nachtheil der Historie für das Leben 5 p. 281[-10].

interioridad, se ha enconchado; es un hombre lleno de afectos abúlicos (apocados), ya no se descubre ni rastro fuera de él; «lo histórico» lo encerró en un horizonte imprescindible en la formación de sus valores morales, pero a todas luces insuficiente. Y agrega en el lugar mencionado:

> *"Por ello se puede dudar de si pudieran existir en general causas y efectos".*[5]

No puede, el hombre, confiar en el *«animal divino»* y perder los instintos. En esta situación es embaucado por haberse debilitado. La historia, como incrementadora de la vida, es uno de los valores apetecidos en la formación del hombre moderno, de la juventud. El hombre, en la idea de nuestro filósofo, no puede ser pusilánime e inseguro y no puede abandonar sus instintos como la manifestación más apetecible de las inteligencias superiores, y en tanto no comprenda esto seguirá siendo esencialmente un niño ingenuo. Por eso debe de ser analizada la historia con «conciencia detrás de la conciencia» y con los «más aguzados oídos». Para salirnos de los errores (y horrores) del estudio e interpretación de la historia estamos obligados a dejar de considerarla «humana, demasiado humana», verla incluso «más allá del bien y del mal» y respetar a Clío, la musa de la poesía épica e historia, (hija de Júpiter y Mnemosine), sí, con las monumentales historias que tanto nos inspiran, pero no dormirnos con ellas ni con las anticuarias.

1.2 Saturación histórica

La sobresaturación histórica, por otro lado, ha debilitado la personalidad del hombre moderno. Tal es la importancia de la historia, que ésta, lo mismo debilita que fortalece al hombre, depende de cómo la estudie e interprete. En los inicios del aforismo 5 de la *II intempestiva*, (UPHV) fuente primaria de este capítulo, donde nos enumera los aspectos negativos a los que nos lleva la sobresaturación histórica. Estos son:

---

[5] UPHV o. c. Af. 5 p. 76 "...wobei man zweifeln darf b es überhaupt Ursachen ohne Wirkungen geben könne" . UGB o. c. Band 1 Von Nutzen und Nachtheil der Historie für das Leben 5 p. 281[-15].

- Produce un contraste no deseado entre lo interior y lo exterior, por medio del cual se debilita la personalidad.

- Da origen a la creencia de poseer la justicia en un grado superior a otras épocas, considerándonos superiores y más sabios que «el hombre de ayer».

- Se perturban los instintos de un pueblo y se impide llegar a la madurez del individuo no menos que el conjunto de la sociedad.

- También crea esa perjudicial creencia de cualquier época de estar en la vejez de la humanidad, de ser mero descendiente y epígono.

- Cae la época en una peligrosa actitud irónica sobre sí misma, pasando de ésta, a una más peligrosa: el cinismo.

Todo esto lleva al egoísmo negativo y destruye las fuerzas vitales de los hombres al hacer huir de dentro de nosotros, el arte; y *"lo que se enseña, no se transforma en vida"* (UPHV. II intempestiva. o. c. 5 p. 78). Podemos caer en los extremos: nos aferremos con el pasado tan bello de las huellas del hombre y queremos, con apenas la música de hoy (como si la historia de la sociedad se repitieran sin fin unos mismos estadios), volver a él, o nos volvemos cínicos y autosuficientes negándolo todo, es decir, nos podemos convertir en iconoclastas incluso del pasado.

1.3 Objetividad de la historia

La historia no puede llegarnos de «un sentimiento», no; tiene que ser fría y objetiva, aunque más adelante iremos viendo mejor qué quiere decir, en la idea nietzscheana, este «fría y objetiva». Conformémonos por ahora con esta tesis dice así:

> *"Considero a la historia como «lo eterno masculino», sólo que para quienes son «históricamente cultos» «de cabo a rabo» tiene que ser bastante indiferente que sea lo uno o lo otro. Estos no son ni «hombre» ni «mujer», ni siquiera algo «común» entre ambos, sino sólo «neutralidades» o, dicho de modo erudito, justamente «lo eternamente objetivo»"*.[6]

---

[6] UPHV o. c. Af. 5 p. 82 UGB o. c. Band 1 Von Nutzen und Nachtheil der Historie für das Leben 5 p. 284[-10-15].

La Historia no es «algo neutro», por supuesto, como no es neutra la acción y la vida, por el contrario: es lo «eternamente objetivo»... y «neutro» si de sexos y hechos reales se trata. Los pensamientos de Nietzsche y Sófocles, que presiden esta investigación, nos confirman, en parte, la conciencia del primero en cuanto a la importancia del análisis de la historia como valores humanos con caracteres catárticos para el hombre como ser social. En el caso del griego, ya en aquellos lejanos tiempos nos fija valores contra el monopolio de la verdad, contra los excesos del poder espiritual sobre las personas y contra todo lo que se enseñe sin agregar vida: «*el cansancio, cansancio al cansancio añade*», como señalamos en el subtítulo (cfr. cita 2).

1.4 La historia y lo histórico como categorías filosóficas y como parte de la conciencia social

La historia, su análisis y su objeto, forman parte de la conciencia social, y como tal, es un fenómeno que valoramos de forma negativa o de forma positiva. Con la historia y su interpretación, sin embargo, por más que a veces tratemos de evitarlo, siempre los hombres exponemos y expresamos nuestros intereses en forma de ideología. Las obras de las personas, estudiadas en el análisis histórico así como los fenómenos sociales en ellos reflejados, pueden constituir un bien moral o un mal moral (valores morales) y pueden ser objeto de aprobación o rechazo y condena.

1.5 La evolución de las especies y la historia

El hombre y la naturaleza toda, evolucionan en un juego de acciones y reacciones muy complejizados. Y el hombre, como especie, según evolucionó, se hizo más complejo. A la vez, la teoría darwinista de la evolución de las especies, aceptada por la ciencia en su carácter dialéctico e histórico (a pesar de que algunos mal intencionados la calificaron de metafísica, o sea, sin ciclo cerrado y antidialéctica), nos da una idea de trabajo para aplicarla a los fenómenos sociales, esencia de los estudios históricos. Los fenómenos sociales, en esencia, se pueden estudiar como las moléculas y como se estudió la teoría de la evolución de las especies. Darwin sin quererlo (¿o queriendo?), no sólo fundó la teoría de la evolución natural de las especies, sino que al argumentar científicamente que el hombre desciende del mono y que todo se desarrolla (que todo evoluciona), dio un rotundo golpe a los estudios teológicos-cristianos y revolucionó los estudios filosóficos que habían sido epígonos del cristianismo en la historia. Gracias a este principio estudiado de la evolución de las especies aplicado a lo social, los científicos sociales, no sólo Carlos Marx, han podido determinar la esencia del surgimiento histórico y el desarrollo de fenómenos político-sociales complejos y extremadamente sensibles, como es por ejemplo, el estado, las clases sociales, la religión, Dios y otros. La evolución de las especies en cuanto al hombre, en su relación lógica con lo social forman una unidad dialéctica que incluye en sí el momento de la contradicción, fuente del desarrollo. Según evolucionó el hombre, según avanzó y se desarrolló su inteligencia, el proceso histórico y social se hizo más complejo. La globalización, por ejemplo. Podemos asumir que ya Alejandro Magno perseguía la globalización, pero se adelantó demasiado a ella, lo cual nos quiere decir que lo histórico contiene en sí a lo lógico, pero en unidad dialéctica y contradictoria.

> *"Lo histórico expresa el proceso real de origen y de la formación de un objeto dado; lo lógico, la relación –las leyes del enlace y de la interacción entre sus aspectos– que existe ya desarrollada".[7]*

Al final de este trabajo veremos más claro aún el concepto nietzscheano sobre «lo histórico» y observaremos que no existe gran diferencia entre él y Marx y Engels en este asunto.

1.6 Objeto de estudio de la historia

La historia no debiera ser manipulada, como se hacía en vida de Nietzsche y como se sigue haciendo hoy en el mundo, al estilo de un arma arrojadiza y como simple instrumento para hacer oposición política. ¿Cuál debe ser entonces, el objeto de estudio de la historia como creadora de valores?:

---

[7] Rosental, Mihaíl. (1981) *Diccionario Filosófico*, Edición Revolucionarias, La Habana p. 220.

- Descubrir las condiciones y premisas concretas del desarrollo de los fenómenos naturales, y sobre todo sociales, de su sucesión histórica, de su paso de unos estadios históricamente necesarios, a otros.

- Descubrir el papel que desempeñan los distintos elementos del sistema en la composición del todo desarrollado.

- Propiciar la disposición subjetiva del cambio, compeler a la organización. En el caso de la Alemania de Nietzsche, quitarles las canas a la juventud y dar al traste con «el poco a poco» de los alemanes (más adelante veremos este problema de nuevo). Sembrar en el hombre el espíritu de cautela y de investigación. Llevar al hombre a preguntarse: el presente, qué, ¿está bien así? Llevar al hombre, de lo corporal-natural, a lo social. Lo lógico, en última instancia, es lo histórico mismo, sólo que, despojado de su forma concreta, presentado bajo un aspecto de generalización teórica; inversamente, lo histórico es lo lógico mismo, aunque revestido de la carne y la sangre del desarrollo histórico concreto.

1.7 La filosofía y los estudios históricos

La filosofía, por muchas vueltas que dé, viene a parar, como toda teoría de lo social, en la política, en la dimensión política del asunto en cuestión, en el mal o buen gobierno, en el mal o buen sistema social, porque es que después de todo, ¿a dónde lleva el cambio? Y un filósofo que se precie de tal, no puede, bajo ningún pretexto, dejar de pronunciarse sobre la historia y sobre la política, incluida la religión, que la mayoría de las veces no es más esta última, que otra forma de hacer política. La historia es, a la vez, una de las maneras de interpretarla. El caso de Nietzsche, al igual que Carlos Marx y F. Hegel, se nos presenta como un filósofo esencialmente histórico y político si bien, como los otros dos, no se dedica a los hechos cronológicos como tal ni a especializarse en historia e historiografía (para eso están, como paradigmas específicos, Tácito con *Los anales* célebres y el historiador griego Polibio *(h.-210-h.125)*, con su monumental *Historia General de Roma*, (historia pragmática con virtud formativa) para citar sólo dos ejemplos En el caso de Nietzsche, además, no se afilió a ningún partido, quizá para que no lo convirtieran en «un mentiroso», lo cual, pienso, es un valor no-noble en él, o al menos discutible. Eso de «no asociarse va contra la naturaleza intrínseca del hombre», si bien este problema no corresponde a este momento del análisis; uno puede pensar que lo hizo así para mantenerse independiente. Pero no afiliarse a ningún partido y además, calificar de mentiroso al hombre de partido y al decir que nos convertimos en epígonos del cristianismo en historia, es una forma de hacer política. Pero dejemos de lado este problema por el momento. Todos los libros de Nietzsche, desde *El nacimiento de la tragedia*, de una forma u otra nos van presentando, casi siempre en forma de códigos, las ideas y creencias históricas y políticas de este errante pensador. Sin embargo, son *El anticristo*, *Ecce homo* y la *II Intempestiva*, donde nos fija de una manera más clara su posición. Bueno, lo mismo podríamos decir en cierta forma también *Aurora* y *El Viajero y su sombra* que nos ayudan a buscar con mayor profundidad sus ideas al respecto. Cuando nos propone la *«transvaloración de todos los valores»*. Nietzsche quiere abolir todos los valores establecidos, También Marx y Engels querían abolir los valores tradicionales, según expresaron en *El manifiesto del partido comunista*, sólo que éstos lo proponían con un partido político, partido comunista, y con una clase social como protagonista, la clase obrera.[8]

Quiere Nietzsche abolir también la moral y la religión tradicionales y quiere abolir el Dios moral y apela para ello a la historia como una de sus creencias más firmes. Teorizó sobre la posible utilidad y/o perjuicio de la historia para la vida. Y, a la historia ¿por qué? Como nos dice Germán Cano:

> "...la aparición de «Sobre la utilidad y prejuicio de la historia para la vida», no podía representar, ni mucho menos, un momento «menor» en la producción nietzscheana. Sobre todo porque, publicada en Febrero de 1874 y escrita febrilmente en cinco meses, era ya, de todas las intempestivas, la única en la que la independencia comenzaba a abordar en solitario su «lucha cultural» al margen de las exigencias e hipótesis derivadas de la «revolución cultural wagneriana»".[9]

---

[8] Gruppi, Luciano, (1974) *Opere scelte*, Editori Riuniti' Roma. Marx, Karl y F. Engels *Il manifesto del partito comunista*. Il socialismo reazionario: a) Il socialismo feudale p. 316.

[9] Cano, Germán en *Introducción a la II Intempestiva*, o. c ps. 11-12.

Quizás las críticas y/o mala acogida que tuvo en sus inicios *El nacimiento de la tragedia*, libro donde «asomó» su heterodoxia y libro problemático, a pesar de su tendencia a agotarse en lo positivo, lo llevó no sólo a defenderse, e incluso no tanto a defenderse aunque derecho tenía a hacerlo, sino a tomar partido decididamente por la historia y por la política si bien lo hizo en forma distinta a como lo habían hecho los demás filósofos. Pero si en la política los **«síes y los noes»** de Nietzsche están ocultos bajo máscaras en los códigos y en los aforismos, en la historia no es así, no; en historia están explícitos como iremos demostrando en el transcurso de este trabajo. En *El nacimiento de la tragedia* (1872) y en la así llamada *II Intempestiva* (1874), Nietzsche, además de sentar las bases de lo que con el tiempo se convertiría, quizás muy a su pesar, en su plataforma ideológica, se separa definitivamente de la ortodoxia filosófica, cultural y artística, en una palabra, y de la forma de hacer historia en Alemania. Nos dice Germán Cano:

> *"La importante cuestión del valor de la historia para la vida representaba, entre otras cosas, una toma de postura concreta frente a esa filosofía «ortodoxa» que le había acusado de falta de respeto a la investigación de la verdad".*[10]

A Nietzsche le preocupaba «la enfermedad cultural» que asolaba a la nación alemana y en especial, el encanecimiento moral de la juventud, así como «la verdad» (léase, la mentira) que le habían dado hasta ahora a la juventud, una verdad para encanecer. La juventud alemana era una juventud con canas según la idea nietzscheana (una juventud sin fuertes afectos morales).

1.8 La gran incógnita a despejar

Así la historia, como valor, para Nietzsche, se convierte en la frontera donde él se detiene en aparente quietud, como las aguas de un remanso, para mirar al otro lado y la convierte (a la historia y su estudio) no en hechos cronológicos estancados y justificadores, sino en la gran interrogación, en la gran pregunta, en la gran equis (x) a despejar, como en el álgebra, al igual que todo animal político debe de hacer. Por eso este

---

[10] *Ibíd*. p p. 12.

libro de la *II Intempestiva* se convierte, no viene siendo sólo una defensa natural y lógica ante los agravios que parece haber recibido por *El nacimiento de la tragedia*, sino un pronunciamiento ideológico definitivo es para Germán Cano:

> *"Por todo ello, este escrito «intempestivo», reclamado como un ejercicio de diagnóstico cultural, va a presentar un extraordinario ejemplo de un pensamiento que, en momentos de una profunda 'crisis' cultural, intentará transformar los límites culturales desde las que se experimentaba y juzgaba el presente".*[11]

La historia, en la Alemania de entonces, y en los sistemas totalitarios de hoy, se estudiaba, se estudia y se propagandiza, con sentido de conveniencia y no de averiguación, con el sólo objetivo de justificar el presente y de convalidar el criterio secreto de los jefes políticos (como sucede con algunos mártires, que a fuerza de tanto querer emanciparlos, incluso a veces con buenas intenciones, los convertimos en dañinos). El intento de Nietzsche, iniciado en esta *II Intempestiva*, y continuado de una manera u otra en toda su obra, es para defender la vida y la interrogación, «frente a la escisión entre la vida y el conocimiento», provocada por la ortodoxia, más bien por la positivista, de la filosofía y el pensamiento histórico. La lucha de la historia no tiene otro objetivo que el dominio cultural y con éste el sometimiento del individuo, especialmente de alguna forma de dominio y sometimiento político. De ahí que se convierte en valor. Por eso a las cuatro *Intempestivas* Nietzsche las califica de *"íntegramente belicosas"*. Así nos dice:

> *"Las cuatro intempestivas son íntegramente belicosas. Demuestran que yo no era ningún «Juan Soñador», que me gusta desenvainar la espada, –acaso tengo peligrosamente suelta la muñeca. El primer ataque (1873) fue para la cultura alemana, a la que ya entonces miraba yo desde arriba con inexorable desprecio. Una cultura carente de sentido, de sustancia, de meta: una mera «opinión pública». No hay peor mal entendido, decía yo, que creer que el gran éxito bélico de los alemanes prueba algo a favor de la cultura– y, mucho menos su victoria sobre Francia... La II Intempestiva, descubre lo que hay de peligroso, de corrosivo y envenenador de la vida en nuestra manera de hacer*

---

[11] Cano, Germán o. c. p. 13.

ciencia: –la vida, enferma de este engranaje y este mecanismo deshumanizador, enferma de «la impersonalidad» del trabajador, de la falsa economía de «división del trabajo». Se pierde la finalidad, esto es, la cultura: –el medio, el cultivo moderno de la ciencia, barbariza... En este tratado el «sentido histórico», del cual se hallaba orgulloso este siglo, fue reconocido por primera vez como enfermedad, como signo típico de decadencia".[12]

Es un párrafo, certero, un poco extenso y muy político, pero no se puede dejar de reproducirlo casi completo si queremos llegar a entender esta toma de partido de Nietzsche ante la cultura, la política, los políticos, y ante las conclusiones y práctica de la historia y así como a sus estudios. En *Las intempestivas*, especialmente en la II, expresa el filósofo su «soberbio desprecio» por todo lo que a su alrededor se llamaba Reich, «cultura», cristianismo, Bismarck, éxitos, es decir, todo lo ponía Nietzsche en duda, pero en especial a la «cultura» de creación de mera opinión pública a favor de oscuros intereses políticos. Especialmente en solfa ponía al *deutsche* Reich y a Otto Bismarck (1815-1898) como culpables principales del mal rumbo que tomaba la Alemania de su tiempo, con imágenes de duro egoísmo, de la más dura cría de un ego, lleno de soberano desprecio.

1.9 Nietzsche, ¿un resentido? El resentido es portador de valores-no-nobles

Entiendo que Nietzsche, no era ningún resentido, todo lo contrario, sin embargo, no perdía oportunidad para atacar al Reich y a Otto Bismarck a pesar de que éstos, a él en lo personal no lo habían ofendido. Esta especie de aversión de Nietzsche hacia el gobierno alemán de la época hay que buscarlas en causas bien profundas filosóficamente hablando y de principios. El «canciller de hierro», además «del hierro y la sangre» para lograr sus fines, practicaba la demagogia con lo cual pretendía ganarse al factor cantidad para sus propósitos, o sea, a la clase obrera y a la juventud. Estas, en el factor cantidad debían aportar

---

[12] Nietzsche, F. (2002) *Ecce homo* Alianza Editorial, Madrid, traducción e introducción y notas de Andrés Sánchez Pascual. Las Intempestivas Af. 1 ps. 83-84.

«la carne de cañón» y los votos. Y entre otras cosas que utilizaba como instrumento, se valía de la historia para lograr sus fines. De ahí los pronunciamientos de Nietzsche hacia la historia y al Reich. De ahí su *II Intempestiva* dirigida a las canas de la juventud alemana con el fin de que despertara y rejuveneciera. De ahí el ambiguo título (en realidad muy claro), de «utilidad y perjuicio» de la historia para la vida, de esta *segunda intempestiva*, muy acorde con el estilo erístico de Nietzsche. No se refieren a dudar de la utilidad de la historia, sino a cómo se haga uso de ella, de cómo se estudie ésta, de cómo se apliquen las conclusiones que de ella se extraigan; de cuál grupo de intereses la acaparen. La historia está ahí, de quién la tome y de quién haga uso de ella, depende «la utilidad y/o el perjuicio» que nos cause. La historia y su estudio y sus conclusiones no deben ser ni para anestesiar ni para dormirnos como hacen los políticos que, cuanto más malos y más demagogos son, más recurren a la historia y a los mártires (quizá sea porque no tienen a otra cosa a la cual acudir). Con el pretexto de recuperar el pensamiento emancipador, se ha recurrido a una historia adormecedora y usando paradigmas demasiado viejos que sólo sirven acaso para el populacho, pero no para las personas que piensan y mucho menos para los hombres de letras que casi siempre son el motor pequeño que arranca al grande en todo movimiento renovador del mundo; se utiliza esta línea de pensamiento para indicar un camino y en realidad tomar otro. Así se logra la claudicación del individuo, verdadero objeto de los populistas, que empiezan por ahí, por la demagogia, y terminan en la dictadura, aunque ésta sea de izquierdas. A veces, incluso, se «inventa la historia», porque los populistas y demagogos le temen al pueblo como el Diablo al agua bendita, a pesar de que se «apoyan» en el pueblo. Contra el triunfo de este tipo de «utilidad» de la historia, es contra la que debemos luchar. Al respecto nos dice Germán Cano:

> *"Independientemente de su «lucha» contra el triunfo incondicional de esta utilidad como único valor dominante y reconocido por el desarrollo metodológico reconocido por la ciencia moderna, en concreto en sus aplicaciones históricas (objetivismo historiográfico)... justo en esa inutilidad con respecto a los intereses de los valores cifraba precisamente la potencialidad autocrítica de una resistencia cultural no rendida a la «naturalización» del presente propiciada tanto por la*

visión histórica del pasado como por la reconciliación hegeliana de la filosofía con el presente efectivo".[13]

La historia y su estudio perdieron objetividad, tanto por parte del cristianismo como por las doctrinas burguesas y se impartió con total ambigua intencionalidad. Las doctrinas socialistas, que habrían sido una alternativa, más bien agravaron este asunto y las dieron aún más subjetivamente, más a conveniencia, es decir, halando la sardina para su sartén dándoles un único valor: justificar el presente y hacerles la apología al criterio y objetivos secretos de los políticos. La historia hay que llevarla, sí, a la realidad, pero no vulgarizada y utilizada, como hoy se hace, como un simple instrumento, quitándole la verdadera cientificidad y sirviéndose de ella para objetivos que nada tendrían que ver con metas superiores y más elevadas.

1.10 Importancia de los valores morales, los mártires y los espíritus escépticos

La historia la invocamos incluso para justificar los valores morales de hoy, cuando la realidad es que tanto la historia que nos dan así como la procedencia de los valores morales (incluidos los valores históricos con mucha más razón), debe preocuparnos. Muchos años después de UPHV en EH, al analizar Aurora, nos dijo Nietzsche:

"El problema de la procedencia de los valores morales es para mí un problema de primer rango, que condiciona el futuro de la humanidad".[14]

Los valores que más le preocupaban a Nietzsche eran estos: los de la discusión moral, a juzgar tanto por el anterior pensamiento suyo que acabamos de reproducir, como por toda su obra. Las conclusiones de Nietzsche son válidas para Cristo, el Cristianismo y miles de «cristos» que han surgido después. Se trata de no confundir el ejemplo personal que pueda irradiar un mártir (y que lo veamos incluso como valor) con sus ideas prácticas, muy buenas para otros tiempos quizás, pero

---

[13] Cano, Germán *Introducción a la II Intempestiva* o. c. p. 15.

[14] EH o. c. Af. 2 *Aurora* p. 99 "Die Frage nach der Herkunft der moralische Werthe ist deshalb für mich eine Frage ersten Ranges, weil sie die Zukunft der Menschheit bedingt". EH o. c. Af. 2 *Morgenröthe* p. 330-30.

impracticables hoy. Y aún así, es posible que un hombre, con excelentes cualidades morales y ciudadanas, haya sido políticamente errátil y mal conductor de hombres. Como tal, cada mártir debe ser analizado críticamente, y esto no es faltar a su memoria, «para que no se convierta en dañino» (sobre este asunto volveremos más adelante). Con buenas intenciones un hombre pudo estar equivocado y es igual de dañino. De ahí que para Nietzsche *«que los espíritus que quieren cosas grandes»* tienen que ser escépticos. Y agrega el filósofo:

> *"No nos dejemos inducir a error, los grandes espíritus son escépticos. A los hombres de convicción no se les ha de tener en cuenta en nada de lo fundamental referente al valor y al no-valor. Las convicciones son prisiones"*.[15]

Se refiere a cómo deben ser los grandes espíritus actuales. Las convicciones, sin poner en duda nunca de dónde nos nacen son, como las doctrinas, prisiones para el que las profesa y para el que las tiene que sufrir. De aquí nacen los sistemas totalitarios y populistas, a lo cual ha ayudado, en no pocas ocasiones, el propio cristianismo. Por eso los mártires y la historia deben ser analizados con «espíritu de investigación y de cautela». De eso es de lo que se trata. La verdad que hasta ahora nos han dado y los mártires, han sido una falsa verdad. Por eso:

> *"...un espíritu que quiere cosas grandes, que quiere también los medios para conseguirlo, es necesariamente un escéptico"*.[16]

La convicción es más difícil de desentrañar que una mentira y por eso es dañina tanto como los mártires. Ambos nos llevan a la Fe. Y, ¿a dónde nos conduce la Fe? Dice Nietzsche en aforismo ya analizado del *El anticristo*:

---

[15] Nietzsche, F. *El anticristo* (1974) Alianza Editorial, Madrid, traducción e Introducción y notas de Andrés Sánchez Pascual Af. 54 p. 93 *Der antichrist* (1999) dtv. Gruyter, München. Band 6 Kritische Studienausgabe Herausgegeben von G. Colli und M. Montinari Af. 54 p. 236^{-5}.

[16] *Ibíd*. Af. 54 p. 93 "Ein Geist, der Grosses will, der auch die Mittel dazu will, ist mit Nothwendigkeit Skeptiker". DAC. o.c Band 6 Af. 54 p. 236^{-10}.

> *"El hombre de fe, el «creyente» de toda especie es, por necesidad, un hombre dependiente, –alguien que no puede erigirse a sí mismo en finalidad, que no puede erigir finalidades a partir de sí mismo. El «creyente» no se pertenece a sí mismo, sólo puede ser un medio, tiene que ser consumido, tiene necesidad de alguien que lo consuma".*[17]

Según la historia verdadera, no la que con frecuencia nos dan, el «creyente» sólo ha servido como «animal de rebaño» y como oportunista en otros casos. Ha servido, el «creyente», para formar «hombres de partido»...y partidos. En el AC nos dice el creador de Zaratustra el escéptico:

> *"Ahora bien, ese no-querer-ver lo que se ve, ese no querer-verlo tal como se lo ve, es casi la condición primera para todos los que son, en cualquier sentido, un partido: el hombre de partido se convierte por necesidad en un mentiroso".*[18]

Es importante recalcar que la fe que Nietzsche admitía era la fe «para crear», no la fe «para creer». Agrega en el mismo aforismo:

> *"La historiografía alemana, por ejemplo, está convencida de que Roma fue un despotismo, de que los germanos trajeron al mundo el espíritu de libertad: ¿qué diferencia hay entre esa convicción y una mentira?".*[19]

2. La II Intempestiva como expresión del valor no tradicional

Los historiadores y políticos alemanes señalaron a un enemigo y ellos eran el enemigo. Igual hizo el socialismo totalitario, o sea, el mal llamado «socialismo real» de Europa y Asia. La historia hay que analizarla con espíritu de cautela, pero más que todo, cuidado se debe de tener al fundar la historiografía, porque la tendencia dominante de ésta es la falta de objetividad y de valores nobles, al responder a intereses.

---

[17] AC o. c. Af. 54 p. 93. "Der Mensch des Glaubens, der «Gläubige» jeder Art ist nothwendig ein abhängiger Mensch,— ein solcher, der sich nicht als Zweck, der von sich aus überhaupt nicht Zwecke ansetzen kann". DAC. . o. c. Af. 54 p. 236-25.

[18] *Ibíd*. Af. 55 p. 95 DAC o. c. Af. 55 p. 238-10.

[19] *Ibíd*. Af. 55 p. 95 DAC o. c. Band 6 Af. 55 p. 238-10.

De ahí también que el término «utilidad y perjuicio» tiene no sólo intención polémica, sino que, como dice Germán Cano, tiene intención «pragmática», *"esto es, no como valoración del rendimiento productivo o crecimiento técnico"*, sino educativo y de aplicación teórico-práctica para metas elevadas en la creación humana. Soy de la opinión que esta *II Intempestiva* bien pudo también llamarse *«Desventajas de la historia para la vida»*.

Quizás este título hubiera sido más apropiado y no por eso hubiera estado lleno de negatividad. El espíritu polémico de Nietzsche, sin embargo, le dio el otro nombre, con apariencia positivista, pero lleno en realidad de dinamita y guerra. Este filósofo, como también dice Germán Cano en Introducción, 1, no utiliza, como Hegel, la *«especulación»*, sino *«el martillo»*, por ser éste más práctico, más directo y no por esa razón menos profundo y con menos sentido trágico.[20]

Nietzsche, sobre la historia como valor (como valor noble, si bien no tradicional) y como disciplina, no tiene objeciones al respecto. Más bien sí los tiene sobre cómo se maneje la historiografía. Él no era historiador y acaso ni valoró a fondo a pesar de lo que parece, la historia de los griegos y esa es la razón del porqué absolutiza al Renacimiento y el «eterno retorno» visto éste en la dimensión histórica. Sin embargo, el fantasma «del espíritu absoluto», aunque era idealista, no lo domina como a Hegel y a Schopenhauer en todos los terrenos. Por eso plantea transvalorar todos los valores. Él era filósofo en una medida práctica mayor que F. Hegel (1770-1831) y A. Schopenhauer (1788-1860) Como filósofo y crítico de la verdadera razón, sí conocía a la historia, la política y a la historiografía. Como filósofo, su preocupación era cómo estudiar la historia y cómo enseñarla para que ésta fuera útil al hombre y adquiriera valores nobles. Por más que él en toda su obra se empeña en no presentarse como ideólogo, es decir, como moralizador y prometedor de paraísos terrenales como hacían y hacen todos los políticos y algunos filósofos tradicionales; ni como un hombre de partido para que no lo confundieran con un mentiroso, en la realidad nos da, en la *II Intempestiva*, una proclamación ideológica con respecto a la historia y la historiografía y sobre todo, a su método de estudio.

---

[20] Cano, Germán en *Introducción a la II Intempestiva* o. c. p. 16.

El prefacio de la II Intempestiva lo inicia con palabras de Göthe, que a su vez, fueron una reminiscencia de Marco Porcio Catón (-234- 149) Son, estas palabras, toda una sentencia. Dice así:

"Por lo demás, me es odioso todo aquello que únicamente me instruye, pero sin acrecentar mi actividad o animarla de inmediato. Con estas palabras Göthe a modo de un Ceterum censeo expresado enérgicamente, quisiera expresar nuestra consideración sobre el valor o la inutilidad de la historia".[21]

Valor o inutilidad de la historia es, en el estilo erístico de Nietzsche, el verdadero título de esta II Intempestiva. Es decir, la historia puede ser útil, depende en manos de quién esté, o no sólo inútil, sino perjudicial en la medida en cómo se estudie y apliquen sus enseñanzas en la práctica.

2.1 El Dios de los hombres y transvaloración de los valores

El valor de un objeto, que trasciende su significado económico y abarca, por supuesto, las discusiones morales y las fuerzas de motivación, en los tiempos modernos lo popularizó Nietzsche. Ese es un mérito suyo. Y, ¿cómo o con qué lo popularizó? Con el impactante y escandaloso pronunciamiento de: *¡Tansvalorar todos los valores!* (*Umwerthung aller Werthe* AC Af. 62 p. 253[-20]) Este pronunciamiento causó, en «un mundo perfecto y estéticamente acabado», al cual sólo en su estado ideal habría si acaso que seguir perfeccionando.

¿Transvalorar todos los valores? Si todo está bien, ¿por qué es necesario invertir los valores tradicionales? Pero Nietzsche está claro de que todo no anda bien y que el mundo no está en las mejores manos ni que la Biblia debe ser el vademécum del ciudadano común y corriente alemán y mucho menos de la juventud. Nietzsche estaba dotado de una rara intensidad crítica; reaccionó incluso contra el «espíritu objetivo» y esta es la razón del porqué plantea transvalorar todos los valores. Hasta en el sufrimiento veía una raíz de sumisión, de anti-rebeldía y como él era en esencia vitalista y amaba por sobre todas las cosas, la

---

[21] UPHV o. c. Prefacio p. 37 UGB o. c. Band 1 Von Nutzen und Nachtheil der Historie für das Leben Vorwort 1 p. 245[-5].

voluntad de poder para vencer resistencias, despreció la compasión por el que sufre. La compasión por el que sufre es la es para Nietzsche la quinta esencia morbosa del cristianismo. Es cierto, y pensamos que esto no escapó a su mente profunda y sutil, que en toda rebelión hay también sufrimiento. Pero no es igual el sufrimiento filisteo, que el sufrimiento prometeico. En el sufrimiento prometeico el hombre encuentra placer, porque es el sufrimiento de la rebeldía, de la intrepidez; de utilidad humana y no el del masoquismo. El hombre también sufre porque no es un dios y porque es mutable. Todo devenir implica destrucción y como tal, sufrimiento. Se pronunció por un dios de los valores naturales y no por un dios de los valores morales. Un dios para la vida y no un dios para juzgar y regañar. Es el Dios de la afirmación de la vida, y no del suicidio existencial. Aún hoy, después de casi ciento cuatro años de la muerte de Nietzsche, el Dios que rige la moral sirve casi sólo para regañar. A esta falsa valoración moral es a la que Nietzsche criticaba y eran estos, parte de los valores que quería transmutar. La Iglesia reconoce lo nuevo sólo en última instancia y en la mayor parte de las veces, tratando de capitalizar lo nuevo para ella. El mayor mérito de Nietzsche es, pues, su teoría de la transmutación de todos los valores, el haber llevado a la palestra pública y a la vigencia intelectual, el tema de los valores morales.

2.2 ¿Transmutar o destruir los viejos valores, y qué valores?

Nietzsche en (AC. Af. 62) planteó «*transvalorar todos los valores*»; en cambio Carlos Marx, en destruirlos. Viene siendo lo mismo, menos los caminos para lograrlo. Nietzsche planteaba invertir los valores cristianos fundados en el resentimiento, que quieren decir: renuncia, ascetismo, miedo, compasión, regusto por lo morboso; mácula del hombre con lo de «*la inmaculada concepción*» y debilidad de vida, o sea, plantea cambiarlos a estos valores por los valores naturales que nacen de la vitalidad, de la afirmación de vida, de su aceptación dionisiaca, con la seducción por lo desconocido, por la belleza apasionante del acto de la lucha y el despliegue de la naturaleza y el valor sereno y la humana dignidad. En las ideas de Nietzsche se adivina la estrecha relación del ser del valor con el hombre, de un valor que es una posibilidad por la que se lucha, no por algo acabado, vale decir, con un modo de ser mutable como es el hombre mismo; plantea volver a los valores de la edad de oro de la humanidad, es decir, cuando el hombre se portaba como un dios, pero en una espiral de avances, como la humanidad, y no de decadencia, como el cristianismo.

3. Punto de giro de la axiología nietzscheana en cuanto a la historia como valor moral no tradicional

De manera que, si transvalorar todos los valores es el punto de giro de la axiología de Nietzsche, el vértice de los estudios históricos lo es la alternativa de: valor o inutilidad de la historia para el hombre. La historia debe de ser un objeto que «acreciente su actividad», no que lo anestesie, por el contrario, que lo «anime de inmediato». La historia debe ser, sobre todo, investigación, según el ideal de los griegos y no simplemente, «qué hizo Aquiles, qué le ocurrió», sino ¿por qué le ocurrió, se pudo evitar, puede volver a ocurrir, es necesario (sobre todo esto) que vuelva a ocurrir? ¿Se necesitan héroes como Aquiles y París? Son parte de las preguntas que debemos hacernos. De esta manera nos dice Nietzsche

> *"En ella se describirá en realidad por qué la enseñanza es vivificación, por qué el saber en el que se debilita la actividad y por qué únicamente la historia como preciosa superficialidad del conocimiento y artículo de lujo ha de resultarnos, según las palabreas de Göthe, seriamente odiosa, pues todavía nos faltaría lo más necesario, al no ser lo superfluo sino enemigo de lo necesario".*[22]

La historia y la historiografía, no deben ser superfluas, pasivas ni engañosas. Debe de ser objetiva y con utilidad práctica en la formación de lo más importante de la sociedad: la juventud como agentes del cambio. Si el «arte por el arte y sin finalidad», es odiado por Nietzsche, la historia superflua o dada a conveniencia, le es igualmente extraña a este magnífico pensador. Alrededor de esta idea medular gira el objeto de estudio de la *II Intempestiva*. Dice Nietzsche:

---

[22] UPHV o. c. Prefacio 1p. 37 UGB o. c. Band 1 Von Nutzen und Nachtheil der Historie für das Leben Vorwort 1 p. 245^{-10}.

> *"Es cierto que necesitamos historia, pero la necesitamos de un modo distinto a la del ocioso maleducado en el jardín del saber, pese a que éste contemple con desprecio nuestras necesidades y las considere rudas y carentes de gracia. Esto quiere decir que necesitamos la historia para la vida y para la acción, aunque en realidad no para su cómodo abandono ni para paliar los efectos de una vida egoísta y de una acción cobarde y deshonesta".*[23]

Así, de una manera «directa y al grano», con un lenguaje para nada teorizante, nos dice este filósofo, cuál es la actitud y los valores que se deben buscar en los estudios filosóficos, en los estudios «para la vida y para la acción». Dice Nietzsche:

> *"Sólo en la medida en que la historia sirva a la vida, queremos servirla nosotros, aunque exista una manera de practicarla y una apreciación de la misma por la que la vida se atrofia y degenera".*[24]

La historia, por sus implicaciones prácticas inmediatas y de futuro a largo plazo en la vida de los pueblos, es uno de los valores más importantes y de más sutilidad práctica en el quehacer de los hombres. El sentido histórico se ha hipertrofiado. La historia nos ha ayudado a ir por ese mal camino. Se absolutizan las vías según los intereses y se utiliza a la historia tanto en las derechas como en las izquierdas para justificar el presente o el derrotero que nos proponen. Dice Nietzsche con lenguaje aún más claro y con táctica conscientemente esotérica:

> *"Si, como dijo Göthe, cultivamos nuestros vicios simultáneamente al lado de nuestras virtudes, y si, como cualquiera sabe, una virtud hipertrofiada –como así me parece que es el sentido histórico de nuestro tiempo– puede muy bien llegar a convertirse en causa del posible deterioro de un pueblo como un vicio hipertrofiado, entonces se me debe permitir exponer mis opiniones con toda libertad".*[25]

---

[23] UPHV o. c. 1 ps. 37-38 UGB o. c. Band 1 Von Nutzen und Nachtheil der Historie für das Leben Vorwort 1 p. 245⁻¹⁵.

[24] *Ibíd*. Prefacio p. 38 UGB o. c. Band 1 Von Nutzen und Nachtheil der Hisotorie für das Leben Vorwort p. 254⁻¹⁵.

[25] *Ibíd*. Prefacio p. 39 UGB o. c. Band 1 Von Nutzen und Nachtheil der Hisotorie für das Leben Vorwort p. 245⁻²⁰.

Todo lo anterior lo dice Nietzsche no tanto para defenderse de las reacciones adversas que tuvo en «algunos hombres de letras» el *Nacimiento de la tragedia*, como para fijar posiciones filosóficas, nos dice:

"Dicho en otras palabras: con el fin de actuar contra y por encima de nuestro tiempo a favor, eso espero, de un tiempo futuro".[26]

3.1 La idea nietzscheana de la historia: su importancia práctica

Adentrémonos más en la idea nietzscheana de la historia y su importancia práctica. Historia significa, filosóficamente hablando, investigación y análisis. Historia es la ciencia que rige y disciplina los conocimientos de los hechos humanos y pertenece, como disciplina, no al arte de escribir sino a la ciencia. Como conocimiento histórico, la historia tiene cuatro grandes significados clásicos:

1. La Historia como pasado (¿con escasa o mucha eficacia sobre el presente y/o el futuro?).

2. La Historia como tradición (¿transmisión y conservación?).

3. La Historia como mundo histórico (tratamiento de las edades [edad de oro, donde los hombres se comportaban como dioses; edad de los hombres, donde estamos sujetos a toda suerte de males y debemos endurecernos; edad de los héroes, donde hacen falta éstos ya que según los griegos, se señala la gradual decadencia del ser humano]).

4. La historia como sujeto de la historiografía (¿conveniencia de los estudios históricos y su inclinación a los intereses de los hombres?).

Como más adelante veremos, Nietzsche le da a esta división un tanto clásica, otra connotación. Y, las edades, no obstante todos nuestros problemas básicos sin resolverse y más de la cuenta demorados, debemos verlas como que se han desenvuelto en el quehacer histórico, en orden de progreso y no de decadencia, con el perdón de los griegos. El

---

[26] UPHV o. c. Prefacio 1 p. 39 UGB o. c. Band 1 Von Nutzen und Nachtheil der Historie für das Leben Vorwort 1 p. 247[-10].

orden de progreso se manifiesta en que se da la posibilidad existencial progresiva y se precisa *fácticamente*, el destino individual, el colectivo y la historia del mundo. El hombre actual es menos primitivo, y a la vez más fuerte, que el hombre de 2.500 años atrás. Además, ésta, la historia, se constituye en el abierto proyectarse sobre un elegido «poder ser». La historia es, «ser ahí», o sea, es real propiamente en la existencia, y, «sido ahí», la posibilidad existencial en que se precisan los destinos del hombre. Pero Nietzsche, como él mismo dijo, *"«Yo no soy un hombre, yo soy dinamita»*.[27]

De la misma manera que en su momento planteó *«transvalorar todos los valores»*, planteó también revolucionar los estudios históricos y ponerlos al servicio de la vida y de la acción. Se planteó, igual que para el arte (que no debía de ser el arte por el arte y sin finalidad), que la historia debía ser no para letrados, eruditos y esotérica, sino para el pueblo, para incrementar la vida, para vivificar la vida. La *II Intempestiva*, libro de la historia y para la historia, la comienza Nietzsche de forma chocante y erística, tal cual es su estilo dominante.

Y esto no porque el filósofo fuera un hombre con ideas anarquistas y disolventes ni un terrible terrorista. Era un respetable pensador preocupado por la crisis que Europa, y acaso también el mundo, atravesaba en aquellos momentos. Un trasfondo moral e inquietantemente político se perfila en esta *II Intempestiva*, donde se expresan claramente las necesidades históricas de su tiempo, vigentes aún hoy muchas de ellas. El libro comienza atacando las trivialidades y la bonachonería que desgraciadamente domina a la mayor parte de la gente, que vive, o existe, sin preocupaciones políticas ni inquietudes intelectuales. Sí, gentes que no se adentrarán jamás en la infinitud del cosmos y el peligro, en el descubrimiento de lo nuevo, sino que se conforman, si comen, duermen, y si de vez en cuando tienen pan y circo, con un presente grotesco, pero que les sea seguro. En fin, comienza así Nietzsche, como llamándonos la atención:

---

[27] EH o. c. Af. 1 ¿Por qué soy un destino? p. 135 "...Ich bin kein Mensch, ich bin Dynamit...". EH o. c. Band 6 Af. 1 Warum ich ein Schicksal bin p. 365^{-5}.

"Contempla el rebaño delante de ti: ignora qué es el ayer y el hoy, brinca de aquí para allá, come, descansa, digiere, vuelve a brincar, y así desde la mañana a la noche, de un día a otro, en una palabra: atado a la inmediatez de su placer y disgusto, en realidad atado a la estaca del momento presente y, por esta razón, sin atisbo alguno de melancolía y hastío. Porque él, en el fondo, únicamente quiere esto: vivir sin hartazgo y sin dolores como el animal...".[28]

3.2 Necesidad de proyectar el futuro

Si el hombre no se proyecta hacia metas superiores, es porque como los otros animales, no es capaz de decir lo que desea y porque no aprendió a hablar y analizar qué es su felicidad, si es que en realidad la tiene, y de dónde le viene. Tampoco aprendió a pensar y depende más que todo del pasado y del presente, pero pocas veces del futuro. Por eso, por depender demasiado del pasado, se pasa la vida mirando hacia atrás y termina «pensando hacia atrás», tanto, que concluye su vida convirtiéndose en cangrejo, caminado hacia atrás o acaso hacia los lados. El mirar hacia atrás se convierte en una cadena que siempre lo acompaña. El presente, tan duro y golpeador a primera vista, es sólo «un abrir y cerrar de ojos», para de pronto, parecer que *"surge de la nada para desaparecer en la nada"*. (*II Intempestiva* 1 p. 41).

La historiografía no puede ser para atiborrarnos de pasado. La historia, que más que un valor se convierte en un ente metafísico que no nos abandona ni un minuto, debe ser siempre para cuestionar el pasado, el presente y proyectar críticamente el futuro. El hombre, por antonomasia, debe de ser un hombre histórico. Lo histórico debe de formar parte inalienable de sus valores y de su actitud ante la vida, tanto como las porciones de Dionisos y Apolo que lleva dentro; tanto como las porciones de bien y de mal que contiene a partes casi iguales. El hombre mentalmente acobardado ante el futuro necesita, sí, a la historia, como todos, pero cuando logra el recuerdo firme de lo pasado, hace como el avestruz (que esconde la cabeza) porque es perturbado por «la calma de un presente posterior», (*II Intempestiva*, 1 p. 41), y envidia al

---

[28] UPHV o. c. Prefacio 1 p. 40 UGB o. c. Band 1 Von Nutzen und Nachtheil der Historie für das Leben Vorwort 1 p. 248-5.

animal, al cual tanto se le parece con esta actitud de «olvidar inmediatamente». Esta es una forma de vivir cobarde, no histórica. El valor que más admiraba Nietzsche era el de la valentía en los hombres, su entrega, su no sobrevalorar el presente, sino la búsqueda de lo desconocido, del futuro. Por eso y no por otra cosa, es por lo que critica al hombre que abandona sus instintos, se vuelve teórico y piensa más en lo que le conviene, o sea, se vuelve oportunista. El hombre, sin embargo, no debe ser de extremos, como no es de extremos la naturaleza misma. Todos necesitamos tanto de una porción de luz como de una porción no menos importante de oscuridad. Igual, la historia y lo histórico, no deben ser absolutizados. De aquí, de ese «sólo luz», o de ese «sólo sombras», nace la intolerancia y el fundamentalismo en política o el monoteísmo en religión.

> *"Esta es una ley general: todo lo vivo sólo puede ser sano, fuerte y productivo en el interior de un horizonte...La jovialidad, la buena conciencia, la alegría en el actuar, la confianza en el futuro —todo ello depende, tanto en un individuo como en un pueblo, de que exista una frontera, un límite que separe aquello que es claro y capaz de ser abarcado desde una perspectiva de todo lo que es oscuro y no visiblemente iluminado; pero también depende de que se sepa justa y oportunamente tanto qué olvidar como qué recordar, del poderoso instinto para distinguir en qué momento es necesario sentir de modo histórico y no histórico. Esta es precisamente la tesis propuesta a la reflexión del lector: que lo ahistórico y lo histórico son en igual medida necesarios para la salud de un individuo, de un pueblo o de una cultura".* (*)[29]

El razonamiento de que tanto «lo ahistórico» como «lo histórico», son necesarios a un individuo, a un pueblo o a una cultura, va contra la forma ortodoxa de enseñar historia en la Alemania de los tiempos de Nietzsche y en más de la mitad de la humanidad de hoy. Se nos quiere agotar en lo positivo o en lo negativo lineal, en «lo todo luz», vale decir, en lo «demasiado histórico», en lo que nos encierra demasiado en un horizonte, en «lo bueno»; donde no nos asalte ni una duda y donde no

---

[29] UPHV o. c. Prefacio 1 ps. 44-45 (*) Este párrafo completo viene destacado en el texto. UGB o. c. Band 1 Von Nutzen und Nachtheil der Historie für das Leben. Vorwort 1 ps. 251^{-30} -252^{-5-10}.

tengamos sobre nuestras cabezas ni una gota de sombra, siendo la duda, sin embargo, quien único nos puede hacer sabios, es decir, hombres. Ahora bien, ¿quién nos da la luz, lo histórico, lo sin dudas? Si la sombra y la duda nos las da la razón, la cautela y el estudio, ese olvidar, pero no tan pronto; la luz, en cambio y lo histórico demasiado claro nos lo dan los círculos de poder políticos y religiosos. Se entiende que esta es también la razón por la que Nietzsche nos llama a aceptar lo ahistórico como una variante dialéctica del entendimiento. El filósofo no quería que nos agotáramos en lo positivo y que buscáramos la contradicción renunciando a la felicidad acomodaticia del espíritu y en todo caso, del animal de rebaño. Cuando nos lleva también a lo negativo, no es que Nietzsche quiera agotarnos en ese otro extremo, todo lo contrario. Es más bien, como siempre ha hecho este filósofo, una intención polémica y de llamamiento político, pues puede ser, cómo no, que lo que nos dan como histórico, sea ahistórico y viceversa. El que se disciplina demasiado se hace débil y facilita el mal gobierno. Sigue diciendo Nietzsche:

> *"En este sentido [se refiere a lo ahistórico y a lo histórico] cualquiera puede entender esta observación: por mucho que la ciencia y el sentido histórico de un hombre sea muy limitado, por mucho que su horizonte sea tan estrecho...por mucho que manifieste en cada juicio una injusticia y en cada experiencia la ciencia errónea de ser el primero en formularla, este hombre, pese a todas sus injusticias y errores, conservará una insuperable salud y vigor y alegrará cualquier mirada. Sin embargo, muy cerca de éste, otro hombre mucho más justo e ilustrado caerá enfermo y se debilitará, porque las líneas de su horizonte siempre se desplazan continuamente [en forma mecánica] y porque no logrará liberar de las demasiado delicadas redes de sus justicias y verdades un robusto querer desear".*[30]

3.3 El mal de lo positivo

El que se agota en lo positivo se debilita. Por el contrario, el que busca la dialéctica, la contradicción y el juicio de la razón, se hace fuerte, porque tiene que ir rompiendo resistencias, en las cuales hace ejercicios

---

[30] UPHV. o. c. Prefacio Af. 1 p. 45 UGB o. c. Band 1 Von Nutzen und Nachtheil der Historie für das Leben Vorwort 1 p. 252[15-20].

y no vegeta en un añorado «mar de felicidad», que nunca realmente llega. Además, todo aquello que no nos mata nos hace más fuertes, como la guerra por ejemplo, que es la rueda de la historia.

> *"Ya hemos visto, en contraposición a esto, a ese animal que habita de manera totalmente ahistórica y casi en el interior de un horizonte unidimensional, pero que vive en una cierta dicha, por lo menos ajeno al hastío y al fingimiento".[31]*

Pretende Nietzsche concluir este asunto con la siguiente idea:

> *"Por consiguiente, tendremos que dictaminar que la capacidad de poder sentir de manera no ahistórica es mucho más importante y originaria en la medida que constituye el fundamento sobre el que puede en general desarrollarse y crecer algo justo, sano y grande, algo, en definitiva, auténticamente humano".[32]*

Estas ideas nietzscheanas, nacidas de la convicción libertaria y heterodoxa, no deben de haber agradado mucho a los grandes centros de poder de la época ni a las grandes jerarquías eclesiásticas. Tampoco gustaron a los comunistas (a los así llamados comunistas), más bien del socialismo cesarista que supuestamente triunfó en Europa y Asia. Como es lógico suponer, no gusta tampoco por la vigencia que tiene, a los fundamentalistas de hoy, tanto de derechas como de izquierdas. Esto nos hace pensar, ¿tenía claro Nietzsche, al plantear «transvalorar todos los valores», que ello significaba, que había que cambiar el «orden establecido» por uno diferente, sin la pútrida rancidad que uno y otro evidentemente le observaron al existente? Los centros de poder quieren alejarnos de por la atmósfera envolvente que lleva consigo. La historia que ellos nos dan, de «tan histórica que se presenta», es dogma y se nos presenta no como historia, sino con un lenguaje desfigurado; tiene tipo de «orientación precisa» y de «orden a cumplir». De ella no se puede disentir. Y, sigue afirmando Nietzsche:

---

[31] *Ibíd.* Af. 1 p. 45 UGB o. c. Band 1 Von Nutzen und Nachtheil der Historie für das Leben Vorwort 1 p. 252-25.

[32] UPHV o. c. Af. 1 ps. 45-46 UGB o. c. Band 1 Von Nutzen und Nachtheil der Historie für das Leben Vorwort 1 p. 252-30.

"Es verdad que el hombre sólo llega a ser hombre en tanto que pensando, reflexionando, comparando; separando y sintetizando limita ese elemento ahistórico, y en tanto que forma en el interior de esa envolvente nube un poco de claridad luminosa y resplandeciente, es decir, mediante esa fuerza de utilizar el pasado como instrumento para la vida, transformar lo acontecido en historia nueva. Pero no es menos cierto que, por medio del exceso histórico, el hombre deja, por el contrario, de serlo".[33]

3.4 ¿Dónde se desarrolla el valor de la vida?

En la transformación de lo acontecido *en historia nueva,* es donde único se desarrolla vida. La religión y la forma tradicional de ejercer educación, han pretendido siempre presentarnos sólo lo histórico, y de contra, sin lo lógico. La educación tradicional hace también hincapié en la luz, en lo resplandeciente, en lo plástico, o sea, en lo apolíneo, que de tanta luz enerva y embrutece. En el primer libro de Nietzsche, de *El Nacimiento de la tragedia,* se defiende, con pleno convencimiento, el componente dionisíaco que tenemos los hombres. En cambio la *II intempestiva* vino siendo el segundo libro y en éste define a la historia como un valor si bien no tradicional, y defiende, «*tanto lo histórico como lo no histórico*», pero se inclina más por lo ahistórico. Lo ahistórico, entonces, «*en el que se desarrolla únicamente la vida*» *(II Intempestiva,* 2*),* nace de lo dionisiaco, del fondo caótico y oscuro que todo lo devora, pero que todo lo engendra. Lo histórico puro, pues, se identifica más con Apolo; lo ahistórico, con Dionisos según nuestra idea. Dice Nietzsche:

"En este tratado el «sentido histórico» del cual se halla orgulloso este siglo, fue reconocido por primera vez como una enfermedad, como signo típico de decadencia".[34]

---

[33] UPHV o. c Prefacio Af. 1 p. 46 UGB o. c. Band 1 Von Nutzen und Nachtheil der Historie für das Leben Vorwort 1 ps. 252-253[-5].

[34] EH o. c. Af. 1 Las intempestivas ps. 83-84. "In dieser Abhandlung wurde der «historische Sinn», auf den dies Jahrhundert stolz ist, zum erste Mal als Krankheit erkannt, als typisches Zeichen des Verfalls". EH o. c. Band 6 Die Unzeitgemässen Af. 1 p. 316[-20].

Esta idea del por qué el sentido histórico es una enfermedad, la desarrolla también en la *II Intempestiva*:

> *"Esta consideración profundamente austera y seria sobre el sinsentido de todo acontecer y sobre la situación de madurez, dispuesta parta el juicio final del mundo, se ha volatizado en la conciencia escéptica de que en cualquier caso, es bueno conocer todo lo acontecido, porque es demasiado tarde para hacer nada mejor. Así convierte el sentido histórico a sus servidores en pasivos y en retrospectivos, sólo cuando, por un olvido momentáneo, ese sentido se suspende, la fiebre histórica del enfermo se transforma en actividad; pero tan pronto como la acción se suspende, la consideración analítica diseca la acción, impidiendo cualquier efecto influyente para despellejarla, finalmente, en «historia»".*[35]

Para Nietzsche siguiendo esta concepción de lo histórico, no estamos sino estancados en la vivencia cristiana de la Edad Media:

> *"En este sentido vivimos aún en la Edad Media: la historia no es hoy sino una teología cubierta, del mismo modo que la veneración con que el profano ajeno a la ciencia trata a la casta científica es una veneración heredada del clero. Lo que antes se daba a la Iglesia se da ahora, aunque en menor escala, a la ciencia".*[36]

En esta misma obra había, sin embargo, desarrollado la idea de que los griegos de la época trágica sí tenían sentido histórico, pero que este era un asunto interior, de cada individuo, estos griegos fueron los que encarnaron con tenacidad el sentido de lo ahistórico:

> *"Pensemos por ejemplo en la imagen que un griego tendría ante la visión de nuestra formación. Éste no tardaría en apreciar que para los hombres recientes «cultos» e «históricamente culto» se parecen de un modo tal que se diría que tan sólo son distintos en número de palabras. Si éste expresase su idea de que alguien pude ser muy «culto» y carecer completamente de formación histórica, la gente creería no haber*

---

[35] UPHV o. c. Af. 8 p. 107 UGB o. c. Band 1 Von Nutzen und Nachtheil der Historie für das Leben 8 p.305$^{15\text{-}20}$.

[36] *Ibíd*. Af. 8 ps. 107-8 UGB o. c. Band 1 Von Nutzen und Nachtheil der Historie für das Leben Vorwort 8 p.305^{25} .

entendido nada y agitaría despectivamente su cabeza. Y es que ese conocido pueblo de un pasado no demasiado remoto, el griego, en su periodo de mayor poderío, mantuvo un tenaz sentido ahistórico".[37]

La cultería (*Gebildetheit*) nuestra y el acumular conocimientos en forma epigonal, como lo hace el tornero que acumula piezas de reciente fabricación, es lo que nos llevó a enfermar el sentido histórico y por consiguiente a alejarnos del engrandecimiento de la vida. Pero ese «*tenaz=zähe*» sentido de lo histórico, lo vivió y encarnó conjuntamente con el gusto y deleite por la tragedia y el espíritu dionisiaco, o sea el ligar donde realmente se desarrolla la vida. Necesitamos al parecer, un sentido histórico-crítico, que sirva para eliminar ese optimismo falso del hombre moderno, que se asusta de todo movimiento renovador, de auto-superación crítica personal y colectiva, que cambie por completo la vida. Lo histórico, tal como han sido hasta ahora las cosas, se identifica más con los «*altos*» círculos, con la elite privilegiada de los hombres de letras y del poder y la religión; lo ahistórico, con el pueblo verdadero donde late bulliciosa la vida. Dentro de esta «nube envolvente», llena de contradicciones, es la única donde se posee capacidad de dar una historia no estancada para justificar el presente y tratar de evitar el porvenir; es la única que sabe «utilizar el pasado como instrumento de vida», para construir el futuro. Sin la «envoltura de lo ahistórico» el hombre no pensaría y es esto lo único que lo hace hombre, según la idea nietzscheana. El hombre debe de ser parte del pasado, pero sin dejar que éste lo domine. En la porción del pasado, presente en el hombre, se encuentra lo ahistórico si somos críticos con el presente y no se agota en lo positivo y en las apariencias. Lo positivo aburre y no juega por esto, ningún papel formador de valores. En EH. ¿Por qué escribo libros tan buenos?, dijo que su superhombre se parecía más a al cardenal César Borgia (hijo del Papa Alejandro VI-1475-1507) que a Parsifal (última obra en tres actos de R. Wagner 1882 en Bayreuth). Más adelante veremos de nuevo esta idea a propósito del «hombre extraordinario» del ruso Fyodor Dostoievski (1822-1881 autor de *Crimen y castigo-Hermanos Karamazov*). No se puede vivir en un mundo

---

[37] UPHV o. c. Prefacio Af. 4 p. 69 UGB o. c. Band 1 Von Nutzen und Nachtheil der Historie für das Leben Vorwort 4 p.273[-20].

de apariencias, donde sólo Apolo esté representado. Este no es un mundo perfecto y como dijo Sófocles en boca de Electra:

> *"En esta situación, amigas, no es posible ser razonable ni piadoso; que en los males mucha necesidad hay de practicar el mal".*[38]

El discurso que termina en lo positivo, resulta aburrido, porque es calcado, inoperante y único, creyendo el que lo dice, que sólo él es razonable. El razonamiento profundo y demorado, no forma nunca parte del estilo de estos «estudiosos».

4. Exceso de historia. Cómo la historia pertenece al ser vivo. La trinidad de la historia. Nuestros tiempos. La historia y la política práctica

La historia pertenece, nos dijo Nietzsche, sobre todo, al que quiere actuar. Al devenir, por más inevitable que filosóficamente parezca, hay que salir a buscarlo y «a lo que se está muriendo» hay que ayudarlo a morirse. Y lo que el hombre no encuentra, por mucho que mire a su alrededor en sus coetáneos, lo encuentra, si busca bien, en la historia y en sus predecesores. Ahora bien, lo que es útil a la vida, sólo se les da a los que tienen «voluntad de poder». Así, nos dice que:

> *"La historia pertenece sobre todo al que quiere actuar, al poderoso, a aquel que mantiene una gran lucha y necesita modelos, maestros o consuelo, mientras que paralelamente, no es capaz de encontrarlos ni entre sus camaradas ni en su presente".*[39]

La historia, por muy objetiva que sea, le dice algo sólo al que quiere oírla. El tiempo presente «era tan malo», nos dice Nietzsche en su polémica con el historicismo, que el hombre inquieto y fuerte no encontraba modelos y alicientes para su convencida lucha, ni en sus conciudadanos ni individualmente ni en la vida de trivialidades que lo rodeaba, así como tampoco en la historia que le enseñaban. Dice, como para que no les quedara dudas a los que lo criticaron:

---

[38] Sófocles, *Ayante-Electra-Las triquinianas* o. c. Escena III p. 68.

[39] UPHV o. c. Af. 2 p. 52 UGB o. c. Band 1 Von Nutzen und Nachtheil der Historie für das Leben Vorwort 2 p. 258-15.

"Nuestro tiempo es tan malo, como dijo Göthe, que el poeta no encuentra a su alrededor ninguna naturaleza adecuada".[40]

Por lo demás, al que no la quiere *(a la historia)* y no la necesita porque no tiene proyectos, tampoco ésta le dirá nada. Es decir, la historia es un valor tan grande, tan fuerte, que nos sirve no sólo de decisiva ayuda para soportar la vida en momentos difíciles, sino como guía práctica, como idea de trabajo y acción, para organizar la política, el gobierno y la vida colectiva de la nación. La historia y la política se complementan y completan una a la otra. Pero existe una idea más profunda aún de Nietzsche sobre la utilidad (esta vez sin connotaciones y dobles sentidos) de la historia para la organización de la vida. Con la idea en cuestión, idea que reafirma la estrategia de trabajo que nos hemos trazado en este análisis específico de los valores, Dice así Nietzsche:

"Pero que la vida necesita el servicio de la historia es algo que debe comprenderse tan claramente como la tesis –que se demostrará más tarde– de que un exceso de historia daña lo viviente".[41]

Y añade Nietzsche:

"En un triple sentido pertenece la historia al ser vivo: le pertenece como alguien que necesita actuar y esforzarse, como alguien que necesita conservar y venerar y, finalmente, como alguien que sufre y necesita liberarse. A esta trinidad de relaciones corresponden tres maneras de abordar la historia".[42]

Según Nietzsche estas tres maneras son:

a. La historia **monumental**; b. La historia **anticuaria**; y la c. Historia **crítica**.

Los valores nobles más grandes, definitorios y decisivos para Nietzsche radican en: «el superhombre», irradiador de valores él mismo

---

[40] *Ibíd*. Af. 2 p. 52 UGB o. c. Band 1 Von Nutzen und Nachtheil der Historie für das Leben Vorwort 2 p. 258-15.

[41] UPHV o. c. Af. 2 p. 52 UGB o. c. Band 1 Von Nutzen und Nachtheil der Historie für das Leben Vorwort 2 p. 258.

[42] *Ibíd* Af. 2 p. 52 UGB o. c. Band 1 Von Nutzen und Nachtheil der Historie für das Leben Vorwort 2 p. 258-5.

como un faro irradia luz en todas direcciones; la «voluntad de poder», un ente casi metafísico en la idea filosófica nietzscheana, así como el «eterno retorno de lo mismo», visto este ahora en un sentido vital y ontológico-hermenéutico. Pues bien, a la historia Nietzsche la considera para hombres fuertes, o poderosos, como él les llama. Poderosos no por la situación económica y el poderío político, sino por lo moral noble, por la educación, por la sabiduría y por la decisión de trabajar para el porvenir venciendo resistencias; por la decisión de vencer y de hacerse con los medios que se necesita para ello. Cuando escribió la *II Intempestiva*, aún no había lanzado la problemática frase de «super-hombre» y «voluntad de poder».[43]

Y cita Nietzsche a Polibio (Megalópolis, 201-120 a. c, uno de los primeros historiadores clásicos y apologista de Roma). Quien ya en aquellos lejanos tiempos le daba a la historia un valor práctico, no sólo erudito, y la consideraba ciencia y no arte de escribir. Dice Nietzsche:

> *"Teniendo en cuenta al hombre activo, Polibio, por ejemplo, define a la historia política como la justa preparación al gobierno de un estado, así como una maestra extraordinaria que, a través del recuerdo de los infortunios de los otros, nos exhorta a soportar con firmeza las veleidades de la fortuna".*[44]

Si alguien tenía dudas de que la historia es un valor, al meditar este pensamiento de Nietzsche, pensamos que haya dejado de considerarla un simple compendio de hechos arqueológicos dignos de estudiarse, o como dice Gianni Vattimo *"un repertorio objeto de estudio"*.[45] Fijémonos que la historia es útil «*al hombre activo*», el único que sirve porque es el único preocupado, el único que piensa. Los demás, vegetamos. Por eso nos advierte Nietzsche que:

---

[43] UPHV o. c. Af. 2 p. 52 UGB o. c. Band 1 Von Nutzen und Nachtheil der Historie für das Leben Vorwort 2 p. 258.

[44] *Ibíd* Af. 2 ps. 52-53 UGB o. c. Band 1Von Nutzen und Nachtheil der Historie für das Leben Vorwort 2 p. 258-5.

[45] Vattimo, Gianni (1976) *Introducción a Nietzsche*, Editorial Península. Madrid p. 18.

> *"Por eso, quien aquí haya aprendido a reconocer el sentido de la historia, le ha de molestar profundamente observar a todos estos viajeros curiosos o pedantes micrólogos escalar sobre las pirámides de los grandes pasados; allí donde busca las incitaciones a la emulación y a la superación de uno mismo...".*[46]

La historia es para encontrar «*incitaciones, emulación y superación*», de uno mismo, para entenderse uno mismo. Si es así, nos hemos de molestar con el ocioso, con ese que sólo busca distracción y tiempo para perderlo. Y, seguidamente nos dice el filósofo:

> *"Para que el hombre activo, en medio de estos ociosos débiles y desesperanzados, en medio de estos aparentes hombres activos –en realidad compañeros excitados y ruidosos– no se desanime y sienta hastío, ha de interrumpir la marcha hacia su meta, mirar detrás de sí y tomar aliento. Una meta que es una dicha, quizá no la suya propia, a menudo, incluso, la de un pueblo o la de toda la humanidad".*[47]

Entre paréntesis, se dice por todos los críticos objetivos y bien intencionados de Nietzsche, que la preocupación principal y máxima de este pensador era, como en todo verdadero filósofo, *"el problema más antiguo y fundamental de la filosofía, el del ser"*.[48]

Esta afirmación, desde luego, es cierta, pero más allá del análisis académico que se pueda hacer del asunto, este problema del ser Nietzsche lo abarca desde muchas y variadas formas: en forma ontológica, puramente hermenéutica, vitalista; como crítica a las religiones en general y al cristianismo en particular, alertándonos, y, sobre todo, desde el punto de vista social. Por eso se le llama a Nietzsche el filósofo de la vida, así como Karl Marx lo fue para la lucha política. Si nos preparábamos para la vida, el camino de lucha y los medios para lograr los objetivos, ya los encontraríamos. Y Nietzsche, al ser el filósofo de la vida, no quiere decir que lo fuera en forma existencialista como un poco

---

[46] UPHV o. c. Af. 2 p. 53 UGB o. c. Band 1 Von Nutzen und Nachtheil der Historie für das Leben Vorwort 2 p. 258-20.

[47] *Ibíd*. Af. 2 p. 53 UGB o. c. Band 1 Von Nutzen und Nachtheil der Historie für das Leben Vorwort 2 p. 258-30.

[48] Vattimo, Gianni o. c. p. 9.

lo fue su maestro A. Schopenhauer, que dio consejos parecidos a los de los dentistas y los modistos. Nietzsche en verdad nos prepara para la vida. La historia es parte de la preparación para la vida. Su sistema era no tener sistema, pero sí tuvo un hilo conductor del primero al último libro que meditó y escribió. Ese hilo conductor fue: lo dionisíaco-apolíneo, la voluntad de poder (aunque a esta claramente no la expresó hasta su etapa más madura); el superhombre, el eterno retorno de lo mismo, su crítica a las religiones y no sólo al cristianismo (por pretender en esencia la doma del hombre como objeto máximo de todas ellas); proclamación de los dioses de los valores naturales (uno para cada pueblo y hasta uno para cada individuo, o sea, un dios para la vida y no para regañar ni juzgar, como en esencia era y lo es el Dios moral). En el hilo conductor de Nietzsche no puede faltar, como ya hemos señalado en otras ocasiones en este mismo trabajo, el alertarnos en cuanto a la actitud cautelosa que debemos tener los hombres ante la política, los estudios históricos y ante los políticos. Desde el principio al fin nos alerta del peligro de tener fe. Tener Fe, pero para crear, no para creer. El creyente sólo va a parar al rebaño como número y no es jamás un hombre que fije valores y que sea finalidad. Y fue Nietzsche un escritor impactante.

El primer impacto de Nietzsche, digamos con G. Vattimo, lo provocó en lo cultural, o «literario», con *El nacimiento de la tragedia*. Pero el segundo impacto fue más amplio, histórico y un poco ideológico, con aquello de «transvalorar todos los valores». Y ningún libro de este filósofo fue inofensivo, incluso, ni el mismo *Nacimiento de la tragedia*, que inquietó a los intelectuales, digamos, anquilosados, a quienes sacó de su quietud de décadas. Empezó por «sacarnos del idealismo apolíneo» y llevarnos a la realidad de nuestro cincuenta por ciento dionisiaco, porción matemática donde nos igualamos todos, desde el noble al más plebeyo. La imagen de lo griego empezó Nietzsche por desmitificarla a pesar de que en algunos momentos la haya exagerado. La idea de armonía, belleza, equilibrio, medida, la completó con lo caótico, el desequilibrio y la desmesura, como el componente que le faltaba a la verdadera vida. En los griegos, desde luego, no todo fue perfecto y acaso aquí radique parte de su grandeza. La relación de fuerzas internas entre lo apolíneo y lo dionisiaco (sueño y embriaguez; arquitectura-escultura y música), componen el juego dialéctico de los impulsos artísticos del hombre y donde éste, como artista, es sólo un imitador. Nietzsche se dedicó a desmontar uno a uno, los ladrillos del edificio apolíneo no para destruirlo, sino para reconstruirlo ahora de manera no idílica. Usó para ello el material que faltaba, el Dios de los cultos orgiásticos de los griegos, es decir, a Dionisos. El Cristianismo como doctrina se había interesado en transmitirnos sólo lo estático, o apolíneo. Así, Dionisos, con Nietzsche, vino a ser un poco el anticristo en el sentido no negativo de esta frase sino en el sentido de contrapartida. Una vez hecho lo anterior, el filósofo se tiró más a fondo, continuó con la crítica al historicismo de su tiempo que, por cierto, sus nefastas consecuencias siguen vigentes hoy en importante medida. Y fijó su impronta con el superhombre, la voluntad de poder y sobre todo, con lo de la transvaloración de todos los valores, en forma destacada, los valores históricos, que en esencia, habían sido impuestos por el Cristianismo. Para transmutar todos los valores, hay que cambiar, desde luego, el orden existente y pienso que Nietzsche no era ajeno a esta idea.

4.1 Los valores colectivos del hombre

En la crítica a la historia, más bien al historicismo (y a la educación ortodoxa y la filosofía enciclopedista y académica), fija y destaca Nietzsche su idea de los valores colectivos en el hombre:

> *"Una meta que es alguna dicha, quizá no la suya propia, a menudo incluso, la de un pueblo o la de toda la humanidad".*[49]

La utilización de la historia produce un resultado catártico muy activo, casi como el que produce la tragedia y ayuda al desarrollo de la actitud colectiva de las personas, borrando, en parte, el individualismo, al tener valor movilizador y el salario que se consigue es el mejor y el mayor de todos: la gloria. Nos dice bien claro el filósofo:

> *"Así, mediante la utilización de la historia, se logra escapar de la resignación... Que los grandes momentos en las luchas de los individuos formen una cadena, que en ellos se una la cadena de montañas de la humanidad a través de milenios, que lo más alto de un momento*

---

[49] UPHV o. c. Af. 2 p. 53 UGB o. c. Band 1 Von Nutzen und Nachtheil der Historie für das Leben Vorwort 2 p. 259^{-5}.

histórico hace mucho tiempo acontecido siga siendo para mí aún lo más vivo, claro y grande".[50]

Nietzsche refuerza y se sostiene en esta idea diciendo:

"Pues su mandamiento reza así: lo que fuera capaz una vez de dar una mayor dimensión y una realidad más hermosa al concepto «hombre» ha de estar también eternamente presente, tiene que ser posible eternamente".[51]

Para que seamos hombres debemos tener ante nosotros lo cósmico «una mayor dimensión y una realidad más hermosa» y, esa, nos la ayuda a tomar la historia, porque el hombre no sólo es, sino que fue y será. La historia, como valor, nos ayuda a adquirir los anteriores valores. La exigencia de lo grande debe ser eterna en el hombre. Esa es la idea nietzscheana.

4.2 De cómo debe de entenderse la historia

Pero la historia, ni es sencilla y fácil de entender, ni anda sobre ruedas, como en forma triunfalista nos quieren hacer ver en ocasiones. A la historia hasta ahora se le ha dado sólo un carácter academista a su enseñanza, siendo, sin embargo, contradictoria, profunda, dialéctica y exotérica además de heterodoxa. Bueno, la historia, qué decir, es como el hombre y no como nos la presenta el discurso educativo dominante. A la historia no debe tratar de entendérsele completamente clara, pues podemos confundir lo histórico con lo no histórico y con lo lógico. Debe estudiársele con la idea nietzscheana que reza así:

"[...] en la mayoría de las materias que trato descubro algo impenetrable o, por lo menos, muy difícil de penetrar...".[52]

---

[50] *Ibíd.*Af. 2 p. 53 UGB o. c. Band 1 Von Nutzen und Nachtheil der Historie für das Leben Vorwort 2 p. 259[-5].

[51] UPHV o. c. Af. 2 p. 53 UGB o. c. Band 1 Von Nutzen und Nachtheil der Historie für das Leben Vorwort 2 p. 259[-10].

[52] Nietzsche, F. *Reflexiones, máximas y aforismos (2001),* Editorial.Valdemar El club Diógenes, Madrid. Edición de Luis Fernando Moreno Claros. Af. 1 Nietzsche sobre Nietzsche apuntes biográficos de 1864 p. [33].

En Nietzsche siempre estuvo presente el deseo y el interés por los estudios clásicos y académicos, pero se alejaba cuanto más podía, del academicismo pedante y del historicismo rutinario y/o mal intencionado. También se propuso combatir, por inerte y medio muerto, la tendencia al «enciclopedismo superficial». El estudio de la historia debía de ser presidido por el deseo de conducir «lo particular» si de verdad valía la pena, a los más profundos fundamentos, a lo universal y a lo grande y eterno. Dice Nietzsche:

> *"Justo en esta exigencia de que lo grande debe ser eterno, se desencadena la lucha más terrible, pues todo lo restante que todavía vive dice que no".* [53]

Los enemigos del devenir dicen que lo monumental no debe salir de su escondite, del pasado, para que no se saquen conclusiones útiles. Sobre todo, no debe salir a flote lo grande para que no camine hacia la inmortalidad.

4.3 La Historia monumental

La historia monumental nos identifica con lo bello del pasado inmortal:

> *"Seguramente no más que aquello que les hubiera atormentado en forma de escoria, basura, vanidad, animalidad...y que ahora cae en el olvido...Pero una cosa sí vivirá, el monograma de una existencia más propia, una obra, una acción, una iluminación poco frecuente, una acción. Vivirá porque ninguna posteridad puede prescindir de esto".* [54]

Ningún porvenir, ninguna posteridad puede prescindir de esta conducta y de estos descubrimientos. El hombre es eterno e infinito y ocupa las tres porciones del tiempo y el espacio: el pasado, el presente y el futuro. El hombre es todo eso y se le puede dividir en tres partes sólo para estudiarlo, y después, de nuevo, integrarlo, sintetizarlo. Así es también la historia, una trinidad como una trinidad es el hombre. El

---

[53] UPHV o. c. Af. 2 p. 54 UGB o. c. Band 1 Von Nutzen und Nachtheil der Historie für das Leben Vorwort 2 p. 259-20.

[54] UPHV o. c. Af. 2 ps. 54-55 UGB o. c. Band 1 Von Nutzen und Nachtheil der Historie für das Leben Vorwort 2 p. 260-15.

hombre es, como la materia, lo más eterno. La historia monumental, es verdad, nos produce o provoca «iluminaciones poco frecuentes», y que increíblemente, hasta que no hemos estudiado esta teorización de Nietzsche, no hemos tenido conciencia clara de ello. Cuando se estudia la historia de David, de Alejandro Magno, de las Cruzadas, y del caudillo mongol y fundador de los Tártaros Gengis Kan, (o el Temudjin 1162-1226) se entiende mejor el conflicto de hoy en el Medio Oriente, y en general en todo el Mundo Árabe, la India, Pakistán y Afganistán. Nietzsche pregunta y él mismo se responde:

"¿De qué forma, pues, sirve al hombre del presente la consideración monumental del pasado, la ocupación con lo clásico e infrecuente de tiempos anteriores? Simplemente: extrae de ella la idea de que lo grande alguna vez existió, y que, en cualquier caso, fue posible, y, por lo tanto, también quizá sea posible de nuevo".[55]

De esta manera la historia anima al hombre y lo substrae de los momentos de debilidad y depresión, de la incredulidad animal y sobre todo, del dominio de lo imposible. Si una vez fue, puede volver a ser. La historia monumental le ayuda al hombre a eliminar dudas. Desde luego, sin absolutizar ni exagerar ni mecanizarse en las actitudes y en las conclusiones prácticas. Nietzsche hace referencias a que la cultura del Renacimiento la llevaron a cabo un centenar de gigantes, pero que repetir eso en las condiciones actuales es imposible. A tres de éstos, Engels los llamó «gigantes monstruos del Renacimiento» como Rafael, Leonardo Da Vinci y Miguel Ángel. No sería posible hoy, en medio de la globalización, repetir exactamente esa parte de la historia por más bella y útil que haya sido. Es más, ¿sería necesario? Como dice el propio Nietzsche:

"¡Cuántas diferencias han de ser dejadas a un lado para que actúe ese efecto lleno de vida!".[56]

Lo que una vez fue posible, se puede repetir, pero no es posible otra vez de la misma y exacta manera. El avance de la humanidad es en

---

[55] *Ibíd.* Af. 2 p. 55 UGB o. c. Band 1 Von Nutzen und Nachtheil der Historie für das Leben Vorwort 2 p. 260-25.

[56] UPHV o. c.. Af. 2 p. 56 UGB o. c. Band 1 Von Nutzen und Nachtheil der Historie für das Leben Vorwort 2 p. 261-5.

espiral. Un poco se vuelve a lo mismo (¿el eterno retorno?), pero en ascenso, con el vector apuntando hacia arriba. Es que las condiciones de hoy no son las mismas ni en lo económico ni en lo social, a como fueron cuando esa monumentalidad existió. Volverá a haber un Cristóbal Colón, pero ese será el que vaya a Marte; el Magallanes actual es el que fue a la Luna o el que circunvaló a la Tierra por primera vez; el Marco Polo moderno será el comercio, del cual fue apóstol el ilustre veneciano. Por eso a la historia monumental, con toda su grandiosidad, debe serle aplicada la cautela, máxima de Nietzsche y uno de los hilos conductores de su filosofía.

> *"Sólo si la Tierra, nos dice el filósofo, una y otra vez recomenzara su drama después del quinto acto, si fuera cierto que el mismo encadenamiento de motivos, el mismo «deus ex machina» la misma catástrofe, se repitieran con determinados intervalos, entonces el poderoso tendría derecho a desear la historia monumental en una completa veracidad icónica, es decir desear cada «factum» en propiedad y particularidad concreta, probablemente hasta que los astrónomos no se convirtieran otra vez en astrólogos".*[57]

De manera que el anterior pensamiento posee valor dialéctico-materialista y de amor al devenir. Por otro lado, contiene tremendo sentido práctico y filosófico. Ningún acontecimiento en la historia se repite, como *"Nunca uno se baña dos veces en el mismo río"* (Heráclito de Éfeso de la Escuela Jónica 540-476). Vale decir, nada sucede exactamente igual a como sucedió en otra ocasión. Carlos Marx (1818-1883) siguiendo la línea de Nietzsche:

> *"Hegel dijo en alguna parte que todos los grandes hechos y personajes de la historia universal se producen, como si dijéramos, dos veces. Pero se olvidó de agregar: una vez como tragedia y otra vez como sainete".*[58]

---

[57] *Ibíd.* Af. 2 p. 56 UGB o. c. Band 1 Von Nutzen und Nachtheil der Historie für das Leben Vorwort 2 p. 261[-20].

[58] Gruppi, Luciano. *Opere scelte*, o. c. Marx, Karl *Il 18 Brumaio di Luigi Bonaparte* en I p. 487 "Hegel nota in un passo delle sue opere, che tutti i grandi fatti e i grandi personaggi della storia universale si presentanno per cosí dire, due volte. Ha dimenticato di aggiungere: la prima volta come tragedia, la seconda volta come farsa".

El que pretenda repetir la historia, lo que logra es un sainete, es decir, una mentira, en vez de una tragedia, vale decir, una verdad. Tal fue el caso que provocó la célebre frase de Marx, analizando el golpe de estado que en Francia llevó a cabo Napoleón el Pequeño, queriendo imitar a Napoleón el Grande. ¡Pero qué vigente está esta idea de Marx y de Nietzsche! Éste, por su parte, nos sigue exponiendo sus ideas al respecto y profundizando el concepto. Lo hace con intenciones teóricas y terriblemente prácticas a la vez:

> *"Hasta entonces, la historia monumental no necesitará esa completa veracidad: aproximará lo que no es semejante, generalizará y, finalmente, igualará, pero siempre atenuando las diferencias de los motivos e intenciones con el fin de –y de las causae– presentar los effectus de forma monumental, esto es, de manera ejemplar y digna de imitación".*[59]

La historia monumental se convierte en «una colección de efectos en sí o de acontecimientos», en tanto prescinde, en lo posible, de las causas y su encadenamiento actual. Esto es lo que se recuerda y/o celebra en las fiestas populares (religiosas, militares), o en los llamados «días de la independencia nacional», o recordando la memoria «de los padres fundadores». Pero no como una conexión de causas y efectos, sino como un valor sentimental e inspirador. Dice Nietzsche:

> *"Lo que se celebra en las fiestas populares y en día de recuerdos religiosos o militares es propiamente un «efecto en sí» semejante: éste es el que no deja ningún descanso a los ambiciosos y es como un amuleto en el corazón de los emprendedores, aunque no como «connexus» histórico de causas y efectos que, completamente conocido, sólo demostraría que nunca podría salir nada absolutamente semejante en el juego de datos del futuro y del azar".*[60]

La historia monumental es, por tanto, un valor noble positivo donde se destaca sobre todo lo bello, pero tiene, no obstante, peligros. De ellos, Nietzsche nos alerta que algunos de esos peligros son:

---

[59] UPHV o. c. Af. 2 p. 56 UGB o. c. Band 1 Von Nutzen und Nachtheil der Historie für das Leben Vorwort 2 p. 261-30.

[60] UPHV o. c Af. 2 p. 57 UGB o. c. Band 1 Von Nutzen und Nachtheil der Historie für das Leben Vorwort 2 p. 262-5.

> *"...mientras el pasado tenga que ser descrito como algo digno de ser imitado, como imitable y posible por segunda vez, corre, ciertamente, el peligro de ser torcido un poco, de ser embellecido y así aproximado a la libre invención; incluso hay tiempos que no son capaces de distinguir entre un pasado monumental y una ficción mítica, porque de un modo u otro pueden ser deducidos los mismos impulsos. Cuando la consideración monumental del pasado domina sobre las otras maneras de considerar la historia, esto es, la anticuaria y la crítica, sufre el pasado ese mismo «daño»: grandes partes de éste se olvidan, se desprecian, constituyéndose algo parecido a una corriente gris continua en la que sólo hechos particulares previamente adornados se alzan como archipiélagos aislados..."*.[61]

El factor subjetivo y los intereses complejos e inclinaciones de los hombres, terminan, muy a menudo, dominando a la historia monumental debido a las exageraciones que provoca y el exceso de entusiasmo. La historia la hacen los hombres, si bien no a su total antojo, donde el factor económico-material es el decisivo; la interpretan los hombres y las conclusiones a las que se llega, las aplican los hombres, aunque tampoco a su total arbitrio e ideas. El factor social y el desarrollo de las fuerzas productivas sociales son definitorios junto a lo subjetivo.[62] Dice Nietzsche, con toda razón, y más de una vez se ha demostrado esto en la práctica, que el hombre poderoso [el factor subjetivo, el azar, la personalidad en la historia, según Marx], es llevado mediante analogías al engaño:

> *"Y es que la historia monumental engaña a través de analogías: mediante similitudes seductoras atrae al hombre poderoso a la temeridad, al entusiasta al fanatismo, y, si se piensa completamente esta historia en las manos y cabezas de egoístas con talento y de malhechores exaltados, que terminarán destruyéndose reinos, asesinándose príncipes, instigándose guerras y revoluciones y aumentándose de*

---

[61] UPHV o. c. Af. 2 p. 57 UGB o. c. Band 1 Von Nutzen und Nachtheil der Historie für das Leben Vorwort 2 p. 262-10-15-20.

[62] Gruppi, Luciano. *Opere scelte*, o.c Marx, Carlos Il 18 Brumaio di Luigi Bonaparte. p. 487.

> *nuevo el número de los «efectos en sí», históricos, esto es, de los efectos sin suficientes causas"*.[63]

Pero existen peligros aún superiores y valores no-nobles en la historia monumental, de los cuales nos alerta el filósofo. Pregunta él:

> *"¿Qué ocurrirá cuando se apoderen de ella [de la historia universal] y se valgan de ella los impotentes e inactivos?"*.[64]

Nietzsche siempre, como una constante en él, nos ha alertado del peligro de la compasión, del animal de rebaño, de los creyentes y sobre todo, de la «rebelión de los débiles o de los esclavos». Pues bien, ¿qué sucede si la historia, en especial la monumental cae en manos de los débiles, de los sin linajes de sentimientos culturales, de los sin naturaleza artística, burdos (filisteos), campesinos ilustrados?". ¿Cómo se las arregla un personaje resentido, sin cultura artística, enfundado en una envoltura histórica monumental? Se pregunta Nietzsche, *"¿Contra quién lanzaría sus armas?"*. Y responde sin titubeos: –*"Pues contra sus tradicionales enemigos... contra los auténticamente veraces de la historia..."* (UPHV Af. 2 p. 58),– de los que son capaces de aprender para la vida y traducir lo que han aprendido, en una práctica más elevada. Dice Nietzsche en forma dolorosamente cierta y avalada, por desgracia, por la práctica:

> *"A estos se les obstaculiza el camino y se les enrarece la atmósfera cuando alguien con justa diligencia baila en actitud idólatra alrededor de un monumento de algún gran pasado entendido de modo parcial, como si quisiera decir: «¡mirad!, este es el arte verdaderamente real, ¡qué importan los que se transforman y quieren algo!»"*.[65]

Y nos advierte el filósofo irónicamente contra una amarga realidad que hemos padecido y que aún padecemos:

---

[63] UPHV o. c. Af. 2 ps. 57-58 UGB o. c. Band 1 Von Nutzen und Nachtheil der Historie für das Leben Vorwort 2 p. 262^{-30}.

[64] *Ibíd*. Af. 2 p. 58 UGB o. c. Band 1 Von Nutzen und Nachtheil der Hiostorie für das Leben Vorwort 2 p. 263^{-5}.

[65] UPHV o. c. Af. 2 p. 58 UGB o. c. Band 1 Von Nutzen und Nachtheil der Historie für das Leben Vorwort 2 p. 263^{-15}.

"De este modo, en todos los tiempos, el político de sofá ha sido más inteligente, más justo y sensato que el hombre de estado que gobernaba".[66]

Según la idea de Johann W. von Göthe (Frankfurt- 1749-1832 *El fausto*) no es lo mismo contemplar los toros desde la barrera, que estar lidiando con ellos en el ruedo. El hombre de acción, que actúa y sobre todo en ese momento, tiene menos conciencia que el que observa el espectáculo. Cuando se ejecuta la acción es solamente la vida quien se manifiesta, o sea el poder oculto e incitante. La historia siempre se usa por los políticos. La organización de un gobierno, de un partido, de una religión, secta o lo que sea, es consustancial al uso de la historia. No existe un país sin historia ni historia sin un país. Un país es más su historia que su naturaleza, sus edificios, sus calles y su gente en particular. Tan así es que Nietzsche dice de los alemanes, que estos han perdido, por la forma en que se les «metió» en la cabeza la historia, sus valores. Dice:

"Pero aquí nada ha de impedirme ponerme grosero y decirles a los alemanes unas cuantas verdades duras: ¿quién lo hace si no? Me refiero a su desvergüenza in historicis...Existe una historiografía del Reich alemán, existe incluso, me temo, una historiografía antisemita, existe una historiografía áulica, y el señor Von Treitschke[(*)] *no se avergüenza"*.[67]

Nietzsche, se indigna con la aseveración, creída por los alemanes, de que tenían el mismo nivel de grandeza el Renacimiento, que la Reforma Protestante. El Renacimiento pretendía sustraer al hombre de las sombras y enajenaciones de la Edad Media; la Reforma luterana restauró la iglesia:

"Lutero, esa fatalidad de fraile, restauró la iglesia y, lo que es mil veces peor, el cristianismo, en el momento en que éste sucumbía...¡El

---

[66] *Ibíd.* Af 2 p. 58 UGB o. c. Band 1 Von Nutzen und Nachtheil der Historie für das Leben Vorwort 2 p. 263[-25].

[67] EH o. c. Af. 2 El caso Wagner ps. 128-129 EH o. c. Band 6 Der Fall Wagner Af. 2 p. 358[-20-30] [(*)] historiador alemán Heinrich Gotthard von (1834-1896) al que Nietzsche llamaba "testarudo" cfr. *Más allá del bien y del mal* cap. 8 Af. 251 p. 205.

cristianismo, esa negación de la voluntad de vida hecha religión!... ¡Al diablo toda sicología!".[68]

¡Hasta tal punto corrompe una historiografía mal encaminada, los valores de un pueblo y una nación, no sólo de un hombre! A los alemanes se les «metió» en la cabeza que primero había que «ser alemán», «ser raza», y después, se podía, entonces, hablar de valores y no-valores. Es decir, todo lo contrario del Renacimiento. Para un partido, un político, etc., una cosa es estar en la oposición y otra es estar en el poder. De una manera «se ve» la historia monumental «antes» y de otra manera «después». Por eso dice Nietzsche que *«el político de sofá es más inteligente»*.

> *"Su instinto por el contrario les revela que el arte podrá ser asesinado por el propio arte: lo monumental no debe nacer otra vez, y para esto sirve precisamente lo que posee la autoridad monumental del pasado".*[69]

Los conocedores del arte, dice Nietzsche, quieren suprimir el arte en general. Por cierto, se mezcla, por el filósofo, arte, historia, política y voto popular. La mayoría numérica era, para él, un peligro, desde luego, por estar cerca de la demagogia y el poder del populacho; de los débiles, de los esclavos. Es nuestra idea que en la mente de este filósofo alemán, historia, arte y política, son valores –nobles– no tradicionales, que han de andar juntos.

> *"Cuando el hombre que quiere crear algo necesita el pasado, se adueña de éste por medio de la historia monumental; a quien, por el contrario, le gusta perseverar en lo habitual y venerable antiguo, cuida lo pasado como historia anticuaria".*[70]

El hombre que quiere crear algo, por lo regular es el político y éste, casi siempre es historiador o historiógrafo. Por otro lado, el principal

---

[68] UPHV o. c. Af. 2 p. 130 EH o. c. Band 6 Af. 2. Der Fall Wagner p. 359^{-25}.

[69] *Ibíd*. Af. 2 p. 59 UGB o. c. Band 1 Von Nutzen und Nachtheil der Historie für das Leben Vorwort 2 p. 264^{-5}.

[70] *Ibíd*. Af. 2. ps. 59-60 UGB o. c. Band 1 Von Nutzen und Nachtheil der Historie für das Leben Vorwort 2 p. 264^{-30}.

valor en el hombre es el de ser creador. De los tres tipos de historia que Nietzsche concibe, nos dice él lo siguiente:

> *"Del transplante irreflexivo de estos cultivos proceden algunos desastres".*[71]

El crítico o rebelde sin causa. El criticón por antonomasia, el de espíritu negativo; este puede ser uno de esos desastres. Es el que encuentra todo lo pasado mal, también lo presente y encuentra triste el futuro. No se ubica en la época histórica ni sabe ser ahistórico. El anticuario sin piedad y que no venera respetablemente nada. Puede ser ubicado entre los nihilistas o los iconoclastas. El conocedor de lo grande, sin ser capaz de hacer algo grande. Es el yermo erudito, el historicista pasivo, el «enciclopedista superficial», que a la postre, nada rinde a la humanidad y que, si bien no es un valor totalmente negativo, no es tampoco un valor noble-positivo. Este es también una especie de nihilista y de la peor ralea.

4.4 La historia anticuaria

Como el hombre en su ser existencial no es sólo presente, sino que es: pasado-presente-futuro, y, como que el que no conoce su pasado, es decir, de dónde viene, no es hombre, porque no sabe hacia dónde va ni puede pensar ni elaborar planes; por eso el hombre no puede vivir sin historia, como tampoco puede vivir sin las nociones elementales de «lo bueno», «lo malo»; «la justicia»; «valores morales», «valores políticos», «valores culturales y valores históricos». Al hombre la historia le pertenece, porque así *"conserva y venera"*.[72]

Pero no conserva y venera en todo y a todos por igual. Si en algo se manifiesta la necesaria desigualdad humana, es en que «conserva y venera en historia», al hombre de valores un poco superiores, o sea, a aquel que vive «repleto de confianza y amor», al hombre noble, al que

---

[71] *Ibíd.* final Af. 2 p. 60 UGB o. c. Band 1 Von Nutzen und Nachtheil der Historie für das Leben Vorwort 2 p. 264-30.

[72] UPHV o. c Af. 3 p. 60 UGB o. c. Band 1 Von Nutzen und Nachtheil der Historie für das Leben Vorwort 3 p. 265-5.

sabe mirar hacia atrás, *"al lugar de donde proviene, en donde se ha formado"*[73], si bien el horizonte en este hombre no es aún lo suficientemente amplio, como para ver lejos, bien lejos, que es a donde la historia tiene que enseñarlo a mirar. La cosmogonía, por así decirlo, de este hombre, no pasa a veces de su ciudad, acaso de su país. Para este tipo de hombre, la historia, a la que identifica con su ciudad o su patria, las convierte a ambas, en valores tan grandes que lo regocijan y lo hacen vivir:

> *"La historia de la ciudad se convierte para él en su propia historia; así comprende el significado de ese muro, la puerta almenada, el consejo municipal, la fiesta del pueblo como un diario ilustrado de su juventud, encontrándose a sí mismo en todo ello: su fuerza, su diligencia, su placer, su juicio, su necedad, incluso sus malas costumbres".*[74]

Si aquí ha vivido, con esta historia y en esta ciudad, parece ser la idea de Nietzsche, es porque aquí se puede vivir, sobre todo, con los valores de hombre noble que posee. En esta ciudad, en este país, vive, con su arraigado amor patrio, en los momentos buenos y en los momentos malos, porque *"...es duro y no se quiebra"*.[75] Al alma de su ciudad y de su pueblo, un hombre de este tipo de valores, los identifica con su propia y personal historia, o sea, con él mismo. No importa a cuántos siglos hacia atrás mire. Cuánto más intensa, y quizá más heroica sea la historia de su ciudad y su país, más histórico y más heroico es capaz de sentirse un hombre como el que hemos descrito. La historia se identifica con sus valores. Un hombre anticuario es capaz de establecer, mediante la historia, una empatía irrompible con su ciudad y su país, vale decir, con sus semejantes. Se le desarrolla, como a ningún otro hombre, la capacidad de encontrar la belleza de la historia anticuaria y sus dones y virtudes. Dice:

---

[73] *Ibíd*. Af. 3 p. 60 UGB o. c. Band 1 Von Nutzen und Nachtheil der Historie für das Leben Vorwort 3 p. 265^{-5}.

[74] UPHV o. c Af. 3 p. 60 UGB o. c. Band 1 Von Nutzen und Nachtheil der Historie für das Leben Vorwort 3 p. 265^{-20}.

[75] *Ibíd*. Af. 3 p. 61 UGB o. c. Band 1 Von Nutzen und Nachtheil der Historie für das Leben Vorwort 3p. 265^{-25}.

"Éstos son dones y virtudes: una capacidad de empatía, de adivinación, una capacidad de olfatear huellas casi extinguidas, un instintivo de leer correctamente el pasado, por más que ya se haya escrito encima...".[76]

Sobre este sentido histórico de lo anticuario afirma Nietzsche:

"Pero este sentido histórico anticuario y venerador tiene su más alto valor allí donde sobre condiciones en la que un hombre o un pueblo vive de manera modesta, severa, incluso miserable. Se difunde un sencillo y conmovedor sentimiento de placer y satisfacción, como por ejemplo, cuando Niebuhr [*]*responde con ingenua sinceridad que en el páramo y en el brezal, entre campesinos libres, se vive plácidamente teniendo una historia, pero sin un arte al que echar de menos".*[77] [*]

El hombre que se aferra a la historia anticuaria, es un buen hombre, pero termina siendo un hombre de medianías, rutinario, sin conflictos, o sea, muy bueno, muy noble, pero de estrechos horizontes. No hace nada malo, pero tampoco mucho bueno. Ama y cuida a su historia como el que ama y cuida y limpia un jarrón valioso de porcelana china; un jarrón que le es tan caro como su propia familia, pero que no deja de ser un valor puramente sentimental y que en nada más es útil, tanto a él como a sus semejantes. En la realidad es un amor enfermizo, «sin arte al que echar de menos», sin valores que lo motiven interiormente, sin crearle contradicciones internas y sin nada que lo movilice. La historia, sí, sirve a la vida también en el método anticuario de interpretarla, aunque como veremos más adelante, no es suficiente, además, porque de tanto amor que se le tiene, nada cuestiona y analiza. Ya sabemos, una de las constantes de Nietzsche desde el *Nacimiento de la tragedia*, ha sido cuestionarlo todo, no sacralizar nada, no dejar nada ni nadie fuera del alcance de la crítica; no dar nada por acabado en su

---

[76] *Ibid*. Af. 3 p. 61 UGB o. c. Band 1 Von Nutzen und Nachtheil der Historie für das Leben Vorwort 3 p. 266^{-5} .

[77] *Ibíd*. Af. 3 ps. 6-62 Cfr. MBM o. c Af 224 El sentido histórico p. 168 UGB o. c. Band 1 Von Nutzen und Nachtheil der Historie für das Leben. Vorwort 3 p. 266$^{-10\text{-}15}$ [*] Barthold Georg Niebuhr 1776-1831 Historiador alemán. Fue profesor de la Universidad de Berlín. Sus obras se basan sobre los principios de una Historiografía crítica. Destaca su obra Römanische Geschichte (1811-1832).

análisis. Esta es una de las razones por las que el socialismo totalitario lo anatematizó. Los hombres de espíritus libres, el más valeroso y preciado de los hombres que él (Nietzsche), preconiza, es el escéptico. Siempre Nietzsche nos dio a entender esto y en EH, AHZ, en AC, en CI, y en VS nos lo dice más directamente. El amor anticuario de la historia, según la idea del filósofo que estamos estudiando, ata y vincula estrechamente a la patria y sus costumbres y tradiciones; cuanto más desfavorecido es un pueblo más lo ata. Incluso, a veces se convierte en insensatez y en absurdo. El estudio anticuario de la historia les corta alas a los pueblos, les quita, de este modo pelado, el placer de la aventura, el embrujo de la emigración y el placer indescriptible del descubrimiento, así como el gozo de la innovación. ¡¿Qué hubiera sido de Cristóbal Colón y de Marco Polo, de haber sido dominados por la historia anticuaria!? Les hubiera impedido la búsqueda de lo nuevo. La historia anticuaria ata a los pueblos, los estanca, aunque sea con la mejor de las ideas. Al respecto nos dice Nietzsche un poco a guisa de conclusión de esta historia:

> *"El sentido anticuario de un hombre, de una comunidad o de todo un pueblo posee siempre un limitadísimo campo de acción. No percibe la mayor parte de las cosas, y lo poco que ve, lo ve demasiado cercano y aislado; no es capaz de medirlo y, por tanto, lo considera todo, de igual importancia. Es decir: atribuye a lo singular una importancia excesiva. Por tanto, no existen, para las cosas del pasado ni diferencias de valor, ni proporciones que las juzguen comparativamente, sino sólo dimensiones y proporciones de las cosas del pasado en referencia al individuo o pueblo que mira hacia atrás bajo la perspectiva anticuaria".*[78]

El anticuario se fanatiza y como tal, todo lo pasado lo considera digno de veneración y admiración indiscutibles. No comprende que el pasado, en su momento, fue presente y que «en los presentes» se comenten errores y ¡hasta horrores!, porque fue una obra humana. El anticuario, al que no reconoce «el carácter venerable de lo viejo todo», lo desecha sin respeto. Por supuesto, tampoco comprende que todo lo que es nuevo,

---

[78] UPHV o .c Af. 3 p. 63 UGB o. c. Band 1 Von Nutzen und Nachtheil der Historie für das Leben Vorwort 3 p. 267[-20].

«lo presente», está siempre en constante cambio a pesar de ser «presente». El anticuario petrifica el sentido hasta el punto en que sirve a la vida, pero socavando la vida posterior y suprema. Más bien se puede afirmar que no sirve a la vida, sino que la momifica. El árbol, *diría Nietzsche, empieza por morírsele la copa y termina muriendo de raíz*.[79] En aras de la historia monumental y anticuaria, se deja de animar el presente y el futuro y se petrifica a un pueblo entero. El anticuario, entonces, lo que hizo, fue al aferrarse a la historia anticuaria, desarrollar su sentido de coleccionador y colecciona hechos históricos como el que colecciona objetos museables (arqueológicos, momias o jarrones chinos). Así, Confucio (-551-479), Gautama Buda (-563-483), Cristo, Nerón (37-68), Atila (385-453), Adolf Hitler (1889-1945), Mahatma Gandhi *(1869-1948, Mohandas Karamchand*-el magnánimo), Constantino (280-337, Cayo Flavio Valerio), Alejandro Magno (-356-323), Julio César (-100-44), Cristóbal Colón (1451-1506), Isabel de Castilla (1451-1504), Napoleón Bonaparte (1808-1873); las guerras púnicas, las Cruzadas, la Revolución francesa, la I y II Guerras Mundiales, etc., no son más que una colección u objetos para someterlos a la lente de aumento del analista de momias y paredes de pirámides:

> *"Acaso también se observa el penoso espectáculo...en un ciego afán de coleccionar, de un incansable empeño por juntar todo lo que una vez existió: el hombre se envuelve en una atmósfera llena de podredumbre..."*.[80]

La manera anticuaria de «*ver*» la historia exagera y/o disminuye, «*dones superiores y nobles*», debido a la insaciable e irracional curiosidad por lo viejo, más que por lo pasado glorioso, obstaculizando siempre y en todo momento el desarrollo de lo nuevo al paralizar al hombre de acción. No lo pasado, no lo grande, no lo dialéctico, no lo que aporta experiencia y sabiduría (el pasado de los griegos por ejemplo), o la tragedia [que no es ni será vieja, sino madura], si no:

---

[79] UPHV o. c. Af. 3 ps. 63-64 UGB o. c. Band 1 Von Nutzen und Nachtheil der Historie für das Leben Vorwort 3 p. 268-5.

[80] *Ibíd*. Af. 3 p. 64-5 UGB o. c. Band 1Von Nutzen und Nachtheil der Historie für das Leben Vorwort 3 p. 268-15.

> *"El hecho de que algo sea viejo, produce la exigencia de que tenga que ser inmortal...todo lo que ha tomado carácter de antigüedad...".*[81]

Lo viejo, aunque no nos sea de ningún provecho, se nos hace sagrado y lo sagrado, como los mártires y como los partidos, nos hacen daño, ¡y de qué manera!, ¡trastocan los valores del hombre y le impiden ser de «espíritu libre» y creador! Hasta en la vida personal, una costumbre, un padre imponente, un político glorioso heredado, un privilegio político, cuando se arraiga demasiado, nos inmoviliza y poco a poco nos mata, como mata la aridez de los desiertos a las viejas encinas, empezando por las hojas y terminando por las raíces. Apartar una vejez de ese tipo, nos parece, y este es el peligro, una impiedad. Resume Nietzsche en forma sabia, como siempre hace, la historia anticuaria así como valor en el hombre le fija sus limitaciones:

> *"La historia anticuaria únicamente es capaz y entiende de <u>conservar</u> la vida, pero no de engendrarla".*[82(*)]

El filósofo de «la voluntad de poder» concibe como máximo valor, sólo lo que anime e incremente la vida. La historia anticuaria nada más es capaz, ¡si acaso!, de conservarla, pero al no engendrarla, es como si fuéramos a vivir eternamente viejos y no nos sirve a los afectos de la vitalidad, la evolución y la revolución social.

4.5 Historia crítica

Empieza así Nietzsche esta cuarta parte de su análisis:

> *"Aquí se hace visible la necesidad que tiene el hombre, al lado de los modos monumental y anticuario, de considerar con frecuencia el pasado desde una tercera perspectiva: la crítica, y también ésta de nuevo, al servicio de la vida".*[83]

---

[81] *Ibíd.* Af. 3 ps. 64-5 UGB o. c. Band 1 Von Nutzen und Nachtheil der Historie für das Leben Vorwort 3 p. 268-30.

[82] UPHV o. c. Af. 3 p. 64 UGB o. c. Band 1 Von Nutzen und Nachtheil der Historie für das Leben Vorwort 3 p. 268- 25 (*) La palabra *conservar* viene destacada en el texto.

[83] *Ibíd.* Af. 3 p. 65 UGB o. c. Band 1 Von Nutzen und Nachtheil der Historie für das Leben Vorwort 3 p. 269-10.

El hombre para poder vivir, tiene que arrojar los lastres del pasado y esto lo consigue llevando de vez en vez el pasado a juicio y condenándolo, ya que todo pasado, como obra humana, es digno de análisis, de crítica y hasta de destrucción; de esta manera, es la vida misma la que se expresa y no la justicia ni ningún otro tipo de juicio moral. No el criticón nihilista o iconoclasta: sino el crítico objetivo, inteligente, constructivo, «al servicio de la vida» y su desarrollo. No el crítico que muerde, sino el que analiza, cuestiona y saca conclusiones para la vida, el que le da argumentos y fe al que quiere crear. El apartado cuarto de la *II Intempestiva* Nietzsche lo inicia de este modo:

> *"Estos son los servicios que la historia es capaz de prestar a la vida. Todo hombre o pueblo necesita, según sus metas, fuerzas y necesidades, un cierto conocimiento del pasado, bien sea como historia monumental, anticuaria o crítica, pero no como una manada de pensadores meramente limitados a la observación pura de la vida, ni como individuos hastiados a quienes únicamente puede satisfacer el saber y para los que el aumento del conocimiento es la meta en sí misma sino siempre sólo para el fin de la vida y, por tanto bajo el dominio y conducción superior de tal objetivo".*[84]

La historia escrita es la historia de la humanidad compuesta por entes sociales. El pensamiento histórico, político y/o filosófico, es el vértice o cima de su vida en sociedad. La historia en particular se ocupa de hechos cronológicos concretos, pero también de los valores con arreglo a los cuales ocurrieron los hechos históricos y sobre todo, a cómo se les aprecia. Los hechos de la realidad y de cómo se les valore, son los que dan alas a la memoria de los hombres, y le dan vitalidad propia capaz de excavar canales a través de los cuales fluya no sólo la historia pasada, sino la presente y de cómo se perfila la historia futura. De esta manera, los temas que abarca la historia crítica son:

a) *El estado.* **b)** *Los hechos políticos.* **c)** *Las guerras.* **d)** *Cómo ocurrieron los hechos que fueron peligros comunes.* **e)** *Cómo pudieron evitarse.* Y finalmente sobre todas las cosas, **f)** *cómo se analizan las necesidades colectivas para el devenir histórico.*

---

[84] *Ibíd.* Af. 4 p. 67 UGB o. c. Band 1 Von Nutzen und Nachtheil der Historie für das Leben Vorwort 4 p. 271[-5-10].

El hombre vive en un mundo diverso y de cambios constantes. La historia crítica le enseña al hombre que las conclusiones a que llega, no son absolutas, sino relativas. En parte, esta es la primera característica de la historia crítica. El ropaje con el cual se viste la historia, envejece y deteriora. El espíritu de cautela tiene que estar siempre presente en contra de las apariencias, que las hacen parecer más verdades absolutas aún. La ciencia histórica es más social y contiene más valores humanos nobles que las demás ciencias sociales. Y todo, por el valor movilizativo que encierra. El hombre siempre resolvió o intentó resolver sus problemas en forma afortunada. Pero es la historia quien se los plantea y la política, que se deriva de las conclusiones históricas, la que intenta resolverlos a través del estado. El planteamiento de los problemas por la historia tiene, de inicio, carácter de enigma y se plantean sólo en las condiciones particulares de una época determinada. De no ser así, no es nunca historia crítica, sino monumental o anticuaria. Los temas de la historia crítica son o deben ser, además: el significado de la libertad; la igualdad y otras grandes abstracciones que nos afectaron y afectan; la naturaleza de las religiones y las iglesias, así como el papel que jugaron en los grandes dramas y tragedias humanas y sus relaciones con los estados y gobiernos de sus respectivas épocas; las relaciones y desencuentros entre las naciones; cómo fue, es y será el género enmarañado «de eso a lo que llaman propiedad», asociado al desarrollo; de dónde surgieron las ideas dominantes de cada período histórico y las estratificaciones de las clases a consecuencia de la posición de cada uno con respecto a la sociedad. La historia crítica, alejada en lo posible y lógico de lo monumental y anticuario, cuidará de que los análisis sean no sólo locales y particulares, sino universales y sin motivaciones demasiado finas para que sirvan a la práctica histórica y política. La historia crítica debe tener en cuenta, a la hora del análisis, que en el mundo no existen islas (dentro de poco ni en lo físico-geográfico) y que somos uno y desde luego interrelacionados mutuamente y recíprocamente.

El pensamiento es acción, según se colige de toda la filosofía nietzscheana y marxista. Por eso el estudio de la historia, que tiene valor pleno, es crítico. Debe hacer que las ideas históricas y políticas no sean piezas de museos, sino algo dinámico y sin separar materia y espíritu. Si las historias monumentales y anticuarias tienen sólo débil poder más que todo previsor, la historia crítica, en manos de superhombres y con voluntad de poder, tiene fuerte poder para obligar. El hombre, para poder vivir pleno, debe tener fuerza para destruir y liberarse del pasado. Pero para lograr lo anterior y obtener fuerzas y energías del pasado, éste, el pasado, debe de ser llevado a juicio implacable, aunque sin negarlo. Las obras humanas, no fueron, no son, ni serán sagradas, por gigantes que sean o hayan sido.

> *"Esto lo consigue llevando el pasado a juicio, instruyendo su caso de manera dolorosa, para, finalmente, condenarlo, ya que todo pasado es digno de ser condenado, pues así acontece en las cosas del hombre, siempre envueltas en las fuerzas y debilidades humanas"*.[85]

Y Nietzsche aclara:

> *"Pero no es aquí la justicia la que lleva las cosas humanas a juicio; y aún menos la clemencia la que pronuncia el veredicto. Es únicamente la vida quien aquí se expresa, ese poder oscuro e incitante, ese poder que con insaciable afán se desea a sí mismo"*.[86]

Esta manera de pronunciar juicio, más implícita y tácita que explícita, alejada del método tradicional de juzgar, penetra las células de los hombres y los guía con convencimiento pleno, pues nadie se los impuso, sino su propia y soberana conciencia y procede, esta especie de convicción, de las circunvoluciones más recónditas y misteriosas del cerebro humano y de su corteza Parece decir cada individuo y va, con esa convicción, a la acción, al incremento y vivificación de la vida. Nietzsche, según nuestra opinión, confirma esta idea:

> *"Su sentencia es siempre implacable, siempre injusta, porque nunca ha fluido de ninguna fuente pura de conocimiento; pero, en la mayor parte de los casos, resultará la sentencia igual aunque la pronunciara*

---

[85] UPHV o. c. Af. 3 p. 65 UGB o. c. Band 1 Von Nutzen und Nachtheil der Historie für das Leben Vorwort 3 p. 269-15.

[86] *Ibíd.* Af 3 p. 65 UGB o. c. Band 1 Von Nutzen und Nachtheil der Historie für das Leben Vorwort 3 p. 269-20.

> *la misma justicia, porque «todo lo que nace, merece perecer, por eso sería mejor que nada naciese»".*[87][(*)]

La vida y el hecho de la injusticia, según esta vieja idea griega, de Göthe y Nietzsche, se parecen más a la realidad de la vida, que si tuviera una sentencia agotada en lo positivo. Si de todas formas se va a morir, para qué se nace, pero si se nace y no se muere, no hay devenir. De todas maneras hemos de vivir, e interpretar así a la historia, o sea, con la idea de que el tiempo no es una limitación, sino una oportunidad y el análisis de la historia crítica no se agota en lo positivo, ya que nos llevaría a la historia monumental y a la anticuaria. Por otro lado, ese «todo lo que nace merece perecer» nos lleva al pensamiento filosófico de lo injusto de algunos nacimientos, especialmente en el campo de los fenómenos sociales y no sólo de algunos hombres:

> *"...un privilegio, una casta, una dinastía..., es decir, en qué medida esta cosa reclama su decadencia...".*[88]

¡Si, de entrada, no debió de haber nacido, imaginemos que sean eternos, que no tengan decadencia (filosóficamente correcta) y que no mueran!. Considerar críticamente el pasado, visto que no somos perfectos, se convierte, no obstante, en un proceso peligroso. Pero como más adelante veremos, el peligro (que implica el riesgo por lo nuevo, y el no agotar el análisis en lo lineal-positivo), es donde está el mérito del análisis crítico de la historia. En los finales del Af. 3, de la *II Intempestiva* volviendo al tema de los peligros de este proceso, Nietzsche formalmente los enumera así:

> *"...los hombres y las épocas que sirven a la vida en forma crítica juzgando y aniquilando un pasado, son siempre peligrosos; los hombres que así actúan, están expuestos como nadie al peligro".* ¿Por qué? *"Porque somos el resultado de generaciones anteriores, y por lo tanto,*

---

[87] UPHV o. c. Af. 3 p. 64-65 UGB o. c. Band 1 Von Nutzen und Nachtheil der Historie für das Leben Vorwort 3 p. 269-25 [(*)] Según G. Cano, estas palabras de Mefistófeles, "de que todo lo que nace merece perecer, por eso sería mejor incluso que nada naciera"; es una referencia de Nietzsche al Fausto I. de J. W. Göthe cfr. nota 20 p. 65.

[88] *Ibíd.* Af 3 p. 66. UGB o. c. Band 1 Von Nutzen und Nachtheil der Historie für das Leben Vorwort 3 p. 270-5.

de sus aberraciones e imperfecciones, y de sus pasiones y errores; no es posible liberarnos completamente de esta condena".[89]

Si las formas monumental y anticuaria tienden al perfeccionismo académico y enciclopédico, la historia crítica tiende a lo ahistórico y a la imperfección y el caos, tal como es la vida y lo dionisíaco. Sólo los idealistas criminales pretenden *el orden total*. Por ejemplo, la abstinencia y castidad que pretende el cristianismo, es para muchos críticos actuales un idealismo criminal al pretender anular toda expresión vital. "¿Porque no es posible liberarnos completamente de esta cadena?" Juzgamos, sí, las aberraciones y nos consideramos emancipados de ellas, pero sin negar (¡¿de qué manera?!), que procedemos de ellas y que como nuestros predecesores, tampoco somos perfectos. Pero quizás aquí radica la grandeza y el valor más elevado, en los cuales plantamos una nueva costumbre:

"...plantamos entonces una nueva costumbre, un nuevo instinto, una segunda naturaleza y de esa manera la primera termina por atrofiarse".[90]

Es difícil, dice Nietzsche en el mismo lugar, encontrar un límite a la negación del pasado, porque las segundas naturalezas son más débiles que las primeras y es frecuente que sepa qué es bueno, pero que no tenemos capacidad de realizarlo. Dice además el filósofo:

"Es frecuente que exista un conocimiento de lo que es bueno, pero sin realizarlo, porque conoce lo que es mejor, pero sin la posibilidad de llevarlo a la práctica. Pese a todo, aquí y allá se logra la victoria, y para los luchadores, para los que se sirven de la historia crítica, no deja de existir un consuelo singular saber efectivamente que esa primera naturaleza alguna vez fue una segunda naturaleza y que cualquiera segunda naturaleza triunfante también será algún día primera".[91]

---

[89] *Ibíd*. Af. 3 p. 66 UGB o. c. Band 1 Von Nutzen und Nachtheil der Historie für das Leben Vorwort 3 p. 270^{-10}.

[90] UPHV o. c. Af. 3 p. 66 UGB o. c. Band 1 Von Nutzen und Nachtheil der Historie für das Leben Vorwort 3 p. 270^{-20}.

[91] *Ibíd*. Af. 3 ps. 66-67 UGB o. c. Band 1 Von Nutzen und Nachtheil der Historie für das Leben Vorwort 3 p. 270^{-30}.

Para los luchadores políticos-revolucionarios en primer lugar, para quienes va dirigido este análisis de Nietzsche, la historia crítica, y en general el conocimiento de la historia, los nutre teóricamente y les sirve como uno de los más importantes valores. A la vez, estas últimas palabras que copiamos de nuestro querido pensador alemán, son profundamente dialécticas. Los que hoy somos viejos o ancianos, una vez fuimos jóvenes; los que hoy somos criticados, una vez fuimos aplaudidos y criticadores; todos, un día, fuimos correctos y equivocados a un mismo tiempo. Pero es esto lo que hace avanzar a la historia, o sea, esta cadena de perfecciones e imperfecciones. Así, América y Europa, por ejemplo, no son continentes, son tradición, historia, tragedias, política, son, en un apalabra, hechos humanos y poesía.

5. Los servicios de la historia. Cómo penetra ésta en el cerebro del hombre moderno

La historia debe de ser activa, no enciclopedista, muerta, lujo del conocimiento, ni gimnasia verbal y mental. El conocimiento del pasado debe convertirse en pensamiento, es decir, en acción y en interrogantes. De no ser así, no sirve al presente y mucho menos al futuro. Dice Nietzsche respecto a la historia como ciencia:

> *"Y ahora, echemos una rápida mirada a nuestro tiempo: nos asustamos, huimos hacia atrás... ¿Dónde ha quedado toda esa claridad, toda la naturalidad y pureza de esa relación entre la vida y la historia?... Que otros demuestren si estamos equivocados o no, pero nosotros diremos lo que nos parece ver: se ha interpuesto en medio, en efecto, un astro, un deslumbrante y poderoso astro que ha transformado realmente la constelación...a causa de la ciencia, a causa de la exigencia de que la historia deba ser ciencia".* [92]

La historia, *«según sus metas»*, penetra de forma singular el alma de los hombres. Lo hace como un valor misteriosamente extraordinario. Así nos lo explica Nietzsche:

---

[92] UPHV o. c. Af. 4 ps. 67-8 UGB o. c. Band 1 Von Nutzen und Nachtheil der Historie für das Leben Vorwort 4 p. 271[-25-30].

> *"El conocimiento que se toma en exceso, sin hambre, incluso sin necesidades, deja ya de obrar como un motivo transformador que impulsa hacia fuera y permanece oculto en un medio interior ciertamente caótico que el hombre moderno, con curioso orgullo, llama su propia espiritualidad..."*.[93]

El proceso interior es ahora el asunto mismo, la formación propiamente dicha. ¿Por qué nos sucede esto? Porque nosotros, los modernos, nos dice Nietzsche, no tenemos nada propio, de nuestra cosecha, pues nos hemos acostumbrado a ser «animales de rebaño, gregarios, epígonos», y cuando mejor, devoradores de bibliotecas o enciclopedistas superficiales empedernidos, pero no enciclopedistas activos como los franceses de fines del feudalismo. Dice Nietzsche:

> *"Porque nosotros, los modernos no tenemos nada propio: sólo llenándonos hasta el exceso de tiempos antiguos, costumbres, artes, filosofías, religiones y conocimientos, llegamos a ser algo dignos de consideración, esto es, como enciclopedias ambulantes... Sin embargo, el valor de las enciclopedias reside en su contenido, no en lo que se escribe sobre ellas o lo que se encuentra en las tapas o en las cubiertas"*.[94]

Nos llenamos «hasta el exceso de tiempos antiguos», nos falta contenido y se convierte la historia en eso: en algo que no entusiasma ni ocupa el magín, porque no tiene arte (que es quien nos moviliza) ni tampoco novedad.

5.1 ¿Qué se entiende por un pueblo culto?

Se necesita, para aquilatar bien la historia, ser un pueblo culto; pero ¿qué entendemos por un pueblo culto? Lo importante, como en el caso de las enciclopedias, es lo que nos inculque el estudio de la historia como valor movilizador y motivador, o sea, que esté más allá de cualquier significación superficial y/o económica; que sirva para buscar las discusiones y motivaciones morales y hasta místicas. Para Nietzsche

---

[93] *Ibíd*. Af. 4 p. 69 UGB o. c. Band 1 Von Nutzen und Nachtheil der Historie für das Leben Vorwort 4 ps. 272^{-30}-273^{-5}.

[94] *Ibíd*. Af. 4 p. 7 UGB o. c. Band 1Von Nutzen und Nachtheil der Historie für das Leben Vorwort 4 ps. 273^{-30}-274^{-5}.

no debe haber una separación diáfana entre «barbarie y estilo bello» para definir la cultura de un pueblo, sino que un pueblo culto debe definirse como:

> *"El pueblo denominado «culto» debe ser en cualquier tipo de realidad una unidad viviente y no disociarse miserablemente entre un interior y un exterior, un contenido y una forma. Por eso, quien quiera alentar y aspirar a la cultura de un pueblo, alentará y aspirará a esta unidad suprema y trabajará con otros para destruir esta «moderna culturía» (Gebildetheit) en aras de una formación verdadera".*[95]

El contenido y la forma, el interior y el exterior, han de andar juntos en una unidad dialéctica, en un juego de acciones y reacciones. Es esta actitud la que debe alentarse en los hombres de verdadera cultura, de verdaderos valores creadores. Un pueblo no será nunca dividido en «hombres de cultura y hombres sin cultura». De ser así, no será pueblo, sino conglomerado de gentes sin unidad real. Sigue Nietzsche en su idea:

> *"Asimismo, se atreverá a reflexionar sobre el modo de restablecer la salud de un pueblo trastornado por la historia y sobre la manera de volver a encontrar sus instintos y, con ello, su honradez".*[96]

Hurgando más en estas ideas, encontramos que Nietzsche nos dice:

> *"Figurémonos el proceso espiritual que aquí se origina en el alma del hombre moderno. El saber histórico fluye continuamente de inagotables fuentes, lo extraño e inconexo se agolpa, la memoria abre sus puertas, aunque sin abrirse nunca suficientemente; la naturaleza se esfuerza hasta el límite para recibir, ordenar y honrar a estos extraños invitados, pero estos mismos están en lucha unos con otros y, por lo tanto, parece imprescindible vencerlos y superarlos para no perecer justamente en esta lucha".*[97]

---

[95] UPHV o. c. Af. 4 p. 71 UGB o. c. Band 1 Von Nutzen und Nachtheil der Historie für das Leben Vorwort 4 ps. 274⁻ ³⁰-275⁻⁵.

[96] *Ibíd*. Af. 4 p. 71 UGB o. c. Band 1 Von Nutzen und Nachtheil der Historie für das Leben Vorwort 4 p. 275⁻⁵.

[97] *Ibíd* Af. 4 p. 68 UGB o. c. Band 1 Von Nutzen und Nachtheil der Historie für das Leben Vorwort 4 p. 272⁻¹⁰.

Una historia mal enfocada por los centros de poder principalmente, según la idea nietzscheana, deforma a los pueblos. No se puede prescindir de la historia, como no se puede prescindir del Bien y del Mal, como no se puede dejar de ser una cosa o la otra, de tener un valor o un no-valor en la vida. He aquí los problemas que una historia mal enfocada por el discurso oficial, trajo al pueblo alemán de la época en que Nietzsche la criticaba y aventuraba su tesis: El Renacimiento no llegó a Alemania. Un monje resentido, Lutero, con la crítica al cristianismo, salvó al cristianismo en el momento en que se le pudo haber hundido al menos en Alemania. Martín Lutero (1483-1546), y el pueblo alemán adoctrinado, convirtieron al Renacimiento «en un gran en vano» para los alemanes. Al pueblo alemán se le llenó, «hasta el exceso» de tiempos antiguos. De esta manera no tuvo capacidad para apreciar el presente y columbrar el futuro. Se volvió un pueblo gregario y de rebaño que en poca cosa se diferenciaban del resto de los animales, subestimando lo que es cambiante.[98]

Se volvió un pueblo «acomodaticio e indiferente» al cual se le hizo muy evidente el abismo, la separación, «entre contenido y forma». Esta enorme separación lo hizo insensible ante la barbarie, dejándosele de excitar la memoria y la conciencia ante lo nuevo. Se enfermó con la historia, se trastornó hasta el punto en que perdió sus instintos naturales. Se le debilitó la personalidad y entendió que lo más importante era el contenido en detrimento de la forma. Entendió, el pueblo alemán, que la forma era «un mero convencionalismo», que no pasaba de ser un disfraz y un fingimiento. De esta manera:

> *"Escapado de la escuela del convencionalismo, se dejaba llevar cómo y donde le venía en gana al gobierno, y básicamente no hacía otra cosa que imitar de manera negligente y arbitraria lo que antes imitaba meticulosamente".*[99]

Es decir, ni imitar sabía ya el pueblo alemán, ¡de crear, ni hablar! Creyendo abrazar lo natural, se abrazaba a la dejadez y a la comodidad.

---

[98] Para abundar sobre este tema ver también EH o. c. El caso Wagner Af. 2 ps. 129-130.

[99] UPHV o. c. Af. 4 p. 72 UGB o. c. Band 1 Von Nutzen und Nachtheil der Historie für das Leben Vorwort 4 p. 275^{-20}.

Dice Nietzsche que con sólo pasear por las ciudades se apreciaba, a simple vista, lo anterior. Expresa que, comparadas las ciudades con las extranjeras, las de Alemania estaban sin:

> *"Si uno da una vuelta por una ciudad alemana...se comprobará todo este negativo convencionalismo: todo está sin colorido, gastado, todo mal copiado, abandonado; todos los hombres siguen su propia voluntad, pero no voluntad fuerte y rica en reflexiones, sino de acuerdo con las leyes prescritas, por un lado, por la precipitación general de comodidades"*.[100]

Al creerse que eran un pueblo poderoso y lleno de contenido, hasta la forma típica de vestirse habían perdido *"¡Total, lo importante es el contenido!"*. No se daban cuenta, ¡los pobres alemanes!, que perdiendo la forma se pierde el contenido, ya que este así, ni se ve, pues «la interioridad se hace demasiado débil». Por eso se perdió la forma. Para reforzar esta idea nos viene a la mente a propósito de esta aseveración nietzscheana de la forma y el contenido y su importancia, el pensamiento de Lope de Vega en su obra, *El perro del hortelano*, cuando dijo que «la mitad de la belleza del hombre se les debe a los sastres». Un pueblo sin historia es un pueblo sin valores de la discusión moral y las motivaciones. Dice Nietzsche:

> *"¡Qué desesperada sonaría esta frase!: nosotros, los alemanes, sentimos de manera abstracta. La historia nos ha corrompido"*.[101]

Con razones de artista, de pensador y de vidente, dice el filósofo alemán que, una situación como la anterior destrozaría de raíz cualquier esperanza en una verdadera cultura nacional, lo cual, pensamos nosotros, no es sólo con relación a Alemania, sino con relación a cualquier pueblo de la Tierra. Si la fuente de la esperanza se enturbia, ¿qué se puede ya esperar?:

> *"Una frase que sin duda destrozaría de raíz cualquier tipo de esperanza en una cultura nacional futura, ya que toda esperanza de este tipo nace*

---

[100] *Ibíd.* Af. 4 p. 72 UGB o. c. Band 1 Von Nutzen und Nachtheil der Historie für das Leben Vorwort 4 p. 275-30.

[101] UPHV o. c. Af. 4 p. 74 UGB o. c. Band 1 Von Nutzen und Nachtheil der Historie für das Leben Vorwort 4 p. 277-15.

de la creencia en la autenticidad e inmediatez del sentimiento alemán, de la creencia en la incólume interioridad. ¿Qué puede esperarse y creerse si esta fuente de fe y esperanza se enturbia...y a perderse a sí misma gradualmente?".[102]

Se pierde la unidad del sentimiento popular, porque éste se falsea. Y, ¿quiénes son los responsables de este estado de cosas? ¿El pueblo? Admitamos que en parte sí, por perder, debido a la negligencia de todos, el poder de la individualidad que, al contrario de lo que a simple vista pueda parecer, la individualidad fuerte refuerza el sentimiento y el poder colectivo. Pero los máximos responsables de este estado de cosas negativo, son los gobiernos. Dice Nietzsche al respecto:

"¿Cómo puede este espíritu soportar que la unidad del sentimiento popular se pierda, si él además sabe que este sentimiento justamente ha sido falseado y coloreado por aquellos que se hacen llamar la parte culta del pueblo y reivindicar para sí, el derecho de genios del arte nacional?".[103]

Nietzsche tenía un solo tema del primero al último escrito suyo: el hombre o *«el gran hombre»* como en una ocasión le llamó. Cuando se piensa bien, Dionisos y lo dionisiaco, el superhombre, la voluntad de poder y Zaratustra, todo, no son más que subtemas y medios y vías para llegar a lo que lo obsesionaba, «el hombre y sus complejidades». Pero el hombre que él quería no era un hombre cualquiera, por muy refinado que tuviera, aquí o allá, el juicio o el gusto y capaz de refugiarse, con el fin de distinguirse del rebaño, en una secta. El hombre que él, Nietzsche, quería era un hombre con voluntad de poder, con poder ígneo dentro de sí y capaz de rebelarse contra esas vallas a las que llaman educación del pueblo y que le impiden entregar sus brazos a éste lleno de anhelos. El hombre que concibe este pensador es un hombre pleno, útil dentro de su pueblo. El hombre de este vidente filósofo, es un hombre que, a la vez que un fenómeno del mundo físico, semejante a los demás aunque en algo superior en el fondo, sea un microcosmos

---

[102] *Ibíd.* Af. 4 p. 74 UGB o. c. Band 1 Von Nutzen und Nachtheil der Historie für das Leben Vorwort 4 p. 277$^{10\text{-}20}$.

[103] *Ibíd.* Af. p. 74 UGB o. c. Band 1 Von Nutzen und Nachtheil der Historie für das Leben Vorwort 4 p. 277^{30}.

dentro de sí mismo, como centro de su existencia. El hombre de Nietzsche es un hombre de más allá de la física, es un hombre para crear y para pertenecer, lleno de anhelos, no a una secta (palabra con la que englobaba a religiones, partidos, etc.), sino a un pueblo. De un hombre que dentro de su pueblo, establezca las conexiones-relaciones entre un conjunto de complejidades para aplicarlas a la resolución de múltiples problemas que siempre tendrá, quien le ayude:

> *"Se dirá que aquí se necesita ayudar a restablecer esa excelsa unidad en la naturaleza y alma de un pueblo, que aquella escisión entre la interioridad y la exterioridad debe desaparecer bajo los golpes de martillo de dicha urgencia".*[104]

5.2 Por una unificación del alma alemana

De aquí, de esta unidad, que en definitiva es cultura, saldrán, dice Nietzsche en la propia *II Intempestiva*, (Af. 4) *"las acciones más poderosas"*. Y continúa en la misma Intempestiva, (Af. 4, al final) diciéndonos *"es una urgencia actuar así"*. ¿De dónde se toma tal urgencia, tal necesidad y tal tipo de conocimiento?, la toma de aquí:

> *"Y para que no se tenga ninguna duda de donde tomo el ejemplo de tal urgencia, de esta necesidad, de ese conocimiento, que no es otro que el de la unidad alemana, en su sentido más elevado, unidad por la que nos esforzamos aún más ardientemente que por la unificación política: la unidad del espíritu alemán y de la vida después de la contraposición entre forma y contenido, interioridad y convencionalismo".*[105]

Podemos decir que esta idea nietzscheana es válida no sólo para el pueblo alemán sino para tos los pueblos de la tierra y en especial en estos tiempos. El Reich y Bismarck con la casta de Junkers (latifundistas) que los rodeaba pedían la reunificación política, más que la nacional y querían enviar al frente de combate, como lo hicieron, a la

---

[104] UPHV o. c. Af. 4 p. 75 UGB o. c. Band 1 Von Nutzen und Nachtheil der Historie für das Leben Vorwort 4 p. 278 -20.

[105] *Ibíd* Af. 4 p. 75 UGB o. c. Band 1 Von Nutzen und Nachtheil der Historie für das Leben Vorwort 5 p. 278-30.

juventud envenenada de pangermanismo e ideología a las masacres de hombres en los escenarios de combate y en los campos de concentración; así Marx y Engels habían luchado por la reunificación clasista obrera; Nietzsche en cambio pedía mucho más, pedía la «unificación del alma alemana con la naturaleza alemana», o sea, lo que verdaderamente perdura en el pueblo. Lo demás, los partidos, las religiones, las políticas, las sectas (como les llamaba el filósofo a los partidos, etc.), envejecen y son, en definitivas cuentas, el ropaje con el que ocasionalmente se adornan los países y los ropajes cambian; el pueblo, en cambio, permanece y si está unido en espíritu y naturaleza, lo que hace es mejorar con el devenir. Ejemplos prácticos de esto que decimos sobran en la historia humana.

5.3 Peligros de la sobresaturación histórica

En la II Intempestiva nos alerta Nietzsche acerca de lo «peligrosa y enemiga de la vida que resulta el exceso de historia», diríamos, de charla histórica. El exceso de historia idealiza el pasado en pos del presente político, no del cambio ni de la unión del alma del pueblo con su naturaleza y su espíritu. La sobresaturación histórica golpea la conciencia emotiva de las personas, las paraliza y no penetra la profundidad del espíritu; les impide, en una palabra, el análisis y les anquilosa las fuerzas vitales. En este sentido Nietzsche destaca cinco aspectos peligrosos para la práctica histórica. Estos son:

> *"La sobresaturación histórica de una época me parece que es peligrosa y enemiga de la vida en cinco aspectos: en primer lugar tal exceso produce ese contraste del que ya hemos hablado entre lo interior y lo exterior, por medio del cual se debilita la personalidad; en segundo lugar, da origen a la creencia de poseer la virtud –la más rara de todas– del sentido de la justicia en un grado superior al de otras épocas; (3) por otro lado, igualmente se perturban los instintos de un pueblo y se impide llegar a la madurez del individuo, no menos que al conjunto de la sociedad; (4) también crece esa perjudicial creencia de cualquier época de estar en la vejez de la humanidad, de ser mero descendiente y epígono: y (5) finalmente cae la época en una peligrosa actitud irónica sobre sí misma, pasando de ésta, a una aún más peligrosa: el cinismo,*

actitud ésta que evoluciona hacia una acción egoísta que, paralizando al principio, termina destruyendo las fuerzas vitales".[106 (*)]

Como hombre, y sobre todo como filósofo y como artista, Nietzsche, que había columbrado las más espeluznantes catástrofes políticas y bélicas, sentía una repulsión instintiva sobre la forma en que se educaba a la juventud y se le arrastraba a la violencia política. El futuro inmediato de Europa, no sólo de Alemania, se le antojaba, como sucedió, un futuro sombrío. Los ejemplos sobran, lo mismo hacia las «izquierdas» que hacia las «derechas». Los valores que sembró la enseñanza histórica fueron valores no-nobles. Siempre hemos de creer que la mejor guía práctica es una buena teoría. La tesis nietzscheana sobre la historia, en parte extraída y sintetizada de la praxis alemana tiene interés para todos los pueblos, y por lo visto, a la luz de lo que hoy sucede, también para todos los tiempos. La historia la utilizan los políticos para sus fines prácticos en no menor medida que la filosofía, y eso es lo que nos dice el pensador alemán, entre líneas unas veces y otras en forma explícita. Los políticos todos manejan la historia y la adaptan a sus intereses e ideas propias. De no ser así, Nietzsche no nos dijera que la forma correcta de estudiar la historia es la historia crítica ni tampoco hubiera criticado tanto a Bismarck y al Reich N. Este pronunciamiento sobre la historia crítica equivale a lo que en otros momentos fue aquello de «transvalorar todos los valores» o lo del arte con fines y objetivos y no «el arte por el arte». La historia monumental y la historia anticuaria debilitan al hombre, o en el mejor de los casos, no lo dejan trabajar para el aumento de la vida. Así, nos dice que:

> *"Regresemos ahora a nuestra primera tesis: El hombre moderno padece de una personalidad debilitada. Del mismo modo que el romano de la época imperial se convirtió en no-romano en vista de ese universo que permanecía a su servicio,...así ha de ocurrirle a ese hombre moderno que se permite continuamente la organización por parte de sus artistas históricos de la fiesta de la exposición universal...".*[107]

---

[106] UPHV o. c. Af. 5 p. 76 UGB o. c. Band 1 Von Nutzen und Nachtheil der Historie für das Leben Vorwort 5 p. 279-5- 10-15 (*) Aunque Nietzsche menciona cinco aspectos, no nombra a los tres restantes por tercero, cuarto y quinto, por eso yo añadí al texto los números 3-4 y 5 para destacar los restantes aspectos que menciona el autor.

[107] UPHV o. c. Af. 5 p. 76 UGB o. c. Band 1 Von Nutzen und Nachtheil der Historie für das Leben Vorwort 5 p. 279-20- 25.

Expresa que lo es en la misma medida en que el romano de la época del Imperio, bajo el influjo de este vasto mundo que tenía a su servicio y de esa lluvia de dioses que le cayó encima de todas partes, se convirtió en no-romano:

> *"Se ha convertido [el hombre moderno] en un espectador que disfruta y deambula por todos lados, arrojado a una situación en la que, incluso, ni grandes guerras ni grandes revoluciones apenas pueden cambiar algo durante un momento, ya que todavía no ha finalizado la guerra cuando es inmediatamente vendida en cientos de miles de papeles impresos y servida como recientísimo medio de excitación al paladar del hombre cansado de historia".*[108]

¡Qué actual es esta práctica que Nietzsche, en forma magistral teoriza aquí en este texto! No es preciso situar ejemplos, basta mirar hacia cualquier lado para verlo por doquier. La historia que el discurso oficial nos da, raramente desarrolla la inteligencia, pues no plantea preguntas. Estas dos cosas sólo las da la historia crítica. Al convertirse el hombre en «un espectador que disfruta y deambula», se convirtió en un no-hombre y con una «personalidad debilitada», a causa de la forma en que digiere a la historia. Se debilitan interiormente las fuerzas que lo debían llevar a lo más elevado y pierde así, los valores más importantes: los que lo pueden llevar a transformarse él, a su país y al mundo, o sea, los valores de la discusión moral:

> *"Dicho moralmente: ya no conseguís retener lo más elevado, vuestras acciones no son más que golpes repentinos, no con truenos que retumban. Aunque se lleve a cabo lo más grande y maravilloso, ningún sonido resonará en el Orco,*[*] *pues que el arte huye cuando inmediatamente cubrís vuestras acciones bajo el techo protector de lo histórico".*[109]

---

[108] *Ibíd*. Af. 5 ps. 76-7 UGB o. c. Band 1 Von Nutzen und Nachtheil der Historie für das Leben Vorwort 5 p. 279-30.

[109] UPHV o. c. Af. 5 p. 77 UGB o. c. Band 1 Von Nutzen und Nachtheil der Historie für das Leben Vorwort 5 p. 280-5 [*] Orco: figura mitológica griega que representa el infierno, morada de los muertos.

Nietzsche seguidamente refuerza esta idea cuando nos dice:

> *"De este modo, el individuo se vuelve pusilánime e inseguro, y, dejando de creer en sí mismo, se hunde en su ensimismamiento, en su mundo interior, lo que significa que del amontonado caos del que aprende no resulta ninguna acción hacia el exterior".*[110]

O sea, perdió el hombre todo su instinto, su valentía, *"se vuelve pusilánime e inseguro"* en su comprensión y según la idea del filósofo, su malicia es más infantil que la de un niño y es más ingenuo que un ingenuo y nada de lo que aprende jamás lo convierte en vida, pues su mundo interior se encuentra demasiado débil. Expresa Nietzsche:

> *"Si se observa una vez más esta exterioridad, uno percibe enseguida cómo esta expresión de los instintos por medio de la historia ha convertido a los hombres casi en puras abstracciones y sombras: nadie se arriesga como persona, sino que se enmascara como hombre culto, como sabio, poeta o político".*[111]

El hombre así, según la idea nietzscheana, está enmascarado, luchando con «supuestas realidades», pero si se le toca con las manos, sólo se encuentra en él, «parches de colores y trapos» y nada más:

> *"Si se toca tales máscaras y se las toma en serio y no como una farsa, porque todas ellas pretenden ser reales -, uno se encuentra de repente en sus manos con tan sólo parches y trapos de colores... La formación histórica y la chaqueta de burgués universal dominan simultáneamente...".*[112]

Por esto el individuo se ha replegado a su interioridad, pero como la babosa dentro de su concha o la tortuga en su carapacho, no como el que acumula energías y crea su mundo interior para ser un día un verdadero hombre «con categoría universal» y, desde luego, no un hombre

---

[110] *Ibíd.* Af. 5 ps. 77-78 UGB o. c. Band 1 Von Nutzen und Nachtheil der Historie für das Leben Vorwort 5 p. 280^{-25}.

[111] *Ibíd.* Af. 5 p. 78 UGB o. c. Band 1 Von Nutzen und Nachtheil der Historie für das Leben Vorwort 5 p. 280^{-30}.

[112] *Ibíd.* Af. p. 75 Af. 5 p. 78 UGB o. c. Band 1 Von Nutzen und Nachtheil der Historie für das Leben Vorwort 5 p. 280^{-30}.

abstracto, sino lleno de individualidad y de valores. Se pregunta Nietzsche, con ese estilo suyo siempre punzante, y se responde él mismo, pero sus respuestas tienen la particularidad de crearnos inquietudes a todos nosotros:

> *"¿O es que debería necesitarse una raza de eunucos como vigilantes del gran harén del mundo histórico? A éstos realmente le sienta muy bien la pura objetividad".*[113]

La tarea de estos castrados moral y físicamente sería la de vigilar y garantizar que de la historia no salieran nada más que otras historias en una cadena interminable, pero ningún acontecimiento, ninguna acción, ningún cambio, y por tanto ninguna revolución. Con todo, eliminando la máscara de lo histórico Nietzsche destaca que la historia tiene un rol antropológico.[114]

5.4 ¿Qué tipo de personalidad es la que soporta la historia?

Si hemos captado todo lo que Nietzsche nos dijo y lo que nos ha querido decir hasta ahora en su argumentación, lo podemos resumir con sus propias palabras, situadas en la *II Intempestiva*, ya que la cultura de un pueblo, de un pueblo luchador, no son el conjunto de «lo sabios, los poetas, los enciclopedistas», ni lo son sólo «las bellas artes» y «las bellas letras», sino una forma de vida plena de fortalezas y de diversa y masiva cultura llena de voluntad de poder; la cultura de un pueblo es el anhelo veraz de salir adelante en una acción espiritual unida de alma y naturaleza. En fin, así dice Nietzsche:

> *"Sólo en virtud de esta veracidad saldrá a la luz del día la indigencia y la miseria interior del hombre moderno y podrán entonces el arte y la religión presentarse como verdaderas ayudas, en lugar de todo ese convencionalismo y mascaradas tras los que se oculta medrosamente, y así implantar de manera conjunta una cultura que corresponda a sus verdaderas necesidades y que no sólo enseñe a engañarse sobre*

---

[113] UPHV o. c. Af. 5 p. 78 UGB o. c. Band 1 Von Nutzen und Nachtheil der Historie für das Leben Vorwort 5 p. 281-20.

[114] Cfr. Idem cap. I notal al calce 4 p. 2.

estas necesidades, como hace la formación general en la actualidad, convertida por esta razón en una mentira cambiante".[115]

Y concluye Nietzsche esta idea un poco más adelante en el mismo aforismo:

"Así, quisiera que se comprendiera y se considerara mi tesis: sólo las personalidades fuertes pueden soportar la historia; los débiles son barridos completamente por ella".[116]

Soy de los que piensan que no es suficiente pensar en lo que dijo Nietzsche, sino que hay que pensarlo, hay que pensar a Nietzsche. Si hasta ahora teníamos dudas en cuanto a considerar la historia como un valor de las discusiones morales (los que plantean interrogantes y desarrollan la inteligencia), con estos últimos párrafos la duda desaparece. El arte y la religión también deben tenerse en cuenta a la hora de apreciar los valores más importantes para la práctica del hombre, pero si sacamos a la luz del día la miseria interior del hombre moderno, si somos capaces de ser autocríticos. Consecuente con su modo coherente de pensar, oculta esta cualidad en los aforismos y la bella prosa, Nietzsche vincula el estudio y el peso relativo de la historia, con la voluntad de poder y con el superhombre. «Sólo las personalidades fuertes pueden soportar la historia» acaba de decirnos, a la vez que ratifica que los débiles son barridos por ella. Decir que la historia «barre a los débiles» equivale a decir que se barren ellos mismos, que se derrotan ellos mismos debido a «su débil humanidad». Cuando nos dice que *«sólo los fuertes soportan la historia»*, no es que la soportan, es que la vencen, la cambian si es preciso e influyen y hasta determinan en algunos momentos en los acontecimientos, provocándolos si es necesario. Los fuertes vencen con la vida a la vida.

5.5 ¿Objetividad de la historia?

Muchas veces en la vida personal, política e histórica corremos detrás de «un enemigo que no es» y se nos va «el enemigo que es». En otras

---

[115] UPHV o. c. Af. 5 p. 79 UGB o. c. Band 1 Von Nutzen und Nachtheil der Historie für das Leben Vorwort 5 p. 281-30.

[116] *Ibíd.* Af. 5 p. 81 UGB o. c. Band 1 Von Nutzen und Nachtheil der Historie für das Leben Vorwort 5 p. 283-15.

ocasiones, no encontramos al enemigo porque el enemigo somos nosotros mismos. A cuenta de la mal llamada neutralidad, que no existe tal, y de la también mal llamada subjetividad, nos creemos «objetivos». Luchando contra la subjetividad nos creemos ser objetivos. Se comete, así, los cuatro errores señalados por Nietzsche. Se les despojó a esos países entrados prematuramente en revolución, a consecuencia de los nuevos teólogos (los filósofos marxistas y los políticos), que nos dieron una historia errada, el camino de la «voluntad libre», de la «inocencia del devenir». Dice Nietzsche:

> *"A los seres humanos se los imaginó «libres» para que pudiera ser castigados... no hay a nuestros ojos adversarios más radicales que los teólogos, los cuales con el concepto de «orden moral del mundo», continúan infectando la inocencia del devenir por medio del «castigo y la «culpa» El cristianismo es una metafísica del verdugo".*[117]

Añade Nietzsche:

> *"Cuando este o aquel otro modo de ser es atribuido a la voluntad, a las intenciones, a los actos de responsabilidad: la doctrina de la voluntad ha sido inventada esencialmente con la finalidad de castigar, es decir, de querer-encontrar-culpables".*[118]

Estas ideas nietzscheanas están bien lejos del racionalismo puro, y está también contra el voluntarismo, partidario del cual nos lo presentaron, y contrapone, no obstante, la voluntad a la razón. Dicho más claramente y llevado al terreno práctico, quiere decir que las condiciones objetivas (en primer lugar el estado de desarrollo de las fuerzas productivas sociales) prevalecen sobre las subjetivas y que el dirigismo en la sociedad no funciona. Algo, bastante, hay que dejar al libre albedrío y

---

[117] Nietzsche, F. *Crepúsculo de los ídolos*. (1973) Alianza Editorial. Madrid. Notas, Introducción y traducción de Andrés Sánchez Pascual Af. 7 Los 4 grandes errores p. 68 GD o. c Band 6 Die vier grossen Irrthümer Af. 7 ps. 95^{-30} y 96^{-5-10}.

[118] CI o. c. Af. 7 p. 68 "...wenn irgend ein So-und so-Sein auf Wille, auf Absichten, auf Akte der Verantwortlichkeit zurückgeführt wird: die Lehre von Willen ist wesentlich erfunden zum Zweck der Strafe, das heisst des Schuldig-finden-wollens". Götzen Dämmerung (1999) DTV de Gruyter-München. Kritische Studienausgabe Herausgegeben von Giorgio Colli und Mazzino Montinari Band 6 Die vier grossen Irrthümer Af. 7 p. 95^{-20}.

las manifestaciones espontáneas de la sociedad, es decir, a «la voluntad libre». La violación de este principio conduce a la tiranía y el totalitarismo, que es igual. Cuando se viola la voluntad libre, alguien, como sucedió con A. Hitler (1889-1945), Benito Mussolini (1883-1945); Gral. Francisco Franco Bahamonde (1882-1975) y Iosif Stalin (1879-1953: *El marxismo y la cuestión nacional*), Juan Domingo Perón (1895-1974 Populismo sociológico), Leónidas Trujillo (1891-1961), François Duvalier (1907-1971), Augusto Pinochet (1916) etc. Se erigen en jueces, para querer-encontrar-culpables y hacerlo todo a la fuerza, con el voluntarismo, el triunfalismo y el dirigismo político. Dice Nietzsche:

> *"Ya Sócrates mantenía que imaginarse la posesión de una virtud que realmente no se poseía era un mal cercano a la locura; y ciertamente una imaginación mucho más peligrosa que la ilusión opuesta: padecer de un error, de una creencia. Porque gracias a esta, aún es posible cada vez ser mejor, pero por esa imaginación el hombre o una época se hacen continuamente peores, es decir, en esta caso, mucho más injustos".*[119]

¿La «objetividad histórica» le da al hombre moderno el derecho a denominarse poderoso y justo? ¿La «objetividad histórica» le da al hombre de hoy el derecho a considerarse mejor y superior al hombre de otros tiempos sin considerar las épocas históricas concretas? En la realidad de las cosas, donde hemos caído es en «la subjetividad histórica e impersonal» al imaginarnos virtudes que no tenemos porque nos falta la autocrítica y en general el espíritu crítico. Nos creemos más justos, pero sólo eso: creemos serlo, muchas veces, con la mejor de las intenciones, porque poseemos «el impulso y la fuerza de la justicia», dentro de nosotros. Sin embargo, estamos por debajo de la época, sabiendo que no somos más que simples mortales, pero que queremos elevarnos.

5.6 Historia: ¿objetividad y verdad?

Esta es la forma que lleva al hombre a convertirse en el ejemplar más respetado de la humanidad. Sabiendo que no somos más que

---

[119] UPHV o. c. Af. 6 p. 84 UGB o. c. Band 1 Von Nutzen und Nachtheil der Historie für das Leben Vorwort 6 ps. 285^{-30}-286^{-5}.

simples mortales, pero que queremos elevarnos hacia la más elevada dignidad del hombre, dice Nietzsche:

> *"Pese a ello, el ser sólo hombre y, sin embargo intentar ascender desde la duda venial hacia la rigurosa certeza, de la tolerante indulgencia al imperativo «tu debes»…todo esto lo eleva (al hombre) a una solitaria altura como el ejemplar más respetable de la especie humana: pues quiere la verdad, pero no sólo como conocimiento frío y sin consecuencias, sino como aquella jueza que ordena y castiga…La verdad, dicho brevemente, como un tribunal del mundo, pero de ningún modo como presa atrapada y placer del individuo cazador".*[120]

La verdad, pero la verdad como algo que se busca y no se atrapa como monopolio. La verdad es concreta y es la voluntad indoblegable del veraz tratando de ser justo; jamás la verdad *«como presa atrapada»* ni como algo acabado. Nietzsche, durante toda su obra hace una clara diferenciación entre *«la verdad»* y *«lo veraz»*. La verdad, para él, ha sido hasta ahora el cristianismo, que es como decir *«la mentira»*. Sin embargo, aquí habla de *«la verdad»* en el sentido veraz y sin intención polémica. El hombre veraz y la veracidad son para él, lo nuevo, *«la indagación y la búsqueda»*, *«sin posesión egoísta del individuo»* que siente el placer del cazador al lograr una presa de la cual se adueña y no hay quién le diga que no es la mejor de la jornada. Por eso nos dice Nietzsche, que *"pocos son los que sirven a la verdad"*, es decir, a la veracidad. Pocos son, dice, los que tienen la *"voluntad pura de ser justos"* y menos aún los que poseen la fuerza para ser justos. Para ser justos hay también que ser fuerte y no puede darse el caso de la existencia de comunidades llenas de *individualidades abstractas* que a fuerza de tanta historia, pierden su mundo interior.

> *"Pocos son los que en verdad sirven a la verdad, porque sólo son pocos los que tienen la pura voluntad de ser justos. No basta tener solo voluntad. Por ello, los más terribles padecimientos ha venido justamente entre los hombres del impulso de justicia sin la fuerza del juicio".*[121]

---

[120] UPHV o. c. Af. 6 p. 85 UGB o. c. Band 1 Von Nutzen und Nachtheil der Historie für das Leben Vorwort 6 ps.286$^{-20\text{-}30}$-287^{-5}.

[121] *Ibíd.* Af. 6 p. 86 UGB o. c. Band 1 Von Nutzen und Nachtheil der Historie für das Leben Vorwort 6 p. 287^{-15}.

La idea de Nietzsche es la búsqueda constante de *«la verdad como veracidad»*, como concepto concreto y dialéctico, no como *historicismo positivista o como elemento icónico y narcotizante,* tal como entendía este filósofo, por ejemplo, el arte de Wagner y las ideas del *«envejecido David Strauss»*, así como en general, la cultura alemana de la época, que convertía a los hombres en *"gozadores blandengues"* o como si fueran *"fumadores de opio adormecidos"*.

> *"Es más: si el tono original despertaba fundamentalmente acciones, necesidades, temor, este tañido ahora nos arrulla y nos convierte en gozadores blandengues; es como si la Sinfonía Heroica (de Beethoven) se hubiera dispuesto para dos flautas y para el uso de fumadores de opio adormecidos".*[122](*)

En fin, la verdad de Nietzsche, «verdad como posibilidad», es «justicia pura y elevada» y no tiene que ver con «algo agradable» ni conoce "arrebatos de excitación; es dura y terrible". Es, su verdad, dura y terrible como la ciencia y el camino hacia ella.

La exigencia suprema del hombre moderno es para Nietzsche la justicia pura y elevada.

> *"Por esta circunstancia podemos ya medir en qué grado entre estos virtuosos la exigencia suprema del hombre moderno, la justicia pura y elevada. Esta virtud nada tiene que ver con algo agradable, no conoce arrebatos de excitación, es dura y terrible".*[123]

Existen, dice Nietzsche historiadores honrados, pero de *"cabeza estrecha"*. Es una terrible «*specie* la de estas cabezas estrechas», según él llenos de buenas intenciones, pero que siempre se equivocan.[124] Son pocos los verdaderos talentos históricos, de lo cual se queja Nietzsche. Ahora mismo tenemos este fenómeno en América Latina, donde los

---

[122] UPHV o. c. Af. 6 p. 87 UGB o. c. Band 1 Von Nutzen und Nachtheil der Historie für das Leben Vorwort 6 p. 288-25 (*) Según Germán Cano o. c. nota 34 p. 87, para Nietzsche el uso de narcóticos como el opio hace referencia al historicismo positivista. cfr. IV Intempestiva: Unzeitgemäße Betrachtungen o. c. Band 1 Viertes Sück: Richard Wagner in Bayreuth ps. 431 a 510.

[123] *Ibíd. Af. 6. p. 87* UGB o. c. Band 1 Von Nutzen und Nachtheil der Historie für das Leben Vorwort 6 p. 288-30.

[124] *Ibíd. Af. 6 p. 87.*

revolucionarios y los movimientos progresistas nos hemos quedado sin teoría revolucionaria, en especial sin economía política y sin ciencias sociales en general. Existen en América Latina diversos e interesantes movimientos, pero sin conexión teórica que dificulta la conexión práctica ya que están muy dispares. Uno, tiende al populismo y a reproducir el modelo libio en el ambiente criollo; otro, no tiene prácticamente basamento ideológico, es decir, como represalia a la presión yanqui de destruir las plantaciones cocaleras, presionan al gobierno para que no les venda a éstos energía, es decir, gas, pero de ahí no van a pasar; otro, y quizá sea el caso más interesante y el menor de los males que nos puedan ocurrir, con tendencia a traer a América Latina a la Social Democracia europea. Pero la concreta es que nos hemos quedado sin guía teórico-histórica y tenemos el peligro cierto de que retoñen en el subcontinente las dictaduras tipo pos dominio español, aunque con un ropaje de «dictaduras de las mayorías», como temió Nietzsche. Sin embargo, abundan, como él mismo alertaba:

> *"Y esto, prescindiendo aquí de todos esos egoístas encubiertos y miembros de partido que simulan su juego sucio bajo un rostro supuestamente objetivo..."*.[125]

De esto, de escribir sobre cualquier tiempo y juzgarlo, y de creer y hacernos creer que con ese solo hecho se es justo, viven los partidos y las religiones. Se autotitulan «historiadores» y son, más que irreflexivos, irresponsables y en algunos casos «aprovechados». El pasado lo miden con el rasero del presente y el presente como si fuera el pasado. Por lo tanto, la «objetividad de la historia», para los historiadores de «*cabeza estrecha*», es repetimos, medir el pasado como si fuera el presente. O sea:

> *"Estos ingenuos historiadores denominan objetividad justamente a medir las opiniones y acciones del pasado desde las opiniones comunes del momento presente, en cambio, «subjetividad» es, para ellos, cualquier historiografía que no tome como canónicas aquellas opiniones comunes y normales"*.[126]

---

[125] UPHV o. c. Af 6 p. 88 UGB o. c. Band 1 Von Nutzen und Nachtheil der Historie für das Leben Vorwort 6 p. 289-10.

[126] *Ibíd*. Af. 6 p. 88 UGB o. c. Band 1 Von Nutzen und Nachtheil der Historie für das Leben Vorwort 6 p. 289-15.

La *«objetividad»* en Historia es el estado aquel en que el *«historiador»* estudia y contempla un acontecimiento, desde una aparente neutralidad, *desde una aparente sangre fría*, sin emociones, sin arrebatos de excitación, sin aparente toma de partido por este o aquel hecho o fenómeno histórico, sin aparentar inclinar la balanza y, que por último, parece haberlo estudiado en sus partes dominantes e integrales y no parcialmente. Lo hace *"con una pureza tal* (cfr. UPHV 6) *que no ha de ejercer ningún efecto sobre su objetividad".*

5.7 Los intereses de los hombres, la verdad y la objetividad histórica

Creer que los hombres pueden entender y juzgar un hecho histórico, que siempre fue, en el terreno de lo social un fenómeno político y/o religioso, desligado de sus intereses actuales, es puro idealismo e ingenuidad extrema. Los hombres responden, ante todo, a sus intereses. No hemos de creer entonces, en su «objetividad» ciegamente. La historia jamás podrá ser estudiada y sobre todo interpretada objetivamente:

> *"Nos referimos a ese fenómeno estético, a ese desligamiento liberador de uno mismo y de los intereses personales en el que el pintor, en medio de un paisaje tormentoso bajo rayos y truenos, o sobre un mar embravecido, contempla allí la imagen que tiene en su interior, es decir sumergiéndose completamente en las cosas".*[127]

Por mucho que un historiador se sumerja en el interior de un fenómeno histórico, y por mucho que trate de abstraerse para ser «objetivo», las emociones dejan su impronta y toma partido para «servir al presente». En este sentido el filósofo Nietzsche compara al historiador con un pintor: por más que éste trate, ante un paisaje impresionante, de pintarlo tal como es en la realidad empírica, no puede, pues siempre el elemento subjetivo estará en alguna medida; siempre el espíritu, si no domina de algún modo, de algún modo influye en su impulso artístico. Sin idealismos e ingenuidades, pues creer que los hombres pueden entender y juzgar un hecho histórico, que siempre fue, en el terreno de lo social un fenómeno político y/o religioso, desligado de sus intereses

---

[127] *Ibíd.* Af. 6 p. 89 UGB o. c. Band 1 Von Nutzen und Nachtheil der Historie für das Leben Vorwort 6 ps. 289^{-30}-290^{-5}.

actuales, es puro idealismo e ingenuidad extrema. Los hombres responden ante todo a sus intereses. No hemos de creer entonces, en su objetividad ciegamente. Como vimos antes la historia jamás podrá ser estudiada y sobre todo interpretada, como un «puro fenómeno» estético, desligado de uno mismo y de sus intereses. Por mucho que un historiador se sumerja en el interior de un fenómeno histórico y por mucho que trate de abstraerse para ser objetivo, las emociones dejan su impronta y toma partido para servir al presente. Por eso la objetividad, se lograría solamente a través de la educación masiva de la sociedad. Pero no se trata aquí de una educación meramente histórica, sino integral, fundiéndose en esta integralidad, la historia como educadora y no como instructora. Sólo un pueblo culto en el sentido nietzscheano (fundido en alma y naturaleza), puede no ser engañado y opacado por el espíritu epigonal.

> *"El auténtico historiador debe poseer la fuerza del volver a formular lo ya conocido como algo nunca antes visto y anunciar lo general de una manera tan sencilla y profunda que haga pasar lo profundo como simple y lo simple como profundo. No se puede ser al mismo tiempo un gran historiador, un artista y una cabeza hueca".* [128]

¿Y, los intereses de los hombres permiten la total objetividad en la historia? Se la necesita, sí, pero no puede ser confiado su estudio y dominio a un grupo de especialistas y eruditos que, al final, ni son objetivos ni son neutrales ni son independientes aunque al decir de Nietzsche, quizás no sean cabezas huecas, ni cabezas de chorlitos, ni gallinas exhaustas, tal como hemos visto a lo largo de este capítulo Dice nuestro filósofo:

> *"Pensar en la historia objetivamente de este modo tiene que ver con el trabajo silencioso del escritor dramático, es decir, pensar todo en las relaciones, entretejer los aspectos aislados y singulares con la totalidad, partir de la suposición, en el caso de que no la haya, de que las cosas están dispuestas según un plan unitario...".* [129]

---

[128] UPHV o. c Af. 6 p. 94 UGB o. c. Band 1 Von Nutzen und Nachtheil der Historie für das Leben Vorwort 6 p. 294-10.

[129] UPHV o. c. Af. 6 p. 89 UGB o. c. Band 1 Von Nutzen und Nachtheil der Historie für das Leben Vorwort 6 p. 290-15.

Según las ideas nietzscheanas, el impulso artístico del hombre, si bien no hacia la verdad y la justicia, el hombre lo logra igual que:

"Así como el hombre teje su red sobre el pasado y lo domina, así se expresa también su impulso artístico pero no su impulso hacia la verdad y hacia la justicia. Y es que la justicia y la objetividad no tiene mucho que ver entre sí".[130]

No podían tener el mismo concepto de justicia. Sus interese eran diferentes. ¿Y qué son los intereses? Esto que dice Nietzsche, citando al poeta dramático austriaco Franz Grillparzer:

"Todo hombre tiene su necesidad particular, de modo que millones de direcciones corren paralelamente, se entrecruzan en líneas rectas y curvas, se desafían, se frenan, se impulsan hacia atrás y hacia delante, asumiendo su carácter azaroso para el resto y así, descontando las influencias de los acontecimientos naturales, imposibilitan la demostración de una necesidad envolvente y omniabarcante de lo que acontece. Sin embargo, ¿no vuelve a salir esa «necesidad» a la luz como resultado de esa «objetiva» visión de las cosas?".[131](*)

Los intereses son las necesidades complejas de los hombres, según el concepto marxista, no habiendo gran diferencia entre lo que dice Nietzsche y lo que dice Marx al respecto. Es una ley, como en el caso de otras ciencias, que permiten mejor generalizar, que la *«historia objetiva»*, es difícil y es dominada por la subjetividad de los hombres, sobre los cuales los intereses dirigen las inclinaciones y dominan *«el momento supremo de la creación»*, no obstante, dice Nietzsche:

"En otras ciencias las generalizaciones son, desde luego, lo más importante, en tanto que contienen leyes".[132]

---

[130] *Ibíd* Af. 6 p. 89 UGB o. c. Band 1 Von Nutzen und Nachtheil der Historie für das Leben Vorwort 6 p. 290^{-20}.

[131] *Ibíd*. Af. 6 p. 90 UGB o. c. Band 1 Von Nutzen und Nachtheil der Historie für das Leben Vorwort 6 ps. 290^{-30}-291^{-5} (*) Franz Grillparzer 1791-1871 Dramaturgo austriaco. Autor de *Das Goldene Vliess* y otras obras.

[132] *Ibíd*. Af. 6 p. 91 UGB o. c. Band 1 Von Nutzen und Nachtheil der Historie für das Leben Vorwort 6 ps 291^{-30}-292^{-5}.

Y concluye, en el mismo aforismo, con las siguientes palabras, que utilizaremos para concluir esta parte del trabajo. Dice Nietzsche:

"Así pues, espero que la Historia no reconozca su sentido en los pensamientos generales, algo así como su flor y fruto, sino que precisamente su valor resida en parafrasear con un ingenio un tema conocido, incluso habitual, una melodía cotidiana, en elevado y exaltado como símbolo universal y así dejar entrever en el tema original todo un mundo de profundo sentido, poder y belleza".[133]

Nos hemos de conformar, por cierto, con que la historia sea crítica y en eso consiste «su objetividad».

6. Las ideas humanistas y sociales propósito de la enseñanza histórica como creadora de valores

Algunos de los momentos culminantes de la filosofía de Nietzsche son, digamos en el plano ontológico-hermenéutico, los siguientes:

a) Incorporación y/o exaltación del componente dionisiaco en el hombre. Al cristianismo sólo le interesaba destacar y sacralizar el componente apolíneo. No les convenía destacar lo no ideal, la vida y su fondo, la parte orgiástica y la fuente del placer material (y sexual) del ser humano; placer que no es mácula, que es sagrado, como sagrado es la creación, lo estatuario, lo ideal, siendo así que para construir primero hay que destruir.

b) Derivado de lo anterior, «el superhombre» y la «voluntad de poder». Ambos, no para la crueldad y la discriminación para con los menos dotados, sino para potenciar la necesaria rebeldía y la voluntad de hacer todo, incluido lo más difícil. Eso de que Nietzsche con la voluntad de poder y el superhombre despreciaba tanto los valores-nobles, valores de la discusión moral, y que lo dejaba todo al voluntarismo como estrategia para impedir ideológicamente las revoluciones, y además, de que eran planteamientos biológico-racistas, es cosa de los sistemas totalitarios que a nombre de Marx y Engels tomaron, mal tomado, el

---

[133] UPHV o. c. Af. 6 p. 92 UGB o. c. Band 1 Von Nutzen und Nachtheil der Historie für das Leben Vorwort 6 p. 292[-20].

poder en gran parte de Europa y Asia en la primera mitad del siglo XX. Acusaron a Nietzsche de voluntarista porque, dijeron, lo hacía para desalentar la organización y la «ciencia de la dirección». Los fascistas, esa especie de socialistas de otro tipo y matices, creyendo o haciéndose los que creían que, efectivamente, lo de la voluntad de poder y el superhombre, unido a la de la «bestia rubia» se refería a una justificación racista del asunto, lo capitalizaron para ellos. Pero, ¿qué nos pudiera parecer, para desmentirlos a ambos, fundamentalistas de todo tipo, el espíritu total de la *II Intempestiva* con su doctrina del sentimiento histórico, de «la historia crítica» y en especial este pensamiento suyo desbordante de humanismo que dice:

> *"Por el contrario, sólo en el amor, sólo envuelto en la ilusión del amor y en razón de una creencia incondicional en lo perfecto y lo justo, logra crear el hombre. A cualquiera que se le obligue a renunciar a este amor incondicional se le cortan las raíces de sus fuerzas: se secará, es decir, se volverá insincero. Con respecto a tales efectos, la historia se contrapone al arte. Y sólo si la historia soporta transformarse en obra de arte, es decir, transformarse en una creación artística, podrá quizás mantener o incluso despertar tales instintos".*[134]

Ningún ideólogo o precursor fascista ni ningún filósofo de las fuerzas retrógradas, ocultistas y oscurantistas, dice cosas tan bellas como las anteriores ni se refiere al ambiente en que transcurre la creación, en forma tan humana, y tan tierna. Las palabras más frecuentes e intencionadas en la filosofía de Nietzsche, de principio a fin, son: Dionisos, que lo domina todo; devenir; tragedia, como catarsis y como verdad; animal de rebaño, epígono y «moral de los esclavos», cristianismo y anticristo, verdad y mentira; humano, demasiado humano como sentimiento de la blandenguería y no de nobleza suprema; eterno retorno como máxima reafirmación del hombre y sus sentimientos más nobles a pesar de dos mil años de educación cristiana (vale decir: compasión activa, resentimiento, mentira, miedo, hipocresía, juicio final, regaños, negación de la vida) que, por el contrario, en vez de fortificar, debilita a unos y convierte en fieras a otros. Veía este filósofo vitalista con

---

[134] UPHV o. c. Af. 7 p. 96 UGB o. c. Band 1 Von Nutzen und Nachtheil der Historie für das Leben Vorwort 7 p. 296[-15-20].

dolor cómo los hombres hasta hoy se dividen en dos grandes bandos: unos, la mayoría, en «animales de rebaño» en «epígonos», afanados por las cosas vulgares y comunes, que se mueven sólo por los caminos conocidos, incapaces como son, de sentir y experimentar el placer del descubrimiento. Nietzsche comienza así la *II Intempestiva* definiendo al animal de rebaño, al mediocre:

> *"Contempla el rebaño que pasta delante de ti: ignora lo que es el ayer y el hoy... come, descansa, digiere, vuelve a brincar, y así, de la mañana a la noche..."*.[135]

Es decir, hombres que se comportan, aún hoy con tantos problemas cardinales como tiene la humanidad, igual que los demás animales, no como el verdadero homo sapiens. Estos hombres no llegan ni siquiera al «hombre ordinario» de F. Dostoievski como más adelante veremos. ¡Parte el alma observar tanta mediocridad!. Esta mayoría de hombres se conforma con poca cosa, a lo más, con un éxito cualquiera en la vida y la característica dominante en ellos es el miedo a lo nuevo y algunas veces ni eso pues no sospechan que lo nuevo pueda existir, que las cosas puedan ser de otra manera; otros, los menos por desgracia, conceden un valor extraordinario al descubrimiento, a la aventura, a lo nuevo. Estos no se conforman si no con la gloria la cual alcanzan siempre por nuevos caminos.

6.1 El cristianismo, formador de epígonos en historia de valores no deseables

¿Cuándo, se imagina uno a Nietzsche preguntándose en su martirizante soledad, todos los hombres serán como este segundo grupo y lleven al hombre a los tiempos de la «edad de oro», es decir, más allá incluso de Grecia Antigua, de Roma y de la cultura alejandrina?. Si en la vida política seguimos a los caudillos en forma ciega, en los estudios históricos hemos seguido al cristianismo. ¿Cuándo todos seremos superhombres y tendremos voluntad de poder? Se necesita para ello educación no de élite, sino masiva y desprejuiciada. Por eso nos dice Nietzsche:

---

[135] *Ibíd*. Af. 1 p. 40 UGB o. c. Band 1 Von Nutzen und Nachtheil der Historie für das Leben Vorwort 1 p. 248-5.

> *"Por el contrario, si os adentráis en la vida e Historia de los grandes hombres, aprenderéis de ella que el supremo imperativo es alcanzar la madurez y huir de esa imperiosa educación paralizante de nuestro tiempo que precisamente concibe su utilidad en impediros alcanzar dicha madurez y con el fin de dominar y explotar a los inmaduros. Y cuando pidáis biografías, que no sean de ésas que dicen «el señor tal y cual y su tiempo sino aquellas que lleven títulos como «alguien que luchó contra su tiempo». Saciad vuestras almas con Plutarco y, creyendo a sus héroes, atreveos creer en vosotros mismos".* [136] [(*)]

Se conforma Nietzsche, ¡aunque sea así!, con un centenar de hombres educados «de manera no moderna, para silenciar esa ruidosa seudoformación de este tiempo». El supremo imperativo es alcanzar la madurez para que no seamos explotados como inmaduros. En el plano de su axiología social, los aspectos más destacados son:

• **Transvaloración de todos los valores**, lo cual tiene una terrible implicación política e histórica debido a que supone cambiar el orden establecido. Cambiar la moral cristiana, moral que nos ha sido impuesta hasta la fecha. Esta es la razón que hace a Nietzsche llamarse él mismo «el primer inmoralista» o «el *antiasno* por excelencia».

a) El arte con finalidad y objetivos, sin descuidar las apariencias, forma o espectáculo, ¡pero nunca el arte por el arte!

b) Historia o historiografía críticas o Historia con objetivos y finalidades, no «la historia por la historia». No historia para generar una cadena interminable y estéril de otras historias, sino historia para generar más vida y acontecimientos, que inflame el componente ígneo interno del hombre; historia que impida la formación de individualidades abstractas y fomente, por el contrario, al hombre nuevo, al prototipo de superhombre, creador de nuevos valores. No hay cosa que atolondre más, o que vivifique más, que el sentimiento histórico, pero tiene que ser impartido y conseguido no en forma monumental o anticuaria, porque en última instancia lo que hace es conservar la vida, no

---

[136] UPHV o. c. parte final Af. 6 p. 95 UGB o. c. Band 1 Von Nutzen und Nachtheil der Historie für das Leben Vorwort 6 p. 295[1-15] [(*)] Según G. Cano, la mención de Plutarco es con referencia a su obra *Vidas paralelas*.

incrementarla. La historia jamás será impartida completamente «objetiva», según la idea nietzscheana, debido a las siguientes razones:

Es imposible aislar el análisis de la «subjetividad humana», del entusiasmo del hombre ante un acontecimiento o fenómeno grandioso. Es desde todo punto imposible aislar las conclusiones históricas, no sólo de la subjetividad innata en el hombre, sino de sus intereses. El hombre en última instancia, y por sobre todas las cosas, responde a sus intereses, lo cual no es sólo planteado por Marx, sino admitido por Nietzsche.[137]

Esta idea hizo exclamar al fundador del colectivismo alemán, Federico Engels (1820-1895) en *La constitución inglesa,* publicada en el periódico alemán *Vorwärts [adelante]* y citado por su biógrafa soviética E. Stepánova, para quien los intereses que se definen como las necesidades complejas del ser humano, dominan la vida y dirigen sus inclinaciones.[138]

c) La historia ha sido hasta ahora, y lo será aún un buen tiempo, inducida por el discurso oficial, que a su vez, se auxilió de un grupo de eruditos de «élite culta» de la sociedad. En el mejor de los casos, según la tesis nietzscheana, con muy buenas intenciones, pero elaborada por *«cabezas estrechas y huecas=Flachkopf»*.[139] Este grupo elitista, además, trabajó influenciado por el discurso oficial, vale decir, de los hombres de partido, de religión y de gobierno.

De ahí, que no nos sirven ni la historia monumental, donde se destaca más que todo la belleza del fenómeno histórico en cuestión, ni la anticuaria, que destaca lo particular sobre lo general. La historia anticuaria nos hace creer, como piensa el vanidoso aldeano, que el mundo entero es su aldea, su ciudad y acaso su país. Por eso ambas nos paralizan y no nos dejan crecer. ¿Qué nos vivifica? La historia crítica, que nos acerca a «la objetividad». Pero la historia crítica y «objetiva» que no es la

---

[137] En referencia al apartado 6 p. 90 de UPHV o. c.

[138] Stepánova, E. (1964) *Engels*. Editorial Consejo Nacional de Universidades, La Habana, Cuba. Traducción de L. Vladov y P. M. Merino. p. 39.

[139] UPHV o. c. Af. 6 p. 94 UGB o. c. Band 1 Von Nutzen und Nachtheil der Historie für das Leben Vorwort 6 p. 294⁻ ¹⁵.

historia del discurso oficial ni de una «elite culta» de los llamados «hombres de letras» y de las bellas artes. Estos nos convierten en epígonos de los teólogos cristianos. Esta élite se hace dueña del arte de la vida y piensa por nosotros para que vivamos «felices» en el brezal, sin arte (sin propósitos elevados) y sin vida interior que nos movilice. La historia o la historiografía para que sea crítica y sea «objetiva» en una porción importante, deba ser de un pueblo culto integralmente unido en alma y naturaleza, capaz de abrazar con fuerte anhelo sus deseos, sin individualidades abstractas; con individualidades concretas como concreta es la verdad. En una sociedad así lo colectivo no deberá ir en detrimento de lo individual. Cada hombre es un mundo en sí y para sí y la vida le es dada una sola vez, de manera que todo aquello que incremente su personalidad y pueda desplegarla íntegramente, vale, y lo que la disminuya, no vale. Una comunidad tiene valor cuando se constituya de la suma cualitativa, no sólo cuantitativa de muchas personalidades fuertes. La historia crítica no le quita valores al pasado, más bien todo lo contrario, pero no lo idealiza ni oculta *«lo malo»* del pasado. La historia crítica no les dora la píldora a los personajes del pasado para servirlos en bandeja de plata al presente con el rasero (medida) del presente y con interés de partido. ¿Qué busca la historia crítica? Un poco de objetividad en sus conclusiones y cuáles fueron las tendencias dominantes, sin exagerar las particularidades en detrimento de lo que pueda servir de conclusión general y como valores universales para el presente. La objetividad posible, debe lograrse con equilibrio, pues de un valor-noble-*incrementador* de vida y movilizador de voluntades, puede llegar a ser un valor-no noble, destructor. De tal modo dice Nietzsche:

> *"Si detrás del impulso histórico no obra ningún impulso constructivo, si no destruye y despeja el solar para construir la casa de un futuro viviendo en la esperanza sobre el terreno liberado, si la justicia domina únicamente, entonces el instinto creador se debilita (entkräftet)* (*) *y se desmoraliza"*.[140]

---

[140] UPHV o. c. Af. 7 p. 96 UGB o. c. Band 1 Von Nutzen und Nachtheil der Historie für das Leben Vorwort 7 ps. 295^{-30}-296^{-5} (*) entkräfte*t* = debilitar, aparece en la traducción de Germán Cano.

6.2 Lo que se puede aprender del cristianismo

Nos explica Nietzsche su idea: las religiones, que gobiernan con justicia pura, se destruyen todas al final del camino. ¿Razones? Las verificaciones históricas deben sacar a la luz:

> *"La razón reside en que toda verificación histórica saca continuamente a la luz de tanta falsedad, grosería, inhumanidad, tanta violencia y tanta carencia de sentido que, necesariamente, ha de disiparse ese clima de ilusión lleno de piedad por el pasado que es indispensable para poder y querer vivir".*[141]

> *"Pero una historia que únicamente destruye y que no se guía por un impulso constructivo inmanente, convierte, a la larga, a sus instrumentos en deformidades antinaturales, porque tales hombres destruyen ilusiones y quien destruya la ilusión dentro de sí y en los otros, lo castiga la naturaleza como el más severo tirano...".*[142] (*)

El filósofo nos alerta en cuanto a qué se puede aprender del cristianismo (el mayor de los problemas, para él, que tiene la humanidad):

> *"Lo que se puede aprender del cristianismo, esto es, que bajo los efectos de un tratamiento histórico algo se deforma y se convierte en antinatural, convirtiéndose en algo definitivamente histórico mediante un tratamiento justo que lo descompone y, por lo tanto, destruye, puede aplicarse a todo lo que aún tiene vida. Lo que vive deja de vivir en cuanto empieza a diseccionarse; sufre los dolores de la enfermedad cuando empieza a convertirse en objeto de las prácticas de disección histórica".*[143]

Lo verdaderamente vivo deja de vivir a base de las preguntas de los biógrafos y demás eruditos. Tal es el caso, da a entender Nietzsche, con

---

[141] *Ibíd.* Af. 7 p. 96 UGB o. c. Band 1 Von Nutzen und Nachtheil der Historie für das Leben Vorwort 7 p. 296-10.

[142] *Ibíd.* Af. 7 p. 97 UGB o. c. Band 1 Von Nutzen und Nachtheil der Historie für das Leben Vorwort 6 p. 296-25 (*) cfr. según G. Cano, J. W. Göthe «Schiften zur Natur und Wissenschaftlehre».

[143] UPHV o. c. Af. 7 p. 98 UGB o. c. Band 1 Von Nutzen und Nachtheil der Historie für das Leben Vorwort 7 p. 297-30.

las biografías elaboradas de los afamados músicos Wolfgang Amadeo Mozart (1756-1791 Salzburg) y Ludwig van Beethoven, (1770-1827 Bonn) donde «el bagaje erudito» a que son sometidos comete la gran injusticia con la verdadera cultura de los alemanes. *No se puede honrar más y hacer más sagrada a la historia que a la vida".*[144] Cuando lo anterior se hace, no es otra cosa que falta de madurez lo que denota, razón por lo cual se nos explota. Así, la vida no tiene valor alguno. La colectividad veraz es un valor en la idea del filósofo alemán. Y aquí surge otra idea gloriosa de Nietzsche:

> "Pero, como hemos dicho ya, nuestra época no debe ser en ningún caso la época de las personalidades acabadas, maduras y armónicas, sino la época del trabajo común, preferiblemente útil. Esto significa únicamente que los hombres deben ser encausados dentro de los fines del tiempo...".[145]

6.3 El peso de la historia y los jóvenes inexpertos

Se manifiesta Nietzsche en contra del acondicionamiento histórico al que son sometidos los jóvenes alemanes de su época. Compara la técnica de perfeccionamiento que se usa con el canto de las aves, para amoldar a los hombres a las directrices y formas de los que le educan. Cree que el canto del hombre actual no sea más perfecto que el de los abuelos; pues el canto con el que se adormece puede como técnica o medio, funcionar en las aves y no así en el hombre, quien debe luchar para evitar ser enceguecido:

> "Se ciega a algunas aves para que su canto sea más hermoso; no creo que el canto de los hombres actuales sea más bello que el de los abuelos, pero si sé que se los ciega a edad temprana. Y el medio ese infame medio que se utilizas para cegarles, es luz demasiado luminosa, demasiado repentina, demasiado oscilante".[146]

---

[144] *Ibíd*. Af. 7 ps. 99-100 UGB o. c. Band 1 Von Nutzen und Nachtheil der Historie für das Leben Vorwort 7 p. 298-30.

[145] *Ibíd*. Af. 7 p. 100 UGB o. c. Band 1 Von Nutzen und Nachtheil der Historie für das Leben Vorwort 7 p. 299-5.

[146] UPHV o. c. Af. 7 p. 100 UGB o. c. Band 1 Von Nutzen und Nachtheil der Historie für das Leben Vorwort 7 p. 299- 15.

Arrastrar a jóvenes tiernos aún, que nada saben de política, de acciones de guerra, de jugadas diplomáticas, a través de milenios cargados de historia, es un crimen, pues fácilmente se les desvía a favor de partidos e ideologías. Dice Nietzsche

> *"El hombre joven, se ha convertido en apátrida y duda de todas las costumbres y conceptos...Considérese ahora, por ejemplo, ese estudiante histórico heredero de ese afectado estilo tan demasiado y prematuramente formado y aparecido ya casi desde su niñez".*[147]

Y así de este modo, el joven se convierte en imitador mecánico y epígono del maestro. En vez de innovar, le enseñaron a copiar; en vez de un teorema, le dimos un axioma o un preconcepto; en vez de desarrollarle la inteligencia creándole dudas e inquietudes, lo convertimos en insípido pichón de animal de rebaño; en vez de ideas nuevas y una forma nueva de movilizarse, lo enseñamos a llevar canas prematuras. Le enseñamos historia como si fuera matemática sin darnos cuenta de la gran diferencia entre una y otra: la segunda instruye y enseña; la primera, educa. Las dos son ciencias, pero con diferentes objetivos. La educación de la ciencia *(sabiduría)* versus la utilidad de lo económico. Les enseñamos a los jóvenes de esta manera:

> *"Si ya de muchacho estaba «preparado», ahora estará «superpreparado», pero sólo se necesita sacudirle y la sabiduría caerá como caída del cielo. Ahora bien una sabiduria podrida que aloja un gusano en cada manzana...La honrada mediocridad se vuelve cada vez, la ciencia en su sentido económico, cada vez más útil".*[148]

Atiborramos a los jóvenes con valores y consignas de tipo general mediante la historia con base en una cultura y una ciencia que eran más «ilusión de ciencia y de cultura que cultura y ciencia; cultura y ciencia de creación de «mera opinión pública». Los llamados de tipo general falsean. Tales son, las palabras de los que siempre tienen en la boca el grito de batalla: Exclama el filósofo alemán en que a estos se les ha de decir claramente:

---

[147] *Ibíd*. Af. 7 p 101 UGB o. c. Band 1Von Nutzen und Nachtheil der Historie für das Leben Vorwort 7 ps. 299^{-30}-300^{-15}.

[148] *Ibíd*. Af. 7 p. 102 UGB o. c. Band 1Von Nutzen und Nachtheil der Historie für das Leben Vorwort 7 ps. 300^{-25}-301^{-5}.

> *"A los que siempre tienen en la boca el grito de batalla y de sacrificio «¡división del trabajo!», «¡cerrad las filas!», se les ha de decir claramente: «cuanto más rápido aceleréis la ciencia, más rápido la destruiréis»".*[149]

Sobre todo, a lo de la «división del trabajo», falsa, pues en realidad se trata de lo siguiente: «Yo pienso, tú me sigues». A este tipo de sabios, de doctos pensadores, los llama Nietzsche *«gallinas exhaustas=die erschöpften Hennen»*. Cacarean mucho, sí, porque ponen muchos huevos, pero siempre más pequeños presentados en libros cada vez más grandes Y aclara que en realidad no son, como los presentan en el discurso educativo oficial, «naturalezas armónicas», si no eso, gallinas exhaustas, representantes de una ciencia «feminizada e infantilizada», ajustada no a lo que debe de ser la ciencia, sino a la mentalidad del hombre medio, o sea, una especie de traje a la medida para el público medio u hombres mediocres, que también así se pudieran llamar.[150]

Por otro lado, la educación de un pueblo no tiene que ser predominantemente histórica, pues justamente los pueblos más poderosos en sus obras y actos vivieron de otro modo y educaron de otro modo a su juventud en el momento en que produjeron ese fenómeno histórico que ahora nosotros estudiamos, recurriendo a la idea de Hegel en su obra *Filosofía del derecho,* dice que cuando algo llega tarde, se vuelve gris, y esa forma de vida ha envejecido. La exageración, en el estudio de la historia, se convierte en una vejez de la humanidad. Recurriendo al *Mito de las edades* de Hesíodo (poeta griego s. IX - VIII a.n.e),[151] en su obra *Trabajos y días,* el primer poema didáctico en el que narra lo relacionado con la agricultura, las estaciones y la administración doméstica, dice Nietzsche:

---

[149] Ibíd. Af. 7 ps 102-103 UGB o. c. Band 1 Von Nutzen und Nachtheil der Historie für das Leben Vorwort 7 p. 301^{-15}.

[150] UPHV o. c. Af. 7 p. 103 UGB o. c. Band 1 Von Nutzen und Nachtheil der Historie für das Leben Vorwort 7 p. 301^{-20}.

[151] Ibíd. Af. 8 p. 105 UGB o. c. Band 1 Von Nutzen und Nachtheil der Historie für das Leben Vorwort 8 p. 303^{-20} *Hesíodo (1978) *Obras y Fragmentos,* Gredos. Madrid. Traducción de A. Pérez. citado por G. Cano.

> *"... se nos tendrá que aplicar la profecía de Hesíodo: un día los hombres nacerán con los cabellos grises y Zeus destruirá esta generación tan pronto como ese signo sea perceptible a sus ojos. Y es que la formación histórica es realmente también una especie de canosidad desde la infancia y los que desde niños llevan tal signo tiene que llegar a la instintiva creencia de la «vejez de la humanidad». A la vejez corresponde, efectivamente una ocupación crepuscular, esto es la mirada retrospectiva, el balance completo, la conclusión, la búsqueda de consuelo en lo ya sido, el recuerdo... en suma, la formación histórica".*[152]

6.4 Papel de los teólogos cristianos en la siembra de valores-no-nobles

Para Nietzsche, la formación histórica negativa, *«lo ya sido»*, tiene mucho que ver, según su idea fija, con los teólogos y con el cristianismo. Recordemos que el rumbo orientador suyo estaba en la lucha contra el cristianismo que nos han dado. Esto, porque era occidental; de haber sido oriental, hubiera luchado igual con el Budismo y con el Islam, porque estas religiones al igual que el cristianismo, pretenden *«la doma del hombre»*, su embobecimiento. Afirma Nietzsche:

> *"¿No se encuentra más bien, dentro de esta paralizante creencia en una humanidad ya moribunda, el malentendido, heredado desde la Edad Media, hasta aquí, de una idea cristiano-teológica: el pensamiento del próximo fin del mundo, del temido y esperado juicio final? ¿No se disfraza acaso esta idea, en virtud de la intensificada necesidad histórica judicial, como si nuestro tiempo, el último de los posibles, estuviese autorizado a celebrar él mismo ese juicio universal sobre todo lo pasado, juicio que la creencia cristiana de ningún modo esperaba del hombre, aunque sí del «hijo del hombre»?".*[153]

A esta situación Nietzsche la llama *«memento mori»* y espina que atormenta tanto al individuo como a la ciencia y nos recuerda tanto a la Edad Media como si, habiéndola dejado atrás, no pudiéramos salir de

---

[152] Ibíd. Af. 8 p. 105UGB o. c. Band 1Von Nutzen und Nachtheil der Historie für das Leben Vorwort 8 p. 300$3^{-25}$.

[153] UPHV o. c. Af. 8 p. 106 UGB o. c. Band 1 Von Nutzen und Nachtheil der Historie für das Leben Vorwort 8 p. 304$^{5-10}$.

ella, gracias a la insistencia de los teólogos cristianos. El *memento vivere*, o lema opuesto, el de la alegría, la vida, la ciencia y la cultura, gracias a la fuerza del hábito religioso y al eco tan fuerte de ese *memento mori* suena muy débil o muy tímido, y, cuando quiere sonar, se delata como insincero. Dice Nietzsche:

> *"Antaño este «memento mori» no sólo era una espina que atormentaba continuamente, sino la cima de la ciencia y conciencia moral medievales. El lema opuesto de los tiempos recientes, «memento vivere»... La humanidad sigue firmemente asentada sobre este «memento mori»... El saber, pese a sus poderosos aletazos, no ha podido todavía lanzarse al aire libre; ha quedado un profundo sentimiento de desesperanza que toma ese matiz histórico que ha oscurecido ahora toda educación y formas superiores".*[154]

Mientras la humanidad esté atenazada por las ideas cristiano-teológicas no podrá despegar de ese «*memento mori*» que no deja pasar al hombre al «*memento vivere*». Los afectos del hombre se encuentran dominados, más que por su propia naturaleza biológica, por la acción social de la religión, de la filosofía y la historia bajo la égida religiosa y los teólogos cristianos. En el momento temporal no nos encontramos ya en la Edad Media, pero sí en el momento mental. La sombra de la Edad Media, gracias al dominio del momento histórico, aún se proyecta, con lúgubre grandeza, sobre nosotros. Aún seguimos creyendo en «el fin del mundo» y en el «juicio final». Es este el peligro del momento histórico y más, del sentimiento histórico. Este fenómeno, de origen económico-social, domina, literalmente hablando, sobre la ontogénesis del animal humano.

El oscurantismo, el ocultismo, productos de la pobreza, influyen y hasta determinan sobre los procesos mentales, sentimentales y biológicos del ser humano. Es como si el hombre somatizara la imagen triste que ese «*memento mori*» asociado a la Edad Media proyecta sobre nosotros los seres humanos. De ahí la importancia de la historia y de la política como valores de la discusión moral para dinamizar la sociedad y engrasar la rueda de la historia. Presenta Nietzsche a la religión como

---

[154] *Ibíd.* Af. 8 p. 106 UGB o. c. Band 1 Vom Nutzen und Nachtheil der Historie für das Leben Af. 8 p. 304^{-15-20}.

una de las causas que constituyen un tranque para ingresar libremente al ruedo de la historia, ya que la religión no sabe de amor ni de esperanza:

> *"Una religión que, desde todas las horas de la vida humana, tiene a la última (hora) por la más importante, que predice la conclusión de la vida terrenal, que condena a todos los vivos a vivir en el quinto acto de la tragedia, estimula, en efecto, las fuerza más nobles, pero también es enemiga de todo nuevo cultivo, de todo intento osado del deseo libre y se opone a cualquier vuelo rumbo a lo desconocido, porque ella no sabe de amor ni de esperanza".*[155]

6.5 No absolutizar el elemento social. Siempre habrá hombres que salen del rebaño y, despuntan

La situación de tristeza o alegría; de ciencia o ignorancia; «*memento mori*» o «*memento vivere*», los asocia Nietzsche con razón, a una formación económica y social, en este caso la Edad Media con su terrible carga de atrasos, ignorancia, religiosidad, atavismos, primitivismo e inseguridad en el ser humano. Aunque el mediático concepto «formación económico-social», literalmente hablando pertenece al marxismo, Nietzsche, como científico de lo social, no puede dejar de tenerlo en cuenta como piedra angular de la concepción histórica y del estudio de los fenómenos históricos. Los efectos de la «formación económico-social» o «formación histórica», para emplear el léxico del filósofo de la Alta Engadina, van más allá de lo exógeno en el hombre para penetrar y dominar su interior, su moral, sus afectos, su actitud ante la vida, ante el arte (igual a decir «vida») y ante la ciencia. Un ejemplo entre paréntesis: los personajes de Fyodor Mijailovich Dostoievski, (1821-1881) *Los hermanos Karamazov* (1880) «verdaderos antihéroes», escritor, que como ya sabemos, fue leído por Nietzsche y que su libro, *El idiota* (1868-1869), ejerció influencia sobre él al formular la teoría de la «voluntad de poder» y muy probablemente también *Crimen y castigo* (1866), influyó en Nietzsche en su conocida doctrina del «superhombre». No es el caso analizarlo ahora, pero conocemos que

---

[155] UPHV o. c. Af. 8 ps. 106-107 UGB o. c. Band 1 Vom Nutzen und Nachtheil der Historie für das Leben Af. 8 p. 304[-25-30].

Nietzsche leyó y estudió al escritor ruso y que «el hombre extraordinario» del ruso se parece al «superhombre» del Zaratustra. Así Dostoievski, en *Crimen y castigo*, defiende la teoría del «hombre ordinario y el extraordinario», en la que expresa su convencimiento absoluto en que la renovación del hombre consiste en su *metanoia* espiritual. ¿Quiénes son según él, los «¿hombres ordinarios?». Dostoievski en el capítulo V, de esta obra explica las dos categorías de hombres:

> *"Las subdivisiones, naturalmente, serán infinitas, pero los rasgos diferenciales de ambas categorías son harto acusados: la primera categoría, o sea, la materia, hablando en términos generales, la forman individuos por su naturaleza conservadores, disciplinados, que viven en la obediencia y gustan de vivir en ella. A juicio mío, están obligados a ser obedientes, por ser ese su destino y no tener, en modo alguno, para ellos nada humillante".*[156]

Estos son los ordinarios...y estos otros los extraordinarios explicado en el mismo libro y capítulo:

> *"La segunda categoría la componen cuantos infringen las leyes, los destructores o propensos a serlo, a juzgar por sus facultades. Los crímenes de estos tales son, naturalmente, relativos y muy diferentes; en su mayor parte, exigen, según los más diversos métodos, la destrucción de lo presente en nombre de algo mejor. Pero si necesitan, en el bien de su idea, saltar aunque sea por encima de un cadáver, por encima de la sangre, entonces ellos, en su interior, en su conciencia, pueden, a juicio mío, concederse a sí propios la autorización para saltar por encima de la sangre, mirando únicamente la idea y su contenido, fíjese Ud. bien. Sólo en ese sentido hablo yo en mi artículo de su derecho al crimen".*[157]

Los hombres ordinarios no son los mediocres ni los «*animales de rebaño*», es decir, no son los hombres de las trivialidades diarias de los cuales con cierto desprecio habla Nietzsche; pero están muy por debajo de «*los extraordinarios*»; los extraordinarios son los «*superhombres*»,

---

[156] Dostoievski, Fyodor Mijailovich. (2000) *Crimen y castigo-Los hermanos Karamazov* Edimat-Libros, Ediciones y distribuciones Mateo. Madrid. Cap. V p. 353 (Prestuplenie i nakazanie-bratia karamazov).

[157] *Ibíd.* cap. V p. 353.

los hombres plenos, los legisladores, los fundadores de la humanidad, los abridores de nuevos caminos, los que sienten la euforia del novato y la atracción por el peligro. Según la idea del escritor ruso, a esta especie extraordinaria de hombres pertenecen el astrónomo de Weil-Wurtemberg Juan Képler (1571-1630), el físicomatemático, y astrónomo inglés Isaac Newton (1642-1727) y el emperador de los franceses Napoleón Bonaparte I. (1769-1821). Si Newton, para dar a conocer a la humanidad sus descubrimientos, llegado el caso de que cien o más hombres se le opusieran y se lo negaran, él tuviese derecho (claro que no un derecho oficial, dice Dostoievski), a saltar por encima de su conciencia y de la sangre y los cadáveres de esos cien hombres. Su conciencia estaría autorizada a ello. Este es también el caso de Napoleón, que para llevar la libre concurrencia, vale decir, el comercio libre a Europa con la sociedad capitalista, tenía derecho (el derecho de su conciencia), a saltar por encima de la sangre y los cadáveres de quienes se le opusieran. No hay mucha diferencia, es lo que también hemos querido decir, entre el «hombre extraordinario» de Dostoievski y «el superhombre» de Nietzsche.

6.6 Personajes que somatizan la tristeza del feudalismo como formación histórica

¿De dónde nacen y cómo son, los personajes de Dostoicvski, por antonomasia el novelista de lo subconsciente, de los vagabundos y el creador de la novela social?. Son, eso es verdad, personajes de ficción aunque en *El idiota,* un poco lo reconocemos a él mismo, entre otras cosas, epiléptico. Pero son personajes de ficción sólo en un sentido: que los nombres él los inventó y nadie en específico de la vida real se podía sentir aludido. Por lo demás, los sacó de una etapa dura de la historia rusa: siglo XIX, último del zarismo, es decir, del feudalismo en ese enorme, empobrecido, atrasado y sufrido país; los sacó de una «formación histórica» determinada, de una «formación económico-social» concreta, la que le tocó a él vivir, ser actor y juzgar. La mayoría de los rusos de entonces eran como *Los hermanos Karamasov;* como «el príncipe Mischkin», *de El idiota;* como «Goliadkin», *de El doble,* o como el mejor logrado de todos: «Raskolnikov», el asesino de *Crimen y castigo.* Los personajes del triste novelista ruso (que no obstante sus pecados capitales eran el orgullo y la gloria y que hizo de su vida un siglo por cada minuto que vivió) eran así: seres modestos, insignificantes, empleados de poco sueldo; jovencitas idealizadas por la fiebre, «que vivían de lo suyo» y que conservan candor de infancia; borrachos de catadura trágica; locos que se creen perseguidos y despreciados; introvertidos (como Goliadkin de *El doble*), que se desquita de sus miedos habituales con salidas extemporáneas de valor y autoafirmación, en fin, son como los personajes de Balzac, y en cierta forma parecidos a los de Émile Zola (1840-1902) y Víctor Hugo (1802-1885).

Y son además: Personajes del fracaso y la desesperanza; avaros, enervados e hipocondríacos; apartados del mundo; con un odio mal nacido y peor encaminado, cavilosos; indecisos, deprimidos, acostumbrados a hablar sin hacer nada, carcomidos por el miedo, (por ejemplo Raskolnikov, de *Crimen y castigo*, que al ir a matar a la vieja usurera = [*piojo inútil y dañino*] lo hace temblando de miedo e indecisiones y poseído de un temblor nervioso con el juicio eclipsado); dominados por la prisa y la falta histórica de acción; derrumbados moralmente y con terquedad de bestias. Y, ¿estos retratos históricos de I. Dostoievski responden a que el hombre es, en sus afectos innatos así? ¿Responde a un rasgo especial «del carácter ruso»? Nos preguntamos además: ¿No eran así los hombres de la Edad Media, ya fueran rusos, alemanes, franceses o ingleses que sólo han ido mejorando con el cambio de sistemas sociales? ¿Se mantenían de esa forma en Rusia incluso después de pasar la Edad Media, por ser rusos o por la miseria económica y el régimen social atrasado (el Feudal), es decir, por la «formación histórica» con restos de Edad Media que tenía a ese país hundido en la pobreza y la desesperanza? La pobreza da anemia no sólo física, sino moral y enerva y atolondra y perturba psicológicamente al hombre. Los personajes de Dostoievski son, sobre todo, hombres atolondrados por el sistema, no por sus naturalezas y lógicamente les afecta sus naturalezas afectivas. De aquí se nutren la Iglesia y los supuestos e imaginarios «hombres santos».

6.7 La situación social y los afectos del hombre

La situación social determina sobre las afectos del hombre, si bien existen hombres que se empinan por eso toda la filosofía de Nietzsche es un llamado a los hombres y no disquisiciones filosóficas calenturientas, ni especulaciones; por eso filosofó con el martillo y no con la especulación. Sin embargo, los hombres en general son como la sociedad y como las épocas. La sociedad humana, en cada período de su evolución, es «un organismo social único» que incluye en sí todos los fenómenos sociales en su unidad orgánica sociedad-naturaleza sobre la base de un modo de producción que a su vez decide sobre la salud moral y física de los individuos. Los personajes de Dostoievski (desolados, enfermos de la moral, tristes, desarraigados, atribulados), no son más que el retrato y el producto de una «formación histórica», la feudalista. Los personajes de Dostoievski son tipos extraídos de la sociedad feudal rusa; son la imagen exacta de la realidad, de la política, de la economía, de los conflictos de sus pasiones, intereses y crueldades. Este escritor era un activo luchador *antifeudal*, tanto, que estuvo a punto de morir por ello; incluso era un justificador de los supuestos crímenes de Napoleón, todo porque también este era luchador contra estos sistemas feudales en Europa y era, para él, un «hombre extraordinario» como también lo eran J. Képler y I. Newton en sus respectivas áreas de actividad; un *«superhombre»* para Nietzsche. En la práctica, y de forma tácita, Dostoievski aprobaba, y no por traidor, sino más bien por todo lo contrario, la invasión napoleónica a Rusia, porque aceleraba la rueda de la historia y traería el progreso a ese inmenso y atrasado país.

6.8 Efectos de la idea cristiano-teológica

Cuando Nietzsche se ha referido a la Edad Media como el imperio de la idea paralizante cristiano-teológica, lo hace pensando en una edad intermedia del desarrollo humano en que la iglesia era una gran potencia económica; donde los campesinos, principal fuerza productiva directa, eran explotados despiadadamente y carecían, desde luego, de derechos políticos y jurídicos. La base de las relaciones productivas eran la propiedad del señor sobre los medios de producción en el cual la iglesia tenía un papel destacadísimo. En la práctica la palabra «medios de producción» incluía a los hombres que eran propiedad incompleta de los señores, entre ellos de los propios eclesiásticos. Por supuesto, en la vida espiritual tenía que imperar la ideología religiosa. Los restos de esta sociedad, sus ideas paralizantes, han llegado hasta nosotros con ese «memento mori». Pese a los «aletazos liberadores», la sociedad sigue asentada, en gran parte del mundo, aún hoy, siglo XXI, sobre este «memento mori» que lo delata a través de su historia universal. Este «memento mori» es enemigo de todo nuevo cultivo, de todo intento osado, del deseo libre y se opone a cualquier vuelo rumbo a lo desconocido. Sólo contra su voluntad acepta el movimiento de lo que deviene, pero para apartarlo a un lado o sacrificarlo a tiempo como posible seducción de la existencia o engaño sobre su valor. Sí, la iglesia es dura de matar, al igual que el espíritu de resignación que nos inculcó dentro.[158]

La Iglesia, se entiende la jerarquía, siempre ha querido evitar a cualquier precio, el «memento vivere», y cuando no lo puede hacer con prepotencia e intolerancia, como en los tiempos de la Inquisición, lo hace:

"Y cuando esto no es posible por el camino correcto,… lo logra asociándose a la formación histórica".[159](*)

Es decir, se agarra de lo abstracto y la tradición. Lo peor de todo es que la gente la mayor parte de las veces ni conciencia clara tiene de ello. Así, se rechaza todo lo que deviene, con escepticismo, ingenuidad, cinismo o resignación, activa esta última, en el peor de los casos. La Iglesia entonces, apoyándose en la «formación histórica» forma individuos sin arte y sin afectos vivificantes. En este estado de cosas y con individuos abstractos, ¿qué predomina en la masa? El animal de rebaño y el epígono. Aunque no es el caso analizarlo en este trabajo, como que no hemos tenido el tipo de hombre que quiere Nietzsche y Marx, para luchar contra lo viejo, han surgido ideas que a nombre de lo

---

[158] UPHV o. c Af. 8 ps. 106-7 UGB o. c. Band 1 Vom Nutzen und Nachtheil der Historie für das Leben Af. 8 p. 304-15.

[159] *Ibíd.* Af. 8 p. 107 "…so erreicht es doch ebenfalls sein Ziel, wenn es sich mit der historische Bildung…verbündet…" UGB o. c. Band 1 Vom Nutzen und Nachtheil der Historie für das Leben Af. 8 p. 305-5.

nuevo, en realidad están yendo a lo viejo y van a paralizar primero y acabar después, con la humanidad. La palabra «epígono», para el filósofo alemán, hablando de Historia, se convierte de un «elemento histórico», en «fiebre histórica», que transforma al hombre *en* «pasivo y retrospectivo». Muy pocas veces así, la «fiebre histórica» se convierte en actividad.

¿Cómo, según Nietzsche, se soluciona este problema? Multiplicando el superhombre, con voluntad de poder; cuando el hombre, él mismo, si la sociedad no le da valores y ejemplos a seguir, se trace por sí mismo las metas a lo grande y aplicando el elemento dionisiaco en todo su proceder, en especial el destructor. Pero dejemos que el propio filósofo sea quien nos lo diga:

> *"Hay que decir que el origen de la formación histórica –y de su íntima y radical contradicción contra el espíritu de «un tiempo nuevo», de una «conciencia moderna»– tiene que ser en justicia reconocido históricamente. La historia tiene que solucionar el mismo problema de la historia, el saber tiene que volver contra sí mismo su propio aguijón. Este triple tiene que es el imperativo del espíritu del «nuevo tiempo», si es que en éste realmente hay algo nuevo, poderoso, prometedor y original".*[160]

Aquí, al terminar esta cita, Nietzsche, con dolor pregunta:

> *"¿Acaso será cierto que nosotros los alemanes, dejando de lado a los pueblos latinos, (romanischen Völker) tenemos que estar condenados, en los asuntos superiores de la cultura, a ser siempre epígonos (Nackkommen*(*)*) por la simple razón de que no podríamos ser otra cosa?".*[161]

A pesar, dice el filósofo, «*del saber superior*», son siempre, los alemanes, seguidores del viejo mundo cristiano. Parece como si a Nietzsche no le importara que fueran seguidores de «otras culturas», siempre y

---

[160] UPHV o. c. Af. 8 p. 108 UGB o. c. Band 1 Vom Nutzen und Nachtheil der Historie für das Leben Af. 8 p. 306-5-10.

[161] *Ibíd*. Af. 8 p. 108 (*) El término Nackkommen *(epígono)* viene señalado en el texto. UGB o. c. Band 1 Vom Nutzen und Nachtheil der Historie für das Leben Af. 8 p. 306-15.

cuando no lo fueran de una cultura: la cristiana, con su carga de resentimiento y cautividad, con su carga de «antigüedad en declive» Sigue diciendo Nietzsche en el mismo texto:

> *"...si debería consistir eternamente nuestro destino en ser «alumnos de una Antigüedad en declive». Algún día, acaso, nos será permitido depositar, paso a paso, nuestra meta en un lugar más alto y más lejano; en algún momento deberíamos tener el derecho de concedernos el privilegio de haber recreado en nosotros mismos, por medio de nuestra historia universal, de manera tan fructífera y grandiosa, el espíritu de la cultura alejandrino-romana".*[162]

Pero en realidad quiere Nietzsche irse más lejos aún del cristianismo, cuando nos dice:

> *"De este modo, nuestra más noble recompensa sería la de imponernos ahora la tarea aún más poderosa de aspirar a retroceder más allá y detrás de este mundo alejandrino y buscar nuestros modelos por medio de una mirada valiente en el mundo originario de la Antigüedad Clásica: el mundo de lo excelso, de lo natural y de lo humano. Pero allí encontraremos también la realidad de una formación esencialmente ahistórica, una formación, pese a ello, o, mejor dicho, gracias a ello, rica y llena de vitalidad".*[163]

El «eterno retorno», no el de las tres transformaciones león-camello-niño (no endógeno) sino ontológico y exógeno, social, natural, más allá de los griegos antiguos, a la «edad de oro», es decir, donde los hombres eran como dioses; donde cada hombre era un dios y cada dios un hombre. Ese es el modelo de Nietzsche y la suerte que desea para los hombres, no el modelo cristiano-teológico.

6.9 La superficialidad del hombre moderno

El noveno apartado de la *II intempestiva*, lo comienza Nietzsche, como casi siempre, de forma polémica, en este caso, criticando al

---

[162] UPHV o. c. Af. 8 p. 109 UGB o. c. Band 1 Vom Nutzen und Nachtheil der Historie für das Leben Af. 8 ps. 306^{-30}- 307.

[163] *Ibíd.* Af. 8. p. 109 UGB o. c. Band 1 Vom Nutzen und Nachtheil der Historie für das Leben Af. 8 p. 307$^{-5\text{-}10}$.

hombre moderno por su superficialidad y autosuficiencia. Nos dice que al lado del hombre moderno se encuentra su ironía, ironía sobre sí mismo por estar saturado de la conciencia y por estar saturado de espíritu historicista, pero sin darse cuenta de que ese espíritu es crepuscular y sin fe salvadora del futuro. La ironía del hombre moderno lo lleva a un paso más allá: al cinismo para justificar la marcha entera de la historia. El canon cínico hace creer al hombre moderno que:

> *"...todo tuvo exactamente que ocurrir como justo es ahora y de ningún modo podría haber sido el hombre mejor a como ya es; frente a este imperativo nadie puede rebelarse"*.[164]

Entonces empieza el hombre abstracto, no el hombre concreto, aquel que puede identificar la zona, los individuos y el espíritu de la época donde se concentró el «destino típico» y el «comportamiento típico» y sacar conclusiones que sirvan al futuro. Un mismo acontecimiento histórico, tiene, salvando las distancias y el tiempo, para hombres de diferentes generaciones efectos infinitamente más diferenciados, que para hombres de una misma generación, unidos por los mismos intereses, por las mismas reminiscencias, experiencias y recuerdos: en una palabra, unidos por las mismas vivencias. Pero el siglo de Nietzsche está plagado de individualidades abstractas, de individualidades que no se llenan de lo concreto con valores universales, sino de lo universal en abstracto, que repiten como una cantinela, sin valores concretos para «vivir la completa entrega de la personalidad al proceso del mundo». Hombres así, hablan de lo abstracto-intangible, como si hablaran de la inmortalidad del cangrejo o como dice Nietzsche:

> *"¡La personalidad y el proceso del mundo! ¡El proceso del mundo y la personalidad de la pulga!"*.[165]

Se pregunta Nietzsche:

> *"¿Estamos condenados a oír eternamente la hipérbole de todas las hipérboles: la palabra universo, universo, universo, cundo cualquiera,*

---

[164] *Ibíd.* . Af. 9 p. 115 UGB o. c. Band 1 Vom Nutzen und Nachtheil der Historie für das Leben Af. 9 p. 312-10.

[165] UPHV o. c. Af. 9 p. 115 UGB o. c. Band 1 Vom Nutzen und Nachtheil der Historie für das Leben Af. 9 p. 312-20.

sin embargo, sinceramente, debería hablar del hombre, del hombre, sólo del hombre?".[166]

¡Cúspide y proceso del mundo, *«naturaleza consumada»*, orgullo vano, confianza ciega, eso es lo que lleva dentro en vez de fuego y guerra, el hombre moderno saturado como está, de historia y de consignas generales! ¡Enigma del devenir en general! En la misma cita dice Nietzsche con ironía:

"A esto llamo yo un sentimiento sublime. A través de esta imagen tiene que reconocerse los primerizos de todas las épocas, aunque hayan venido los últimos...

¡Tú deliras orgullosísimo europeo del siglo diecinueve!".[167]

6.10 Luchar contra lo histórico y el ciego poder de lo real. El objeto del hombre a su paso por la historia. ¿Reino de la juventud?

La historia humana así, según la idea filosófica nietzscheana, no se diferencia en las oscuras profundidades del mar donde no haya huellas del homo sapiens. De esta manera el hombre moderno deja, él mismo, de llegar al «reino de la juventud» o «patria de los hijos». El saber del hombre europeo del siglo XIX no lo llevó a la «consumación de la naturaleza», sino a la destrucción de su propia naturaleza humana. Sabe mucho, sí, el hombre europeo del siglo XIX, pero ese tanto conocimiento universal, ese tanto conocimiento histórico general lo lleva hacia abajo, del cielo al caos y le quita la capacidad de actuar. Les exhorta Nietzsche a los hombres modernos:

"No te quedan más apoyo en la vida, tan sólo telarañas desgarradas que surgen cada vez que intentas aferrarte a algo con tus conocimientos".[168](*)

---

[166] *Ibíd.* Af. 9 p. 115 UGB o. c. Band 1 Vom Nutzen und Nachtheil der Historie für das Leben Af. 9 p. 312[-20].

[167] *Ibíd.* Af 9 p. 116. UGB o. c. Band 1 Vom Nutzen und Nachtheil der Historie für das Leben Af. 8 ps. 312[-30]-313[-10].

[168] UPHV o. c. . Af. 9 p. 116 UGB o. c. Band 1 Vom Nutzen und Nachtheil der Historie für das Leben Af. 9 p. 313[-20] *Según G. Cano, es temática ya abordada en el NT. cap. XV «La red de hombre teórico» Nota 61 p. 116.

Sobre la historia dice Nietzsche:

"Afortunadamente, la Historia también conserva la memoria de los grandes luchadores contra la Historia, esto es contra ese ciego poder de lo real".[169]

Por eso la historia tiene que conservar también la memoria de los grandes luchadores contra ella, de los que navegaron contra la corriente en alguna ocasión, porque lo más importante «no es el pensamiento de llevar un linaje a la tumba, sino de fundar uno nuevo», de saber para qué estamos aquí, de saber cuál es nuestro destino como seres humanos, de acabar con el dominio de lo lógico sobre lo ilógico. Si la historia, a pesar de todo no nos dice para qué estamos aquí en la Tierra, buscar nosotros mismos en nosotros mismos, las preguntas y las respuestas. Nos dice Nietzsche, algo que es una constante en él desde el principio a fin de su filosofía y que nos lo dice casi siempre en códigos, salvo quizá en esta ocasión:

"Por eso más bien pregúntate para qué existes tú, el individuo, y si nadie puede decírtelo, entonces intenta en algún momento justificar el sentido de tu existencia a posteriori, fijando una finalidad, una meta, «un para esto», «un para esto» elevado y noble, y perece en el intento- yo no conozco que exista mejor finalidad en la vida que perecer intentando lo grande y lo imposible: animae magnae prodigus". [170]

Sin duda alguna, ¡qué profundas, sabias y nobles son estas palabras del profesor de Basilea! ¡Que alentadoras son estas palabras del filósofo del martillo, el de la voluntad de poder y el superhombre! Ni el arte ni la historia ni el hombre deben existir sin finalidad. Los tres tienen que tener fines y objetivos, con más razón el hombre, el mayor y casi único valor que él reconoce. El hombre ha de tener valor para vivir porque la vida no es razonable y no puede escapar a los momentos desagradables como no puede escapar al embrujo por lo nuevo. Entiendo que el hombre sin planes y objetivos superiores no es hombre y su mayor objetivo ha

---

[169] *Ibíd.* Af. 8 p. 114 UGB o. c. Band 1 Vom Nutzen und Nachtheil der Historie für das Leben Af. 8 p. 311-15.

[170] *Ibíd.* . Af. 9 p. 124 UGB o. c. Band 1 Vom Nutzen und Nachtheil der Historie für das Leben Af. 9 p. 319-15.

de ser el de pensar... y actuar. El objeto del hombre es tener una meta, vivir para ella, morir por ella si es preciso y llegar a ser inmortal; fijar su existencia a posteriori. Para lograr este objetivo debe de ser como Zaratustra: un escéptico, con fe para crear y no para creer, debe estar alerta; debe él sacar siempre sus propias conclusiones. En un proceso muy complejo ha de valerse de la historia crítica. En las ciencias naturales existen muchas leyes. Igual en las ciencias sociales y político-económicas. ¿La ley de la felicidad? Creársela uno mismo: si el sistema no te lo permite, lucha contra el sistema y en esa lucha encontrarás la felicidad. Incluso en el patetismo de los personajes dostoievskanos ese parece ser el llamado oculto catárticos, pues, ¿quién quiere ser como el príncipe Mischkin de *El idiota* y como Goliadkin de *El doble* o como Raskólnikov, de *Crimen y castigo*? Nadie, y ahí está el aporte de Dostoievski a su lucha contra una sociedad que no dejaba al hombre ser feliz, es decir, de ver el mundo con sensación de alegría y contento, con sensación de asombro ante la vida, sino que la veían a ésta con depresión y dolor, con autocompasión.

El hombre con «arte dentro» no tiene fe para creer porque se convierte en medio no en finalidad; se convierte en epígono, no en irradiador de valores, como quiere Nietzsche que sea su superhombre. Nietzsche quiere que su superhombre sea un hombre nuevo capaz de esperar activamente *"al soberano devenir" (II intempestiva* Af. 9 p. 124).

6.11 Las masas como concepto histórico-abstracto. El reino de la juventud

¿Siempre las masas o mayoría tienen la razón? (Demóstenes).

Y llegado a este punto entramos en un tema espinoso en el marco de los valores nietzscheanos, que no sólo nos dice mucho de su actitud histórica, sino de su actitud política, tan cuestionada. Aquí, este conflictivo filósofo "habla negativamente" de «las masas». Ahora bien, ¿a qué masas se refiere? ¿Acaso confunde Nietzsche la cantidad con calidad? ¿Es, en realidad, de «las masas», de quien habla con desprecio, o más bien se refiere al conglomerado conocido como «animal de rebaño» y del «epígono»?. ¿No será que a quien valora negativamente es a aquel que utiliza a las masas, y también las mismas masas que se dejan utilizar?[171]

La masa que se forma con la suma del conglomerado de individuos abstractos, con la suma de personas perdidas en las trivialidades de una vida sin objeto ni fines, nunca es poco el desprecio que debemos sentir por ella, y si no desprecio al menos lástima, pero nunca considerarlas aptas a esas personas a la hora de actuar y de ser protagonista en los momentos históricos decisivos. No siempre el débil y las mayorías tienen la razón. Por eso la importancia que cuanto más se eduque y se informe a la masa, ésta debería ser a la hora de la toma decisiones capitales, la mayoría. Al hablar del débil fundamento de las leyes de la historia desde el punto de vista de las necesidades derivadas de las masas, Nietzsche distingue tres aspectos de las masas, a saber: copia-resistencia e instrumento o medio:

> *"Sin embargo las masas sólo me parecen un modelo útil en tres sentidos. En primer lugar como copias borrosas de los grandes hombres, aunque copias realizadas sobre un mal papel y con arquetipos ya gastados; en segundo lugar, como resistencia frente a lo grande; y, en último lugar, como instrumento de lo grande. Por lo demás, ¡al diablo con ellas y sus estadísticas!".*[172]

Aplicando este texto de Nietzsche a nuestra actualidad social, podemos afirmar que fue realmente un visionario: por ejemplo: ¿qué sucede con los programas radiales o televisivos, discutibles por su calidad artística y moral y cuya permanencia en el aire, depende de los supuestos «Ratings» *(estadísticas)* respaldados por las masas?. Nos hacemos aquí la misma pregunta de Nietzsche: ¿Qué masas? ¿Acaso la que es copia borrosa, o la que se resiste frente a lo grande, o la que se deja acondicionar? Encuentro muy justificada la expresión de Nietzsche *"¡al diablo con las estadísticas!"*

---

[171] UPHV o. c. Af. 9 ps. 124-5 UGB o. c. Band 1 Vom Nutzen und Nachtheil der Historie für das Leben Af. 9 p. 320^{-10}.

[172] UPHV o. c. Af. 9 p. 124 UGB o. c. Band 1 Vom Nutzen und Nachtheil der Historie für das Leben Af. 9 p. 320^{-5}.

Lo grande no debe depender del éxito dijo Nietzsche, solamente tiene la razón el que propicie desarrollo humano, el que aporte no sólo cantidad sino más que todo calidad, aunque tenga que ser, a nombre de ello, cruel y estar en minoría. Para Gandhi es totalmente injusto que una mayoría aplaste a una minoría. Tiene la razón el que irradie valores. Nos dice Nietzsche muy clara su idea al respecto:

> *"Lo grande no debe depender del éxito. Demóstenes tuvo grandeza, pese a no tener éxito".*[173]

Igual ha sucedido a través de la historia, con muchos más hombres, entre ellos, con los mejores del cristianismo. Para Nietzsche por ejemplo, el éxito del cristianismo, su poder histórico, no demuestra nada en cuanto a la grandeza de su fundador Incluso se puede decir que la historia les debe casi más a los perdedores que a los ganadores, a los que han luchado contra la historia que a los clásicamente llamados históricos. «Tiene razón el que haga mover la rueda de la historia aunque sea con la guerra». Sobre la rebelión de los esclavos y sobre la moral de los esclavos, nos ha alertado Nietzsche muchas veces de punta cabo de su filosofía. Por ejemplo, nos dice:

> *"El éxito histórico del cristianismo, su poder histórico, su tenacidad y perdurabilidad históricas, todo esto afortunadamente no demuestra nada en cuanto a la grandeza de su fundador...Entre éste y ese éxito histórico, se interpone una oscura y muy terrenal capa de pasiones, errores, avidez de poder y de gloria, de fuerzas del <u>imperium Romanum</u> que siguen actuando. Una capa, en definitiva, de la que el cristianismo ha recibido todo ese sabor y vestigio terrenal y que posibilitó su supervivencia en este mundo, ofreciéndole su estabilidad".*[174]

Está claro, fue el Imperio Romano, supuestamente con Constantino, por intereses políticos más que todo, el que ayudó a imponer, y oficializar el cristianismo. Y, ¿se puede afirmar que el Imperio Romano, por

---

[173] *Ibíd*. Af. 9 p. 125 "Die Grösse soll nicht vom Erfolge abhangen, und Demostenes hat Grösse, ob er gleich keinen Erfolg hatte". UGB o. c. Band 1 Vom Nutzen und Nachtheil der Historie für das Leben Af. 9 p. 321-5.

[174] UPHV o. c. Af. 9 p. 125 UGB o. c. Band 1 Vom Nutzen und Nachtheil der Historie für das Leben Af. 9 ps. 320-30- 321-5.

grande, que lo era, no fuera acaso otra cosa que un nido de oscuras pasiones y de avidez de poder sobre todas las demás cosas que de él se puedan decir? ¿Por el sólo hecho de ser grande, se puede decir que el Imperio Romano sea un ejemplo de la grandeza a la que debamos aspirar? Por la grandeza de Demóstenes, de Lucio Janio Bruto (Liberó a Roma de los Tarquinos y fundó la República-desterrado 509 ac.) y de Giordano Bruno (1550-1600- fue asesinado por la ¡santa! Inquisición) sí debemos luchar. Y, sin embargo, aún pesa sobre «las masas» a través del cristianismo, la capa de pasiones y errores del Imperium Romanum.

¿Cuándo «las masas» apoyan una dictadura, aunque ésta sea de las llamadas «dictaduras de las mayorías», digamos, la de Francisco Franco en España, la de Benito Mussolini en Italia, la de Juan Domingo Perón en la Argentina, la de Hitler en Alemania, la de Augusto Pinochet en Chile, la de Alfred Strösner en Paraguay, la de Sadam Hussein en Irak, la de George Bush en USA. etc., se puede decir que tengan la razón? A Hitler, un lumpen resentido, la mayoría del pueblo alemán lo apoyó y no basta decir ahora paternalisticamente, ¡pobre pueblo: estará confundido! Cada hombre debe hacerse preguntas y buscar las respuestas él mismo.

Los que pertenecemos a las capas más humildes, tenemos que luchar para que se nos deje de tratar en política con paternalismos y compasión. Ese es el trasfondo que Nietzsche le veía a la compasión. En política, en historia, nadie se compadece y conduele gratuitamente.

6.12 La masa que vale es porque irradia valores

La masa formada por la suma cuantitativo-cualitativa de fuertes individualidades, ya es otra cosa; es otra la admiración y la valoración que por ella debemos sentir. Una «masa» así, de un pueblo culto de verdad, y trabajador, unido en «alma y naturaleza», en «la consumación de la naturaleza», unido en el trabajo colectivo y útil, ese sí, ese sí vale la pena; esa masa sí es válida. Dice Nietzsche,

"Para comenzar a despejar el terreno de estas creaciones se siguen escribiendo y buscando las leyes de la historia desde el punto de vista

de las necesidades derivadas de las masas, esto es, según las leyes del movimiento de las capas arcillosas más bajas de la sociedad".[175]

Tanto Nietzsche como Marx en el *Manifiesto del partido comunista*, parece emularse en lo que al tratamiento de las mases se refiere, ya que hablan de éstas como *"capas bajas de la sociedad"* a la que los políticos, en especial las izquierdas tradicionales y los populistas, hipócrita y nebulosamente les llaman «*las masas*». Marx se expresó *"las capas arcillosas más bajas de la sociedad".*[176]

A estas capas bajas, en la idea de estos dos filósofos, hay que ayudarlas, pero no son aptas. Nos dice K. Marx:

> *"Los hombres, hacen su propia historia, pero no la hacen a su propio arbitrio, bajo circunstancias elegidas por ellos mismos, sino bajo aquellas circunstancias con que se encuentran directamente, que existen y les han sido legadas por el pasado".*[177]

El pasado, cómo no, pesa sobre el presente. Un ejemplo de ello lo es el peso del pasado que existe sobre el cristianismo, del cual también Nietzsche nos ha hablado.

6.13 De cómo han de hacer los hombres su historia

Para el caso de Nietzsche, con ideas parecidas a las de Marx en esto de la Historia, cree sin embargo, que para que los hombres hagan su propia historia, tienen que existir condiciones ideales sobre la Tierra. Tan ideales, que hay que regresar al período de la más lejana Antigüedad, a lo excelso, a la edad de oro de la humanidad. Ni siquiera el período alejandrino-romano es apto según la idea nietzscheana, para el ideal humano. Pero todo ha de obtenerse luchando, superándose.

---

[175] UPHV o. c. Af. 9 p. 124 UGB o. c. Band 1 Vom Nutzen und Nachtheil der Historie für das Leben Af. 9 p. 319^{-30}- 320^{-5}.

[176] Gruppi, Luciano. *Opere scelte* o. c. Marx, Carl y Engels. Il manifesto del partito comunista.. I, "Borghesi e proletari" p. 302.

[177] *Ibíd. Il 18 Brumaio di Luigi Bonaparte* p. 487. "Gli uomini fanno la propia storia, ma non la fanno in modo arbitrario, in circostanze scelte da loro stessi, bensí nelle circostanze che essi trovano inmediatamente davanti a sé, determinate dai fatti e dalla tradizione".

No debemos sentarnos a las puertas de nuestras casas a ver el cadáver de lo viejo pasar rumbo al cementerio. Dice Nietzsche

> *"Es cierto que según su explicación nos acercamos a «ese estado ideal» donde la especie humana hace su historia conscientemente, sin embargo, es evidente que aún estamos bastante alejados de ese ideal... Pero el mundo tiene que seguir adelante, no puede alcanzarse soñando, hay que luchar por él, conquistar ese estado ideal, y sólo a través de la jovialidad puede descubrirse el camino de la liberación, de esa equívoca seriedad crepuscular de buho".*[178] [(*)]

¿Qué papel juegan las masas en todo esto de la Historia hecha o no por los hombres, masas? Las masas con composición cualitativa serían *«el estado ideal»* del que habla Nietzsche. Según la idea de Marx, tendría que haber una organización política adecuada y ésta surge de las condiciones materiales, esto es, cuando llegó el momento en que el desarrollo de las fuerzas productivas sociales son ahogadas por las relaciones de producción estrechas, que a su vez generaron pobreza irresistible para las grandes masas de la población. Pero volvamos a la idea nietzscheana, idea en la que parece haber una tercera dimensión social o espiritual. El vocablo *«masas»* se usa (esta es la palabra, porque ni siquiera se utiliza) como concepto abstracto, general, y se abusa de ese concepto como se abusa de lo universal, porque no conocemos al individuo, cuando no lo vemos o cuando significa muy poco. Algunos poderosos siguen diciendo, en vez de decir individuo o en vez de hombre, dicen «masas», o dicen, por la sencilla razón de que al individuo y a lo particular no lo conocen aunque esté a su lado o les interesa de *«las masas»* sólo el hombre para encaramarse sobre él. Este vocablo hemos de cambiarlo por la palabra hombre, hombre de verdad, hombre pleno, no hombre confiado en una sociedad alienante. Hombre culto, el único hombre libre, no un hombre miembro de «eso general y angustiosamente uniforme que es la masa»". La palabra «masa» huele a fracaso, desolación, desesperanzas, abuso de poder; huele a enorme sujeto anónimo con un solo sujeto activo: el teólogo o el político. Así, nos sigue

---

[178] UPHV o. c. Af. 9 p. 121. UGB o. c. Band 1 Vom Nutzen und Nachtheil der Historie für das Leben Af. 9 p. 317-10 [(*)] El símbolo del Buho o Lechuza en su crítica a E. Hartmann, lo toma de W. Göthe «torva seriedad de lechuza».

diciendo Nietzsche en el mismo apartado de la *II intempestiva*, la historia no posee ningún tipo de valor,

> *"¿Se deben llamar leyes a los efectos de la fuerza de la gravedad, la tontería, el remedo, el amor el hambre? De acuerdo, pero si admitimos estos, también tendremos que reconocer que en tanto que existen estas leyes en la Historia, no poseen ningún tipo de valor, no valiendo la historia entonces para nada".*[179]

La «masa», concepto abstracto e instrumento de los políticos y de la religión. La *«masa»* se utiliza, al ser elemento epígono, para impedir lo grande o para sostener lo pequeño a nombre de lo grande. La vida entera, los registros históricos, están saturados de ejemplos al respecto. Baste citar sólo cuatro: el Egipto de los faraones, el fascismo alemán, «el socialismo real» totalitario (ruso y asiático) y los fundamentalistas actuales.

La mal llamada «revolución proletaria» rusa de 1917, en realidad una algarada palaciega llevada a cabo por intelectuales (profesionales de la conspiración y la ideología de la fidelidad en lugar de la democracia) y por jefes militares, donde se quitó a un Zar blanco para situar un Zar rojo, se dio a conocer con semejante nombre (revolución proletaria) para neutralizar a nombre de una «mayoría» y de «una masa» que no fue quien la hizo triunfar, todo el que se opusiera a ella, a ella como las más sangrientas de las utopías, tildado así una vez en unos de sus discursos por el fenecido Papa Juan Pablo II. (cfr. Encíclica *Centessimus Annus* [1991]).

6.14 Sentido histórico y los nuevos valores-nobles de la juventud

> *"En esta lucha tendremos que hacer una comprobación particularmente terrible: los excesos de sentido histórico que padece el presente se fomentan, animan y utilizan intencionalmente".*[180]

---

[179] *Ibíd.* . Af. 9 p. 124 UGB o. c. Band 1 Vom Nutzen und Nachtheil der Historie für das Leben Af. 9 p. 319^{-15}.

[180] UPHV o. c.. Af. 9 p. 128 UGB o. c. Band 1 Vom Nutzen und Nachtheil der Historie für das Leben Af. 9 p. 323^{-5}.

Según Nietzsche, esta es una comprobación particularmente terrible. Es terrible porque estos excesos se utilizan para domar a la juventud:

"Se utilizan estos excesos frente a la juventud con el fin de domarla mediante esa general madurez viril del egoísmo, se los utiliza para destruir la natural resistencia de la juventud a esa iluminación-transfiguración mágico-científica al servicio de ese egoísmo viril, y, al mismo tiempo pueril. Puede llegar a desarraigar los instintos más poderosos de la juventud: su fuego, su orgullo, el olvido de sí mismo, el amor... puede llegar también a apagar el calor de su sentimiento de justicia, suprimir o reprimir lentamente la avidez de madurez, por el ansia opuesta de convertirse en alguien rápidamente preparado, útil, productivo; a través de la duda la sinceridad y de los sentimientos; incluso es capaz de engañar a la juventud en aquello es su más bello privilegio su fuerza para implantar en sí con plenitud de fe una idea grande y de hacerla brotar desde sí misma aún con más fuerza.".[181]

Una preponderancia de la historia, como ciencia que educa y no que solamente instruye, como las matemáticas y la física, crea valores no deseables o valores-no-nobles:

"Una cierta preponderancia de la historia es capaz de hacer todo lo que hemos dicho, pues este exceso desplaza sin cesar las perspectivas del hombre, transforma su horizonte y suprime esa atmósfera envolvente, sin permitir actuar ni sentir de nuevo de manera no histórica".[182]

En una palabra, mecaniza la actitud del hombre, lo mutila mentalmente y lo lleva al rebaño; lo lleva a replegarse sobre sí mismo, a volverse egoísta y atrofiado. Un hombre así dice Nietzsche:

"Entonces, no le cabe otra salida que la de retirarse de esta infinitud del horizonte para, replegándose sobre sí mismo, encerrarse dentro

---

[181] *Ibíd.* Af. 9 p. 128 UGB o. c. Band 1 Vom Nutzen und Nachtheil der Historie für das Leben Af. 9 p. 323$^{-10-15-20}$.

[182] UPHV o. c.. Af. 9 p. 128 UGB o. c. Band 1 Vom Nutzen und Nachtheil der Historie für das Leben Af. 9 p. 323^{-25}.

del más pequeño recinto egoísta y atrofiarse. Probablemente llegue a ser inteligente, pero nunca sabio".[183]

¿De qué se trata? De hacerse preguntas el hombre a sí mismo, de ejercitar el criterio (no volverse un criticón y un iconoclasta), pero sí de tener diálogo interior, espíritu de sublevación, de rebeldía (tres importantes valores nobles). Y, en cambio, ¿qué le sucede al hombre con exceso de historia dentro, sin espíritu crítico en su formación? Si el joven pretende seguir los objetivos del anciano y pícaro Eduardo Hartmann (1842-1906) fracasa, por tanto rechazará toda liberación del mundo, ya que como el mismo Nietzsche dice, que el mundo sería más libres sin estos hombres y ancianos, que no son sino la antítesis axiológica de la juventud:

> *"Ha dejado de dialogar consigo mismo para empezar a calcular y acomodarse a los hechos, no se subleva, parpadea y comprende la necesidad de buscar su propio provecho o el de su partido en las ventajas o desventajas de los demás; ha olvidado la vergüenza superflua y se acerca paso a paso a ese «hombre» y «anciano» de Hartmann"*.[184](*)

Pero un hombre así formado, desde luego que es un oportunista de la política sobre todo y también de la vida, y como tal, despreciable. Dice Nietzsche al terminar el aforismo nueve:

> *"La voluntad y objetivos de esos «hombres», de esos «viejos», difícilmente será la liberación del mundo, pues ciertamente el mundo sería más libre si se liberase de estos hombres y ancianos. Porque entonces llegaría el reino de la juventud"*.[185]

---

[183] *Ibíd.* Af. 9 ps. 128-9 UGB o. c. Band 1 Vom Nutzen und Nachtheil der Historie für das Leben Af. 9 p. 323^{-30}.

[184] *Ibíd.* Af. 9 ps. 128-129 UGB o. c. Band 1 Vom Nutzen und Nachtheil der Historie für das Leben Af. 9 ps. 323^{-30}- 324^{-5} (*) Edward Hartmann (1842-1906 *Philosophie des Unwebußte.*

[185] UPHV o. c. . Af. 9 p. 129 UGB o. c. Band 1 Vom Nutzen und Nachtheil der Historie für das Leben Af. 9 p. 324^{-5}.

7. Epílogo

Nietzsche no envejece ni agrega *«cansancio al cansancio»*, sino vida a la vida. Por eso es uno de los nuestros, como todos los *«superhombres»* u *«hombres extraordinarios»* que han pasado por la vida. No importa, como dice el ilustre escritor cubano José Lezama Lima (*Paradiso*), que el autor del Zaratustra haya tenido que ir a vivir y quizás a refugiarse en los ventisqueros de la Alta Engadina y que es posible que tengamos dos Nietzsche: el que reacciona contra los profesores, y el que en una dimensión creadora, en esos mismos ventisqueros amaba el mar en calma al estilo de los griegos antiguos y se abandonó al espíritu errante, para legarnos una obra de incalculable valor poético, filosófico, histórico y político.[186]

Él, el abanderado de lo dionisíaco, de la parte material de la vida y sus placeres; él, que se negó rotundamente a que sólo exhibiéramos y propagáramos, como hizo el cristianismo, nuestro componente apolíneo; él, que apenas si podía probar un poquito de vino ligado con agua (al estilo de los griegos, por cierto) y que tuvo una vida sexual infeliz le rindió pleitesías al Dios del vino, ($βακω$) de la destrucción y de los placeres materiales, entre estos últimos, el sexual. Tal como lo trató la vida en lo personal, otro en su lugar hubiera sido un resentido, un amargado y hubiera denostado de la especie humana. En la realidad de las cosas, él, Nietzsche, como Marx, cuyas vidas se solaparon en el tiempo, no fue aceptado, a no ser a regañadientes en la sociedad de su época. Sin embargo, no fue un resentido y una de las actitudes que más combatió fue la del resentimiento. Él, que físicamente era, como su padre más bien débil físicamente, le rindió culto a la vitalidad y al empuje impetuoso e indetenible de la vida y especialmente le asignó a la juventud el papel renovador y de transvalorar todos los valores y de darle un giro de ciento ochenta grados a la historia.

---

[186] Lezama Lima, José (1973) *Paradiso,* Editorial Era. México. Edición revisada por el autor y al cuidado de Julio Cortázar y Carlos Monsiváis. cap. X ps. 321-322-323s. Sobre este autor ver artículo en la Revista *La Torre.* 2000. # 18 Año V. de la UPR. . *Zaratustra en La Haban., Nietzsche en el sistema poético de José Lezama Lima,* del Prof. Oscar G. Dávila del Valle. ps. 545 a 561, con motivo del centenario de la muerte de Friedrich Nietzsche.

Si el hombre en sí y para sí, era en él el máximo valor, la juventud era la cúspide de los valores del hombre. Sí, él, que apenas tuvo juventud, que apenas fue amado no sólo por las mujeres, sino por los amigos, que acaso con el colmillo retorcido fue aceptado en vida hasta por la madre y la hermana, resulta, por su obra, el eterno joven que siguió, no obstante, ligado al mundo, mundo en el que no había sido aceptado en vida ni entre los «amigos» por la irreverencia con que trató las ideas preestablecidas y petrificadas.

> *"Hay dos Nietzsche, el profesor que reacciona contra los profesores y el disfrazado de príncipe Vogelfrei (fuera de ley). Fuera de ley, en una dimensión creadora, significa dentro de lo sexual, pero ahí también se separó de la tierra de los condenados, se abandonó a las barreras de agua, pero no pudo habitar la isla".* [187]

Absolutizó Nietzsche, es cierto, el espíritu dionisiaco para llevarnos a una reacción anticristiana y a un retorno a lo helénico quizás exagerado, y no profundizó en lo órfico y lo pitagórico, como dice Lezama Lima, pero nos hizo aún más ateos (y no de ojos azules) y nos puso a pensar en si todo lo que nos han enseñado hasta ahora en historia es lo correcto, con lo cual nos movilizó alrededor de los valores de la discusión moral y le *asignó* a la juventud el papel protagónico. Dice Lezama Lima:

> *"La acción de Nietzsche estaba destinada a levantar a su manera lo helénico, y a reaccionar contra el cristianismo, pero esa acción y reacción en nuestros días no se puede presentaren esa forma, pues hubo que reaccionar contra el seudo espíritu dionisiaco, y su reacción anticristiana era la destrucción de muchas verdades helénicas, el orfismo y el pitagorismo...".* [188]

Claro que no toda la culpa de los males que sufrimos la tiene el cristianismo, pero sí una gran parte de ellos y que lo peor de todo, éste admite y reconoce su culpa *sólo en última instancia*, con maligna intencionalidad, como sucedió con las teorías de Galileo y Darwin por no citar más que dos ejemplos históricos de gran envergadura. Lo que ha hecho la iglesia, a lo sumo, es reconocer débilmente sus garrafales

---

[187] Lezama Lima, José o. c. cap. X p. 322.

[188] *Ibíd.* cap. X p. 322.

errores y desaciertos, y eso sólo cuando ya no pudo valerse de la prepotencia y el poder sin mesura.

En algunos casos incluso, adaptándose como el camaleón, tratan de capitalizar para ellos lo nuevo con el fin de moldearlo a su antojo e intereses. Dice Lezama Lima, que a pesar de todo era un admirador del estoicismo nietzscheano y el cubano que más conocía su obra, que:

> "...su acción y reacción han engendrado una reacción ante su acción, y una acción ante su reacción".[189]

Ciertamente el cristianismo en el mundo occidental principalmente, ha alimentado ideológicamente las peores causas, entre ellas las Cruzadas y el peor de todos, el resentimiento, la compasión, el regaño y el miedo «al juicio final». ¿No estaba entonces justificada la acción (y, ¿por qué no?, la reacción de Nietzsche) contra el cristianismo?

¿Hacia dónde dirigió Nietzsche principalmente sus proyectiles de grueso calibre, y cómo con espíritu crítico debemos verlo hoy, ciento cinco años después de su muerte? ¿Fue desmedida su ácida crítica al cristianismo y en general a las religiones? ¿Existe resentimiento en esa amarga crítica al cristianismo y en esa pelea suya con los profesores y no sólo con los profesores, sino con los demonios de la cultura? Como filósofo, él sólo atacaba problemas, no personas; en contadas ocasiones atacó directamente a personas y cuando lo hizo (R. Wagner, David Strauss, por ejemplo), es porque los consideró a ellos un problema, ciertamente y los creyó condescendientes con la creación de ilusión de cultura y de ciencia y no creadores de cultura y ciencia. A Mozart y L. van Beethoven no los atacó, todo lo contrario, como tampoco atacó jamás a Göthe, más bien a este último lo situó como ejemplo y cúspide de lo que es el superhombre, o su ideal de hombre.

Es verdad que a Nietzsche y al «fenómeno Nietzsche» debemos verlos en el *momento temporal*, no estático, o de lo contrario, estaríamos negando al propio Nietzsche. En los tiempos en que vivió este filósofo y donde a pesar de su voluntario retiro a los ventisqueros de la Alta Engadina (última mitad del siglo XIX, más de cien años después de la

---

[189] *Ibíd.* cap. X p. 323.

Revolución Burguesa de Francia), él observaba que el panorama de Alemania y Europa no era lo que se dice, en el plano político e ideológico, muy positivamente avizor. En Rusia, el país más extenso de la tierra y situado en el entorno europeo, aún se mantenía en el poder el hediondo feudalismo con su carga de oscurantismo, atavismos y atrasos sociales. En Inglaterra la explotación de unos hombres por otros era la más despiadada que se pueda conocer. En Francia, a pesar de su Revolución de 1789 y del régimen capitalista que implantó (un progreso social de todas maneras), no se había podido eliminar la pobreza. Con todo, entre paréntesis debemos decir que con los intelectuales que más Nietzsche simpatizaba era con los franceses lo cual es un indicio de su simpatía, por más que se diga, con una sociedad más avanzada. Esto, aunque a Víctor Hugo le haya dicho «faro del mar del sinsentido» y a É. Zola *o la alegría de heder*» (cfr. CI. Inc. de un intempestivo Af.1 p.85). La Alemania de esos tiempos era la Alemania donde el «poco a poco» estaba en su apogeo ideológico, pero aún así, con O. Bismarck en son de conquistas se creaba en ese país una ilusión de cultura y de ciencia, más que todo, de creación de unacultura de formación de opinión pública. Los problemas internos se querían resolver agrediendo al exterior tal como aún hoy se hace. Y, ¿quién daba cobertura ideológica a estos sistemas y los bendecía de una u otra manera? El cristianismo en sus distintas vertientes y matices: cristiano-ortodoxos, protestantes, católico-romanos, etc. En estas condiciones, que sólo de forma somera esbozamos, es lógico que el filósofo «abandonado al espíritu errante de la Alta Engadina», dirigiera su artillería de grueso calibre contra.

a) Transvalorar todos los valores, invertir los del resentimiento y la lástima, por los valores naturales; los del regaño y el «juicio final», los del juicio, los del «Dios moral» por los valores naturales y vitales, por los valores del Dios de «los valores naturales».

b) Contra la «objetividad», sobre todo contra la «objetividad del espíritu absoluto» de Hegel que en el fondo, admitía a Dios como el hacedor de todo y juez de todo, a pesar de su dialéctica, reconocida incluso por Marx.

c) Contra la compasión, ¿ante el sufrimiento? Contra el sufrimiento cristiano, porque a él no le era desconocido que también en la rebeldía hay sufrimiento y que se sufre en paz, como el Jesús que predicó en

Palestina; el Alejandro que sufrió sed y hambre en los desiertos de Egipto y que a éstos no había que compadecerlos porque el ser humano lo que necesita es que se le prepare para multiplicar la vida y no que se le compadezca. No era Nietzsche ajeno a que no es lo mismo el sufrimiento filisteo que el sufrimiento prometeico.

d) Contra la sumisión al gusto extranjero y contra la absolutización de las formas en detrimento del contenido o al revés, extremar el contenido en menoscabo de las formas, despreciando el «gusto nacional» y el valor moral y natural de lo formal.

e) Contra las trivialidades y la vulgaridad de los actos y hechos pequeños sacrificando y/o desconociendo lo grande; contra la placidez y el eterno éxtasis que el «animal de rebaño» u hombre mediocre entiende por «felicidad».

f) Contra el espíritu científico, más bien contra la apariencia de ciencia que contra la ciencia verdadera, o sea, contra el falso espíritu científico. Creo que en vano alguien se dedicaría a buscar un verdadero espíritu anticientífico en Nietzsche, porque éste no existe.

g) Contra la religión como perseguidora del objetivo de «la doma del hombre». Esto se aprecia en toda manifestación de él acerca de las religiones, tanto en el AC, en EH como en CI principalmente. Entonces, ¿se puede dudar de su falta de resentimiento en la descomunal crítica a la religión que llevó a cabo, en especial al cristianismo? Lezama Lima dice:

> *"El mayor error de Nietzsche fue en materia religiosa. Como ha demostrado Scheler; lo guiaba no la plenitud de un sentimiento, sino un resentimiento, dependiendo más de una reacción que de una acción, de una nueva creación de valores".*[190]

No comparto en parte esta opinión de Lezama, ya que entiendo que no es así, porque nos creó y/o nos movilizó en la concepción de los valores de la discusión moral, vale decir, política e histórica. Ya lo dijimos, hay que verlo, para no negarlo a él mismo, en el momento temporal. De

---

[190] Lezama, Lima José. o. c. cap. X p. 321.

Nietzsche a la fecha, toda las sociedades, incluso las dominadas por el Islam (más lentas que las otras), han ido avanzando, quizás en parte debido a la transvaloración de todos los valores que se produjo y a la influencia inconfesada por parte de los políticos que ha tenido en todo esto el filósofo alemán y no sólo de este alemán, sino de otro más diabólico aún: Carlos Marx y su alter ego, Federico Engels. No sólo el desarrollo de las fuerzas productivas y la ciencia han hecho mejor al mundo en los últimos cincuenta y ocho años, «también el miedo a Marx» ha llevado a que después de él y después de la revolución de octubre aun con su carga de errores, horrores y desaciertos, todos seamos un poco más libres. En contra de la respetada opinión de Lezama Lima, la crítica de Nietzsche a la religión sí crea valores. Crea los valores del ateismo verdadero, empezado éste también por Marx. Crea los valores de que debemos depender de nosotros y no de ningún Dios ni de ningún ser humano en particular. Crea los valores de que la juventud será la revolucionadora de la sociedad, la creadora del «reino de la juventud» o «patria de los hijos», siempre mejor que la patria de los padres y de los abuelos. Cuando Nietzsche atacó los «poderes divinos» (irónicamente así llamados), cuando nos inculcó su irreverencia para tratarlos, nos creó valores, los valores de la duda histórica y del escepticismo ideológico, histórico y político. Nos desarrolló lo que ya existía, pero la encaminó a la destrucción de lo viejo: la malicia gobernante a los que no lo somos, para que no seamos ceros, o sea, adeptos, dijo Nietzsche:

"¿Qué, andas buscando? ¿Te gustaría duplicarte, centuplicarte? ¿Andas buscando adeptos? ¡Busca ceros!.[191]

Nietzsche nos dijo, con aterradora certeza, que la Biblia no es precisamente el mejor libro y que los destinos de la humanidad no estaban en las mejores manos y que debido a eso él (Nietzsche), planteaba *transvalorar* (invertir) todos los valores: lo que se había dado por bueno hasta el presente, era lo malo y viceversa y que lo que nos dieron por Diablo, era quizás Dios y el Dios era el Diablo. La moral de ahora era la

---

[191] CI o. c. Sentencias y flechas Af. 14 p. 31 "¿Was Du suchst? ¿Du möchtest dich verzehnfachen, verhundertfachen? ¿du suchst Anhänger?-¡Suche Nullen!". GD o. c. Band 6 Sprüche und Pfeile. Af. 14 p. 61^{-5}.

de la compasión, la lástima, la moral cristiana y entonces proclamó, no desde la rabia y el rencor, sino desde la actitud científica y política, ser el primer inmoralista. En este sentido, sí, mejor César Borgia que Parsifal. No porque en la realidad de las cosas él quisiera a César Borgia, (no-antihéroe), pero sí héroe negativo, sino porque a parte de la intención polémica del asunto, el hispano-italiano, ¿a quién podía dormir como el inocente engendro wagneriano buscando el santo grial que además, después que lo encontrara para qué le servía? Mejor Napoleón (también destructor, legislador y fundador), Isaac. Newton (1642-1727) y Johann. Kepler (1571-1630) en lo cual coincide con el ruso F. Dostoievski. Nietzsche nos crea los valores de los deseos de lucha y de prepararnos para la vida. Sus ideas históricas están encami-nadas a eso, así como su lucha contra la religión y el Dios todopoderoso.

• Contra el «sentimiento histórico» o «sentido histórico», dados hasta hoy, con intencionalidad política y religiosa. Arremete contra la ilusión de «sentido y sentimiento histórico», no contra el verdadero sentimiento histórico. El culto al cristianismo según su idea, nos convirtió en epígonos de la historia, historia dada por los teólogos de la religión cristiana que no nos conduce a ningún sitio elevado. ¿Qué exageró con lo helénico y al querer llevarnos tan lejos, a la Antigüedad Clásica y que todos los valores nobles los situó allá o en el Renacimiento? Él le huía al cristianismo y a los valores-no-nobles de los que era portador y que nos los introdujo en el cuerpo y el alma. El Renacimiento fue una rebelión cultural tácita contra el cristianismo, y en la Antigüedad clásica, no se pensaba en él. Es verdad, no sólo allá hay valores nobles y quizás haya hiperbolizado esos *momentos históricos*, pero ¿es de él la culpa de que en la praxis política e histórica de la Alemania y la Europa de su época no haya divisado ejemplos dignos de imitación o que hayan sido muy escasos tales como W. Göthe, W. Mozart o L. van Beethoven y algunos cientos más? Le faltó, admitámoslo, la capacidad, ¡y hasta la valentía!, de arriesgarse y diseñar en forma más real y cercana. La Historia, *promovedora de valore nobles* equivale a lo que en la cúspide de su filosofía es la «transvaloración de todos los valores» o a lo que en el arte él le llama «el arte con finalidad y objetivos», no el «arte por el arte», incluso no arte para interpretar el mundo, sino para transformarlo. Hemos de tener Historia:

> "...para alcanzar la madurez y huir de esa impuesta por la educación paralizante de nuestro tiempo".[192]

No Historia de eunucos cuidando un harén *histórico*; no Historia para promover más historias, sino Historia para incrementar la vida, para promover acontecimientos, para esperar el «soberano devenir». El hombre tiene el máximo propósito de ser feliz. Ese es su objeto supremo. La felicidad no es, sin embargo, ni significa, como a veces se piensa superficialmente, vivir en un constante éxtasis y en una despreocupada laxitud. Esta *«felicidad»* no es ciertamente deseable. La felicidad deseable es la de la preocupación constructiva y la de la lucha, la de la euforia que se siente en el combate. La felicidad deseable, en una palabra, es la de Prometeo con sufrimiento noble y no filisteo. La crítica de Nietzsche a la religión y a la enseñanza histórica, nos conduce a esta idea al promover en nosotros el sentimiento de los valores morales, los de más provecho práctico, porque son los de la discusión moral, o sea, los de la discusión política e histórica para crear el ambiente necesario para ir a la creación y a la energía de vida. La felicidad, como la patria y la verdad, no son algo absoluto, acabado y preestablecido. Son, por el contrario, algo que se busca, que se encuentra, que se pierde, que se sigue buscando. Dice Nietzsche, *"Fórmula de mi felicidad: un sí, un no, una línea recta, una meta..."*.[193]

> "Ayúdate a ti mismo: entonces te ayudarán además todos. Principio de nuestro amor al prójimo".[194]

---

[192] UPHV o. c. final Af. 6 p. 95 "Die ihren Nutzen darin sieht, euch nicht reif werden zu lassen, um euch, die Unreifen, zu beherrschen und auszubeuten...". UGB o. c. Band 1 Vom Nutzen und Nachtheil der Historie für das Leben Af. 6 p. 295-15 cfr. esta misma idea en cita a l calce 137 p. 66.

[193] CI. o. c. Sentencias y flechas Af. 44 p. 36 "Formel meines Glücks: ein Ja, ein Nein, eine gerade Linie, ein Ziel...". GD. o. c. Af. 44 Sprüche und Pfeile p. 66-10.

[194] *Ibíd*. Af. 9 p. 30 "Hilf dir selber: dann hilft dir noch Jedermann. Princip der Nächstenliebe". GD o. c. Band 6 Af. 9 Sprüche und Pfeile. Af. 9 p. 60-10.

En otras de sus obras añade Nietzsche:

"La verdad no puede ser la que no tolera otros dioses. La fe en la verdad comienza con la duda, respecto a todas las "verdades" en que se ha creído hasta el presente".[195]

Con esta sentencia pretende Nietzsche crear y/o promocionar valores de búsqueda e indagación en el hombre. El estudio crítico de la Historia nos dice que así fue y así será siempre y no esperar, a que sea perfecto. Basta con que además de soñado, sea convertido en real. También pensando en la Historia como valor formador de la juventud, dice Nietzsche:

"Ya se divisa en el horizonte una costa. No importa cómo esta sea, pues tenemos que desembarcar. Y el punto peor será siempre mejor que volver a dar tumbos en esa infinitud escéptica carente de esperanzas. Desembarquemos en tierra firme; ya más tarde encontraremos puerto mejor y facilitaremos el acceso a los que vengan después".[196]

Se abrió caminos, se hizo caminos. Eso es lo importante. Después de tanto peregrinar y dudar, incluso peor aún, de parpadear «siguiendo el rastro de la historia» la juventud se encontró ella misma a pesar de los peligros que arrostró. «Se encontró ella misma a ella misma», (¡con nosotros mismos!), porque no sólo dudó y hasta parpadeó, sino por lo principal: se hizo preguntas, buscó respuestas y sacó ella misma sus propias conclusiones. Estos son parte de los valores que Nietzsche previó para la juventud. Le ayudó lo que yo le llamo la *doble trinidad*: la de la historia: monumental, anticuaria y crítica. Y la trinidad que es el hombre: pasado, presente, futuro. Lo vemos este asunto así:

---

[195] Nietzsche, F. *Humano demasiado humano,* (1996) Akal Madrid. Tomo 3 Vol. 2 Opiniones y sentencias varias. Af. 20 p. 17. "Wahrheit will keine Götter neben sich.- Der Glaube and die Wahrheit beginnt mit den Zweifel an allen bis dahin geglaubten «Wahrheiten»". MAM o. c. Band 2 II. Vermischte Meinungen und Sprüche Af. 20 p. 387^{-15}.

[196] UPHV o. c. Af. 10 p. 129 UGB o. c. Band 1 Vom Nutzen und Nachtheil der Historie für das Leben Af. 10 p. 374^{-15}.

a) Empezó con la historia monumental que lo hizo apreciar la belleza del pasado y lo llevó a amar lo grande llenándolo de espíritu y valores nobles.

b) Continuó con la historia anticuaria, paso intermedio de esta primera trinidad, conduciéndolo a «amar lo suyo», aunque sólo en medida local y acaso nacional, fortaleciéndole, no obstante el patriotismo y conduciéndole por un camino más deseado, el egoísmo juvenil, pues para Nietzsche:

> *"Esta es ciertamente la hora de un gran peligro: los hombres parecen estar a punto de descubrir que el egoísmo de los individuos, de los grupos o de las masas ha sido en todos los tiempos la palanca de los movimientos históricos".*[197]

Aunque aclara Nietzsche en el mismo lugar, como para que no haya dudas de los valores en los que él cree en que con esta nueva fe hay que instituir la historia futura sobre el egoísmo: *"…«el egoísmo debe ser nuestro Dios»… debe ser sólo un egoísmo inteligente"* (UPHV. 9 p. 126). Se deduce que no es un egoísmo mezquino y se tiene la intencionalidad de inculcar la historia a base de *este tipo de egoísmo*. La historia crítica, fase superior, que es para espíritus libres, para los escépticos con espíritu constructivo como Zaratustra; es la historia para el que tiene **«fe** para **crear** y no **fe** para **creer»**. Para el hombre cuya cosmogonía abarca todo el Universo y reúne amor a lo bello, acendrado patriotismo y malicia política e historia como para ser un «hombre extraordinario», o sea un legislador, un fundador, un destructor.

Sí, un destructor, ese que limpia el solar viejo y yermo donde se ha de construir la nueva casa ha de ser, ante los ojos de los poderes hoy constituidos y divinizados por el cristianismo, un Diablo *(Teufel)* como nos dice el mismo Nietzsche:

> *"Dicho cristianamente: el diablo no es sino el regente y el maestro del éxito y del progreso; él es, en todos los poderes históricos, el poder propiamente hablando y por ello lo seguirá siendo en lo esencial, pese a que esto pueda sonar mal en los oídos de una época que está*

---

[197] Ibíd. Af. 9 p. 126 UGB o. c. Band 1 Vom Nutzen und Nachtheil der Historie für das Leben Af. 9 p. 321-25.

acostumbrada a la divinización del éxito y del poder histórico. Pues ésta se ha ejercitado efectivamente, en bautizar de nuevo a las cosas e, incluso en cambiar de nombre al mismo diablo".[198]

O sea, cuando Nietzsche y Dostoievski dicen Diablo, «debemos leer Dios». Otrora el Zar de Rusia, los poderes constituidos de Alemania y Rusia, se llamaban a sí mismos «Dios», «poder divino», «sentimiento histórico», etc., y lo que divinizaban no nos servía. Mejor, con intención polémica, llamarse Diablos, inmoralistas, destructores, antiasnos, para estar en contra de ellos. Mejor perdedor, pero en la realidad fundador, legislador, como Demóstenes, y grande de verdad, como él. La actitud de Demóstenes es un valor en la concepción nietzscheana; en cierta forma, Nietzsche era como Demóstenes.

c) El rastro de la historia nos llevó a la historia crítica y ésta a un puerto, que no es el definitivo, es cierto, y del cual zarparemos pronto, pues ya vamos conociendo cómo hacerlo para ir a otros puertos, a otros caminos. Lo importante es que ya rompimos con lo divino, con lo estable, con la luz que nos cegaba y empezamos a movernos. Ya vamos camino de ser extraordinarios, legisladores, fundadores aunque nos llamen Diablos y que para mover la rueda de la historia tengamos que ser crueles y no desde luego, bonachones y buenos. Hemos llegado, sí, a este puerto más o menos deseado de nuestro peregrinar, siguiendo no el camino trillado y seguro, sino el *"rastro de los peligros de la historia"* (II intempestiva, 10 p. 129), porque no debió ser de otra manera: el hombre es: pasado, presente, futuro. Esta segunda trinidad se funde con la de la historia (monumental, anticuaria, crítica), y como luchadores y buscadores que debiéramos por naturaleza ser, nos hizo encontrar, en parte en el pasado, a la postre, el camino.

d) Todo, a pesar de más de dos mil años de cristianismo con la nube negra que nos puso encima para nublarnos la inteligencia: Cristo en la cruz para matar el evangelio y como símbolo de la compasión activa, esperando el juicio final y el fin del mundo. Pero buscar con escepticismo y espíritu crítico nuestro rastro, nos hizo entender mejor el presente y tender el puente al futuro en forma de «deseo libre». El camino que

---

[198] UPHV o. c. Af. 9 p. 126 UGB o. c. Band 1 Vom Nutzen und Nachtheil der Historie für das Leben Af. 9 p. 321^{-20-25}.

posteriormente tomaremos, después de este momento difícil y de esta inicial rotura de cadenas, es el camino de la Antigüedad Clásica, a la edad de oro del hombre. Todos los demás valores Nietzsche los subordina a éste, a la búsqueda de este rumbo. Y dice Nietzsche:

> "Peligroso y accidentado ha sido nuestro viaje. ¡Qué lejos estamos ahora de esa tranquila contemplación con la que al comienzo vimos nuestra nave hacerse a la mar!".[199]

Los accidentes y el peligro han estado en: hemos padecido por el exceso de historia, pero también hemos padecido por la crítica desmedida, que nos convierte muchas veces a los valores no-nobles (ironía, cinismo, iconoclastas) en su inmadura humanidad o débil personalidad (aquella que se llena, además, de egoísmo mezquino, no inteligente). Pero dice Nietzsche:

> "Aún así confío en el poder inspirador que, a falta de un genio, conduce mi nave. Confío así en que la juventud me haya guiado correctamente al obligarme a protestar contra la educación histórica de la juventud de hombre moderno y a sostener la tesis de que el hombre debe aprender, saber de todo, a vivir y a utilizar la historia únicamente al servicio de la vida aprendida".[200]

En el tema de los valores de la discusión moral, un valor en el que Nietzsche confía más que todo, es en la juventud. No se cansa de repetirlo. Todo en él ha sido dirigido a los jóvenes, al «reino de la juventud» y/o «patria de los hijos». Agrega Nietzsche:

> "Se tiene que ser joven para comprender de esta protesta Y en realidad dada la actual canosidad de nuestra juventud actual, hay que ser bastante joven para sentir contra qué se protesta realmente...hará falta para que en Alemania, «el país de poco a poco», un falso concepto se desmorone".[201]

---

[199] UPHV o. c. Af. 10 p. 129 UGB o. c. Band 1 Vom Nutzen und Nachtheil der Historie für das Leben Af. 10 p. 324^{-20}.

[200] *Ibíd*. Af. 10 p. 130 UGB o. c. Band 1 Vom Nutzen und Nachtheil der Historie für das Leben Af. 10 p. 325^{-5-20}.

[201] *Ibíd*. Af. 10 p. 130 UGB o. c. Band 1 Vom Nutzen und Nachtheil der Historie für das Leben Af. 10 ps. 324^{-30}-325^{-5}.

La cúspide de los valores los ocupa la juventud. A la juventud lo confía todo, ayudada por una correcta educación histórica. La fe que tiene *«el escéptico Nietzsche»* en la juventud nos dice efectivamente mucho del optimismo de este filósofo, de su código de valores morales y de su amor a la vida (de una vida que lo maltrató no sólo a él, sino al único ser que realmente, en su entorno, se merecía amor: el padre), pero una vida en la que a pesar de todo, creía y confiaba. El escepticismo que caracterizaba a Zaratustra (a nombre del cual habló), no es más que para que ejercitemos el criterio y levantemos las defensas. No niega este filósofo el pasado, lo que hace es someterlo a análisis y nos dice constantemente que afincándonos sobre él, valoremos el presente y superándolos a ambos, nos empinemos al futuro, hacia el reino de la juventud, que ha de ser siempre mejor que el de los abuelos y los padres. Y este proceso no puede nunca detenerse.

7.1 Verdadera cultura. Conócete a ti mismo

¿De qué sirve estudiar todo el amplio código de los valores en Nietzsche si no intentamos descubrir a dónde quiere conducirnos? Pues bien, quiere conducirnos hacia una sociedad mejor, pero no explicada y concebida en forma simple, de hombres fuertes; de jóvenes emprendedores; a la alegría, a las ciencias, a la cultura de verdad, como la de W. A. Mozart, W. Göthe y L. van Beethoven. Sí, a la cultura entendida como: homogeneidad entre vida, pensamiento, apariencia y voluntad. A una cultura que, como la de los griegos antiguos, con la fuerza superior de la naturaleza moral, les permitió a estos la victoria sobre las otras culturas y no ser demasiado tiempo epígonos de Oriente, de Roma ni de nadie. Roma incluso venció a Grecia por la fuerza de las armas y Grecia después venció a Roma por la fuerza de la cultura. Sí, la cultura del «conócete a ti mismo», que significa en primer lugar, organizar el caos dentro de ti y en segundo lugar reflexionar sobre las verdaderas y auténticas necesidades culturales que, eso sí, no serán nunca las de «crear mera opinión pública», sino las de crear vida uniendo cultura, vida y naturaleza. Ahora bien, sin una correcta educación histórica, que incluya «la monumental», que no basta; continuar por «la anticuaria», que tampoco es suficiente y seguir con «la crítica», que si no se exagera nos incrementa la vida y anima los valores nobles en especial a la juventud como la capa menos conservadora de la sociedad, la capa menos del «poco a poco» típico de los alemanes. Nos parece correcto incluir este pensamiento de Nietzsche:

> *"Quizás ellos juzgarán que toda esta cultura no ha sido más que una especie de saber sobre la cultura, a parte de un saber bastante falso y superficial. En realidad falso y superficial porque no sólo se sustentaba la contradicción entre vida y conocimiento, sino porque no se acertaba a ver lo característico de la formación de los pueblos de verdadera cultura, a saber: que únicamente de la vida puede crecer y brotar la cultura, mientras que entre los alemanes, se trata a ésta como una vulgar flor de papel, o se la recubre de azúcar convirtiéndola en mentirosa y estéril".*[202]

7.2 El bienestar colectivo

Nos hacemos otra pregunta: ¿Para qué hemos de extraer de una filosofía el código de valores que encierra en lo moral, lo inmoral, bien, mal, valores materiales, económicos, estéticos, afectos, desafectos, etc., si ignoramos la naturaleza social de los valores? El código de valores, la axiología, las creencias de un filósofo, ya sea de la «especulación» (F. Hegel, A. Schopenhauer) o del «martillo» (Marx, Nietzsche) por sólo citar cuatro ejemplos, está siempre en función no del existencialismo, sino de la vida en su más profundo significado; de la vida en un entorno social, con el fin de dirigirla a destruir los valores que nos limitan, como son la orientación del mal gobierno, la influencia perniciosa de la religión y «la educación paralizante» que trata de encanecer prematuramente al sector más dinámico de la sociedad: a la juventud. Para hacer progresar al hombre, que es de lo que se trata, debe haber no sólo hombres de excepción (ordinarios [un poquito más elevados que el hombre mediocre], extraordinarios o superhombres u hombres plenos), sino un ambiente social que, logrado en una interacción dialéctica, conduzcan al avance social, única garantía del bienestar colectivo. De ahí el valor de la historia y su correcta enseñanza. Nietzsche le echa la culpa del noventa por ciento de los males que aquejan a la humanidad, a la

---

[202] UPHV o. c. Af. 10 p. 131 UGB o. c. Band 1 Vom Nutzen und Nachtheil der Historie für das Leben Af. 10 ps. 325^{-30}-326^{-5}.

religión cristiana, a la historia que ésta nos dio y el habernos convertido en epígonos (no sólo a los alemanes), de la historia dada por los teólogos cristianos.

7.3 El paradigma como valor de motivación

La culpa de los males que nos aquejan realmente los tiene el escaso desarrollo de las fuerzas productivas sociales que generan pobreza y ésta a su vez, atraso social e ignorancia donde se ceba la religión. Pero no hay duda de que la religión cristiana ha hecho muy poco, a pesar de su enorme poderío ideológico, para sacarnos de ese estado. Entonces no deja de faltarle a Nietzsche razón porque el factor subjetivo juega también un importante papel en todo este complejo y ciclópeo asunto. Obligatoriamente estamos precisados a buscar otros paradigmas si queremos seguir adelante con la rapidez que necesitamos. La crisis de valores del hombre (y de ahí, transvaloración de todos los valores), se debe al «sentimiento histórico» (¿o resentimiento histórico?) en gran parte sembrado por el cristianismo. Son muchos los valores (nobles y no-nobles) que porta el hombre y Nietzsche no plantea trasmutar este o aquel, sino todos, porque todos, empezando por los afectos y terminando por la moral se han resentido y han sido mentirosos, estériles, paralizantes y por tanto limitadores de la libertad del hombre. Nos dice nuestro filósofo

> *"La educación de la juventud alemana, proviene de este concepto de cultura mentiroso y estéril. ¿Su meta? Aparentemente pura y elevada, no es en absoluto el hombre formado para la libertad, sino el erudito, el hombre científico que con mayor rapidez es utilizable y que se coloca alejado de la vida para reconocerla con claridad".*[203]

¡Qué vigentes siguen estas ideas de Nietzsche! Al hombre se le sigue educando en algunas partes aun hoy, más como valor de uso que para lo grande y sagrado. El valor de un objeto o de un fenómeno social está en su fuerza de motivación, sin embargo, los «valores» que se basan sólo en interés pragmático (instrucción, no educación), ¿qué fuerza de

---

[203] UPHV o. c. Af. 10 p. 131 UGB o. c. Band 1 Vom Nutzen und Nachtheil der Historie für das Leben Af. 10 p. 326-10.

motivación y de inspiración pueden tener? Invertir los valores quiere también decir cambiar la forma de inculcarlos y cambiar los valores que nos dan para ser valor de uso, por los valores contrarios al cristianismo (renuncia y ascetismo) por los valores vitales, o sea, de los valores que nacen de la afirmación de la vida en su aceptación dionisíaca. Esto es, estrechar el ser del valor con el hombre y comprender que todo arte es un propósito y todo valor es una posibilidad o un modo de ser del hombre mismo. Dice Nietzsche que se le da a la juventud una educación histórica-estática siguiendo el modelo de estilo de los filisteos y se ponen después a divagar sobre el estado, la iglesia, el arte en una forma:

> "..ese sensorium de miles de sensaciones, ese estómago insatisfecho que no sabe lo qué es el hambre ni sed de verdad".[204]

Nietzsche admite que ese tipo de educación y esa meta que le dan a la juventud alemana es antinatural, y sólo el instinto de la juventud empieza a tomar conciencia antes de que se le inculquen esta educación: *"...que destroza de una manera "artificial y poderosamente".*[205]

¿Cómo se puede derrumbar esta educación, además de buscar otros paradigmas? A nombre del *saber histórico* se le llena la cabeza al joven de saberes sobre la cultura y no sobre la vida. Y finalmente no aturdiendo el deseo del joven de aprender algo realmente nuevo y de experimentar algo por sí mismo y de «sentir crecer dentro de sí un sistema devida relacionado con las propias experiencias» Dejemos que sea el propio Nietzsche quien nos conteste:

> "Sobre todo mediante la destrucción de esa superstición que cree en la necesidad de ese proceder educativo...; el hombre joven ha de comenzar con saber acerca de la cultura, no simplemente con un saber de la vida y aún menos con la vida y la experiencia mismas...O lo que es lo mismo llenando su cabeza con una enorme cantidad de conocimiento mediato de épocas y pueblos pasados, pero no de la intuición inmediata de la vida. Su deseo de experimentar algo por sí mismo y de sentir crecer

---

[204] *Ibíd*. Af. 10 p. 132 UGB o. c. Band 1 Vom Nutzen und Nachtheil der Historie für das Leben Af. 10 p. 326-15.

[205] *Ibíd*. Af. 10 p. 132 UGB o. c. Band 1 Vom Nutzen und Nachtheil der Historie für das Leben Af. 10 p. 326-20.

dentro de sí un sistema vital con las propias experiencias queda en realidad aturdido y asimismo anestesiado por medio de esa exuberante ilusión, como si en unos pocos años fuera posible resumir dentro de uno mismo todas esas elevadas y extrañas experiencias de los tiempos pasados, por no decir de los tiempos más grandes".[206]

Como sabemos, en el concepto nietzscheano de intuición no se concibe tanto como una reacción puramente animal, sino como una de las formas de manifestarse las inteligencias superiores, por lo tanto, no se está cultivando la inteligencia superior de los jóvenes cuando se les llena la cabeza de historias inútiles o mal intencionadas. Y agrega Nietzsche, siempre exaltando el sentido de vitalidad y de utilidad práctica de la historia para formar a la juventud en valores verdaderos:

"¡Cómo si la vida mismo no fuera una técnica que tuviera que ser aprendida y ejercitada a fondo, sin indulgencia y de modo continuo, sino se quiere caer en la tontería y la charlatanería!".[207]

Pregonando un nuevo y necesario método educativo, abogando por un nuevo sistema didáctico que tenga como fundamento y arquetipo a la naturaleza como la única y verdadera pedagoga. Nietzsche dice que: a los jóvenes, en su formación artística, cultural e histórica, se les debe conducir no solamente a contemplar las obras de los museos y llevarlos a asistir a los fastos anales de Tácito con todas sus magníficas cronologías, sino que por el contrario se los debe llevar a los talleres de los maestros y aristas verdaderos. Al respecto dice Nietzsche que:

"Se trata de ese método que absurdamente conduce a nuestros jóvenes artistas todavía en formación por los museos y galerías de arte, en lugar de conducirles al taller de un maestro y, sobre todo, al único taller de la única maestra real, la naturaleza".[208]

---

[206] UPHV o. c. Af. 10 p. 132 UGB o. c. Band 1 Vom Nutzen und Nachtheil der Historie für das Leben Af. 10 ps.

[207] *Ibíd*. Af. 10 p. 133 UGB o. c. Band 1 Vom Nutzen und Nachtheil der Historie für das Leben Af. 10 ps.

[208] *Ibíd*. Af. 10 p. 133 UGB o. c. Band 1 Vom Nutzen und Nachtheil der Historie für das Leben Af. 10 ps.

Dice Nietzsche, que deben ser rechazadas las creencias en la *aeterna veritas* de Platón con su *estado perfecto* y la propuesta de educar a la juventud por medio de una «*mentira necesaria*»". Y Nietzsche todo esto lo vinculaba a la educación con el estado, lo cual podemos colegir en la *II Intempestiva*.

> *"Platón consideraba necesario que la primera generación de su nueva sociedad (en el Estado perfecto) fuera educada con la ayuda de una poderosa mentira necesaria"*.[209] [(*)]

7.4 ¿Estamos capacitados para la vida?

El principio y/o creencia de Platón en que no debe ser perturbado el orden de las castas, basado en las verdades eternas debe derrumbarse. El estado platónico, de haberse hecho real, con tanta perfección y petrificación basado en una poderosa mentira necesaria o parada ante la necesidad de una verdad, se hubiera desmoronado antes de consolidarse por perfecto o idealizado. Aunque hay que admitir que algo, o bastante se copia de Platón, pues no hay ningún estado que no trabaje con poderosas mentiras y con la necesidad de una verdad. Ningún estado trabaja con la verdad inmediata, al igual que ningún político tampoco. El estado es necesario, por supuesto, y todos parecen decir: «El fin justifica los medios». Sin embargo, por algo hay que empezar y el trabajo de educación de la generación que abra el camino, ha de ser traumática y hasta conflictiva, vaya, una especie de «cura de caballos o mal momento». De tal suerte, nos dice Nietzsche:

> *"Sin embargo, en esta verdad necesaria habrá de ser educada nuestra primera generación que sin duda será la más que sufra, porque no tendrá más remedio que educarse a sí misma, pues para obtener una nueva costumbre y una nueva naturaleza deberá desprenderse de su primera naturaleza y de sus primeras costumbres"*.[210]

---

[209] UPHV o. c. Af. 10 p. 133 UGB o. c. Band 1 Vom Nutzen und Nachtheil der Historie für das Leben Af. 10 p. 327-30 [(*)] Según G. Cano nota 78 p. 133, esta "...*einer kräftigen Nothlüge...*", la toma Nietzsche del diálogo *La República* III 414-b-415-c, en la edición de la Editorial Gredos, Madrid, 1986 Traducción de Conrado Eggers.

[210] *Ibíd*. Af. p. 135 UGB o. c. Band 1 Vom Nutzen und Nachtheil der Historie für das Leben Af. 10 p. 328-20.

Para ello es necesario cambiar el orden establecido. Las otras generaciones, ya fortalecidas, ya educadas en lo nuevo, lo verán como *cosa natural* el presente efectivo, la realidad de hoy. El pasado pasará a ser historia y así, hasta que comience un nuevo ciclo de vida histórico en una interacción dialéctica. Pero hoy hemos de admitir que no estamos debidamente capacitados para la vida. Hay que empezar por admitir esto con franqueza y aceptar que no sólo el cristianismo, sino que yo también soy mi enemigo, como le sucede a *El doble* de F. Dostoievski. Mientras no entienda también esto, no podré avanzar lo suficiente, pues, dice Nietzsche en su análisis del *cogito* cartesiano:

> *"...tal vez como semejante inhóspita y carente de vida fábrica de conceptos y de palabras tenga más el derecho de decir, «cogito, ergo sum», pero no «vivo, ergo cogito». Así se me asegura «el ser vacío», no la «vida» verde y plena".*[211]

La idea de Nietzsche es que debemos aspirar a ser un «ser viviente», no sólo un «ser pensante»; de «cogito, ergo sum», a «ergo cogito». Y concluye así en el mismo lugar:

> *"Mi sensación originaria me garantiza sólo que soy un ser pensante, no que soy un ser viviente; que no soy un animal, sino un «cogito». ¡Dadme primero vida, y os crearé a partir de ella una cultura!".*[212]

Sólo advierte lo siguiente: nadie nos regalará esa vida deseada, no; habrá que ganarla con la juventud. Y continúa, Nietzsche:

> *"Ningún Dios ni tampoco ningún ser humano, sino sólo la propia <u>juventud</u>. ¡Romped las cadenas y habréis liberado con ellas a la vida!... El exceso de historia debilita la fuerza plástica de la vida, porque ha dejado de comprender el servicio del pasado como un elemento vigorizante".*[213]

---

[211] UPHV o. c. Af. 10 p. 135 UGB o. c. Band 1 Vom Nutzen und Nachtheil der Historie für das Leben Af. 10 p. 329^{-10}.

[212] *Ibid*. Af. 10 p. 135 UGB o. c. Band 1 Vom Nutzen und Nachtheil der Historie für das Leben Af. 10 ps. 329^{-10-15}.

[213] *Ibíd*. Af. 10 p. 135 UGB o. c. Band 1 Vom Nutzen und Nachtheil der Historie für das Leben Af. 10 p. 329^{-20-25}.

Por tanto es la juventud quien único puede curar la *enfermedad histórica* o enfermedad de las cadenas.

7.5 La historia como valor vigorizante

La historia, bien enseñada, es un valor vigorizante, pero en exceso debilita. Es sólo la juventud quien puede, además de detectar este problema, rebelarse y eliminar *la enfermedad de las cadenas y vigorizar de nuevo el cuerpo enfermo de la sociedad conquistando otra vez el paraíso perdido,* aquello que va allá a la Antigüedad Clásica y la sobrepasa, o sea, a lo excelso, a «*la máxima dorada*» como después le llamó.

> *"Con muchas cadenas se ha cargado el hombre para que deje de comportarse como un animal; y realmente se ha hecho más tierno, espiritual, alegre, circunspecto que todos los animales. Pero, ahora bien, todavía sufre por haber llevado tanto tiempo sus cadenas, por haberle faltado durante tanto tiempo aire puro y libre movimiento...Sólo cuando ha superado la enfermedad de las cadenas se alcanza enteramente la primera gran meta: la separación del hombre de los animales...Sólo al hombre ennoblecido cabe darle la libertad de espíritu...".*[214]

7.6 Lo histórico, lo ahistórico y lo suprahistórico

No pensemos que Nietzsche era exageradamente idealista o ingenuo. Reafirma éste en la *II intempestiva,* que los remedios que encontrará la juventud son estos:

> *"No nos sorprendamos si son los nombres de venenos. Los medios contra lo histórico se llama lo ahistórico y lo suprahistórico".*[215]

Salir de la rutina y lo trillado que nos presenta lo histórico. Y, ¿qué es lo ahistórico y lo suprahistórico? Nos contesta el filósofo:

---

[214] VS o. c. Af. 350 *La consigna aurea* p. 281. MAM. o.c. II. Der Wanderer und sein Schatten, Band II. Af. 350 *Die goldene Loosung* p. 702[-5-10-15] Ver apéndice texto orignal MAM o.c Band 2 II Der Wanderer und sein Schatten. Af. 350 Die goldene Loosung p. 702[- 5-10-15].

[215] UPHV o. c. Af. 10 p. 135 UGB o. c. Band 1 Vom Nutzen und Nachtheil der Historie für das Leben Af. 10 p. 330[-5].

> *"Con el término de «lo ahistórico» designo el arte y la fuerza de poder <u>olvidar</u> y encerrarse en un horizonte determinado; llamo, por otro lado, «lo suprahistórico» a los poderes que desvían la mirada de lo que meramente deviene, dirigiéndola a lo que da a la existencia el carácter de lo eterno e idéntico, hacia el arte y la religión".*[216]

Para F. Engels (1820-1895) «*lo histórico*» es:

> *"El ideólogo histórico (histórico se entiende aquí a modo de un compendio de lo político, lo jurídico, lo filosófico, lo teológico, en una palabra, síntesis de todos los campos que pertenecen a la sociedad y no sólo a la naturaleza) el ideólogo histórico posee pues, en todo el campo científico una materia que fue creada por el pensamiento de generaciones precedentes de un modo independiente y que en el cerebro de estas generaciones sucesivas ha atravesado una serie propia de desarrollos independientes".*[217]

Lo histórico es un punto de partida hacia lo ahistórico y a lo suprahistórico, pero es un análisis en que no puede parecer *«que nos caímos del cielo»*, sino que lo hicimos en la tierra en medio de nuestras benditas contradicciones y con espíritu dionisíaco.

> *De manera que, claramente Nietzsche, para no caer de forma absoluta, sino relativa, en lo «circulizado» de Hegel y de casi todos los mejores filósofos alemanes, en el que su sistema: "...tiene que tener siempre, según las exigencias tradicionales, su remate en un tipo cualquiera de verdad absoluta".*[218]

---

[216] *Ibíd*. Af. 10 ps. 135-136 UGB o. c. Band 1 Vom Nutzen und Nachtheil der Historie für das Leben Af. 10 p. 330^{-10}.

[217] Gruppi. Luciano *Opere scelte die Marx e Engel*, o. c. Engels, F. Lettere sul materialismo storico- Lettere di Engel a Franz Mehring. " L'ideologo sotorico (storico sta qui in modo riassuntivo per político, giuridico, filosofico, teologico, in breve per tutti i campi che appartengono alla società e non soltanto alla natura) l'idiologo storico possiede, dunque, in ogni campo scientifico una materia che è stata creata dal pensiero di generazioni precedenti in modo independente, e che nel cervello di queste generazioni successive ha attraversato una propria serie di sviluppi indenpendenti". ps. 1249-1250.

[218] Gruppi. Luciano *Opere scelte die Marx e Engel*, o. c. Engels, F Ludovico Feuerbach e il punto di approdo della filosofia classica tedesca ps 1131 ss.

Construye, con los estudios históricos, un pirámide que va, de lo simple a lo complejo, de lo inferior a lo superior: en la base, *«lo histórico»*; en el medio, «lo ahistórico» y en la cúspide o vértice, «lo suprahistórico».

Lo máximo es lo *«suprahistórico»*, pues *desvía la mirada de lo que meramente deviene y la dirige a lo eterno, a lo excelso, a lo que da más vida.* Lo que deviene, a lo mejor no es lo más deseado, pero se le deja venir porque siempre, siendo cambio, será mejor que lo presente, si bien no deja de ser una medianía filosóficamente hablando, pues según Dolores Castrillo Mirat:

> *"...Devenir es sinónimo de imperfección e insatisfacción. Ningún instante se justifica así mismo..."*.[219]

Lo importante es mirar más allá aún, a lo que da eternidad a la existencia, a las metas superiores, a la conquista del cielo si fuera necesario, entendiendo por tal que, «cielo» significa ir más allá de nosotros mismos, a la más alta *cualidad artística,* y no es un proceso lineal, sino contradictorio, no necesariamente *«bueno», aunque sí «legítimo».*

Tanto Nietzsche como Engels consideraban un absurdo el estado perfecto y el devenir perfecto. A tales efectos dice Engels:

> *"La historia, al igual que el conocimiento, no puede encontrar jamás su remate definitivo en un estado ideal perfecto de la humanidad; una sociedad perfecta, un «estado» perfecto, son cosas que sólo pueden existir en la imaginación; por el contrario: todos los estadios históricos que se suceden no son más que otras tantas fases transitorias en el proceso infinito de desarrollo de la sociedad humana, desde lo inferior a lo superior. Todas las fases son necesarias, y por tanto, legítimas para la época..."*.[220]

---

[219] Castrillo Morat, Dolores (1986) *Prólogo a La voluntad de Poderío,* Edaf. Madrid. p. 13.

[220] Gruppi. Luciano *Opere scelte die Marx e Engel,* o. c. Engels, F "Ludovico Feuerbach e il punto di approdo della filosofia classica tedesca". 4 y 5 ps. 1131ss.

7.7 Los grandes temas de Nietzsche

Podemos asumir sin inhibiciones, que los grandes temas de la filosofía de Nietzsche son aquellos que tienen que ver con el hombre en todas sus manifestaciones, pero más que todo, con los que afectan su vida social, su desarrollo colectivo. Estos son:

El nihilismo, donde *los valores pierden validez*, predomina la indiferencia en los hombres y se atrofia, si existió en alguna medida, la voluntad de poder, o sea, la *«voluntad de querer»*, de querer llegar más lejos. Sin embargo, como bien dice Dolores Castrillo Mirat:

> *"Su perspicacia filosófica le impide caer, al modo de los promotores del existencialismo, en un dogmatismo del absurdo. Ya que lo que se esconde tras el sentimiento de lo absurdo es todavía un resentimiento inconfesado contra el ser, en tanto que este no se pliega a nuestro cánones morales".*[221]

El desmentido que el propio Nietzsche se da en esto de dos siglos de nihilismo, aparece al designarle valores supremos a la juventud, como restauradora de los derechos a la ilusión, al creer en ella como revolucionadora de la historia y por tanto, de la sociedad. Además, analizando más detalladamente el «nihilismo de Nietzsche», ¿no se nos presenta éste realmente como punto de partida más que como un padecimiento, como una amenaza, que vamos a sufrir por dos siglos? En el nihilismo los valores pierden su validez, ¿pero cuál validez y cuáles valores?» ¿No estamos en el tiempo cuando dominan los valores cristianos, valores a los que hay que «transvalorar o transmutar», vale decir: invertir y/o cambiar? El dinamismo mental de Nietzsche, su perspicacia de filósofo, su ser metafísico por excelencia (que veía donde los demás estamos ciegos), ¿no concibió, nos debemos preguntar, ese momento del nihilismo como el máximo momento de la decadencia del código de valores del cristianismo, ese que él con toda razón plantea invertir si queremos más vida, si queremos ir adelante? ¿Ese que al decaer va preparando el momento de la destrucción, de la «limpia del solar yermo» donde se ha de construir la nueva casa? En La Voluntad de Poderío termina el autor

---
[221] Castrillo Mirat, Dolores o. c. p. 13.

por enunciarnos «la llegada del nihilismo», y nos dice, además de que no podrá suceder de otra manera que:

> *"Esta historia ya puede contarse ahora, porque la necesidad misma está aquí en acción. Este futuro habla ya en cien signos; este destino se anuncia por doquier; para esta música del porvenir ya están aguzadas todas las orejas. Toda nuestra cultura europea se agita ya desde hace tiempo, con una tensión torturadora, bajo una angustia que aumenta de década en década, como si se encaminara a una catástrofe; intranquila, violenta, atropellada, semejante a un torrente que quiere llegar cuanto antes a su fin, que ya no reflexiona, que teme reflexionar".*[222]

Los «cien signos» son por un lado, todo lo que anuncia la llegada que Nietzsche le pronosticaba al Nihilismo, es decir la pérdida de la poca voluntad que había, pero también pueden ser los síntomas de lo nuevo que a lo lejos se avecinaba y que sólo la metafísica nietzscheana veía con claridad. Los cien signos constituían también la degradación acelerada de los valores (¿o los no valores?) del cristianismo. Todos los presagios por decirlo con una especie de imagen, de este filólogo, estaban ligados de forma positiva o negativa con la realidad creada por el mismo cristianismo. Y cosas terribles sucedieron en el viejo mundo después que Nietzsche anunciara los *«cien signos»*, la música del porvenir para «orejas nuevas» y la «llegada del nihilismo», que lo llama «ese inquietante huésped», pues algo si quedaba claro, y es que Europa no podía seguir como hasta ese momento.

Estos cien signos son también una alusión directa a dos mil años de cristianismo y el pasado de los griegos. Nietzsche siempre, sin falta, mezcla el pasado de los griegos, la llegada del cristianismo, la voluntad de poder y ahora, el nihilismo, formando todo parte activa del eterno retorno que, por cierto, no escapa al problema de todos los filósofos alemanes de "empezar con una verdad absoluta, dar la vuelta y terminar con otra verdad absoluta". Hablando del Nihilismo Europeo expresa Nietzsche:

> *"El nihilismo está ante la puerta: ¿de dónde nos llega éste, el más inquietante de todos los huéspedes? Punto de partida: es un error señalar*

---

[222] Nietzsche, F *La voluntad de poderío* (1986) Edaf. Madrid. Prólogo de Castrillo Morat Traducción de Aníbal Froufe. Prefacio 4 p. 30.

como causas del nihilismo las "crisis sociales", la "degeneración fisiológica" incluso la corrupción. Se trata de la época más honrada y compasiva. La miseria, la miseria espiritual, corporal e intelectual, no tienen en sí toda la capacidad necesaria para producir el nihilismo, (o sea, el rechazo radical del valor, el sentido, el deseo)... Sin embargo, en una interpretación muy determinada, la cristiano-moral, se asienta el nihilismo".[223]

Si es un error culpar a las «*crisis sociales y a la degeneración fisiológica*» de las causas del nihilismo, y si se asienta en lo cristiano-moral, es por lo que decimos que Nietzsche realmente veía al nihilismo como la causa más profunda del punto de partida hacia nuevos valores, por más que «crisis sociales y degeneración fisiológica» se identifiquen, al igual que el cristianismo y su moral, con el nihilismo, hasta cierto punto, claro. Antes, en el mismo prefacio, nos había dicho:

"Pues, ¿por qué es necesario ya el surgimiento del nihilismo? Porque al llegar hasta sus últimas consecuencias, los mismos valores que hemos tenido hasta ahora son los que lo hacen necesario; porque el nihilismo es la resultante lógica de nuestros grandes valores y de nuestro ideal; porque debemos experimentar en nosotros el nihilismo para llegar a comprender cuál era el verdadero valor de estos «valores»... Alguna vez necesitaremos valores nuevos...".[224]

Los valores que hemos tenido hasta ahora "son los que lo hacen necesario y debemos comprender cuál era el verdadero valor de esos «valores». El nihilismo de Nietzsche era diferente: no era ni negación absoluta del pasado ni del presente ni aceptación de los poderes constituidos ni mucho menos negación del devenir. No; era mucho más: era punto de partida, «momento temporal necesario». Sin ser en absoluto nihilista consideraba imprescindible el momento de la decadencia, el momento del nihilismo. En otro momento profundizaremos en este aspecto medular de la teoría de Nietzsche.

• La crítica a la metafísica, o sea, el análisis de ella, de cómo se había analizado hasta ahora y no el rechazo a la metafísica, digamos en

---

[223] Castrillo. Mirat, D. Prólogo a *La voluntad de poderío* o. c. ps. 14-15.

[224] Castrillo. Mirat, D. Prólogo a *La voluntad de poderío* o. c. ps. 14-15.

Aristóteles, que significa *"lo que sigue después de la física"*; que investiga los principios superiores de todo lo existente, inaccesible a los órganos de los sentidos, que va más allá aún. ¿Cuál metafísica es rechazada por Nietzsche? La del método antidialéctico e ilógico de pensar en la historia y los fenómenos sociales, aquella que los ve sin conexión entre la naturaleza y la sociedad, en forma subjetiva, unilaterales y acabados, como concluyó Hegel. Nietzsche rechazaba la metafísica de las *«verdades»* en las que se basa hasta hoy la dogmática teoría del conocimiento:

> *"La idea de sustancia, la creencia ciega en el yo, en la causalidad, en el finalismo, no son otra cosa que groseros errores de perspectiva, mentiras «interesadas» que se han olvidado que lo son".*[225]

Y las juzga como dadas con demasiada intencionalidad por los hombres, y de este modo, convierte el error en servicio a la vida.

> *"Cada centro de fuerza posee su respectivas particularidades de las cuales interpreta y valora el mundo, de acuerdo con sus peculiares intereses vitales".*[226]

• La crítica a la religión, la cual ocupa toda su filosofía, del primero al último libro y que no lo hace por resentimiento, sino por sentimiento, por convencimiento ateísta, generando, con su actuación (acción), una nueva acción y una esperada reacción. Un hombre como Nietzsche, cantor de la vida y a la vida a pesar de que en lo personal ésta lo llevó mal, tenía, por fuerza, que ser abanderado de la lucha contra la compasión, con más razón si era activa, y contra la imagen del Jesús de la cruz como asesina del evangelio. El ser se identifica con el movimiento y la religión, en cambio es paralizadora por excelencia y su moral es sumisión del hombre a otros hombres y a la naturaleza. La religión es el anti-ser.

• La crítica a la moral dice: *"Esta es la antinomia. En tanto creamos en la moral, condenamos la existencia".*[227]

---

[225] *Ibíd.* o. c. ps. 14 - 15.

[226] *Ibíd.* p. 14.

[227] VP o. c. El Nihilismo 6 p. 34.

La moral cristiana es la moral de convertirnos en adeptos, es decir, «en ceros». Es la moral de la sumisión. Pero para Nietzsche todo esto no es más que un estado de transición. ¿Por qué? El hombre debe vivir al servicio de valores superiores, que sirvan para fortalecerle, especialmente en los momentos más duros para él:

> *"Los valores superiores, a cuyo servicio debía vivir el hombre, especialmente cuando disponían de él de manera dura y costosa, estos valores sociales se constituyeron con el fin de fortalecerle como si fueran mandamientos de Dios, como «realidad» como «verdadero», como esperanza y como mundo futuro... ahora que se hace claro el mezquino origen de estos valores nos parece que el universo se desvaloriza, «pierde su sentido», pero este es solamente un estado de transición"*.[228]

Estos valores superiores le sirven para la creación, pero no para u*na creación cualquiera*, donde acumule en nutrido inventario «obras» como si fueran piezas fabricadas. Debe ser para un momento supremo de inspiración, de creación suma y altiva, para el momento máximo de impulsar a la humanidad, para convertirse en «legislador», en «destructor», en «fundador». No debe ser la moral de decir <u>sí</u> <u>siempre</u>, como la bestia de carga o como el camello de Zaratustra. Debe de ser la moral de irradiar valores a otros hombres, de ser ejemplo, pero no por «buena gente» o «buenazo», sino más bien por ser diablo. El hombre llegará, sin falta, a ese momento de *«valores superiores»*. Por eso dice Nietzsche:

> *"Lo que exijo de todos, pese a que suene mal a los oídos, es que sometáis a una crítica absoluta vuestras valoraciones morales. Que al impulso del sentimiento moral, partidario de la sumisión más que de la crítica, le preguntéis abiertamente: ¿y por qué sumisión? Firmeza, por el contrario, es lo que hace falta. Esta exigencia es de un por qué esta crítica necesaria de la moral debe considerarse precisamente como la forma presente de la moral, como la especie más sublime de moral que os hace honor a nosotros y a vuestro tiempo. Que vuestra lealtad, vuestra voluntad de no engañarnos se manifiesta con estas palabras: '¿por qué no?' ¿ante qué tribunal?"*.[229]

---

[228] *Ibíd.* 7 p. 34.

[229] VP o. c. Af. 394 p. 230 Consideración final de la crítica de la moral.

Lo más importante de este crucial pensamiento: Las valoraciones morales de hoy no sirven, rebeldía y no sumisión ante este hecho, ante todos los hechos parecidos y dejar fijado en todos que lo moral de hoy es luchar contra la moral. Llegó, o está al llegar el nihilismo de doscientos años, nos había dicho, pero es el momento de luchar contra la moral de la decadencia y podemos impedir el nihilismo e impedir que siga imperando la moral del rebaño. En VP ya había adelantado un pensamiento que taladrarlo y agotarlo hasta la profundidad que tiene, implica emplear una barrena de varios kilómetros de largo y escribir un libro sobre ese sólo ideal. Hoy nada más que vamos a fijarnos en su incansable llamado a no aceptar algo que nos dan preparado en laboratorios por historiadores de partidos, por eruditos intencionados, por teólogos cristianos, que nos han metido dentro un «sentimiento histórico» enfermizo y antinatural, que no compele a la lucha ni a quitarle canas a la juventud. Dice Nietzsche:

> *"He tenido la suerte de volver a encontrar, después de milenios enteros de extravíos y equivocaciones, el camino que lleva a un sí y a un no. Enseño el no contra todo lo que debilita, contra todo lo que agota. Enseño el sí hacia todo lo que fortalece, acumula fuerzas, justifica el sentido de la fuerza"*.[230]

Era para Nietzsche de una primera prioridad la lucha contra la moral del agotamiento y la necesidad pulsional suya de inculcarnos este supremo valor. No nos habían enseñado a decir no, sino a decir si; sólo la virtud, al altruismo, la compasión y la negación de la vida y: *"Todos estos son valores característicos de los agotados"*.[231] La virtud de decir siempre sí como el buen animal de carga; el altruismo de cooperar con los que mandan para que no seamos «destructores, legisladores, fundadores»; la compasión al estilo del Jesús de la cruz, el del madero, pidiendo perdón y negando la exuberancia de vida. También nos había dicho Nietzsche que no es inmoral la naturaleza que no tiene compasión con los degenerados, entendiendo por degenerado no al humilde sino al de la moral en declive y la sumisión, es decir, que esta frase iba claramente dirigida hacia los teólogos con sotana y sin sotana. Y dice, lo

---

[230] *Ibíd*. I. Nihilismo Af. 54 p. 57.

[231] *Ibid*. Af. 54 p. 57.

cual es una afirmación tácita de los valores de estudiar correctamente la historia, y no sólo eso, también de que lo importante es el factor social en la formación de los afectos y la moral de lucha de un pueblo; una afirmación de que «la formación histórica» o la «la formación económico-social» es lo determinante en la salud física y moral de un pueblo; Dice al respecto:

> *"No es inmoral la Naturaleza cuando no tiene compasión por los degenerados: por el contrario, el crecimiento de los males fisiológicos y morales es la consecuencia de una moral enfermiza y antinatural. ¿De qué depende que la humanidad esté corrompida en el aspecto moral y fisiológico? El cuerpo perece cuando el órgano está alterado... No hay solidaridad en una sociedad en la que existen elementos estériles, improductivos y destructores, que, además, tendrán descendientes más degenerados que ellos mismos"*.[232]

Esas eran las sociedades de Europa y Alemania en la época de Nietzsche. Él había pronosticado dos siglos de nihilismo, para mí, dos siglos de tránsito. Ya pasó un siglo. La Europa de hoy, claro está, no es la misma de aquellos tiempos, es mejor, nadie lo duda. Pero aún tiene mucho por superarse a sí misma y aún queda Rusia, el país más grande de Europa y de la Tierra, que le llevará casi todo este siglo XXI, alcanzar los niveles económicos, sociales y de derechos humanos de sus vecinos, vale decir, superar los males fisiológicos y morales de una moral enfermiza y antinatural. Y, ¿cómo encaja en todo esto la «voluntad de poder», el «superhombre» y la doctrina del «eterno retorno»? Estos tres componentes de la doctrina de Nietzsche son entes casi metafísicos. En un análisis positivista y antidialéctico, pudiéramos decir que son la medicina ideal, es más, que son la panacea universal o la octava maravilla, la varita mágica a cuyo conjuro todo se resuelve. Pero la sociedad y el ser humano en particular no es así cómo asimilan las soluciones. El proceso no es lineal, es complejo y en el que actúan juegos acciones y reacciones de lo individual (predisposición fisiológica y natural, autoafirmación, reafirmación, autoeducación) y de lo social, cambio de la formación histórica o formación económico-social. Sin hombre con anhelos superiores y voluntad de ejecutarlos y de hacerse de los medios

---

[232] VP o. c. I Nihilismo Af. 52 p. 56.

para lograrlo, no se pasa de sistema social y sin sistema social que facilite la vida del hombre y su lucha, tampoco se logra que impere la voluntad de lograr más, la voluntad de vencer resistencias y de aspirar a metas altas. Se necesita el hombre dionisíaco, que no dice que sí a todo y la vez sabe decir sí; que es este modelo de hombre:

> *"El hombre dionisiaco no es el hombre que dice sí a todo, el animal de carga, que no sabe decir no y acarrea el peso de los valores establecidos, sino el hombre belicoso que destruye y niega, porque afirma la vida en su eterno devenir transfigurador... Así pues la verdadera afirmación, la del hombre dionisiaco no puede prescindir de la negación, porque afirmar no es llevar, soportar, asumir, sino crear...En realidad, el hombre verdaderamente resignado, el que no transforma el mundo, ni crea valores nuevos, es el idealista".*[233]

El hombre dionisíaco quiere un mundo que se contradiga, que cambie los valores establecidos, que no expulse de sí lo negativo, sino que lo transforme:

> *"Pero estos valores son valores falsamente afirmativos que brotan de una Voluntad negativa y traducen un instinto de venganza contra los fuertes, los alegres, los que gozan del riesgo de la vida".*[234]

Nos preguntamos ¿quién es acaso Dionisos para Nietzsche, sería acaso como la parte mejor de sí mismo?, ¿o cono la figura de lo inmortal que hay en él?, ¿acaso sería el reclamo de su obra? ¿No será acaso quizás la imagen de su Zaratustra?. En oposición al a figura de Ariadna, Dionisos es Dios y ella es lo humano. Dionisos es su oreja y su laberinto, Y por tanto la figura de Ariadna será la imagen del hombre real, concreto, es decir el mismo ser humano. (cfr. Ecce Homo Af. 8 p. 115 y sobre Dionisos VP. Edaf. IV. 996 p. 526) El hombre dionisiaco, a diferencia del hombre apolíneo, no quiere esencialmente un mundo estable, bello, ideal, bueno, verdadero, perfecto (por demás, lo perfecto es criminal). En *Aurora* nos dice Nietzsche que: *"...el hombre sigue siendo el Dios que se ha perdido a sí mismo"*.[235]

---

[233] Castrillo, Mirat Dolores o. c. Prólogo a VP. ps. 16-17.

[234] *Ibíd.* Prólogo p. 16.

[235] *Aforismos de Nietzsche*, (1999) Edit. Comares-Renacimiento. Granada. Citado por Pietrafesa, Luis: en Selección temática, de Aurora. p. [142]).

Todo esto encierra en sí, dentro de sí, tanto la voluntad de poder, el superhombre, como el eterno retorno. Lo contrario es la voluntad negativa y la voluntad de Nietzsche es voluntad que aspira, no que condiciona, como voluntad de crear en la expresión de la más alta creación artística:

> *"...La Voluntad de poder no es una facultad del alma humana: es decir no es que el hombre posea voluntad, capacidad o poder para realizar tal o cual cosa, sino que el hombre es Voluntad de Poder....Voluntad de Poder, no significa entonces que el hombre quiera el poder... La Voluntad de Poder es un elemento móvil, variable plástico, que interpreta, modela, confiere sentido y da valor a las cosas. Voluntad de poder es, pues, querer ser más".*[236]

La voluntad de poder encaja también aquí, acorde con Jiménez Moreno, en otra dimensión, la dimensión política e histórica, la dimensión del buen gobierno: la «sensación de poder» y no él «complejo de poder», con el que gobiernan los estados y estadistas pasados de época y etapa históricas y derrumban tanto la voluntad como los afectos del hombre. El eterno retorno, diviniza al hombre al llevarlo a su natural positivo y luchador, a la vez que lo eleva a su más alta responsabilidad trágica:

> *"Vemos, pues, que la afirmación del Eterno Retorno, que diviniza toda la existencias, hasta en sus aspectos más dolorosos, nada tiene que ver con una aceptación servil de lo real. Afirmar el ser en su eterno retornar no es postrarse ante la necesidad y adorarla,...sino instalarse belicosamente en la existencia proclamando a la vez su eterna inocencia, sin buscar subterfugios ultramundanos para escapar de ella. El Eterno Retorno no incita a la abolición de la Voluntad...sino que eleva al hombre a la más alta responsabilidad trágica".*[237]

A modo de conclusión de este capítulo, lo haremos usando las mismas palabras de Nietzsche en la *II Intempestiva* y que creo que no necesita comentarios:

---

[236] Castrillo. Mirat, Dolores o. c. Prólogo a *La voluntad de poderío* o. c p. 18.

[237] Castrillo. Mirat, Dolores o. c. Prólogo a *La voluntad de poderío* o. c o. c p. 23.

"Nadie ha de dudar: la vida es el poder máximo, dominante, porque un conocimiento que destruye la vida acabaría consigo mismo. El conocimiento presupone la vida, tiene su interés también en la conservación de la vida, como todo ser lo tiene de su propia subsistencia. Así pues, la ciencia necesita una dirección y vigilancia superiores: una doctrina de la salud de la vida ha de colocarse justo al lado de la ciencia. La tesis de esta doctrina de la salud reza así: lo ahistórico y lo suprahistórico son los medios naturales contra la invasión de lo histórico en la vida. Es probable que nosotros, los enfermos históricos, tengamos que padecer también estos antídotos. Pero que podamos llegar a padecerlos no demuestra nada contra la corrección de la terapia elegida".[238]

En una clara referencia a la juventud aclama Nietzsche:

"Al llegar a este punto, pensando en la juventud, gritó ¡tierra!, ¡tierra!, ¡basta ya de toda esa peregrinación extraviada y de esa búsqueda impetuosa a través de oscuros mares extraños!".[239]

Para Nietzsche el lenguaje de la juventud es el medio adecuado para transvalorar todos los valores:

"Ya aquí reconozco la misión de esa juventud, esa primera generación de luchadores y matadores de serpientes que marcha delante de una cultura y humanidad más feliz y bella que no tiene de esta dicha futura y de esta belleza más que la promesa de un presentimiento".[240]

La vida, y dentro de ésta, la juventud, confianza en la juventud, en el *«reino de los hijos»*, que siempre será mejor que el de los padres y abuelos. Pero esto no implica una negación del ayer y del hoy. Su fuese lo contrario entonces no se sustenta una defensa a la juventud por parte de Nietzsche, porque después de todo, ¿de dónde provienen los jóvenes?

---

[238] UPHV o. c. Af. 10 p. 136 UGB o. c. Band 1 Vom Nutzen und Nachtheil der Historie für das Leben Af. 10 ps. 330^{-30}-331^{-5-10}.

[239] UPHV o. c Af. 10 p. 129 "An dieser Stelle der Jungend gedenkend, rufe ich !Land!, !Land! Genug und übergenug der leidenschaftlich suchenden und irrenden Fahrt auf dunklen fremden Meeren". UGB o. c. Band 1 Vom Nutzen und Nachtheil der Historie für das Leben Af. 10 p. 324^{-10}.

[240] UPHV o. c. Af. 10 p. 137 UGB o. c. Band 1 Vom Nutzen und Nachtheil der Historie für das Leben Af. 10 p. 331^{-15}.

Se da una confianza en la juventud que sabemos que no será perfecta, ya que padecerá tanto de los males como de los antídotos, pero que pese a eso esta juventud dice Nietzsche

> *"Esta juventud padecerá tanto del mal como de los antídotos, pero pese a esto creerá poder esforzarse en una salud más poderosa y, en general, en una constitución más natural que su generación precedente, los «hombres» doctos y «ancianos» del presente"*.[241]

En contra de la corriente del pragmatismo reinante, los jóvenes se educarán para lo grande y no para lo útil. Debe curarse de la enfermedad de lo histórico y se adentrará en ese mundo del devenir dionisiaco que se crea y se destruye a sí mismo, que se sobrepasa a sí mismo constantemente, y que vive y experimenta el embrujo de la vida, el caos y la libertad, de ese mundo que crea a los criminales, es decir a esos que no se adhieren a ningún arquetipo moral; a esos que se atribuyen el derecho divino de pasar por encima de los cadáveres y la sangre, como el caso de la lucha terrorista, la batalla de Irak y Palestina etc. porque ellos son «*su*» moral, porque ellos irradian «*sus valores*», porque también ellos son los fundadores, los legisladores, los constructores, los que dicen encarnar las metas más altas.

---

[241] *Ibíd*. Af. 10 p. 137. UGB o. c. Band 1 Vom Nutzen und Nachtheil der Historie für das Leben Af. 10 p. 331-20.

2 NIETZSCHE: SOBRE EL ATEÍSMO

1. Introducción: El Ateísmo como valor ético

"El heleno no es ni optimista ni pesimista. Es esencialmente un hombre que contempla realmente lo horrible y no se lo oculta a sí mismo. La teodicea no era un problema heleno porque la creación del mundo no era un acto de los dioses".[1]

"Valor de la fe en los griegos en sus dioses: podía dejarse de lado, sin más, y no entorpecía el filosofar".[2]

"Nosotros, los indígenas, tenemos más contacto con la naturaleza. Por eso nos dicen politeístas. Pero sin embargo, no somos politeístas...o, si lo somos, sería bueno, porque es nuestra cultura, nuestras costumbres".[3]

"El concepto de «Dios» ha sido hasta ahora la gran objeción contra la existencia... Nosotros negamos a Dios, negamos la responsabilidad de Dios: sólo así redimimos al mundo".[4] (*)

---

[1] Nietzsche, F. *Sabiduría para pasado mañana*, (2002), Selección de fragmentos póstumos, (1869-1889) Tecnos. Madrid. Edición española de Diego Sánchez Meca 3[62] p. 29 Weisheit für Übermorgen (1994) Unterstreichungen aus dem Nachlaß von Heinz Friedrich (1869-1889) dtv. Klassik München. Herbst 1869 3[62] p. 30.

[2] *Ibíd*. 1 [3] p. 27 "Werth des griechischen Götterglaubens: er ließ sich mit leichter Hand bei Seite streifen und hinderte das Philolsophiren nicht". WUM o. c. Herbst 1860 1 [3] p. 27.

[3] Burgos Debray, E. (1999) *Me llamo Rigoberta Menchú y así nació mi conciencia*, Siglo XXI. México cap. X p. 2.

[4] CI o. c. *Los cuatro grandes errores* Af. 8 p 70 (*) Esta misma idea aparece en EH Af. 1 ps. 41-42 ¡Por qué soy tan inteligente! "Der Begriff «Gott» war bisher der grösste Einwand gegen das Dasein...Wir leugnen die Verantowortlichkeit in Gott: damit erst erlösen wir die Welt". GD o. c. Af. 8 *Die vier grossen Irrthümer* p. 97[-5]

1.1 En los griegos

La palabra «ateo», como era de suponer, tiene origen griego. Significa, negación de la existencia y causalidad de Dios. Negar la causalidad de Dios es lo máximo, la máxima razón de lo ateo. Por otro lado, el primer análisis de lo ateo o del ateísmo, que se recuerde, lo realizó Platón en *Las Leyes*, libro X. El ateísmo, Platón, sin embargo, ¿cómo lo describió, negándolo? Son tres posibilidades: negación de la divinidad; la creencia de que la divinidad existe, pero no se preocupa de las cosas humanas y la creencia de que la divinidad puede ser propiciada con donaciones y/u ofertas. De las primeras y segundas posibilidades, es de la que más se ocupa Nietzsche, pero con una diferencia esencial: no existe ni queremos al Dios moral, y además, en general Dios no existe. Bueno, digámoslo claro: de hecho, Nietzsche niega las tres posibilidades analizadas por Platón, si bien es en ellas en la que radica el ateísmo.

La primera forma sobre la que se pronuncia Platón es la del materialismo, en la que la naturaleza precede al alma. La segunda forma, sería admitir que la divinidad, que existe a ultranza, es perezosa, indolente e inferior al más común de los mortales, que quiere, este último, siempre, perfeccionar su obra, sea ésta grande o pequeña. La tercera y última, además de una aberración, es malvada, pues cree que a Dios (la divinidad) se la puede comprar con regalos ominosa y delictuosamente ofrecidos. La primera forma de ateísmo, repetimos, sostiene que el cuerpo antecede al alma. No obstante, crea Platón un Demiurgo hacedor, creador del mundo; artesano artífice del mundo y piensa que las segundas y terceras formas son más unos vulgares prejuicios que ideas y creencias filosóficas. En la práctica, todo tendría un principio espiritual. Un poco más adelante en este trabajo volveremos sobre estos asuntos.

Para los filósofos modernos, ateísmo es: vivir sin Dios, y se niega la fe en lo «sobrenatural». Sí, existir sin lo «sobrenatural», que Nietzsche negaba de plano y sin contemplaciones de ningún tipo a lo largo de toda su obra de la etapa madura (aunque no sea tan fácil decir cuándo empezó «esa etapa madura», pues para nosotros Nietzsche siempre fue filosóficamente maduro), es: dioses, espíritus, vida de ultratumba. Para los filósofos modernos, el ateísmo tiene objetivos y tareas y siendo estas las siguientes:

a) Explicar las fuentes y causas del origen y existencia de la religión en general, no sólo de una religión en particular.

b) Criticar las creencias religiosas desde el punto de vista de la visión científica del mundo, el papel social de la religión y señalar de qué manera pueden ser superados los prejuicios religiosos.

De los dos objetivos, como iremos viendo en el transcurso de este trabajo, Nietzsche desarrolló más extensamente el segundo. Con el avance de los conocimientos científicos y la ampliación del espectro de valores del hombre, en especial al afianzarse y hacerse omnipresente la ciencia como valor moral, han ido adelantándose los conceptos ateístas. Nietzsche nació, creció, vivió y se educó en el siglo en el cual comenzó el boom de la ciencia y la tecnología y no podía ser refractario a la influencia arrolladora de ese fenómeno contundente e inevitable. Mucho menos podía no serlo, si tenemos en cuenta su enorme inteligencia, su sensibilidad y su perspicacia de filósofo, todo esto a pesar de ser alemán, es decir, del país del «poco a poco» No hay más que ver, en su proceso auto-depurador, cuáles ídolos quedaron en su imaginación y cuáles eliminó en el desarrollo de su idea filosófica. Ningún idealista y/o hacedor de religiones quedó en su imaginación admirándolo. ¿Quiénes sí permanecen en su cerebro? Los primigenios, y entre ellos, más que todo Tales y Heráclito. De Heráclito dijo Nietzsche:

> *"En este sentido tengo derecho a considerarme el primer filósofo trágico –es decir, la máxima antítesis y el máximo antípoda de un filósofo pesimista. Antes de mí no existe esta transposición de lo dionisíaco a un pathos filosófico: falta la sabiduría trágica, en vano he buscado indicios de ella incluso en los grandes griegos de la filosofía, los de los siglos anteriores a Sócrates Me ha quedado una duda con respecto a Heráclito, en cuya cercanía siento más calor y me encuentro de mejor humor que en ningún otro lugar. La afirmación del fluir y el aniquilar, que es lo decisivo en la filosofía dionisíaca, el decir sí a la antítesis y a la guerra...la doctrina del eterno retorno, es decir, del ciclo incondicional, infinitamente repetido de todas las cosas– esa doctrina de Zaratustra podría, en definitiva, haber sido enseñada también por Heráclito".*[5]

---

[5] EH o. c. "Nacimiento de la tragedia" Af. 3 ps. 78-79 EH o. c Band 6 "Die Geburt der Tragödie" Af. 3 p. 312^{-25-30} a 313^{-5-10}.

La tragedia, y esto es elemental, es una imitación de la naturaleza. Cuando Nietzsche se considera a sí mismo «el primer filósofo trágico» y era, como hombre profundo y veraz, admirador de la tragedia, nos está diciendo con ello que él es de la naturaleza, natural, no idealista ni artificial, y que está listo, desde luego, para tareas superiores. Su verdad era la de enfrentarse a las realidades de la vida, con valentía de hombre, como los griegos antiguos y no desviar la mirada de lo terrible. Todo aquel que fuera abanderado de la ciencia y la naturaleza o propagador de ellas, quedó en la imaginación nietzscheana y le sirvieron de referentes ideológicos. Quedaron igualmente los fundadores y los legisladores por no haber sido éstos esclavos de Dios, de la moral y de la religión. También admira a otros, que sin ser filósofos, pasaron por encima de la moral para fundamentar sus doctrinas. ¿Por qué, además estos? Porque no se desligaron jamás de la vida, sino que cada vez más se introdujeron en ella y no fueron ni apocados ni superficiales ni complacientes con las «altas clases» y tampoco intentaron «controlar» a los que sufren, tal cual hacen los resentidos y los cristianos. De los alemanes, sólo Göthe quedó con él. Sobre éste dijo:

> "Göthe –no un acontecimiento alemán, sino un acontecimiento europeo: un intento grandioso de superar el siglo XVIII mediante una vuelta a la naturaleza, mediante un ascenso hasta la naturalidad del Renacimiento, una especie de autosuperación por parte de aquel siglo–. Göthe llevaba dentro de sí los instintos más fuertes de él: la sentimentalidad, la idolatría con respecto a la naturaleza, el carácter antihistórico, idealista, irreal y revolucionario. Recurrió a la historia, a la ciencia natural, a la Antigüedad, asimismo a Spinoza, y sobre todo a la actividad práctica, se rodeó nada más que de horizontes cerrados...".[6]

1.2 El hombre de Göthe como continuación de lo ateo

Por otro lado, según nos explica Nietzsche en, *Incursiones de un intempestivo*, ¿cómo era el hombre de Göthe? Lo concebía así:

---

[6] CI o. c. *Incursiones de un intempestivo* Af. 49 p. 126 GD o. c. Band 6 Streifzüge eines Unzeitgemässen Af. 49 p. 151⁻ 5-10.

> *"Göthe concibió un hombre fuerte, de cultura elevada, hábil en todas las actividades corporales, que se tiene a sí mismo a raya, que siente respeto de sí mismo, al que le es lícita la osadía de permitirse el ámbito entero y la entera riqueza de la naturalidad, que es lo bastante fuerte para esa libertad; el hombre de la tolerancia, no por debilidad, sino por fortaleza, porque sabe emplear en provecho propio incluso aquello que haría perecer a una naturaleza media; el hombre para el cual no haya nada prohibido, a no ser la debilidad, llámese a ésta vicio virtud. Con un fatalismo alegre y confiado ese espíritu que ha llegado a ser libre está inmerso en el todo y abriga la creencia de que sólo lo individual es reprobable, de que en el conjunto todo se redime y se afirma –ese espíritu no niega ya... Pero tal creencia es la más alta de todas las creencias posibles: yo la he bautizado con el nombre de Dioniso".*[7]

Quiero destacar que «*ese hombre*» es más que todo, el superhombre, si bien todo el hombre concebido por Göthe, es propiamente el superhombre de Nietzsche y el «hombre extraordinario» de Dostoievski, y «ese hombre», aunque dijera otra cosa, no es cristiano y sí es ateo. Yo pienso que en esta justa y acertada apología nietzscheana a Göthe, nos trasmite dos códigos: el regreso a los griegos antiguos con su naturalismo (que más que «un regreso» es un ascenso) y su ateísmo natural y anticipado, y que no sólo el hombre extraordinario de Dostoievski, sino también el «hombre fuerte» concebido por Göthe, prefiguraron su superhombre. El hombre que describe Nietzsche interpretando los deseos del creador de Fausto, es, ni más ni menos, el joven griego de la Antigüedad, el mismo que fue a la guerra de Troya y aparece en *La Ilíada* y en *La Odisea* divinizado por guerrero y luchador. Para Nietzsche, también Göthe es un superhombre; un superhombre como Aquiles y Odiseo y Homero, en última instancia, con ateísmo politeísta, con dioses, pero dioses para ayudar y no para regañar ni para el juicio. Nietzsche, reafirma que su afinidad con Göthe radica en que ambos aborrecen las mismas cosas (el humo del tabaco, las chinches, el ajo, y...la cruz). Piensa que el ajo, como símbolo de la superstición que ahuyenta a los vampiros y la cruz, símbolo del cristianismo, pensamos nosotros. En fin, dice el filósofo en el lugar indicado.

---

[7] *Ibíd.* Af. 49 p. 134 GD o. c. Band 6 Af. 49 ps. $151^{25\text{-}30}$ -152^{-5}.

> *"Göthe es el último alemán por el que yo tengo respeto: él habría sentido tres cosas que yo siento, –también nos entendemos en lo que se refiere a la «cruz»".*[8][(*)]

2. Comienzo de una revolución ideológica

2.1 Afinidades y aversiones de Nietzsche. ¿Por qué Zaratustra?

Y, ¿de quién se mofa o nos dice claramente, sin códigos, que no está de acuerdo con ellos? De Pablo y de todo el que olía a idealista, a moralizador y creador de religiones, empezando por Platón antecesor del cristianismo o «cristiano anticipadamente», como le llama en CI, (Lo que yo debo a los antiguos Af. 2 p. 130) y continuando con todo el que hizo de la ley moral un icono porque la moral existe sólo como Circe. Incluso a Zoroastro, al que convirtió en Zaratustra, «le tocó lo suyo» en el «reparto» de Nietzsche, por haber inventado la moral y el bien y el mal en filosofía aunque la lucha entre ellos sea la rueda de la historia. Con sangre fría de sabio y de filósofo explica Nietzsche el por qué se valió de Zoroastro para crear su Zaratustra. Explica así:

> *"No se me ha preguntado, pero debería habérseme preguntado qué significa cabalmente en mi boca, en boca del primer inmoralista, el nombre Zaratustra; pues lo que constituye la inmensa singularidad de este persa en la historia es justo lo contrario de esto: Zaratustra fue el primero en advertir que la auténtica rueda que hace moverse a las cosas es la lucha entre el bien y el mal, –la transposición de la moral a*

---

[8] CI o. c. *Incursiones de un intempestivo* Af. 51 p.135 "Göthe ist der letzte Deutsche, vor dem in Ehrfurcht habe: er hätte drei Dingen empfinden, die ich empfinde, - auch verstehen wir uns über das «Kreuz»". GD o. c. Band 6 Streifzüge eines Unzeitgemässen Af. 51 p. 153 [*] Según nota de Andrés Sánchez Pascual en este texto Nietzsche alude al 66 de los Epigramas (Sinngedicht) venecianos que reza así: "Yo puedo soportar muchas cosas. La mayor parte de las molestias las tolero con ánimo tranquilo, como Dios me manda. Pero algunas me resultan repugnantes como el veneno y la serpiente. Son cuatro el humo del tabaco, las chinches, el ajo y la cruz". "Vieles kann ich ertragen. Die meisten beschwerlichen Dinge Duld ich mit ruhigem Mut, wie es ein Gott mir gebeut. Wenige sind mir jedoch wie Gift und Schlange zuwider. Viere: Rauch des Tabaks, Wanzen und Knoblauch und †". cfr. CI nota 187 p. 168.

lo metafísico, como fuerza, como causa, fin en sí, es obra suya. Más, esa pregunta sería ya, en el fondo, la respuesta. Zaratustra creó ese error, el más fatal de todos, la moral; en consecuencia, también él tiene que ser el primero en reconocerlo".[9]

El mítico persa Zoroastro (s. VII–VI autor del Avesta) fue el creador de la religión dualista del antiguo Irán. Lo constante en esta religión es la lucha entre Ahura-Mazda, el omnisciente representando el bien y Ahrimán, representando el mal.[(*)] Es típico de esta idea el fin escatológico del mundo y la vida en ultratumba, el juicio final y la resurrección de los muertos. También propagó la idea de una virgen que dará a luz al futuro salvador, con lo cual ejercieron temprana influencia sobre el Judaísmo y el Cristianismo. Con todos estos mimbres, no es de extrañar que tejiera Nietzsche un gran cesto. Zoroastro debe de haber tenido un gran cargo de conciencia por haber creado la moral, de la cual se valió luego el cristianismo, y tenía que descargarla a la conciencia. Igualmente tenía que pagar también por la parte que tuvo de idealista. Continúa Nietzsche:

"No es sólo que él tenga en esto experiencia mayor y más extensa que ningún otro pensador –la historia entera constituye, en efecto, la refutación experimental del principio del denominado «orden moral del mundo»–: mayor importancia tiene el que Zaratustra sea más veraz que ningún otro pensador. Su doctrina, y sólo ella, considera la veracidad como virtud suprema esto significa lo contrario a la cobardía de los «idealistas», que, frente a la realidad, huyen; Zaratustra tiene en su cuerpo más valentía que todos los demás pensadores juntos".[10]

---

[9] EH o. c. *Por qué soy yo un destino* Af. 3 p. 137 EH o. c. Warum ich ein Schicksal bin 3 ps. 367⁻ 1⁻10.

[10] EH o. c. *Por qué soy yo un destino* Af. 3 p. 137 EH o. c Af. 3 p. 367 ⁻15 [(*)] Ormuzd=Mazdeismo, religión de los Parsis actualmente en Bombay. En el año 642 desapareció como religión de Irán con la conquista del califa musulmán Omar y fue origen del Maniqueísmo [(**)], el Priscilianismo y de la doctrina de los Albigenses s. XII-XIII con Ramón VI, doctrina de los cátaros. Niegan el infierno, la validez de los sacramentos y la resurrección de la carne. Proscribían la jerarquía eclesiástica y la posesión de bienes de la Iglesia. Fue condenado por el concilio de Narbona 1235 que usó la Inquisición para exterminar a los albigenses. [(**)] Contra estas doctrinas ver: Denziger, E. *El Magisterio de la Iglesia*. (1963) Herder, Barcelona. Notas 4-15-231-234-245-367-401-402-428-707-710. Concilio de Florencia 1431 Papa Eugenio IV; Concilio de Verona. 1184 Papa Lucio III, Concilio de Braga 561 Papa Juan III, y IV Concilio de Letrán 1215. Papa Inocencio III.

Nietzsche, considera a Zaratustra más veraz y valiente que a todos los demás filósofos, pero a la vez lo utiliza, como en su tiempo hizo Platón con Sócrates (en un sentido semiótico, [EH. o. c. Las intempestivas 3 p. 87]) con un objetivo, en este caso, lo pone a romper lo que él mismo había creado: la moral, el bien, el mal y el idealismo. Zoroastro era dualista, Zaratustra es ateo; Zoroastro fue moralizador, Zaratustra fue inmoralista; Zoroastro era creyente, «Zaratustra es un escéptico» (cfr. AC o. c Af. 54 p. 93); Zoroastro era un profeta, Zaratustra piensa que él puede estar equivocado y llama a los hombres a no tener fe para creer y proclama desde lo alto de las montañas de lo que hoy es Afganistán e Irán, lo poco que vale y lo despreciable que es la fe como ya dijimos en el I. capítulo. Se ha de tener fe sólo para crear, y ahí sí está, firme como las rocas de Persia, la moral y la verdad de Nietzsche expresada en bocas de Zaratustra; Zoroastro creía en la resurrección y en cambio Nietzsche-Zaratustra se burla de ella. Si no sabemos a ciencia cierta qué es la moral, qué es el bien y qué es el mal, ¡cómo van a ser bandera de lucha!. Por eso reafirmando la misma idea dice Nietzsche:

> *"La autosuperación de la moral por veracidad, la autosuperación del moralista en su antítesis –en mí– es lo que significa en mi boca el nombre Zaratustra".*[11]

2.2 Otras fuentes del ateísmo de Nietzsche

Además de a Zoroastro y los griegos, admiraba Nietzsche a Fontenelle, de lo cual nos da fe en CI, al decirnos:

> *"Para que el diálogo platónico, esa especie espantosamente autosatisfecha y pueril de dialéctica, pueda actuar como un atractivo, es preciso que uno no haya leído jamás a buenos franceses, –a Fontenelle, por ejemplo".*[12](*)

---

[11] EH o.c. Af. 3 ps. 137-138 *Por qué soy un destino* "Die Selbstüberwindung der Moral aus Wahrhaftigkeit, die Selbstüberwindung des Moralisten, in seinen Gegensatz – in mich– das bedeutet in meinem Munde der name Zarathustra!". EH. o. c. Band 6 p. 367^{-25}.

[12] CI o. c. *Lo que yo debo a los antiguos* Af. 2 p. 139 "Daâ der Platonische Dialog, als Reiz wirken könne, dazu muâ man nie gute Franzosen gelesen haben, - Fontanelle zum Beispiel". GD o. c. Band 6 *Was ich den Alten verdanke* Af. 2 p. 155^{-25} (*) Bernard Le Bovier, Francia, 1657-1757. Exaltó el papel de la razón y el de las ciencias experimentales. Publica en 1686 *Entretiens sur la pluralité des mondes*; *Digressión sur les anciens et le modernes* (1688) y *Dialogue des morts* (1693) Producción literaria satírica y moral. Representante del espíritu filosófico y mundano.

Es como si tal cual dice el refrán árabe, «el que nunca ha visto a un toro, admira a un carnero». A Fontenelle lo admiraba no sólo por el contenido de sus obras y su ligazón a la vida, sino también por la belleza de su escritura y estilo pero sin embargo, nadie lo considera un clásico tal como se le considera, con razón a Platón. Y se deleitaba y aprendía también con Göthe, Mozart, el francés Henri Beyle conocido como Stendhal (1783-1842 = representante del arte narrativo francés. *Rojo y Negro* 1830), el teólogo arabista J. Wellhausen en quien Nietzsche se inspira para escribir el AC; escribió *Prolegomena zur Geschichte Israels* (1878) *y Reste des arabischen Heidentum* (1887); L. van Beethoven y Fyodor Dostoievski. Éstos además de no ser fundadores de religiones, eran veraces e inmoralistas. Zoroastro o Zaratustra (-VI. 660-583 reformador religión persa) sí, éste en verdad fue un fundador de una religión, pero Nietzsche aprovechó sus otras virtudes y lo metamorfoseó. Para el caso del literato francés Bernard Fontenelle, podemos agregar que era propagador de la ciencia, atacó las supersticiones religiosas y sus obras más importantes tuvieron el objeto de popularizar el conocimiento científico de la época, antípoda del cristianismo y la religión en general, razón por la cual Nietzsche lo admiraba. Los refranes populares tienen un importante componente de sabiduría. Otro de ellos dice «dime con quién andas y te diré quién eres»; es esto lo que da coherencia y credibilidad a los filósofos y a los políticos; no es fácil criticar al cristianismo y a la religión, y admirar a teólogos con hábitos y/o sin hábitos. Y Nietzsche, por el contrario, ni alaba a personajes cristianos moralizadores, y tampoco pierde oportunidad filosófica de criticarlos amargamente y con sinceridad. En esto anterior es coherente al igual que en toda su filosofía. La coherencia y no las palabras, repetimos la idea, es lo que da credibilidad. Nietzsche andaba con los veraces y no con los idealistas, y ni siquiera con los brillantes, es decir, no andaba con el novelista-científico francés Émile Zola, del poeta francés Víctor Hugo (1802-1885 *Los miserables*), Richard Wagner, el teólogo de Wurtemberg, David. Strauß (1808-1874) autor de *Vida de Jesús*, para quien la historia evangélica no es sino un mito. Sin embargo, amaba al ilustre físico-matemático Blas Pascal, apologeta del cristianismo en *Provinciales y Pensamientos* (1623-1662) ¿y por qué Nietzsche amaba a Pascal? (1623-1662) por ser una «instructiva» víctima del cristianismo (¡catolicismo!):

"El que a Pascal no lo lea, sino que lo ame como la más instructiva víctima del cristianismo asesinado con lentitud, primero corporalmente, después psicológicamente, cual corresponde a la entera lógica de esa forma horrorosa entre todas de inhumana crueldad...".[13]

En conclusión, en CI. (p. 85) en Incursiones de un intempestivo, en el subtítulo Mis imposibles que se puede también traducir como sus «insoportables» según acertadamente dice Sánchez Pascual (cfr.nota (116 p.159)), expone los códigos de a quiénes considera «como los suyos» y quiénes le son ajenos, en quiénes pudo haberse inspirado y en quiénes no. Por el contrario, nos dice «los que son de su simpatía». (cfr.EH ¿Por qué soy yo tan inteligente? Af. 3 p. 49) Veamos primero «los insoportables» y después otras fuentes:

2.3 Modelos de anti-valores. Los insoportables:

Aunque grandes y vigentes como prototipos de maestros Nietzsche los ve de este modo:

• **Séneca** (Lucio Anneon. n. Córdoba 2-65 d.c.-cfr. CI, Incursiones de un Intempestivo Af. 1 p. 85) ¿Cómo lo llama Nietzsche? *"Séneca o el torero de la virtud"*. Con cuánta razón. Muy bonita su prédica, pero ¡el pobre, era, entre otras cosas, ingenuo!, educó nada más y nada menos que a Nerón, quien como se sabe, lo condenó después a muerte. Fue panteísta. Predicaba ante todo, moral y ética, o sea, pertenecía a «los mejoradores de la humanidad», aunque en abstracto comparado con otros que quisieron ir más a lo concreto. Influyó en la elaboración de la ideología cristiana. Federico Engels (1820-1925) al filósofo romano por adopción, Séneca, lo llamó *«abuelo del cristianismo»*.[14] Coinciden Nietzsche y Engels al juzgar a Séneca, incluso en el estilo panfletario, de cómica y sana burla: uno le llama «torero» y el otro «abuelo».[15]

---

[13] EH o. c. *Por qué soy yo tan inteligente* Af. 3 p. 48 "Dass ich Pascal nicht lese, sondern liebe, als das lehrreichste Opfer des Christentums, langsam hingemordet, erst leiblich, dann psychologisch, die ganze Logik dieser schauderhaftesten Form unmenschlicher Grausamkeit;...". EH o. c. Band 6 Af. 3 *¡Warum ich so klug bin!* p. 285$^{-10\text{-}15}$.

[14] Engels, F. *Obras Completas*, (1981) Editorial Progreso, Moscú, t. XIX, p. 346 t. XIX, p. 307 Citado por M. Rosental y P. Ludín, Diccionario filosófico, Ediciones Revolucionarias, La Habana.

[15] *Ibíd.* p. 307.

• **Jean J. Rousseau** (n. en Ginebra 1712-1778 -CI. Incursiones de un intempestivo Af.1 p.85)**:** Así lo llamó el gran alemán: "*Rousseau: o el retorno a la naturaleza* in *impurus naturalibus [en un estado natural impuro]*". Como sabemos, para Nietzsche, el regreso a la naturaleza es la capacidad para enfrentar tareas más grandes y no fue este el caso de Rousseau. ¿Qué podemos agregar acerca de J. J. Rousseau? Era portador de *valores pasivos*, de los que no triunfan: izquierdista anticipado, nivelador-pequeño burgués. Deísta. Predicaba *«inmortalidad del alma»* y que las ideas morales eran innatas. Idealista en lo social, consideraba lo máximo ser un artesano honrado. De él dice:

> *"Para decirlo con una metáfora: Napoleón fue un fragmento de «vuelta a la naturaleza», tal como yo la entiendo…. –Pero Rousseau– ¿a dónde quería él propiamente volver? Rousseau, ese primer hombre moderno, idealista y canaille en una sola persona; que tenía necesidad de la «dignidad» moral para soportar su propio aspecto; enfermo de una vanidad desenfrenada y de un autodesprecio desenfrenado".*[16]

¿Qué entendía Nietzsche por «vuelta a la naturaleza»? No un «volver», sino un ascender a la naturalidad elevada, libre, que juega con tareas grandes. Un ejemplo de esta «vuelta a la naturaleza», lo son, entre otros Napoleón y Göthe. Pero lo que más despreciaba Nietzsche de Rousseau no era en sí la revolución, si bien el filósofo la consideraba como a expresión histórico-universal de esa duplicidad de idealista y canalla a la vez. Sino la farsa sangrienta con que esa revolución se presentó, su «inmoralidad» En esta misma obra (Af. 6 p. 89) al referirse a George Sand, manifiesta Nietzsche también un depreciode por la figura de J. J. Rousseau. En realidad, a pesar de todo, eso le importaba poco. Entonces, lo que sí odiaba era la farsa:

> *"La farsa sangrienta con que esa revolución se representó, su «inmoralidad», eso me importa poco: lo que yo odio es su inmoralidad rousseauniana –las llamadas «verdades» de la revolución, con las que todavía sigue causando efectos y persuadiendo a ponerse de su lado a todo lo superficial y mediocre. ¡La doctrina de la igualdad!... Pero si*

---

[16] CI. o. c. *Incursiones de un intempestivo* Af. 48 p. 125 GD. o. c. Band 6. Af. 48 *Streifzüge eines Unzeitgemässen* p. 150$^{5-10}$.

> *no existe veneno más venenoso que ese. Pues ella parece ser predicada por la justicia misma, mientras que es el final de la justicia"*.[17]

Las mismas razones que Nietzsche le criticó a Rousseau, fueron las que le criticó el marxismo. En el fondo, lo que proclamaba Rousseau era el igualitarismo, la peor de todas las formas de explotación del hombre por el hombre, basada además, en el odio rabioso, igualitarista, envidioso y resentido del pequeño burgués. La igualdad de Nietzsche y la de Carlos Marx se parecían y se diferenciaban más que todo en el tiempo y no en el espacio: para el creador de *Así habló Zaratustra*, era para siempre, pero para igualdad entre iguales y desigualdad entre desiguales; para el creador de *El manifiesto comunista*, eran para la etapa comunista o desarrollada del comunismo y ambos conceptos de igualdad tenían condicionantes, o sea, no eran planas, como las del autor del *Contrato Social*, Jean J. Rousseau:

> *"Igualdad para los iguales, desigualdad para los desiguales –ese sería el discurso de la justicia. Y, lo que ahí se sigue, no igualar jamás a los desiguales"*.[18]

A continuación sostiene Nietzsche, que esta doctrina rousseauniana ha sido criminal, pues ha movilizado a la gente para la revolución, pero vista ésta como espectáculo. Los acontecimientos más horribles se han sucedido al conjuro de este grito de «igualdad». ¡Y eso que Nietzsche no vivió la revolución de octubre!, o ¿la había barruntado?. Ni Nietzsche ni Marx[19] se desligaron jamás de la realidad de la tierra. Sabían lo dañino que resulta la proclamación del igualitarismo, que es, en definitivas cuentas, a quien critican. «La doctrina de la igualdad», es humana, pero «demasiado humana» y no se sitúa «más allá del bien y del mal». Por eso es dañina y en ello parecen coincidir los dos alemanes: el de Röcken y el de Tréveris. En este momento: de cada cual, según su capacidad,

---

[17] Nietzsche, *Incursiones de un intempestivo*, af. 48, p. 125.

[18] CI o. c. Af. 48 *Incursiones de un intempestivo* p. 126 "...«Den Gleischen Gleiches, den Ungleichen Ungleiches-das Wäre die wahre Rede der Gerechtigkeit: und, was daraus folgt, Ungleiches niemals gleich machen»". GD. o. c. Band 6 *Streifzüge eines Unzeitgemässen* Af. 48 p. 150-25.

[19] Luciano Gruppi, *Opere Scelte di Marx e Engels* o. c. Marx, Karl. *Crítica al programma di Gotha* ps. 951 a 955.

reciba cada cual, según su trabajo. La doctrina de la igualdad la proclaman todos aquellos que quieren controlar a los que sufren e implantar las así ¿mal llamadas? «dictadura de las mayorías».

- ***F. Schille*r** (1759-1805 Idealismo ético) o el trompetero moral de Säckingen. Sí, muy brillante Schiller, pero su característica fue apartarse de la realidad en busca de un ideal estético abstracto. Para Nietzsche, todo lo que se apartara *«del sentido de la tierra»*, como le llamaba él a la realidad y al hombre, caía en la redes del cristianismo y de los moralizadores sin moral. Protestó, sí, también, contra las instituciones y normas feudales, pero su exigencia de libertad poseía un carácter puramente espiritual.

- ***Alighieri Dante*** (1265-1321) Contra la idea del infierno. ¿Cómo califica a Dante? Así: *"Dante o la hiena que hace poesía en los sepulcros"*. (cfr. CI. Incursiones de un Intempestivo Af. 1 p. 85) ¡Tétrica calificación, pero realista! ¡Un estremecimiento de terror lo sacude a uno al leer esta idea terrible y real de Nietzsche! Dante, en su *Divina comedia*, se dedica a jugar con el Infierno que según Nietzsche, no existe, o sea, que Dante juega con el infierno para meternos miedo a los hombres en el cuerpo *con el objeto* de que nos «portemos bien» en la tierra, tal como dice Zaratustra en su conversación con el volatinero:

> *"Por mi honor, amigo, respondió Zaratustra, todo eso de que hablas no existe: no hay ni diablo ni infierno. Tu alma estará muerta aún más pronto que tu cuerpo: así pues, ¡no temas ya nada!".*[20]

No hace Dante más que reforzar la idea de dos dioses: uno bueno y otro malo. Era su forma de predicar la moral, también aislada por completo del *«sentido de la tierra»* y llena de abstracciones y fórmulas, amén de sus méritos puramente literarios que, ni Nietzsche ni Marx ni nosotros le negamos, como creación artística de la Alta Edad Media,

---

[20] Nietzsche, F. *Así habló Zaratustra*, (2001) Alianza Editorial. Madrid Introducción, traducción y notas de A. Sánchez Pascual. Prólogo 6 p. 43 *Also sprach Zarathustra* 1999 de Gruyter. München Kritische Studienausgabe Herausgegeben von G. Colli und M. Montinari, Zarathustra Vorrede 6 p. 22^{-10} Este mismo tema sobre la mortalidad del alma se puede encontrar también en: De los despreciadores del cuerpo ps. 64-66 Von den Verächtern des Leibes: p. 39 y en la tercera parte de El convalenciente" 2 p. 308- Der Genesende p. 270.

período en el cual el sentido ecuménico de la cultura europea se refuerza y amplía al influjo del desarrollo económico y comercial.

- **I. Kant** (1724-1804 Königsberg cfr. CI Incursiones de un intempestivo Af. 1. p. 85) El decadente. ¿Qué dice, en este programático (o ideológico) momento, acerca del pensador de Königsberg? Lo primero: aprovechando el parecido sonido «Kant», forma un juego de palabras con el inglés cant (no puede ser), muy característico de su ironía y su erística. Segundo: lo califica de gazmoño, pienso que es porque Kant no veía otra cosa por todas partes, más que «la ley moral», con lo cual fundó el idealismo clásico alemán o crítico y/o trascendental. Creía Kant que: la naturaleza de las cosas, tal como estas existen en sí mismas «cosas en sí», son por principio inaccesibles a nuestros conocimientos. Para él, Kant, sólo es posible conocer los «fenómenos», es decir, el modo por el cual las cosas aparecen en nuestra experiencia. Kant desarrolla la filosofía del conocimiento, no del objeto del conocimiento, es decir, no trata de explicar la naturaleza de las cosas y el origen del mundo, sino los conocimientos mediante los cuales llegamos a ellas, y juega, por otro lado, con el espacio y el tiempo, puntos básicos para cualquier sistema filosófico, que en el «juego» de Kant es en abstracto. Kant malgastó los conceptos «espacio» y «tiempo». Como veremos más adelante, Nietzsche, por todas estas cosas, lo llama también a Kant «lisiado conceptual» (cfr. cap. II citas al calce 23 y 31).

También Kant se alejaba del sentido de la tierra y lo sustituía con la razón y elevadas cualidades éticas, es decir, ley moral como objetivo formal y a Dios como ser absolutamente necesario. Limitaba el saber en beneficio de la fe y ya con esto en mente, Nietzsche no podía estar con él ni un momento más. En fin, de él dijo Nietzsche: «Kant: o el cant [la gazmoñería] como carácter inteligible». Sólo la irrealidad, la hipocresía y el Dios moral, era cuanto se podía entender de Kant. En el AC dice acerca del filósofo de la razón, de la virtud y de la moral:

"Lo que no es condición de nuestra vida la daña: una virtud practicada meramente por un sentimiento de respeto al concepto de «virtud», tal como Kant lo quería, es dañosa. La «virtud», el «deber», el «bien en sí», el bien entendido con un carácter de impersonalidad y de validez universal-ficciones cerebrales en que se expresan la decadencia,

el agotamiento último de las fuerzas de la vida, la chinería[*] *königsberguense. ¡El instinto propio de los teólogos fue el que lo tomó bajo su protección!... El instinto que yerra en todas y cada una de las cosas, la contranaturaleza como instinto, la decadencia alemana como filosofía –¡eso es Kant!".*[21]

Todo el idealismo de I. Kant fue tomado como si fuera de ellos, por los otros teólogos, o quizás Kant lo tomó de ellos y se convirtió él también en teólogo aunque sin sotana. Sobre esto de la *«virtud, el deber, el bien en sí»* y todas las chinerías e idealismos alejados de la vida propagados por Kant, y especialmente por aquello *«del deber»*, dice Nietzsche

«¿Cuál es la tarea de todo sistema escolar superior?». –Hacer del hombre una máquina–. «¿Cuál es el medio para ello?» El hombre tiene que aprender a aburrirse. –«¿Cómo se consigue eso?». Con el concepto del deber. «¿Quién es su modelo en esto?». El filólogo: éste enseña a ser un empollón. «¿Quién es el hombre perfecto?» El funcionario estatal–. «¿Cuál es la filosofía que proporciona la fórmula suprema del funcionario estatal?» –La de Kant: el funcionario estatal como cosa en sí, erigido en juez del funcionario estatal como fenómeno".[22]

En realidad, Kant, con su «virtud, su ley moral y su deber en sí», se coligó con la religión, la oligarquía, la administración del estado (llevado al concepto de fenómeno filosófico) y las peores causas. Su vinculación con la vida, sólo en lo anterior consistió y fue blanco de la artillería de grueso calibre de Nietzsche, quien en el último momento hasta *«idiota»*, le dijo:

"....en todo otro sentido es meramente un peligro...¿Qué destruye más rápidamente que trabajar, pensar, sentir sin necesidad interna, sin una elección profundamente personal, sin placer?... ¿cómo un autómata del deber?. Es ésta precisamente la receta de la decadencia,

---

[21] AC o. c. Af. 11 ps. 35-36 DAC o. c. Band 6 Af. 11 p. 177[10-15] (*) significa en Nietzsche como mediocridad. cfr. Nota 24 p. 121 de Andrés Sánchez Pascual.

[22] CI o. c *Incursiones de un intempestivo* Af. 29 p. 104 GD o. c. Af. 29 *Streifzüge eines Unzeitgemässen*-Aus einer Doctor Promotion ps. 129-130[20-30].

incluso del idiotismo... Kant se volvió idiota. ¡Y fue contemporáneo de Göthe!".[23]

Es verdad que este *«idiota»* es, como el caso del príncipe Michkin, una mezcla de «sublimidad, enfermedad e infantilismo», pero idiota es idiota y a un idiota no se le sigue en la vida, a no ser en forma catártica, de purificación o por puro fanatismo. En lo adelante profundizaremos en este asunto. Dicen que los alemanes se escandalizaron cundo Nietzsche le llamó idiota a Kant. Yo pienso que sí, que se escandalizaron, pero serían los alemanes ingenuos e incultos política y filosóficamente hablando. Los otros no. Algunos autores, como Andrés Sánchez Pascual (en nota 25 del AC. p. 121) con la idea de suavizar a Nietzsche, dijeron que sí, que le dijo idiota a Kant, pero que fue en el sentido a como lo era el Príncipe Michkin (una mezcla de enfermedad, sublimidad e infantilismo).

Puede ser, pero idiota, es idiota; sublime, dicho con intención polémica, es ingenuo y/o bobo; infantilismo, es detención del desarrollo del individuo, o sea, que se le quedan pequeños todos los miembros, todos los órganos y, así, sólo lástima se le tendría a un individuo, pero nunca respeto y mucho menos para seguirlo en filosofía.

Para que Kant no viera la realidad de Alemania y de Europa en aquellos tiempos tenía que tenía que haber estado envuelto dentro de su idealismo casi celestial, para no ver la realidad alemana y el sentido de la tierra que le circundaba. De ahí es que surge tal vez la expresión de tratarlo de idiota a Kant, debido a su enajenación de la realidad. Por eso No hay que dorarles la píldora a los párrafos y a los giros del pensamiento de Nietzsche cuando se expresa duramente.

• **Víctor Hugo**. (1802-1885) Sobre este insigne escritor emitió un muy acertado juicio. Dice así: *"Víctor Hugo: o el faro junto al mar del sinsentido"*. (cfr.CI. Incursiones de un Intempestivo Af. 1. p. 85 "...oder Der Pharus am Meere des Unsinns") Víctor Hugo, de innegables méritos

---

[23] AC o. c. Af. 11 p. 36 "... In jedem andren Sinne ist sie bloss eine Gefahr...¿Was zerstört schneller, als ohne innere Nothwendigkeit, ohne eine tief persönliche Wahl, ohne Lust arbeiten, denken, fühlen? als Automat der «Pflicht?». Es ist geradezu das Recept zur décadence, selbst zum Idiotismus...Kant wurde Idiot.-Und das war der Zeitgenosse Göthes!". DAC o. c. Af. 11 ps. 177[-10-30].

literarios, era no obstante, idealista al extremo de lindar en «lo humano, demasiado humano» y no ver dos pasos más allá *«del bien y del mal»*. No tenía el escritor francés un ideal activo en concreto por el cual luchar. Su obra cumbre, *Los miserables* y el tratamiento que les da a los ofendidos, es el reflejo típico de eso de «humano demasiado humano». ¿Por qué es el faro junto al mar del sinsentido? Es cierto que el escritor refleja magistralmente una era de violación atroz y flagrante de los derechos humanos en una sociedad lastrada aún por el poco desarrollo de las fuerzas productivas sociales y la estrechez mental, y la denuncia en sus escritos, pero ¡hasta ahí! Desde el punto de vista sentimental su obra es insuperable, pero no sirve para otra cosa, porque con ella como guía no se llega a ninguna parte. El hombre tiene que ser, según él, más que humano, más que moral, para que como Jean Valjean y su antípoda el comisario Javer, no se repitan en procesión interminable no sólo en Francia, sino en Europa y el mundo. Víctor Hugo no vio, por otro lado, el papel pasivo, pero quizá por eso aún más criminal, del cristianismo para que un hombre sufriera lo que el protagonista de *Los miserables*. Víctor Hugo, creyó que el mal es absolutamente innato en el hombre y no consideró el asunto socio-económico, o sea, la realidad, «el sentido de la tierra» El juicio sobre Víctor Hugo es muy parecido en Nietzsche y en Marx. En *El 18 Brumario* (donde somete a la lente de aumento un período importante de Francia, el golpe de estado de Luis Bonaparte), Marx analiza y ve por todas partes el problema económico-social ligado a los intereses de los hombres; Víctor Hugo, en cambio, ve sólo maldad humana innata y truenos caídos de cielos despejados. Dice Carlos Marx en el Prólogo escrito en Londres en 1869:

> *"Víctor Hugo en su obra "Napoleón el petit" se limitó a una amarga e ingeniosa invectiva contra el editor responsable del golpe de estado. En cuanto al acontecimiento en sí mismo parece, en su obra, un rayo que cayese de un cielo sereno. Víctor Hugo no ve en él más que el acto de fuerza de un solo individuo. No advierte que lo que hace es engrandecer a un individuo, en vez de empequeñecerlo, al atribuirle un poder personal de iniciativa que no tendrá paralelo en la historia universal"*.[24]

---

[24] Gruppi, Luciano. *Opere Scelte di Marx e Engels,* o.c. Marx, Karl. Il 18 Brumaio di Luigi Bonaparte- "...Victor Hugo, nella sua opera Napoléon le petit, si limitò all" «invettiva amara e piena di sarcasmo contro l'autore responsabile del colpo di Stato», sicché l'avvenimento pare essere opera di un solo individuo, e quest'ultimo ne esce ingrandito....etc". p. 485.

Está claro, Víctor Hugo, sí, muy humano, pero ¿a quién puede servir de guía en este mundo complejo y entretejido de intereses, para colmo subdesarrollado en sus dos terceras partes? Para Nietzsche, después de Pablo y Kant, uno de los más moralistas entre los moralistas, era Víctor Hugo. La derrota de Napoleón en Waterloo lo atribuye Víctor Hugo a Dios y al efecto fatal fortuito de exceso de disciplina de un general demasiado fiel, pero burócrata y no al mayor desarrollo de Inglaterra, que surtió de mejor material de guerra a sus tropas mejor entrenadas, entre otras cosas que no es el caso analizar ahora. Todo, porque Víctor Hugo, en contra de lo que en apariencias parece, vivía en el cosmos y no en la tierra. Por eso, el que se guíe por él, *es posible que* «vaya al mar del sinsentido». Víctor Hugo, un gran psicólogo, capaz de pintar como nadie una sociedad, con ilimitada imaginación y fantasía, era, asimismo, un gran desconocedor de las leyes que rigen realmente los movimientos políticos y sociales y el cómo y el por qué actúan los hombres, que no es en última instancia, como individuos, sino como seres sociales. La derrota de Waterloo y el golpe de estado de Luis Bonaparte, no son obras individuales, sino de clases sociales, independientemente del papel de las personalidades.

• **Thomas Carlyle:** (1795-1881-*"Sartus Resartus"*) *"o el pesimismo como almuerzo mal digerido"*.[25] ¿Quién era? Panteísta agnóstico. Propagaba, al parecer, la filosofía idealista alemana en Inglaterra (razón por la que era «querido» en Alemania), y romántico reaccionario. Se obsesionó con el papel de los «héroes» y con presentarlo todo bien. En el fondo era un pesimista, pues la humanidad debe depender, según su callada sugerencia, de los héroes, pues va hacia abajo. ¿Qué más decir de Carlyle en cuanto al porqué del rechazo de Nietzsche? Después de escribir lo que fue su «obra cumbre», donde desarrolló su «culto a los héroes», aplicó a la sociedad la teoría de Johan Gottlieb Fichte (1762-1814) sobre la actividad eficiente del sujeto como principio creador del mundo. También dijo que, la historia de la humanidad es la biografía de las grandes personalidades, como si nada hubiera sido realizado por

---

[25] CI. o. c. *Incursiones de un intempestivo* Af. 12 p. 93 "oder Pessimismus als zurückgetretenes Mittagessen-". GD o.c. Band. 6. *Streifzüge eines Unzeitgemässen* Af. 1 p. 111[-10] y Af. 12 p. 119[-10].

el pueblo. Es decir, todo alejado de la realidad de la vida y amigo de la grandilocuencia histórica y filosófica. Andaba por las nubes y veía sólo espumas. En el fondo, era también Carlyle nihilista del tipo pesimista con apariencias optimistas y de los que no obstante alguna que otra crítica, todo lo encuentran bien en una sociedad mentida y mentirosa. El juicio de Nietzsche y el del marxismo sobre este inglés, se parecen y no es la primera vez en que coinciden. Yo pienso que era tanta la aversión, aburrimiento y hasta desprecio que este filósofo provocaba en Nietzsche con su obsesión por lo héroes y lo positivo, que esta es la razón del porqué dijo *"buscar un Cesare Borgia más bien que un Parsifal"*, para caracterizar al superhombre, su máximo anhelo filosófico. Es más, el pensamiento completo, que avala esta nuestra idea, dice así:

> *"Otros doctos animales con cuernos me ha achacado, por su parte, darwinismo; incluso se ha redescubierto aquí el «culto a los héroes», tan duramente rechazado por mí, de aquel gran falsario involuntario e inconsciente que fue Carlyle. Y a una persona a quien soplé al oído que debería buscar un Cesare Borgia más bien que un Parsifal, no dio crédito a sus oídos".*[26]

Carlyle debe de haberle parecido a Nietzsche empalagoso y aburrido con tan buenos pensamientos, que le echó mano rápido a un héroe negativo como a César Borgia (1475-1507 hijo del Papa Alejandro VI); un antihéroe, como polémica, para indicar que Carlyle no es el camino a seguir. En CI arremete también contra Carlyle dice así:

> *"He leído la vida de Tomás Carlyle, esa farce [farsa] inconsciente e involuntaria, esa interpretación heroico –moral de estados dispépticos–. Carlyle, un varón de palabras y ademanes fuertes, un retor por necesidad, constantemente desasosegado por el anhelo de tener una fe fuerte y por el sentimiento de la incapacidad de tenerla (¡en esto, un romántico típico!). El anhelo de una fe fuerte no es prueba de una fe fuerte, es más bien lo contrario...necesita ruido. Es verdad que en Inglaterra se lo admira cabalmente por su honradez... Ahora bien, eso es algo inglés; y teniendo en cuenta que los ingleses son el pueblo del*

---

[26] EH o. c. ¡Por qué escribo libros tan buenos! Af 1 p. 65 EH o. c. Band 6 Af. 1 *Warum ich so gute Bücher schreibe* p. $300^{-2\ 5\text{-}30}$.

«cant» [gazmoñería] perfecto, es incluso, algo razonable, y no sólo comprensible. En el fondo Carlyle es un ateo inglés que busca su honor en no serlo".[27]

Carlyle tenía complejos y miedos por ser ateo y fingía no serlo. En el fondo era un cobarde. Lo que más desprecio le causaba a Nietzsche sobre este filósofo inglés, además de su alejamiento real de la vida, era su empeño en no parecer ateo.

- **Ëmile Zola**. (1840-1902 *Les Rougon-Macquart*. Fundador del naturalismo) De este famoso, y ¡célebre escritor!, dijo Nietzsche: *"Zola: o «la alegría de heder»"*.[28]

Ciertamente Zola, con su elocuencia y a pesar de ella, no era tampoco un camino. *«Hedía»* más que lo que tenía de profundidad filosófica. Practicó, sí, el realismo al escribir, pero con todo, sus personajes no tienen la profundidad psicológica y el poder catártico de un F. Dostoievski, o un Stendhal. Su denuncia no pasaba de eso, de una denuncia tal como fue el caso del militar-oficial Dreyfus (1859-1935) en *1898 en L'Aurore o J'accuse*, en realidad demostrativo de valentía y humanismo, que nadie lo niega, incluso creo que tampoco Nietzsche. Pero a partir de Ë. Zola, no se podía aprender a leer y se puede, con él, errar el blanco con mucha frecuencia. Zola era brillante, triunfador, moralizador y él, Nietzsche, atacaba más que todo a lo brillante y triunfador. En el fondo, Zola tenía, sobre todo, poder de hacer bulla. La característica principal de Zola y Víctor Hugo, y el contenido capital de sus creaciones, son la compasión por el hombre. De esta manera, quizá también sin quererlo, se aproximaban a justificar, sin hacerlo explícito, el cristianismo y su moral, alejadas de la verdad y la moral nietzscheanas. Existen otros, grandes todos, con los que sin embargo tampoco Nietzsche quiso recorrer el camino filosófico, pues ni lo inspiraron, ni lo motivaron ni le nutrieron su pensamiento, pero como ejemplos a seguir en lo negativo, basta por ahora, porque más adelante

---

[27] CI. o. c. *Incursiones de un intempestivo* Af. 12 ps. 93-94 GD. o. c. Af. 12 *Streifzüge eines Umzeitgemässen* p. 119 [-10- 15- 20- 25].

[28] *Ibíd*. Af. 1 p. 85 "...Zola: oder «die Freude zu stinken»". GD o. c. Band 6 Af. 1 p. 111[-15].

volveremos con el tema. No sólo a este grupo los trata él con malos modales. Es cierto que Nietzsche dice:

"En mi caso, toda lectura forma parte de mis recreaciones...La lectura me recrea precisamente de mi seriedad. En épocas de profundo trabajo no se ve libro alguno cerca de mí; me guardaría muy bien de dejar hablar y aún menos pensar a alguien cerca de mí...hay que evitar en lo posible el azar, el estímulo venido de fuera.

¿Permitiré que un pensamiento ajeno escale la pared?".[29]

Pienso que Nietzsche fija con énfasis este pensamiento para decir algo que no era necesario decir, porque lo sabemos desde el principio: que él era un hombre de criterios muy propios y firmes. Pero desde luego, él, como ser humano, no lo es caído del cielo en un paracaídas, no; él es continuación y herencia en un sentido y en otro y es sólo superación en el tiempo, pero con reminiscencias (aceptadas o denegadas) de todos los gigantes que lo precedieron. Por ejemplo, ¿qué dice amargamente de Joseph Ernest Renan (1823-1892 = *Histoire des origines du christianisme*) y qué conclusión podemos y/o debemos sacar de todo esto?. Que tanto de los que «aborrecía», como de los que escogió como «compañeros de viaje», se nutrió no sólo para su ateísmo y su crítica al cristianismo (que parece ser casi lo mismo), sino para toda su idea filosófica. De Renan, por ejemplo dice:

"Él desea representar, con una ambición nada pequeña, un aristocratismo del espíritu: pero a la vez se postra de rodillas, ante la doctrina contraria a aquél, ante el evangile des humbles [evangelio de los humildes]... ¡De qué sirven todo el librepensamiento, toda la modernidad, toda la burla y toda la flexibilidad de un torcecuello cuando en las propias entrañas se ha continuado siendo cristiano, católico e incluso sacerdote!... Ese espíritu de Renan, un espíritu que enerva, es una fatalidad más para la pobre Francia enferma, enferma de la voluntad".[30](*)

---

[29] EH o. c. *Por qué soy yo tan inteligente* Af. 3 p. 47-48 GD o. c. Af. 3 *Warum ich so klug bin* p. 284[-10-20].

[30] CI. o. c. *Incursiones de un intempestivo* Af. 2 p. 86 GD o. c. Af. 2 *Streifzüge eines Umzeitgemässen* p.112[-5-10]. (*) Ver MBM III Af. 48 p. 67 Nietzsche cita en francés un texto de Renan que critica con severidad.

De Renan debe de haberse nutrido para sus ideas acerca del cristianismo, pero le contraría, y lo usa como objeto de su crítica, el hecho de que, por un lado, proclama el espíritu más libre (el aristocrático), y por otro lado, se postra de rodillas ante la idea cristiana y ante el sacerdote. Lo maltrata a Renan por «*torcecuello*» y porque los momentos más peligrosos en él son los momentos en que ama y tiene una sonrisa de seducción, o sea, que era un experto subyugando y engañando. Para Renan la religión es producto del hombre normal, estando así más aferrado a la verdad y más seguro de su destino infinito. A esta expresión le llamó Nietzsche: «*la niaiserie religieuse par excellence*», pues lo que hace Renan es poner la verdad boca abajo. (cfr. MBM. III La Esencia Religiosa 48 p.67: "*la bobería religiosa por excelencia*") ¿Qué dice Nietzsche además de I. Kant?:

> "*El mero hecho de que los alemanes hayan soportado a sus filósofos, sobre todo a aquel lisiado conceptual, el más deforme que ha existido, el gran Kant, proporciona una noción no escasa de la gracia alemana*".[31] (cfr. nota al calce 23)

2.4 Los compañeros de viaje en su ruta al ateísmo

Ni qué decir, grandes también, pero afines a Nietzsche. O sea, volvamos, después de este largo paréntesis, a «los compañeros de viaje», de quienes también Nietzsche se nutrió. De los «aborrecibles» se nutrió, para decirnos que, «*no, por ese camino no*»; de los «compañeros de viaje», para sugerirnos que, «*sí, por esa senda sí*», sólo que nos lo dice en códigos y de modo complejo, si bien con convencimiento que viene de lo más profundo de las entrañas de su metafísica. En todos los casos, cuando Nietzsche nos dice su opinión (favorable o contraria) sobre un filósofo, desde luego que nos va descubriendo y sugiriendo sus valores y sus códigos a través de la lectura de sus libros: Así nos dice:

---

[31] CI o. c. *Lo que los alemanes están perdiendo* Af. 7 p. 84 "...Dass die Deutschen ihre Philosophen auch nur ausgehalten haben, vor Allen jenen verwachsensten Begriff-Krüppel, den es je gegeben hat, den grossen Kant, giebt keinen kleinen Begriff von der deutschen Anmuth". GD o. c. Band 6 Af. 7 *Was den Deutschen abgeht* p. 110⁻⁵.

> *"A las épocas de trabajo y fecundidad sigue el tiempo de recrearse: ¡acercaos, libros agradables, ingeniosos, inteligentes!".*[32]

Los libros, desde luego, influyen sobre él e incrementan y reafirman los frutos de su ya de por sí abundante cosecha. ¿Cuáles libros prefiere, según confiesa en *Ecce homo*, es decir, los libros que «*siembran*» la actitud escéptica. Dice:

> *"¡Los escépticos, el único tipo respetable entre el pueblo de los filósofos, pueblo de doble y hasta quíntuple sentido!...Por lo demás casi siempre me refugio en los mismos libros, un número pequeño en el fondo, que han demostrados estar hechos precisamente para mi".*[33]

Y pone como ejemplo a Víctor Brochard, con *Les Sceptiques Grecs*, (Publicada en Paris 1887 y perteneciente a la Biblioteca de Nietzsche) en el que se utilizan mucho también sus «Laertiana» o estudios de Nietzsche sobre Diógenes Lærcio (s.III)[(*)]. También confiesa que se refugia en pocos libros, que una sala de lectura lo pone enfermo y que siente cautela y hostilidad contra libros nuevos. Se adivina que Nietzsche les teme a los libros nuevos por tanto que le gustan y le impresionan, aunque su perspicacia de metafísico, su escepticismo, su actitud de nunca ser gregario y su espíritu crítico le permita aislarlos científicamente como es debido. Se cuida, también, del azar, pero el azar lo favoreció en dos ocasiones como confiesa en CI al hablar de la lectura de F. Dostoievski dice:

> *"...de Dostoievski, el único sicólogo, dicho sea de paso, del que yo he tenido que aprender algo: él es uno de los más bellos golpes de suerte de mi vida, más aún que el descubrimiento de Stendhal".*[34]

---

[32] EH o. c. *Por qué soy tan inteligente* 3 p. 48 "¡Auf die Zeiten der Arbeit und Fruchtbarkeit folgt die Zeit der Erholung: heran mit euch, ihr angenehmen, ihr geistreichen, ihr gescheuten Bücher!". EH o. c. Band 6 Af. 3. *Warum ich so klug bin* p. 284⁻²⁰.

[33] *Ibíd*. Af. 3 p. 48 EH o. c. Band 6 Af. 3 p. 284⁻³⁰ Más datos sobre estas obras de Nietzsche sobre Diógenes Lærcio, ver EH o. c. Band 6 notas 46 y 47 p. 152 de Andrés Sánchez Pascual.

[34] CI o.c. *Incursiones de un intempestivo* Af. 45 p.129 "Dostoiewsky's, des einzigen Psychologen, anbei gesagt, vom dem ich Etwas zu lernen hatte, mehr selbst noch als die Entdeckung Stendhal's...". GD o.c. Band 6 Af. 45 *Streifzüge eines Umzeitgemässen* p. 147¹⁰.

Cuando la suerte lo llevó este pensador ruso (quizá el momento más feliz y peligroso); y dos, cuando se encontró con el escritor anticlerical francés Stendhal ("Le rouge et le noir"). A esto podemos agregar la cultura francesa y el Código de Manú, encontrado en una traducción francesa. Dice:

> *"En el fondo yo retorno una y otra vez a un pequeño número de franceses antiguos: creo únicamente en la cultura francesa y considero un mal entendido todo lo demás que en Europa se autodenomina «cultura», para no hablar de la cultura alemana".*[35]

Bueno, eso de que, «creo únicamente en la cultura francesa», es, desde luego, una de las acostumbradas exageraciones de Nietzsche, expresadas con el objeto de esconder la polémica y afirmar negando a la vez que llamar la atención haciendo un poquito de ruido. Pero aún así, nos transmite, con esa exagerada expresión, un código. ¿Quiénes son esa «cultura francesa», o sea, quiénes la representaban? (En la realidad de la vida, pocos alemanes le sirvieron de paradigma y base ideológica para elaborar sus ideas filosóficas, esa es la otra verdad). Hombres para respetar la representaban a la cultura francesa y hombres que se convirtieron, por siempre y para siempre, en sus «compañeros de viaje»: refinados, pero realistas, no por pertenecer al llamado *«realismo crítico»* y el romanticismo, como Honoré Balzac (1799-1850 = *Les chouans" y la psysiologie du mariage*), É. Zola y Víctor Hugo, en el fondo, hombres infelices, sino por tener afinidades con Nietzsche en cuanto a pertenecer y acercarse al *«sentido de la tierra»* y al ideal de superhombre ateo. Dice, estos son:

> *"...el que mi gusto de artista no defienda sin rabia los nombres de Molière, Corneille y Racine contra un genio salvaje como Shakespeare: esto no excluye en definitiva, el que también los franceses recentísimos sean para mi una compañía encantadora".*[36]

• **Montaigne, Michel Eyquem** (1533-1592) Su punto de partida era el escepticismo, no la fe. Ya ahí, empieza Nietzsche a identificarse con él, a pesar de decir que:

---

[35] EH o. c. Por qué soy tan inteligente Af. 3 p. 48 EH. o. c. Af. 3. Warum ich so klug bin p. 285 $^{-5}$.

[36] *Ibíd*. Af. 3 p. 49 EH o. c. Af. 3 p. 285^{-15}.

> *"...el que yo tenga en mi espíritu, ¡quién sabe!, acaso también en mi cuerpo algo de la petulancia de Montaigne".*[37]

El hombre, según la idea de Montaigne, tiene el sagrado derecho de dudar. Así, sometió a duda la escolástica medieval, los dogmas de la fe cristiana y a la propia religión cristiana y sus conceptos de Dios. Pero aquí viene lo más importante en Montaigne y la razón máxima de que Nietzsche se identificara con él: su escepticismo no niega la cognoscibilidad del mundo. Y aún hay más, mucho más: la moral del francés coincide, en la cima, con la moral y la verdad del filósofo del de la Alta Engadina: el hombre no debe esperar pasivamente la felicidad que la religión le promete en los cielos, sino que tiene derecho a la felicidad aquí en la tierra y debe luchar a como dé lugar para obtenerla él mismo, sin esperar por nadie. Ya en la *II intempestiva* se aprecian las reminiscencias montaignistas en Nietzsche. Montaigne defendió, por último, la «condición humana», o sea, que el hombre es por naturaleza imperfecto y que aquí, precisamente, radica uno de sus mayores valores en esa «*condición humana*».

Conociendo, como ya conocemos a Nietzsche, debe de haber sido esto último una de las cosas que más admiraba en Montaigne, en contraposición a las perfecciones tan deseadas de otros como Carlyle, Platón y Víctor Hugo.

• **Heinrich Heine** *(1/98-1856-Escritor lírico alemán, autor de* Gedichte-Reisebilder *1826-31, y* Die romantische Schule *1833).* De él dice Nietzsche:

> *"El concepto supremo del lírico me lo ha proporcionado Heinrich Heine. En vano busco en los imperios todos de los milenios una música tan dulce y tan apasionada. Él poseía aquella divina maldad sin la cual soy yo incapaz de imaginarme lo perfecto,–yo estimo el valor de los hombres, de razas, por el grado de necesidad con que no pueden concebir a Dios separado del sátiro–. ¡Y cómo maneja el alemán!".*[38]

---

[37] EH o. c. *Por qué soy tan inteligente* Af. 3 p. 49 "...dass ich Etwas von Montaigne's Muthwillen im Geistes, ¿wer weiss? vielleicht auch im Leibe habe ...". EH o. c. Band 6 *Warum ich so klug bin* Af. 3 p. 285[-15].

[38] *Ibíd.* Por qué soy yo tan inteligente Af. 4 p.50 EH o. c. Band 6 Af. 4 *Warum ich so klug bin.* p. 286[-15-20].

Bueno, todo parece estar claro. Pero podemos decir algo más de este ilustre alemán para que completemos poco a poco la personalidad que de él describe Nietzsche y encontremos su verdad: Heine fue amigo personal de Carlos Marx; militante demócrata revolucionario; fue el primero en señalar el carácter revolucionario inherente a la filosofía clásica alemana y la dialéctica de Hegel, aun con sus limitaciones. A ambas las vio, quizás más con deseos que con posibilidades reales, pero como la preparación de la revolución política cuya necesidad él presagiaba. Consideraba Heinrich Heine, como influenciado por Saint-Simon y Karl Marx, de que la historia de la filosofía es la historia de la lucha entre el espiritualismo y el sensualismo. Criticó la religión, al idealismo y ambas críticas las relaciona con la lucha contra la monarquía, el régimen feudal y el filisteísmo. Se manifestó pro revolución democrática y por el socialismo tipo saint-simonista. Simpatizaba con las masas y no veía sin ellas el futuro de la humanidad. En general, podemos decir que Heinrich Heine fue además un científico polifacético.

- ***Molière*** (o Jean Baptiste Poquelin 1622-1673 cfr. EH Af. 3 p. 49) Satírico de los valores morales de la época y de la hipocresía religiosa. Crítico mordaz de las convenciones sociales y las debilidades de la naturaleza humana. Era el verdadero filósofo para la vida, sin tener título de filósofo. No compadecía a los hombres ni le hacía directa o indirectamente la apología a la religión, más bien todo lo contrario.

- ***Corneille, Pierre*** (1606-1684-cfr. EH. Af. 3. p. 49). Sus obras están llenas de gracia, energía, talento, dignidad y elegancia. Nietzsche era amante, como sabemos, de la tragedia y Corneille la popularizó en Francia. Sus dilemas morales, conflictos entre amor y deber, no eran en esencia moralizadores como los de los «*aborrecibles*». Sus comedias sobre costumbres, eran arte real y con objetivos específicos.

- ***Racine Jean*** (1639-1699 cfr. EH. Af. 3 p. 49) Popularizó las obras de los clásicos griegos y romanos. Dedicó su vida a consagrar la ética, pero no ética moralizadora, típica de «los mejoradores» de la humanidad, sino basada en el naturalismo griego de Sófocles y Eurípides, quienes eran sus autores favoritos, por sus tragedias. Fueron él y Corneille los que 'sembraron', por así decirlo, la tragedia en Francia.

Con estos hombres, y a través de ellos, se podía no sólo aprender a leer, sino a andar (cfr. nota al calce 35): Dice Nietzsche:

> *"No veo en absoluto en qué siglo de la historia resultaría posible pescar de un solo golpe psicólogos tan curiosos y a la vez tan delicados como en el París de hoy: menciono como ejemplos –pues su número no es pequeño– a los señores Paul Bourget, Pierre Loti, Gyp, Meilhac, Anatole France, Jules Lemaître, o, para destacar a uno de la raza fuerte, un auténtico latino, al que quiero especialmente, Guy de Maupassant".*[39]

Todos estos intelectuales franceses, unos más que otros, se dedicaron a defender causas justas del pueblo humilde con valentía y dedicación, sin miedo a criticar la realidad; defender los derechos civiles, la educación popular y los derechos de los trabajadores lo hicieron cosa suya y no se dedicaron a especular. Prefiere esta generación aunque sean menores maestros, dice, porque no han podido ser corrompidos, interpretados o mal interpretados, por los filósofos alemanes, pues *"A donde llega Alemania corrompe la cultura"*.[40]

Es decir, de ahí sale la célebre frase de que a donde llega Alemania, con su filosofía idealista, por supuesto, y es eso a mi modo de ver, lo que quiere decirnos, la cultura se corrompe porque no tiene interpretación objetiva en lo más mínimo. No vamos a diseccionar uno por uno a estos filósofos franceses. Sólo nos referimos a los más relevantes, y vamos a mencionar, con palabras del propio Nietzsche, a uno que fue de los tres grandes e importantes azares en la vida filosófica del pensador alemán, Stendhal:

> *"La guerra es lo que ha redimido el espíritu en Francia...Stendhal, uno de los más bellos azares de mi vida –pues todo lo que en ella hace época lo ha traído hasta mí el azar, nunca una recomendación– es totalmente inapreciable, con su anticipador ojo de psicólogo, con su garra para los hechos, que trae al recuerdo la cercanía del gran realista (ex ungue Napoleón [por la uña se reconoce a Napoleón]); y finalmente, y no es lo de menos, en cuanto a ateísta honesto, una species escasa y casi*

---

[39] EH. o. c. *Por qué soy tan inteligente* Af. 3 p. 49 EH o. c. Af. 3 p. 285⁻²⁵.

[40] EH o. c. *Por qué soy yo tan inteligente* Af. 3 p. 49 "...So weit Deutschland reicht, verdirbt es die Cultur EH o. c. Band 6 *Warum ich so klug bin* Af. 3 p. 285⁻³⁰.

incontrolable en Francia –sea dicho en honor de Prosper Mérimée...– ¿Acaso yo mismo no estoy un poco envidioso de Stendhal?. Me quitó el mejor chiste de ateísta, un chiste que precisamente yo habría podido hacer: «La única disculpa de Dios es que no existe»... Yo mismo he dicho en otro lugar: ¿cuál ha sido hasta ahora la máxima objeción contra la existencia? Dios...".[41]

En CI se expresa el autor de una manera más ateísticamente negando no sólo la existencia de Dios en sí mismo, sino su misma causalidad sobre lo existente. Nos dice que:

"...al ser humano nadie le ha dado sus propiedades, ni Dios, ni la sociedad, ni sus padres y antepasados, ni él mismo... El concepto de «Dios» ha sido hasta ahora la gran objeción contra la existencia... Nosotros negamos a Dios, negamos la responsabilidad en Dios: sólo así redimimos al mundo".[42]

Stendhal (Henri Beyle 1873-1842) era un francés escritor de la vida, de la realidad, y con *«garras»* de psicólogo, maestro de la novela analítica. Toda su existencia fue una búsqueda de la felicidad, sustentada en la necesidad de conformar el justo razonar y el fuerte sentir. La energía y la pasión que ponía por encima de todo lo demás, lo vinculaba a una idea del progreso y de un supuesto bien moral. Fue republicano y jacobino y era además anticlerical. Fue también soldado de Napoleón, tuvo en París y Milán una vida bohemia, de dionisíaco, si quisiéramos decir, parecida a la de Lord Byron, con el cual también simpatizaba el alemán filósofo de la vida Nietzsche. Tuvo experiencia vital de la existencia (no virtual), y les imprimió a sus obras esa exaltación de la fuerza, de la belleza, de la pasión y de la espontaneidad con la cual él mismo vivió. El párrafo que citamos de Nietzsche no necesita explicaciones del porqué era Stendhal uno de sus compañeros de vida y no otros más brillantes, pero lejos de su idea filosófica. Especialmente la simpatía por el chiste de ateo, define plenamente a Nietzsche.

---

[41] *Ibíd.* Af. 3 p. 49 Sobre Stendahl cfr. nota al calce 34 EH. o. c. Band 6 Af. 3 *Warum ich so klug bin* ps. 285-286⁻⁵⁻¹⁰.

[42] CI o. c. *Los cuatro grandes errores* Af. 8 ps. 69-70 GD o. c. *Die vier grossen Irrthümer* Af. 8 ps. 96⁻¹⁵ ⁻97⁻⁵.

2.5 La embriaguez *(der Rausch)*

En *El Nacimiento de la tragedia*, nos habla de lo orgiástico, a través del cual la potencia artística entera se revela aquí bajo los *"estremecimientos de la embriaguez"* (NT. 1 Prólogo a R. Wagner p. 45), y nos da a entender de que ésta no es sino el símbolo de la expresión de lo dionisíaco. No sólo el ateo, sino el más ligero realista de la vida, propagador de la ciencia y el arte con objetivos, fue elegido por este pensador como su compañero de viaje al mundo de la realidad por encima de los idealistas. Fue vitalista y como tal, filósofo para incrementar la vida; alguien que no enerva, como las religiones, sino que fortalece y embriaga, como el aire de las montañas por donde anduvo Zaratustra en Persia, no sólo diciendo la verdad, sino disparando bien con flechas. Cuando nos habla de las condiciones para la sicología de artista. Es decir el hombre ebrio como obra de arte. ¿Con qué captamos la obra de arte? Responde Nietzsche que con el consentimiento y la voluntad conjuntamente. Dice Nietzsche:

> *"Para que haya arte, para que haya algún hacer y contemplar estéticos, resulta indispensable una condición fisiológicas previa: la embriaguez... por fin, la embriaguez de la voluntad, la embriaguez de una voluntad sobrecargada y henchida. Lo esencial en la embriaguez es el sentimiento de plenitud y de intensificación de las fuerzas"*.[43]

> *"El hombre ebrio como obra de arte sin público. ¿Qué recibe la obra de arte? ¿Con qué captamos la obra de arte? Con el conocimiento y la voluntad conjuntamente"*.[(*)]

¿Se quiere algo más parecido a la vida que este pensamiento sobre la embriaguez? La vida propiamente dicha, si no es con embriaguez no es vida. Esta es la vida con espíritu dionisíaco, alabada y proclamada

---

[43] CI o. c *Incursiones de un intempestivo* Af. 8 ps. 90-91 GD o. c Af. 8 *Streifzüge eines Unzeitgemässen* p. 116 ⁻⁵⁻ ²⁰.

[(*)] Idem *Die Geburt der Tragödie* (1999) de Gruyter. München. Kritische Studienausgabe Herausgegeben von G. Colli und M. Montinari . Vorwort an Richard Wagner 1 ps. 25-30. [(*)] Cfr. SPM o. c. Af. 3 [28] ps. 28-29. WFU o. c. (1994) dtv. Klassik, München. Unterstreichungen aus Nachlaâ [1869-1989] von Heinz Friedrich. Herbst 1869 3 [28] p. 29.

por Nietzsche en contra de la «vida ascética», de continencia y mortificación del cuerpo y el alma, como lo predicado por del cristianismo. La embriaguez abarca los apetitos grandes, los afectos fuertes, la rivalidad; la noche dionisíaca con el vino, el amor y el sexo; la embriaguez de la crueldad y de la destrucción, del fluir y el aniquilar y por último, como nos explica el mejor crítico que ha tenido el cristianismo, la embriaguez de la voluntad, *"la embriaguez de una voluntad sobrecargada y henchida"*. (CI *Incursiones de un intempestivo* Af. 8 p. 91) No hay que decir nada contra Dios y el cristianismo, no hay que gritar ¡yo soy ateo!, nada; para ser ateo sólo hay que hacer suyo y llevarlo a sus entrañas, el amor por la vida y la embriaguez, tal como lo hace el creador de Zaratustra en sus juicios sobre la embriaguez vinculada ésta a la vida. De no ser así, ¿qué es la existencia?: una cadena perpetua y no un placer.

2.6 En el Renacimiento

Desde el Renacimiento, cuando comenzaron ideas nuevas en bolsones sociales aquí y allá, pero incontenible de una u otra manera, porque la vida europea quería las nuevas ideas ya que era imposible sustraerse al gran influjo de las ideas renacentistas que, aunque no fueran explícitamente ateístas, sí llevaban implícito el ateísmo. El ateísmo no tiene su origen en el Renacimiento, sino en el naturalismo griego, y como ya dijimos al inicio, en lejanos tiempos fue Platón el primero en hablar de él, pero en forma consciente unas y en formas indirectas otras, reforzó, el Renacimiento, las ideas materialistas al abrirse a las ciencias y al arte más libres; amplió el Renacimiento, y popularizó la idea de la materialidad del mundo en su origen, y más que todo, fue sembrando la convicción de que el Dios Moral nada pinta entre los hombres. El Renacimiento, ciertamente, no se proclamó anticristiano, pero su acción llevaba al debilitamiento de la pesadez religiosa sobre la alegría frustrada de las personas. Esta idea de Nietzsche acerca de uno de los monstruos sagrados del Renacimiento, Rafael avala nuestra idea. En esta aseveración Nietzsche tiene presente la pintura de la «*Transfiguración*» (1517-20) actualmente en la Pinacoteca Vaticana, obra máxima de Rafael, a la que Nietzsche le llama:

"apariencia de la apariencia...y esta apariencia es aquí el reflejo de la contradicción eterna, (padre) madre de las cosas". (cfr. NT o.c. 4 p. 57)

"No se sea pueril y no se me replique con Rafael o con cualquiera de los cristianos homeopáticos del siglo XIX: Rafael decía sí, Rafael hacía sí, por consiguiente Rafael no era un cristiano".[44]

Rafael no era un animal inhibido como ser humano; era valiente para decir sí, y para el caso contrario, decir no, por lo tanto, nada tenía de cristiano. Rafael era un hombre libre al margen del cristianismo, porque sabía cuáles eran sus necesidades...y era culto. Rafael tenía voluntad de poder y era superhombre y era creador. Nietzsche anduvo con Rafael como «compañero de viaje»...y también nosotros asumimos a Rafael para recorrer nuestras vidas. Rafael era, además, un retador. Rafael no podía ser cristiano. Supongamos incluso que él dijera: «yo soy cristiano», ¿quién se lo iba a creer? El, Leonardo y Miguel Ángel, eran lo antípoda de lo cristiano: espíritu libre, aristocratismo en el pensar y en el actuar, retadores los tres. En cada época histórica el ateísmo ha reflejado el nivel de conocimientos alcanzados en las ciencias naturales y el desarrollo de las fuerzas productivas, de donde se derivan los adelantos sociales. Existe, por otro lado, una relación directamente proporcional entre el desarrollo de los conocimientos científicos y el aumento del ateísmo o de disminución de la religiosidad aun en países tradicionalmente religiosos, como por ejemplo, España. También el ateísmo a través de toda su historia ha reflejado los intereses de las clases y cada una lo ha utilizado a él o al idealismo, callada o abiertamente, como arma ideológica. Por lo regular el ateísmo se vinculó a los movimientos sociales progresistas, al menos en las aspiraciones de los hombres llanos, pero luchadores por lo que creyeron «un mundo mejor». En el bando contrario se situaron casi siempre los *creyentes*. Según los análisis socio-políticos tradicionales, el papel de la Iglesia en España, América Latina y en el mundo, salvo honrosas excepciones, ha sido siempre de importancia capital; sirva de ejemplo el caso de Argentina, en el que Fray Justo Santa María de Oro, un 9 de Julio de 1816 en la ciudad de San Miguel de Tucumán, lee la declaración de la

---

[44] CI o. c. *Incursiones de un intempestivo* Af. 9 p. 91 GD o. c. *Streifzüge eines Unzeitgemässen* Af. 9 p. 117^{-15} y DGT o. c. I Af. 4 p. 39^{-20}.

independencia. El obispo de Neuquén en Argentina Mons. Jaime de Nevares; Fray Montesinos en la Rca. Dominicana, el P. Camilo Torres en Colombia, el Patriota Miguel Hidalgo y Costilla, sacerdote y padre de la independencia de México, y el P. Félix Varela de la Rca. de Cuba entre otros distinguidos líderes religiosos. De hecho, se presenta a la Iglesia, al ejército y la oligarquía, unidos como baluartes del orden social y como los agentes sociales más poderosos en la protección del status quo. Tanto el ateísmo como el idealismo surgieron en sociedades esclavistas o con esclavos, al igual que el Dios todopoderoso tipo faraón egipcio. El contenido positivo, y cómo no, las insuficiencias históricas del mismo se hallan condicionadas por las circunstancias económico-sociales concretas de cada período, determinado por el grado de desarrollo de la ciencia y a la vez de la filosofía materialista.

2.7 En los primigenios

¿Dónde se encuentra en la filosofía occidental los primeros elementos ateístas? En la filosofía que explica el surgimiento de los fenómenos por causas naturales. Así, se aprecian importantes elementos ateístas en los primigenios o padres fundadores de la filosofía occidental, o sea, en: Tales, Anaxímenes, Anaxágoras, Heráclito, Leucipo y Demócrito, Epicuro, Empédocles, Jenófanes, Los Pitagóricos y otros. Hasta en Sócrates, a pesar de haber constituido un viraje en la filosofía griega (del materialismo naturalista al idealismo), se observan elementos y sobre todo, actitudes ateístas. A título de ejemplo, Nietzsche, en su apología de Tales de Mileto dice, y esto constituye ya una temprana manifestación positiva de su ateísmo:

> *"La filosofía griega parece iniciarse con una ocurrencia extravagante, con la tesis de que el agua es el origen y la matriz de todas las cosas. ¿Es necesario realmente mantener la calma y la seriedad ante semejante afirmación?. Sí, y por tres razones: la primera, porque la tesis enuncia algo acerca del origen de las cosas; la segunda, porque lo enuncia sin imagen o fabulación alguna; y, finalmente, la tercera razón, porque en ella se incluye, aunque sólo sea en un estado de crisálida, el pensamiento «Todo es uno». La primera de las razones enunciadas deja aún a Tales en compañía de la religión y la superstición, mientras que la segunda, sin embargo, lo excluye ya de tal*

compañía y nos lo muestra como un investigador de la naturaleza; pero a causa de la tercera razón, puede considerarse a Tales el primer filósofo griego".[45]

Nietzsche mezcla, en el mismo saco, a la religión y a la superstición. Me pregunto, ¿no es esto acaso otra impronta de tu ateísmo? Nietzsche elogia a Tales de Mileto por dejar de lado la superstición y la religión para convertirse en un investigador natural y un científico visto en el momento temporal. Por esas tres razones lo considera el primer filósofo griego, y por lo tanto, del mundo occidental. Pero demás, este elogio a Tales constituye un mensaje ateísta, quizá el primero, del profesor de Basilea, aunque quizá algunos crean que lo hacía sólo para caer en la crítica al racionalismo socrático. Es característica de los pensadores griegos de la Antigüedad, explicar todos los fenómenos por causas naturales, y es este un gran mérito de estas vacas sagradas de tiempos remotos, si bien, a la luz de hoy, tenían las siguientes limitaciones: un carácter ingenuo-especulativo, que se manifestaba más que todo, en combinar contradictoriamente la negación de la fe religiosa con el reconocimiento de los dioses, aunque debamos admitir que eran *«dioses»* cima de la libertad individual humana, politeísmo, libertad, dueño o sentido de pertenencia, vida, alegría), no *«Dios»* (monoteísmo, regaño, rebaño, epígono y enajenación). O sea, en la constante de explicarlo todo por causas naturales, va implícita la idea no sólo del politeísmo, sino de la crítica al antropomorfismo y al mismo tiempo, de la mitología. En especial a esto último se dedicó, destacándose, Jenófanes de Colofón, (-570-475 Jonia.) creador de la escuela de Elea, quien además, de ser un poeta lírico y satírico, y consciente de la oposición que existía entre mitología y filosofía, uso argumentos filosóficos que fueron demoledores para las antiguas tradiciones míticas en la que se fundamentaba toda la educación helénica. Siendo monoteísta, se le acusa de ser panteista por supuestamente haber identificado la divinidad con la realidad. (cfr. cita 48).

---

[45] Nietzsche, F. *Filosofía en la época trágica de los griegos* (2001) Valdemar –Club Diógenes, Madrid. Traducción, prólogo y notas de Luis Fernando Moreno Claros Af. 3 p. 44 UGB o. c Band 1 *Die Philosophie im tragischen Zeitalter der Grieschen* Af. 3 p. 813[-5-10].

2.8 En la Edad Media

Por otro lado, en la Edad Media, dada la preponderancia de la Iglesia y de la religión, el ateísmo no alcanzó importante desarrollo. El despertar llegó con los movimientos del Renacimiento o que al conjuro de éste surgieron (siglos XV y XVI europeos). Se proponía el Renacimiento precisamente, volver a los tiempos griegos, donde entre otras cosas, se sabía, como nos dijo Nietzsche e hicimos constar en el sobre título de este trabajo, que los dioses nada tuvieron que ver con la creación del mundo. Y aunque el ateísmo, sin embargo, tampoco tuvo su origen en el Renacimiento, con el pensar naturalista y científico, por incipiente que haya podido ser, resurgió el sentido ateo.

2.9 Los modernos

En nuestros tiempos, después del Renacimiento, contribuyeron al aumento del sentimiento ateísta, como minador-quebrantador que es de la fe religiosa y su predominio, un grupo de filósofos que surgieron con el capitalismo y el librecambio, es decir, nacieron como filósofos en una sociedad más amplia, abarcadora y con necesidad intrínseca de la producción no sólo de mercancías, sino de ideas. Estos son:

• **Baruc Spinoza** (1632-1677) a quien Nietzsche dice respetar y lo compara con Göthe en (cfr. CI, o. cit. Incursiones de un intempestivo, Af. 50, p. 127) y lo respeta porque no se desligó de la actividad práctica de los materialistas franceses, como Feuerbach y otros.

• **Ludwig Feuerbach**, (1804-1872 Das Wesen des Christhentum-1845=materialismo ateo) especialmente fue un crítico consecuente del antropomorfismo como particularidad de la religión «y la creencia en el Dios». Sobre los anchos y fuertes hombros de Feuerbach se afincaron Marx y Engels para la elaboración de su teoría dialéctico-materialista, superándolo, pero reconociéndole siempre la inteligencia y los méritos a este compatriota suyo que fue casi como el primer materialista alemán y ateo. Acerca de la acción liberadora de sus ideas, de la influencia que ejerció sobre sus conciudadanos, sobre la defensa del materialismo como luz ante el agobio cristiano y sobre la grandeza y popularidad de él mismo. Feuerbach tuvo como punto de partida, la crítica a las concepciones idealistas de Hegel acerca de la esencia humana, reducida por éste a la autoconciencia e hizo hincapié en el nexo del idealismo filosófico como soporte ideológico de la religión. Lo característico en él es el antropologismo, una especie de continuación de la filosofía naturalista en el análisis del hombre (consecuencia de condiciones históricas a las que no se pudo sustraer), pero aún así sometió a profundo análisis la dialéctica idealista hegeliana, con lo cual contribuyó a formar el marxismo, teoría consecuente y militante del ateísmo.

El ateísmo burgués, que con los materialistas franceses se había convertido ya en «ateísmo militante», puso al descubierto una vez más el carácter reaccionario de la Iglesia, lo que tuvo particular importancia en la lucha contra el feudalismo y contribuyó a derrocarlo haciendo hincapié en la ilustración. El materialismo de estos pensadores, que abarcó ya lo social, fue consecuente y llegó también a los demócratas revolucionarios rusos en el siglo XIX cuando lucharon activamente en contra del rancio feudalismo representado por los zares rusos. Este materialismo, si bien ya había llegado también a los análisis de lo social, era más bien como certidumbre espontánea de todos estos pensadores en la existencia objetiva del mundo exterior, pero sin llegar aún a las profundidades del materialismo histórico, que sólo con Marx se formó como alimento ideológico de revoluciones más profundas y de convencimiento científico de la inexistencia de Dios. Se puede afirmar que, materialismo y marxismo, son la misma cosa, o al menos el materialismo es la base ideológica del marxismo. La crítica verdadera, a veces áspera y amarga (no amargada) a la idea del «más allá», al «juicio final», que tanto daño nos ha hecho, y a Dios como ofensa a los hombres que piensan (referencias de Nietzsche en EH, Por yo soy tan inteligente 1 p. 42), comienza con Marx y Nietzsche. El ateísmo de estos pensadores, es un ateísmo convencido y de firme ardor de militancia.

• En la esclavitud económica, fuente auténtica del embaucamiento religioso del hombre. Para Feuerbach el hombre enajena en la divinidad la propia esencia infinita liberada de los límites que le son propios. Así el hombre piensa y Dios es el pensamiento infinito, verdad absoluta; el hombre quiere y Dios es voluntad omnipotente. En *Tesis a Feuerbach*. Dice Marx:

> *"Feuerbach arranca de la autoenajenación religiosa, del desdoblamiento del mundo en un mundo religioso, imaginario y otro real.*

Feuerbach no ve, por tanto, que el «sentimiento religioso» es también un producto social y que el individuo abstracto que él analiza pertenece, en realidad, a una determinada forma de sociedad. La vida social es, en esencia, práctica. Todos los misterios que descarrían la teoría hacia el misticismo, encuentran su solución racional en la práctica humana y en la comprensión de esta práctica".[46]

Ambos filósofos alemanes se nutrieron e inspiraron para formar sus ideas ateístas y religiosas, de los mismas fuentes básicas del pensamiento anterior de la humanidad y en especial, además de las de los antiguos, de las que fueron surgiendo sobre la base del capitalismo en gestación y del avance consiguiente de las fuerzas productivas, de la nueva técnica y de la ciencia en el siglo XIX, incluida Alemania. Tanto las ideas de Marx como las de Nietzsche, representan una revolución y una reelaboración crítica de todo cuanto de avanzado y progresivo había sido alcanzado ya por la historia del pensamiento humano. Estos pensamientos avanzados y progresivos, los veremos a grandes rasgos a través de los temas que siguen.

2.10 Evolución histórica

Dice Nietzsche, efectivamente:

"Al viejo Dios lo invadió una angustia infernal El hombre mismo había sido su máximo fallo. Dios se había creado un rival, la ciencia hace iguales a Dios, ¡se han terminado los sacerdotes y los dioses si el hombre se vuelve científico!. La ciencia es el primer pecado, el germen de todo pecado, el pecado original. La felicidad, la ociosidad inducen a tener

---

[46] Gruppi, Luciano *Opere Scelte di Marx e Engels*. o. c. *Tesi su Feuerbach* IV ps. 188-189. "Feuerbach prende le mosse del fatto dell'auto-estraniazione religiosa, della duplicazione del mondo in un mondo religioso e in uno mondano. Il suo lavoro consiste nel risolvere il mondo religioso nel suo fondamento mondano. Ma [il fatto] che il fondamento mondano si distacchi da se stesso e si costruisca nelle nuvole come un regno fisso ed independente, è da spiegarsi soltanto con l'auto-dissociazione e con l'autocontrarietà di questo fondamento mondano. Questo fondamento deve essere perciò in se stesso tanto compreso nella sua contraddizione, quanto rivoluzionato praticamente. Pertanto, dopo che, per esempio, la famiglia terrena è stata scoperta come il segreto della sacra famiglia, è propio la prima a dover essere dissolta teóricamente e praticamente".

pensamientos... El hombre no debe pensar... –*Y al viejo Dios se le ocurre una última decisión: «el hombre se hace científico– no queda otro remedio, ¡hay que ahogarlo!»...*".[47]

La única forma que tiene el hombre de «hacerse científico», es con el desarrollo económico, con el avance de las fuerzas productivas sociales, con la creación del bienestar material, que crea, en un ambiente y juego de acciones y reacciones, las condiciones necesarias para la ciencia y la técnica. Sólo así tendrá tiempo el hombre para pensar. El subdesarrollo trae anemia física y anemia espiritual y por lo tanto, surgen creencias religiosas, en cambio el desarrollo es todo lo contrario.

2.11 ¿El politeísmo, es ateísmo?

El politeísmo es una forma velada, *suficiente e incompleta* de ateísmo aunque a simple vista parezca todo lo contrario al arropar a tantos dioses. Afirmamos la anterior idea por lo siguiente: el politeísmo no genera doctrinas, que tanto daño nos hacen; el politeísta no le teme a la vida ni al devenir; si acepta la religión, el politeísta no lo hace como una condición de la misma manera que sucede en el cristianismo, en que se abandona la cultura autóctona para convertirla en un fin y no en un medio para expresarse; el politeísta considera, por ejemplo, como los griegos antiguos y algunas tribus de indios centroamericanos, que un árbol es un ser, o que una piedra es la imagen y el espíritu de las personas; el politeísta cree más en los antepasados a los que considera buenos, que en un Dios único y todopoderoso; el politeísta considera a la tierra la madre de todo; al sol, el padre de lo que existe y corazón del universo; al agua, como sagrada y la naturaleza, el fin último del hombre; el politeísta sabe caminar sobre la tierra y no piensa en el reino de Dios constantemente, o sea, en un reino en el que se lucha sin luchar y no se sale del callejón sin salidas; todas las cosas, para el politeísta indio por ejemplo, tienen su día sagrado, pero entre ellos no es a un santo la imagen que adoran, sino a todos sus antepasados. El politeísta considera que nació para sufrir y gozar, pero en todo caso para seguir siempre adelante y dice con valentía y estoicismo: «*sufro, luego existo; sufriré, sí, dice, pero no me rendiré*». Los politeístas no

---

[47] AC o. c. Af. 48 ps. 93–94 DAC o. c. Band 6 Af. 48 p. 227[-5-10-15-30].

consideran al Dios moral. Para el politeísta vivir entre los árboles, adorándolos, respetándolos, es lo máximo, y pidiéndoles perdón a la tierra, a los animales, al agua, a todo lo natural por el necesario mal que les hacemos. El que así vive no tiene tiempo de pensar en el «más allá del mundo». Son, sí, muchos dioses los del politeísta, pero todos de la naturaleza y de los valores naturales, dioses lejanos y enigmáticos, que ni regañan ni mucho estimulan, pero retroalimentan. Estas ideas del politeísmo aborigen, se refuerza con la doctrina del Nahual, sobre el parentesco cosmológico entre el hombre, la tierra y los animales. (cfr. *Me llamo Rigorberta Menchú, así nació mi conciencia* o. c. cap. III). Regresando a la idea de los pensadores griegos, más que todo en Jenófanes del cual antes hemos mencionado, subyace el pensamiento de que el hombre, cuando más, debe crear los dioses a su imagen y semejanza, no por encima de él ni «más allá de él»; en todo caso podemos colegir: Dios o dioses de los valores naturales y no de los valores morales. Sobre Jenófanes, uno de los más destacados, dice Nietzsche:

> *"Aunque no poseía una personalidad tan revolucionaria como la de Pitágoras, demostró con sus andanzas, lo mismo que éste, que poseía un impulso similar y una tendencia idéntica a hacer mejores a los hombres, a liberarlos y a salvarlos".*[48]

Es cierto que todos los presocráticos concebían al «*ser*» como puramente material: tierra, agua y todo lo que de ella ha surgido y surge. Pero tenían ya tal grado de abstracción (sólo superado por el racionalismo socrático), que veían al «*ser*» en todas partes igual, idéntico a sí mismo, homogéneo e invariable. Sus ideas facilitaron, sin embargo, el planteamiento de la cuestión concerniente a la relación dialéctica entre dichas categorías.

---

[48] FETG. o. c. Af. 10 p. 82 "War er auch keine so umwälzende Persönlichkeit wie Pythagoras, so hat er doch, auf seinen Wanderungen, den gleichen Zug und Trieb, die Menschen zu bessern, zu reinenigen, zu heilen". UGB o. c Band 1 *Die Philosophie im tragischen Zeitalter der Grieschen* Af. 10 p. 841[-5].

2.12 Hacia una desvalorización de Dios como valor moral

En la actualidad se va haciendo realidad las predicciones de Nietzsche acerca de la transvaloración de los viejos valores. A propósito de esta idea, en el periódico español ABC viene un reporte que consigna [según un estudio del Episcopado católico del país ibérico] que la Iglesia reconoce que cada día son menos los jóvenes españoles que creen en valores religiosos. Y qué casualidad: todo este acontecimiento histórico se produce con el gran estirón económico y de respeto a los derechos humanos.[49]

> *"De tal modo que en antiguo español podría decir…Defiéndeme Dios de my Gott, es decir «que Dios me proteja de mí mismo», en realidad de mi naturaleza ya formada"*.[50] [*]

Los avances científicos y el desarrollo económico sustituyen a Dios como valor moral, y en todo caso, si no fuera así, tendremos que buscar nuevos valores, como fue siempre la idea del de la Alta Engadina, pero jamás dejar de desarrollarnos…o seguiremos creyendo en Dios, es decir, seguiremos siendo pobres. No se trata de una actitud desarrollista y/o postmodernista como corriente política, ni de querer caer en la cultería y/o cursilería de los progre. El desarrollo debemos verlo como proyecto movilizador, como valor, no como propósito abstracto y lejano, o sea, verlo como término movilizador y meta cumplida. ¡Mentiras!: desde una cueva y en taparrabos, no se es feliz. La situación descrita de disminución de la religiosidad en la juventud española, no es un evento fortuito ni geográficamente aislado.

2.13 Méritos del materialismo antiguo

Los griegos antiguos ya mencionados (incluyendo a Anaxágoras, Epicuro y Empédocles) y los orientales (Lao-Tse y otros) eran materialistas-naturalistas y dialécticos ingenuos cuando más, pero se

---

[49] Periódico español ABC del 27 de Febrero de 2004.

[50] UPHV o. c. Af. 10 p. 134 "…so dass sie mit sich altspanisch reden könnte Defienda me Dios de my Gott behüte mich vor mir, nämlich vor der mir bereits anerzognen Natur". UGB o. c. Band 1 Von Nutzen und Nachtheil der Historie für das Leben 10 p. 328-25 * Cfr. cap. I cita 210 p. 100.

les puede atribuir sin ningún miedo, los siguientes méritos además de los anteriormente mencionados:

a) Buscaron el origen del mundo y el fin del mundo, «aquí, en el mundo» y no «detrás de él». Todas las explicaciones las buscaron en causas naturales. Usaron hasta las matemáticas para explicar sus ideas acerca del mundo, pero nunca fueron al cielo a tratar de encontrar causas de la tierra. Todos estos padres fundadores (clásicos y prodigiosos), en los que vemos nuestro honor y estímulo, de la filosofía tanto oriental como occidental, reconocían la materialidad del mundo y su existencia independiente del espíritu humano.

> *"...en la medida que nosotros nos comprendamos efectivamente como herederos, y descendientes de los padres clásicos y prodigiosos, viendo en ello nuestro honor y estímulo".*[51]

b) Fue un mérito indiscutible de aquel materialismo, el haber ideado la hipótesis de la estructura atómica de la materia y sentar, de alguna manera, las bases del ateísmo.

c) Establecieron una delimitación, si bien no precisa aún, entre lo físico y lo psíquico y le atribuían, no obstante (lo cual es una limitación lógica de la época), propiedades psíquicas a toda la naturaleza, pero no lo contrario, queremos decir, que del espíritu «surgiera» la naturaleza. Considerados en su momento temporal, se puede afirmar que estos pensadores era hombres pensadores ahistóricos y hasta suprahistóricos.

2.14 La terrible irrupción filosófica de Platón

Con el surgimiento de Platón (más que de Sócrates), se produce una especie de retroceso en las concepciones materialistas para explicar el origen del mundo y todo lo que en él ocurre. Platón «ideó» el idealismo objetivo y luchó en contra del pensamiento materialista de su tiempo con la teoría de las formas incorpóreas de las cosas a las que denominó «ideas» y las identificó a éstas con el «ser». La materia y el

---

[51] UPHV o.c. Af.8 p.110 "...insofern wir uns nämlich als Erben und Nachkommen klassischer und erstaunlicher Mächte begreifen und darin unsere Ehre, unseren Sporrn sehen". UGB o.c. Band 1 Von Nutzen und Nachtheil der Historie für das Leben 8p. 307[-20].

espacio, para él, eran «el no ser». Platón creó el Demiurgo, artesano hacedor del mundo. También su produjo el predominio espiritual, ¡y hasta material!, de la Iglesia sobre los hombres en un largo período de tiempo humano. Pero de este tema nos seguiremos ocupando más adelante aún a lo largo de este trabajo. Volviendo a Platón, por todas aquellas razones y muchas más Nietzsche lo llama «cristiano anticipadamente», y fijó indeleblemente su postura ante los desvaríos idealistas (por decirlo con una imagen) del filósofo griego, que dio un «violento tajo» a la anterior forma de hacer filosofía en Grecia. Así lo explica Nietzsche:

> *"Platón es aburrido. En última instancia, mi desconfianza con respecto a Platón va a lo hondo: lo encuentro tan descarriado de todos los instintos fundamentales de los helenos, tan moralizado, tan cristiano anticipadamente –él ya tiene el concepto «bueno» como concepto supremo– que a propósito del fenómeno entero Platón prefería usar, más que a ninguna otra palabra, la dura palabra «patraña superior», o si gusta más al oído, idealismo. Se ha pagado caro el que ese ateniense fuese a la escuela de los egipcios (–¿o de los judíos en Egipto...?) En la gran fatalidad del cristianismo Platón es aquella ambigüedad llamada el «ideal», que hizo posible a las naturalezas más nobles de la Antigüedad malentenderse a sí mismas y el poner el pie en el puente que lleva hacia la cruz.... ¡Y cuánto Platón continúa habiendo en el concepto «Iglesia», en la organización, en el sistema, en la praxis dela Iglesia! –Mi recreación, mi predilección, mi cura de todo platonismo ha sido en todo tiempo Tícídides...y, acaso, el Príncipe de Maquiavelo, son los más afines a mí por la voluntad incondicional de no dejarse embaucar en nada y de ver la razón en la realidad".*[52]

Todo lo que oliera hasta desde lejos, a explicar el origen del mundo y sus problemas, desde una perspectiva no realista, no materialista, es decir, saturada de idealismo y de Dios moral, Nietzsche lo aborrecía, si es esta la palabra que podemos y/o debemos usar tratándose de un filósofo. Por eso dice que se ha pagado caro el que este ateniense fuera a la secuela egipcia y/o judía, es decir, es una referencia al lugar donde nació

---

[52] CI o. c. *Lo que yo debo a los antiguos* Af. 2 p. 131 GD o. c. Band 6 *Was ich den Alten verdanke* Af. 2 ps. 155^{-30} 156^{-5-10}.

el cristianismo, pues estas fueron «el puente que llevó a la cruz...». Platón merece que se le critique e interprete correctamente en su retroceso, no sólo por haber ido al puente, y haber sido el puente, que conduce a la cruz, sino porque de allí, de esa escuela debe de haber sacado la idea de su estado perfecto: es decir, de castas: el gobierno del estado, para los filósofos; cuidan de su seguridad, los guardianes o guerreros; trabajan, los artesanos que están por debajo de las dos anteriores capas libres. Es decir, la utopía platónica, además de ser criminal, constituía una idealización ateniense del sistema de castas egipcio (también criminal). ¡Qué imbricación!: en el Oriente surgió el Dios todopoderoso a imagen y semejanza del faraón; en Egipto o cerca de él, en Palestina, surgió el cristianismo; allí y con ese sistema social, surgió el idealismo militante y allí fue Platón a copiar su «estado perfecto, que de perfecto» sólo tenía que era semiesclavista y discri-minatorio. ¡Qué casualidad, Platón era idealista, y como idealista, se situó del lado de allá, donde están los privilegiados de la vida y la fortuna! Para éstos diseño su arquetipo del estado ideal. Si Séneca fue el abuelo del cristianismo, Pablo fue el padre, Platón fue el bisabuelo, a la vez que San Agustín fue el hijo. ¡Con cuánta amplia razón lo llama Nietzsche «cristiano anticipadamente» a Platón y cuánto a su vez copió de él posteriormente el cristianismo al igual que de Zoroastro! En el mismo lugar antes mencionado nos sigue diciendo Nietzsche quien filosofaba in praxis y con el martillo sacador de chispas y destructor, que su cura contra todo platonismo, vale decir: contra todo idealismo, lo son Tucídides (-46-400) y Maquiavelo (1469-1527), este último, decimos nosotros, con *El príncipe*, su obra cimera, realizada para sacar al estado de lo idílico y traerlo a la tierra y a los intereses de los hombres. (*CI.* o.c. Af.2 p.131). Estos dos pensadores no van al «ideal», a lo abstracto, a la teodicea (diríamos nosotros), sino a la realidad, y buscan la razón en la realidad y no en la razón y mucho menos en la «moral». Estos, Ticídides y Maquiavelo, no se dejaban embaucar por nadie ni por nada ni eran cobardes, o sea, no le temían a la realidad. Nietzsche, nos atrevemos a asegurar, está mal encasillado entre los filósofos idealistas, desde luego. No hay más que ver a cuáles pensadores admiraba y hacía suyos. Todos ellos eran hombres ligados al sentido de la tierra, a la realidad; que no construían castillos de naipe y eran, o materialistas ateos o en el peor de los casos, como Rafael, Miguel Angel, Leonardo da Vinci y Napoleón.

2.15 Estupor ante la terrible verdad

Sin embargo, en Alemania, aún en pleno siglo XIX, e incluso con la «revolución filosófica», predominó el idealismo clásico en los pensadores alemanes, pero más que todo porque se asustaron ante la realidad que vislumbraban, y casi presente ante ellos la terrible verdad que se columbraba o divisaba, que «prefirieron no ver». Algunos, en sus profundas especulaciones, deben de haber descubierto el origen material del mundo, pero, entonces, ¿qué hacían con Dios y qué explicación iban a dar al devenir social, devenir social que tanto necesitaba Alemania en su relativo retraso en relación, digamos, con Inglaterra? Ante esta cruda y terrible realidad, prefirieron regresar al punto de partida, refugiarse en el ideal... y quedarse ahí. Tuvo que «acabar» de caducar el feudalismo, caer la sociedad, pudiéramos decir, en una especie de nihilismo del tipo nietzscheano para que resurgiera, como una consecuencia lógica de la concepción materialista de la vida. Representantes de ese período habían sido en Europa: F. Bacon, Galileo, T. Hobbes, P. Gassendi, B. Spinoza, J. Locke. Vale decir, empezó de nuevo el materialismo a tomar la ofensiva (en el caso de Alemania, tardíamente con Feuerbach primero y con Marx y Engels después). Con la gestación del capitalismo y el avance incontenible de las fuerzas productivas sociales, de la técnica y de la ciencia, éstas como valores inspiradores del hombre, se alzó y reafirmó el materialismo, asociado siempre a las mejores causas en lo político y en lo social, para desventaja del crecimiento de lo religioso. Aquellos filósofos, como representantes de la burguesía progresista, combatieron la escolástica medieval, a las autoridades eclesiásticas y «tomaron a la experiencia y a la naturaleza y no a Dios como maestros y objeto de la filosofía». Vincularon el materialismo a la mecánica y a la matemática, entonces en impetuoso movimiento y avance estas dos ciencias. Aquellos vientos trajeron estas tempestades: el boom de la ciencia y la técnica, indetenible ya, empezó con los griegos y su deificación de los hombres; se produjo un relativo vacío de siglos y empezó de nuevo, o sea, renació la inquietud por la investigación y la alegría de vida y no por el culto y el dogma, con la pléyade de filósofos que fue pariendo la burguesía junto con su nacimiento en los siglos XVII y XVIII en Europa incluida, por supuesto, Alemania.

El Oriente se quedó atrás y aún sufre las consecuencias, pero ese análisis sería para otro momento. No podemos olvidarnos en esta reflexión del renacer de las concepciones materialistas y progresistas de la humanidad, a los franceses del siglo XVIII: Julián Offroy La Mettrie (1709-1751 materialista e hilozoista), Denis Diderot (1713-1784- empirista científico), Claude Adrien Helvecio (1715-1771 materialista- hedonista), y Paul Henri Holbach (1725-1789 materisdliata y ateo), sobreasalieron, se destacaron e influyeron en la orientación ateísta de Nietzsche, a pesar de que no salieron de las concepciones mecanicistas del movimiento como propiedad inseparable de la naturaleza. Pero además del hecho de que hayan estado al lado de las tendencias progresistas de la humanidad, y su influjo sobre el filósofo de Röcken tienen también los siguientes méritos puramente filosóficos y políticos:

- Se liberaron de la inconsecuencia deísta inherente a la mayor parte de los materialistas del siglo XVII.

- La conexión orgánica que existe entre todo materialismo y el ateísmo se manifestó con singular relieve en los materialistas franceses del siglo XVIII aunque el punto culminante de esta tendencia llegara –en Occidente– con el antropologismo de L. Feuerbach en Alemania.

Se nutrió e inspiró Nietzsche, de los antiguos, de las corrientes materialistas intermedias que fueron naciendo al conjuro del desarrollo del hombre desde el Renacimiento hacia acá, y en especial de la filosofía clásica alemana, por qué no, particularmente de Kant, Hegel, Feuerbach y Schopenhauer; este último un poco más en los inicios; pero, Marx y Nietzsche coinciden en criticar, cada uno con su estilo y sus matices, a esta pléyade de pensadores, en su idealismo social alejado de la realidad y del «*sentido de la tierra*», un poco menos, como se ha dicho ya, L. Feuerbach, que sentó las primeras bases objetivas de la crítica al «espíritu absoluto» de Hegel, que no es más que el «idealismo objetivo o idealismo absoluto», pues consideraba que todo lo ocurrido en la naturaleza y en la historia es un resultado del desenvolvimiento de la idea, del concepto., de la razón:

a) El naturalismo heleno, próximo al antropologismo: El antropomorfismo, se refiere a una atribución de rasgos específicamente humanos a las fuerzas exteriores de la naturaleza y también a los seres míticos o imaginarios.

b) El antropologismo en cambio se refiere a una concepción del hombre como producto supremo de la naturaleza. Explicación del hombre partiendo sólo de su origen natural sin tener en cuenta su potencia como «ser social». Se destaca aquí L. Feuerbach, pero fortaleciendo la unión entre ateísmo y materialismo.

c) Línea filosófica materialista, cuyas fuentes se remontan al lejano pasado, a los primigenios griegos, y porqué no, también a los orientales.

d) Línea del desarrollo de la concepción dialéctica del mundo, que poseía también profundas tradiciones en la historia de la filosofía. La línea ascendente humana, su espiral progresiva, tenían que llevarnos al materialismo dialéctico.

Hubo, y hay, otros tipos de materialismos, pero no vale la pena hoy su análisis. En éste nos referimos sólo a lo que pueda acercarse a Nietzsche y/o ser comparativo con las ideas del insigne alemán. Lo mismo se puede decir, si bien con diferentes matices, de éste. Este no pretendió darles cobertura ideológica a los nazis y los primeros sí trabajaron su filosofía como doctrina, como base ideológica para los obreros. Tomaron el poder en casi la mitad del mundo y en la década del 70 parecía que faltaban sólo semanas para que el mundo tuviera un gobierno comunista dirigido desde Moscú que pretendía erigirse en líder político-moral a la fuerza. Del marxismo-leninismo se colige que la culpa de la existencia de la religión cristiana y la creencia general en el Dios, no la tiene, por supuesto Platón, ni Séneca o Pablo, ni la maldad y/o la ingenuidad innata de los hombres. No la tiene ni el Cristo aunque éste haya muerto por su culpa o por la de otros. Ninguna personalidad ni pueblo alguno tiene la culpa de esa gran fatalidad. La tiene la culpa el desarrollo relativo de las fuerzas productivas sociales, que condiciona el desarrollo de las ideas. La religión fue producto del lento pero inexorable proceso evolutivo del pensar y el actuar humanos, pero condicionado por el desarrollo material. Pablo, acorde a la concepción marxista y nietzscheana, fue, en todo caso, vocero de una clase y San Agustín, Obispo de Hipona (354-430), figura cimera de la patrística muchos años después, un hijo agradecido del cristianismo. A los efectos de las causas de la «la rebelión de Jesús», dice Nietzsche:

> *"Fue una rebelión contra «los buenos y justos», contra «los santos de Israel», contra la jerarquía de la sociedad no contra la corrupción, sino contra la casta, el privilegio, el orden, la fórmula; fue la incredulidad con respecto a los «hombres superiores», el no a todo lo que era sacerdote y teólogo".*[53]

La jerarquía, según la idea de Nietzsche, quedó así en entredicho, pero fue, dice, la forma «en medio del agua», el palafito (vivienda lacustre con zocos) en que el pueblo judío podía seguir viviendo y un ataque a ella hubiera sido un ataque al pueblo y su más hondo instinto. Aunque fue una rebelión contra «los buenos y justos» y contra «los santos de Israel», el pueblo judío se sintió aludido y alimentó al cristianismo; la «judaína» lanzada por Pablo entre los humildes e ingenuos y que con tanto talento y pasión lo hizo, que lo que él mismo no cría, lo creyó la gente dominada por la estupidez entre la cual fue lanzada. Sigue diciendo Nietzsche en el propio aforismo:

> *"Ese santo anarquista, (Cristo) que incitaba al bajo pueblo, a los excluidos y «pecadores», a los chandalas existentes dentro del judaísmo, a contradecir el orden dominante –con un lenguaje que, en el caso de que hubiera que fiarse de los evangelios, todavía hoy conduciría a Siberia, era un criminal político...Esto lo llevó a la cruz: la prueba es la inscripción puesta en ella. Murió por su culpa–, falta toda razón para aseverar, aunque se lo haya aseverado con tanta frecuencia, que murió por la culpa de otros".*[54]

Pero aparte de las anteriores consideraciones, la verdad es que la religión (como antípoda del ateísmo) se basa para su más lejano nacimiento y subsistencia sobre las siguientes premisas:

• La impotencia que lleva a los hombres a hacer nacer le fe en los dioses, en los demonios, en los milagros con el propósito de encontrarle una relación causal al acontecer inexplicable que ocurre ante sus ojos. Entre otras cosas que se puedan decir acerca del más recóndito contenido y mensaje de este párrafo, es que, una de las limitaciones fundamentales de Feuerbach como ateísta y como materialista, radica precisamente aquí, en el desdoblamiento de «un mundo religioso» y

---

[53] AC o. c. Af. 27 p. 56 DAC o. c Band 6 Af. 27 p. 198^{-5}.

[54] AC o. c. Af. 27 p. 56 DAC o. c. Band 6 Af. 27 p. 198^{-20-25}.

«otro real», con lo cual, a pesar de todo y su materialismo, cae en las redes del idealismo. Para Nietzsche «existe un solo mundo, el mundo real». Lo otro, es caer, como a veces da la ligera impresión de que también Nietzsche comete ese garrafal error de los filósofos idealistas, de explicar el cristianismo como una simple o terrible judaína, por el hecho histórico de que Cristo sea judío y haya sido en esa zona humano-geográfica donde se consolidó en su nacimiento tanto biológico como político y religioso. Las condiciones económico-sociales, sólo en esa zona planetaria estaban dadas para que existiera Jesús.

• En que la idea de Dios ayuda a mantener al pueblo en la esclavitud. Sí, la fuente más profunda de los prejuicios religiosos está en la miseria y la ignorancia, según la idea histórico-materialista. El desarrollo material es el que crea, en combinación con la educación desalienada, ese juego de «acciones y reacciones» del que habla Engels. Esa educación es la que, favorecida por las relaciones económicas propicias, encuentra y fomenta el anticristo de Nietzsche, el anticristo verdadero, positivo, el ateo veraz, tan veraz, que ya en ese momento, como no habrá que hablar de moral, tampoco habrá que hablar de ateo y ateísmo. La perspicacia filosófica de Nietzsche no podía no comprender esta situación. La naturaleza, y los hombres como parte de ella («historia de los hombres»), sólo para su estudio, pues es la misma y de todo eso imbricado o sobrepuestas, surge la ideología, no del cielo, no del imperativo categórico, ni del sollen (deber) ni del «espíritu absoluto», como surgió, haciendo juego voluntario e involuntario en otros casos, a la idea religiosa y a la ideología cristiana, la ideología alemana como la de Hegel, Kant, Schopenhauer y otros que, aun en su grandeza, no podían ocultar, por más que lo quisieran, la oreja peluda y filistea de justificación monárquica, bismarckiana y judeo-cristiana del Dios todopoderoso.

3. Profundizando en el ateísmo de Nietzsche

3.1 Nietzsche es ateo

El hombre de Nietzsche es también ateo y... no de «ojos azules», sino valiente y científicamente fundamentado. En vano tratamos de buscar aquí y allá, como el que busca bacterias con un microscopio, para negar o ignorar el ateísmo en este pensador. Además, su amarga crítica al cristianismo y a la religión de los valores morales no es por resentimiento, como hemos expresado reiteradamente en este trabajo.

Después de los sacerdotes y los profesores eruditos, de cabeza hueca y/o «gallinas exhaustas», formadores de hombres si acaso productivos, pero nunca para metas elevadas, lo que más odiaba Nietzsche era al resentimiento. Y qué razón tenía en esto, porque ¿qué es el resentimiento? El resentimiento es la actitud de la moral del decadente, la moral del idealista antípoda del ateo, todo lo contrario a la moral de lo ascendente o de lo aristocrático. Hagamos un alto en el camino y veamos.

3.2 Moral noble o aristocrática

Alza de la vida; buena constitución física y espiritual; fortaleza en el poder (como voluntad de poder); reafirmación del hombre; belleza y capacidad de convertir en genio el instinto como primera manifestación de las inteligencias superiores; regreso (en realidad, ascenso) a la naturaleza. El hombre noble nietzscheano, cuando se equivoca al valorar y peca contra la realidad, es por oponerse con aspereza a conocer, no porque que no conozca en sí la realidad que lo amenaza. Desprecia al hombre vulgar y lo mira *«hacia abajo»*; lo mira con superioridad aún suponiendo que falsee lo despreciado. Pero según la idea de Nietzsche expuesta ampliamente en (GM, o. c Band 5 Apartado primero ps. 50-51), el desprecio del noble no falsificará tanto lo despreciado, en tanto no lo hace con odio, como sí en cambio sucede con el odio reprimido y la venganza del impotente contra su adversario. En las páginas citadas de GM (p. 50-51) nos explica Nietzsche cómo los griegos de la época trágica hablaban del «pueblo bajo», que azucaraban una especie de lástima, de consideración, de indulgencia:

"...hasta el punto de que casi todas las palabras que convienen al hombre vulgar han terminado por quedar como expresiones para significar «infeliz», «digo de lástima», «miedoso», «cobarde»...". (GM o. c. Tratado I. «Bueno y malvado», «bueno y malo», Af. 10 ps. 50-51)

Volvamos a la idea inicial. La crítica de Nietzsche a los curas, a los teólogos (con hábito o sin hábito), su crítica a la virtud y la moral con «moralina», tenía en él un profundo basamento ideológico, por así decirlo, de pleno convencimiento de que Dios no existe. Dios existe sólo para el que no piensa y el hombre de Nietzsche es ateo porque es un pensador. Desde luego, estos pensamientos no son fáciles de explicar. No era el filósofo de Naumburg un ateo vulgar y saturado de negatividad. Tampoco lo era de «ojos azules», es decir, débil y congraciado. Uno de sus libros más importantes es *El anticristo* en lo que a su concepción de lo religioso se refiere. Y, ¿podemos decir debido al tan llamativo prefijo «*anti*», que el filósofo era anticristiano a ultranza, es decir, a muerte, en forma negativa? En realidad Nietzsche no era «antinada» ni fundamentalista. Su personalidad no era ni resentida ni negativa. El «anti» significa en él, deseo de superación.

El «anti» no es para hoy, es para el futuro. Tan sólo una persona que piense en forma simplista (y en este caso no es un pensador y tampoco «es Nietzsche»), puede pronunciarse negativamente acerca de un movimiento que, si bien ha sido ha sido también un movimiento que durante dos mil cuatro años ha agrupado a la mayor parte de la población del mundo occidental sirviéndole de soporte espiritual y moral.

> "*El cristianismo, el alcohol –los dos grandes medios de corrupción...Yo llamo al cristianismo la única gran maldición, la única grande intimísima corrupción, el único gran instinto de venganza, para el cual ningún medio es bastante venenoso, sigiloso, subterráneo, pequeño–, yo lo llamo la única inmortal mancha deshonrosa contra la humanidad*".[55]

Tanta gente no puede haber estado totalmente equivocada y, de pensar así, estaríamos negando la inteligencia de nuestros antepasados, con lo cual nos negaríamos nosotros mismos. ¿De qué se trata entonces, de eliminar al cristianismo y cualquier tipo de religión? Es más, ¿es esto posible, es factible? Nietzsche se daba cuenta de que esto no es no sólo imposible, sino perjudicial si bien reconoce que a la postre, las religiones persiguen el «mejoramiento» del hombre, o sea, la doma. Pero el problema no se resuelve con un movimiento antirreligioso y sembrando odio en contra de las religiones. La religión, como otras ideas y otros movimientos de masas, tiene un carácter histórico y se puede

---

[55] AC o. c. Af. 60 = tema Las cruzadas. y Af. 62 = condena al cristianismo ps. 106 y 108 - 9.

decir que llegó con la pobreza material (que produce pobreza espiritual) y con el desarrollo y la educación (uno no puede ir sin la otra ni la otra sin el uno), desaparecerá, o en todo caso la religión ya no será oscurantista, se adaptará y será cada vez más, la religión de los valores naturales, de la autofirmación de los pueblos y desaparecerá el Dios todopoderoso tipo faraón egipcio, «es decir, ese Dios que tiene necesidad de los pecadores», pues de ahí se deriva y se alimenta su poder.

3.3 La moral y el Dios de los valores naturales

Nietzsche era contrario al Dios moral y en forma de sugerencias se proclamaba partidario del Dios de los valores naturales, como el Dios del pueblo hebreo de la llamada época de los reyes. Un Dios para cada pueblo, y si es posible, uno para cada hombre. Dice:

> *"Originariamente, sobre todo en la época de los reyes, también Israel mantuvo con todas las cosas la relación correcta, es decir, la relación natural. Su Yahvé era expresión de la conciencia de poder, de la alegría de sí: en él se aguardaba victoria y salvación, con él se confiaba en que la naturaleza diese lo que el pueblo necesita –ante todo lluvia. Yahvé es el Dios de Israel y, por consiguiente, Dios de la justicia: esa es la lógica de todo pueblo que tiene poder y una buena conciencia de ese poder. En el culto –festividad se expresan esos dos aspectos de la autoafirmación de un pueblo: éste está agradecido por los grandes destinos a través de los cuales ha llegado a encumbrarse, y está agradecido en lo referente al ciclo de las estaciones y a toda fortuna en la ganadería y en la agricultura"*.[56]

Sigue Nietzsche reafirmando esta misma idea así:

> *"Ese estado de cosas continuó siendo durante largo tiempo el ideal, también cuando quedó suprimido de triste manera: la anarquía en el interior, el asirio desde fuera. Pero el pueblo conservó como aspiración suprema toda aquella visión de un rey que es un buen soldado y un juez severo: la conservó sobre todo Isaías, aquel profeta típico (es decir, un crítico y un satírico del instante).–El viejo Dios no podía hacer ya nada de lo que en otro tiempo podía. Se debería haberlo abandonado.*

---

[56] AC o. c. Af. 25 p. 58 DAC o. c. Band 6 Af. 25 p. 193[15-20].

¿Qué ocurrió? Se cambió su concepto–, se desnaturalizó su concepto. A ese precio se lo conservó. –Yahvé, Dios de la justicia– ya no una unidad con Israel, una expresión del sentimiento que un pueblo tiene de sí mismo: ya sólo un Dios sujeto a condiciones... Su concepto se convierte en un instrumento en manos de agitadores sacerdotales que a partir de ese momento interpretan toda *ventura como un premio, toda desventura como un castigo por la desobediencia a Dios, por el «pecado»: es la manera más mendaz de interpretar las cosas, propia de un presunto «orden moral del mundo», y con ella quedó puesto cabeza abajo, de una vez por todas, el concepto natural de «causa» y «efecto»".*[57]

Está claro, el ideal de Nietzsche es un Dios como el de aquellos tiempos en Israel (Dios de los valores naturales y el -sí-a-la vida), no el todopoderoso del regaño, el juicio y el no-a-la-vida, o sea, el Dios moral. Niezsche hace un análisis sobre el proceso de esta desnaturalización de los valores naturales que se da en la historia de la fe del pueblo de Israel. El pecado habita ahora en la conciencia envenenada por la culpabilidad y esto hace que ahora el creyente, vive en un estado de sumisión y dependencia y por tanto se ve como consecuencia en la necesidad de someterse a la nueva imagen de un Dios riguroso, castigador, que ya no ayuda, sino que ordena categóricamente. El pecado es para Nietzsche la manera más mendaz de interpretar ahora la historia de la salvación del pueblo supuestamente escogido por Dios. A partir de aquí, dice Nietzsche, hubo un Dios que exige, no un Dios que ayuda. Se da una transvaloración negativa entre la concepción del valor moral de la fe judía, con respecto a la concepción del valor moral para la fe de los cristianos. Nos presenta, por tanto el paso en el que se produce este cambio en la historia del pueblo de Israel y para esto presenta diversos argumentos que explican este cambio del acontecer histórico judío. A continuación nos explique en que radica la falsedad de la moral de la comunidad judía y de la del Dios moral de la comunidad cristiana:

"La moral, ya no expresión de las condiciones de vida y crecimiento de un pueblo, ya no su instinto vital más hondo, sino convertida en algo abstracto, convertida en antítesis de la vida, –la moral como modo de volver malas las cosas con la fantasía, como «mal de ojo» para todas las cosas. ¿Qué es la moral judía?. ¿Qué es la moral cristiana? El azar,

---

[57] AC o. c. Af. 25 ps. 51-52 DAC o. c. Af. 25 ps. 193^{-25-30} 194^{-5-10}.

privado de su inocencia; la infelicidad, manchada con el concepto de «pecado»; el bienestar, considerado como peligro, como *«tentación»; el malestar fisiológico, envenenado con el gusano de la conciencia...".*[58]

Adicionalmente y entre paréntesis, diremos que, eso de considerar el bienestar material como «tentación y peligro» ha sido en muchos casos históricos concretos, doctrina «secreta» de dictadores tanto de derechas como de izquierdas [dígase Stalin y Somoza en Nicaragua a título de ejemplo], pero hay muchos más). Se nos podrá decir como desacuerdo y como para empezar la polémica, bueno, pero si Nietzsche cree en un Dios, cualquiera que sea, en este caso el de los valores naturales, no se es ateo. Pero es que el Dios de los valores naturales no está «detrás de las estrellas», sino aquí, con nosotros; no es antítesis de la moral de la vida, no es para el regaño, es para la vida y su alegría; no estará este Dios en manos de sacerdotes y gobernantes resentidos que necesitan controlar y de hecho dominar, a los que sufren. No es un Dios que vino de detrás del mundo a hacer la materia y a imponer la ley moral. No es un Dios misterioso y espiritual que está en todas partes y en ninguna. Cualquier tipo de dios, cierto, es producto de la impotencia humana, es producto del desarrollo relativo y los déficit. Pero si el Dios de los valores morales lo es de una espiritualidad muy pobre y casi por completo enajenada de la que se aprovechó Pablo (¿vicario del Dios todopoderoso en la Tierra?), el de los valores naturales, en cambio, lo es de una más fuerte y un poco más libre vida espiritual producto también ésta de un mejor bienestar material y no sólo hija de la educación. El Dios de los valores naturales es cada hombre; cada hombre es un Dios. Y se es politeísta y ateo a la vez, sólo que no un ateo negativo, a ultranza y vulgar. En ese momento humano de dominio del Dios de los valores naturales, no existirán las religiones, existirá el evangelio, aquel lejano evangelio que murió con Jesús en el madero, en el momento en que Poncio Pilato, se lavaba las manos. Pero Nietzsche tenía una mentalidad crítica y científica, y como tal, por obligación, *tenía* que ser ateo. Si los griegos habían adoptado (por así decirlo) el espíritu trágico y la divinización del hombre como un resultado, (es decir, por necesidad), el ateísmo en este filósofo, por el contrario, se daba en él por naturaleza,

---

[58] *Ibíd.* Af. 25 p. 52 DAC o. c. Band 6 Af. 25 p. 194$^{-20\text{-}25}$.

a pesar de pertenecer a una familia y a un ambiente tan extremadamente religioso. Dice Nietzsche:

"El ateísmo yo no lo conozco en absoluto como un resultado, aún menos como un acontecimiento: en mí se da por supuesto, instintivamente. Soy demasiado curioso, demasiado problemático, demasiado altanero para que me agrade una respuesta burda. Dios es una respuesta burda, una indelicadeza contra nosotros los pensadores, incluso en el fondo no es nada más que una burda prohibición que se nos hace: ¡no debéis pensar!".[59]

Es Nietzsche ateo por naturaleza rebelde, instintivamente, y además, aunque él de momento diga otra cosa, también por estudios, como un resultado del pensar y la instrucción. Ya desde su infancia este niño precoz que ejerció su infancia en el ambiente parroquial de Röcken donde nació y en compañía de sus padres Karl Ludwig y Franziska Öhler. Se pronunciará más tarde contra las pretensiones de veracidad de todas las doctrinas de carácter religioso incluida la suya. Y en cambio, buscará valientemente resultados, como la derogación del cristianismo, y dar inicio a una nueva era con una nueva escala de valoraciones morales. Nos dice:

"De hecho, siendo yo un muchacho de trece años me acosaba ya el problema del origen del mal: a él le dediqué, en una edad en que se tiene «el corazón dividido a partes iguales entre los juegos infantiles y Dios», mi primer juego literario de niño, mi primer ejercicio de caligrafía filosófica –y por lo que respecta a la «solución» que entonces le di al problema, otorgué a Dios, como es justo, el honor e hice de él el padre del Mal".[60]

Sí, a los trece años aún creía en Dios y ¡tanto!, que lo hizo responsable de los males de la Tierra, es decir, lo convirtió en «Dios moral». Después estudió, maduró, indagó, se creó preocupaciones y dejó de creer en la existencia de Dios, del Dios de los valores morales. De esta manera, continúa el anterior pensamiento de la siguiente forma, lo cual nos dice

---

[59] EH o. c. *Por qué soy tan inteligente* Af. 1 p. 42 EH o. c Band 6 *Warum ich so klug bin* Af. 1 ps. 278-279.

[60] GM o. c. Prólogo Af. 3 ps. 19-20 ZGM o. c. Vorrede Af. 3 p. 249^{-15}.

que sí, que el ateísmo se le da por naturaleza, pero nosotros colegimos que también como un resultado del pensar, del meditar, del estudiar, como a todos nos sucede. A tales efectos dice:

> *"Por fortuna aprendí pronto a separar el prejuicio teológico del prejuicio moral, y no busqué ya el origen del mal por detrás del mundo".*[61]

Es decir, al dejar de buscar el origen del mal «por detrás del mundo», es por haber dejado de creer en Dios. Los males son de nosotros; de nosotros es la culpa y somos nosotros quienes tenemos que resolverlos. Dios no tiene nada que ver ni con los males ni con la buenaventura, porque para Nietzsche Dios no existe.

¿Y, qué lo llevó a este estado? La historia y la filología, la vida, la observación, una innata capacidad selectiva como el que posee olfato de psicólogo y filósofo, según confiesa:

> *"¿En qué condiciones se inventó el hombre esos juicios de valor que son las palabras bueno y malvado?, ¿y qué valor tienen ellos mismos? ¿Han frenado o han estimulado hasta ahora el desarrollo humano? ¿Son un signo de indigencia, de empobrecimiento, de degeneración de la vida? ¿O, por el contrario, en ellos se manifiestan la plenitud, la fuerza, la voluntad de la vida, ¿su valor, su confianza, su futuro?".*[62]

Estas fueron las preguntas y las correspondientes respuestas:

> *"Dentro de mí encontré y osé dar respuestas a tales preguntas, distinguí tiempos, pueblos, grados jerárquicos, suposiciones y verosimilitudes: hasta que acabé por poseer un país propio, todo un mundo reservado que crecía y florecía, unos jardines secretos, si cabe la expresión, de los que a nadie le era lícito barruntar nada...".*[63]

Nada, es que Nietzsche se creó *su propio* mundo y su propio Dios, es decir, *su propio ideal*. Y termina Nietzsche esta línea de pensamiento de esta manera:

---

[61] *Ibíd*. Prólogo 3 p. 20 "Gücklicher Weise lernte ich bei Zeiten das theologische Vorturtheil von dem moralischen abscheiden und suchte nicht mehr den Ursprung des Bösen hinter der Welt". ZGM o. c. Band 5 Vorrede Af. 3 p. 249-25.

[62] GM o. c. Prólogo Af. 3 p. 20 ZGM o. c. Band 6 Af. 3 ps. 249-250-5.

[63] *Ibíd*. Prólogo Af. 3 p. 20 ZGM o. c. Band 5 Vorrede Af. 3 p. 250-10.

> "¡Oh!, qué felices somos nosotros los que conocemos, presuponiendo que sepamos callar durante suficiente tiempo...".[64]

3.4 El hombre del futuro: el anticristo

La GM es un libro que ni se agota en la negatividad ni en lo positivo, sino que, como, EH, AHZ, VS, AR y otros, abarca todo el proceso y ofrece soluciones y/o salidas si bien un poco lejanas en el aspecto político-práctico. Por ejemplo, en GM, define su idea sobre el cristianismo, sobre la religión y aclara su idea acerca del anti en el análisis del cristianismo y cómo éste se transformaría. Dice así:

> "Ese hombre del futuro, que nos liberará del ideal existente hasta ahora y asimismo de lo que tuvo que nacer de él, de la gran náusea, de la voluntad de la nada, del nihilismo, ese toque de campana del mediodía y de la gran decisión, que de nuevo libera la voluntad, que devuelve a la tierra su meta y al hombre su esperanza, ese anticristo y antinihilista, ese vencedor de Dios y de la nada -alguna vez tiene que llegar...".[65]

El anticristo verdadero no es la negatividad, sino que es un proceso en que el hombre se supera, en una sociedad superada, y deja de creer en religiones, se atiene a la realidad, o sea, al sentido de la tierra y se convierte, por decirlo así, en el ateo verdadero por su cientificidad, se convierte en «Zaratustra el ateo», (GM, o. c. II. 25 p. 110). Zaratustra no sólo es escéptico, sino ateo: es un hombre completo. Cada vez que Nietzsche puede, se nos revela en su condición de ateo y de escéptico:

> "Mas ¿qué estoy diciendo? ¡Basta!, ¡Basta!. En este punto sólo una cosa me conviene, callar: de lo contrario atentaría contra algo que únicamente le está permitido a uno más joven, a uno más «futuro», a uno más fuerte que yo, –lo que únicamente le está permitido a Zaratustra, a Zaratustra el ateo...".[66]

Si pretendiéramos diseccionar el anterior pensamiento nietzscheano, tendríamos:

---

[64] *Ibid*. Af. 3 p. 20. "O wie wir glücklich sind, wir Erkennenden, vorausgesetzt, dass wir nur lange genug zu schweigen wissen". ZGM o. c. Vorrede Af. 3 p. 250^{-15}.

[65] *Ibíd*. II *Culpa, Mala Conciencia y similares* Af. 24- p. 110 ZGM. o. c. Band 5 II Af. 24 «Schuld» , «schlechtes Gewissen» *Verwandtes* p. 336^{-30}.

[66] GM o. c. Prólogo II Af. 25 p. 110 ZGM o. c. Band 5 II Af. 25 p. 337^{-5}.

- Ese «hombre del futuro»: es el superhombre, el anticristo positivo.

- Ese, «que nos libera del ideal» ¿de cuál ideal?: del ideal que confunde la realidad; del ideal cristiano, del ideal del otro no del ideal personal. Por eso dice: es el «ideal existente hasta ahora», el decadente, el ídolo que va al crepúsculo, el ideal que no es error sino cobardía.

- La frase, *«tuvo que nacer de él»*: ¿qué nació del ideal? La compasión cristiana. Y, ¿qué es, en el resentimiento, la compasión cristiana? Es la náusea. Con la inmaculada concepción se niega al hombre, surge el ideal ascético, también ¡la nada!, y de ahí el asco, la náusea hacia el hombre y de ahí nacieron los ideales ascéticos, es decir, los de la decadencia. Y, sigamos con el anticristianismo de Nietzsche. No importa que, según su estilo polémico y de hablar en códigos, haya dicho frases duras e hirientes en grado sumo y que haya elaborado *una ley contra el cristianismo* y que ésta sea ofensiva y colmada de epítetos punzantes y hasta groseros si se quiere, como este: *"Guerra a muerte contra el vicio: el vicio es el cristianismo"* (AC o. c. Af. 63 ley contra el cristianismo p. 111).

Ya estaba bien claro, este filósofo no era antinado, porque no era negativo. Zaratustra, es decir, Nietzsche, (sí, porque ambos eran la misma persona somatizada), hablaban desde una montaña por tribuna y con voz de truenos., sólo eso. Pero su filosofía, no obstante, no huele a llamada anti-religiosa para salir a la calle a linchar curas. En definidas cuentas, su filosofía estaba dirigida en contra de los filósofos que confunden la realidad y contra los sacerdotes por vivir no para el cristianismo, sino del cristianismo. Su filosofía de ateo era una congregación ideológica para fortalecer el espíritu de vida y con éste en su apogeo, disolver a las religiones. A pesar de lo cual dice en el artículo V^{-0} de Ley contra el cristianismo:

> *"El sacerdote es nuestro chandala, –se lo proscribirá, se lo hará morir de hambre, se lo echará a toda clase de desierto".*[67]

---

[67] AC o. c. Af. 63 p. 112 "Este texto: La ley contra el cristianismo, no aparece en la versión del texto alemán aquí citado, ya que fue escrito por Nietzsche en un folio suelto, que se añadió posteriormente al texto original del AC Según A. Sánchez Pascual, el primero que editó este texto fue Erich P. Podach en 1961. Nota 169 p. 153 Sí, aparece en la versión de Giorgio Colli y Mazzino Montinari. DAC o. c. Band 6 Gesetz wider das Christenthum p. 224.

- El enunciado evangélico, *«toque de campana del mediodía y de la gran decisión»*, es: el anticristo sin odios y sin Dios; es el sentimiento sin el cristianismo como referente moral, porque en esos aún lejanos tiempos (bueno, ¡tampoco *tan lejanos!*), *no hará falta ya hablar de moral;* sin resentimientos, *que libera de nuevo la voluntad,* es decir, que debemos volver a los tiempos de lo veraz y del espíritu trágico, de lucha y del sí a la vida, del regreso a la naturaleza, a la fortaleza no sólo de existencia, sino de vida.

- Esta lejana, pero alcanzable esperanza evangélica, que reza así: *«se devuelva a la tierra su meta y al hombre su esperanza»,* es el sentido de la tierra, la realidad; la esperanza del hombre en un mundo mejor, su alegría de vida; una religión para la vida y no para el regaño y el juicio; la «máxima dorada», o «el comunismo», de Carlos Marx, sí, de ese que no es una ilusión quimérica sobre un hermoso futuro, sino una finalidad objetivamente necesaria, históricamente condicionada y que se consigue con el auxilio de medios revolucionarios. El título, y el contenido del AC y de CI sólo en apariencias recogen negatividad, pero implícitamente recogen también todo un proceso reflexivo y crítico. Nos da a entender Nietzsche en EH que eso de «anti» no es más que lo siguiente:

> *"Siempre hay un comienzo que debe inducir a error, un comienzo frío, incluso irónico, intencionalmente situado en primer plano, demorado".*[68]

Lo que estará y está, contra el cristianismo, es el proceso inevitable, la vida, el desarrollo. El cristianismo, el de Pablo, nació en una época oscura y de relativo desarrollo; surgió, no se puede negar, como una necesidad con el Jesús que predicó su evangelio en Palestina, pero que en la cruz murió ese evangelio y podría desaparecer como un resultado. No hace falta buscar consuelos y subterfugios para negarlo. Y es ateo, y como no lo es de extremos, ejerce a su ateísmo con estridencias, sin complejos, como es el caso de Thomas Carlyle, abordado el tema por Nietzsche en CI. A éste lo califica el Nietzsche de, *"varón de ademán y*

---

[68] EH o. c. "Genealogía de la Moral" p. 121 "Jedes Mal ein Anfang, der irre führen soll, kühl wissenschaftliche, ironisch selbst, absichtlich Vordergrund, absichtlich hinhaltend". EH o. c. Band 6 "Genealogie der Moral eine Streitschrift" p. 352$^{5\text{-}10}$.

palabras fuertes", pero, *"constantemente desasosegado por el anhelo de tener una fe fuerte".* (CI o. c. *Incursiones de un intempestivo* Af. 12 p. 93) Es decir, era un pensador con apariencias de valentía, cuando en realidad se portaba como un cobarde. No supo Carlyle romper con el status quo filosófico de la época. Fue traidor a él mismo, la peor de las traiciones que se puedan cometer. «Querer tener una fe fuerte, debilita y se tiene en ese caso una fe… pero débil». Lo mismo sucede que cuando se quiere tener experiencia vital a toda fuerza, siempre resulta débil y artificial. Y este no es, por supuesto, el caso de Nietzsche, que retó, de hecho, a todos los poderes ideológicos de la época y de alguna manera, a través del pensar filosófico, a los poderes políticos establecidos en Alemania y no dudó, ni un momento, en nadar contra la corriente, o sea, contra el sentimiento histórico y si hacía falta, contra la historia.

Se opuso Nietzsche a la política anti-religiosa de Otto Bismarck, lanzada con la falsa consigna de *«¡por la cultura!»*. La fina inteligencia de Nietzsche no dejó pasar por alto, que en la realidad de las cosas, la lucha anticlerical del canciller de hierro, era para que los alemanes corrieran detrás de un enemigo que no era y se les fuera el verdadero enemigo. Nietzsche a la cultura alemana (no a la de Beethoven, de Göthe y de Mozart), la declara «falsa cultura, en realidad falsa filosofía y falsa política». La política alemana de la época no facilitaba, por otro lado, ni el desarrollo económico ni las libertades políticas. Y puso claro el siguiente ejemplo, que retrata toda su idea acerca de los pensadores y escritores que le son afines, los que no y el porqué. Dice así:

> *"Dicho entre nosotros, prefiero esta generación incluso a sus grandes maestros, todos los cuales están corrompidos por la filosofía alemana: el señor Taine* [*]*, por ejemplo, por Hegel, al que debe su incomprensión de grandes épocas y de grandes hombres. A donde llega Alemania, corrompe la cultura".*[69]

Nietzsche duda de que en Alemania existan clásicos filósofos, y Marx, por su lado, a la ideología alemana (aunque le reconoce su clasicismo,

---

[69] EH o. c. *Por qué yo soy tan inteligente* Af. 3 p. 49 EH o. c. Band 6 Af. 3 *Warum ich so klug bin* p. 285⁻³ cfr. Nota 39. [*] Taine, Hippolyte (1828-1893) crítico e historiador francés. Determinista. El hombre producto de la herencia y del ambiente. A igual que Renán fue una figura influyente en su época. Autor de: *De intelligence* (1870) *Les origines de la France contemporaine* (1876-93) e *Histoire de la litérature anglaise* (1864).

su prototipo de modelo, y como alemán al fin y al cabo se siente orgulloso de ella) la califica de ideología del idealismo, vale decir, desligada de la vida, de la realidad, fuera del momento histórico, apegada al poder, sin espíritus viriles (a no ser L. Feuerbach, como ejemplo, con todo y sus déficit); revolucionarios algunos de ellos (Hegel, también como ejemplo), pero refrenados por el miedo. Miedo no tanto al poder, y quizá no miedo al poder (con el cual un poco estaban comprometidos), sino a la verdad y al devenir; miedo al cambio.

3.5 El estilo sugerente en Nietzsche

CI. es un libro dedicado exclusivamente, eso parece a simple vista, «a derribar viejas verdades». Y con esto tendría suficientes méritos para ser una obra grande. Pero el libro no se agota en la destrucción y en el placer que esa acción provoca en los espíritus libres y en los hombres fuertes. Nietzsche arranca un árbol y en el mismo lugar, como buen silvicultor, planta otro, de manera que la campiña a su paso no queda yerma:

> *"Una transvaloración de todos los valores, ese signo de interrogación tan negro, tan enorme, que arroja sombras a quien lo coloca –semejante tarea, que es un destino, compele en todo instante a correr hacia el sol, a arrojar de sí una seriedad gravosa...hay más ídolos que realidades en el mundo: este es mi «mal de ojo» para este mundo, este es también mi «mal de oído»".*[70]

Pero continúa Nietzsche en el mismo párrafo:

> *"También este escrito –el título lo delata– es ante todo un esparcimiento, un rincón soleado, una escapada a la ociosidad de un psicólogo. ¿Acaso también una nueva guerra? ¿Son auscultados nuevos ídolos?. Este pequeño escrito es una declaración de guerra...".*[71]

Está claro, este filósofo no sólo derriba ídolos como dijo en CI y en EH, sino que establece nuevos ídolos, a pesar de lo que expresa. La diferencia formal con otros filósofos estriba en que en su caso están

---

[70] CI o. c. Prólogo ps. 27-28 GD o. c. Vorwort p. 57^{-10-20}.

[71] *Ibíd.* Af. 2 p. 28 GD o. c. Band 6 Vorwort p. 58^{-5}.

más implícitos que explícitos y más expuestos a golpes de martillo que a profundas sutilezas de especulación.

> *"Yo no establezco ídolos nuevos, los viejos van a aprender lo que significa tener pie de barro. Derribar ídolos [«ídolos» es mi palabra para decir «ideales»] –eso sí forma parte de mi oficio. A la realidad se la ha despojado de su valor, de su sentido, de su veracidad en la medida en que se ha fingido mentirosamente un mundo ideal…"*.[72]

Nietzsche, el filósofo de Röcken, cada vez que filosofaba mataba a un demonio, y nos dejaba un código que, aunque quizás no sea fácil descifrarlo, por eso dice:

> *"…oír acaso, como respuesta, aquel famoso sonido a hueco que habla de entrañas llenas de aire – qué delicia para quien tiene todavía orejas detrás de las orejas"*.[73]

Nietzsche sugiere, por eso que hay que tener «orejas detrás de las orejas». También no quiere, además, pasar por *«mejorador de la humanidad»*, es decir, por moralizador, por eso es radical, duro y punzante. Tiene, con razón, mala opinión de los especímenes humano-moralizadores, y si de humanoides se tratara, pues los moralizadores son humanoides, preferiría ser un sátiro antes que un santo, porque a la realidad se le ha despojado de su valor. Los filósofos se habían alejado de la realidad y fingido mentirosamente un mundo ideal al que siempre regresaban en su deambular especulativo.

3.6 La verdad en la ideología alemana

Los filósofos clásicos alemanes, muy grandes, sí, muy inteligentes, estuvieron en el umbral mismo de hacerse con la verdad, es más, la vieron en penumbras, pero les resultó demasiado terrible (cfr Cap. II 2. 15) y el miedo los refrenó impidiéndoles llegar al final del camino y descubrirla por completo. Y, ¿cuál era esa verdad, según se colige del

---

[72] EH o. c. Prólogo Af. 2 p. 18 EH o. c. Band 6 Vorwort Af. 2 p. 258-10.

[73] CI o. c. Prólogo p. 28 "…vielleicht, als Antwort jenen berühmten hohlen Ton hören. Der von geblähten Eingeweiden redet – welches Entzücken für Einen, der Ohren noch hinter den Ohren hat,-…". GD o. c. Band 6 Vorwort ps. 57- 20- 58.

estudio de Nietzsche? Más bien eran varias verdades. Dios no existe y el cristianismo, como el alcohol, corrompe; el destino de la humanidad no está en las mejores manos, está en las peores; que la Biblia no es quien proporciona la idea del mejor gobierno como nos dice en EH:

> *"La exigencia de que se debe creer que en el fondo todo se encuentra en las mejores manos, que un libro, la Biblia, proporciona una tranquilidad definitiva acerca del gobierno y la sabiduría divinos en el destino de la humanidad...que la humanidad ha estado hasta ahora en las peores manos, que ha sido gobernada por los fracasados, por los astutos vengativos, los llamados «santos» esos calumniadores del mundo y violadores del hombre".*[74]

Por lo tanto la Biblia predicada por estos «supuestos santos», no es la mejor guía teórica ni la máxima inspiradora de valores morales; el nihilismo amenaza con dominarnos por dos siglos; no existe voluntad de poder; los éxitos y beneficios que la ciencia nos proporciona son efímeros y provisionales, como las pequeñas dosis de medicina, donde entre otras cosas dice: *"La meta de la ciencia es la aniquilación del mundo"*.[75]

Y la peor y la más profética y a la vez práctica, de las verdades. Otra clase, otras gentes, deben tomar las riendas del poder. Otras gentes más capaces, más audaces y la vez más sensatas, «menos santos» y menos conservadores, que gobiernen con «sensación de poder» y no con «complejo de poder». Ante estas verdades, se asustaron los filósofos alemanes y no les permitió, ese miedo paralizante de voluntades, seguir adelante. Por eso volvieron, en sus teorías, al punto de inicio, como el que, sin saber que va a atravesar el globo terráqueo, sale andando por el norte sin parar hasta que vuelve de nuevo, sorprendido, al norte o punto de partida. Un poco a modo de resumen, de este miedo ante la verdad terrible que en el umbral de los clásicos alemanes se columbró y a la cual le huyeron como el diablo a la cruz, es este párrafo de EH que dice así:

---

[74] EH o. c. "Aurora" Af. 2 p. 99 EH. o. c. Band 6 "Morgenröthe" Af. 2 ps. 330-331^{-5} Cfr. cita 90.

[75] SPM o. c. 3 [11] p. 28. "Der Zweck der Wissenschaft ist Weltvernichtung". WUM o. c. 3[11] p. 29.

> *"Los alemanes se hayan inscritos en la historia del conocimiento sólo con nombres ambiguos, no han producido nunca más que falsarios «inconscientes» –Fichte, Schelling, Schopenhauer, Hegel, Schleiermacher merecen esa palabra, lo mismo que Kant y Leibniz; todos ellos son meros fabricantes de velos [Schleiermarcher]– y no van a tener nunca el honor de que el primer espíritu íntegro en la historia del espíritu, el espíritu en que la verdad viene a juzgar a los falsarios de cuatro siglos, sea incluido entre los representantes del espíritu alemán. El «espíritu alemán» es mi aire viciado: me cuesta respirar en la cercanía de esa suciedad in psychologicis [en asuntos psicológicos] convertida en instinto y que se revela en cada palabra, en cada gesto de un alemán. Ellos no han atravesado jamás un siglo XVII de severo examen de sí mismos, como los franceses..."*.[76]

Este análisis nietzscheano, fuerte y profundo por cierto, abarca a la flor y nata del idealismo clásico alemán, que no llegó a la verdad porque no quiso. Lo único que, eso sí, él habla un poco en clave: «espíritu alemán», es «idealismo alemán», «limitación alemana», «poco a poco alemán»; cuando dice «corrupción», en realidad es «tergiversación»: Taine[*] «corrompido» por Hegel, es Taine «tergiversado» por Hegel. O sea, las verdades de Nietzsche hay que buscarlas descodificándolo, aunque en algunos casos, como el de su filiación ateísta, nos la explica y dice, más que nos la sugiere y para lo cual no hay que tener «orejas detrás de las orejas», o sea, metafísica desarrollada especial como la de los filósofos, sino sólo «dos orejas», como tenemos el noventa y nueve por ciento de los humanos. Cuando definió a sus compañeros de viaje, todos con algún tipo de materialismo, es decir, ligados a la tierra y sus realidades; todos fuertes y valientes como para no refugiarse en el ideal (en el ideal cristiano); todos materialistas aunque algunos ni lo confesaran a la vez que tampoco lo negaban; todos sin anemia y clorosis de vida; todos viriles como Göthe, Stendhal, Dostoievski y Napoleón, alejados de lo menesteroso, del hambre espiritual crónica y llenos de riqueza y exuberancia; llenos de lucha por el poder y de vuelta de nuevo a la naturaleza; cuando se ligó para siempre a todos estos hombres, selló su destino de ateo, que por cierto, el ateísmo no es ni una corriente ni un

---

[76] EH o. c. *El caso Wagner* Af. 3 p. 131 EH o. c. Af. 3 *Der Fall Wagner* p 361[5-10] [*] Sobre este autor ver nota al calce 69 p. 162.

destino ni una moda, sino una condición a la que se llega por naturaleza o por resultado, o por ambos a la vez, como es el caso de Nietzsche.

Al ateo, equivocado o no en determinado momento, se le identifica siempre con la naturaleza, con la fuerza de carácter, con la voluntad de poder y con la vida en ascenso, es decir, con el devenir. Todos estos compañeros de viaje que Nietzsche eligió, tenían más de Dionisos que de Apolo; eran destructores y no conservadores, tenían más de Diablo que de Dios, pues eran «*vida*» en toda la extensión de la palabra.

3.7 Otros insoportables: (cfr. 2. 3)

Pongamos algunos ejemplos más, prácticos, a título de reiteración, de los códigos que el filósofo de la vida, Nietzsche, nos transmite a través de sus afinidades y de sus desencuentros o desafectos. En CI texto, con el cual ya hemos trabajado, abunda en opiniones sobre otros grandes del pensamiento, con el cual nos va sugiriendo, a la vez que analiza y critica, sus ideas y sus verdades. A continuación exponemos otros compañeros de ruta hacia el ateísmo de Nietzsche, cuyas ideas no comparte en su totalidad. Estos son:

• ***Sainte-Beuve*** (Charles Agustín, Francia, 1804-1869). De él dice Nietzsche:

> *"Nada viril en él; lleno de una rabia pequeña contra todos los espíritus viriles. Vaga de un lado a otro, sutil, curioso, aburrido... Irritado contra todo lo grande que hay en los hombres y en las cosas, contra todo lo que tiene fe en sí mismo".*[77] [(*)]

Por nuestra parte agregar que, Sainte Beuve, de Port Royal y que «olía a jesuita», era de la corriente romanticista, como Víctor Hugo, por ejemplo; de profundos sentimientos religiosos, terminó su vida

---

[77] CI o. c. *Incursiones de un intempestivo* Af. 3 p. 86 "Nicht von Mann: voll eines kleinen Ingrimms gegen alle Mannsgeister. Schweift umher, fein, neugierig, gelangweilt...Erbittert gegen alles Großе an Mensch und Ding, gegen Alles, was an sich glaubt". GD o. c. Band 6 Af. 3 *Streifzüge eines Unzeitgemässen* ps. 112[15-30] [(*)] También Nietzsche hace mención de este autor en VS o. c. Af. 125 sobre los clásicos alemanes p. 203 y en MBM o. c. Af. 48 p. 67.

renunciando a los placeres de la carne debido a un fracaso amoroso. Bueno, podemos colegir que Nietzsche no estaba de acuerdo ni con el romanticismo que este pensador francés practicaba como corriente o método artístico, ni con el ascetismo y la vida aburrida y separada de los placeres carnales que predicaba Sainte Beuve al final de su vida. Todo lo que oliera a cristianismo y ascetismo, Nietzsche lo rechazaba como hombre y como filósofo. Estaba contra toda la fe que no sea para crear, la única que acepta y estaba a favor de la vida en grande para el hombre. Sainte-Beuve, no se atrevió a opinar contra el poder, siendo, por supuesto, más histórico que ahistórico.

- **Comte Augusto**, (Francia, 1798-1857), inspirado en la obra de Thomas Kempem (Kempis)[(*)], encarnó como su estilo de vida la religión del corazón. Nietzsche dice de él:

> *"La imitatio Christi es uno de los libros que yo no tomo en las manos sin sentir una resistencia fisiológica: exhala un parfum propio de lo eterno femenino, para gustar del cual hay que ser ya un francés –o un wagneriano…Ese santo tiene una manera de hablar del amor que incluso las parisinas se sienten curiosas –. Me dicen que aquel inteligentísimo jesuita, A. Comte, que quiso llevar a sus franceses a Roma por rodeo de la ciencia, se inspiró en este libro. Lo creo: «la religión del corazón»…".*[78]

Se puede decir, además, de Comte, a modo de resumen para entender el porqué Nietzsche lo rechazaba: era el positivista clásico; era igualitarista e idealista en lo social y absolutizaba y/o idealizaba a la ciencia. Ideó aquello de «*ley de los tres estadios*»: el teológico o ficticio, el metafísico o abstracto y por último, el científico o positivo. El hombre, para Comte, no busca el origen del universo, sino las leyes efectivas de los fenómenos, con lo cual tiene un parecido no muy lejano con Kant, o «*el cant*» de la gazmoñería inglesa y alemana. (cfr. cita 26 p. 135 EH. Af. 1 p. 65).

---

[78] CI o. c. *Incursiones de un intempestivo* Af. 4 p. 87 GD o. c. *Streifzüge eines Unzeitgemässen* Af. 4 p. 113$^{-10\ -\ 15}$ (*) Monje Alemán (1380-1471–Orden de los Canónigos de Windesheim-Autor de *Sololoquium animae* e *Imitatio Christi*.

• **George. Eliot**, (1819-1880) Sobre esta escritora inglesa y conversa del cristianismo al ateísmo, representando a su vez un conflicto entre cómo se puede ser no creyente y a su vez vivir aferrado a unos imperativos morales. Dice Nietzsche:

"–Se han desprendido del Dios cristiano y creen tanto más tener que conservar la moral cristiana. Esa es una deducción inglesa, no vamos a tomársela a mal a las mujercillas morales a la Eliot(**)*. Cuando uno abandona la fe cristiana pierde el derecho a apoyarse en la moral cristiana".*[79]

Agregar: Mary Ann Evans tuvo una esmerada educación religiosa, que debido a eso y a como era Inglaterra, marcó toda su vida y no pudo nunca, a pesar de rebelarse contra la religión dogmática, dejar, en el fondo, de ser religiosa; estuvo dos años traduciendo *Vida de Jesús*, del «envejecido David Strauss», con lo cual nos dice mucho de su devoción religiosa. Quería «otra religión», o como dijo Nietzsche, ¿eliminar el cristianismo?, pero manteniendo la moral cristiana. Era cobarde ante la realidad y ante lo terrible de la verdad que parece haber descubierto. Tuvo afinidades con los clásicos alemanes criticados por el de la Alta Engadina. Por último, criticó y combatió el antisemitismo, pero pasando al otro extremo: simpatizando con los nacionalistas judíos. Su vida personal, en el fondo, fue un calvario: «casada» con un hombre casado, y predicando moral, muy típico de las clases ricas, pero provincianas de Inglaterra.

• **George Sand**, (1804-1876 seudónimo de la baronesa Amandine Aurore Lucie Dupin, Francia). A Través de su obra *La mare au diable* (1846) representó en ésta un idealismo moral, y para colmo alumna de J. J. Rousseau, lo que motiva a Nietzsche a decir:

"....–He leído las primeras Lettres d'un voyageur [Cartas de un viajero]: como todo lo que desciende de Rousseau, falsas, afectadas, un fuelle,

---

[79] CI o. c. *Incursiones de un Intempestivo* Af. 5 p. 88 GD o. c. *Streifzüge eines Unzeitgemässen* Af. 5 p. 113^{-20-30} (**)Eliot, George- Inglaterra, 1819-1880 seudónimo de Mary Ann Evans, representante del ateísmo racionalista Tradujo la obra de L. Feuerbach: *Das Wesens des Christentum* (1854) y la obra de D. F. Strauss : *Leben Jesé*, Autora de "Scenes from Clerical Life" (1858) y otros.

exageradas. Yo no soporto ese multicolor estilo de papel pintado; tampoco la ambición plebeya de tener sentimientos generosos...Se daba cuerda como un reloj –y escribía... ¡Fría como Hugo, Balzac, como todos los románticos, en cuanto se ponían a hacer poesía!".[80]

Nietzsche además, la trata despectivamente a esta autora de *"vaca de escribir"* Podemos, por nuestra parte, agregar tres «cualidades»» más que al filósofo de la realidad no le gustaban: era, además de romántica, idealista; tenía ideales raramente socialista-humanitarios y era feminista. Era todo grandilocuencia, espuma y de poco contenido y substancia, pero lo peor de todo: era admirada en Alemania, por los ideólogos alemanes, o teólogos sin sotana, como le gustaba a Nietzsche llamarlos. Nos dice:

"¡No cultivar una psicología de chamarilero! ¡No observar jamás por observar!. Eso da una óptica falsa, un mirar bizco, algo que resulta forzado y que exagera las cosas. El tener vivencias, cuando es un querer-tener-vivencias, no resulta bien... Esa gente anda, por así decirlo, al acecho de la realidad, esa gente se lleva a casa cada noche un puñado de curiosidades...Pero véase qué es lo que sale de ahí –un montón de borrones, un mosaico en el mejor de los casos, y en todo caso, algo que es resultado de sumar varias cosas, algo turbulento, de colores chillones".[81]

Estas eran las verdades (¿se les puede llamar realmente «verdades»?) de este grupo de intelectuales con influencias en Alemania. Si queremos saber las «verdades» de Nietzsche, pongamos éstas cabeza arriba y las tendremos, o sea, invirtámoslas para saber. Con todas estas ideas e inquietudes hirviendo en las entrañas de Nietzsche, él, como Rafael, sería, cuando más, un cristiano «homeopático», es decir, afectado en pocas dosis y que se cura con sus mismas sustancias. Podía, como Rafael, Leonardo da Vinci, Miguel Angel y Napoleón, decir que sí, que era cristiano y no ateo, pero, ¿alguien podía creerle?. La actitud

---

[80] CI o. c *Incursiones de un intempestivo* Af. 6 p. 89 GD o. c. *Streifzüge eines Unzeitgemässen* Af. 7 p 115- 5 -20.

[81] CI o. c. *Incursiones de un intempestivo* Af. 7 p. 89 GD o. c. *Streifzüge eines Unzeitgemässen* Af. 7 p. 115-5-20.

vitalista de Nietzsche, el perfil de los pensadores con los cuales simpatizaba y de los cuales se nutrió, que fueron todos destructores y dionisíacos, algunos inconfesados (salvo Alejandro), nos dice a las claras que es imposible que sea cristiano y no ateo. El ideal de este alemán grande donde los hubiera, no era ascético ni clorótico, por el contrario, era concreto y verde como la vida y como la verdad; era verde oscuro de tanta clorofila como las selvas del Amazonas y las riberas del Rin en primavera, un río que debe de haber sido muy amado por él.

3.8 Lenguaje directo

Este rebelde profesor no se contentó con dar a entender mediante sugerencias, su ateísmo como una de sus verdades, definiendo, en este caso, los amigos. También lo dijo explícitamente, como explícitamente dijo otras cosas. Tratemos de hacer una recapitulación:

• **En Dionisos**, para él, era más un filósofo que un Dios, y en todo caso un Dios crítico, un Dios para la polémica, un Dios de la noche (la orgía, el sexo, el vino, la exuberancia de vida, la destrucción y el devenir) no un Dios bueno y de «los buenos» y de «los santos». Dionisos es un Dios que permanece en la oscuridad y no a la luz del día, a la hora del trabajo, sino a la hora de los placeres y la orgía, a la hora en que se llama a la destrucción y el gozo. La sustancia, como sabemos, de lo nietzscheano es lo dionisíaco y es imposible ser dionisíaco y cristiano a la vez, es imposible ser dionisíaco y no ateo. Nietzsche él mismo se describe así:

> *"Por ejemplo, yo no soy en modo alguno un espantajo, un monstruo de moral, –yo soy incluso una naturaleza antitética de esa especie de hombres venerada hasta ahora como virtuosa. Dicho entre nosotros, a mi me parece que justo esto forma parte de mi orgullo, Yo soy un discípulo del filósofo Dionisos, preferiría ser un sátiro, antes que ser un santo"*.[82]

---

[82] EH. o. c. Prólogo Af. 2. ps. 17-18 EH. o. c. Band 6 Vorwort Af. 2 ps. 257-258.

También sobre Dionisos dice el filósofo: *"Dionisos es también, como se sabe, el Dios de las tinieblas"*.[83] Es decir, filósofo y Dios malo, pero no del infierno, porque éste no existe, sino de la vida.

• **En el ateísmo**, a él, se le daba como algo muy natural, sin complicaciones de ningún tipo. Lo raro, para este filósofo dionisíaco, es que alguien lo hubiera considerado no-ateo. Así dice:

"El ateísmo yo no lo conozco en absoluto como un resultado, aun menos como un acontecimiento: en mí se da por supuesto, instintivamente".[84]

Es decir que es ateo porque es inteligente y es inteligente porque es ateo. –El que piensa es ateo (cfr. cita 56). El que no piensa no es hombre. Por lo tanto, si se es hombre, es porque se piensa y con esa condición tenemos que: hombre, por naturaleza, igual a ateo. Para Nietzsche: «La única disculpa de Dios es que no existe...»

"Nuestra cultura actual es ambigua en sumo grado... ¡El emperador alemán, pactando con el Papa, como si el Papa no fuera el representante de la enemistad mortal contra la vida!...".[85 (*)]

El Papa es el representante de la enemistad mortal contra la vida...Y, ¿a quién representa el Papa? Al cristianismo, claro y el cristianismo a Dios. Y Dios no existe. De paso, criticaba la ambigüedad y la hipocresía de la política alemana: por un lado se combatía al clericalismo y por el otro, se pactaba con la máxima jerarquía clerical en el mundo.

---

[83] *Ibíd*. En GM p. 121 "Dionysos ist, man weiâ es, auch der Gott der Finsterniss". EH. o. c. Band 5 Genealogie der Moral p. 352 -5.

[84] *Ibíd*. Por qué soy yo tan inteligente Af. 1 p. 42 "Ich kenne den Atheismus durchaus nicht als Ergebniss, noch weniger als Ereigniss: er verteht sich bei mir aus Instinkt...". E.H. o.c. Warúm ich so klug bin. Af. 1 p. 278 -20 Cfr. cita 59 p. 165.

[85] *Ibíd*. Af. 10 p. 60 (*) Según Andrés Sánchez Pascual: nota 62 p.153 este texto que habla del Papa León XIII y el emperador alemán no aparece en la versión alemana, porque fue previamente censurado. Pero sí aparece en la versión de G. Colli y M. Montinari: El emperador era Wilhelm II que en 1888 visita al Papa León XIII según nota 62 p. 153 "Unsre jetzige Cultur ist im höchsten Grade zweideutig...Der deutsche Kaiser mit dem Papst paktirend, als ob nicht der Papst der Repräsentant der Todfeinschaft gegen das Leben wäre!...Das, was heute gebaut wird, steht in drei Jahren nicht mehr...". EH o. c. Band 6 *Warum ich so klung bin* Af. 10 p. 296-10.

3.9 En el concepto «Superhombre»

"La palabra »superhombre«, que designa un tipo de óptima constitución, en contraste con los hombres «modernos», con los hombres «buenos», con los cristianos y demás nihilistas...".[86]

Su máxima aspiración e ideal era alcanzar el superhombre y a éste lo convierte en antípoda de lo cristiano, es decir, en el prototipo de lo ateo, vale decir, lo enérgico. Debido a su enfermedad estuvo involuntariamente en una primavera en Roma, para Nietzsche, el lugar más indecoroso de la Tierra, quiso evadirla e ir a la ciudad italiana de Aquila, antítesis de Roma y que fue fundada contra la ciudad de Eterna, y le viene el deseo de fundar también a él una ciudad atea, como realidad opuesta a la ciudad supuestamente llamada eterna.

"...yo fundaré algún día un lugar, <u>ciudad recuerdo de un ateo</u> y enemigo de la iglesia comme il faut [como debe ser], de uno de los seres más afines a mí, el gran emperador de la dinastía de Hohenstaufen, Federico II".[87]

Podemos dejar de lado ahora a Federico II y su dinastía y pensar en lo único importante: Nietzsche no pierde oportunidad de hacernos saber su condición de ateo y enemigo de la Iglesia. Federico II, excomulgado dos veces, debe de haber sentido por los curas el mismo irrespeto que Nietzsche y esta es la razón por la que lo respeta y le quiere construir un monumento:

"La belleza del superhombre llegó hasta mí como una sombra. ¡Ay hermanos míos! ¡Qué me importan ya los dioses!".[88]

---

[86] EH o. c. *Por qué escribo yo libros tan buenos* Af. 1 p. 65 "Das Wort «Übermensch» zur Bezeichnung eines Typus höchster Wohlgerathenheit, im Gegensatz zu «modernen» Menschen, zu «guten» Menschen, zu Christen und andren Nihilisten-...". EH o. c. Band 6 *Warum ich so gute Bücher schreibe* Af. 1 p. 300-20.

[87] *Ibíd. Así habló Zaratustra* Af. 4 p.109 "...wie ich einen Ort dereinst gründen werde, die Erinnerung an einen Atheisten und Kirchenfeind comme il faut, hat an einen meiner Nächstverwanten, den groâen Hohenstaufen Kaiser Friedrich den Zweiten". EH o. c. *Also sprach Zarathustra* Af. 4 p. 340-25.

[88] *Ibíd.* en Así habló Zaratustra, Af. 8 p. 116 "Des Übermenschen Schönheit kam zu mir als Schatten: was gehe mich noch -Die Götter an!...". EH o. c *Also sprach Zarathustra* Af. 8 p. 349-15.

3.10 ¿Dioses de Nietzsche? Los superhombres, los «anticristo»

> *"Los alemanes han hecho perder a Europa la cosecha, el sentido de la última época grande, la época del Renacimiento, en un instante en que un orden superior de los valores, en que los valores aristocráticos, los que dicen sí a la vida, los que garantizan el futuro, habían llegado a triunfar en la sede de los valores contrapuestos, de los valores de decadencia –¡y hasta en los instintos de los que allí se asentaban! Lutero, esa fatalidad de fraile, restauró la Iglesia y, lo que es mil veces peor, el cristianismo, en el momento en que este sucumbía... ¡El cristianismo, esa negación de la voluntad de vida hecha religión!... Lutero, un fraile imposible, que atacó a la Iglesia por motivos de esa su propia «imposibilidad» y –¡en consecuencia!– la restauró... Los católicos tendrán razones para ensalzar a Lutero, para componer obras teatrales en honor de él... Lutero ¡y el «renacimiento moral»! ¡Al diablo toda psicología!-sin duda los alemanes son idealistas".*[89]

Amén de otro análisis que se pueda hacer, pues si se disecciona como es debido este párrafo da para mucho más; por ejemplo, que Lutero (1483-1526) y el Protestantismo por él fundados vinieron a Europa con el inicio del desarrollo capitalista (él era partidario de una reforma burguesa moderada, pero fue contrario al despliegue amplio de las ideas humanistas con que la burguesía se hizo con el poder político y era opuesto a la libertad total de comercio, medio con el cual aquélla se ha abierto camino siempre), pero de alguna manera abría el camino a las libertades democrático-burguesas al quitar a la religión como intermediaria entre Dios y el hombre, con lo cual elevaba la responsabilidad individual del individuo, se ampliaba de cualquier manera el espectro comercial, y Nietzsche, ciertamente, no hace alusiones a este asunto cardinal, ni tampoco que, mientras el Catolicismo se fortaleció con el Feudalismo, el Protestantismo (tercera variante del Cristianismo) lo hizo con el desarrollo capitalista. A Nietzsche, hijo de un clérigo protestante (único miembro de la familia, el padre, a quien parece haber amado de verdad), si se le analiza superficialmente y fabricando un

---

[89] EH. o. c. "El caso Wagner" Af. 2 ps. 129-130. EH. o. c. Band 6 *Der Fall Wagner* 2 p. 359[-20-25-30].

Nietzsche sólo parecido al que realmente existió, puede dar la impresión de que defendía a capa y espada al Protestantismo y que esa era su razón de las maledicencias y de su línea consecuente de críticas hacia el cristianismo y el análisis frío e implacable que sobre Jesús hizo oponiéndose a la idealización de Renan, que lo llamó héroe y Nietzsche lo califica de idiota. Lo que critica es que cuando pudo hundirlo a *«esa negación de vida hecha religión», lo* que hizo Renán fue que lo lustró, le cambió un poco los colores y lo salvó cambiándole el nombre y haciéndole algunas reformas. La traducción que hizo Lutero de la Biblia:

> *"...ese libro que no proporciona una tranquilidad definitiva acerca del gobierno y la sabiduría divinos en el destino de la humanidad".*[90]

No deja de ser una contradicción grande y una inconsecuencia más en esa *"fatalidad de fraile",* que en el momento en que el cristianismo sucumbía, lo salvó y lo enraizó más aún con su prédica. La traducción que M. Lutero hizo de la Biblia contribuyó a la formación de la lengua nacional, como aspecto positivo; el negativo fue que la popularizó más aún al hacerlo en forma masiva aprovechando la influencia que sobre la vida espiritual de Alemania él tenía en ese tiempo, pues si lo que Lutero quería desarrollar era el idioma y la cultura, muy bien pudo haber utilizado cualquier otro libro u otro medio, y no a la Biblia y a la religión. Es verdad que el protestantismo rechaza todo lo criticado también por Nietzsche: el purgatorio católico, el culto a los santos y a los ángeles; por otro lado, el dios trino de los cristianos ocupa en ellos una posición de monopolio absoluto; la otra gran diferencia fundamental respecto al catolicismo y a la ortodoxia, radica en la teoría sobre la relación directa entre Dios y el hombre. Así, no hace falta la Iglesia para que la gracia de Dios caiga sobre el hombre. Pero también contemplan la «salvación» si el hombre tiene firme fe en la gracia divina y en el evangelio si bien no en la religión hasta ese momento tradicional. Y todo esto, menos el evangelio como virtud, no como otra religión, también ha sido criticado por nuestro filósofo, tal como hemos demostrado recurrentemente en este trabajo. Lutero no sólo pudo haber acabado

---

[90] *Ibíd.* "Aurora" Af. 2 p. 99 "...dass ein Buch, die Bibel, eine endgültige Beruhigung über die göttliche Lenkung und Weisheit im Geschick der Mensschheit giebt,...". EH o. c Band 6 "Morgenröthe" ps. 330^{-30} $^{-31}$cfr. cita 74 p. 174.

con el cristianismo en todos sus residuos, sino que pudo haber intentado acabar con la religión católica toda, pero ni siquiera lo intentó, sino que su objeto fue sólo reformarla. Sobre la respuesta de La Iglesia a Lutero podemos ver dicha información en el libro el ya citado libro de E. Denziger. (Cfr. Capt. II 2. 1 Afinidades y Aversiones de Nietzsche p. 126). [*]

Fue así, Lutero, el símbolo de las medianías filosóficas llevadas a la vida real de la política y el gobierno. Pero podemos reconocer que de cualquier manera, el Protestantismo estaba más cerca de Nietzsche que el cristianismo, aunque este enigmático filósofo nunca admitió explícitamente esta idea, pero sí implícitamente. Todos los valores que Nietzsche le critica al cristianismo, coinciden con las ideas del Protestantismo, pero mientras éste pudo haber significado para Alemania lo mismo que las ideas de la ilustración para Francia y que las ideas de la economía política para Inglaterra, en Alemania se quedaron a mitad de camino. Por eso el filósofo de Röcken defiende ideas del Protestantismo y a la vez se ensaña en el carácter y la actitud harto conservadora en el fondo, del fundador de la tercera variante del catolicismo, porque la verdad es que siguió siendo eso: catolicismo. Y no es que para el caso de Lutero y el Protestantismo afirmara negando, sino que negaba negando. El Protestantismo, de todas maneras, que vino al mundo con las ideas burguesas aunque en forma limitada y conservadora (todo lo contrario a la actitud histórica de la burguesía que es caótica, pero libertaria por antionomasia), es un paso de avance con relación al cristianismo y a la ortodoxia, por lo siguiente:

a) Propagó la idea de la relación directa entre Dios y el hombre sin la religión y el sacerdote como intermediarios.

b) Socavó el primado del poder eclesiástico sobre el seglar.

c) Hacía superflua a la Iglesia católica y el Papado Romano.

---

[*] Denziger, E. *El Magisterio de la Iglesia*. o. c. Los errores de Lutero y la condena de la Iglesia. Dz. 741ss. Y 1540 ss.- PP. León X V[to]. Concilio de Letrán años 1512-1517. Concilio de Trento PP. Pablo IV años 1545-1563 y PP. Pío VI años 1775-1779.

d) Libraba de trabas feudales al hombre y despertaba, con el individualismo burgués, la idea de la responsabilidad personal, de hecho, los países que optaron por el Protestantismo, en términos generales crecieron más que los que se quedaron con el cristianismo tradicional.

e) Abría el camino a las libertades democrático-burguesas, y con ellas, el espíritu de investigación y la ciencia, vale decir, el camino del ateísmo, del materialismo y el desarrollo económico del país alemán, de Europa y de los EUA. Sin embargo, en la gran guerra campesina se situó Lutero al lado de la clase dominante, pues parece ser que le cogió miedo al pueblo desbordado, o sea, esa *"fatalidad de fraile, fraile imposible"*, ¡qué difícil era de entender!. Por cierto, Nietzsche le llama a Lutero *"fatalidad de fraile"*, y Carlos Marx, por su parte, aunque quizás con diferentes motivaciones, formales y de contenido, dijo sobre Martín Lutero como reformador:

> *"Lutero venció a la esclavitud por devoción, colocando en su lugar la esclavitud por convicción". Él ha despedazado la fe en la autoridad, restaurando la autoridad de la fe. Ha transformado a los sacerdotes (preti=curas) en laicos, transformando a los laicos en sacerdotes. Liberó al hombre de la religiosidad exterior, haciendo de la religiosidad la interioridad del hombre. Ha desvinculado el cuerpo de las cadenas, encadenando el corazón.*[91]

Lutero no sólo fue inconsecuente en la lucha contra la religión, como analiza Nietzsche, sino que en la guerra decisiva se situó al lado de los explotadores, con lo cual sobrepujó su inconsecuencia. Éste parecía ser más un resentido que un revolucionario. Desde la época de Lutero, los alemanes en política y en filosofía, se quedan a mitad de camino, como el país del *«poco a poco»*. Sólo en los tiempos de Bismarck y Hitler se salieron de la regla, pero fue para pasar al otro lado de la cuneta, es decir, que cuando no llegan, se pasan. La filosofía clásica alemana es,

---

[91] Gruppi, Luciano *Opere Scelte di Marx e Engels* o. c. Marx, Karl en *Per la critica della filosofia del diritto di Hegel*. p.65) "Lutero, invero, vinse la servitú per «devozione» sostituendovi la servitú per« convinzione». Egli ha spezzato la fede nell'autorità, restaurando l'autorità della fede. Egli ha trasformato i preti in laici, trasformando i laici in preti. Egli ha liberato l'uomo della religiosità esteriore facendo della religiosità l' interiorità dell'uomo. Egli ha svincolato il corpo delle catene, incatenandone il cuore".

de cierta forma, una herencia luterana en esto de no llegar al final en política y en filosofía. Pero el objeto ahora no es analizar al autor de la Reforma ni el carácter alemán, sino cómo es que una crítica de Nietzsche a este gran personaje de la historia europea, ratifica el ateísmo del filósofo.

4. Cuestiones aún fundamentales

"El cuerpo está entusiasmado: dejemos que el «alma se recree»...".[92]

El ateísmo, bien entendido, no es una corriente de pensamiento ni tampoco es un movimiento filosófico y político. El ateísmo es un una condición personal a la que se llega por herencia cultural, o por resultados, dependiendo mucho de la inteligencia personal, pero también en forma decisiva, del medio macro-económico-social en el que el hombre se desenvuelve. En todo caso, el ateísmo es un sistema de ideas que niega la fe en lo sobrenatural, la causalidad de Dios y cree que primero el hombre existe, trabaja para obtener los medios indispensables de subsistencia, y por último piensa históricamente. Primero es el cuerpo, después el alma. Lo que más diferencia al hombre, sin embargo, es que fabrica por sí mismo, los medios de producción. El nivel de desarrollo de las fuerzas productivas sociales es determinante para el incremento del ateísmo, porque si hubo desarrollo material, quiere decir que, en un juego de acciones y reacciones, se desarrolló la ciencia (el principal enemigo de la religión y del idealismo como sostén ideológico de ella); la educación libre y desalienada (entre otras cosas, laica) cobró impulsos; se elevó el nivel de vida material del pueblo, y el hombre tuvo tiempo para pensar. La base ideológica-filosófica del ateo es el materialismo. El ateísmo, como sistema de ideas surgió en la sociedad esclavista, pero los más importantes elementos que le dieron origen se encuentran en los primigenios griegos y en algunos orientales; siguió desarrollándose con el periodo inicial burgués (Spinoza, los materialistas franceses, y otros) y se afianzó en Alemania con Feuerbach, aunque su materialismo era contemplativo e inconsecuente, según Marx). El

---

[92] EH o. c. "Así habló Zaratustra" Af. 4 p. 297 "Der Leib ist begeistert: lassen wir die «Seele» aus dem Spiele..." . EH o. c. Band 6 ASZ. Af. 4 p. 34^{-25}.

ateísmo es: la vida, la fortaleza, el regreso (ascenso en realidad), a la naturaleza. Su antípoda, el idealismo, es: la religión, la negación de vida, el cristianismo que, con el alcohol han sido los dos más grandes desaciertos de la humanidad, según la idea nietzscheana. (AC Afs. 60 y 62) Nietzsche, que estremeció al mundo intelectual de su época, al poder político y de los curas, con aquello de «*tarnsvalorar todos los valores*», alcanza su vértice más conflictivo y complejo. Transvalorar todos los valores significa también un giro de ciento ochenta grados del idealismo clásico o espíritu absoluto, a la realidad, a bajarse de las nubes y fundirse con el «sentido de la tierra», y no a una simple renovación de todos los valores cristianos tradicionales, por los valores protestantes más recientes ni por cualquier otro tipo de valor religioso. Los idealistas, con Dios y la religión en sus tres grandes variantes como la Ortodoxia, la Protestante y el Catolicismo, que hoy conocemos a pesar de Lutero y gracias a éste; el materialismo, con el ateísmo, la ciencia y la vida honrada, pero sin ascetismo paralizante y debilitador. Ya sabemos qué opinión tenía Nietzsche de la filosofía idealista al expresarse sobre Hegel, Kant, Schopenhauer, Schleier-macher y otros, o sea, de los filósofos clásicos alemanes como fabricantes de velos, o sea, ocultadores de la realidad.

4.1 El estilo de Friedrich Nietzsche

Dice en El Anticristo:

"Viciosa es toda especie de contranaturaleza. La especie más viciosa del hombre es el sacerdote: él enseña la contranaturaleza. Contra el sacerdote no se tienen razones, se tiene el presidio".[93]

Por eso convirtió al místico y dualista antecesor del cristianismo (Zoroastro), en un Zaratustra escéptico y ateo y lo 'puso' a desarraigar el error que él mismo había sembrado, la teorización filosófica de la

---

[93] AC o. c. *Ley contra el cristianismo* Af. 1 p. 111 Sobre este texto respecto en su versión original, ver nota al calce de Andrés Sánchez Pascual 169 p. 153. "Erste Satz: Lasterhaft ist jede Art Widernatur. Die lasterhafteste Art Mensh ist der Priester: er lehrt die Widernatur. Gegen den Priester hat man nicht Gründe, man hat das Zuchthaus". EH o. c. Band 6 Gesetz wider das Christenthum p. 254^{-5}.

moral en la filosofía y en la vida de los hombres; por eso se proclamó como el primer inmoralista; también por eso escribió un crepúsculo de los ídolos y dijo

> *"Más cuando Zaratustra estuvo solo, habló así a su corazón: «¡Será! ¡Este viejo santo en su bosque no ha oido todavía nada de que Dios ha muerto! ...yo os enseño al superhombre... El superhombre es el sentido de la tierra... y no creais a quienes os hablan de esperanzas sobreterrenales...".*[94]

El hombre fuerte física y moralmente, no cree en Dios, pues éste es un producto no deseado de la debilidad de vida. Dios dejó de ser la verdad, dejó de ser ídolo, y ¿quién lo sustituye?, el superhombre; el superhombre pasa a ser la lejana luz, que como faro del inmenso mar o al otro lado del túnel guía el ideal de los hombres. Ese faro del mar de la realidad, que es el superhombre, no es la luz que nos indica el posible peligro, sino el camino. Pero volvamos a lo nuestro: Nietzsche es ateísta, dijo, *"...es mi aire viciado, me cuesta respirar en las cercanías de esa suciedad"*.[95] A propósito de la filosofía y de la historia sobre sus compatriotas (aunque él se sentía siempre polaco), dice:

> *"Somos gente sin formación, aún más, estamos incapacitados para la vida, para el ver y oír justo y sencillo, para la comprensión feliz de lo más próximo y natural y por ahora no poseemos el fundamento de una cultura porque nosotros mismos no estamos convencidos de poseer dentro de nosotros una verdadera vida".* (UPHV o. c. [II intempestiva] Af. 10 p. 134).

Los filósofos, y los políticos, *cuando la llamada gente común* no tiene una verdadera cultura que sea capaz de fundir *alma y naturaleza*, cuando no tienen las gentes comunes una cultura política, cuando por esto y más allá de la aparente sencillez, las personas puedan ser embaucadas y no se sienten en la imperiosa necesidad de profundizar las

---

[94] AHZ o. c. Prólogo Afs. 2 - 3 p 36. ASZ o. c. Band 4 Vorrede Afs. 2 - 3 p. 14$^{-5\ -15-30}$.

[95] EH o. c "Die «deutsche Geist» ist meine schlechte Luft: ich athme schwer in der Nähe dieser Instinkt geworden Unsauberkeit in psychologicis, die jedes Wort, jede Miene eines Deutschen verräth". EH o. c. Band 6 "Der Fall Wagner." Af. 3 p. 361^{-10} Cfr. cita 76 p. 173.

ideas, de lanzarse a fondo diciendo la verdad por terrible que sea, «y yendo más allá del bien y del mal, de lo humano, demasiado humano»; los filósofos, los intelectuales en general y la clase política en particular, prefieren, en estas condiciones, los rodeos y presentar sólo lo mejor y más *suave*. Así, dividen la globalidad en interior y exterior porque sencillamente están aquejados de la:

> *"...enfermedad de las palabras y sin poder confiar en cualquier sensación propia todavía no traducida en palabras..."*.[96]

Se tiene derecho, de esta manera, al que aunque limitado, pero de todas maneras también correcto «*cogito ergo sum*» como modo de interpretar la vida y los fenómenos en su origen, *pero eso sí*, no da para más allá, para lo cual se necesita algo real y aparentemente más vulgar: «*vivo, ergo cogito*». Y en estas ideas definitorias de idealismo y materialismo, Marx (prototipo de materialista y ateo) y Nietzsche, mal encasillado como filósofo idealista y no ateo, se definen igual: «*Existo, luego pienso*». El cogito, ergo sum, me dice, desde luego, algo importante: que no soy un vulgar animal, pero de esa manera lo que me asegura es el «ser» vacío y no la vida verde y llena, según la expresión nietzscheana. De esta manera nos sigue diciendo Nietzsche con su característica energía para completar la idea:

> *"Mi sensación originaria me garantiza sólo que soy un ser pensante, no que soy un ser viviente; que no soy un animal, sino un cogito"*. (cfr. UPHV. o. c Af. 10 p. 135).

Y exige, como el requisito filosófico indispensable para interpretar la vida y tomar partido ante la realidad, lo siguiente:

> *"¡Dadme primero vida, y os crearé a partir de ella, una cultura!...¿Quién les regalará esa vida?"*. Y contesta, para una dimensión social y religiosa del asunto:

---

[96] UPHV o. c. Af. 10 ps. 134-135 "...dazu an der Krankheit der Worte leidend und ohne Vertrauen zu jeder eignen Empfindung, die noch nicht mit Worten abgestempelt ist...". UGB o. c. Band 1 Von Nutzen und Nachtheil der Historie für das Leben 10 p. 329-5.

"Ningún Dios ni tampoco ningún ser humano, sino la propia juventud. Romped sus cadenas y habréis liberado con ellas a la vida".[97]

Cómo se parece al himno de la Internacional: ni *"César ni burgués ni Dios... nosotros mismos haremos nuestra propia redención..."*. Lo primero, claro, es la vida, es el ser viviente concreto, después, el pensamiento. Cogito, ergo sum, no es la vida plena, es sólo una parte de ella. La verdadera vida, ¡sin ningún Dios!, es «vivo, ergo cogito». Las conclusiones «erróneas» de los filósofos clásicos alemanes, se daban porque partían de «*cogito, ergo sum*» y de ahí, como Descartes, estructuraron sus sistemas de pensamiento. Ser materialista o idealista en el sentido especulativo filosófico, tiene la máxima importancia para definirse prácticamente en la vida y los intereses de los hombres. Idealista o materialista, esa es la cuestión. A Nietzsche, a diferencia de Marx, lo encasillaron en el bando de los idealistas, pensamos nosotros, por no haber proclamado abiertamente la revolución social, pero la dejó implícitamente como alternativa. No glorificó, como Marx, la violencia, pero la columbró para la praxis europea del siguiente siglo y dijo que los alemanes no tenían una verdadera cultura, porque no habían tenido un siglo XVII como los franceses (como ya dijimos antes), que significa, no nos hagamos ilusiones, preparatorio de la revolución social, industrial y económica. Lo de cultura alemana, se refiere a la filosofía, claro, y a la política y a que no habían sabido, hasta la fecha, desarrollar su sociedad al estilo capitalista completo, sin limitaciones monárquicas, liberalmente, sin miedos y a la feroz velocidad que pedía el ritmo del tiempo.

5. Epílogo

5.1 Las armas de Nietzsche contra el Cristianismo

Como ya dijimos en el capítulo anterior y remedando, a Sánchez Pascual en la Introducción al AC nos dice que:

---

[97] *Ibíd*. Af. 10 p. 135 "Kein Gott und kein Mensch: nur ihre eigne Jugend: entfesselt diese und ihr werdet mit ihr das Leben befrei haben". UGB o. c. Band 1 Von Nutzen und Nachtheil der Historie für das Leben 10 p. 329-20. cfr. cap. I nota 213 p. 108.

> *"Si el pensamiento de Nietzsche no lleva a El Anticristo, no lleva a ninguna parte"*.[98]

Ninguna idea suya, ciertamente, conduce al cristianismo ni al protestantismo, a no ser para negarlo, a pesar de que el Protestantismo es un paso de avance hacia el ateísmo, sólo que no fue llevado hasta las últimas consecuencias por Lutero. Y no se trata tampoco de que esté en «todos contra todos» y de todos contra Nietzsche. Se trata de ir a los códigos más importantes del proceso mental del filósofo alemán, de sus más sutiles reflexiones y los complejos retruécanos del mundo de Nietzsche. Era cierto, miembro de una familia muy religiosa, protestante por más señas, pero maldijo al cristianismo, confeccionó contra él una ley, dijo que el sacerdote es un chandala, una especie de mestizo, sin raza definida, un sabandija y una alimaña, y más que parecer disgustado con el Protestantismo por intentar acabar con el cristianismo, en realidad da la impresión, a pesar de su ser tan enigmático y contradictorio, de que lo que siente es que el Protestantismo no haya rematado al Cristianismo-Catolicismo y a la Biblia en un momento en que éstos como valores estaban moribundos. O sea, sí está disgustado con el Protestantismo, pero por eso, por no haber acabado con el Cristianismo-Catolicismo cuando lo tuvo en sus manos y no lo mató. Tampoco su intención era fortalecer el Protestantismo. De éste, para no perdernos en el mundo de los ejemplos, de las especulaciones y de las actitudes suavizadoras, vamos a referirnos a uno. Dijo:

> *"Definición del Protestantismo: hemiplejía del Cristianismo-y de la razón... Basta pronunciar la palabra «Seminario de Tubinga» (Tübinger Stift) para comprender qué es en el fondo la filosofía alemana una teología artera... Los suabos son los mejores mentirosos en Alemania, mienten inocentemente"*.[99]

---

[98] Sánchez Pascual, Andrés. Introducción al AC o. c. p. 8.

[99] AC o. c. Af. 10 p. 34 "Definition des Protestantismus: die halbseitige : Lähmung des Christenthum -und der Vernunft...Man hat nur das Wort «Tübinger Stift» auszusprechen, um zu begreifen, was die deutsche Philosophie im Grunde ist- eine hinterlistige Theologie...Die Schwaben sind die besten Lügner in Deutchland, sie lügen unschuldig...". DAC o. c. Band 6 Af. 10 p. 176[-20].

En este párrafo Nietzsche se extiende en el hecho de que el éxito de la filosofía alemana fue un éxito de teólogos y entre teólogos, pues como entre otras cosas se sabe, allí, en el Seminario[(*)] de Tübingen, estudiaron la flor y nata de la filosofía clásica alemana, la tercera parte de los cuales eran, según Nietzsche, hijos de párrocos y maestros y que:

> *"Kant fue lo mismo que Lutero, lo mismo que Leibnitz, una rémora en la honestidad alemana, nada firme de suyo…"*.[100]

Su ataque al cristianismo no fue para fortalecer al protestantismo, fue contra todas las banderas, la ortodoxa, la protestante, la cristiana y la religión en general y Dios en particular. Al criticar a Jesús y no reconocerlo en la práctica, al no reconocer al purgatorio católico, al rechazar el culto a los santos y a los ángeles, se puede pensar que es un reconocimiento tácito al Protestantismo, la religión, por demás, de su padre, el único a quien él adoraba en la familia. Pero para no confundirnos tenemos que dejar de vigilar desde la periferia e ir, como el sátrapa, a espiar desde la torre central que es de donde sí todo se ve. No se puede tampoco decir que sus dicterios u ofensas contra Lutero sean afirmación con la negación, estilo característico en él para otros momentos y ocasiones, no; en este caso es negación con la negación al considerarlo «una rémora» (*Hemmschus*) y para situarse más allá del bien y del mal, más allá de Protestantes, de Cristianos y de Ortodoxos, más allá incluso de toda religión, y no porque el Protestantismo negara a la religión (en realidad lo que hizo fue darle otros matices, pero la mantuvo igual que al sacerdote como guía espiritual del rebaño humano, un ejemplo de lo cual fue el propio padre de Nietzsche, párroco de una Iglesia en Röcken y querido por los campesinos, que lo veían como a un ángel). ¿Por qué afirmar entonces que todo en él, sus proyectiles pesados y de largo alcance, apuntan a fortalecer más que al Protestantismo o al Cristianismo, a potenciar el ateísmo? Por lo siguiente:

[(*)] Fundación Luterana Universitaria y seminario del clero alemán de Suabia, exalumnos: Hölderling - Hegel y Schelling. A. Sánchez Pascual. Art. cita 5 nota 21 p. 121.

[100] AC o. c. Af. 10 p. 35 "…Kant war, gleich Luther, gleich Leibnitz, ein Hemmschuh mehr in der an sich nicht taktfesten deutschen Rechtschaffenheit". DAC o. c. Band 6 Af. 10 p. 177[-5].

a) Estructuró sus propuestas filosóficas sobre una base materialista: vivo, ergo cogito. La filosofía del «*vivo, ergo cogito*», sí resiste la prueba de los hechos y del tiempo, porque al contrario de las ideas de Descartes y Kant, no contradice las leyes descubiertas por Copérnico y Galileo.

b) Su negación del Dios moral, en realidad el Dios que más nos define como creyentes o como materialistas. Ese Dios que basa su poder y omnipotencia, como el del Zar y los sátrapas árabes, en que es omnividente e invisible; en que existe el pecado y se le teme al «juicio».

c) Su aceptación, no sólo aceptación, sino su consagración de lo dionisíaco. No se es a la vez dionisíaco (esencia de lo nietzscheano) y religioso de algún tipo de catolicismo. Recordemos cuál es el concepto mismo de lo dionisiaco:

> *"...en como aquél que posee la visión más dura, más terrible de la realidad, aquel que ha pensado el pensamiento más abismal, y no encuentra en sí, a pesar de todo, ninguna objeción contra la existencia...«a todos los abismos llevo entonces, como una bendición, mi deber de decir sí»...".* [101]

¿Se parece en algo este concepto a lo cristiano? ¿Este concepto es idiota o es la vida propia, esa que enfrenta la compleja realidad, la que lleva dentro de sí a la vez que su vida, los gérmenes de su destrucción, o del cambio?

• Su admiración por los naturalistas griegos y su politeísmo; por la confesión de cuáles pensadores le sirvieron de punto de referencia para la elaboración de sus avanzadas filosóficas (y comprobar nosotros que ninguno fue, ni de lejos, alimentador de religiones). Por el contrario, todos eran profundos, ahistóricos cuando menos, si no suprahistóricos, ligados al sentido de la tierra y de vuelta en la naturaleza.

• Su crítica despiadada, pero exacta, como sólo él, Marx y Engels supieron hacer, a la filosofía clásica alemana por idealista ("*una teología artera=hinterlistige Theologie*") le llama Nietzsche como vimos antes en el AC. por consagrar a Dios y a la religión; a la política interior y

---

[101] EH. o. c. "Así habló Zaratustra" 6 p. 113 EH. o. c. Band 6 "Also sprach Zaratustra". Af. 6 p. 345^{-10}.

exterior de su país; a su clase de prosapia noble (noble no por elevados ideales) en el poder, reventada esta crítica, que salió como de una válvula de escape en los momentos plenos de su locura, donde parece ser que el subconsciente lo traicionó, se desinhibió y soltó toda la reserva mental que tenía dentro contra las clases dirigentes alemanas por ser clases portadoras de valores decadentes. En los años posteriores a su muerte, la hermana y el fascismo alemán mutilaron, como se sabe ya, su obra y otras ideas de él las escondieron. Dice Andrés Sánchez Pascual (Introducción a AC. p.10) que sin embargo el teólogo amigo de Nietzsche, Franz Overbeck, quien después de una lectura del AC escribió una carta en la que se contiene el primer juicio de esta obra. Lo entendió y no tuvo prisa en dar a conocer al verdadero Nietzsche, pues sabía que su momento llegaría.

Y, eso, esa sabiduría, está bien, cada cosa a su momento. Pero, ¿el momento ya llegó? Parece que sí, pero es sólo eso, «un parecer». ¿Ya sabemos a ciencia cierta lo que él nos dijo, en letras grandes, y lo que nos quiso decir, en letras pequeñas o entre líneas? ¿Ya lo entendimos cabalmente? Mientras no entendamos que era ateo de todos los dioses y religiones (católicas, budistas, musulmanas y judaicas), no hemos realmente entendido bien a este complejo y conflictivo filósofo alemán. Unos creemos que afirmó, negándolo, al cristianismo. Otros, somos proclives a pensar que si criticó al cristianismo fue para reafirmar al Protestantismo, la religión de su querido padre; otros, no sin cierta razón, un poco creemos que criticó a Lutero porque se quedó a medias: ni acabó con el cristianismo, ni llevó a término completo al Protestantismo que, considerando éste superflua a la Iglesia y dañino al sacerdote, no los eliminó, sino que les cambió el ropaje. La mayoría, para suavizar a Nietzsche, que hirió de gravedad a dioses terrestres como Kant, Jesús y los curas cuando les dijo «idiotas», «lisiados», «chandalas», etc., dicen que lo hizo no para ofenderlos, porque con eso de, por ejemplo, *«idiota»*, lo único (¡como si fuera poco!), que les quiso decir fue: «enfermos», «sublimes» e «infantiles». Bueno, y pregunto acaso ¿y qué?, sublime es debilidad; enfermedad, es débil y enfermo moral, flojo de carácter; infantil es clínicamente subdesarrollado, con el sistema endocrino de un niño. Y no le demos vuelta de hoja, «idiota es idiota ¡y punto!». Pero sigamos enlazando pensamientos. Dice Nietzsche:

> *"Al decir «Dios ve el corazón», la moral dice no a los apetitos más bajos y más altos de la vida y considera a Dios enemigo de la vida...El santo en el que Dios tiene su complacencia es el castrado ideal...La vida acaba cuando comienza el «reino de Dios»..."*.[102]

Seguimos enlazados con esta línea de pensamiento. En AC. dice Nietzsche sobre lo que venimos reflexionando:

> *"Todo hombre (cada uno) es hijo de Dios-Jesús no reclama para sí solo –en cuanto hijo de Dios todo hombre es idéntico a otro... ¡Hacer de Jesús un héroe!– ¡Y qué mal entendido es sobre la palabra genio!"*.[103]

Concluyendo a Nietzsche en este tema del *AC*. Andrés Sánchez Pascual, transcribe un fragmento póstumo titulado *«El tipo Jesús»*, en una clara polémica en 1888, sobre la genialidad y la heroicidad de Jesús entre Renán y Nietzsche y publicada recién en 1970. Se explaya más aún el filósofo en esta plémica con Renan, al expresar que: Jesús no tiene capacidad para comprender la realidad; que ha entendido falsamente y que de haberse entendido falsamente, es de donde tiene su experiencia, su mundo, su verdad y el resto le es ajeno. Nietzsche por eso le llega a decir a Renan:

> *"El señor Renán, ese bufón in psychologicis, ha aportado a su aclaración del tipo Jesús los dos conceptos más inapropiados que para esto puede haber, el concepto genio y el concepto héroe. Pero si hay lago no-evangélico es el concepto de héroe. Cabalmente la antítesis de toda pugna..."*.[104]

---

[102] CI o. c. La moral como contranaturaleza, Af. 4 p .63 "Indem sie sagt «Gott sieth das Herz an», sagt sie Nein zu den untersten und obersten Begehrungen des Lebens und nimmt Gott als Feind des Lebens...Der Heilige, an dem Gott sein Wohlgefallen hat, ist der ideale Kastrat...Das Leben ist zu Ende, wo das «Reich Gottes» anfängt...". GD o. c. Band 6 Moral als Widernatur Af. 4 p. 85^{-30}.

[103] AC o. c. Af. 29 p. 58 "Jeder ist das Kind Gottes – Jesus nimmt durchaus nicht für sich allein in Anspruch -, als Kind Gottes ist Jeder mit Jedem gleich....Aus Jesus einen Helden machen!...". DAC o. c. Band 6 Af. 29 p. 200^{-10} cfr. notas 62 y 66 del AC. ps. 132-133 de A. Sánchez Pascual.

[104] *Ibid*. Af. 29 ps. 57-58 DAC o. c. 29 p. 199^{-30}.

El fragmento **«El tipo Jesús»** reza así:

"Jesús es lo contrario de un genio: es un idiota... gira en torno a cinco o seis conceptos que antes ha oído y poco ha entendido... el resto le es ajeno... El hecho de que los auténticos instintos varoniles –no sólo los sexuales, sino también los de lucha, orgullo, heroísmo– no se hayan desarrollado jamás en él, el hecho de que se haya quedado retrasado y haya permanecido infantilmente en la edad de la pubertad: eso es propio de ciertas neurosis epileptoides. Ni el más lejano soplo de ciencia, gusto, disciplina espiritual, lógica, ha llegado hasta ese idiota santo: de igual modo que tampoco la vida le ha rozado".[105]

Describiendo la figura del Jesús como un anarquista, dice el autor:

"Yo no alcanzo a ver contra qué iba dirigida la rebelión de la que Jesús ha sido entendido o mal entendido como iniciador...Ese «santo anarquista» que incitaba al bajo pueblo, a los excluidos y «pechadores»... era un criminal político ...Eso fue lo que lo llevó a la cruz: la prueba de esto es la inscripción puesta en ella. Murió por su culpa-...".[106]

Le llama, como afirmamos, *«idiota»* y cuando aclara qué es *«idiota»*, lo hunde estrepitosamente más. No nos consolemos, *cuando dice aquello de: sublime, enfermo e infantilista*, reafirma la idea de tipo inútil filosóficamente, o sea, *tipo-no-heroico*. Tampoco entiende Jesús, según sigue explicando Nietzsche, algo espiritual y que sin embargo, sólo. En el mismo fragmento póstumo *«El tipo Jesús»* (1888) en respuesta a la visión del Jesús de Renán, dice:

"...conoce efectos morales: signo de la más baja y más absurda cultura...Jesús es un idiota en medio de un pueblo listo...Sólo que sus discípulos no lo fueron. –¡Pablo no era en modo alguno un idiota!– de esto depende enteramente la historia del cristianismo".[107]

Nietzsche se explaya más aún en su polémica con Renan, al expresar que: Jesús no tiene capacidad para comprender la realidad; que ha entendido falsamente y que de ese haber entendido falsamente, es de donde tiene su experiencia, su mundo, su verdad y el resto le es ajeno.

---

[105] Sánchez Pascual Andrés en Introducción al AC Nota 39 p. 123 y nota 63 p. 132- versión editada.

[106] AC o. c. Af. 27 p. 55 DAC o. c. Af. 27 p. 198^{-5-25} Ver apéndice. cfr. nota al calce 49.

[107] *Ibíd.* nota 63 del AC sobre el «El tipo Jesús» p. 132.

Que Cristo murió supuestamente por su propia culpa, sufrió de forma horrorosa (¿una especie de sufrimiento prometeico, o filisteo?, no se sabe bien), y al final su sacrificio sirvió para los «vivos», como Pablo, que si Jesús hizo de sumiso, él hizo de *imitador* a nombre de Jesús. Ni con Kant, que sólo veía ley moral y deber, divinizando no al hombre, sino al funcionario estatal; ni con Jesús, ese «santo anarquista» y ese «santo idiota», que murió por su culpa; ni con los filósofos clásicos alemanes tirando velos sobre la realidad, se llega a ninguna parte, filosóficamente hablando. Jesús, con Dios, es el *«viejo ideal»*, y al aparecer Kant, a pesar de que, como veremos al final de este trabajo, fue el primero en abrir una brecha en la muralla teológica que rodeaba a las ciencias naturales y en romper «el primer impulso divino» de Newton, ¿qué dominó el mundo de los doctos alemanes, compuesto en sus tres cuartas partes de hijos de párrocos y de maestros, según la expresión nietzscheana? Dice Nietzsche,

> *"Un camino furtivo hacia el viejo ideal quedaba abierto, el concepto de «mundo verdadero», el concepto de la moral como esencia del mundo (–¡los dos errores más malignos que existen!)… La razón, el derecho de la razón no llega tan lejos… Se había hecho de la realidad una «apariencia»; y se había hecho de un mundo completamente mentido, el de lo que es, la realidad… El éxito de Kant es meramente un éxito de teólogos…".*[108]

Con Kant y con el resto de los filósofos clásicos alemanes se volvió a lo viejo: a Dios y a Jesús y al «ideal» y a la moral. Cuando el filósofo de la vitalidad no sólo existencial, sino de la profundidad de vida critica con método y rigor a esta filosofía, nos está enviando con esa crítica y ese rigor, un mensaje. Los filósofos alemanes («arteros teólogos»), existieron con sus mañas y sutilezas, porque el pueblo alemán estaba educado para la utilidad productiva y no con una cultura de fundición de alma y naturaleza, es decir, para metas superiores y para entender las arteras vías de la política y los planes de desarrollo. Pero los teólogos sin sotanas se engañaban: la fricción de manos característica del superficial que dice ¡ahora sí, la ligué!, era pura engañifa para los que se conformaban con la espuma, sin nada sólido y firme de sí, para sí y para otros. No le proporcionaron cultura política, tan necesaria, al pueblo alemán y europeo.

---

[108] AC o. c. Af. 10 p. 39 DAC o. c Band 6 Af. 10 p. 176 -30-5.

3 POR UNA NUEVA AXIOLOGÍA DE LA RELIGIÓN

"Todos los hombres que piensan son ateos".[1]

I. Introducción

1.1 A contraluz la perspectiva de los valores

El tema de los valores es el más importante en cada una de las corrientes filosóficas que existen, porque alrededor del eje de los valores gira la materia básica de los escritos filosóficos. En el caso de Nietzsche, tan traído y llevado, es más importante aún este asunto. Los valores constituyen el tuétano de la filosofía de Nietzsche, o lo que es lo mismo, su quintaesencia. Estos se identifican con: la transvaloración de todos los valores, imperativo ético que debe reemplazar a todos los valores; la voluntad de poder (valores y creencias) y el superhombre (creador de valores); el eterno retorno de lo mismo (afirmación del hombre y condición esencial humana).

1.2 La crítica del cristianismo

La cual es una constante en el pensamiento de Nietzsche desde *El nacimiento de la tragedia* el juego apolíneo-dionisiaco en la perenne lucha de los contrarios, estando caracterizada esta lucha por una coherente unidad, sin la cual no es posible ni la vida ni el cambio. No es necesario mencionar la «filosofía de Nietzsche», para saber de qué se

---

[1] Hemingway, Ernest (1957) *A farewell to arms,* Scharles Scribner's Sons N. York "All thinking men are atheists, said the major...". chapter II p. 8.

habla. Basta referirse a lo que la identifica para saber de qué y de quién se habla. Por ejemplo, con mencionar *El capital, El manifiesto comunista,* en una lucha de clases, se comprende que de quien se habla es de Karl Marx. Pero si se habla del AC; de AHZ; de EH; y sobre los temas del superhombre o de la VP, se sabe enseguida que de quien se hace mención, evidentemente de F. Nietzsche. Él es, por antonomasia, el superhombre y la voluntad de poder; él es, por definición, Zaratustra, ese Zoroastro que personificó el dualismo en filosofía y que estableció que la verdadera rueda de la historia es la lucha del bien con el mal. Zoroastro, o Zaratustra fue, al decir de Nietzsche, el que creó el mayor de los errores, la moral, y es él, entonces quien tenía que subsanar ese error. Pero Nietzsche es, por sobre todas las cosas, el *Anticristo,* o el *Antíasno,* como más adelante veremos que se califica él a sí mismo.

La perspectiva de los valores en Nietzsche se veía venir desde el NT.[2] En ella se dedica a decirnos que somos hijos de Apolo y Dionisos, pero que sólo en el símbolo de lo dionisiaco se alcanza el límite extremo de la afirmación, o sea, a comprenderse a sí mismo el hombre. Y, ¿qué es, según Nietzsche, lo dionisiaco? También en esta misma obra nos habla de lo trágico, del espíritu trágico, o sea, del ideal trágico. ¿Y qué es lo trágico, el ideal trágico? Nietzsche nos da la respuesta:

> *"«...la voluntad de vida, regocijándose en su propia inagotabilidad, al sacrificar a sus tipos más altos. A eso fue lo que yo llamé dionisiaco, eso fue lo que yo adiviné como puente que lleva a la sicología del poeta trágico. No para desembarazarse del espanto y la compasión, no, para purificarse de un afecto peligroso mediante una vehemente descarga de ese afecto, así lo entendió Aristóteles–: sino para, más allá del espanto y la compasión, ser nosotros mismos el eterno placer del devenir, –ese placer que incluye en sí también el placer de destruir...»".*[3]

Es el deseo de convertirse en enemigo, de tener un gran enemigo, de ser el gran aniquilador y el gran triunfador; es el vigor intelectual. Es la transpocisión de lo dionisiaco a un pathos filosófico; la sabiduría

---

[2] Nietzsche, F. (1973) *El nacimiento de la tragedia,* Alianza Editorial Madrid. Introducción, traducción y notas de Andrés Sánchez Pascual.

[3] EH o. c. "El nacimiento de la tragedia" Af. 3 p. 78 EH o. c. Band 6 Af. 3 "Die Geburt der Tragödie" p. 312^{-15}.

trágica. Es llegar al juego constructivo-destructivo de la vida, o sea, Dionisos. La inagotabilidad del fondo dionisiaco del mundo. Eso es lo trágico y lo dionisiaco, lo contrario de Apolo: la luz, lo estable en el cambio. Lo trágico es el antagonismo de Apolo con Dionisos (que son, los dos, los poderes básicos de la realidad del mundo). A los efectos, nos dice E. Fink: *"Nietzsche ve el mundo como un juego trágico"*.[4]

En conclusión, el NT es un libro base, escrito aún con la psicología y el estilo del filólogo, más que con la técnica intelectiva del filósofo. Pero aún así en esta obra echó Nietzsche los cimientos de lo que andando el tiempo se conocería como la «antropología de Nietzsche». En ella empezó la crítica al cristianismo, vale decir, lo que sería después uno de sus valores más estables. Dionisos, lo más coherente en él, prácticamente empezó aquí. Tanto Dionisos, la crítica al cristianismo y el juego trágico, se mantienen desde el NT a hasta AHZ. Otras cosas habrán quedado en el camino, pero estas tres se mantuvieron, al igual que otras surgieron después. Es eso lo que hemos querido decir. A modo de crítica dice E. Fink sobre el *Nacimiento de la tragedia*:

> *"Es como si Nietzsche no pudiera decir todavía de manera directa lo que le empuja, y por eso se ve obligado a dar rodeos"*.[5]

No da rodeos, lo que sí sucede es que él, como todo y como todos, fue madurando y se fue llenado de convencimientos. El tiempo y los problemas jugaron su papel. *El nacimiento de la tragedia* no podía ser como *El anticristo* ni tampoco como *Así habló Zaratustra*. En la primera obra, Nietzsche enseñó los dientes y en los otros ya sí se decidió a lanzar su ataque. A partir de aquí, trabajó con la fortaleza que trae la madurez. En esta última etapa de su vida se enfrentó al más grande enemigo de un filósofo: los problemas. Y lo hizo en formidable estilo. El hecho de que el NT. y en la FETG, sean obras un poco unidimensionales (con sólo pinceladas de dialéctica) y que un poco se agotan en lo positivo, pero esto no quiere sin embargo decir que ya en ellos, Nietzsche, no hubiera dado señales inequívocas de cuál iba a ser su código de valores. El anticristo es, junto con Dionisos, la idea clave en

---

[4] Fink, Eugene (2000) *La filosofía de Nietzsche*, Madrid, Alianza Editorial p. 25.

[5] *Ibíd*. p. 33.

la filosofía nietzscheana: un proceso, como un proceso es la voluntad de poder y el superhombre. El superhombre es, a su vez, la meta final de la filosofía de este pensador para quien lo bueno es todo aquello que lleva a la voluntad de poder; lo malo es todo lo que procede de la debilidad. Sobre el valor de lo trágico en CI.[6], es a la vez, el libro donde Nietzsche confiesa que fue donde encontró definitivamente en que consiste la psicología de la tragedia, o sea, el concepto de lo trágico. AHZ. por su parte, es el libro del «eterno retorno de lo mismo» o «ciclo incondicional»; es el libro de la presentación del superhombre, del león como símbolo de la rebeldía y de la bandada de pájaros, como *Salvador gaviota,* símbolo a su vez, de la libertad y el amor. Esta obra termina con la llegada del signo: el mensaje de Nietzsche.

¿Cuál mensaje y cuál signo? Zaratustra con el león a sus pies, en lo alto la bandada de pájaros, el sol matinal saliendo detrás de la montaña (símbolo del amanecer y de la llegada, en lontananza del superhombre) y de los «hombres superiores» huyendo espantados ante el rugido del león. Los «hombres superiores» son el símbolo de la mediocridad y el anonadamiento ante la muerte de Dios, es decir, de los ideales.

2. Aspectos axiológicos

Es la parte de la filosofía consagrada a la doctrina de los valores. En griego significan valor y dignidad. Conocemos la naturaleza social de los valores y no sólo la esencia moral de los mismos. Lo bueno, lo malo, lo feo, lo bello, no son sólo expresión de nuestra actitud subjetiva frente al objeto estimado o rechazado. Los valores, además de carácter social, tienen carácter objetivo e histórico, así como correlación dialéctica en los aspectos relativos a su desarrollo. En *Fragmentos Póstumos*, afirma Nietzsche:

"La cuestión de los valores es más fundamental que la cuestión de la certeza: Esta última tan sólo adquiere seriedad bajo la presuposición de que haya sido satisfecha la cuestión del valor".[7]

---

[6] CI o. c. *Sentencias y flechas* ps. 26-36 GD o. c. Band 6 *Sprüche und Pfeile* ps. 59 a 66.

[7] Nietzsche, F. (1999) *Nachlaâ 1885-1887* De Gruyter München Kritische Studienausgabe Herausgegeben von G. Colli und M. Montinari Band 12 Endes 1886- Frühjahr 1887- 7 [49] p. 311[-15].

> "No tenemos expresamente órgano alguno para el conocimiento, para la verdad...".[8]

Para Nietzsche el mundo está edificado con un fundamento axiológico y con un propósito de valor. Este mundo se constituye a partir de nuestras experiencias, es decir desde el quehacer inmediato que la misma vida o prágmata (Πράγματα) para los griegos, nos impone. El mundo humano no tiene características propias, no tiene sentido en sí mismo, pues no podemos representarlo desde el punto de vista axiológico porque los mortales carecemos de un órgano adecuado para poder efectuar esta experiencia cognoscitiva.

2.1 El valor en Nietzsche

> "Si se quiere a toda costa ser alguien, es preciso venerar también su propia sombra".[9]

El hombre de Nietzsche, que no es meta, ya que la meta es el superhombre, es también un ser liberado de toda opresión, entendiendo por la primera de todas las opresiones, la falta de voluntad de poder, la decadencia y la ignorancia. Cuando el hombre sea liberado de «la enfermedad de la sombra» y sea ya «ennoblecido», le llegará *«la máxima dorada»*, a la cual hace referencias Nietzsche en *El viajero y su sombra*, (Af. 350 p. 281) Ese será, por supuesto, el superhombre. Y será también la sociedad superada para que dé cobijo al superhombre. A este hombre y dentro del contexto de la justicia de la revolución cubana, es a lo que tanto el presidente Fidel Castro Ruz y el Che Ernesto Guevara Laserna le llamaron el hombre nuevo, en otras palabras, el superhombre. En un interesante trabajo el Dr. Carlos Rojas Osorio afirma que Nietzsche al

---

[8] Nietzsche, F. *El Gay Saber* (2000) Col. Austral Madrid Edición y traducción de Luis Jiménez Moreno. *Sobre el genio de la especie* Af. 354 p. 308. "Wir haben eben gar kein Organ für das Erkennen, für die Wahrheit...". *Die Fröhliche Wissenschaft* (1999) de Gruyter Verlag München Kritische Studienausgabe Herausgegeben von G. Colli und M. Montinari, Band 3 Fünftes Buch *Von Genius der Gattung* Af. 354 p. 593[-20].

[9] VS o. c. *Filosofía del advenedizo* Af. 81 p. 42 del Tomo II *Humano demasiado humano Philosophie des Parvenu* "Will man einmal eine Person sein, so muss man auch seinen Schatten in Ehren halten". MAM. o. c. Band 2 II *Vermischte, Meinungen und Sprüche* Af. 81 p. 409[-25].

hablar del valor de la justicia, niega la doctrina de los derechos inherente al ser humano. "... *No hay derechos, sino la voluntad de poder*".[10] Pero Luis O. Brea Franco, añade:

> "... *sólo a partir de una pre-comprensión valorativa del mundo, pues sólo a partir de una actitud valorativa se manifiesta algo como dotado de sentido; algo puede ser asumido como dotado de algún sentido de realidad*".[11]

Por tanto para Nietzsche, el hombre ante una situación de sobrevivir, debe ser en cada instante más vida, es decir, que en una auténtica actitud valorativa traería en consecuencia su origen de una actividad inherente al fenómeno de la voluntad de vivir, lo que no es sino la vivencia y encarnación de la voluntad de poderío. La vida misma es en sí como supremo valor, Voluntad de Pederío.

> "*Algo vivo quiere, antes que nada, «dar libre curso» a su fuerza –la vida misma es voluntad de poder–*".[12]

2.2 ¿Qué son los valores?

Son las propiedades de los objetos materiales y de los fenómenos de la conciencia social. Los valores caracterizan el significado de los fenómenos y objetos materiales de la sociedad y del hombre. Son de distinto clases:

Material: Cuando tiene valor de uso: una casa, un vaso.

Económico: Si es producto del trabajo humano, valor económico o valor simplemente.

Espiritual: Si tiene valor estético, belleza. Si es una obra de arte o un fenómeno social.

---

[10] Rojas Osorio, Carlos. *Los espectro de Nietzsche*. Revista Ceiba UPR. Ponce, Puerto Rico Año 2 # 2 Agosto-Mayo 2002-2003 p. 75.

[11] Brea Franco, Luis (2003) *Claves para una lectura de Nietzsche*, Editorial Academia de Ciencias. Rca. Dominicana cap. 2 p. 100.

[12] MBM o. c. I *De los prejuicios de los filósofos* Af. 13 p. 34 JGB o. c. Band 5 "Vor Allem will etwas Lebendiges seine Kraft auszulassen - Leben selbst ist Wille zur Macht". I Af. 13 p. 27-30.

Los fenómenos de la conciencia social, o sea, las ideas, constituyen valores y con ellos el hombre expresa sus intereses en forma de ideología. La idea de que un mundo mejor es posible, moviliza, como valor, el interés y la acción de los hombres debido a que constituye el anhelo máximo de éstos. Las representaciones de valor, además de reflejar determinada realidad y constituir un saber acerca de algo, orienta la actividad de los hombres. Los valores tienen un fin práctico y son relativos e históricos. Son, por tanto, orientables, con una dimensión ética y política en torno a los cuales juega un papel decisivo la escuela y la familia. Los valores, como conocimiento, deben ser construcciones, con desafíos y pistas de la vida, en especial para los jóvenes, con el objeto de que sean agentes transformadores, agentes del cambio, es decir, que se sitúen delante de los problemas y no sean agentes pasivos de la vida. El hombre, con su código de valores, debe preguntarse siempre al servicio de qué proyecto y de quién estará.

2.3 Transvaloración de todos los valores. Transposición de la moral a lo metafísico. Enmascaramiento de la metafísica optimista de Nietzsche

La filosofía de Nietzsche es coherente de cabo a cabo. Los primeros libros son, sin embargo, no sólo el inicio de las ideas cuyo vértice o cúspide es *Así habló Zaratustra*, sino claros como un meridiano. Los libros de su llamada etapa intermedia y final, (UPHV, FETG, CI, EH, VS, AHZ, etc.) no son ya tan llanos. Son más dialécticos, más científicos y más contradictorios.

Pero este filósofo comenzó y terminó con Dionisos; empezó y terminó siendo el anticristo por excelencia; empezó y terminó con el ideal trágico y le dedicó su vida y su filosofía al hombre y sus problemas, quiere decir, a sus valores. La lucha de Dionisos contra la religión ocupa la mayor parte del tiempo en él, de principio a fin. Pero si en los primeros libros todo se nos presenta claro y de la mano, en los otros hace esquivas como un boxeador, discute como todo un polémico y echa cieno, en especial contra sus compatriotas, como si fuera el más resentido de los mortales (él, que tanto criticó los resentimientos y la práctica del odio); como si les tuviera un odio visceral a los alemanes.

Su metafísica, aquella que «traspasa los intrincados dédalos de la experiencia», aparece enmascarada. Su máxima en el código de valores, aquello que la identifica, aquello que constituye el núcleo de su filosofía, los valores, se nos muestra disfrazada con la apariencia de la negación de todos los valores. La razón es que en primer lugar, el máximo valor es la vida, y la segunda, que es necesario transvalorar a todos los valores. Esta idea se equipara en su magnitud, con la de la voluntad de poder, el superhombre y el eterno retorno de lo mismo. Sólo se queda por encima Dionisos, que sí lo cubre todo, y que representa el ideal trágico. Ahora bien, ¿cuál es la génesis de la transvaloración de todos los valores? ¿Cuál es la metafísica de esta idea? Transvaloración de todos los valores quiere decir, cósmicamente hablando, imprimirle a todo lo conocido, un giro de ciento ochenta grados. Al igual que la tierra gira alrededor de su eje imaginario y a su vez en torno al sol, así, toda la doctrina axiológica de Nietzsche se mueve con la transvaloración de los valores y ésta, a su vez, alrededor de Dionisos y el ideal trágico. La transvaloración de todos los valores lo abarca todo: la ética, la moral, la metafísica, la religión, «lo bueno», «lo malo», en fin, todo. En la transvaloración de todos lo valores exhibe Nietzsche, como en ningún otro pensamiento suyo, la pasión por ponerlo todo en duda, no por nihilista, sino por profundo, por antigregario, por convencimiento de que no se puede ser conformista, que hay que tener espíritu de investigación y no dar por bueno, por innato todo lo que sabemos hasta hoy.

> *Todo en Nietzsche, cuando uno lo analiza bien, está concatenado. El libro donde él explica quién es, su autobiografía, Ecce homo, ¿cómo lo termina? Concluye así: "¿Se me ha comprendido? Dionisos contra el Crucificado".*[13]

Pero además, nos viene de perlas una frase suya para justificar el curso de esta idea que nos inquieta sobre la concatenación de su filosofía Dice así: *"Otros pueblos tienen santos, los griegos tienen sabios"*.[14]

---

[13] EH o. c. Af. 9 *Por qué soy un destino* p. 145. "¿Hat man mich verstanden? –Dionysos gegen den Gekreuzigten..." EH o. c. Band 6 Af. 9 *Warum ich ein Schicksal bin* p. 374-30.

[14] Nietzsche, F. (2001) *La filosofía en la época trágica de los griegos* Madrid, Valdemar. Col. El club de Diógenes. Traducción de Luis Fernando Moreno Claros. Af. 1 p. 38 "...Anderer Völker haben Heilige, die Grieschen haben Weise". UGB o. c. Band 1 Die Philosophie im Tragische Zeitalter der Grieschen 1 p. 808-20.

Antes Nietzsche, cuando en EH trata el tema del *Nacimiento de la tragedia griega*, había criticado al cristianismo al hacer una comparación jerárquica entre los valores aponolíneos y dionisíaco en confronte con los valores nihilistas del cristianismo. Dice:

"...que El nacimiento de la tragedia reconoce: que el cristianismo es nihilista en el más hondo sentido... extremo de la «afirmación»".[15(*)]

O sea, empieza con Dionisos y la crítica a la religión y los santos, y termina en los mismos temas. Esa es la idea rectora en él. Transvaloración de todos los valores puede ser incluso el título de *El anticristo*. ¿Por qué Nietzsche plantea transvalorar todos los valores, o sea, virarlo todo al revés de cómo está hoy? Dejemos que él mismo nos conteste el porqué cambiar y sustituir todo los valores por otros. Los inventados por el cristianismo, por los resentidos, por los astutos vengativos y por los violadores del hombre, todos, hay que transvalorarlos, cambiarlos. Nos dice:

"Ahora lo tengo en la mano, poseo mano para dar la vuelta a las perspectivas: primera razón para la cual acaso únicamente a mí me sea posible en absoluto una «transvaloración de los valores»".[16]

Y en esta misma obra continúa aportándonos ideas, ¿quién mejor?, que afincan la compresión acerca de la necesidad de la conciencia social e histórica de transvalorar todos los valores. Es necesario deshacerse de los anti-valores. Dice así Nietzsche:

"El problema de la procedencia de los valores morales es para mí un problema de primer rango, porque condiciona el futuro de la humanidad. La exigencia de que se debe creer que en el fondo todo se encuentra en las mejores manos, que un libro, la Biblia, proporciona una tranquilidad definitiva acerca del gobierno y la sabiduría en el destino de la humanidad, esa exigencia representa, retraducida a la

---

[15] EH. o. c. en: "El Nacimiento de la Tragedia". p. 76 EH. o. c. Band 6 "Die Geburt der Tragödie" Af. 1 p. 310^{-25} (*) cfr. cita 24 p. 198.

[16] EH o. c. ¿Por qué soy tan sabio? Af. 1 p. 27 "Ich habe jetzt in der Hand, ich habe die Hand dafür, Perspektiven umzustellen: erster Grund, weshalb für mich allein vielleicht eine «Umwerthung der Werthe» überhaupt möglich ist". EH o. c. Band 6 *Warum ich so weise bin* Af. 1 p. 266^{-10}.

> *realidad, la voluntad de no dejar aparecer la verdad sobre el lamentable contrapolo de esto, a saber, que la humanidad ha estado hasta ahora en las peores manos, que ha sido gobernada por los fracasados, por los astutos vengativos, los llamados «santos», esos calumniadores del mundo y violadores de hombre".*[17]

Nietzsche, atacador por excelencia, a quien más atacaba era a los problemas. Esta era, para él, la principal tarea de la filosofía y del filósofo. Pero atacaba, en primerísimo lugar, a la causa de los problemas. ¿Cuáles son los problemas y cuáles las causas de los problemas? Los problemas son: El deterioro de los pueblos y sus consecuencias. Hay que, necesariamente, transvalorar todos lo valores. Todo debe ser reinventado.

Nietzsche, con toda razón, nos llama a no respetar ni creer en lo valores y la moral de los «santos» (Heiligen). Dice que el que no esté de acuerdo con él en esto, lo va a declarar un «infectado» (ansteckend), aunque en realidad son muchos los enfermos. Son muchos los que están contaminados con la moral del decadente. Esta se alimenta de dos tipos de sacerdotes: Uno, el sacerdote típico, el religioso; otro, el sacerdote enmascarado, el filósofo. La Biblia y el cristianismo en general han servido para alimentar ideológicamente a las peores causas. Pero las Cruzadas, por ejemplo, que en el trasfondo buscaban los recursos del mundo islámico y árabe, la bandera que enarbolaron fue del cristianismo. El símbolo de los cruzados fue la cruz de Cristo, como se sabe. Sobre este tema Nietzsche afirma:

> *"...Yo llamo al cristianismo la única gran maldición, la única grande íntima corrupción, el único gran instinto de venganza, para el cual ningún medio es bastante venenoso, sigiloso, subterráneo, pequeño...yo lo llamo la única inmortal (unsterblichen Schandfleck) mancha deshonrosa de la humanidad... ¿Desde hoy?. ¡Transvaloración de todos los valores!".*[18]

---

[17] EH o. c. Af. 2 p. 99 "Aurora" *Pensamientos sobre la moral como prejuicios* EH o. c. Band 6 Af. 2 "Morgenröthe" ps. 330-331⁻ ³⁰.

[18] AC o. c. Af. 62 ps. 109-110 DAC o. c. Band 6 Af. 62 p. 253⁻¹⁰ cfr. cap. II cita 55.

El intento de dominar Europa por los musulmanes, que fue el contrapolo de las Cruzadas, en una actitud ofensiva de auto-conservación, se llevó a cabo también en nombre de la religión, en este caso, del islamismo. De tal manera, Nietzsche ataca a los sacerdotes y a los sacerdotes enmascarados, o sea, a los teóricos-ideólogos.

Es tan profunda su convencida crítica, que ¡hasta al islamismo lo encuentra mejor que el cristianismo, que es mucho decir! A modo de conclusión final en la cual propone una guerra a muerte contra el vicio, es decir, el vicio es para Nietzsche el mismo cristianismo, vociferando férreamente contra el sacerdote:

"...La especie más viciosa de hombre es el sacerdote: él enseña la contranaturaleza Contra el sacerdote no se tienen razones, se tiene el presidio...Comer en la misma mesa con un sacerdote le hace quedar a uno expulsado: con ellos uno se excomulga a sí mismo de la sociedad honesta. El sacerdote es nuestro chandala ,-se lo proscribirá, se lo hará morir de hambre, se le echará a toda especie de desierto...A la historia «sagrada» se la llamará con el nombre que merece, historia maldita; las palabras «Dios», «salvador», «redentor», «santo», se las empleará como insultos, como divisas para los criminales".[19]

El cristianismo ha simbolizado también, en boca de los «santos», la imagen del pacifismo a ultranza y pasiva de la muerte y del *«reino del más allá»*, mientras ellos, los santos, disfrutan del «reino del más acá» o reino de este mundo. También este valor tenemos que transvalorarlo: "¡Dionisos contra el Crucificado!". La vida contra la imagen del vano sufrimiento. La realidad que todo lo devora, pero todo lo engendra, contra la figura estable que nos encandila con tanta luz y que deja de ser transparencia para convertirse en estupidez. Nietzsche inicia su vida y la termina criticando a la religión como un antivalor.

"...Pero hay algo en mí que yo llamo valor (Mut=Ánimo) hasta ahora éste ha matado en mí todo desaliento. Ese valor me hizo al fin detenerme y decir: «¡Enano! ¡Tú! ¡O yo!»...Pero el hombre es el animal más valeroso: por ello ha vencido a todos los animales...El valor mata

---

[19] AC o. c. *La ley contra el cristianismo* Af. 63 ps. 111-112 DAC o. c. Band 6 Af. 63 p. 254.⁻ ⁵⁻²⁵⁻³⁰.

incluso el vértigo junto a los abismos...El valor es el mejor matador: el valor mata incluso la compasión...Pero el valor es el mejor matador, el valor que ataca: éste mata la muerte misma, pues dice «¿Era esto la vida? ¡Bien otra vez!»".[20] [(*)] [(**)]

3. La religión

Identificando a los débiles con el cristianismo Nietzsche en el *"El anticristo"* se pregunta Nietzsche:

"¿Qué es bueno? Todo lo que eleva el sentimiento de poder, la voluntad de poder, el poder mismo en el hombre..."¿Qué es malo? Todo lo que procede de la debilidad... ¿Qué es más dañoso que cualquier vicio? La compasión activa con todos los malogrados y débiles el cristianismo...".[21]

Estas preguntas y estas repuestas se relacionan e invocan la imagen contrapuesta de Cristo en la cruz; son la afirmación y la reafirmación de «Dionisos contra el Crucificado». Lo bueno es el poder. Pero desde luego, no el poder como relación dominador-dominado, sino como proceso de superación y de afirmación; no como ejercicio señor-siervo. El poder como conocimiento y como sabiduría que sustenta a la vida. ¿Por qué Nietzsche inicia así El anticristo, o sea, con las alusiones al poder, a lo malo, a lo bueno, a «*la voluntad de poder*», la «*debilidad*», y continúa de este mismo talante, preguntando qué es la felicidad, y contestando que la misma es «*el sentimiento de que el poder crece y que otra resistencia ha sido vencida*»? ¿Cuál es la razón por la que nosotros vinculamos esto y lo que sigue con los valores, más concretamente, con la transvaloración de todos los valores? Antes de contestar vamos a seguir con Nietzsche:

---

[20] AHZ o. c. *De la visión y el enigma* p. 229 ASZ o. c. Band 4 III *Vom Gesicht und Räthsel* ps. 198-30 - 199-5–10. [(*)] Entiendo que aquí *Muth* no es sinónimo de *Werth*, aunque es traducido como Valor, se refiere a valentía-corage, etc. [(**)] cfr. IV parte de AHZ. *El noctámbulo* 1 p. 429 ASZ o. c. Band 4 *Das Nachtwandler-Lied* 1 p. 395.

[21] AC o. c. Af. 2 p 28 "¿Was ist gut?- Alles, was das Gefühl der Macht, den Willen zur Macht, die Macht selbst in Menschen erhöt. ¿Was ist schlecht-Alles was aus der Schwäche stammt ¿Wasist schädlicher als irgend ein Laster? – Das Mitleieden der Tath mit allen Miârathnen und Schwachen: -das Christenthum". DAC o. c. Band 6 Af. 2 p. 170-5-10-15.

"No apaciguamiento, sino más poder; no paz ante todo, sino guerra; no virtud, sino vigor". (virtud al estilo del Renacimiento, virtù, virtud sin moralina)...Los débiles y malogrados deben perecer. Artículo primero de nuestro amor a los hombres. Y además, se debe ayudarlos a perecer".[22]

Pero las ideas de Nietzsche alrededor de la religión como valor son contradictorias. Al menos, difíciles de entender y complejas. El código que él nos quiere transmitir parece que es este según esta misma cita en *El anticristo*: El Crucificado es la imagen de la compasión y del espanto. Por tanto, la compasión parece ser la clave para abrir este rompecabezas nietzscheano. La compasión, además, con apellido, o sea, activa. El Crucificado, al que Nietzsche asigna, desde ya, un enemigo, por demás poderoso: Dionisos. Sí, el Jesús de la cruz es la más completa imagen de la compasión, de la debilidad y del dolor. A este Jesús supuestamente no da deseos de imitarlo. Mejor imitar a Espartaco en esa figura inmortal de fiera indomable peleando aún después de haber sido atravesado por doce lanzas romanas. El gladiador romano Espartaco (m-71) se parecía al león; en cambio, Jesús se parece más al débil, al cordero, llamándonos a una compasión activa, a que seamos como él. Los «santos» así nos lo presentan con ese Muth que nos habla Nietzsche. Sin embargo, según él, es a estos débiles a los que hay que ayudar a que perezcan, hay que matar a esta debilidad. El llamado de Nietzsche no es a la crueldad, sino a la rebeldía y que al que hay que matar es al cristianismo, ya que proclama la compasión y el amor por el débil. Pero existe otro Jesús, el Jesús que anduvo en la mar. El Jesús que nos recuerda Antonio Machado en versos inolvidables: *"...adorar no al Jesús del madero, sino al que anduvo en la mar"*.[23]

Contra el Jesús que anduvo en la mar, Nietzsche no parece tener nada en contra; sí lo tiene todo contra el Jesús del madero. Éste no es

---

[22] *Ibíd*. Af. 2. p. 28. (*) Para Sánchez Pascual (nota 9 p. 116) el término irónico moralina = a judaína, lo toma Nietzsche de la obra de Paul de Lagarde en su libro *Über das Verhältnis des deutschen Staaten zur Teologíe, Kirche und Religión*. cfr. ver Af. 6 p. 30 dice "libre de moralina" y también Af. 56 p. 97: "una maloliente judaína". DAC Band 6 2 p. 170^{-10}.

[23] Machado, Antonio, popularizado por el canta-autor Juan Manuel Serrat.

rebeldía, no es afirmación del hombre; no es poder; es compasión. El Jesús del madero es conformismo, apaciguamiento; no es guerra; no es moral, es moralina. La compasión activa con los malogrados y débiles es «más dañosa que cualquier vicio». No virtud es lo que se necesita, como la virtud encarnada por Jesús en la cruz; sino el vigor, como el de Espartaco matando contra los que violaron su dignidad de hombre, haciendo la guerra necesaria, aunque fatal. Podemos concluir entonces en que, ¿Nietzsche era antirreligioso, entendiendo como negativo el prefijo «anti» de El anticristo? Nietzsche era anticristiano, pero no anticristiano como un todo, a ultranza. Él era anticristiano del Jesús que nos presentan en la cruz, no del Cristo que anda en la mar y en los desiertos predicando, si bien es verdad que a éste le contrapone la figura de Zaratustra en las montañas y en las cuevas, no por cuarenta días, sino por diez años.

Nietzsche no niega, como su compatriota Carlos Marx, a la religión como valor ni la usa a conveniencia como Napoleón, aunque sí la combate, a la actual, con tanta saña o más aún a como lo hizo Marx. Para Carlos Marx, la religión es el opio de los pueblos; para Napoleón, era la policía espiritual. Carlos Marx no le reconocía ningún valor, todo lo contrario; y Napoleón la consideraba un instrumento de poder. Para éste, un cura era un sargento espiritual y puso a la religión a su servicio; Marx la situó en su contra. Donde quiera que triunfaran los sistemas marxistas, ejercieron represalias contra la religión. De todos es conocido, por ejemplo, el triunfalismo de Nikita Jruvschov que se propuso construir el comunismo en veinte años. Pero como en la sociedad comunista se supone que ya no existan creencias religiosas, se llevó a cabo una política de "a Dios rogando y con el mazo dando": junto al trabajo «ideológico», se persiguió policialmente a la Iglesia, se le siguió confiscando bienes (lo cual había comenzado con Stalin); las iglesias se convirtieron en almacenes y establos y se instauró un discurso político falsamente antirreligioso. Para Nietzsche, la religión, el cristianismo, es un proceso al que hay que superar y que esa superación la produce él mismo. Lo que éste le niega a la religión es el falso valor con el cual ha trabajado el cristianismo por más de 2000 años. Por eso, desde *El nacimiento de la tragedia* critica al cristianismo más que a la religión como tal. Efectivamente, ya en esta misma obra este filósofo abordaba el problema de la religión (de la religión que conocemos), como valor, pero la criticaba cEEon fuerza inusitada. Dice así en su autobiografía:

> *"En todo el libro, un profundo, hostil silencio contra el cristianismo. Éste no es ni apolíneo ni dionisiaco; niega todos los valores estéticos, los únicos valores que el Nacimiento de la tragedia reconoce: el cristianismo es nihilista en el más hondo sentido, mientras que en el símbolo dionisiaco se alcanza el límite extremo de la afirmación. En una ocasión alude a los sacerdotes cristianos como una «pérfida especie de enanos», de subterráneos...".*[24 (*)]

Está claro, y esto fue casi lo primero que dijo en contra del cristianismo, y, esto, casi lo último: «Dionisos contra el Crucificado», no contra el Cristo que anduvo en la mar. El cristianismo no deja al hombre afirmarse. Esa es la objeción de Nietzsche. Lo primero que predispone a él contra el cristianismo es la violación que lleva a cabo contra el hombre, al presentar a Jesús no como hijo carnal de hombre y mujer, sino como hijo de una «*inmaculada concepción*».

> *"...Y es lícito ser cristiano, mientras le génesis del hombre esté cristianizada, es decir, ensuciada con el concepto de la inmaculata conceptio [inmaculada concepción]...".*[25 (*)]

Al ejemplo a seguir, al Mesías, el cristianismo lo desnaturaliza: el liberador de los males no sería un hombre. Así, el cristianismo rechaza la idea del hombre verdadero, del hombre dionisiaco, hijo del amor sexual entre hombre y mujer, una de las cosas más bellas de la vida y por la que vale la pena existir suponiendo que no hubiera otras cosas también bellas y valiosas. Con esto de la «inmaculada concepción» en el pensamiento de Nietzsche, el cristianismo demuestra que en el fondo, rechaza al hombre, lo desprecia, debido a la aberración moral y

---

[24] EH o. c. Af. 1 p. 76 *El nacimiento de la tragedia* EH o. c. Band 6 *Die Geburt der Tragödie* Af. 1 p. 310^{-} $^{25-30}$ (*) cfr. cita 15 p. 193.

[25] AC o. c. Af. 56 p. 97 (*) No comparto la nota de Andrés Sánchez Pascual nota 82 p. 137) que afirma que hay un error en Nietzsche en lo que concierne al uso del término *"inmaculada concepción"* que hace referencia solamente a la ausencia de pecado original en María, y no a la concepción virginal de María con el nacimiento de Jesús. Entiendo que este término teológicamente puede aplicar a ambos dogmas de la iglesia católica. "¿Und darf man Christ sein, solange mit dem Begriff der immaculata conceptio die Enstehung des Menschen verchristlich, das heisst beschmutzt ist? DAC o. c. Band 6 56 p. 240^{-20}.

antinatural que significa la forma en que dicen que fue concebido Jesús. Esta es la quintaesencia de su doctrina y nadie como Nietzsche la penetró tanto en su intríngulis. ¡Cómo si fuera mejor y más elevado ser hijo putativo, en lo que convirtieron a Cristo (hijo putativo del José el carpintero), que ser hijo normal de hombre y mujer! Esta pureza que presenta la Iglesia como doctrina, para Nietzsche en realidad no es pureza, es superficialidad y ficción. El rechazo del cuerpo humano como una unidad integrada y presentarla dicotómicamente en partes y acciones, es le forma más sutil que existe de lo inhumano. Para Nietzsche, que el valor casi único es el hombre, le ofende esta inferiorización del ser humano que lleva a cabo el cristianismo en nombre de los sacerdotes. En otras ocasiones dijo que los griegos son dignos de admiración porque tienen sabios, no santos (cfr. capt. III cita 14 p. 201)

En estos pensamientos está la plataforma programática de su ideología. En el *FETG* había resaltado también, lo que es una alusión indirecta, pero inteligente, en contra del cristianismo, el politeísmo de los griegos. Así se expresa el autor:

> *"O como quienes, por ejemplo, llevados por la cerril veneración por la bóveda celeste de los cabales indogermanos se figuran haber encontrado una forma más pura de religión que el politeísmo de los griegos".*[26]

Parece ser que uno de los problemas del cristianismo es su monoteísmo. Para Federico Engels, ¿qué es Dios? Es una copia del déspota oriental único. El romo (tosco) aplastamiento del hombre es lo que hace surgir a Dios que no es más que una idea terrenal con fantasmagoría celestial. No por gusto el cristianismo surgió en el Oriente. De ahí viene también, esa es la génesis, el desprecio a la mujer, y lo de la inmaculada concepción. Porque, los demás somos maculados, manchados por el pecado original. Por eso se habla más de fornicar que de hacer el amor, de abrazarse y no de amarse; nos quieren presentar al Mesías, al ejemplo a seguir, pero ¿cómo puede serlo si es hijo natural de hombre y

---

[26] FETG o. c. Af. 1 p. 36 "...und welche zum Beispiel in der beschränkten Anbetug des einen Hilmmelsgewölbes bei den biederen Indogermanen eine reinere Form der Religion wiedergefunden zu haben wähnen". UGB o. c. Band 1 *Die Philosophie im Tragische Zeitalter der Grieschen* 1 p. 807[-5].

mujer? Tiene que ser ¿"concebido" sin pecado? Tiene que ser hijo de la «virgen María, no de la joven María». Todo se formó ahí, como producto de la cultura religiosa de Oriente y Nietzsche estaba consciente de esta situación. En el Corán también se habla muy mal de la relación sexual y se vulgariza a la mujer y al amor. La religión encarnada en el cristianismo, además de la «compasión» predica la fe, el dogma, no la ciencia, ni la indagación ni la investigación. Sin embargo, ¿qué deben tener los pueblos? Sabios y no santos (cfr. cita 10) La fe, el dogma, son la sumisión, la intolerancia. Ha habido también sistemas ateos que predicaron la intolerancia. De todo ha habido, pero este es otro análisis. Transvaloración de todos los valores, de eso se trata, en la base ideológica de Nietzsche. Oídos nuevos para una música nueva. Ojos nuevos para lo más lejano.

> *"Hay que ser superior a la humanidad por fuerza, por altura de alma,- por desprecio..."*.[27]

Despreciar los valores falsos que hoy asume la humanidad. Pero no se trata de taponarse los oídos y cerrar los ojos. Se trata de órganos nuevos para la nueva verdad. Es mi opinión que la religión es un reflejo fantástico en la psiquis humana, de las fuerzas exteriores que dominan los sentidos en la vida cotidiana de las personas. En ese reflejo, las fuerzas terrenas adquieren formas no terrenas. Salvo alguna situación histórica específica, por lo regular, cuanto más atraso económico tiene un pueblo, mayor es también el atraso social y más fuertes se hacen también las ideas religiosas. El analfabetismo es caldo de cultivo para el auge de la religión, así como el vivir al día, sin reservas, sin esperanzas y sin futuro, pensando sólo en la supervivencia. Esta situación aplasta al hombre y lo hace creer en cualquier cosa, pues no lo deja pensar. Por eso dice Hemingway, *"todos los hombres que piensan son ateos"*. (cfr. cita 1) Si el hombre pensara no creería en Dios. La idea de Dios es anticientífica. La idea de Dios oprime al hombre. La idea de Dios viene del «reino de la necesidad» y se acaba cuando llegue el «reino de la libertad», cuando las riquezas fluyan a manos llenas en la vida del hombre, cuando el hombre tenga más tiempo para pensar y crear y no

---

[27] AC o. c. Prólogo p. 24 "Man muss der Menschheit überlegen sein durch Kraft, durch Höhe der Seele – durch Verachtung..." DAC o. c. Band 6 Vorwort p. 168.

tenga que vivir sin saber qué va a comer mañana, o cómo se va a curar mañana. El pensamiento de Hemingway está en plena consonancia con las ideas de Nietzsche sobre Dios, la religión y el ateísmo. Dice

> *"«Dios», «inmortalidad del alma», «redención», «más allá», todos estos son conceptos a los que no he dedicado ninguna atención, tampoco ningún tiempo, ni siquiera cuando era niño –¿acaso no he sido bastante pueril para hacerlo?".*[28] (*)

Este texto confirma como dijimos antes, que todos los hombres que piensan son ateos. Pero este pensamiento ateísta de Nietzsche se profundiza cuando nos dice que en sus primeros años de vida le echó a Dios la culpa del mal sobre la tierra, y después, al madurar, se dio cuenta de que no, de que la culpa de los problemas está en la tierra y somos los hombres los responsables de ellos. La opinión de Nietzsche que sustenta el fundamento del ateísmo de Nietzsche en sus inicios, ya la hemos citado en el capítulo II sobre *El Ateísmo*.[29]

Al convencerse de que "Dios es una respuesta burda", buscó los males y su origen, donde realmente están, en la tierra, en la propia vida, pues la tierra será siempre un jardín imperfecto. Nos dice Nietzsche:

> *"Por fortuna aprendí pronto a separar el prejuicio teológico del prejuicio moral, y busqué ya el origen del mal detrás del mundo".*[30]

Pero no se puede negar que sea como sea, la idea de Dios, es una de las formas de manifestarse de la conciencia social. Yo pienso que Nietzsche, a pesar de su ateísmo, consideraba a la religión como necesaria. El hombre tiene necesidad de creer en algo que lo motive, lo mueva y le dé sentido a su vida, que le dé alguien desinteresado y que lo inspire. Un filósofo dijo una vez que *"Dios existe, pero si no existiera, habría que crearlo".* Esta parece ser la idea rectora de Nietzsche. Las

---

[28] EH o. c. Af. 1 p. 41 EH o. c. Band 6 "Warum ich so Klug bin 1 p. 278[-20] (*) cfr. cap. II cita 59 que completa la idea de esta cita.

[29] Ver cap. II 3. 3 La moral y el Dios de los valores naturales cita 60.

[30] GM o. c. Af. 3 p. 20 "Glücklicher Weise lernte ich bei Zeiten das Theologische Vorurtheil von dem moralischen abscheiden und suche nicht mehr den Ursprung des Bösen hinter der Welt". ZGM o. c. Band 5 Af. 3 p. 249[-25].

palabras suyas en *El anticristo*, parecen confirmar esta idea que hemos expresado. Dice así:

> *"Un pueblo que continúa creyendo en sí mismo continúa también teniendo su Dios propio. En él venera las condiciones mediante las cuales se encumbra, sus virtudes, –proyecta el placer que su propia realidad le causa, su sentimiento de poder, en un ser al que dar gracias por eso. Quien es rico quiere ceder cosas; un pueblo orgulloso necesita un Dios para hacer sacrificios... Dentro de tales presupuestos la religión es una forma de gratitud. Al Dios malvado se le necesita tanto como al Dios bueno. ¿Qué importaría un Dios que no conociese la cólera, la venganza, la envidia, la burla, la astucia, la violencia?, ¿al que tal vez no le fueran conocida ni siquiera los deliciosos ardeurs [ardores] de la victoria y la aniquilación? A tal Dios no se comprendería. ¿Para qué se le debería tenerlo? De hecho, no hay ninguna otra alternativa para los dioses: o son la voluntad de poder– y mientras tanto serán dioses de un pueblo o son, por el contrario, la impotencia del poder– y entonces se vuelven necesariamente buenos...".*[31]

A base del contenido de este texto, todo indica que se desprenden las siguientes conclusiones: Que la religión es necesaria. Pero debe de haber más de un Dios, de hecho, uno para cada pueblo. Todo pueblo debe ser fuerte, libre y gobernado por la voluntad de poder, es decir, por él mismo. El Dios elegido (cada pueblo debe elegir el suyo propio) no puede ser un Dios compasivo, sino fuerte, que llame a romper lo malo y crear lo bueno, o sea, que trabaje por el devenir. Para esto último tiene que conocer tanto el placer de la construcción como el de la destrucción; tanto el placer de la aniquilación como el de la victoria. Tiene que ser un Dios con ardores y malicia constructora. Un pueblo que cree en sí mismo, es un pueblo fuerte, politeísta, (de una sociedad democrática), y libre, como el pueblo griego de la época trágica. Las ideas de Nietzsche es que no debe haber un Dios único y todopoderoso, copia del déspota oriental, ni tampoco reconocía a la religión como portadora de este Dios como valor. Alguien tiene que decirle al hombre como lo afirma la Biblia, *"no robarás"* y ese que se lo diga no puede ser el policía porque entonces es ya tarde. *"Te ganarás el pan con el sudor de tu*

---

[31] AC o. c. Af. 16 p. 40 DAC o. c. Band 6 Af. 16 ps 182-183[-15-25-10].

frente. No codiciarás a la mujer del prójimo". La codicia es mala y la gula es perjudicial a la salud física y a la moral. La envidia es pecado, y la ira lo es también. Esta tarea no puede ser sólo de la escuela y de la familia con todo y lo importante que sean ambas. Quien le diga al hombre «¡no robarás!», tiene que ser un evangelio vivo, alguien para quien la vida sea de veras, una misión salvadora. Esos valores sólo los puede formar, en la etapa actual de desarrollo humano con la religión. Ésta puede tener la tarea práctica de formar agentes del cambio, pero no debe como método inculcar la compasión, el miedo al infierno, ni el amor en la forma que hoy se le atribuye que lo hace el que predica al Jesús del madero *(Kreuz)* como paradigma. Tampoco debe enseñar a legalizar la debilidad y la lástima. No debe hablar del infierno ni del «más allá» constantemente, y no debe hablar tampoco del espanto. Justamente por esta actitud, de querer justificar la miseria y el dolor como prueba y mandato de Dios, fueron rechazados de Nicaragua los Testigos de Jehová durante el gobierno de los Sandinistas. Aquí es en efecto donde radica el anti-cristianismo de Nietzsche. Por eso éste califica de nihilista al cristianismo, entendiendo por nihilista, tanto al que todo lo encuentra mal como al que todo lo encuentra bien. Se debe educar en el espíritu de la rebeldía y de la guerra necesaria con el único objetivo de liberar al hombre y conducirlo por el camino de la justicia social.

Las dos negaciones son negaciones estáticas y perjudiciales. Ninguna de las dos ofrece soluciones. Al cristianismo en virtud de una visión nihilista de la vida, le llama religión de compasión, fomentando la debilidad, ya que uno pierde fuerza cuando compadece:

> *"Al cristianismo se lo llama religión de compasión...Uno pierde fuerza cuando compadece...El padecer (Leiden) mismo se vuelve contagioso mediante el compadecer (Mitleiden); en determinadas circunstancias se puede alcanzar con éste una merma global de vida y de energía vital, que está en una proporción absurda con el quantun (cantidad) de causa (-el caso de la muerte del Nazareno)...La compasión obstaculiza en conjunto la ley de la evolución, que es la ley de la selección...Se ha osado llamar virtud a la compasión (-en toda moral aristocrática se la considera una debilidad-), se ha ido más allá, se ha hecho de ella la virtud, el suelo y origen de todas las virtudes..."*.[32]

---

[32] AC o. c. Af. 7 p. 31 DAC o. c. Band 6 Af. 7 ps 172-173[-30-5-10-15].

Pero tengamos calma y mesura para entenderlo todo. El propio Nietzsche y algunos de sus intérpretes, nos ayudarán en esta difícil, pero útil e interesante tarea de interpretar la creencia del filósofo respecto al cristianismo y la religión en general. Tratando de defender a Nietzsche ante la incomprensión del contenido de *El anticristo*, Sánchez Pascual comenta y cita textualmente a Nietzsche argumentado a favor de esta obra, nos da las siguientes ideas rectoras:

> "...Bajo el prejuicio del anti-, y en la creencia de la negatividad de este escrito, su sentido fue ignorado y la obra utilizada como un proyectil... El Anticristo es un «proceso» y ha puesto de relieve que ese proceso tiene un origen –que es a la vez su meta–, tiene unos caminos de realización, y tiene también, a lo largo de ese camino, unos obstáculos con que tropieza y que es preciso superar".[33]

Pero dejemos que el propio Nietzsche, a través de las palabras de Andrés Sánchez Pascual, en esta misma obra, nos aclare en qué consiste en realidad, el anti-cristianismo y la «anti-religiosidad» en el pensamiento de Nietzsche:

> "«Mi fórmula para decir esto es la siguiente: el anticristo es la lógica necesaria en la evolución de un cristianismo auténtico; en mí el cristianismo se supera a sí mismo»... «Soy el antiasno por excellence, y, por lo tanto, un monstruo en la historia universal; yo soy, dicho en griego, y no sólo en griego, el anticristo»...
>
> «Ese hombre del futuro, que se redimirá del ideal existente hasta ahora y asimismo de lo que tuvo que nacer de él, de la voluntad de la nada, del nihilismo, ese toque de campana del mediodía y de la gran decisión que de nuevo libera voluntad, que devuelve a la tierra su meta y al hombre su esperanza, ese Anticristo y Antinihilista, ese vencedor de Dios y de la nada, alguna vez tiene que llegar»...".[34]

Nietzsche identifica al Anticristo y al Antinihilista. El nihilismo es la voluntad de la nada. El que lucha contra el cristianismo actual, lucha, a su vez, contra el nihilismo. Lucha contra el nihilista que todo lo

---

[33] Sánchez Pascual Andrés. Introducción al *Anticristo* o. c. p. 20.

[34] *Ibíd.* Comentarios con citas de *Fragmentos Póstumos* [1888] y *Genealogía de la moral* y de *Ecce homo*, ps. 20-21.

encuentra bien y contra el que todo lo encuentra mal. A los dos corrientes, y a «Dios» y a la «Nada» hay que vencer. En conclusión, ¿quién es el verdadero Anticristo? *"Es, ese toque de campana del gran mediodía y de la gran decisión"*.[35]

La idea de Nietzsche es que el cristianismo se supera a sí mismo, pero en otro hombre, el hombre nuevo. En esto, a mi modo de ver, consiste negar y a la vez no negar a la religión y al propio cristianismo como valores. «Quedarse en la negación es quedarse en lo negado», dice Nietzsche según A. Sánchez Pascual en su Introducción al AC. (p. 20) Pero, ¿quién es el hombre-síntesis que ha de negar y a la vez superar al cristianismo, y no de eliminar al cristianismo? Nos dice Nietzsche al respecto:

> *"Ese tipo más valioso que ha existido ya con bastante frecuencia: pero como caso afortunado, como excepción, nunca como algo querido voluntariamente. Antes bien, justo él ha sido más temido; –y por temor se quiso, se crió, se alcanzó, el tipo opuesto: el animal doméstico, el animal de rebaño, animal enfermo hombre–, el cristianismo"*.[36]

El hombre que ha de negar dialécticamente y no eliminar, al cristianismo, es precisamente: «ese hombre de excepción», ese que como «caso afortunado» ha existido con alguna frecuencia: el hombre que piensa y que no es «animal de rebaño». Entonces, ¿qué negaba Nietzsche como valor? No a la religión superada por los «hombres de excepción» ya existente como hombre masivamente normal, sino a la religión y al Dios de hoy, nacidos de lo menesteroso más que de la necesidad, de la ignorancia, del caldo de cultivo del «animal de rebaño»; nacida de hombres vivientes en el «reino de la necesidad». El reino menesteroso es el que produce la religión de la compasión y del falso amor, y esta es precisamente la religión que Nietzsche niega y combate. También él negaba la fe, que va ligada, de cualquier manera, al tipo de religión actual. Esta es la razón por la cual asocia al «animal de rebaño», al «animal enfermo hombre», con el cristianismo. Y este es el cristianismo que debe ser superado, no eliminado. Además, debe superarse a sí

---

[35] *Ibíd*. Introducción al AC p. 22.

[36] AC o. c. Af. 3 p. 29 DAC o. c. Band 6 Af. 3 p. 170^{-25}.

mismo. Para Nietzsche el cristianismo, que bajo la sombrilla del espanto y lástima y la compasión arraigada al Cristo de la cruz, debe ser eliminado. El cristianismo le ha hecho una guerra a muerte al tipo de hombre más valioso, que ha existido como excepción. ¿Qué fue, si no, la Inquisición (inicios s. XII a XV), introducida y legalizada por el Papa Gregorio IX? (1231 1 1235) ¿Ésta no fue acaso otra cosa que cobardía y abuso de autoridad? Cobardía ante los hombres grandes y los bolsones de ideas que se producían, y se producen, con fuerza incontenible, caótica y libertariamente, en las formaciones humanas periódicamente. Estos bolsones de ideas, por lo regular, no gustan a los que gobiernan basados no en la sensación de poder, sino en la fe, el dogma y la intolerancia. Sobre el cristianismo expresa Nietzsche:

> *"Al cristianismo no se le debe adornar ni engalanar: él ha hecho una guerra a muerte a ese tipo superior de hombre, él ha proscrito todos los instintos fundamentales de ese tipo de hombre, él ha extraído de esos instintos, por destilación, el mal, el hombre malvado, –el hombre fuerte considerado como hombre típicamente reprobable, como hombre «réprobo». El cristianismo ha tomado partido por todo lo débil, bajo, malogrado, ha hecho un ideal de la contradicción a los instintos de conservación de la vida fuerte; ha corrompido incluso la razón de las naturalezas dotadas de máxima fortaleza espiritual al enseñar a considerar como pecaminosos, como descarriados, como tentaciones, los valores supremos de la espiritualidad. ¡El ejemplo más reprobable– la corrupción de Pascal, el cual creía en la corrupción de la razón por el pecado original, siendo así que sólo estaba corrompido por el cristianismo!"*.[37]

No se trata de que Nietzsche quiera hacer prevalecer, pienso yo, los instintos solamente en detrimento de la inteligencia cuando dice que el cristianismo «*ha tomado partido por todo lo débil*». Se trata, cuando Nietzsche los defiende, de hombres fuertes precisamente en el pensamiento, en el intelecto. Lo débil a que se refiere Nietzsche es a monstruosidades como la Inquisición, por cierto. Y es tan fuerte esa «debilidad» que cuando un hombre honrado tuvo ideas innovadoras y «anticristianas», consideró, que este puede ser el caso de Blas Pascal, que no

---

[37] AC o. c. Af. 5 p. 29 DAC o. c. Band 6 Af. 5 p. 171− 20-25-30.

era el cristianismo el errado, sino él. O el caso del propio Galileo, que se arrepintió de sus descubrimientos y no fue sólo por salvar su vida, sino porque llegó a pensar que acaso fuera él, el equivocado, y ya vemos: ¡es la tierra la que se mueve! El cristianismo siempre les tuvo miedo a los hombres excepcionales desde que se hizo con el poder. Estos corrompen al gregario, lo rebelan. El cristianismo fue revolucionario sólo en los inicios. Desde que se hizo con el poder y lo saboreó (el poder es el placer de los placeres), se volvió conservador. Esta es, por demás, una historia que se repite en todas las organizaciones humanas: son revolucionarias hasta que triunfan sólo hasta que triunfan. A partir de ese momento son conservadoras y no admiten cambio de ningún tipo porque creen que el poder alcanzado peligra. De ahí surge que Nietzsche atacaba con preferencia al poder triunfante. Apenas triunfan empiezan a inventar teorías que les dan cobertura ideológica a su poder para mantenerlo. ¿Quién tiene energías, inteligencia, vigor intelectual y bagaje teórico para criticar a los poderosos, si no son los hombres de excepción? Los hombres excepcionales, sólo esos lo que hacen la verdadera historia. Hay que, como Nietzsche, criticar a los que triunfan con falso brillo, con brillos de oropel. Por eso dice: *"el cristianismo "ha hecho una guerra a muerte a ese tipo superior de hombre".*

La Inquisición como tribunal eclesiástico es cobardía, síntoma de debilidad y expresión de una hegemonía del poder autoritario. Si el cristianismo se hubiera sentido de verdad fuerte y con razón en la mente de los seres humanos, no se hubiera preocupado tanto por mantener a toda costa y a todo costo, los dogmas de la fe en los cuales la Iglesia basaba su omnipotente poder. Para mantener ese poder, *(Macht)* fue capaz de violar la dignidad de los hombres y apoyar hasta a las peores causas.

El cristianismo eclesiástico-jerárquico no sólo violó la dignidad de los hombres, sino que los corrompió y fue quizás esta conducta corrupta la mayor violación cometida por él. ¿Y cómo entendía Nietzsche esta corrupción? *(Verdorben)* ¿Cómo un sentido decadente?: Veamos:

"Mi aseveración es que todos los valores en que la humanidad resume ahora sus más altos deseos son valores de décadence [decadencia]. Yo llamo corrompido a un animal, a una especie, a un individuo cuando pierde sus instintos, cuando elige, cuando prefiere lo que a él le es

perjudicial. Una historia de los «sentimientos superiores», de los «ideales de la humanidad» –y es posible que yo tenga que contarla– sería casi también la aclaración de por qué el hombre está tan corrompido".[38]

En una palabra, al hombre se le ha enseñado no a ser hombre veraz, sino hombre de oportunidades, hombre oportunista. Se le ha enseñado a luchar por lo que él cree que le conviene; en realidad, por lo que le conviene al otro. Así, o se convierte en animal de rebaño o en su contrario, en «santo». Y todo esto son valores de decadencia causados por la corrupción a que ha sido llevado el hombre. La vida misma, dice Nietzsche, es *"instinto de crecimiento":* (Das Leben selbst gilt als Instinkt für Wachstum...)

"La vida misma es para mi instinto de crecimiento, duración, de acumulación de fuerzas, de poder: donde falta la voluntad de poder hay decadencia. Lo que yo asevero es que a todos los valores supremos de la humanidad les falta esa voluntad, –que son valores de decadencia, valores nihilistas los que con los nombres más santos ejercen el dominio".[39]

La religión cristiana se convirtió en la religión de la compasión. Se nos introdujo por todos los poros la imagen del Jesús del madero, no la imagen llena de agresividad positiva del Jesús que anduvo en la mar. Se nos metió en el alma, en el cuerpo y en la mente, el espanto de que a nosotros nos pasara lo mismo que al Jesús de la cruz. Esa imagen nos corrompió, es decir, nos ablandó y nos convirtió en hombres de oportunidades; en calculadores de la oportunidad en detrimento de los instintos y del vigor intelectual. Por esta razón había que quemar a Giordano Bruno. Se nos metió en el alma el antípoda de los efectos tonificantes. Para el filósofo, este es el colmo de la desfachatez. La compasión es la negación de la voluntad de vivir. En esto consiste la crítica de Nietzsche al cristianismo y a la metafísica pasiva y pesimista de Schopenhauer, dicho sea de paso. La compasión, en la idea nietzscheana, es entregarse a la nada, o sea, hablando más claro, entregarse al «más allá», a Dios o Nirvana de Buda (extinción del deseo de vivir),

---

[38] AC o. c. Af 6 p. 30 DAC Band 6 Af. 6 p. 172- 10-15.

[39] *Ibíd*. Af. 6 p. 30 DAC Band 6 Af. 6 p. 172- 25.

o redención o bienaventuranza. Es entregarse a la suerte y no al proyecto. Así, se desvía el hombre de donde debe estar, en el «más acá», en el reino de «este mundo». La compasión sólo forma animales de rebaño y su contrario y avasallador, los «nombres santos», los astutos vengativos, los violadores del hombre. Sobre esta idea hemos buscado y encontrado:

> *"Nada es menos sano, en medio de nuestra sana modernidad, que la compasión cristiana. Ser médico aquí, ser inexorable aquí, emplear el cuchillo aquí –¡Eso es lo que corresponde a nosotros, esa es nuestra especie de filantropía, así es como filosofamos nosotros, nosotros los hiperbóreos!"*.[40]

Como vimos antes (cfr. cita 24), según la idea de Nietzsche, la compasión es la práctica del nihilismo. Y el nihilismo es hostil a la vida, pues lo niega todo y la vida no es negación pura. En el caso contrario, el nihilismo lo aprueba todo aunque todo esté mal:

> *"Schopenhauer era hostil a la vida: por ello la compasión se convirtió para él en virtud... Aristóteles, como se sabe, veía en la compasión un estado enfermizo y peligroso, al que se haría bien en tratar de vez en cuando con un purgativo: él concibió la tragedia como un purgativo"*.[41]

La tragedia es catalizadora de los sentimientos y las reacciones del hombre, es vigor intelectual, es, en la concepción nietzscheana, fuerza de lo instintos. Instintos que, en el hombre de excepción, el superhombre, deben irse imponiendo y forma, a su vez, parte del eterno retorno de lo mismo y de una inteligencia destacada la de estos hombres. La tragedia es el antípoda de la compasión. Por eso Nietzsche condena tanto a la compasión como política y como costumbre, como una especie de tradición. El cristianismo es la compasión *(Mitleiden)* y la compasión es el cristianismo. La compasión es una llaga en el cuerpo del hombre. No obstante, el llamado de Nietzsche a condenar la compasión no es invocación a la crueldad y la violencia, como muchas veces se hizo creer.

---

[40] AC o. c. Af. 7 p. 32 DAC Band 6 Af. 7 p. 174^{-15}.

[41] *Ibíd.* Af. 7 p. 32 "...Schopenhauer war lebensfeindlich: deshalb wurde ihm das Mitleid zur Tugend...Aristóteles sah, wie man weiâ, im Mitleiden einen krankhaften und gefährlichen Zustand, den man gut täte, hier und da durch ein Purgativ beizukommen: er verstand die Tragödie als Purgativ". DAC o. c. Band 6 Af. 7 p. 174^{-5}.

No, es un llamado a la rebeldía y a la lucha. El sentido filosófico aquí está en el reclamo de la rebeldía y el antioportunismo. Los instintos y la voluntad de vida deben llevar a la agresividad positiva, casi animal, y no a la elección oportunista. Debe llevar a la voluntad de poder y a la afirmación del hombre. En la crítica al cristianismo con la imagen pacifista, conformista y compasiva que Nietzsche le aprecia, se observa, por un lado, el frío cálculo del filósofo al traspasar con su metafísica los intrincados dédalos de la experiencia (golpeando los problemas, lo problemático); y por otro, se observa el dolor que le causa comprobar que el cristianismo nació bien, pero creció mal. Por esa razón critica tanto al cristianismo como a sus compatriotas. No niega al cristianismo como valor moral religioso, sin embargo el mayor problema que le veía Nietzsche al cristianismo era la compasión, entendida ésta como autoconservación. Por eso él les llama a los sacerdotes y teólogos con el despreciativo nombre de «subterráneos = *unterirdiches*». Hurgando en este asunto, encontramos en la que el filósofo nos dice:

"En todas partes he seguido yo exhumando el instinto propio de los teólogos: él es la forma más difundida de falsedad que hay en la tierra, la forma propiamente subterránea. Es su más hondo instinto de conservación el que prohíbe que, en un puesto cualquiera la realidad sea honrada o tome siquiera la palabra".[42]

Los teólogos son los que invirtieron los valores. Ese «mérito» es a ellos a quien pertenece. ¿Cómo hicieron? Lo explica Nietzsche y nos descubre de dónde viene la génesis de la transvaloración de todos los valores. Dice así:

"Hasta donde alcanza el influjo de los teólogos, el juicio de valor está puesto cabeza abajo, los conceptos de «verdadero» y de «falso» están necesariamente invertidos: lo más dañoso para la vida es llamado aquí «verdadero»; lo que la alza, intensifica, afirma, justifica y hace triunfar, es llamado «falso»... Si ocurre que, a través de la «conciencia» de los príncipes «o de los pueblos» los teólogos extienden la mano hacia el poder, no dudemos de qué es lo que en el fondo acontece todas esas veces: la voluntad de final, la voluntad nihilista que quiere alcanzar el poder...".[43]

---

[42] AC o. c. Af. 9 p. 34 DAC Band. 6 Af. 9 p. 175^{-30}.

[43] *Ibíd.* 9 p. 34 DAC o. c. Band 6 Af. 9 p. 176^{-5-10}.

De la realidad se ha hecho una apariencia y del mundo mentido y mentiroso, la realidad. Todo esto es el origen del porqué de la transvaloración de todos los valores. Transvalorar: poner cabeza arriba lo que está cabeza abajo. Sostiene así Nietzsche:

"...Transvaloración de todos los valores: esta es mi fórmula para designar un acto de suprema autognosis de la humanidad. Acto que en mí se ha hecho carne y genio...Conozco el placer de aniquilar en un grado que corresponde a mi fuerza para aniquilar, –en ambos casos obedezco a mi naturaleza dionisiaca, la cual no sabe separar el no hacer del decir sí. Yo soy el primer inmoralista: porque soy el aquilador por excelencia".[44]

En AC Nietzsche se reafirma:

Yo llamo al cristianismo, la única y gran maldición, la única gran intísima corrupción, el gran instinto de venganza, para el cual ningún medio es bastante venenoso, sigiloso, subterráneo, pequeño –y lo llamo la única inmortal mancha deshonrosa de la humanidad ... Y se cuenta el tiempo desde el dies nefastus {día nefasto} ¿Por qué no, mejor, desde su último día?. ¿Desde hoy? – ¡Transvaloración de todos los valores!".
(AC o. c. Af. 62 ps. 109-110 ver apéndice en nota al calce 44)

El primer día del cristianismo, para Nietzsche, comenzó el día en que crucificaron a Cristo. Ahí, ese día, murió el evangelio y comenzó el cristianismo. Los sacerdotes, representantes de Dios en la Tierra, una especie de vicarios, se arrogan tareas sagradas. Sus vidas nos las presentan como una misión. Por eso se sitúan tan alto por encima de nosotros y se van de nuestro control. Se presentan para: ¡salvar, mejorar, redimir! ¿Quién les dio esa tarea? Con nosotros no contaron para ello. Se presentan como «divinidades», con misiones transformadoras. Nietzsche nos habla del mundo de ficción de la religión cristiana. El mundo de ficciones por su vocabulario como: arrepentimiento; remordimiento de conciencia; tentación del demonio; la cercanía de Dios; el reino de Dios; el juicio final y la vida eterna:

"Ni la moral ni la religión tienen contacto, en el cristianismo, con punto alguno de la realidad. Causas puramente imaginarias «Dios», «alma»,

---

[44] EH o. c. Afs. 1 y 2 p. 136-137 *Por qué soy un destino*. EH. Band 6. 1 y 2 *Warum ich ein Schicksal bin* ps. 365- 366[-15-20- 25].

«yo», «espíritu», «la voluntad libre» –o también «la no libre»…efectos puramente imaginarios «pecado», «redención», «gracia», «castigo», «remisión de los pecados»…una teleología imaginaria «el reino de Dios», «el juicio final», «la vida eterna). Este puro mundo de ficción se diferencia,…falsea, desvaloriza, niega la realidad…".[45]

Los dioses, y la religión, hacen falta, pero para darle ánimos a su pueblo, para darles voluntad de poder a sus hombres, o sea, afirmación, o no sirven para maldita cosa. Así, queda claro cuál es el Dios que Nietzsche preconiza.

El Dios de la cruz, el Jesús del madero no es el Dios de Nietzsche ni de los pueblos libres. Ese, el Dios del madero, no es el Dios de la voluntad de poder, no es el Dios de la aniquilación y la victoria, pues es un Dios sin ardores, sin voluntad de vida: es el Dios de la impotencia de poder; el de la ignorancia y la conformidad, que a la postre, lleva a la siembra del mal. Este Dios, el de la cruz, lleva y guía al gobierno de los *«buenos»* y los *«santos»*; es el Dios de la ingobernabilidad reinante en el mundo de hoy. La religión que quiere Nietzsche y el Dios que nos anuncia, son, sin duda: Zaratustra, la voluntad de poder y el superhombre, y, como símbolo, en vez de la cruz de Cristo, el león, representando a la rebeldía, pero con la bandada de pájaros *(el amor)*. Este sí sería un Dios dionisiaco, con vigor físico e intelectual. Este sí sería un Dios sin decadencia, es decir, sin ignorancia. En *Así habló Zaratustra* dice Nietzsche al respecto:

"Allí donde, de alguna manera, la voluntad de poder decae, también hay siempre un retroceso fisiológico, una décadence. La divinidad de la décadence, castrada de sus virtudes e instintos más viriles, se convierte necesariamente, a partir de ese momento, en Dios de los fisiológicamente retrasados, de los débiles. Ellos no se llaman a sí mismos los débiles, ellos se llaman «los buenos»…".[46]

A modo de conclusión, vamos a terminar este capítulo sobre la religión, en especial la cristiana desde la óptica del *El anticristo*, bajo la dimensión del valor, con estas subsiguientes palabras, palabras

---

[45] AC o. c. Af. 15 ps. 39-40 DAC o. c. Band 6 Af. 15 p. 181$^{-25\text{-}30}$.

[46] AC o. c. Af. 17 p 41 DAC o. c. Band 6. Af. 17 p. 183$^{-\ 15\text{-}20}$.

subrayan el convencimiento de Nietzsche, en cuanto a que su objeción contra el cristianismo, que el propósito no es que se luche en contra de él como valor, sino como un valor que ha sido distorsionado y que por lo tanto es necesario enderezar. Nietzsche está más en contra de los medios que usa el cristianismo para expandir su doctrina, que contra los fines que este cristianismo como tal persigue. Dice así:

> *"El hecho de que en el cristianismo falten las finalidades «santas» es mi objeción contra sus medios. Sólo finalidades malas: envenenamiento, calumnia, negación de la vida, desprecio del cuerpo, degradación y autodeshonra por el concepto del pecado,—por consiguiente, también sus medios son malos".*[47]

Y termina en el AC y como ya antes vimos, con la crítica al concepto del pecado original, que es tema medular de la doctrina cristiana.[48] Ese es el trasfondo de la realidad. El cristianismo no confía en el hombre. Es más, cree que el mal en el hombre, no viene de que Satanás se lo inculque, sino que le viene del pecado original, que está en nuestro corazón en forma innata y que sólo lo expurga en el momento del juicio final. Y a modo de conclusión vaya esta sentencia final de Nietzsche no contra Cristo, sino contra la Iglesia que según él a su modo acomodaticion encarnó el cristianismo imponiéndolo a los demás con las consecuencias que en este texto se declaran:

> *"Con esto he llegado a la conclusión y voy a dictar mi sentencia. Yo condeno el cristianismo, yo levanto contra la Iglesia cristiana la más terrible de todas las acusaciones que jamás acusador alguno ha tenido en su boca. Ella es para mí la más grandes de todas las corrupciones posible. Nada ha dejado la iglesia cristiana de tocar con su corrupción, de todo valor ha hecho un no valor, de toda verdad, una mentira, de toda honestidad, una bajeza del alma…. ella ha creado calamidades con el fin de eternizarse a sí misma… El gusano del pecado, por ejemplo… El parasitismo como la única praxis de la Iglesia.; con su ideal de clorosis, con su ideal de santidad,… el más allá como voluntad de negación de toda realidad; la cruz como signo de reconocimiento*

---

[47] *Ibíd.* Af. 6 p. 96 DAC o. c. Band 6 Af. 56 p. 239[-30].

[48] Cfr. Nota al calce 25 cap. III p. 198 AC o. c. Af. 56 p. 97 El código de Manú y el pecado.

para la más subterránea conjura habida nunca, –contra la salud, la belleza, la buena constitución, el espíritu, la bondad del almas, contra la vida misma...".[49]

4. Nietzsche: por una antropología axiológica

"Para captar los signos de la elevación y de decadencia poseo yo un olfato más fino que el que hombre alguno haya tenido jamás, en este asunto, yo soy el maestro por excellence [por excelencia], –yo conozco ambas cosas, soy ambas cosas". (EH o. c. Por qué soy tan sabio Af. 1 p. 25)

La autoestima es una de las cualidades más importantes en un hombre. Ningún ser humano puede respetar a los demás si no se respeta él mismo. La autoestima y el orgullo personal no sólo conservan al hombre, sino que lo compelen a nuevos objetivos cada vez más audaces, a atreverse a más. La autoestima ayuda a la voluntad de poder. Parece a simple vista, por el tratamiento que, Nietzsche, le da a valores como la «moral», «el cristianismo», «la verdad» y otros, que él no reconoce como portadores de valores.

Pero en el trasfondo de la realidad sucede que sitúa al hombre en posición de no reconocer valores porque el único valor es el propio hombre, o si no el único, al menos el más grande de todos los valores. Nietzsche reconoce, implícita y explícitamente qué es el verdadero y único valor, pues todos los demás parten de él, del hombre, que es el que los crea y el que los establece y les da carácter histórico y relativo. Nietzsche se identifica él mismo con el valor, siendo el hombre el valor en sí mismo, dedicando en este siguiente texto a glorificar los primigenios:

"Mi tarea consiste en sacar a la luz aquello que estamos obligados a amar y venerar para siempre y lo que jamás nos será arrebatado mediante otro tipo de conocimiento posterior: el gran hombre".[50]

---

[49] AC o. c. Af. 62 ps. 108-109 DAC o. c. Band 6 Af. 62 p. 252$^{-10\text{-}15}$.

[50] FETG o. c. Prólogo [1874] p. [30] "...die Aufgabe ist das an's Licht zu bringen, was wir immer lieben und verehren müssen und was uns durch keine spätere Erkenntniss geraubt warden: der grosse Mensch". UGB o. c. Band 1 *Die Philosophie im tragischen Zeitalter der Grieschen* o. c. Nachgelassene Schriften Vorwort p. 802^{-5}.

En el amor a estos seres excepcionales Nietzsche personifica su amor al hombre como valor supremo, debido, entre otras cosas, a que éstos eran pensadores suprahistóricos y cercanos a su ideal de hombre, es decir: el superhombre. Por eso dice: «el gran hombre». Esta es la conclusión de conclusiones. Nietzsche era un ser volcánico. Como todo hombre grande, era un creador de su propio universo. Admiraba, amaba a los antiguos griegos, ya que éstos encarnaban el ideal trágico, el ideal intelectual y práctico de la libertad. Decía Nietzsche que él no solamente amaba a Tales de Mileto, a Heráclito de Éfeso y a Sócrates etc. es decir, que amaba en general a los griegos de esa época, porque a diferencia de otros pueblos, no tenían santos, sino sabios (cfr. Capt. III cita 14) Como tal, los pensadores griegos, no se dedicaban a trivialidades y sus tribunos, filósofos y escritores, por regla, no se dedicaban a formar «animales de rebaño», sino por el contrario, hombres libres, fuertes física y espiritualmente. Los griegos de esta época trágica, tenían modelos de hombres dignos de imitar, intérpretes verdaderos de la naturaleza y del mundo; desde la grandeza, la grandeza del hombre y glorificaron sus hazañas. Pero volviendo a Nietzsche como valor, valor que irradia ejemplo, ¿pero cómo se manifiesta él mismo como vivencia y/o encarnación del valor?

No dudemos que era todo un carácter si, sobre todo eso. Físicamente era más una bondadosa evocación de la vida, que la vida misma, como él dice acerca de su padre:

> *"Mi padre murió a los treinta y seis años: era delicado, amable y enfermizo, como un ser destinado tan sólo a pasar de largo, –más una bondadosa evocación de la vida que la vida misma En el mismo año en que su vida se hundió, se hundió también la mía: en el año trigésimo sexto de mi existencia llegué al punto más bajo de mi vitalidad–, aún vivía, pero no veía tres pasos delante de mí".*[51][6]

Su cuerpo a duras penas resistía los embates del dolor, pero su espíritu no se doblegaba jamás, siempre seguía adelante. En él residía la voluntad de poder del superhombre. Era un hombre de excepción como bien su hijo lo describe en este texto de *Ecce homo*. Todos los

---

[51] EH o. c. Af. 1 ¿Por qué soy tan sabio? p. 25 EH. o. c. Band 6 Af. 1 Warum ich so weise bin. p. 264[-15].

libros que escribió nos hablan de él como valor. No importa que haya cometido errores. Existe un libro, Ecce homo, que es el más práctico para decirnos quién fue Nietzsche. Al inicio de este libro empieza a hablar de él. Comienza con una exageración, cuyo propósito no es delatarnos su indudable egotismo [creo que también un poco de egotismo es a veces necesario], sino para criticar los convencionalismos sociales y los éxitos aparentes. De la misma manera critica, con espíritu irónico, la mediocridad y la trivialidad en que por desgracia transcurre la vida de muchas personas, en comparación con la grandeza de las tareas que él se propone:

> *"Como preveo que dentro de poco tendrá que dirigirme a la humanidad presentándole la más grave exigencia que jamás se le ha hecho, me parece indispensable decir quién soy yo... Mas la desproporción entre la grandeza de mi tarea y la pequeñez de mis contemporáneos, se ha puesto de manifiesto en el hecho de que ni me han oído, ni tampoco me han visto siquiera... ¡Escuchadme!, pues yo soy tal y tal. ¡Sobre todo, no me confundáis con otros!".*[52] [7]

No es por creer que él sea superior biológicamente a los demás hombres, sino lo que hace es esconder su polémica, efectuar un llamado y dar un alerta. Añade:

> *"Yo vivo mi propio crédito; ¿acaso es un mero prejuicio que yo vivo?... Me basta hablar con cualquier «persona culta» de las que vienen a la Alta Engadina para convencerme de que yo no vivo...".*[53] [8]

Realmente Nietzsche sí vivía. Los demás, vegetaban. Vivir no es pasar el tiempo, no es comer y dormir; no es ni siquiera procrear. Vivir es pensar la total concentración mental es la máxima dorada para una persona; sentir la emoción ante la música, por ejemplo, o ante el vencimiento de un enemigo; vivir es luchar, es crear, es hacer de la vida una misión; vivir es tener un enemigo, vivir es atreverse a ejecutar

---

[52] EH o. c. Af. 1 p. 17 EH o. c. Band 6 Vorwort Af. 1 p. 257 -5.

[53] *Ibíd.* Af. 1 Prólogo p. 17 "Ich lebe auf meinen eignen Kredit hin, ¿es ist vielleicht bloss ein Vorurtheil, dass ich lebe?...Ich brauche nur irgendeinen «Gebildeten» zu sprechen der in Sommer ins Ober-Engadin kommt, um mich zu überzeugen, dqss ich nicht lebe...". EH o. c. Band 6 Vorwort Af. 1 p. 257 -10.

un proyecto y sentir el ardor de la lucha. Vivir no es existir. Mientras Nietzsche pensaba, los demás vegetaban en un mar de disimulada alegría, sin saber, incluso, de dónde les venía esa alegría. Por todo esto creyó necesario gritar a los cuatro vientos.[54] [9]

Se vanagloriaba de ser un hombre virtuoso y honrado, sin moralina, de ser un discípulo de la verdadera vida. Su filosofía la «sacaba» de la vida, de Dionisos. Sobre todo, su virtuosismo era de esa especie de hombres de excepción, no muy abundantes en la vida. Nos dice:

> *"Otra cosa es la guerra. Por naturaleza soy belicoso. Atacar forma parte de mis instintos. Poder ser enemigo –esto presupone tal vez una naturaleza fuerte, en cualquier caso es lo que ocurre en toda naturaleza fuerte. Esta necesita resistencia y, por lo tanto, busca la resistencia: el pathos agresivo forma parte de la fuerza con igual necesidad con que el sentimiento de venganza y de rencor forma parte de la debilidad".*[55]

"Poder ser enemigo…", dice él, y lo asocia, este pensamiento, con la fortaleza. El que no tiene enemigos es débil e intrascendente en la vida. Además, el débil tiene tendencia a la venganza y esa sí que es un sentimiento negativo. Para tener el placer del devenir hay que tener el placer de la destrucción y de la victoria y la aniquilación. La vida está llena de problemas y para combatirlos hay que buscarse problemas. El que no se busca los problemas es porque es de naturaleza débil. El hombre necesita enemigos. Nietzsche se buscó enemigos, pero la virtud prevalecía en él. Él era enemigo, desde luego, pero, ¿qué clase de enemigo era? Dice así:

> *"La fortaleza del agresor encuentra una especie de medida en los adversarios que él necesita; todo crecimiento se delata en la búsqueda de un adversario –o de un problema– más potente, pues el filósofo que sea belicoso reta a duelo a los problemas. La tarea no consiste en dominar resistencias en general, sino en dominar aquellas frente a las cuales hay que recurrir a toda la fuerza propia, a toda la agilidad y maestría propias en el manejo de las armas;-a dominar a adversarios*

---

[54] Cfr. cita 82 cap. II sobre el Ateísmo.

[55] EH o. c. Af. 7 p. 35 EH. Band 6 Af. 7 *Warum ich so weise bin* p. 274^{-5}.

iguales a nosotros... Igualdad con el enemigo; –primer supuesto de un duelo honesto". [56]

Nietzsche le rinde culto al hombre, ya que por el hombre se respeta hasta el enemigo: *"igualdad con el enemigo"*, dijo. Incluso, los mayores enemigos de este filósofo, no son los hombres, son los problemas. Una de sus máximas era no atacar personas, en todo caso, atacar lo que esa persona hizo o dijo. Atacar personas, sólo cuando no quede más remedio. Eso sí, nos deja claro que nadie espere encontrar crecimiento en la vida, sin tener un adversario y hasta un enemigo: «todo crecimiento se delata en la búsqueda de un adversario, o de un problema». Al enemigo no se le debe odiar, porque el odio ofusca y dificulta la tarea, vuelve cruel al luchador, y al final, pierde porque se confunden los fines con los medios. En la misma obra, nos dice sus reglas en la pelea, la primera de las cuales es que para atacar a un enemigo (un problema), hay que conocerlo bien. Esta es la razón por la cual nos dijo según vimos antes. *"Yo vivo mi propio crédito; ¿acaso es un mero prejuicio que yo vivo?...".* (cfr. cita 53).

En una palabra, hay que estar bien preparados y disparar a enemigos concretos, no a dificultades y quisicosas en general. Este filósofo nos enumera los principios bajo los cuales lleva a cabo su práctica bélica cuando dice que su práctica bélica puede resumirse en los siguientes cuatro principios:

> *"**Primero:** Yo solo sólo ataco causas que triunfan; en ocasiones espero hasta que lo consiguen. **Segundo:** "yo ataco causas cuando no voy a encontrar aliados, cuando estoy solo; cuando me comprometo exclusivamente a mí mismo.. No he dado nunca un paso en público que no me comprometiese: este es mi criterio del obrar justo. **Tercero:** yo no ataco jamás a personas; –me sirvo de la persona tan solo como de una poderosa lente de aumento con la cual puede hacerse visible una situación de peligro general... **Cuarto:** yo sólo ataco causas cuando está excluida cualquier disputa personal, cuando está ausente todo trasfondo de experiencias penosas...".* [57]

---

[56] *Ibíd.* Af. 7 *Por qué soy tan sabio* p. 35 EH o. c. Band 6 Af. 7 *Warum ich so weise bin* p. 274[-10].

[57] EH o. c. Af. 7 p. 36 *Por qué soy tan sabio* EH o. c. Band 6 Af. 7 *Warum ich so weise bin* ps. 274-275[- 30- 5].

En estos párrafos, Nietzsche nos habla de su ataque a David Strauss, a Wagner y a los valores de cultura alemana en su flagrante delito. Para Nietzsche, la llamada "cultura alemana" era más fanfarria que otra cosa; más rimbombancia y petulancia que contenido. Era la cultura de Bismarck, más dirigida a formar opinión pública que hombres cultos en el más amplio sentido de la palabra. ¿Por qué miraba Nietzsche la cultura alemana con desprecio inexorable? Porque según él, carecía de sentido, de sustancia, de meta; era una mera «*opinión pública*». La victoria sobre Francia en 1871, decían los alemanes superficiales caídos en la trampa de «los buenos», los que se engañaban de metas, decían, repito, que era una victoria de la cultura alemana. A la vez que denuncia esta tendencia, advierte Nietzsche lo que hay de peligroso, corrosivo y de «envenenamiento de la vida» del modo de hacer ciencia de la Alemania de entonces. Esta era, según él, una forma enfermiza de hacer vida. ¿En qué consistía la enfermedad? En que era deshumanizada, impersonal; se presentaba una falsa economía, una falsa división social del trabajo, y se perdía finalidad. Este ataque del filósofo a la cultura alemana «triunfante», casi en medio de las «victorias», es una muestra de la valentía de este hombre, así como de su método por excelencia: atacar lo que triunfa.Cuando había disputas personales, no atacaba. Así dice:

> *"Si yo hago la guerra al cristianismo, ello me está permitido porque por esta parte no he encontrado contrariedades ni obstáculos, –los cristianos más serios han sido siempre benévolos conmigo. Yo mismo, adversario de rigueur [de rigor] del cristianismo, estoy lejos de guardar rencor al individuo por algo que es la fatalidad de milenios"*.[58]

Consideraba al cristianismo una fatalidad a la que no es posible al hombre escapar de una manera normal. No odiaba al cristianismo por cristiano, sino por algo más profundo e impersonal. Desde 1873, Nietzsche olió qué iba a suceder por culpa de trocar el *"espíritu alemán"* en el *"espíritu del Reich alemán"*, cuyos máximos responsables eran Bismarck y el propio Reich. Ya hoy nadie duda de que la primera y segunda guerra mundiales, en gran medida su génesis fue la política bismarckiana envalentonada por las aparentes victorias. Incluso, las causas

---

[58] *Ibíd.* Af. 7 p. 37 EH o. c. Band 6 *Warum ich so weise bin* Af. 7 p. 275^{-10}.

indirectas de la Comuna de París con su enorme derramamiento de sangre, fue de las victorias de Bismarck, del «triunfo» de la «cultura» alemana. Un poco a guisa de resumen de esta parte, nos dice Nietzsche:

"¿Lo que no he le perdonado a Wagner? El haber condescendido con los alemanes, el haberse convertido en alemán del Reich... A donde la cultura alemana llega, corrompe la cultura".[59]

Debe entenderse que es donde llega la cultura del Reich y de Otto Bismarck (1815-1898), no la Alemania de los alemanes veraces, de aquellos que eran polvo de estrellas: como Nietzsche, Hegel, Marx, Engels, Göthe, Feuerbach, Kant (1724-1804) y miles más. La cultura que Nietzsche negaba, era la cultura de la conquista y de la superioridad racial. Los que corrompían eran los alemanes que representaron los gérmenes no tan lejanos de la primera y segunda guerra mundiales. Así realmente lo entendía Nietzsche y no le importaba, para atacar a este enemigo-problema, quedarse solo y hacer derroche de su arte belicoso. Esta es la razón por la que echa tanto lodo sobre los alemanes. ¡Despertarles la conciencia es lo que Nietzsche realmente pretendía!.

Creo haber argumentado bien, hasta ahora, porque todavía hay mucha tela por donde cortar, en lo que respecta a los valores de Nietzsche como hombre y como pensador. Era sí, bastante egotista, no egoísta. A veces lo hombres, aunque no nos matemos a besos nosotros mismos, sentimos la necesidad de alimentarnos el ego. Nietzsche no era una excepción. Pero existe otra definición brindada por él mismo y que lo retratan de cuerpo entero como valor. Dice así:

"No tengo el menor deseo de que algo se vuelva distinto de lo que es; yo mismo no quiero volverme distinto. Pero así he vivido siempre. No he tenido ningún deseo. ¡Soy alguien que, habiendo cumplido ya los cuarenta y cuatro años, puedo decir que no se ha esforzado jamás por poseer honores, mujeres, dinero!".[60]

---

[59] EH o. c Af. 5 *Por qué soy tan inteligente* p. 53 EH o. c. Band 6 *Warum ich so klug bin* Af. 5 p. 289⁻¹⁵.

[60] *Ibíd*. Af. 9 p. 58 "Ich habe keine Wunsch gehabt. Jemand, der nach seinem vierundvierzigsten Jahre sagen kann, dass er si nie um Ehren, um Weiber, um Geld bemüht hat!". EH o. c. Band 6 *Warum ich sehr klug bin* Af. 9 p. 295⁻¹⁰.

El desinterés material demostrado en las anteriores palabras, completa el perfil del pensador Nietzsche: su perfil como valor. Le importaban más la posteridad y el carácter científico de su obra, que los bienes materiales y que la gloria de lo vanidosos y superficiales.

5. Moral y verdad, aniquilación y triunfo

La verdad como probabilidad. El primer inmoralista. Virtud suprema: la veracidad. Moral y verdad como valores, Nietzsche las aborda en toda su obra de una manera u otra, pero donde con más fuerza lo hace es en EH, el AC. En GM, HDH, en el GS y claro, en AHZ y en el VS, libro, este último, de la psicología de la vida. La GM comienza así:

"Nosotros, los que conocemos, somos desconocidos para nosotros; nosotros mismos somos desconocidos para nosotros mismos: esto tiene un buen fundamento. No nos hemos buscado nunca, –¿cómo iba a suceder que un día nos encontráramos?".[61]

Se encuentra, a veces, lo que se busca. Lo demás es sólo suerte. Y no nos hemos buscado, es decir, no nos hemos puesto seriamente a pensar quiénes somos. Si no sabemos quiénes y cómo somos, ¿es posible que juzguemos a otros y a los problemas?

Este no es un planteamiento existencialista, sino profundamente filosófico. La moral. ¿Qué es moral, qué es inmoral, y qué es, hoy, y en vida de Nietzsche, inmoral como se calificó él mismo? La actitud de Nietzsche ante la moral como valor se pudiera resumir con esta frase emblemática, ya citada por nosotros en otras ocasiones, ante el problema de la verdad del hombre nuevo y la verdad de los santos:

"...Tengo un miedo espantoso de que algún día se me declare santo: se adivinará la razón por la que yo publico este libro antes, tiende a evitar que se cometan abusos conmigo. No quiero ser un santo, antes prefiero ser un bufón, puesto que nada ha habido hasta ahora más embustero que los santos–, la verdad habla en mí. Pero mi verdad es terrible: pues hasta ahora se ha venido llamando verdad a la mentira. Transvaloración de todos los valores, esta es mi fórmula para designar un auto

---

[61] GM o. c. Prólogo Af. 1 p. 17 ZGM o. c. Band 5 Vorrede I p. 247^{-5}.

de suprema autognosis de la humanidad, acto que en mi se ha hecho y genio".[62]

Esta frase define la moral de Nietzsche. Define así que la moral conocida hasta ahora es falsa en el concepto de este filósofo y que también hay que transvalorarla, es decir, que cambiarla, que virarla al revés. La anterior frase o pensamiento, la remata el pensador diciendo que él es un discípulo del filósofo Dioniso (referencia a EH). La vida misma se encarga, con una ayudita de nosotros de vez en cuando, de cambiar esta vieja y mentirosa verdad. ¿Quién se supone que tiene más moral que un santo? ¡Nadie! Y sin embargo, Nietzsche prefiere ser un bufón antes que un santo. ¿Por qué? por lo siguiente, según nos explica:

"La Circe (*) de la humanidad, la moral, ha falseado –moralizado– de pies a cabeza todos los asuntos psicológicos hasta aquel horrible sinsentido de que el amor debe ser algo «no egoísta»...".[63]

Nietzsche sigue argumentando esto de la falsa moral y del porqué prefiere ser un bufón antes que un santo:

"Quizá sea yo un bufón... Y a pesar de ello, o mejor, no a pesar de ello –puesto que nada ha habido hasta ahora más mentiroso y embustero que los santos–, la verdad habla en mí. Pero mi verdad es terrible: pues hasta ahora se ha venido llamando verdad a la mentira".[64]

¿Por cuál razón es terrible la verdad? Por dos razones: una, porque se comporta como Circe; otra, porque es mentira lo que nos han dado como verdad. La primera de las mentiras que nos han dado como verdades, es el cristianismo. Es mentira en el concepto nietzscheano, el

---

[62] EH o. c. Af. 3 p. 138 *Por qué soy un destino* EH o. c. Band 6 Af. 1 *Warum ich ein Schicksal bin* p. 365^{-15}.

[63] EH o. c Af. 5 p. 70 *Por qué yo escribo tan buenos libros* EH o. c. Band 6 *Warum ich so gute Bücher schreibe* Af. 5 p. 305^{-20} (*) Circe: Maga legendaria, hija del Sol y de la Ninfa Persea. Habitó según relato de Homero, en la Isla Ea, hoy llamada Promontorio de Circeo. Circe convivió con Ulises al que Hermes ayudó con sus hierbas para que no sucumbiera a los hechizos de ella. Como ésta no pudo, entonces, por venganza, transformó a los amigos de Ulises en cerdos.

[64] *Ibíd.* Af. 1 p. 135 *¿Por qué soy un destino?* EH o. c. Band 6 *Warum ich ein Schicksal bin* Af. 1 p. 365^{-15}.

cristianismo. Es mentira el sacerdote. Son mentira los teólogos y predicadores. Es mentira el poder, que existe no para crear, sino para los privilegios, la fama, el interés material, el lucro y la secularización. Son mentira el Cristo del madero y de la cruz. Es mentira el Jesús de «la inmaculada concepción». Es mentira que el resto de los seres sean hijos del pecado. Son mentiras los filósofos que dan cobertura ideológica al cristianismo, «la gran fatalidad de milenios» y que les dan cobertura y justificación teórica a los desgobiernos. Todo es mentira. Al menos, todo lo que «gobierna», crea «cultura» y crea opinión pública. En Alemania, por ejemplo, la patria de Nietzsche, la cultura es la de la conquista y la superioridad racial. El espíritu que se engendraba era el del «hierro y la sangre». Efectivamente, Bismarck todo lo «resolvió» con el hierro y la sangre y sentó, así, las bases de dos guerras mundiales. De esta manera venció, más bien humilló, a los franceses en 1871; de igual manera fueron masacrados lo obreros de París en la histórica Comuna por las tropas alemanas y la reacción francesa. El motor pequeño que echó a andar estas matanzas, fue el "espíritu del Reich" tan criticado por Nietzsche, pero al que nadie hizo caso. Todas estas son las razones prácticas, no hay que ir al cielo a buscarlas las causas, ni a los colores del arco iris, del porqué de la transvaloración de todos los valores, máxima de Nietzsche en su doctrina de los valores. Al plantear Nietzsche la transvaloración de todos los valores, se declara solemnemente y con mucho orgullo y valentía como vimos antes.[65]

Filosóficamente hablando, todo gran constructor tiene que ser un gran destructor. Si no se quebrantan valores, no se puede implantar valores; no llega el devenir, que solo, como se sabe, por más histórico e ineluctable que sea, no llega. Se puede aplicar lo del Evangelio, de que "si la semilla no muere, no da frutos, probablemente en la mente de Nietzsche en el tema de la transvaloración de todos los valores. Es decir que a lo que se está muriendo hay que ayudarlo morir. Nietzsche es el primer inmoralista y el aniquilador por excelencia porque es un luchador por lo nuevo, por la destrucción de lo viejo y caduco. Nietzsche en Ecce Homo cita las palabras de Así habló Zaratustra, que dicen así:

---

[65] cfr. cap. III cita 44 p. 206 3: La Religión.

> "...y quién tiene que ser un creador en el bien y en el mal: en verdad ése tiene que ser antes un aniquilador y quebrantador de valores. Por eso el mal sumo forma parte de la bondad suma: mas, ésa es la bondad creadora".[66]

Estas son, sin duda, dos negaciones dialécticas de Nietzsche. Se niega al tipo de hombre que hoy se nos presenta como ejemplo (el inmaculadamente concebido y *«los nombres santos»* con lo cual se nos dice que el otro hombre está cristianizado, o sea, ensuciado. Nietzsche rechaza y niega el Jesús de la compasión y la lástima que siempre nos han presentado, porque nos debilita y nos convierte en animales de rebaño y en gregarios. El tipo de hombre que hasta ahora se nos ha dado como ejemplo a seguir ha sido: o el de la cruz, o el tipo racial y darwinistamente superior, pero jamás el superhombre, el hombre nuevo ni la voluntad de poder. Los que más nos han presentado son los «santos», los «buenos», los «benéficos». Todos estos son los que han violado al hombre, concepto de Nietzsche; los que lo han explotado, concepto de Marx, y los que lo han utilizado como animal de rebaño, gregario y epígono; los que han puesto al hombre a esperar por el reino del «más allá», mientras ellos «los buenos» disfrutan del reino del «más acá». Pero Nietzsche niega también la moral del decadente. Nos dice:

> "En el fondo, son dos las negaciones que encierra en sí la palabra inmoralista. Yo niego en primer lugar un tipo de hombre considerado hasta ahora como el tipo supremo, los buenos, los benévolos, los benéficos; yo niego, por otro lado una especie de moral que ha alcanzado vigencia y dominio de moral en sí,–la moral de la décadence, hablando de una manera más tangible, la moral cristiana".[67]

> "La condición de existencia de los buenos es la mentira –: dicho de otro modo, el no–querer– ver a ningún precio cómo está constituida en el fondo la realidad,...".[68]

---

[66] EH o. c. *Por qué soy un destino* Af. 2 p. 136. EH o. c. Band 6 *Warum ein schicksal bin* Af. 2 p. 366-15-25.

[67] EH o. c. Af. 4 p. 138 EH o. c . Band 6 Af. 4 *Warum ich ein Schicksal bin* p. 367– 30.

[68] *Ibíd*. Af. 4 p. 138 *Por qué soy un destino* EH o. c. Band 6 *Warum ich ein Schicksal bin* Af. 4 p. 368–10.

Esta es la máxima conclusión a que podemos llegar, de que la condición de la existencia de los buenos es la mentira, es la razón por la que se niega la moral y la verdad que hemos conocido. Pero además, es ésta una verdad como un templo. Nietzsche, para afirmar esto, se detiene en la psicología del hombre bueno y nos dice,

> *"Para estimar lo que vale un tipo de hombre es preciso calcular el precio que cuesta su conservación,-es necesario conocer sus condiciones de existencia".*[69]

El optimista y el pesimista son igualmente decadentes y negativos, pero el optimista es aún más malo. Pronuncia Nietzsche, en boca de Zaratustra las siguientes palabras rotundamente definitorias:

> *"Los hombres buenos no dicen nunca la verdad. Falsas costas y falsas seguridades os han enseñado los buenos: en mentiras de los buenos habéis nacido y habéis estado cobijados. Todo está falseado y deformado hasta el fondo por los buenos".*[70]

Por fortuna, en el mundo no existen sólo «*los buenos*». También existen los que en contra del bonachón animal de rebaño, se hacen llamar «*los malos*», los inconformes, los que se cuestionan y son inmoralistas y aniquiladores. Estos son los que no dejan que la humanidad sea castrada y «reducida a una mísera chinería». En este sentido, Nietzsche reafirma el texto anterior con las siguientes palabras:

> *"En este sentido Zaratustra llama a los buenos unas veces «los últimos hombres» y otras, «el comienzo del final»; sobre todo, los considera como la especie más nociva del hombre, porque imponen su existencia tanto a costa de la verdad como del futuro".*[71]

Si hemos entendido bien, Nietzsche plantea una tesis: la moral de hoy, la moral cristiana, es decadente y la verdad es falsa; plantea una antítesis: hay que convertirse en aniquilador, en inmoralista; y

---

[69] *Ibíd.* Af. 4 p. 138 EH. o. c. Band 6 *Warum ich ein Schicksal bin* Af. 4 p. 368[5-10].

[70] *Ibíd.* Af. 4 p. 139 EH o. c. Band 6 Af. 4 ps. 368-369 * Tomado de *"Tres amores"* de Ovidio 4, 17.

[71] *Ibíd.* Af. 4 p. 139 *Por que soy un destino.* EH o. c. Band 6 Af. 4 p. 369 [-25].

finalmente, una síntesis, o sea, una propuesta: transvalorar todos los valores; trabajar activamente por una moral nueva: la moral de la veracidad, la moral de la voluntad de poder y la moral del superhombre. La filosofía y la religión son la causa de que la falsa moral y la falsa verdad no se haya denunciado como es debido. Pero el llamamiento de Nietzsche no es un llamado al caos y a la negación absoluta, sino a la superación y a la guerra necesaria. Para lograr lo que el filósofo quiere debe llegar el «*gran mediodía*» y producirse la «gran autognosis», de la cual él se ha hecho carne y hueso porque no llega sola, hay que luchar por ella. Le asigna así la tarea a la filosofía para lograr estos fines:

> "*La filosofía, tal como yo la he entendido y vivido hasta ahora, es vida voluntaria en el hielo y en las altas montañas-búsqueda de todo lo problemático y extraño que hay en el existir, de todo lo proscrito hasta ahora por la moral Una prolongada experiencia, proporcionada por ese caminar en «lo prohibido».... Nitimur in vetitum (Nos lanzamos hacia lo prohibido*), bajo este signo vencerá un día mi filosofía, pues hasta ahora lo único que se ha prohibido siempre, por principio, ha sido la verdad*".[72] [(*)]

La moral de Nietzsche es la moral sin moralina. Su moral es creadora-destructora, como la moral del renacimiento: agresiva y basada en el ideal trágico; que no sea la Circe de la humanidad, falseadora de la veracidad. Por eso él prefiere ser un sátiro, porque éste, a lo sumo, divierte, pero no confunde como los cantos de sirena de la Circe. La moral de hoy es una trampa. *(Schwindel-Falle)* Los buenos existen porque predomina la trampa, la mentira, a la que se le cree verdad. Para Nietzsche, la verdad petrificada no existe, existe sólo la probabilidad. Dice Nietzsche en *Enemistad contra la luz*:

> "*Si se le hace comprender a alguien que, en sentido estricto, no se puede hablar nunca de verdad, sino solamente de probabilidad, se ve generalmente, por la alegría no disimulada de aquel a quien se le instruye así, cuánto prefieren los hombres la incertidumbre del horizonte intelectual, y cuánto odian, en el fondo de su alma, la verdad a causa de su precisión*".[73]

---

[72] EH o. c. Prólogo Af. 3 ps. 18-19 EH o. c. Vorwort Af. 3 ps. 258-259[-30-10].

[73] HDH o. c. Af. 7 *Enemistad contra la luz* p. 21 MAM Band 2 II Vermischte Meinungen und Sprüche. Af. 7 *Licht - Feindschaft* p. 383[-15] .

Respecto al *Escepticismo cristiano* nos dice:

"Se presenta ahora gustosamente a Pilatos, con su pregunta. '¿Qué es la verdad?', como abogado del Cristo, y esto para que se sospeche de todo lo que es conocido y digno de conocerse, hacerlo pasar por apariencia, a fin de poder erigir sobre el horrible fondo de la imposibilidad de saber: ¡la Cruz!".[74]

La Cruz es también verdad. Y esta idea de Nietzsche sobre el concepto y la utilidad de la verdad, se nos presenta en forma definitivamente cruda cuando nos expresa:

"La verdad no tolera otros dioses. –La fe en la verdad comienza con la duda respecto a todas las 'verdades' en que se ha creído hasta el presente".[75]

La moral se nos presenta como una de las formas de la conciencia social y tiene la peculiaridad de delatar el perfil espiritual de las personas y las organizaciones humanas. En filosofía, también, con la palabra moral se define un sistema de normas de conducta. En este trabajo hemos querido revelar, en los conceptos de moral y verdad, el perfil filosófico-personal y la proyección de Nietzsche.

De tal suerte tenemos: La proyección: consiste en transvalorar todos los valores, i.e cambiar la verdad por la veracidad.

Perfil filosófico-personal: Excelente. Todo un carácter. Valiente. Nadador contra la corriente: atacaba sólo lo triunfante y lo grande. Fatalista con coraje para la dura vida y la muerte, como el fatalismo del soldado ruso. No se malgastaba, no atacaba problemas que no lo fueran., curiosos y problemáticos. La verdad, que pertenece al ámbito del pensamiento, en Nietzsche se reflejaba fielmente como criterio de la práctica. Por eso percibió la verdad como mentira y la atacó con valentía. Pero la verdad, a pesar de ser más que todo subjetiva, aunque sea reflejo

---

[74] *Ibíd*. Af. 8 p. 21 MAM Band 2 *Christen–Skepsis* Vermischte Meinungen und Sprüche Af. 8 ps. 383-384⁻²⁵.

[75] HDH o. c. Af. 20 p. 24. *La verdad no tolera otros dioses* MAM o. c. Band 2 Vermischte Meinungen und Sprüche Af. 20 Wahrheit will keine Götter neben sich p. 387 ⁻¹⁵.

de la realidad, supo ubicarla muy bien: la ubicó en el cristianismo, y la calificó, por los resultados de lo empírico, como falsa, y todo, porque se nutrió de la vida, de lo dionisiaco. Hamlet se nos presenta como el prototipo de la duda, pero fue la certeza, más que la duda, quien lo volvió loco. «La cara de la duda es la realidad de la certeza» Nietzsche no dudó: para él, la verdad es la mentira y la mentira es la verdad. Lo que siempre se prohibió fue lo veraz.

> *"A la realidad se le ha despojado de su valor, de su sentido, de su veracidad, en la medida en que se ha fingido mentirosamente un mundo ideal...la humanidad misma ha sido engañada y falseada por la mentira hasta en sus instintos más básicos –hasta llegar a adorar los valores inversos de aquellos solos que habrían garantizado el florecimiento, el futuro, el elevado derecho al futuro".*[76]

Estas son la verdad y la moral de Nietzsche, moral y verdad sin imperativo formal, y sobre todo, verdad y moral no preestablecidas; es este el sentido que él, como valor, les da.

6. Conclusión

En la doctrina axiológica de Nietzsche, es necesario tener en cuenta dos puntos esenciales:

Uno: El principal valor para él, la vida (humana) Este hecho lo enmascara con la careta de la negación de todos los valores. El hombre que concibe Nietzsche, aún cuando también ama al de los hombres actuales, es el hombre superado en una sociedad también superada; al superhombre de Nietzsche, hombre creador de valores. Hombres como Alejandro Magno (-353-323), Julio Cayo César (-100—44), Sócrates (-470-399), Cristo, Bleise Pascal (1623-1662), Galileo Galilei (1564-1642), Giordano. Bruno (1548-1600), Nicolás Copérnico (1473-1543), o sea, los *«hombres de excepción»*, pero ya hombres como existencia normal.

Dos: En su metafísica, activa y creadora, metafísica para movilizar la acción de los hombres, en contra de las metafísica pesimista de

---
[76] EH o. c. Prólogo Af. 2 p. 18 EH. o. c. Band 6 Vorwort Af. 2 p. 258^{-10}.

Schopenhauer, su antiguo ideal de maestro, concibe lo que es el pivote alrededor del cual da vueltas su axiológica, como lo hace la tierra con su eje, no en círculo vicioso, sino en círculo cerrado: la transvaloración de todos los valores Al transvalorar todos los valores, da la impresión de que niega todos los valores. Sin embargo, la realidad es otra: su doctrina de los valores es amplísima.

¿Acaso esos entes metafísicos, que son la voluntad de poder (ella misma un valor) y el superhombre (creador de valores), y el eterno retorno de lo mismo (el mayor de los valores en Nietzsche por ser la máxima afirmación del hombre)?, ¿no son también valores y Nietzsche mismo uno de los mayores valores?

La rebeldía, la hombría que nos inculca, representada en la «ferocidad» del león, que sólo se somete a la superioridad de Zaratustra, es, desde luego, un valor. Esta la visión del enigma que es Zaratustra. Pero quien no asimile lo de la transvaloración de todos los valores, no habrá entendido absolutamente nada de la doctrina axiológica de Nietzsche. Todo anda mal, por eso, la transvaloración de todos los valores, o sea, dar un giro de 180 grados.

"Un mezquino comedor de una pensión de seis francos al día, en un hotel de los Alpes o junto a la ribera de Liguria. Huéspedes indiferentes, la mayor parte de las veces algunas señoras viejas en smalk talk, es decir, en menuda conversación. La campana ha llamado ya a comer. Entra un hombre de espaldas cargadas, de silueta imprecisa; su paso es incierto, porque Nietzsche, tiene 'seis séptimas de ciego', anda casi tanteando, como si saliese de una caverna. Su traje es oscuro y cuidadosamente aseado, oscuro es también su rostro, y su cabello castaño va revuelto, como agitado por el oleaje; oscuros son igualmente sus ojos, que se ven a través de unos cristales gruesos, extraordinariamente gruesos. Suavemente, casi con timidez, se aproxima; a su alrededor flota un silencio anormal. Parece un hombre que vive en las sombras, más allá de la sociedad, más allá de la conversación y que está siempre temeroso de todo lo que sea ruido o hasta sonido; saluda a los demás huéspedes con cortesía y distinción y, cortésmente, se le devuelve el saludo. Se aproxima a la mesa con paso incierto de miope, va probando los alimentos con precaución propiamente de un enfermo del estómago, no sea que algún guiso esté excesivamente sazonado o que el té sea demasiado fuerte, pues cualquier cosa de esas irritaría su vientre

delicado, y si éste enferma, sus nervios se excitan tumultuosamente. Ni un vaso de vino, ni un vaso de cerveza, nada de alcohol, nada de café, ningún cigarro, ningún cigarrillo; nada estimulante, sólo una comida sobria y una conversación en voz baja, con el vecino de mesa (como hablaría alguien que ha perdido el hábito de conversar y tiene miedo a que le pregunten demasiado)".[77]

"Después se retira a su habitación mezquina, pobre, fría. La mesa está colmada de papeles, notas, escritos, pruebas, pero ni una flor, ni un adorno; algún libro y apenas, y muy raras veces, alguna carta. Allá en un rincón, un pesado cofre de madera, toda su fortuna: dos camisas, un traje, libros y manuscritos. Sobre un estante, muchas botellitas, frascos y medicinas con qué combatir sus dolores de cabeza que le tienen loco durante horas y más horas, para luchar contra los calambres del estómago, los vómitos, para vencer su pereza intestinal y, sobre todo, para combatir con cloral y veronal su terrible insomnio".[78]

"Durante horas está allá sentado escribiendo, hasta que sus ojos le arden y lagrimean; una de las pocas felicidades de su vida es que alguien, apiadado de él, se ofrezca para escribir un rato, le ayude. Si hace buen día, el eterno solitario sale a dar un paseo, siempre solo con sus pensamientos. Nadie le saluda jamás, nadie le para jamás. El tiempo malo, la nieve, la lluvia, todo eso que él odia tanto, le retiene prisionero en su cuarto, nunca abandona su habitación para buscar la ayuda de otras personas. Por la noche un par de pastelillos, una tacita de té flojo y en seguida otra vez la soledad eterna con sus pensamientos. Horas enteras vela junto a la lámpara macilenta y humosa sin que sus nervios, siempre tensos, se aflojen de cansancio. Después echa mano del cloral u otro hipnótico cualquiera, y así, a la fuerza, se duerme como las demás personas, como las personas que no piensan ni son perseguidas por el demonio".[79]

Por esto hemos afirmado que su cuerpo se resistía, pero no su espíritu y que él sí vivía, porque una de las mejores señales de que se vive es pensar, y Nietzsche no paraba de pensar. Yo no diría que este escrito de Stefan Zweig sea una imagen, yo diría más, diría que es un

---

[77] Sánchez Pascual Andrés. (2001) Introducción a *Así habló Zaratustra* p. 8.

[78] *Ibíd*. p. 9.

[79] *Ibíd*. p. 9.

retrato. Es como si uno se recreara viendo un Dios inteligente y sufridor como no hay dos en la vida. Por su parte, Lou von Salomé, nos dice, aunque no con la pasión que uno se imagina en Stephan Zweig, pero sí con el hechizo de mujer que se sintió codiciada, y que fue, aunque distante, piadosa y agradecida, lo siguiente, que también hace crecer a Nietzsche:

"Al contemplador fugaz no se le escapaba ningún detalle llamativo. Aquel varón de estatura media, vestido de manera muy sencilla, pero también muy cuidadosa, con sus rasgos sosegados y el castaño cabello peinado hacia atrás con sencillez, fácilmente podía pasar inadvertido. Las finas y extraordinariamente expresivas líneas de la boca quedaban recubiertas casi del todo por un gran bigote caído hacia delante; tenía una risa suave, un modo quedo de hablar y una cautelosa y pensativa forma de caminar, inclinado un poco de hombros hacia delante; era difícil imaginarse a aquella figura en medio de una multitud –tenía el sello del apartamiento, de la soledad. La deficiente visión daba a sus rasgos un tipo muy especial de encanto, debido a que, en lugar de reflejar impresiones cambiantes, externas, reproducían sólo aquello que cruzaba por su interior. Cuando se mostraba como era, en el hechizo de una conversación entre dos que le excitase, entonces podía aparecer en sus ojos una conmovedora luminosidad–: mas cuando su estado de ánimo era sombrío, entonces la soledad hablaba en ellos de manera tétrica, casi amenazadora, como si viniera de profundidades inquietantes...".[80]

¿Qué más decir? Este hombre que nos describen S. Zweig y A. Salomé, es Nietzsche, como ser humano y valor moral. ¡Qué amor llega uno a sentir por una persona así! En los escritos suyos uno lo ve por dentro, en especial en *Ecce homo* y en *El viajero y su sombra*, pero en estos dos fragmentos de escritura en prosa, se ve a Nietzsche por fuera. Bismarck (Otto, ministro de Guillermo I, rey de Prusia, 1815-1898)[(*)], murió sólo dos años antes que Nietzsche. Es decir, el filósofo vivió toda su vida útil contemporáneamente con este hombre enérgico y quizás bien intencionado en el fondo, pero equivocado en los métodos y en

---

[80] Sánchez Pascual Andrés. (2001) Introducción a *Así habló Zaratustra* p. 13.

[(*)] Bismack, Otto. (1815-1898), ministro del rey de Prusia, Guillermo I. Fue contemporáneo con Nietzsche.

especial en la propaganda. Bismarck dijo, en el gobierno alemán allá por el 1861, las siguientes terribles palabras políticas a propósito de la unificación de Alemania: *"las grandes cuestiones del momento no se solucionarán con discursos ni con decisiones adoptadas por mayoría, sino con sangre y acero."* Efectivamente, con sangre y acero lo «resolvió» todo. Alguien tiene que decirle al hombre «no robarás» y ese que se lo diga no puede ser el policía porque entonces es ya tarde. *"Te ganarás el pan con el sudor de tu frente"* (Gn. 3, 19). No codiciarás a la mujer del prójimo (Ex. 24, 12-18). La codicia es mala. La gula es perjudicial a la salud física y a la moral. La envidia es pecado. La ira es también pecado. Esta tarea no puede ser sólo de la escuela y de la familia con todo y lo importante que sean ambas, es función y responsabilidad de cada individuo.

4 HACIA UNA RECREACIÓN DE NUEVOS VALORES

I. Introducción

Por una hipóstasis de nuevos valores

1.1 Objetivos: De una crítica de la metafísica a una crítica de la religión

Debemos partir primero de la crítica de Nietzsche al Judaísmo y al Cristianismo que hace referencia no tanto al hecho histórico de la fe, sino a su *"sentido"*, que desenmascara el origen de este sentido religioso, aclarando a su vez su verdadera intención y sus consecuencias. No se debe confundir esta crítica del sentido religioso con la crítica de las aberraciones de la Iglesia, o de los pecados de los cristianos. No se debe reducir a una crítica positivista, que es la base del ateo que cree que puede obtener un triunfo fácil, pero que en la realidad no es sino un indicio de un espíritu de incomprensión. Se debe tener en cuenta la profundidad del conocimiento exegético de Nietzsche, ya que éste provenía de una familia sumamente religiosa, una familia de pastores. De ahí su proximidad con la teología y como filólogo conocía además del idioma hebreo y griego, armas que le permitían confrontar sus análisis con los textos originales. Además de haberse educado en Pforta, donde recibe una sólida educación religiosa y a su vez era amigo de eminentes maestros que fueron parte de sus fuentes, como J. Burckhardt, P. Deussen, F. Overbeck etc.

1.2 La creencia religiosa como ilusión

La ilusión religiosa, en su relación con la moral, es un elemento bastante común en el ser humano. Es importante esta relación ilusoria del creyente para explicar la génesis de la fe del creyente, así como su tipología y su interpretación acerca de lo divino.

> *"Es necesario pues, describir la génesis de la moral para comprender como el hombre llega a definir lo "sacro", como por ejemplo, el tema del «Dios-amor» el Dios-verdad patrocinado por el judaísmo y por el cristianismo".*[1]

Si queremos comprender la esencia de la religión, debemos aferrar cómo se constituye la imagen de lo divino que domina este tipo de creencia. Para E. Diet[2] si Nietzsche rechaza la religión como humana, demasiado humana, es porque él no ha sondeado el origen de la misma. Tanto en Nietzsche, como en Marx y en Freud, la comprensión de la génesis de la creencia, en su necesidad, es el preludio a la liberación creadora que transformará el hecho.

1.3 La imaginación del espíritu

Según Diet, para Nietzsche la religión es una producción necesaria del viviente humano, en cuanto que para poder sobrevivir, debe construir un mundo ilusorio de valores. El espíritu representa la mansedumbre del camello. El valor de una cosa radica en el sentido que se le da. En función de los propios intereses, el creyente interpreta la realidad. Nietzsche dice: *"...que nuestro valores son interpretaciones nuestras, introducidas en las cosas"*.[3] Luego la moral para Nietzsche surge por lo tanto de un juicio de valor. Pero los valores de la cultura judeocristiana no son sino valores morales, que se fundamentan en base a una distinción esencial entre lo bueno y lo malo como dos realidades absolutas, que son contradictorias entre si. La fuente de esta distinción

---

[1] Diet, Emmanuel (1974) *Nietzsche*, Citadella Editrice, Assisi. Italia traducción del original francés al italiano de Lorenzo Bacchiarello p. 66.

[2] Diet, E. o. c. p. 66-67.

[3] VP o. c. Af. 582 p. 333.

radica en la conciencia. Pero Nietzsche explica este origen de la creencia en unos valores (como el lo Bueno y lo Malo) como una historia mítica; que podemos encontrar en los siguientes textos como GM, II, l y 2, en "*La verdad y mentira en un sentido extra-moral*"), y en FETG.

Parece ser que el origen de la creencia radica en la figura de la bestia sujeta únicamente al principio del placer, que expresa su ser a través del dominio sobre los más débiles, originando de este modo el orden social. Para los nobles (o fuertes), lo que favorece su vida, es lo bueno. Los nobles ponen como punto de referencia su propio ser y su propio obrar (GM. I y II).

1.4 El imperativo religioso

El sentimiento de la obligación moral (sentimiento religioso) de la imposición del fuerte sobre el débil, por el sentimiento de culpa y el temor a un castigo, hace que el débil se vea obligado a dominarse y obliga a la sociedad a renunciar a la satisfacción inmediata de sus propios deseos. De este modo la conciencia se convierte en conciencia mala.

> "*¿Su conciencia?...De antemano se adivina que el concepto «conciencia» que aquí encontramos en su configuración más elevada, casi paradójica, tiene ya a sus espaldas una larga historia, una prolongada metamorfosis*".[4]

La aristocracia reinante golpeaba y mortificaba al hombre a fin de convertirlo en un animal capaz de prometer. De este modo para Nietzsche, el espíritu religioso nace de la represión de los instintos como un mandato y consecuencia necesaria de la vida social. Así para S. Freud y Nietzsche la conciencia nace de una represión originaria y el ejercicio de la cultura se paga con la renuncia a la realización inmediata del deseo innato de la libido. Dice Nietzsche:

> "*La conciencia nace así como una mala conciencia, de haberse equivocado y como deber de respetar el orden establecido*".[5]

---

[4] GM o. c. II Afs. 3-4-5 p. 69-71 ZGM o. c. Band 5 Zweite Abhandlung Af. 3 p. 294-30.

[5] Diet, E. o. c. p. 69 "La coscienza nasce così come «cattiva coscienza» (schlechtes Gewissen) di aver sbagliato e come dovere di rispettare l'ordine stabilito".

La humanización del hombre no se realiza sino a través de otro (hombre), que infligiendo el sufrimiento (desplacer), lo lleva de este modo a la toma de conciencia de la realidad en cuanto relación con el otro. Dice Diet citando a Nietzsche:

> "El hombre que, falto de enemigos y resistencias exteriores, encajonado en una opresora estrechez y regularidad de las costumbres, se desgarraba, se perseguía, se roía, se sobresaltaba, impacientemente a sí mismo, este animal al que se quiere «domesticar» y que se golpea furioso contra los barrotes de su jaula, este ser al que le falta algo, devorado por la nostalgia del desierto, que tuvo que crearse a base de mismo una aventura, una cámara de suplicio, una selva insegura y peligrosa – este loco, este prisionero añorante y desesperado fue el inventor de la mala conciencia".[6]

En *Aurora* y *Humano demasiado humano*, «la mala conciencia» corresponde al Super-Ego freudiano, ya en su génesis como es en su función. En estos textos Nietzsche hace referencia directa y explícita al origen de los juicios de valor. A la luz de este texto en el que no ignora ni la represión ni su necesidad, ni las funestas consecuencias, donde la agresividad y la crueldad (*Graumsamkeit*) como elementos constitutivos de los instintos fundamentales del hombre. Dice que la sociedad hace caer a los nobles en la trampa de la propia legalización y en las sofisticaciones del lenguaje. Es como afirmar que los débiles en su lucha por el poder legalizan su «mala conciencia», se echan en el bolsillo a los nobles.

1.5 Las fronteras de los esclavos

Son los que disfrutando de los «valores morales» buscan sustituir la vieja sociedad guerrera autócrata por una cultura mercantilista y del bienestar. Lo que hace que el esclavo sea esclavo, no es sino su impotencia de dominar sus propios instintos caóticos. Su debilidad deriva del hecho de que el esclavo no puede llevar a cabo la realización de sus propios instintos (deseos innatos), ni oponerse a su opresor (cfr. caso de la oveja y las aves rapaces: en GM I-13 y 14 y I-10) comparando con

---

[6] GM o. c. II Af. 16 ps. 96-97 ZGM o. c. Band 5 Zweite Abhandlung Af. 16 p. 323$^{5\text{-}10}$.

el amo y el esclavo hace Nietzsche una relación entre la oveja y el ave de rapiña. El hecho de que las aves de rapiña puedan dominar a las ovejas, no les da derecho a sentirse dueñas (dominadores) o apoderarse de ellas.

> "...El que los corderos guarden rencor a las grandes aves rapaces, es algo que puede extrañar... Y cuando los corderitos dicen entre sí «estas aves de rapiña» son malvadas; y quien es lo menos posible una ave de rapiña, sino más bien su antítesis, un corderito, –«¿no debería ser bueno?» ... las aves rapaces se dirán: Nosotras no estamos enfadadas en absoluto con esos buenos, incluso los amamos: nada hay más sabroso que un tierno cordero".[7]

Para Nietzsche en (GM. I-10) el resentimiento que padece el esclavo, es una fuente de crear valores. El débil suple su impotencia, por una potencia imaginaria, dentro del mundo de la ficción de las artimañas del lenguaje. Así por ejemplo, imagina una libertad que no posee y condena a los fuertes y a sus instintos de vida, moralizando la responsabilidad para hacerse del pecado.

> "La rebelión de los esclavos en la moral comienza cuando el resentimiento mismo se vuelve creador y engendra valores: el resentimiento de aquellos seres a quienes les está vedada la auténtica reacción, la reacción de la acción y que se desquitan solamente con una venganza imaginaria". Mientras que toda moral noble nace de un triunfante sí dicho a sí mismo, la moral de los esclavos dice no, ya de antemano, a un «fuera», a un «otro», a un «no-yo» y ese no es lo que constituye su acción creadora".[8]

Se ve aquí el rol predominante del lenguaje en lo que se refiere a la interpretación teológico-moral del ser que el mismo débil (el esclavo) con su obra imaginaria construye. Para Nietzsche el débil se arroga el derecho de juzgar a los nobles (fuertes), exigiéndole razones de sus actos. Y hace de la necesidad una virtud, transformando su propia

---

[7] GM o. c. I Af. 13 p. 51 ZGM o. c. Band 5 Erste Abhandlung Af. 13 *Gut unde Böse- Gut und Schlecht* ps. 278-279 $^{-30-5}$.

[8] *Ibíd*. I Af. 10 ps. 42-43 ZGM. o. c. Band 5 Erste Abhandlung Af. 10 *Gut und Böse- Gut und Schlecht* ps. 270-271^{-30}.

impotencia en un mérito. Esto constituye un redoblamiento del valor, que constituye la moral como una realidad contra-natural, explotando las ilusiones que produce el lenguaje, los débiles crean su propio mundo, en el cual un dios omnipotente lo vengará castigando a aquellos que son superiores en todo. Así nace la mentira *(Die Lüge)* del ideal y la falsificación de lo divino en un Dios moral con la tarea de consolar a los débiles y de mitigar su odio, contra todo aquello que la vida tenga de terrible y de éxito. Se enfrenta ante el hecho que parece que la vida decadente, definitivamente ha vencido a la vida ascendente o superior Esta victoria *(Der Sieg)* no sería posible sin la intervención directa y avasalladora de la más alta forma de la voluntad de poder.[9]

1.6 Tarea sacerdotal: búsqueda de valores superiores y estables

Nietzsche presenta la figura y tarea del sacerdote basada en predicar una actitud de triunfalismo utópico que busca que los débiles se defiendan así mismos de sus propios resentimientos debido a su conciencia de culpabilidad, erigiendo así el mundo de sus propios deseos *(Wünschen)*, ya que su fuerza y su inteligencia están al servicio de los débiles a fin de que éstos puedan triunfar sobre los fuertes, convirtiendo el ideal del éxito en ideal universal. Para Nietzsche el sacerdote no es sino el ser modificador de la dirección del resentimiento.[10]

> *"A éste (al sacerdote) hemos de considerarlo como el predestinado salvador, pastor y defensor del rebaño enfermo: sólo así comprendemos su enorme misión histórica. El dominio de quienes sufren es su reino, a ese dominio le conduce su instinto, en el tiene su arte más propia, su maestría, su especie de felicidad".* [11]

---

[9] CI o. c. Af. 1 *La moral como contranaturaleza* p. 53 GD. o. c Band 6 Af. 1 *Moral als Widernatur* ps. 82 ss. y también en la misma obra: Das Problem des Sócrates ps. 37 a 43 y en ZGM. o. c. Gut und Böse, Gut und Schlecht Erste Abhandlung Af. 15 ps. 283-285.

[10] GM o. c. III *Qué significan los ideales ascéticos* Af. 13 y 15. ps. 139 y 146. ZGM. o. c III ¿*Was bedeuten asketische Ideale?* Af. 13 ps. 365 a 367 y Af. 15 ps. 372 a 375. Y AC. o. c. donde habla de la génesis del cristianismo Af. 24 p. 49 y AHZ. o. c. II *De los sacerdotes* p. 143.

[11] *Ibíd.* III Af. 15 p. 146. ZGM o. c. III Af. 15 p. 372^{-15}.

El sacerdote *(el rabino)* se encarga de establecer quién es el culpable del sufrimiento y la propia desgracia, inculpando a la misma grey de dicha culpabilidad.

Para Nietzsche el sacerdote es un híbrido, ambiguo y enfermo fuerte que cuida a la grey de los enfermos del resentimiento y corroídos. La predicación del sacerdote a base del tema de la sangre y el sacrificio del crucificado, envenena los síntomas que pretende curar, sin eliminar la causa que la produce, la decadencia fisiológica que caracteriza la idiosincrasia débil como una anarquía de los instintos.

> *"...y su locura proclamaba que con la sangre se testimonia la verdad. Pero la sangre es el peor testimonio de la verdad. La sangre envenena la doctrina más pura y la transforma en locura y en odio de los corazones"* (AHZ o. c. II De los sacerdotes p. 86).

El sacerdote buscando una respuesta al porqué de la situación del débil, se apoya en la noción de un pecado cometido libremente contra la voluntad de Dios. Para el sacerdote ésta es la causa segura de la desgracia humana, convirtiendo la desgracia en un mundo ideal, para hacer de este modo más tolerable la vida de los débiles, de los fallidos. El sacerdote hace resaltar como únicos valores, aquellos que encarnan los débiles, condenando todo goce y toda creación, proyectando la vida del sufrimiento, a una vida de un mundo verdadero, de un más allá de la moral y de un Dios Juez, dejando al hombre con una sola alternativa: éste debe someterse y desvalorarse. El sacerdote transforma a los esclavos en patrones, imponiéndose así sobre el mundo reinante sus valores, sometiendo a los débiles a este sentimiento de culpa y predicando que ser feliz es una infamia y lo que abunda es la miseria.[12]

El colmo de la felicidad para los sacerdotes sería poder erigirse en jueces. Los sacerdotes son lo que arruinan el alma, al convertirse en predicadores de la igualdad. (AHZ o. c. II De las tarántulas p. 155) Para E. Diet, Nietzsche es muy radical en su defensa de los fuertes (los nobles) y de la vida, pero en su crítica no se preocupa mucho de objetar las razones de los débiles, dado que éstos no pueden ser diversamente de

---

[12] GM o. c. II Af. 16 ps. 91-1-97 y III Af. 14 ps.141-142 96 ZGM o. c Band 5 Zweite und Dritte Abhandlung Af. 16 p. 321 y Af. 14 p. 367.

lo que ellos se proponen y, para el que pueda vivir de otro modo y no sólo de pensar en otro modo.[13]

2. Nueva imagen del creyente

2.1 Tipología del camello: modelo del creyente

Sobre el tema de las tres metamorfosis afirma el autor de Zaratustra:

"Muchas cosas pesadas hay para el espíritu, para el espíritu paciente y vigoroso, en quien habita la veneración, su fuerza anhela hacia las cargas pesadas, las más difícil de llevar".[14]

El espíritu del hombre se tornará camello y éste no es sino el mismo creyente. En su espalda (*Rücken*) el camello tiene una larga historia, ya sea filogenética u ontogenética. El hombre-camello es domesticado por la sociedad como resultado de una larga tradición de juicios de valores.[15]

El camello es el heredero de la mala conciencia, así como el superego es el producto del complejo de castración y del complejo de Edipo. De aquí es donde nace su obsesión por el cumplimiento del deber. El camello, para Nietzsche, encarna las prohibiciones y las obligaciones. Su característica es la creencia y la sumisión a los valores eternos que le permiten reprimir al cuerpo y sus tentaciones. El camello en su ambivalencia existencial es pues un fuerte entre los débiles o un débil entre los fuertes. Esta es la misma ambivalencia que experimenta el mismo creyente. (cfr. GM. III 25 E.Diet o. c. p. 76 n. 28) El débil se realiza en la sumisión, mientras que el fuerte sucumbe a la mala conciencia, como es el ejemplo que da Nietzsche de Pascal: como modelo de corrupción provocado por el cristianismo, una desgracia irreparable y un crimen irremisible (imperdonable) y que muestra como evidencia de que la Fe es también el instrumento de una incomparable grandeza. (cfr. MR.

---

[13] Diet, E. o. c. p. 74 *Il camello e il Dio morale*.

[14] AHZ o. c. I. Af. 1. *De las tres transformnaciones* ps. 53ss. ASZ. o. c. Band 4 I 1 *Von den drei Verwandlungen* p. 29⁻ 5.

[15] Diet, E. o. c. p. 76.

III, ps. 192-4891 y JGB. ps. 45- 46 y 229 E. Diet o. c. p. 76) Nietzsche anticipa el análisis de Freud sobre la relación conflictiva entre el individuo y la cultura. Según E. Diet, (o.c. p. 76 nota 26) S. Freud en su obra: *L'avenir d'une ilusion* sostiene que la conducta religiosa es descrita como una neurosis ocasional universal de la humanidad.

En cambio para Nietzsche la religión y la moral no son por su esencia ni condenables ni nocivas. Dependiendo de la fuente de origen que tengan: (como pueden ser el temor, el error sicológico o afirmación de la vida) y sobre todo del tipo de viviente que realiza sus consecuencias, éstas pueden indiferentemente ser la realidad del noble o del esclavo, que va de la verdad de poder fuerte *(creadora)* y de la verdad de poder débil *(nihilista)*.

2.2 Fuentes de la creencia en la divinidad

La creencia en un Dios exigente puede no partir necesariamente partiendo del temor, sino que cree en un Dios como un modo de auto-superación, proyectando en un más allá su más alta exigencia, a su más alto acierto (éxito).[16] Para Nietzsche lo que mejor caracteriza la personalidad del camello es el sentido del deber (*sollen)* que encarna y el sentimiento de respeto (*Ehrfurt*).[17] El creyente encuentra su propia felicidad y estado de alegría en su propio «sentimiento del deber cumplido», y bajo el ejemplo del sacerdote asceta, busca el sacrificio más grande con el fin de obtener el mayor poder y un mejor regocijo de la fuerza misma.[18] Parece haber una presencia del masoquismo en el comportamiento del camello como representación simbólica del creyente, cuando éste se niega a sí mismo, en su actitud que es sólo la de obedecer, regocijándose en el desprecio de sí mismo. Pero con esta conducta no hace sino afirmarse a sí mismo. Es el deber que impone su riguroso: «tú debes», al espíritu transformando en bestia de carga, que prueba y encuentra el vigor propio en aquel rigor. El camello *(símbolo del hombre*

---

[16] Diet E. o. c. p. 76.

[17] *Ibíd.* p. 77.

[18] GM o. c. III ¿Qué significan los ideales ascépticos? Af. 23 p. 129 ZGM o. c. Band 5 Dritte Abhandlung ¿Was bedeuten asketische Ideale? Af. 23 ps. 395-398.

débil) cargándose del peso de los valores del pasado, se encierra en la necesidad sin esperanza alguna del orden eterno. Mientras el valiente danzador escribe la carta con sus pies, malicia y venganza, el espíritu de gravedad del camello se molesta.[19] Tomando los discursos y las órdenes con la carta del pié, el camello solamente cree en aquello que cree que debe creer. Es el camello un prisionero de una necesidad a-temporal de la lógica, siendo un cándido admirador de un cielo inteligible de la esencia axiológica donde encuentra su propia alegría en la renuncia y en la paz que procura toda persona que se somete a una sumisión. Para Nietzsche es el deber *(tú debes)* que impone su riguroso «*debes*» que ha cancelado los posibles y los futuribles (fuente de toda esperanza), todo el peso de lo que otrora fue aplastando el presente, que ya no es más que un pretexto y ocasión a fin de cumplimentar lo que de antaño ya fue prescripto.[20]

El camello vive el presente en función de una necesidad del pasado y no en función de una esperanza futura. El predominio del pasado es un signo de decadencia que indica la impotencia de cumplimentarla con aquello que ya antes se ha vivido.[21]

El camello es el que hace unir el sentido como un contra-sentido. Es el que vive entre el ideal metafísico como realidad moral y teológica. Su valor consiste en el vivir y realizar los valores en los cuales cree; pero sus valores no son sino contra-valores; ya que estos valores no pueden existir sino por la negación activa de cada naturalidad, y al decadente le permite superarse sólo al precio del despreciamiento de sí mismo y de su propia vida, huyendo de este modo de su propia realidad. El camello lucha con la imposición externa de una forma apolínea de vivir la vida, contra la anarquía de sus propios instintos. Es incapaz de

---

[19] Diet, E. o. c. nota 31 p. 77 cita al GS. Af. 52 *Los que otros saben de nosotros* p. 112 FW o. c. Band 5 Erstes Buch Af. 52 p. 416$^{5\text{-}10}$.

[20] AHZ o. c. *De las tres transformaciones* p. 53 ASZ. o. c Band 4 *Von den drei Verwandlungen* ps. 29-31.

[21] *Ibíd. I De las cátedras de la virtud: tema: el buen dormir* p. 56 y II *De los sabios famosos* p. 159 ASZ o. c. I: *Von den Lehrstühlen der Tugend* ps. 32s. y II: *Vom den berühmten Weisen*, p. 132.

elaborar sus propios instintos como lo hacían antes los antiguos griegos. Por el contrario, está destinado a reprimirlos, ayudado de su conciencia custodiada e imperada por el rigor de las normas lógicas y morales. Para el camello, Dios es indisolublemente el consolador y el juez, la imaginaria garantía de una vida desgarrada. La culpa de la que se habla en el texto siguiente es la que hace referencia a lo debido, no es casual, pues la fe se fundamenta en el sentimiento de culpa hacia el padre. Esta misma doctrina del sentimiento de culpa es reforzada en HDH y en AR.

> *"Capta en «Dios» las últimas antítesis, que es capaz de encontrar para sus auténticos e insuprimibles instintos de animal, reinterpreta esos mismos instintos animales como deuda con Dios (como enemistad, rebelión, insurrección contra el «Señor», el «Padre», el progenitor y comienzo del mundo), se tensa en la contradicción «Dios y demonio», y todo lo que se dice a sí mismo, a la naturaleza, a la naturalidad, a la realidad de su ser, lo proyecta fuera de sí, como un sí, como algo existente, corpóreo, real, como Dios juez, como Dios verdugo, como más allá, como eternidad, como tormento sin fin, como infierno, como inconmensurabilidad de pena y culpa. Es ésta es una especie de demencia".*[22]

El creyente es aquel que debe transformarse en ángel para no ser bestia, a fin de no sentir el complejo de culpa que le crean los impulsos de sus deseos innatos, pues al seguir el impulso de estos deseos le podrían llevar a su propia ruina. De esta manera el creyente se ve forzado a crear un Dios imaginario, para que sea el garante de su propia virtud y del sentido de una vida que pueda subsistir solamente volcándose contra ella misma. Por eso para Nietzsche el camello no es sino un enfermo que se consuela de su propia enfermedad, encontrando en un Dios, según sus propias aspiraciones la causa y la justificación de su existencia sufrida.[23] Es el Dios del judaísmo y del cristianismo que corresponde a

---

[22] GM o. c. Af. 22 ps. 105-6 ZGM o. c. Band 5 Zweite Abhandlung Af. 22 *«Schuld,»*, *«schlechtes Gewissen», Verwandtes* p. 332[15-20].

[23] Diet, E. o. c. nota 33 p. 79 GM o. c. Band 5 II *Culpa, mala conciencia y similares* 22 p. 105 AC. Af. 17 p. 41ss. y en FP 1887-88 y ASZ o. c. II *De los sacerdotes* (Von den Priestern p. 117) ps. 143ss.

la interpretación moral del ser y de la vida. Por eso el camello hace de su propia debilidad una fuerza, hipostatizando en una realidad suprema la nada sublime que es generada por el resentimiento de una vida frustrada.[24]

2.3 La creencia a la luz del Dios moral y de la metafísica

¿Para Nietzsche cuál es el tipo de Dios que adoran los débiles? Se refiere al Dios como: Padre verdadero, como Ser supremo y como Providencia del cristianismo. Para Nietzsche lo que caracteriza la figura de la divinidad es su carácter metafísico y moral. El hombre está destinado al dolor y a la muerte. Éste se debate dentro de un mundo que es a su vez falso y contradictorio, en el cual el devenir le provoca sufrimiento. Frente a este dolor y sufrimiento el hombre busca una respuesta, una causa consoladora al sufrimiento. Es en esta doble exigencia de una causa y una consolación que la fe en el Dios del cristianismo viene a satisfacer y colmar.[25]

En efecto para Nietzsche aludiendo a una idea cartesiana, Dios es concebido como el garante del sentido y la verdad de la existencia humana. El hombre que sufre a causa de su existencia ficticia, opone al devenir de la apariencia que lo arrastra la confortante estabilidad del ser. Por tanto es necesario que exista otro mundo detrás de este mundo (apariencias ficticias) que garantice la posibilidad de la vida y del conocimiento humano. Este debe ser el mundo del ser, del ser absoluto que existe por sí mismo, protegiendo al hombre del mundo de las apariencias. El hombre no quiere ser engañado. Él necesita para sobrevivir, de una permanencia que fije la verdad de las cosas. (ej. como es el caso de los argumentos de la Duda en Descartes). Pues a la insoportable condición humana (del dolor y del engaño) se hace necesario buscarle un remedio. Por tanto el enigma de la existencia sólo la fe metafísica da

---

[24] *Ibíd.* p. 79.

[25] *Ibíd.* p. 80.

una solución a este drama existencial. El hombre que sufre ha estabilizado en el lenguaje el flujo caótico de la apariencia.[26]

La coherencia y la univocidad de los significados, alimenta el mundo de lo permanente, que el hombre en la búsqueda de su salvación está buscando. Los sentidos engañan y la razón corrige los errores, y por tanto el hombre se da cuenta que la razón lo conduce a lo «permanente». Las ideas más lejanas de los sentidos deben de ser las más vecinas al «mundo verdadero» De los sentidos provienen la mayor parte de las desgracias, ya que éstos son engañadores, mentirosos, destructores. La «felicidad» sólo es alcanzable en un mundo donde mutación y felicidad se excluyen recíprocamente. Una cosa es «el mundo como debería ser» y otra cosa es «este mundo» en el cual vivimos, que es solamente error. Por tanto este mundo bajo esta condición no debería existir.

2.4 Conciencia creadora y la estabilidad del lenguaje

Es en la conciencia creadora del lenguaje que el hombre (débil= schwache Mensch) encuentra la estabilidad de las «formas apolíneas» elevándola al absoluto metafísico, como una garantía o signo de la felicidad. El lenguaje tiene la función de transmitir el conocimiento, que le permite construir un universo estable y confortante. De una manera ciega, el débil se somete a las categorías de la gramática, imaginando a través del lenguaje un mundo diverso con relación al mundo en el cual vive y sufre. Con el lenguaje el hombre crea un mundo «no-contradictorio». Para el hombre solamente lo que se dice (expresa) tiene un

---

[26] Diet, E. nota 36 p. 81 cita de *Fragmentos Póstumos*. 1887-1888 9 [60] "I sensi ingannano, la ragione corregge gli errori: quindi, si conclude, la ragione è la via che conduce al permanente; le idee più lontane dai sensi devono essere le più vicine al «mondo vero». –Dai sensi proviene la magior parte delle disgrazie-essi sono ingannatori, bugiardi, distruttori. La felicità può essere garantita solo in ciò che è: mutamento e felicità si escludono a vicenda. Il desiderio supremo ha pertanto di mira il divenir uno con ciò che è. Tale è la via stravagante verso la felicità suprema. Insomma: il mondo, così dovrebbe essere, esiste; questo mondo in cui viviamo è solo errore-questo nostro mondo non dovrebbe esistere". Ver en apéndice *Nachlaâ 1888-1887* o. c. Herbst. 9 [60] (46) p. 365[5-10].

carácter subsistente, es decir que lo expresado tiene sustancia y lo que realmente el hombre vive no tiene existencia real, no es nada, no es sino un engaño existencial. Al hombre el lenguaje le presenta un «mundo inteligible» que se opone a la preñez (Schwangerschaft= gravidanza) del significado constitutivo del ser.[27]

Nietzsche cuando habla de este Ser, se refiere al ser metafísico y teológico, basado en el dualismo que existe entre apariencia y esencia, y entre cuerpo y alma, producto de la concepción dicotómica del Hombre en la doctrina de Platón. Ante esta situación, la «conciencia creadora» que se da a través del lenguaje se presenta como el «*instrumento de salvación*». Nos libramos del mundo de las apariencias (del contorno corporal) para así encontrar quietud y reposo en el «mundo del ser», al cual el lenguaje nos transporta y nos hace llegar en definitiva a este ser (mundo de los estable y lo permanente-mundo de la seguridad) El hombre deber ir más allá del mundo de las apariencias (encadenamiento en el cuerpo) para encontrar el reposo (¿del Nirvana del Budismo?) Y el hombre debe aprender a morir, es decir liberarse del cuerpo y de sus sentidos, a fin de entrar más allá de la naturaleza, la realidad suprema. Para Nietzsche la «creencia» en el ser estático y permanente de la metafísica, se constituye, usando un término de Jean Granier (cfr. E.Diet. o. c. nota 35 p.80) a través de una, defoliación o escamación, que ordena una sucesión de contradicciones y/o oposiciones en el cual se traduce el rechazo de la realidad fenoménica, en la cual ser (de carácter lógico-metafísico) reemplaza el devenir. La esencia reemplaza la apariencia, la conciencia *(contenido de conciencia)*, reemplaza la vida; la razón reemplaza a la sensación; el alma reemplaza al cuerpo; la palabra (gramaticalizada) reemplaza al fenómeno. Toda contradicción de la vida se la contrapone y resuelve con el mundo absoluto y eterno, del cual nuestro mundo imperfecto sería una «copia o arquetipo» imperfecta.

---

[27] Diet, E o. c. p. 82 en referencia a VP.

2. 5: Por una hipóstasis axiológica del ser

Doctrina de la hipóstasis entre el ser y el bien.[28] El dualismo metafísico entre el ser y lo aparente, se fundamenta para Nietzsche en la identificación que se hace entre el ser y el bien. Necesariamente en este tipo de lenguaje, el ser es el bien, debido a su carácter apolíneo (permanente) le permite sustraerse al mundo dionisiaco del devenir y del sufrimiento porque el hombre (débil) concibe (mediante el lenguaje) al ser estático del mundo lógico-metafísico, en función de la propia búsqueda de la felicidad donde el ser (fuente de esta felicidad) es la hipóstasis del concepto pragmático de una realidad que está al servicio del hombre. Por eso el ser es valor, el ser es moral y finalmente el ser es Dios. Tres hipóstasis: Hipóstasis del Valor *(Werth)*, del Ser moral *(Sittlich)* y de Dios *(Gott)*. La metafísica se convierte así en Dios, como la figura suprema del ideal: es decir se construye una onto-teo-logía. Pues hace del discurso *(λόγος)* el criterio de la realidad y del valor. Construye de este modo el concepto de la existencia de un mundo más allá de este mundo concreto y tangible, que es a su vez escenario del devenir y del sufrimiento humano, hacia un *«mundo estático»*, hipostizando las formas apolíneas del lenguaje social, practicando exorcismo al devenir causado por las fuerzas dionisíacas y de la ineluctable tragicalidad de la propia contingencia (finitud).[29]

2. 6: Ciencia vs. Creencia[30]

Desde Platón en adelante la creencia hace del Dios el ser supremo, que es fundamento de la razón de ser, en cuanto que se opone a las apariencias desvanecibles. Para Nietzsche de la complicidad del Cristianismo y el Platonismo nace una imagen de la divinidad como una reproducción idéntica *(Durchzeichnung)* de los signos y principios de

---

[28] *Ibíd*. p. 83 cita a Nietzsche, F. en HDH o. c. y en MBM o. c. I, 1–2 p. 22.

[29] Diet, E. o. c. p. 83.

[30] (1999) *Die fröhliche Wissenschaft* o. c. Af. 344 *Inwiefern auch wir noch fromm sind* p. 574-[30] y (2000). *El gay saber,* Austral. Madrid. traducción de Luis Jiménez Moreno. *¿En qué medida somos nosotros piadosos también?* p. 287, y en Jean Granier en *Nietzsche et la question de l'être*, citado por Diet, E. o. c. nota 42 p. 83.

la metafísica. Esta concepción calcada de la metafísica, es la que determina el pensamiento que los hombres tienen de lo sagrado (sacro-*ehrewürdig-heilig*). De este modo el Dios = Logos es Verdad (Wahrheit) y es el fundamento creador del ser, en el que a través del lenguaje (discurso-*Ansprache*) se recupera y es a su vez el «garante del acuerdo» entre el conocimiento y realidad y es también una garantía de la armonía homológica entre la existencia humana y el mundo (cfr. Die fröhliche Wissenschaft o. c. 344).

La creencia en ese Dios metafísico (verdad-*logos*) garantiza al hombre su salvación siempre y cuando se afiance a su razón, renunciando a lo terreno (que es un valle de lágrimas) siguiendo la orden del creador, renunciando a los deseos del instinto, que no son sino obra del diablo. Dios creó al hombre y éste el pecado, y Dios es el abuelo del pecado.

> *"Un santo, inmerso entre los creyentes, no podía soportar el odio constante que éstos mostraban hacia el pecado…«Dios lo ha creado todo, menos el pecado… Pero el hombre sí ha creado el pecado»… Dios es el abuelo del pecado. Todo honor a todo señor, sí, pero el corazón, y el deber habrían de hablar del niño, ante todo, y en segundo lugar, a favor del abuelo".*[31]

2.7 Lo bueno y lo malo: dos valores antagónicos [32]

Dios se presenta como el *Logos*, como la Verdad, el Bien y el Juez. Bien y mal son presentados como dos realidades axiológicas antagónicas y eternas en función del principio de contradicción, que es la característica del ser metafísico. (cfr. CI. Af. 4 ps. 47-48).

> *"Los doctos están en lo cierto cuando juzgan que los hombres de todas las épocas creían «saber» qué era lo bueno y lo malvado, qué debía alabarse o censurarse. Pero es un prejuicio de los doctos pensar que*

---

[31] AR o. c. *Humanidad del santo* Af. 81 p. 110 MR o. c. Band 3 I *Humanität des Heiligen* Af. 81 p. 78[-10-15].

[32] AC o. c. Af. 25 ps. 51-52 GS o. c. Af. 140 p. 194 y CI o. c. Af. 4 *La Razón de la Filosofía* p. 47, en GD o.c. Af. 4. *Die Vernunft in der Philosophie* p. 76 y en HDH o. c. II *Doble prehistoria del bien y del mal* Af. 45 p. 70 MAM. *Doppelte Vorgeschichte von Gut und Böse* Af. 45 p. 67.

nosotros «ahora» lo sabríamos mejor «mejor» que en cualquier otra época". (cfr. Aurora. o. c.. Prejuicio de los doctos I. Af. 2 p. 65)[*]

2.8 El concepto de Dios

En EH, Nietzsche nos dice que el resentimiento nacido de la debilidad no es nocivo más que a los seres débiles. El resentimiento humano lleva al hombre a la logicización del Ser, pues un Dios en sentido espiritual se puede concebir solamente como una realidad universal. (cfr. también en V P o. c. Af. 167 p. l16 y 179 p. 124) Se presenta a Dios como un ideal, es el Dios del sacerdote y de la metafísica.

	Ser supremo de la metafísica
	Amor-verdad-espíritu lógico-eterno-bueno-veraz-absoluta mentira-(Sacra-mentira)
	Providencia con su inaccesible perfección (**)
Dios es:	El dios de los pobres
	El Dios de los enfermos, de los pecadores
	De la culpabilidad y del resentimiento y Redentor del sacerdote asceta

(**)Con esta inaccesible perfección, Dios desvaloriza la vida humana, con la idea o doctrina de la culpabilidad. Es el Dios que salva solamente condenando la existencia humana corporal, afectiva, temporal e inmoral, engañosa y relativa, en el momento mismo en que ofrece a aquellos que sufren aquí en la ilusoria consolación de una salvación que obtendremos en el otro mundo. Un punto de salida: mortificando su cuerpo, el hombre será redimido y en el supuesto paraíso encontrará su sueño, que lo liberará para siempre de su miserable existencia.[33] Dios representa el democraticismo plebeyo, es decir la igualdad de todos sus hijos que provienen de un mismo Padre. Según Nietzsche en AHZ, es

---

[*] MR o. c. Band 3 I. Af. 2 p. 19-10.

[33] AHZ o. c. I *De la cátedra de la virtud* p. 56 y *De los trasmundanos* p. 60 ASZ o. c. Band 4 *Von den Lehrstühlen der Tugende* y *Von den Hinterweltlern* ps. 32 a 38.

necesario que este Dios-Vampiro muera, ya que vive de la muerte del hombre, para que el hombre pueda vivir la vida de un Dios:

> *"¡Fuera tal Dios! Mejor ningún Dios, mejor construirse cada uno su destino a su manera, mejor ser un loco, « mejor ser Dios mismo»".*[34]

Para Nietzsche, el concepto de Dios es hasta hoy la objeción más grande contra la existencia. Por eso afirma que:

> *"El concepto de «Dios. ha sido hasta ahora la gran objeción contra la existencia... Nosotros negamos a Dios, negamos la responsabilidad en Dios: sólo así redimimos el mundo".*[35]

Para Nietzsche el valor Dios queda suprimido y suplantado por el hombre: *"¡Dios ha muerto! Dios permanece muerto y nosotros le hemos matado".*[36]

En Nietzsche la nueva moral cristiana predicada por los sacerdotes fue la que venció y mató a Dios, es decir al Dios cristiano (cfr. Die Fröhliche Wissenschaft. 357 p. 597) Se interpretó a Dios como una araña que teje el mundo según las normas de la lógica y con su propia providencia está detrás de la salvación de los débiles, de los supuestos buenos. Sepropone una moral dualista que justifique a los «impotentes», cualificándolo como virtud la incapacidad de los débiles y buenos de vivir, obrar y crear. El reino de Dios cristiano se concibe como un hospital, un reino del gueto. Como producto de su expansión y predicación, Dios, sin perder su identidad como judío, se convirtió en el Dios de los rincones, el Dios de todas las esquinas, de todos los barrios insalubres

---

[34] Diet, E. o. c. cita de. "Cosi parló Zaratustra". VI: *A riposo* p. 86 nota 57.. "Basta con un Dio cosi! Meglio nessun dio, meglio costruirsi il destino con le propie mani, meglio essere un folle, meglio essere noi stessi dio". "Fort mit einem solchem Gotte! Lieber keinen Gott, lieber auf eigne Faust Schicksal machen!. Lieber Narr sein, lieber selber Gott sein". ASZ o. c. Band 4. IV *Ausser Dienst* p. 325.

[35] CI. o. c. Af. 8 p. 70. " Der Begriff «Gott» war bisher der größte Einwand gegen das Dasein...Wir leugnen Gott, wir leugnen die Verantwortlichkeit in Gott: damit erst erlösen wir die Welt". GD. o. c. Band 6 Die vier großen Ürrthümer Af. 8 p. 97⁻⁵.

[36] FW o. c. Band 3 "...Gott ist todt!. Gott bleibt todt, und wir haben ihn getödtet". III Af. 125 p. 481⁻¹⁵.

del mundo entero, y que finalmente emulando a Kant, se convirtió en «cosa en sí» (Dinge an sich):

> *"...Su reino del mundo es, tanto antes como después, un reino del submundo, un hospital, un reino subterráneo, un reino-ghetto... se convirtió en un «ideal», se convirtió en un «espíritu puro», se convirtió en un absolutum. Se convirtió en «cosa en si» ...Ruina de un Dios: Dios se convirtió en «cosa en sí»".*[37]

Para Nietzsche los débiles infectan a los nobles con la mentira del ideal de Dios y que ellos *(los débiles)* encuentran en la respuesta de la Fe el modo de vengarse de la vida que no se arriesgan a soportar, es decir el devenir y el sufrimiento. El Dios del cristianismo es el Dios del resentimiento, es un instrumento de venganza. Los débiles en la Fe encuentran su más secreta afirmación de que el Dios-Moral y Lógico es el medio para lograr una vida auténtica, y mediante la práctica de la religión busca el modo e dominarse y superarse a sí mismo.

> *"Ellos llamaron Dios a lo que les contradecía y causaba dolor: y en verdad, ¡mucho heroísmo había en su adoración!".*[38]

La obediencia impuesta por la Fe y la Moral es la base del sometimiento. Tu deber consiste en proseguir el movimiento de la trascendencia, con el cual se realiza el devenir del oponerse a aquello que ha puesto en la realidad de la propia existencia. Éste (el hombre) advierte la heteronomía de la Fe como algo inmoral. Y al «tú debes», imperativo categórico de la culpabilidad, le opone el «yo quiero» de aquel que sabiendo dominarse, tiene el derecho a la autonomía de la responsabilidad. El creyente es el que tiene la idea más alta de la moral y de Dios, que se transforma en inmoralista y ateo y actúa el derribamiento llevado a cabo por los decadentes y sus secuaces los sacerdotes. Para E. Diet (o. c. cita 7 p. 89) el inmoralismo de Nietzsche no consiste en la justificación del esteticismo del gozar, del cual el nihilismo querría atribuirse la paternidad. Nos dice que gozar sin impedimentos, significa

---

[37] AC. o. c. Af. 17 ps. 42-43 DAC. o. c. Band VI. Af. 17 p. 184-20.

[38] (2001) AHZ. o. c II. De los sacerdotes p. 143 ASZ. . o.c. Von den Priestern. p. 118-
20 "Essi hanno chiamato Dio ciò che contraddiceva e faceva male a loro stessi: e, in verità, vie è stato molto eroismo nella loro adorazione". Diet, E, o. c. p. 88.

para Nietzsche hedonismo del decadente que es incapaz de dominar sus propias reacciones a las excitaciones y a la propia búsqueda del placer. De la misma manera en que S. Freud fustiga el sometimiento al sólo principio del placer (libido).

El sometimiento deja entender que hay mucho de simiesco en el hombre y que revela la idiosincrasia anárquica del último hombre y en cambio no el deseo creador del superhombre (cfr. prefacio de AHZ). La afirmación dionisíaca del cuerpo y el deseo como fidelidad a la tierra, nada tiene que ver con la pornografía metafísica de la transgresión por la transgresión misma, que non son sino vanos ídolos de una cultura en descomposición.[39] Si la moral llevada a su término se autosupera, es justamente por esta autosuperación que se encuentra en la trampa de las propias contradicciones, cuando un espíritu honesto vive dentro del rigor lógico de sus mandamientos. La negativa a obrar en la moral del cuerpo se vuelve contra sí mismo cuando impulsando hasta las últimas consecuencias la fe es el ideal, el «espíritu-camello» que se metamorfea en la figura del león. El uso del camino del argumento lógico no es sino un atentado al devenir. Para Nietzsche, el credo de la teología alemana consiste en la aplicación del absurdo al dogma cristiano del pesimismo lógico. Concordando Nietzsche con el heraclitismo de Hegel que afirma que: la contradicción mueve el mundo y que todas las cosas están en contradicción consigo mismas.[40]

3. La lógica y los valores

La fe en la razón en base a los juicios de valor de la lógica, es en cuanto confianza, un fenómeno moral. La creencia en la lógica es un fenómeno moral, porque se fundamenta sobre la valoración del viviente que acuerda valores a la no-contradicción del Ser, para así proteger su propia vida que está amenazada por el devenir. Por eso, todo el que vive y denuncia las contradicciones de la moral, enciende el fuego a todo el cielo del Ideal, es decir del crepúsculo de los ídolos, arrastrando así el ser lógico conduciendo al Dios Moral hacia la nada y la Verdad

---

[39] AHZ o. c. I De la castidad p. 94 ASZ. o. c. Band 4 Von der Keuschheit I p. 69.

[40] AR o. c. 3 p. 61 MR o. c. Band 3 Vorrede 3 p 15-15.

misma se derrumba conjuntamente con el Bien en el abismo del «sinsentido». Para Nietzsche la vida no se deja encerrar dentro de las categorías de la lógica.

La honestidad intelectual en la medida en que asume el destino de un creyente, pone al desnudo la vanidad y vaciedad del supremo Ideal moral. En la búsqueda de una valoración en lo que se refiere a buscar la Verdad y/o la falsedad, no es sino una herencia de la perversa conciencia del cristiano que buscando la salvación de su alma, debe examinar detalladamente los movimientos y las motivaciones de sus propios actos en relación con el Bien y el Mal establecidos por la misma ley divina.

3.1 Creencia-valor y verdad

Es la creencia en el Dios Moral y Veraz que ha hecho de la verdad un Valor y no han sido sino los débiles (creyentes-*Gläubigen*) que han buscado desarrollar el espíritu y la inteligencia y como consecuencia su valor tiene un carácter infinito. Para Nietzsche si no fuera por la confianza en la verdad heredada de la Fe metafísica, la pasión por el conocimiento nunca hubiese nacido. Así en la medida que el hombre se supera (*Überwindung*) la moral se autosuprime (*Selbstaufhebung*). Su negatividad destructiva, se vierte en una destrucción creadora, en la cual el hombre creyente encuentra placer (*Lust*) al negar lo que rechaza cada valor a su vida. Pero en la historia del hombre, como es también a su vez la historia de la cultura, la destrucción conlleva como consecuencia lógica la muerte de Dios. Para Nietzsche el amor por la verdad hace imposible la creencia en un Dios amor y verdad. Para Nietzsche el Dios que muere es el Dios judeo-cristiano que hace vacilar los fundamentos de la existencia humana. Es el Dios moral de la metafísica. El Dios que muere es el Dios de la tradición cristiana, creído como espíritu universal, único y providente. Lo que hace morir a Dios es la visión moral idealista del mundo. Es el Dios amor y que es a su vez objeto de amor y que busca ser consolado. Es el Dios que representa la paz como sinónimo de tranquilidad. Este Dios que muere es la calma en la nada que el sacerdote propone para la adoración a los creyentes impotentes.

> *"...finalmente entre santos, un pretexto para el letargo invernal, su novísima gloriae cupido [novísima avidez de gloria], su descanso en la nada («Dios»), su forma peculiar de locura...el hecho de que el ideal ascético haya significado tantas cosas para el hombre se expresa la realidad fundamental de la voluntad humana, su horror vacui: esa voluntad necesita una meta –y prefiere querer la nada a no querer...".*[41]

Este es el Dios Ser-Supremo, incondicionado, bueno y perfecto del metafísico, aquel cuya sabiduría regulaba del curso de la historia y del acontecer cosmológico.. Pero en definitiva el Dios que definitivamente muere y desaparece, es el Dios de la culpa y de la conciencia. Este texto es una proclamación enigmática de la muerte de Dios.

> *"El hombre loco saltó en medio de ellos y los taladró con sus miradas. «¿A dónde se ha ido Dios?» –exclamó, voy a decirles. Lo hemos matado nosotros. Vosotros y yo. Todos somos asesinos, pero ¿cómo hemos hecho esto?...".*[42]

La desaparición de Dios, para Nietzsche, consiste en efecto en la pérdida de toda referencia. Así, los valores que se organizaban en un todo significando el destino de la humanidad, se derrumban con el Dios que era el creador y el garante. Con la muerte de Dios si es en sí una gran victoria, es a su vez un enorme peligro, ya que en el momento en que esta muerte se hace efectiva, nada es verdadero y por tanto todo está permitido. El asesinato de Dios restituye a la existencia su existencia ficticia y su propia contingencia. Este acto es irreparable. Ningún regreso es posible y este crimen es inexpiable. Para el hombre asumir la pérdida del creador, él mismo debe convertirse creador y en fuente del valor. La muerte de Dios ubica al hombre de frente a una elección, que nadie puede eludir. Para esto es necesario que se haga presente el «Übermensch» para que le dé sentido y valor a la tierra; pues de lo contrario la decadencia prevalecerá definitivamente en la figura del último hombre.

---

[41] GM. o. c. III 1 p. 113 ZGM. o. c. ¿*Was bedeutetn asketische Ideale?* Dritte Abhandlung Af. 1 p. 339^{-20}.

[42] GC. o GS. o. c. El hombre loco Af. 125 p. 185 FW. o. c. Band 3 Drittes Buch. Af. 125 ps. 480^{-30} y 481.

> *"Yo os enseño el superhombre. El hombre es algo que debe ser superado...El superhombre es el sentido de la tierra. Diga vuestra voluntad: ¡sea el superhombre el sentido de la tierra!. ¡Yo os conjuro, hermanos míos, permaneced fieles a la tierra y no creáis a quienes os hablan de esperanzas sobreterrenales!..."*.[43]

Sobre la responsabilidad de la muerte de Dios por parte del hombre dice Nietzsche:

> *"¿No es demasiado grande para nosotros la grandeza de este hecho? ¿No deberemos convertirnos en dioses nosotros mismos, solo para aparecer dignos de ellos?"*.[44]

El asesinato de Dios es un crimen irremisible, ya que es el pecado que matando al Redentor, suprime toda gracia y todo perdón. Se rompe así toda relación entre la acción efectiva de la gracia y la actitud del creyente. Como Zaratustra, el hombre pío, transformado por su piedad en impío, debe esperar hasta que el evento del nihilismo obligue a cada uno a reconocer el sentido del crimen ya perpetrado:

> *"Este suceso enorme está todavía en camino y va avanzando, no ha penetrado aún en los oídos de los hombres. El relámpago y el trueno necesitan tiempo y luz, la luz de las estrellas necesita tiempo. Los hechos necesitan tiempo, aún después de haberse realizado, para ser vistos y oídos. Este hecho está para ellos más lejos que las estrellas más lejanas y, sin embargo lo han hecho ellos".*[45]

Así el espíritu libre, «el hombre pío», con cuya verdad nacida de la moral, ha matado el Dios del ideal. Solamente este hombre pío, que en el devenir se convierte en el espíritu libre acoge las consecuencias de la muerte de Dios, ya que la ha vivido. Por eso para la masa de los que integran el grupo de rebaño deberá aplicársele la implacable necesidad del nihilismo para que vean su propia responsabilidad en la pérdida del sentido. En cuanto desvela el encuentro de Zaratustra con el viejo Papa, el hombre ateo más pío que antes le pregunta al hombre creyente

---

[43] AHZ o. c. Prefacio III p. 36 ASZ. o. c. Vorrede Af. 3 p. 14^{-15}.

[44] GC o GS o. c. *El hombre loco* Af. 125 p. 185 FW. o. c. Band 3 Drittes Buch *Der Tolle Mensch* Af. 125 p. 481^{-20}.

[45] GC. o GS o. c. Af. 125 p. 185 FW. o. c. Af. 125 p. 481^{-20}.

más sincero, qué cosa sabe él de la muerte de Dios, ya que éste creyente era el que lo amaba y lo poseía más que cualquier otro hombre, pero que ahora sentirá la sensación más profunda de esta pérdida con respecto a otro hombre menos comprometido con este ideal.[46]

La religión aparece como fundada sobre grandes errores nacidos de la misma prehistoria de la humanidad. Le Fe reposa sobre los prejuicios que se revelan solamente como «cuatro grandes errores». Según Nietzsche se confunde causa y efecto, poniendo las causas en las cosas, sin tener en cuenta el hecho de la interpretación. Se cree en una voluntad libre que sería el principio de la acción, «causa sui», primer motor como afirma en el siguiente texto:

> **(1)** *"No hay error más peligroso que confundir la consecuencia con la causa: yo lo llamo la auténtica corrupción de la razón... entre nosotros ese error está incluso santificado, lleva el nombre de «religión», de «moral»...Los sacerdotes y los legisladores morales son los autores de esa corrupción de la razón..."* **(2)** *Toda moral, toda religión es ese imperativo, –yo la denomino el gran pecado original de la razón, la sinrazón inmortal...Todo error, en todo sentido, es consecuencia de una degeneración de los instintos, de una disgregación de la voluntad..."* **(3)** *"¡El error del espíritu como causa, confundido con la realidad!. ¡Y convertido en medida de la realidad!. ¡Y denominado Dios!".* **(6)** *"El ámbito entero de la moral y la religión cae bajo este concepto de las causas imaginarias..."* **(7)** *"El cristianismo es una metafísica del verdugo...".* **(8)** *"El concepto de «Dios» ha sido hasta ahora la gran objeción contra la existencia... Nosotros negamos a Dios, negamos la responsabilidad en Dios: solamente así redimimos al mundo".*[47]

De este modo, el mundo-verdad deviene una fábula y el Dios que presidía su destino, finalmente muere.

---

[46] AHZ. o. c. IV: *El Jubilado* (diálogo con el último viejo papa). p. 356. Idem. "Il più grande errore che mai sia stato commesso, la vera fatalità dell'errore sulla terra: si è rittenuto che le categorie della regione potessero diventare un criterio della realtà, mentre esse avrebbero dovuto invece servire a renderci padroni della realtà, a illuderci intelleigentemente sulle cose". E. Diet o. c. p. 100 nota 39 citando a VP.

[47] CI.. o. c. Los 4 grandes errores Afs. 1-2-3-6-7- y 8 o.c. ps. 61 a 70. GD. o. c. Afs. 1-2-3-6-7 y 8 Die vier grossen Irrthümer ps. 88 a 97.

> "Hemos eliminado el mundo verdadero, ¿qué mundo ha quedado?, ¿acaso el aparente?... ino!, al eliminar el mundo verdadero, hemos también eliminado el mundo aparente".[48]

A la medida de la realidad, a esta «causa sui», se le designaba con el nombre de Dios. Para Nietzsche la moral y la religión pertenecen por completo a la sicología del error, pues en cada caso individual se cambia la causa con el efecto; el mejor, se confunde la verdad con el efecto de aquello que es creído como verdadero, o puede ser que se cambie un estado de conciencia con la causalidad de este estado de conciencia. Sobre la naturaleza del instinto del teólogo. Para Nietzsche todas las pruebas de la existencia de Dios, todas las definiciones de su supuesta esencia aparecen en si como realidades vacías de todo contenido y sin fundamento alguno en la realidad humana. En ninguna parte y de ningún modo se puede dar un contenido a aquello que la teología reinante dice acerca de Dios y de la realidad movida por él. Dios no es sino un ser que se revela como un vacío puro, siendo él mismo la nada absoluta del Nihilismo.

> "A este instinto propio de los teólogos hago yo la guerra: en todas partes he encontrado su huella... El pathos que a partir de ella se desarrolla se llama a sí mismo fe: cerrar los ojos, de una vez por todas, frente a sí mismo para no sufrir del aspecto de una falsedad incurable. De esta óptica defectuosa con respecto a todas las cosas hace la gente en su interior una moral, una virtud, una santidad, establece una conexión entre la buena conciencia y el ver las cosas de una manera falsa, –exige que ninguna otra especie de óptica tenga ya valor, tras haber vuelto sacrosanta la propia, dándole los nombres «Dios», «redención», «eternidad»".[49]

Pero esta nada absoluta, elevada a la categoría de Dios, no es para Nietzsche simplemente un error, es también una ilusión que niega todo valor al mundo y a la vida.

---

[48] *Ibíd.* Cómo el mundo verdadero, termina por convertirse en fábula Af. 6 p. 52. GD. o. c. Af. 6 *Wie die «wahre Welt» endlich zur Fabel wurde -Geschichte eines Irrthums.* p. 81^{-10}.

[49] *AC. o.c.* Af. 62 ps. 108-109. DAC. Band VI. . Af. 62 p. 252$^{-10-\ 15}$.

3.2 La ficción de la religión y su función desvalorizadora

El supuesto Regnum Cœlorum, no es simplemente una ficción imaginaria, sino que por el contrario es una realidad en la que el mundo de la religión es peor que la realidad del sueño, ya que éste al menos refleja la realidad, mientras que la religión como escenario de Dios, lo que hace es desvalorizar y negar la misma realidad. Este error religioso no es algo neutro, ya que se opone totalmente en toda sus dimensiones a la realidad humana. Para Diet, (o. c. p. 101 nota 42) se ve como la crítica nietzscheana retoma la crítica kantiana, pero radicalizándola, es decir que Dios es solamente un concepto vacío al cual no se puede hacer corresponder ninguna intuición. El Dios absoluto desvaloriza la perspectiva *(Ziel-Zweck)* propia de cada vida a nivel individual.

Este Dios supuestamente eterno, para Nietzsche, desvaloriza el devenir existencial, ya que la misma noción de eternidad (Ser absoluto) es una contraposición a la realidad sujeta al constante devenir. El Dios espiritual hace del cuerpo humano algo vil, que es necesario castigarlo, torturarlo, (la práctica de lapidación) si éste quiere realmente obtener la paz del alma (dicotomismo platónico). Para Nietzsche, el Dios, Padre de todo bien, es también el abuelo del pecado, ya que Dios le quita al hombre toda posibilidad de sentirse a sí mismo satisfecho, imponiéndole deberes (reglas de virtud) que son casi imposibles de llevarse a cabalidad. A este aspecto se le puede aplicar el caso actual der los escándalos sexuales de los sacerdotes, como imposibilitados de vivir a profundidad el celibato y la castidad que se les impone, para el logro y alcance de su supuesta «santidad». El Dios, representativo de la moral tradicional; pudiera ser como ejemplo la práctica moral y de las virtudes de movimientos religiosos, como del Opus, Dei, Miles Jesús, Comunión y Liberación, y Lumen Dei, Memores Domini etc. Para Nietzsche este Dios, que patrocina este tipo de práctica moral, no es sino la negación de cada vida, habiendo hecho como consecuencia del hombre una «figura sublime», i.e: como el único ideal.

3.3 Caracteres negativos de la fe

Luego de ver la crítica científica de los prejuicios y de los errores, debemos añadirle los caracteres negativos de la fe religiosa. Pero para

E. Diet, (o.c. p. 102) el Dios-negación es solamente una de las determinaciones del Dios divino y del ideal metafísico de Nietzsche, que opone otra idea de lo divino, tomándolo de la Grecia y del Judaísmo antiguo. Según Nietzsche el concepto cristiano de Dios se ha degenerado hasta llegar a contradecir la vida misma, en vez de ser la transfiguración y el eterno si a la vida. Sobre este concepto cristiano de Dios afirma:

> *"Dios como Dios de los enfermos, Dios como araña, Dios como espíritu –es uno de los conceptos de Dios más corruptos a que se ha llegado en la tierra... ¡Dios, degenerado a ser la contradicción de la vida, en lugar de ser su transfiguración y su eterno sí! En Dios, declarada la hostilidad a la vida, a la naturaleza, a la voluntad de vida. ¡Dios, fórmula de toda calumnia del «más acá», de toda mentira del «más allá»! ¡En Dios divinizada la nada, canonizada la voluntad de la nada!".*[50]

También en *El anticristo* en su crítica a Pablo por el modo de ver a su Dios nos dice que la piedad auténtica niega que un Dios semejante y negador del sea divino como tal. En este supuesto Dios, su sabiduría se ha limitado solamente domesticar al hombre, y arruinar la humanidad entera a costa de un supuesto «bien» (*regnum coelorum*), inculpando todo lo que en sí constituye la existencia humana. No ha sabido hacer otra cosa que domesticar al hombre y arruinar a la humanidad para beneficio del Bien, culpabilizando a todo lo que constituye la realidad de la existencia.

> *"...sino el que aquello que ha sido venerado como Dios nosotros lo sintamos no como algo «divino», sino como algo digno de lástima, absurdo, nocivo, no sólo como un error, sino como un crimen contra la vida... Nosotros negamos a Dios en cuento Dios... Si se nos demostrase ese Dios de los cristianos, sabríamos creerlo menos aún. Dicho en una fórmula: deus, qualem Paulus creavit, dei negatio [Dios tal como Pablo lo creó, es la negación de Dios] ... La «fe» como imperativo, es el veto a la ciencia,–in praxi, la mentira a cualquier precio... El «Dios» que Pablo se inventó, un Dios que deshonra la sabiduría del mundo...".*[51]

---

[50] AC. o. c. Af. 18 p. 43 DAC. o. c. Af. 18 p. 185[5-10.] Idem capt. VI cita 18.

[51] AC o. c. Af. 47 ps. 82-83. DAC. o. c. Af. 47 ps. 225-226 La misma idea en Nachlaâ 1885-1887 o. c. Band 12 (1887-Herbst) 10 [57] (185) ps. 485 a 490 Geschichte der Vermolarisirung und Entmoralosirung.

Lo importante no es saber si la historia de la salvación es una leyenda o no, sino el que Dios aparezca como el más grande reproche contra la existencia. Para Nietzsche el Dios que representa y encarna la moral condena la voluntad de poder, que es origen y esencia de cada vida. Frente a esta situación, a estos presupuestos, a los métodos y a los resultados de la religión, no puede ser interrogado sobre el valor de los valores cristianos, pues el problema no radica en la falsedad de estos valores, sino en que esos valores en sí sean por naturaleza nocivos. Por esto, para Nietzsche el ateísmo radical no consiste en propiedad en refutar las pruebas de la existencia de Dios,[52] sino más bien en el preguntarse dónde radica el origen del juicio de valor que ha creado Dios. La fuente de los valores que el mismo Dios-Moral ha creado, y al mismo tiempo rehusando el valor de ese origen. Se trata entonces de descubrir cómo más allá de un falso sentido del ser, la misma ilusión teológica sea en sí misma un contrasentido.

Todo es cuestión de demostrar el origen de la creencia que en sí se revela eminentemente y totalmente contradictoria. Se contrapone lo espiritual con lo vital. Lo vital se expresa en la realización de los deseos. Y también en el deseo (*Begierde*) está la razón por la cual el hombre tiene una relación con el mundo. Esta relación es la expresión de la Voluntad de Poder, que la misma honestidad del hombre la descubre como la verdadera realidad. Por eso el Dios-Moral es concebido ahora como la negación de todos los deseos y se convierte en un ser hostil a la vida misma. Para Nietzsche la fe es contradictoria, porque lo moral a su vez inmoral, ya que condena la misma fuente de la realización de los deseos que constituyen la ejecución de la voluntad de poder. Así mientras hace de la sexualidad el pecado supremo, el cristianismo se satisface en su imaginación aquello que él mismo condena en la realidad. Y el cristianismo mientras condena la agresividad, se descubre que el cristiano es en un cierto sentido crueldad hacia sí mismo y hacia los otros. Encarna el odio contra los que piensan diversamente de él. El cristiano representa la voluntad de la persecución. El cristianismo no es sino el odio contra los sentidos, contra la alegría que producen, contra todo disfrute en general. Desde la óptica del Budismo que para

---

[52] AC. o. c. Af. 47 p. 82 DAC. o. c. Band 6. Af. 47 p. 225.

Nietzsche no es una religión que aspire a la perfección, dice del cristianismo:

> *"Cristiano es un cierto sentido de crueldad con respecto a sí mismo y con respecto a otros; el odio a los que piensan de otro modo; la voluntad de perseguir... Cristiana es la enemistad a muerte contra los señores de la tierra, contra los «aristócratas»... Cristiano es el odio al espíritu, al orgullo, al valor, a la libertad, al libertinaje del espíritu; cristiano es el odio a los sentidos, a las alegrías de los sentidos, a la alegría en cuanto tal...".*[53]

Mientras Dios es definido como la suprema verdad, sus adeptos, usan de la mentira y el engaño para seducir y convencer.

> *"El concepto de Dios, falseado; el concepto moral falseado: los sacerdotes judíos no se detuvieron aquí. Esos sacerdotes llevaron a cabo ese prodigio de falsificación de la cual tenemos nosotros como documento una buena parte de la Biblia... Y a la Iglesia la secundaron los filósofos: la mentira de «el orden moral del mundo»... el sacerdote abusa del nombre de Dios: a un estado de cosas en que el sacerdote es quien determina el valor de las cosas lo llama «el reino de Dios»... a los medios con que se alcanza ese estado los llama «voluntad de Dios»...".*[54]

Y en GM, Nietzsche describe de una manera tajante y abrasiva la figura y función del sacerdote cristiano católico, describiéndolo como un ave rapaz, que se vale del engaño para cazar a sus presas. Así describe la naturaleza del oficio sacerdotal:

> *"El sacerdote es la forma primera del animal más delicado, al que le resulta más fácil despreciar que odiar... el sacerdote aparecerá, en medio de las demás especies de animales rapaces, osunamente serio, respetable, inteligente, frío, superior por sus engaños, colmo heraldo y portavoz de potestades más misteriosas decidido a sembrar en este terreno... sufrimiento, discordia, autocontradicción... para hacerse en todo momento dueño de los que sufren".*[55]

---

[53] AC o. c. Af. 21 ps. 46 - 47 DAC o. c. Band 6 Af. 21 p. 188[-15].

[54] *Ibíd*. Af. 26 p. 53 DAC o. c. Band 6 Af. 26 ps. 194-195 [30-10-20-25].

[55] GM. o. c. III Af. 15 p. 146ss. ZGM. o. c. Band 5 Dritte Abhandlung ps. 372-373[-30-10-15].

La Fe para Nietzsche se fundamenta en un utilitarismo egoísta. La necesidad de la conservación hace que el hombre se aferre a Dios o a una verdad, y hace del placer el nervio, el núcleo de la propia prueba. ¿Pero, quién establece que todo lo necesario para conservar la existencia debe existir en realidad, como si la conservación como tal fuese en sí misma necesaria? Es la expresión de un egoísmo utilitarista al estilo del altruismo de Herbert Spencer.

> *"Cuántos hay que sacan todavía esta conclusión: "La vida sería insoportable si no hubiera Dios", o como dicen los idealistas: "La vida sería insoportable sino tuviese una significación moral". Luego es necesario que Dios exista o que haya una significación moral de la vida. La verdad es todo lo contrario. El que se ha acostumbrado a esta idea no puede vivir sin ella; luego es necesaria para su conservación. ¿Qué sucedería si otros experimentasen el sentimiento contrario; si se negasen a vivir...la vida no les pareciese digna de ser vivida?".*[56]

Para el sacerdote que promete la bienaventuranza, se le hace imposible poder probar la existencia en un más allá este estado de bienaventuranza o visión beatífica que promete a aquel que accede a este estado beatífico por la creencia, por la fe. La verdad de este estado, solamente se puede fundamentar en un estado de creencia, de fe. Para hacer frente a este engaño, hay que luchar para alcanzar la verdad a través del amor y de una confianza en la vida, lo que según Nietzsche para lograr esta victoria se requiere grandeza de alma, pues el servicio a la verdad es el más duro de todos los servicios. Para Nietzsche el que vive en el mundo de la fe, está ingresando al mundo de la decadencia, de una quebrantada voluntad de vida. En base al Sermón de la Montaña (Mc. 16.16) como referencia, sostendrá cómo la fe *(die Glaube)* convierte a los hombres en Bienaventurados, y que esta promesa no sino una vil mentira por parte de quien lo pregona:

> *"Su aún hoy no faltan quienes no saben hasta qué punto ser «creyente» es indecente –o indicio de decadencia, de una quebrantada voluntad de vida Si es que yo no he oído mal, parece que entre los cristianos hay una especie de criterio de verdad, al que se da el nombre de «la prueba*

---

[56] AR o. c. I Af. 90 p. 54-55 MR o. c. Band 3 Erste Abhandlung Af. 90 p. 83$^{-20\text{-}25}$.

de la fuerza». «La fe hace bienaventurado a los hombres: por tanto es verdadera». Aquí sería lícito objetar en, primer término, que precisamente ese hacer bienaventurado a los hombres no está probado, sino sólo prometido: la bienaventuranza está vinculada a la condición de la fe... La fe hace bienaventurados a los hombres: por consiguiente miente–, se debe llegar a ser bienaventurado porque se cree".[57]

Frente a esta situación, a estos presupuestos, a los métodos y a los resultados de la religión no puede ser interrogado sobre los valores de los valores cristianos, el problema no radica en la falsedad de estos valores, sino en que esos valores en sí sean por naturaleza nocivos. Todo es cuestión de demostrar el origen de la creencia que en sí se revela totalmente contradictoria. Para Nietzsche el cristianismo se revela como un sustentador de valores que destruyen la vida. Para aquel que descubre el sentido propio de Dios, dice Nietzsche:

"Lo que en otro tiempo no era más que algo enfermo se ha convertido hoy en algo indecente, –es indecente ser hoy cristiano".[58]

Pero ante la presencia de este enigma que provoca el mandato de este Dios negador. Debemos entonces recurrir a la honestidad que es la que puede quitar las confusiones y los errores de la metafísica. Para Nietzsche Dios es una Nada que condena la vida. ¿Qué determina como valor supremo a un Dios crucificado, cuyo sufrimiento condena la vida.[59]

3.4 Los valores de la decadencia

Los valores teológicos niegan la realidad del cambio, del devenir. Refutan el inevitable nudo de sufrimiento y de alegría, como también los conceptos del Bien y del Mal, degradando de este modo todo lo que caracteriza a la potencia de la vida creadora. La honestidad ha dejado

---

[57] AC o. c. Af. 50 ps. 86-87 DAC o. c. Af. 50 p. 279 $^{-10\text{-}15}$.

[58] AC o. c. Af. 38 p. 67. "Was ehemals bloss krank war, heute ward unanständig, - es ist unanständig, heute Christ zu sein". "...Was ehemals bloss krank war, heute ward unanständig, -es ist unanständig, heute Christ zu sein". DAC o. c Band 6. Af. 38 p. 210^{-5}.

[59] CI o. c. Af. 4 p. 56 y en VP o. c. Af. 1052 p. 550.

al descubierto que no existen fenómenos morales, sino solamente una interpretación moral de los fenómenos. Ahora se busca saber qué tipo de viviente tiene necesidad de negar la vida para poder sobrevivir. E. Diet,[60] dice que la crítica científica e intelectual que mata a Dios es ambigua. Pero según Nietzsche en su esencialidad esta crítica científica no es sino un sobresalto de las fuerzas afirmadoras de la vida. Esta vida de nuevos valores debe responder a los decadentes amenazados por la venganza, cuyo Dios moral traduce en su más secretos designios. Los valores teológicos se revelan como síntomas de una vida declinante que busca su propia salvación en la esperanza de la llegada a un Nirvana.[61] Dice Nietzsche:

> *"Cuando hablamos de valores lo hacemos bajo la inspiración, bajo la óptica de la vida: la vida misma es la que nos constriñe a establecer valores, la vida misma es la que valora a través de nosotros cuando establecemos valores"*.[62]

Partiendo de la futilidad, de la vacuidad de la nada inocente de la religión se puede concluir con Nietzsche en

> *"La vida misma es para mí instinto de crecimiento, de duración, de acumulación de fuerzas, de poder: donde falta la voluntad de poder hay decadencia. Mi aseveración es que todos los valores supremos de la humanidad les falta esa voluntad, –que son valores de decadencia, valores nihilistas los que, con los nombres más santos, ejercen el dominio"*.[63]

Para Nietzsche el Dios patrocinado por el cristianismo no es sino una corrupción de la vida misma.

> *"Yo llamo corrompido a un animal, a una especie, a un individuo, cuando pierde sus instintos, cuando elige, cuando prefiere lo que a él le es perjudicial"*.[64]

---

[60] Diet, E. o. c. p. 105 nota 60.

[61] Diet, E. o. c. nota 60 p. 105.

[62] CI. o. c. *Moral contranatura* Af. 5 p. 217 GD o. c. Band 6 Af. 5 *Moral als Widernatur* p. 86^{-15}.

[63] AC o. c. Af. 6 p. 30 DAC o. c. Band 6 Af. 6 p. 172^{-25}.

[64] *Ibíd*. Af. 6 p. 30 DAC o. c. Band 6 Af. 6 p. 172^{-15}.

La esencia de Dios viene a ser definida partiendo del concepto del miedo (*Furcht*) y de angustia (*Angst-Herzleid*), siendo por tanto una característica de la vida débil, incapaz de dominar sus propios deseos y de afrontar su propia realidad.

Pregunta Nietzsche: *"¿No debería ser el instinto del miedo el que nos hace conocer?"*.[65]

El decadente encuentra la compensación a la propia impotencia en un mundo imaginario, en los beneficios secundarios que concede el retorno a aquellos hechos que habían sido reprimidas. Aquí vemos nuevamente una correspondencia de Nietzsche con los conceptos freudianos. Sobre esto y parafraseando a Nietzsche dice E. Diet:

> *"Del mismo modo, la voluntad de venganza, característica del resentimiento, corresponde exactamente a aquello que W. Reich le llama con el nombre de «peste emocional»"*.[66]

Para Nietzsche, este autor de la decadencia, que no es sino el mismo Dios de la metafísica, es la proyección del deseo de muerte de los seres cansados de vivir, enfermos e infestados de culpabilidad. Para los que han dado a este Dios un **Sí**, que no deja de ser caótico, esta respuesta afirmativa a Dios le obliga al creyente a crearse una imagen de la divinidad, que signifique y conlleve un **no** a la vida creadora y fuente de valores (cfr. CI. *I. Moral contranatura*). El Sí de una voluntad de poder que, no pudiendo desear, apetecer (*begehren*) una dominación real, entonces como consecuencia trata de dominar al noble al que envidia, reduciendo a la nada la realidad en nombre de un mundo de valores conforme a su propia aspiración o deseo (*Der Wunsch*). Esta es una vida, determinada por una vivencia religiosa ficticia y por tanto la interpretación moral de lo divino corresponde a una interpretación débil causante de la decadencia.

---

[65] GS o GC o. c. Af. 355 p. 309 "¿Sollte es nicht der Instinkt der Furcht sein, der uns erkennen heisst?.. ". FW o. c. Band 3 Fünftes Buch Af. 355 p. 594^{-10}.

[66] Diet, E. o. c. p 106 "Allo stesso modo, la volontá di vendetta, caratteristica del risentimento, corrisponde esattamente a ció che é chiamato da W. Reich col nome de «peste emociónale»".

> *¿Quién es el único que tiene motivos para evadirse, mediante una mentira, de la realidad? El que sufre de ella. Pero sufrir de la realidad significa ser una realidad fracasada... La preponderancia de los sentimientos de displacer sobre los de placer es la causa de aquella moral y de aquella religion ficticia:...".*[67]

El Dios moral del camello y en especial también de los mediocres, no es sino el producto de una aspiración (*Wunsch*). Esta aspiración de los mediocres es la apetencia del deseo de la voluntad de poder débil, la cual concibe a Dios en función de sus propias necesidades y de las propias características esenciales pues para Nietzsche:

> *"...nuestros juicios de valor de algún modo traicionan las condiciones de nuestra existencia".*[68]

Es un síntoma que traiciona y conduce a un cierto tipo de vida. Se ofrecen como valores mortales, la tranquilidad, la paz, el bien, la caridad y la impotencia de la voluntad de poder. El que toma las palabras por las cosas, tiene miedo de la realidad. Este traidor debe refugiarse en una interpretación ilusoria, que tomando su propio deseo por la realidad, le niega a esta realidad todo valor, para poder así sobrevivir renegando de la vida. El Dios moral por tanto es el fruto del resentimiento contra la realidad, siendo la expresión de una aspiración que no hace sino expresar el grado de insatisfacción del débil. Para Nietzsche esta insatisfacción sería el germen de la ética, pues la ética se convertiría en este caso en una filosofía de la aspiración. Pero la insatisfacción que provoca o genera el Dios moral no está orientada o ni a la acción ni a la creación. Corresponde a una negación destructora de la vida decadente. Dios se transformó en este caso en el enemigo de la vida creadora, debido al error en este mundo metafísico se transformó en una ilusión conforme a los intereses de los débiles sometidos al sado-masoquismo de su propia aspiración. El Dios del resentimiento que adula el cándido narcisismo de los impotentes, es enmascarado por el concepto de la honestidad, que reconoce el lugar de origen de la valoración que lo hace

---

[67] AC o. c. Af. 15 p. 39 DAC o. c. Band 6 Af. 15 p. 182⁻⁵.

[68] Diet, E. o. c. p. 107 "...i nostri giudizi di valore in qualche modo tradiscono le nostre condizioni di esistenza".

surgir. Es el cuerpo del propio enfermo que hace del propio sufrimiento un argumento contra la vida auténtica.[69]

La honestidad fisiológica al servicio de la vida ascendente revela la vacuidad del Dios moral. Nietzsche sostiene que las pasiones hacen crecer las opiniones. (cfr. HDH o.c. Akal. I parte IX. El hombre a solas consigo-637 p. 266) La inercia del espíritu hace entumecer estas opiniones en convicciones. La fe tiene un sentido y una función para aquellos que tienen necesidades, es decir preservar la vida. En esta función de preservar, dominan los valores del rebaño de los enfermos, y esta misma función de la Fe lo que hace es destruir la individualidad creadora del hombre auténtico. Esta función destructora de la Fe, no tiene ni explicación ni perdón. El utilitarismo y el hedonismo han logrado sobreponerse e imponerse a todos, porque para Nietzsche también hasta el más noble tiene en su haber momentos de dudas y de incertidumbre.[70]

En este texto podemos ver como la educación represiva y los tabúes sociales encuentran una complicidad dentro de la culpabilidad originaria, de modo que la proyección en Dios como lo codiciable, como aspiración *(Wunnsch)*, es aceptada en el fuerte de lo que haya en él del débil. Como resultado de esto se explica cómo bajo la máscara a o cobertura de Dios «*La Voluntad de la nada*» (*Wille zur Nichts*) ha logrado contaminar a los nobles y a imponerse a la interpretación metafísica de lo divino. Así reafirma Nietzsche este pensamiento:

> "*La humanidad siempre ha cogido con un furor creciente sólo imágenes; ha terminado por llamarle «Dios» a su propia desesperación, su impotencia, y el «Dios en la cruz» es una maldición arrojada sobre la vida*".[71]

---

[69] AHZ o. c. I *De los despreciadores del cuerpo* p. 64 ss.

[70] *Nachlaâ* o. c. Band 13 1887-1889 November 1887- März 1888 I I [278] ps. 105-106$^{-25-30-5-10-15}$.

[71] VP o. c *Mis cinco «no»*. Libro IV Af. 1045 p. 547.

3.5 Del nihilismo a los valores a la muerte de Dios

"... Pues ¿por qué es ya necesario el surgimiento del nihilismo? Porque al llegar hasta sus últimas consecuencias, los mismos valores que hemos tenido hasta ahora son los que lo hacen necesario, porque el nihilismo es la resultante lógica de nuestros grandes valores y de nuestro ideal; porque debemos experimentar en nosotros el nihilismo para llegar a comprender cuál era el verdadero valor de estos «valores»... Alguna vez necesitaremos valores nuevos".[72]

Sobre cómo comportarse ante la muerte de Dios afirma Nietzsche:

"Dios ha muerto: pero tal vez mientras exista la especie humana, se presentarán todavía durante milenios cuevas en la que se muestre su sombra−, y nosotros... tenemos que superar incluso su sombra".[73]

Para Nietzsche concebir a Dios como la negación de los deseos o aspiraciones del hombre, ya que son constitutivos de la misma esencia de la vida, no es sino instituir la tiranía universal de la interpretación necesaria al tipo de ser viviente más débil más mediocre. Estos son los individuos que están prisioneros de su propia angustia y como consecuencia sujetos al imperio de la moral, estos individuos se auguran un Jefe o patrón con carácter absoluto, un ser que se ve amable y verídico. Resumiendo podemos decir que estos individuos dentro de su mundo idealista, sus necesidades se convierten en una necesidad de tipo religiosa y moral, nacida del alma del esclavo.[74]

Los valores del rebaño han impedido el desarrollo de la gran individualidad. Pero cuando el Dios del cual el rebaño hacía de él el valor supremo, demuestra ser solamente un ídolo, la humanidad descubre la propia mediocridad y vive en la angustia la pérdida del entendimiento. El nihilismo nace cuando la muerte de Dios revela la nada que era el ideal creado por la voluntad de poder de los débiles, y como consecuencia aparece la etapa decadente de la vida. Cuando Dios se revela

---

[72] VP o. c. Prefacio Af. 4 p. 30.

[73] GS o. c. III *Nueva luha* Af. 108 ps. 169-70 FW o. c. Band 3 III Af. 108 *Neue Kämpfe* p. 467−5.

[74] Diet, E. o. c. nota 83 p. 110.

como una entidad ficticia más allá de su desaparición, el Dios moral continua su presencia, obrando a través de la negación y la condena de la realidad que conlleva detrás la realización la voluntad de la nada. Para el mundo de los débiles, el desnaturalizamiento de los valores, la finalidad y el castigo son concebidos como la esencia misma de la realidad. Por eso cuando el Dios de los débiles e impotentes muere de inanición, la existencia se torna vana e insana, puesto que este ideal motor de los débiles (moralistas) ha vaciado a la vida de su auténtico sentido, transformándola en una realidad impotente:

> *"El mundo rechazado, de frente a un mundo construido por arte, «un verdadero mérito». En fin, se descubre con que material ha sido construido «el mundo verdadero»; y por tanto solo resta aquel mundo rechazado y se coloca esta suprema desilusión a cuenta de su condenabilidad".*[75]

Cuando el Dios de los débiles, producto de la voluntad de venganza se torna increíble, el hombre lo que hace como resultado es estar prisionero del lenguaje usado por el teólogo, y en el cual ha hecho caer al débil, al rebaño con el uso de una seducción dialéctica. Para Nietzsche, la hipóstasis del concepto, ha infectado con la enfermedad del «moralismo» toda interpretación del mundo, determinado éste por un mundo de valores ficticios: En la misma obra antes citada FP dice Nietzsche:

> *"Resultado: el creer con las categorías de la razón, es la causa del nihilismo – hemos medido los valores del mundo en base a categorías que hacen referencia a un mundo puramente ficticio".*[76]

Si la muerte de Dios es en sí una gran victoria, sin embargo queda siempre un riesgo grave, porque el sentido absoluto que poseía Dios, se desvanece. El hombre débil que había interiorizado y encarnado los valores de la decadencia, ahora con este desvanecimiento del absoluto, se encuentra en el callejón de lo absurdo. Ahora a este hombre le queda la alternativa de decidir entre destruir todo tipo de veneración de Dios y a sus valores, o decidir por el nihilismo existencial con el suicidio, es

---

[75] *Nachlaâ 1885-1887* o. c. Band 12 *Entwicklung des Pessimismus zum Nihilism* 9 [107] (72) p. 397$^{-30\text{-}10}$.

[76] *Nachlaâ 1887-1889* o. c. Band 13 *Kritik des Nihilism* 11 [99] 2 p. 49^{-5}.

decir destruirse a sí mismo (cfr. FP o. c. 11 [99] *Kritik des Nihilismos* ps. 46-49). Pero esta decisión por el nihilismo, depende de la voluntad de poder que es la que interpreta esta decisión por lo afirmativo o por lo negativo. La muerte de Dios es un acontecimiento tal, que con el anuncio de la misma, toda nuestra cultura marcada por el sello del ideal, vacila. De un solo golpe todas las convicciones, todas las creencias aparecen como engañosas y toda la realidad aparece vilipendiada. La muerte de Dios restituye al hombre a su propio destino, porque es de este destino que depende el sentido de su existencia. Esta muerte debe superar el sentido de culpabilidad y más allá del mundo de las ilusiones encontrar en el libre albedrío, encontrar en el espíritu creativo la inocencia responsable de un mundo verídico. Estas decisiones fueron aplicadas por Nietzsche al proceso de las tres transformaciones, al camello, al león y al niño. Si el ateísmo del león destruye a la religión, surge en él la voluntad de radicalidad como compromiso esencial. Dice Nietzsche:

> *"Y con esto hemos alcanzado al nihilismo: se han conservado los valores que condenan, sin más. Surge aquí el problema de la fuerza de la debilidad: I) los débiles que se destruyen contra, II) los más fuertes que destruyen aquello que no se rompe; III) los fuertísimos superan los valores que condenan".*[77]

En efecto, la muerte de Dios ha revelado que el sentido (interpretación) tenía una efectividad irreducible a la positividad de lo real. (Dt.12. 2-3). El Dios moral, flagelo de la humanidad, había sido producto de un abuso del lenguaje.

3.6 Pluralismo axiológico

Con el derrumbe del Dios moral, se inaugura la era trágica que hace resurgir el pluralismo axiológico y la jerarquía de interpretaciones que la teología imperante negaba. El noble, el fuerte, rechaza de plano la versión tiránica e imperativo de una verdad inamovible y absoluta, defendiendo con esta posición el derecho de vivir de un modo diferente del creyente convencional aferrado a la verdad dogmática. Nietzsche

---

[77] *Nachlaâ 1885-1887* o. c. Band 12 9 [107] p. 397.

respecto a la necesidad de vivir engañados con valores falsos a fin de dar una respuesta a la vivencia de la inseguridad expresa:

> *"Resulta absurdo impugnar un juicio impugnando su condicionalidad: la necesidad de esta manera no queda abolida. Los falsos valores no se desarraigan con razonamientos, como una óptica curvilínea de los ojos de un enfermo. Debe comprenderse la necesidad de su existencia contingente; son efectos de causas que nada tienen que ver con las razones".*[78]

Los falsos valores y la interpretación moral de lo divino, son determinados por una vida falsa, que puede subsistir solamente enmascarando la propia realidad de los deseos propios y del mundo externo. Es necesario defender a los fuertes contra los débiles, el individuo contra la masa, contra el rebaño. Pero esta lucha, para Nietzsche, no consiste en destruir o despreciar a aquel que piensa diversamente. Por esto la crítica genealógica no vale de nada, si a la refutación de las convicciones no aporta la garantía de una vida diversa a aquella del creyente. Aquí vemos una concordancia entre Nietzsche y Freud. Por ejemplo en el caso de la desaparición o desvaloración del ser que prohíbe (Dios-Moral-Dogmas etc.), de hecho no hace desaparecer en su totalidad la experiencia de la prohibición y el sentido de culpabilidad Y en cuanto es una ilusión, el error subsiste más allá de todas las demostraciones de su futilidad, o vacuidad. Pues el fantasma resiste ante la razón, porque éste no es un error de la conciencia, sino la expresión derivada de un deseo inconsciente reprimido, en el cual se juega la vida del individuo. Es el afecto que traduce el hecho de que el significado tiene valor en relación solamente con el deseo de un viviente y que por tanto le da también un sentido. En este caso, el discurso del analista (S. Freud) como aquel del filósofo verídico (Nietzsche) se centra más en el ser del narcisista o del débil, en su propia vida más que en sus argumentos racionales.[79]

La fidelidad a la vida como expresión de la voluntad de poder puede existir solamente si primero se da una toma de conciencia de la realidad

---

[78] VP o. c. Libro II Af. 260 *La necesidad de los falsos valores* p. 167.

[79] Choza, Jacinto (1978) *Conciencia y afectividad (Aristóteles-Nietzsche y Freud*, Eunsa. Pamplona.

del sin-sentido de una superación, de una perfección que vaya más allá de esta existencia corporal. Dice Nietzsche que el que no haya probado los desgarros o laceraciones de una enfermedad, nunca poseerá una salud vigorosa, pues al darse cuenta la muerte no ha podido con él, tiene una base paras sentirse realmente fuerte. Quien hoy todavía tiene la valentía de la verdad para denunciar la mentira teológica, no puede ser sino un desapiadado hacia todos los indiferentes y débiles que continúa comportándose como si este acontecimiento de la muerte de Dios, no hubiese ocurrido. Sin embargo para Nietzsche, el débil creyente puede ser sincero y su propio auto desprecio no deja de tener cierta grandeza. Pero la raza de «libres pensadores» y de los albinos del concepto universal y estático, dice Nietzsche que no merecen respeto alguno. Si el nihilismo es activo, entonces es signo de fuerza, si es pasivo es refugio de los malogrados. Si Dios ha muerto, nada es absoluta y permanentemente verdadero y todo está permitido. Junto a Dios ha muerto el absoluto, la Verdad, el progreso y todas las ilusiones metafísicas del Ideal. Así llega Nietzsche a afirmar que:

> *"Otra curación a veces, incluso más apetecida por mí, es auscultar a los ídolos... Hay más ídolos que realidad en el mundo: este es mi mal de ojos para este mundo, este es también mi mal de oído»".*[80]

Si el en el mundo hay más ídolos que realidad, pueden surgir de interpretaciones que si bien son falsas, no les falta coherencia, y que a pesar de su estado de mentira, son honestas. Por eso dice también que un catecismo por lo menos parte de un dogma, que le da coherencia y consistencia.

3.7 Realidad del ateo

Para Nietzsche en el horizonte del nihilismo se descubre que un gran número de ateos son solamente del grupo de los creyentes sin grandeza. El ateo burgués se preocupa de su propio confort, y es en esta preocupación que se expresa la mediocridad del Último Hombre. Estos ateos sediciosos reemplazan a Dios con un ídolo cualquiera, que les permita gozar de su venganza mezquina. Permanecen aferrados a las

---

[80] CI o. c. Prefacio p. 28 GD o. c. Band 6 Vorwort p. 57⁻ ²⁰.

convicciones de la teología y de la metafísica, porque no se sienten capaces de afrontar el embate irresistible del devenir. A estos ateos, le llama Nietzsche «idealistas de ojos azules», que se creen buenos, como si fuese posible fundar una moral sin Dios que establezca el orden del universo. Estos creen en la antinomia de los valores y dispuestos a adorar cualquier cosa con tal de sentirse firmes y auto-seguros en su auto-suficiencia, pero su propia indigencia es el modo de evitar de ver la misma realidad. Se afirman a sí mismos, con el fin de negar y están en una constante búsqueda de un absoluto que les permita vengarse de su propia malograda existencia. (cfr. AHZ o. c Prefacio y I De los nuevos ídolos p. 86) La voluntad de poder que es afirmativa, niega a Dios en cuanto Dios, puesto que la existencia de un Dios moral es en sí incompatible con la realidad. Los más débiles quieren conservar la moral teológica porque les permite desahogarse de su resentimiento propio, y se aferran a todo aquello que el ideal y la fe les presenta como algo útil, antropocéntrico y mezquino, pero rechazan todo aquello que en el Dios del camello podía exigir una auto-superación y una dominación. Los ateos, por impotencia se forjan en el mercado nuevos ídolos, los más disponibles, con el único objetivo de reemplazar al viejo Dios. En el lugar de este Dios, ponen otras palabras, que las identifican con las cosas, oponiendo el mundo de la esencia con el mundo de las apariencias. Respecto a tema del ateísmo a diferencia de Platón con su doctrina del acuerdo entre el pensamiento humano y la realidad a través de un demiurgo que crea las palabras como portadoras de la verdad; Descartes con su doctrina de un Dios anti-engaño, creador de la verdad eterna; asegurando la correspondencia entre el orden racional y el de la causa que asegura la posibilidad de la verdad como una adecuación. B. Espinoza y F. Hegel fundamenta la posibilidad de su sistema como verdad, identificando la lógica real con Dios. Sin embargo es solamente Nietzsche y Freud quienes han asumido la inevitable conclusión de la muerte de Dios, partiendo de que como el lenguaje no es conocimiento, por tanto tampoco la verdad puede ser una adecuación, ni puede ser absoluta; el orden del mundo no corresponde de hecho al deseo humano, y a la ilusión viene a constituir una especie de estructura del ser; por eso se da un conflicto entre vida y conciencia, entre el concepto de felicidad y verdad.[81]

---

[81] Diet E. o. c. p. 116 nota. 93.

La creencia en el progreso, en la humanidad y en una justicia inmanente, no tiene consistencia alguna si no está fundamentada en un Dios-Providencia, pero éste es un reemplazo de nuevos ídolos como se le llama ahora a la raza, al estado, la patria, a la ganancia etc., pero aún ahora la misma verdad aunque fuese también la científica, no es más que una sombra o proyección de Dios incluso cuando se basa en los presupuestos de la metafísica, la que está fundada en la concepción vieja o antigua de Dios.[82] Por esto, Nietzsche, en nombre de la verdad consciente de una auténtica interpretación, rechaza de plano la confianza beata moralizante en la ciencia. Rechaza también contra Spinoza y Hegel la divinización de la lógica, es decir que todo aquello que bajo el realismo o el positivismo se cubre de la máscara de la cientificidad para dejar menor obrar al propio resentimiento contra el cuerpo y la apariencia, porque la creencia en esta verdad, que da felicidad, se funda sobre la logicidad del ser, con la cual el hombre buen, es decir el hombre rebaño, el hombre bestia erige en la persona de un Dios ideal, su propia aspiración como una norma de valor de la realidad. La muerte de Dios, en la cual se revela la locura de los hombres, convierte en algo caduco la metafísica, la que no es sino una teología enmascarada y la ciencia hipnotiza el concepto y enmascara el pragmatismo metafórico del conocimiento, porque la ciencia olvida el carácter con miras a una perspectiva de la naturaleza del conocimiento, haciendo de las categorías de la razón una esencia de las cosas como oposición a lo aparente, a una realidad sometida al devenir. Pero el Absoluto murió con Dios y cualquiera que sobre el horizonte del nihilismo ponga un absoluto, no hace más que rebelar el propio instinto del teólogo:

> *"No se debe responder a todos los que tan ufanamente hablan de la cientificidad de su metafísica; basta con tirar del hatillo que con cierto pudor llevan oculto a la espalda; si se consigue solventarlo, salen a la luz, para su vergüenza, los resultados de esa cientificidad: un pequeño buen Dios Nuestro Señor, una bonita inmortalidad, quizá un poco de espiritismo y en cualquier caso todo un confuso montón de miseria de pobre pecador y arrogancia de fariseo".*[83]

---

[82] AHZ o. c. I «De los nuevos ídolos p. 86», «Del amor al prójimo».

[83] HDH o. c. Alkal. Tomo II I *Opiniones y sentencias varias* Af. 12 p. 16 en «Alforjas de los metafísicos» MAM o.c. Band 2 Erste Abteilung *Vermischte Meinungen und Sprüche* Af. 12. *Schnappsack der Metaphysiker* p. 385 - 10.

Si Dios ha muerto, entonces todos los valores pierden su valor, y por tanto es necesario renunciar a las consolaciones imaginarias del mundo ficticio que fue construido por los devotos del resentimiento. Luego se hace necesario que ante la desaparición del valor de los valores, nuevas interpretaciones podrán surgir entonces de la afirmadora voluntad de poder. Por eso Nietzsche recomienda que para esto es necesario permanecer fieles a la tierra, y conducir superando el hombre hacia el super-hombre, que es el único capaz de decir Sí a la realidad trágica y de afrontar el devenir en una interpretación fiel a la textura del ser. Pero para superar el nihilismo activo atacado por el nihilismo pasivo y estático de la creación, y que vaya más allá más allá del bien y del mal, de lo verdadero y lo falso, entonces según Nietzsche en AHZ es necesario que el león (2da. transformación) una vez cumplida su misión (la de la rebeldía) se transforme en niño, transformación final y definitiva. La crítica de la hipóstasis del concepto, medio a través del cual los débiles tratan de dominar sobre los fuertes a través de la idea de Dios, conlleva la misma muerte de Dios y por tanto el mismo evento del nihilismo. Para esto el ateísmo radical debe empeñarse a renunciar definitivamente a todos los valores superiores productos de esta hipóstasis del concepto con Dios, reconociendo que estos valores son irreales y por tanto también nocivos. La veracidad permite adelantarse para ver la absurdidad trágica, desvelando aquello que pasaba ser sentido, no era sino la misma «nada» de un contra-sentido. Pero por la fuerte voluntad de potencia es de por sí afirmativa, si esta niega a Dios, es porque éste aparece como el enemigo de la vida nuevamente liberada y reconquistada de las garras de la teología moralizante.

3.8 Dios y el concepto de la divinidad

La crítica que hace Nietzsche sobre la acción de creer (*Glauben*) ¿es realmente como un error de los débiles y decadentes, el enmascaramiento de la religión del resentimiento, el reconocer que el Dios de los cristianos de que no era otra cosa la expresión del delirio *(Der Wahnsinn)* de los débiles (cfr. AR o. c. I. Af. 93 ¿Qué es la verdad? p. 116), que hacen incluso desaparecer hasta el problema de lo sacro? A esta pregunta, precedida de una lectura honesta de los textos de Nietzsche E. Diet. (o. c. p. 120) responde en la negativa. Pues dice que Nietzsche en realidad habla de Dios, o mejor de lo divino, más allá del

Bien y del Mal. Lo que importa saber es entonces, qué sentido le da Nietzsche a esta expresión «Dios» *(Gott)* y al término «divinidad» *(Göttlichkeit)* ¿Será tal vez que Nietzsche solamente niega al Dios de la tradición para acabar de una vez con el misticismo panteístico? Para responder esta pregunta debemos ante todo reconocer que la crítica que hace Nietzsche del cristianismo, parte de una concepción diversa de la divinidad, pues parece ser que la Fe en Dios sea más bien una afirmación que una negación. Pues la creadora voluntad de poder posee a sí misma una creencia, la de creer en el poder creador de sí misma. Al Dios que la vida desvaloriza, es posible oponerle otras interpretaciones de la divinidad, que traspongan y transfiguren la realidad de la vida humana, en una figura divina que justifique la razón y el sentido de la vida misma. Así un sujeto o individuo dotado de una idiosincrasia armoniosa, equilibrada y con unidad intrínseca, se convierte en un creador de formas permanentes, apolíneas, sin necesidad de traicionar a su vez el devenir de las fuerzas dionisíacas. Dice Nietzsche que el individuo que vive la fe religiosa como una forma de gratitud, santifica a través de la fe las propias condiciones de su existencia, que proyecta su placer *(Lust-Vergnügen)* de sí, también su sentimiento de fuerza, de potencia *(Machtgefühl)* en un ser esencial *(Wesen)* al cual pueda dar gracias por ello.

> *"...Un pueblo que continúa creyendo en sí mismo continúa teniendo también su Dios propio... proyecta el placer que su propia realidad le produce, su sentimiento de poder, en un ser al que poder dar gracias por eso... un pueblo orgulloso necesita un Dios para hacer sacrificios... Dentro de tales presupuestos la religión es una forma de gratitud. Uno está agradecido a sí mismo: para ello necesita un Dios... se lo admira tanto en lo bueno como en lo malo...".*[84]

También afirma Nietzsche que: de esta manera Dios no está ya ligado *(Verbundt)* al rechazo de la realidad y la condena de sus deseos que caracterizaban a la metafísica del resentimiento; pues en su pluralidad, los dioses de la antigua Grecia justifican los distintos tipos de vida real:

> *"Durante un tiempo larguísimo esos griegos se sirvieron de sus dioses cabalmente para mantener alejada de sí la « mala conciencia» para*

---

[84] AC o. c. Af. 16 p. 40 DAC. o. c. Af. 16 p. 182$^{-10\text{-}15\text{-}20}$.

seguir estando contentos de su libertad de alma: es decir en un sentido inverso al uso que el cristianismo ha hecho de su Dios… Esta salida es típica de los griegos…Y así los dioses servían entonces para justificar hasta cierto punto al hombre incluso en mal, servían como causas del mal…".[85]

En *De los apóstatas,* de AHZ y teniendo presente el texto de Éxodo 20, 3-4 Nietzsche sostiene que una vez desenmascarada la supuesta universalidad lógica del monótono-teísmo de la voluntad de venganza, se descubre qué característica de la divinidad *(Göttlichkeit)* es propio que existan dioses pero no un dios. Al tenebroso y oscuro monoteísmo del resentimiento de los débiles, se opone por tanto el pluralismo afirmador de la vida creadora de nuevos valores.

"Esto ocurrió cuando la palabra más atea fue pronunciada por un Dios mismo, –la palabra: «¡¿Existe un único Dios?!» ¡No tendrás otros dioses junto a mí!…Y todos los dioses rieron entonces, se bambolearon en sus asientos y gritaron: «¿No consiste la divinidad precisamente en que existan dioses, pero no Dios?»".[86]

Hablando sobre la actitud de un honesto filólogo dice Nietzsche de que no es posible separar la interpretación del intérprete, y mucho menos el valor de la fuente que da el valor, por eso la honestidad filológica debe reconocer que «en el fondo lo que ha sido superado es el Dios moral». Es bueno acotar que en el desierto del nihilismo es necesario que el león si desembarace de la voluntad de negar, a fin de que su valentía por la verdad se supere en una inocencia afirmativa, es decir la del niño, que es el que le da o crea un nuevo sentido.

"…Una pregunta: ¿se ha impugnado también la moral, este decir "sí" panteísta, a todas las cosas? En el fondo lo que se ha superado es sólo el Dios moral. ¿Tiene sentido creer en un Dios más allá del bien y del mal?".[87]

---

[85] GM o. c. II - 23 ps. 107-8 ZGM. o. c. Band 4 zweite Abhandlung- Af. 23. ps. 333⁻³⁰-a 334⁻³⁰ y 335.

[86] AHZ. o. c. III.- Af. 2 De los apóstatas. ASZ. o. c. Band 4 III. 2 Von den Abtrünnigen p. 230⁻¹⁰.

[87] VP. o. c. libro I. Af. 55- *3 p. 59 La crisis: El nihilismo y la idea del retorno.

3.9 Por un nuevo espíritu creador

Cuando muere Dios, el que condenaba, ahora el mundo aparece como una «cosa humana buena» con relación a la vida fuerte como liberada de «la voluntad de venganza». De ahí en adelante va a reconocer desde el punto de vista axiológico que la realidad es informada por el lenguaje y por el deseo del hombre. Justamente este producto que ha logrado liberarse de la voluntad de venganza está representado por el simbolismo del niño, quien devuelve al lenguaje su carácter metafórico, probando el juego de la interpretación, para darle a la realidad que él mismo afirma en su inocencia trágica. El niño a diferencia de Dios cuya actitud era la negación, crea, transfigurando en imágenes divinas la realidad de los deseos propios del hombre, interpretantes del ser. Siguiendo el ejemplo de los griegos, el niño sabe hacer de la divinidad la proyección, pero no de su debilidad, ni de sus propios sueños, sino por el contrario de su propia fuerza, de su propio ser. El niño en su acción creadora instaura así las formas apolíneas que no son sino la imaginaria justificación del devenir dionísiaco. Al niño no le interesa involucrarse en el tema sobre la presencia de un Dios verdadero, ni menos de un Dios único, porque es consciente de que el pluralismo y la ilusión pertenecen al ser en cuanto voluntad de poder como interpretante y como interpretada.

Mientras el Dios moral como negador de los auténticos valores, era en sí mismo la negación de los auténticos deseos, el niño lo que hace es crear dioses, cuya pluralidad teísta santifica la diferencia, que en vez de reprimir los deseos, los sublima (cfr. Jacinto Choza o. c.). Ya que lo que el niño considera sacro, permanece más allá de la interpretación de lo Bueno y de lo Malo, el nombre que da al ser y a la vida un sentido en función del deseo (*Begierde*), con el cual la voluntad de poder fuerte lo afirma:

> "...En una persona, la pasión hace que se soliviante la bestia salvaje, horrible e intolerante;... un tercero, cuyo carácter respira la nobleza... cuando se encuentra en ese estado, a la naturaleza salvaje y bella... Le encuentran entonces un poco más cerca de ellos y cercano. Al contemplarle sienten entusiasmo y temor y, entonces precisamente le llaman divino.".[88]

---

[88] AR o. c. libro V Af. 502 p. 271 *Una palabra para tres estados diferentes* MR o. c. Band 3 Buch V Af. 502 *Ein Wort für drei verschiedene Zustände* p. 295-10.

Reforzando esta misma idea nos dice Nietzsche:

"De tiempo y de devenir es de lo que deben hablar los mejores símbolos; ¡una alabanza deben ser y una justificación de todo lo perecedero!. Crear –ésa es la gran redención del sufrimiento, así es como se vuelve ligera la vida. Mas para que el creador exista son necesarios sufrimientos y muchas transformaciones".[89]

A la crítica de la fe le sigue pues por este símbolo creador (el niño) el conocimiento de la fuerza de la convicción con la cual la vida, poniendo sus valores, crea un sentido. Dice Nietzsche:

"El estar libre de toda especie de convicciones, el poder-mirar-libremente, forma parte de la fortaleza... Las convicciones como medio: muchas cosas no se las consigue más que por medio de una convicción".[90]

La ilusión es activa y según el tipo de la voluntad de poder que la produzca (como la voluntad de venganza o la voluntad de poder afirmativa), transforma la realidad. La honestidad reconoce la necesidad del error en toda vida y sabe que:

"...solamente en la adaptación o acomodación al error viviente puede ser llevada a la vida la verdad que desde el principio está siempre muerta".[91]

Por esto es importante conservar los instintos como fundamento de todo conocimiento, pero es necesario saber en dónde éstos se transforman en adversarios del conocimiento. Es decir estar atento, esperar a fin de que el saber y la verdad puedan fundirse en la medida en la cual reemplaza una transformación del hombre, cuando él finalmente viva solamente para conocer. El sentido *(Der Sinn)* es irreducible a la

---

[89] AHZ o. c. II ps. 136-37 *En las islas afortunadas* ASZ o. c. Band 4 II *Auf den glückseligen Inseln* p. 109.

[90] AC o. c. Af. 54 p. 93 "Die Freiheit von jeder Art Überzeugungen *gehört* zu Stärke, das Frei-Blicken- *können* Die Überzeugung als Mittel: Vieles erreicht man nur mittelst einer Überzeugung". DAC o. c. Band 6 Af. 54 p. 236[-10-15-25] .

[91] Diet, E. o. C. nota 9 p. 123 "...solo nel'adattamento all'errore vivente, può essere portata alla vita la verità, che da principio è morta". En referencia a FP o. c. otoño 1881-82.

verdad. El hallazgo de la actitud mentirosa de la religión metafísica ha permitido comprender que, tanto como error, como ficción y como algo posible, era determinante, más allá de los verdadero y lo falso. Este descubrimiento propio de Nietzsche, como también de Karl Marx con su «ideología» y en especial S. Freud, con su doctrina del fantasma, (Jacinto Choza. o. c.) es determinante, porque instaura en su relación con el retorno al cuerpo y al deseo, la posibilidad de una filosofía de la interpretación en oposición radical a una metodología y fuente de naturaleza metafísica. A partir de este descubrimiento de Nietzsche, la filosofía sería ahora no más una lógica del ser como la metafísica, sino como ya la había intuido en *Eros y civilización* de Herbert Marcuse, es ahora una filosofía erótica del ser. Lo que debemos pensar ahora es en el *no-sentido* de la realidad y en la realidad del sentido.[92]

Tal vez el pensamiento de Dios es el pensamiento con más poder. Así lo dice Nietzsche:

> *"El pensamiento más poderoso consume mucha fuerza, que en un tiempo estaba a disposición de otros fines; de este modo tiene el efecto de «transformar», crear nuevas leyes de movimiento de la fuerza, pero no de una nueva fuerza. Pero en esto reside la posibilidad de determinar y ordenar de nuevo a los hombres singulares en sus propios afectos"*.[93]

3.10 El deseo creador

La crítica gnoseológica revela el carácter ficticio de los valores superiores religiosos y morales, también descubre la efectividad de su sentido como un contra-sentido. En el origen de este sentido orientado hacia la nada, ha descubierto el deseo débil (*Der Wunsch*) de la vida decadente. El instinto formador de los dioses, podrá aflorar en la santificación y en la divinización de los deseos (*Begierden*). Este deseo no es sino el movimiento mismo de auto-superación que la voluntad de poder afirmadora asume en su propia interpretación del ser; siendo

---

[92] Diet, E. o. c. nota 11 p. 123.

[93] *Ibíd.* nota 13 p. 124. "Il pensiero più possente consuma molta forza, che il tempo era a disposizione di altri fini; cosí ha l'effetto di trasformare, creare nuove leggi di movimento della forza. Ma in ciò risiede la possibilità di determinare e ordinare di nuovo i singoli uomini nel loro affetti". (en referencia a FP. o. c. 1880-1882).

éste esencialmente de carácter sexual y agresivo. Pero en el superhombre este deseo puede y debe sublimarse en el acto creador.

Éste es también el motor de la trascendencia de la vida en la inmanencia del ser y el origen fiel del sentido fiel al cuerpo y a la tierra. Mientras el Dios de los débiles era totalmente determinado por la voluntad de venganza de una idiosincrasia forzada a dominar con la fuerza de la lógica los deseos que habrían llevado a la ruina, ahora se pone por otras concesiones de lo sagrado a través del cual, el más allá de los Bueno y lo Malo; los fuertes liberados del resentimiento puedan ahora afirmar y bendecir el devenir trágico del yo y de su vida. Si el ser está determinado por la cualidad de la vida que la interpreta, un Dios que supiera danzar podría ser creado solamente por el niño liberado del espíritu de pesadez. Ya que una vez muerto el Dios, la ilusión necesaria a la vida puede y debe justificar la realidad trágica descubierta por la honestidad convirtiéndose en el *Theion*. Como dijimos antes: el Dios moral no era sino producto de un abuso del uso del lenguaje. Para Nietzsche el mundo verdadero es el que está sujeto al devenir dionisiaco ordenado por una interpretación pragmática contra el factor negativo del resentimiento. La crítica redescubre el carácter metafórico del lenguaje, toma conciencia de que el mundo en sí mismo es una cosa tremendamente humana. Dice Nietzsche:

> *"...Mi yo me ha enseñado un nuevo orgullo, yo lo comunico a los hombres: ¡Que no escondan ya más su cabeza en la arena de las cosas celestes, sino que la yergan orgullosamente; una cabeza terrestre que cree el sentido de la tierra!... Enfermos y decrépitos fueron los que despreciaron el cuerpo y la tierra, quienes inventaron las cosas celestes y las gotas de sangre redentora; y estos venenos dulces y lúgubres fueron tomados del cuerpo y de la tierra"*.[94]

La voluntad de poder afirmadora consciente del sentido creador dela vida en su cotidiano obrar, reconoce el pragmatismo de la interpretación.

> *"Los juicios, los juicios de valor sobre la vida, a favor o en contra, no pueden en definitiva, ser verdaderos nunca: únicamente tienen valor*

---

[94] AHZ o. c. I p. 62 *De los trasmundanos* ASZ o. c. Band 4 *Von den Hinterweltlern* ps 36-37[30-10].

> *como **síntomas**, únicamente importan como síntomas,–en sí tales juicios son estupideces. Se deben extender al máximo todos los dedos hacia ella, y hacer el intento de tomar esta sorprendente finesse (finura), que el valor de la vida no puede ser hecho objeto de una estimación".*[95]

Esta voluntad de potencia afirmativa, una vez extirpado el error filológico de los débiles, se arroga el derecho de crear a través de la poesía, de las figuras metafóricas de lo sagrado que no es otra cosa que la justificación estética de la existencia. Con la levedad de sus juegos de palabras, la poesía anuncia el sentido de la Tierra *(Die Erde)*, pero ésta es el ser en cuanto investido de un deseo del Sí de la Voluntad de Potencia creadora, que usa la metáfora para darle un sentido al movimiento en el que ella misma se supera. Y si Zaratustra pudiera creer solamente en un Dios que fue hábil para danzar, es porque «el hablar es una locura bella: por eso, el hombre danza sobre todas las cosas»

> *"¿No se les han regalado acaso a las cosas nombres y sonidos para que el hombre se reconforte en las cosas? Una hermosa locura es el hablar: al hablar el hombre baila sobre todas las cosas".*[96]

En su libre juego, el niño surge por fuerza de las figuras sacras, porque su voluntad de poder es la de un artista. Por eso el niño como poeta *(Der Dichter)* habla de Dios y de la divinidad componiendo así el caos dionisiaco sirviéndose estéticamente del carácter metafórico del lenguaje para justificar la existencia. Se concibe pues un tipo de Dios con los caracteres de los espíritus creadores de los hombres ejemplares.

> *"¡Cuántos dioses no serán aún posibles!. A mí mismo por ejemplo, a quien el instinto religioso, el instinto creador de dioses, se le ha hecho atrozmente vivaz, de qué diversas formas se le ha revelado cada vez lo divino...El tipo de Dios debe incluirse en el de los espíritus creadores, en el de los «grandes hombres»".*[97]

---

[95] CI o. c. II. 2- El problema de Sócrates p. 38 GD o. c. Band 6 *Das Problem des Socrates* Af. 2 p. 68-10.

[96] AHZ o. c. III 2 *El Convaleciente* p. 302. ASZ o. c. Band 4 III 2 *Der Genesende* p. 272-25.

[97] VP o. c. Libro IV Af. 1031 *Mis cinco «no»* p. 540.

La afirmación eterna del niño se traduce de este modo en una figura divina, que tiene como fuente de origen a la «Voluntad de Poder» ascendente. Ahora Dios es la palabra con la cual metafóricamente viene indicado la auto-superación fiel a la vida.

"La fe no me hace bienaventurado, y dijo, mucho menos la fe en mí, pero en el supuesto de que alguien dijera con toda seriedad que los poetas mienten demasiado: tiene razón, –nosotros mentimos demasiado. Poquísimas son las cosas que sabemos y aprendemos demasiado mal. Luego es indispensable que mintamos...".[98]

La mentira antropomórfica de la interpretación, alcanza su meta cuando genera ilusiones religiosas; pero su sentido depende del Sí que se encuentra en su mismo origen. Ya que a la mala ilusión del Dios moral el niño jugando sobre las palabras sabrá sustituir la ilusión favorable a la vida de la figura de lo sagrado puesta por la afirmación trágica de la voluntad de poder fuerte, mientras denuncia la irrealidad del valor y del sentido, la crítica no reconoce la efectividad

"¡Ay, Existen demasiadas cosas entre el cielo y la tierra con las cuales sólo los poetas se han permitido soñar! Y, sobre todo por encima del cielo: ¡pues todos los dioses son un símbolo de poetas, un amaño de poetas! En verdad, siempre somos arrastrados hacia lo alto –es decir, hacia el reino de las nubes: sobre éstas plantamos nosotros multicolores globos y los llamamos dioses y superhombres".[99]

De este modo la figura del niño para Nietzsche es capaz de crear de las figuras de lo sagrado, que son las que le dan sentido a la tierra, estando a su lado y permaneciendo fiel a ella.

Pero el uso del juego del lenguaje rechaza la hipóstasis que está inspirada en el espíritu de pesadez. Dios es la metáfora que santifica la metamorfosis de la vida ascendente y creadora. Las figuras sagradas no son ni más ni menos que los símbolos o síntomas de la vida intérprete del ser, que le confieren un sentido. Afirma Nietzsche en la

"Insistamos: ¡cuántos nuevos dioses son todavía posibles! Zaratustra mismo, en realidad no es sino un viejo ateo que no cree ni en los antiguos

---

[98] *Ibid.* Af. 1031– p. 540.

[99] VP o. c Af. 1031 540.

dioses ni en los nuevos. Zaratustra afirma que podría creer; pero Zaratustra no cree...¡Entiéndase bien!".[100]

3.11 Dionisos y el superhombre

Zaratustra convertido en profeta, en similitud con Juan el Bautista, anuncia la llegada del superhombre. Nietzsche perfila sobre la sobrehumanidad en virtud del ámbito de la autoenajenación humana. Por eso para Nietzsche el Superhombre no es sino aquel individuo personaje que ha sacado todas sus consecuencias en base a la muerte de Dios y convirtiendo a la razón como negadora, en un espíritu libre y creativo representado en loa figura de Dionisos. Por eso el superhombre es la opción del cuerpo sobre el espíritu, o sobre el alma. Está alimentada por falsos ídolos; del sí mismo con relación a Dios; del ser humano que se enfrenta a la sociedad, al Estado (sobre El Estado: ver AHZ. o. c I - Del nuevo ídolo p. 87); es decir de un hombre total, y no de un hombre fragmentado. Es el hombre de los valores duros y austeros, al servicio de la defensa a ultranza de la vida, conllevando como consecuencia una negación de la faceta sacerdotal de la vida. Este super-hombre no es sino también el reconocimiento de la voluntad de poder, de la voluntad de saber que tiene la capacidad de autocontrolarse para servir a los intereses fundamentales de la vida. Es un ser libre de toda injerencia (*Einmaschung*) externa, autolegislador de su conducta. Es también el espíritu despierto y creador. Es la ambición en persona. Es la inocencia de los sentidos, luchador incansable contra todo límite y represión de los mismos. Lucha contra el cristianismo que condena la naturaleza en el hombre, que induce a la perversión al inocular la desconfianza sobre los sentidos, al considerar pecaminosa la libre satisfacción de los instintos. Los valores del superhombre no han concluido su gestación. Los valores inscriptos en las viejas tablas han sido rotas, pero en las nuevas tablas no han sido aún escritas. (cfr. AHZ. o. c. III De tablas viejas y nuevas p. 278) Zaratustra espera la hora de su descenso, de su ocaso, pero esto no es sino la señal de su meta *(Das Ziel)*, es decir de su próxima transformación: el león, que según Dario Botero Uribe en AHZ,

---

[100] *Ibíd.* 1031 Libro IV *Mis cinco «no»* ¿Cúantos Dioses no serán aún posibles? p. 540.

el león riente con la bandada de palomas, puede interpretarse como la resurrección del amor. Por otra parte, esta resurrección del amor es una apelación a la inspiración dionisíaca contra la represión social de la cultura dominante.

Por fin y como consumación de la verdadera transformación aparece la figura del niño. Éste, más allá de lo verdadero y lo falso, crea un mundo apolíneo que justifica el mundo real del devenir de las fuerzas vitales. De este modo encuentra más allá de la religión, el sentido de lo sagrado. Estas figuras tienen toda la plenitud de lo sobre-humano que está presente en toda religión: Dioniso, el Superhombre y el eterno retorno, como símbolos trágicos que tienen de hecho el carácter bivalente de lo sagrado como lo tremendo («*tremendum* y *fascinans*») y fascinante.

> *"«Muertos están los dioses: ahora queremos que viva el superhombre» ¡sea ésta alguna vez, en el gran mediodía, nuestra última voluntad!".*(*)
> *"El Dios de la cruz es una maldición lanzada sobre la vida, una indicación para liberarse de ella. Dionisos despedazado es una promesa de vida; esta renacerá eternamente y retornará de la destrucción".*[101] (**)

El superhombre y Dionisos son los símbolos de la relación que se da entre el intérprete creador y el ser interpretado dentro del devenir. El campo del sentido que el niño crea, se funda sobre la transfiguración de artista de la realidad. Esta corresponde a la metamorfosis del espíritu el cual fiel a la acción de auto-superación de la voluntad de poder, trasmuta la moralidad en veracidad, y la veracidad en una creación artística. Una vez ya liberado del resentimiento, este espíritu no recurre más de lo sagrado para desvalorar la vida, sino por el contrario para afirmarla en su más terrible ambigüedad. Ahora lo sagrado viene a ocupar el lugar de la valentía de la creación, que le sucede a la valentía de la verdad de la cual es capaz la vía ascendente. Esto surge del reconocimiento del

---

(*) Botero Uribe, Dario *Nietzsche: La Voluntad de poder* (1992) Universidad Nacional de Colombia Bogotá p. 83.

[101] AHZ o. c. I Af. 3 p. 127 *De la virtud que hace regalos*. "«Todt sind alle Götter: nun wollen wir, daâ der Übermensch lebe», -dies sein einst am groâen Mittage unser letzter Wille! Also sprach Zarathustra". ASZ o. c. Band 4 I – 3: *Von den schenkenden Tugend* p. 102-15 (**). cfr. VP o. c. Af. 1045 *Los dos tipos*: Dionisos y el crucificado p. 548.

enredo los instintos, que más allá del de todos los dualismos, es lo que realmente caracteriza a la vida misma. Ahora lo sagrado se eleva al nivel de la justicia, que afirma la necesidad de todo lo que es y también santifica el mismo deseo *(Begierde)* como tal, a través del cual; el «hombre-natura» radica su vida en el ser.

> *"Los sentimientos afirmativos: el orgullo, la alegría, el amor sexual, la enemistad y la guerra, el respeto, los bellos gestos, las bellas maneras, la firme voluntad, la disciplina de la gran inteligencia, la voluntad de poderío, el reconocimiento que es rico y quiere ceder y hace donativos a la vida, y la adora, y la eterniza, y la diviniza; todo el poderío de las virtudes transfiguradas, todo lo que aprueba, afirma, crea afirmando".*[102]

Nos dice Nietzsche que el atributo sagrado del Niño no es sino el arte de divinizar este deseo a fin de sublimarlo y de afirmar la realidad trágica para lograr transformarla sin traicionarla (cfr. Diet. E. o. c. p. 130 nota 29) La creación de lo sagrado se fundamenta pues sobre la justicia de la veracidad, que se descifra el texto del «*Homo Natura*» según dice Nietzsche:

> *"El amor y la crueldad no son contrarios: en las naturalezas fuertes y mejores, amor y crueldad van siempre apareados".*[103]

Con el advenimiento de la tercera transformación, el niño, lo sagrado ya no es ahora el pretexto para ejercer la represión, sino por el contrario abre las puertas para el ejercicio de capitalizar el deseo *(Begierde= ansiedad-libido),* a través del cual el hombre accede al auténtico (*der Echtigkeit*) sentido del ser en el escenario de la sublimación y de la creación. Por tanto lo sagrado es pues el medio para una verdadera jerarquía que no es sino aquella del dominio de sí mismo y de la realidad bajo la base de un reconocimiento de la inmoralidad de la vida y del eterno retorno. La primera figura de lo sagrado es la de Dionisos, que es el símbolo de la voluntad de poder. Este es indisolublemente la afirmación sagrada del devenir (eterno retorno) y de la vida que lo interpreta y representa. Este es el Dios trágico de cuyas metamorfosis

---

[102] VP o. c. Libro IV Af. 1026 ps. 538-39.

[103] Diet. E. o. c. p. 130 nota 30 "L'amore e la crudeltà non sono del contrari: nelle nature forti e megliori vanno sempre appaiati".

constituyen el texto de la «naturaleza», del existir. Para Nietzsche, este espíritu libre, el que encarna el nuevo sentido de lo sagrado, no es sino el mismo creyente que vive la fe dionisíaca, que repite a través del símbolo, que en la vivencia de la verdad descubre como la esencia del ser, de la existencia en base a su necesidad. Dice Nietzsche:

> *"...Con un fatalismo alegre y confiado, ese espíritu que ha llegado a ser libre está inmerso en el todo, y abriga la creencia de que sólo lo individual es reprobable, de que en el conjunto todo se redime y se afirma –ese espíritu no niega ya...Pero tal creencia es la más alta de todas las creencias posibles: yo la he bautizado con el nombre de Dionisos"*.[104]

La vivencia del espíritu dionisiaco no es sino la fe o creencia de quien tiene la valentía de vivir y afrontar la nueva realidad, la nueva vida del que tiene la fuerza para asumir la necesidad del atributo trágico de la vida, y también la acción de afirmar el carácter enigmático de la existencia. Así dice Nietzsche:

> *"El más exuberante vitalmente, el dios y hombre dionisíaco, puede permitirse no sólo el aspecto del temible y sospechoso, sino incluso de la misma acción temible y todo lujo de destrucción, de disgregación, y negación; a él le parece en cierto modo permitido lo malo, lo insensato y lo feo a consecuencia de un excedente de energía generadoras y fecundas, que es capaz de conseguir hacer de un desierto un país abundantemente fértil"*.[105]

Dionisos es el Dios del niño, capaz de crear los nuevos valores en el desierto del nihilismo. Dionisos es la metáfora del eterno devenir de la fuerza, que la vida superior interpreta. Dios toma la figura enigmática del más alto poder, de un punto dentro del desarrollo de la voluntad de poder. Dionisos no es sino Dios concebido como un momento culminante, es decir, es la existencia en su continua divinización y paganización (*desvinizar*). Dionisos, es sensual, cruel y seductor, es la representación de lo sagrado sin la connotación moral del ser, de la existencia en cuanto voluntad de poder destinada a los dolores de la creación. Este expresa la auto-superación propia de la vida como un

---

[104] CI o. c. Af. 49 p. 126 GD o. c. Band 6 Af. 49 p. 152^{-5}.

[105] GS o GC o. c. Af. 370 *¿Qué es romanticismo?* p. 338 FW o. c. Band 3 Af. 370 *Was ist Romantik* p. 620^{-30}.

caso particular de la voluntad de poder. Es el genio del corazón y el afirmador por excelencia, a través del cual la vida fuerte sacraliza la existencia del dolor diario en el ejercicio permanente del cambio y de la acción creadora. Aquí explica Nietzsche la diferencia en Dionisos con Apolo. Así se expresa Nietzsche:

> *"La eternidad de la bella forma fue la ilusión de Apolo; la norma aristocrática: «así debe ser siempre». Dionisos, en cambio es sensualidad y crueldad. Lo transitorio podría explicarse como goce de la fuerza creadora y destructora, como creación constante".*[106]

Dionisos simboliza el ser que en su necesidad, liga dolor y alegría, unidad y contradicción. Dionisos viene a ser el nombre en el que la vida superior, la que sufrió la *metanoia* de la vivencia de una nueva transvaloración axiológica, da a su insertación dentro de su nuevo modo de ser. Dionisos es la felicidad de aquel que asume y transfigura la totalidad de lo real el que domina superándose a sí mismo. Dionisos como dicen en el siguiente texto, es el Dios del pluralismo pagano que santifica la vida. Pregunta Nietzsche:

> *"¿El culto pagano no es acaso una forma de reconocimiento a la vida y a la afirmación de la vida misma? ¿Su más alto representante no debería ser una apología y una divinización de ésta?... Tipo de un espíritu bien logrado y desbordado de un arrebatamiento estático. Tipo de un espíritu que acoge en sí resume y resuelve las contradicciones y los problemas de la vida".*[107]

En esta misma obra donde nos habla de *los dos tipos de Dionisos y el crucificado*, nos dice que Dionisos es también la sacralización de la realidad:

> *"Es aquí donde yo coloco al Dionisos de los griegos: la afirmación religiosa de la vida, de la vida entera, no negada ni desintegrada; (es típico que el acto sexual despierte pensamientos de profundidad, de misterio y de respeto)".*[108]

---

[106] VP o. c. Libro A IV. Af. 1042 ps. 544-545.

[107] *Ibíd*. Af. 1045 p. 548.

[108] *Ibíd*. 1045 p. 548.

Por tanto el atributo sagrado dionisiaco no es la negación de los deseos, sino por el contrario es la propia elevación de éstos; pues esta realidad no huye, sino que es afirmada, ignorando por lo tanto toda negación y toda renegación de la vida como tal.

3.12 Valor del sufrimiento

Sobre el significado y valor del sufrimiento del ser humano como parte de la naturaleza humana en la visión del cristianismo y en oposición a la naturaleza de la personalidad de Dionisos, sostiene Nietzsche que:

> *"Dionisos contra el Crucificado": aquí tenéis la oposición. No se trata de una diferencia de martirio, porque el martirio tiene otro sentido. La vida misma, su eterna fecundidad y su retorno determinan el tormento, la destrucción, la voluntad de destrucción como una fórmula de su condenación... Se adivina: el problema es el significado del sufrimiento: con un sentido cristiano y un sentido trágico. En el primer caso, el sufrimiento es el camino que conduce hacia una sana existencia; en el segundo caso la existencia es considerada lo suficientemente sagrada, para justificar un enorme sufrimiento. El hombre trágico aprueba también el sufrimiento más áspero: para hacer esto, es bastante fuerte, bastante completo, bastante divinizador; el cristiano responde que "no" aun a la más feliz suerte que haya sobre la tierra, y es débil, pobre, y lo bastante desheredado para sufrir la vida en todas sus formas. El Dios en la cruz es una maldición lanzada sobre la vida, una indicación para liberarse de ella".* [109]

Dionisos es el símbolo del aspecto trágico de la vida como voluntad de poder y es también el símbolo de la vida superior (ascendente) que se supera en la veracidad, porque su objetivo principal es la de crear y como consecuencia adviene la afirmación del eterno retorno. En la figura de Dionisos es sacralizada la realidad del devenir y la fiel interpretación que restituye la vida superior, dándole fluidez e inocencia a todas las cosas. Este tipo de Dionisos no es sino el mismo Superhombre. Dionisos es el que santifica el ser en cuanto voluntad de poder. Refiriéndose a la figura de Zaratustra dice:

---

[109] VP. o. c. Libro IV Af. 1045 p. 548.

"–Zaratustra es un danzarín–: como aquel que posee la más dura, la más terrible visión de la realidad, que ha pensado «el pensamiento más abismal», no halle, a pesar de ello, ninguna objeción contra el existir, ni siquiera incluso contra el eterno retorno del mismo, antes bien, un motivo más para ser él mismo el eterno sí a todas las cosas, el gigantesco e ilimitado decir sí y decir amén... «Yo llevo mi bendita afirmación incluso a todos los abismos». Pero esto, otra vez, es el concepto mismo de Dionisos".[110]

3.13 Dionisos: Der Übermensch

Es el Superhombre el símbolo de lo que puede y debe ser una existencia fidedigna a toda acción de auto-superación de la vida «como voluntad de poder».

Dionisos es también el llamado con el cual el Zaratustra de Nietzsche convoca a las fuerzas afirmadoras a la creación y a la auto-superación del sentido de la vida. El Superhombre viene a ser como el emperador romano Julio César, por con el alma o espíritu de Cristo. El Superhombre es el «César romano con el alma de Cristo» que debe aparecer, porque más allá de la muerte de Dios, el mundo adquiera un sentido. El Superhombre es la meta que puede y debe llevar a la humanidad a superar el nihilismo; como existencia del ser, del querer y del obrar, es el sentido que responde a la pregunta: ¿a favor de quién? ¿Cómo se ve el atributo sagrado de Dionisos a través del niño, del camello y el león? Como producto de la creación de la tercera transformación, el niño, las figuras de lo sagrado vienen interpretadas por cada uno en función de su propio ser. Reconoce la cualidad de la voluntad de poder fuerte. El camello ve al Superhombre como el genio artístico o filosófico, como el gran individuo real. El camello que toma en serio el determinismo científico, termina así después de la crítica contra el Dios moral, dentro de la visión del mundo insensato, cuya eterna necesidad lo aplasta. El camello eleva los individuos creadores al estatuto de ídolos y concibe al genio su Dios propio. Y por último «el león» lo que hace es destruir estos ídolos del camello (representación del hombre rebaño) y pone a

---

[110] EH o. c. Af. 6 *Así habló Zaratustra* p. 113 EH o. c Band 6 Af. 6 *Also sprach Zarathustra* p. 345[-10-15].

la luz el carácter humano. Esta actitud de león no es sino la crítica del supuesto misticismo y de la doctrina de los hombres superiores (¿acaso A. Schopenhauer y R. Wagner?).

Pero el león que sabe cómo la ciencia y el lenguaje no son sino metáforas útiles al servicio de la vida, puede liberarse del nihilismo, si tiene la valentía de afrontar la realidad. Ninguno puede lograr esta liberación a no ser el mismo león. Todo lo contrario, con su llamado según Nietzsche, el filósofo puede evocar las fuerzas activas para liberar al querer humano. A modo de conclusión podemos decir que solamente la transformación del niño sabe concebir la figura de lo sagrado como una real afectividad del sentido creado por el poder de la metáfora al servicio de la vida. El Superhombre debe sustituir, para aquellos que no son capaces, el ideal débil del supuesto virtuoso, porque solamente las grandes individualidades creadoras pueden dar a través de su propio ser y de su propio obrar, un nuevo sentido a la tierra devastada por el nihilismo. El Superhombre es la figura de lo sagrado que debe llevar al hombre a la senda de la auto-superación porque:

> *"La grandeza del hombre está en ser un puente y no una meta: lo que en el hombre se puede amar es que él sea una transición y un ocaso".*[111]

El Superhombre es la verdad del hombre superior, que fiel a la vida pasa y traspasa superándose. Pero en cuanto símbolo del creador de nuevos valores, el Superhombre resume en sí las contradicciones y las terribles características de la vida suntuosa. E. Diet, (nota 50 p.135) aclara que conviene no confundir el concepto de Superhombre con el concepto de Superman, pues el Superhombre en la literatura de Nietzsche no es ni un nazi ni tampoco un Mister Músculo. Este Superhombre que tiene la valentía de la realidad, sabe dominar sus propios instintos y sublimarlos. Transformar racionalmente el mundo corresponde así a la fuerza del Ego *(yo)* del psicoanálisis de Freud, que nada tiene que ver con la ideología del Yo-fuerte, (el ego con su fuerza física).[112]

---

[111] AHZ o. c. Prefacio Af. 4 p. 38 "Was gross ist am Menschen, er eine Brücke und kein Zweck ist: was geliebt werden kann am Menschen, das ist daâ er ein Übergang und ein Untergang ist". ASZ o. c. Band 4 *Zarathustra's Vorrede* Af. 4. ps. 16-17[30].

[112] Diet. E. o. c . p. 135-36.

En su inmoralismo natural el superhombre es un ser viril y moderado, ya que, lo que importa en él es el grado de la razón en el uso de la fuerza. Este Superhombre con su fuerza racional dominará a los débiles y la tierra, solamente porque se domina, y se desembaraza pues de la culpabilidad y del resentimiento, su aceptación de la realidad. El Superhombre es el ser que encarna lo verídico, que en el horizonte desierto del nihilismo, crea la posibilidad del futuro, es decir que es alguien que seguro puede prometer. En el Superhombre la fuerza del Sí, creadora de forma y de armonía; es decir que es el ser sintético que, dentro del ámbito de la auto-superación toma sobre sí los propios deseos y la realidad, ya que él es pues capaz de sublimarlos (en sentido freudiano según Jacinto Choza (o. c.) y de transformarlos. Él es pues el Señor *(Der Herrn- Κύριος)* afirmador que el espíritu libre concibe como una posibilidad futura de un sentido de la existencia humana que está desembarazada de los valores de la plebe. Sobre el Superhombre nos dice Nietzsche

> *"La palabra superhombre para designar un tipo de óptima constitución, en oposición a los hombres «modernos», a los hombres «buenos», a los cristianos y otros nihilistas –una palabra que en boca de Zaratustra, el aniquilador de la moral, se convierte en una palabra muy profunda–, se ha entendido en casi todas las partes con suma inocencia, en el sentido de los valores cuya antítesis aparece en la figura de Zaratustra: es decir, como el tipo «idealista» de una especie superior de hombre, mitad «santo», mitad «genio»".*[113]

Pero este superhombre que describe Nietzsche nada tiene que ver con los antiguos ideales y ni menos con el darwinismo con el cual los débiles querían emparentarlo. Este espíritu libre está consciente que a su Superhombre que se asemeja más a César Borgia que a Parsifal, los buenos y los justos le daría el nombre de diablo porque:

> *"En este lugar y en ningún otro es necesario fijar el punto de partida para comprender lo que quiere Zaratustra: ese tipo de hombre que él concibe, concibe la realidad como ella es: es lo suficientemente fuerte*

---

[113] EH o. c. I Af. 1 *¿Por qué escribo tan buenos libro?* p. 65 EH o. c. Band 6 Af. 1 *¿Warum ich so gute Bücher schreibe?* p. 300[-20].

para ello, no está enajenado, alucinado frente a ella, es ella misma, dentro de él tiene también todo lo terrible y lo problemático, sólo así puede el hombre tener grandeza".[114]

Dionisos es lo sagrado que surge de la afirmación del ser en cuanto voluntad de poder. Este Superhombre es aquel que simboliza la lucha por la auto-superación en el ámbito de la veracidad y de la creación propia de la vida superior liberada de todo tipo de resentimiento. Este Superhombre evoca la posibilidad futura y obliga al hombre a volverse a aquello que signifique fidelidad a la tierra dentro del ámbito de la acción creadora. Para lograr este objetivo es necesario liberar a la vida del peso del pasado y que de prueba de su propia positividad. Es solamente dentro del pensamiento del Eterno retorno que se le puede garantizar al hombre creador la subsistencia de que él sentido que él determina está en conformidad con el texto del ser.[115]

3.14 La afirmación del sentido de la tierra

En cuanto voluntad de poder, El Superhombre y Dionisos son las figuras opuestas a la «apolínea» que sacralizan el mundo y son el fundamento y la razón de existir. Aunque la vida se presente como una realidad fuerte como producto de su auto-superación que se realiza a través de la acción creadora del hombre, es necesario también que el ser que es el que interpreta fielmente esta vida fuerte, esté conforme con la voluntad de poder. Este atributo de lo sagrado *(sacro)*, que es el que le da todo su sentido al ser y a la vida misma, no es sino el mismo pensamiento sobre el Eterno Retorno que le da a la existencia todo su peso y al devenir de los fenómenos, y que la honestidad reconoce como la única realidad. Este pensamiento del Eterno Retorno es pues también el enigmático álgido de la interpretación de Nietzsche, puesto que une la ilusión apolínea del ser necesario a la vida con la realidad de aquel devenir que la veracidad reconoce como tal. La obra de Nietzsche que es la que más destaca la doctrina del Eterno Retorno es el segundo

---

[114] *Ibíd. ¿Por qué soy un destino?* Af. 5 p. 140 EH o. c Band 6 *Warum ich ein Schicksasl bin* Af. 5 p. 370^{-25}.

[115] Diet, E. o. c. p. 136.

capítulo de *AHZ*, como *De los grandes evento* (cfr. ps. 197 a 201) *Las más silenciosas de todas las horas* (ps. 217 a 220) III *De la visión y el enigma* (ps. 227 a 232) *El Convaleciente* (ps. 302 a 309) y *Los siete sellos (o La canción «Sí y Amén»* ps. 319 a 323). Nietzsche coloca en lugar de la metafísica y de la religión, la teoría del Eterno Retorno. El texto esencial del tema del Eterno Retorno se encuentra en el capítulo III (ps. 227-232) en *De la visión y el enigma*, donde Zaratustra expone él mismo esta doctrina. Ésta es en primer lugar la necesaria consecuencia de la hipóstasis del determinismo y de la lógica propia del espíritu de pesadez. *(Der Schwere)*.

Por esto para E. Diet, la doctrina de Zaratustra es la «hipótesis más científica»; pues el león liberado del resentimiento, redescubre el carácter metafórico de la interpretación y que también transforma la postración nihilista, en una gloriosa afirmación de la vida. En verdad Nietzsche propone la idea del Eterno Retorno en cuanto pensamiento (*Gedanke*) como el centro y cima del propio pensamiento que le da efectividad al sentido, que sólo permite a la voluntad de poder fuerte de superarse en el ejercicio de su acción creadora. Este eterno retorno es el medio que abre la posibilidad del futuro, dentro de su irrealidad es el medio para garantizar la victoria de las fuerzas activas sobre las reactivas. Dice Nietzsche:

> *"El eterno retorno equivale a una profecía. 1) Exposición de la doctrina y de sus premisas y consecuencias teóricas. 2) Demostración de la doctrina. 3) Probables consecuencias del hecho de presentarle fe (hace que todo se venga abajo); a) Medios de soportarla; b) Medios de eliminarla c) su puesto central en la historia. Tiempo del máximo peligro. Creación de una oligarquía sobre los pueblos y sus intereses; educación para una política común a todos los hombres. Todo lo contrario del jesuitismo".*[116]

Toda la realidad del Eterno Retorno consiste en el pensamiento de lo que él mismo implica. El eterno retorno es la auto-superación del nihilismo que el niño cumple llevando a su término la concepción pesimista y lógica de la realidad.

---

[116] VP o. c. IV El Eterno Retorno Af. l050 p. 549.

> *"La dos mentalidades extremas, la mecanicista y la platónica, vienen a eternizarse como ideales del eterno retorno"*.[117]

Según E. Diet, (o.c. p.139 nota 60) para Ferdinand de Saussure, el Eterno Retorno de la doctrina de Nietzsche es la imaginaria sincronía que justifica la real diacronía, dándole coherencia. Es la lengua que necesita presuponer para que cada palabra adquiera sentido. Este Eterno Retorno es la reunión de la dispersión trágica del Dionisos lacerado. El pensamiento del Eterno Retorno comprende en sí las tres metamorfosis del espíritu. Según Zaratustra cada uno interpreta esta doctrina según el ámbito de su ser. Solamente el poseedor de lo verídico podrá hacer de este pensamiento su guía para alcanzar una existencia exitosa y triunfante. Es cuanto simbólicamente expresa la visión del pastor:

> *Y, en verdad, lo que no había visto nunca. Vi un joven pastor retorciéndose, ahogándose, convulso, con el rostro descompuesto, de cuya boca colgaba una pesada serpiente negra…"*.[118]

El simbolismo es que la figura de este joven pastor sofocado por la serpiente, no es sino la representación del hombre que sucumbe bajo el peso que por la necesidad del determinismo metafísico y la misma absurdidez de esta vida. A un mundo sin meta ni fin, el Eterno Retorno confiere a la efímera existencia humana en sentido de la eternidad que permite a la vida fuerte de transformar todo los eventos de la realidad trágica. Dice Nietzsche:

> *"¡Imprimamos el reflejo de la eternidad sobre nuestra vida! Este pensamiento tiene un mayor contenido que la de todas las religiones, que han despreciado esta vida como algo fugaz y que han endoctrinado a mirar hacia un más allá de la vida indeterminada"*.[119]

---

[117] VP o. c. Af. 1054 p. 551 "Entrambe le mentalità estreme, la meccanicista e la platonica, si accordano nell' eterno ritorno: entrambe come ideali". cfr. Diet, E. o. c. p. 138.

[118] AHZ o. c. III Af. 2 *De la visión y el enigma* p. 231 ASZ o. c. Band 4 III Af. 2 *Vom Gesicht und Räthsel* p. 201 $^{-25}$.

[119] FP *Nachlaâ* 1880-18882 o. c. Band 9 "Drücken wird das Abbild der Ewigkeit auf unser Leben! Dieser Gedanke enthält mehr als alle Religionen, welche dies Leben als ein flüchtiges verachten und nach einem unbestimmten anderen hinblicken lehrten.". 11[159] p. 503^{-10}.

El pensamiento del eterno retorno es, pues, aquello que poniendo a la luz la efectividad del sentido, permite al noble volverse en lo que a superarse a sí mismo se refiere, en el ámbito de la creación, haciendo de la propia vida una obra de arte. La doctrina del eterno retorno representa la figura de lo sagrado, que le da a la existencia humana y a la realidad dionisíaca la plenitud del sentido, y justifica y aprueba, más allá de lo bueno y lo malo, de lo verdadero y lo falso, la totalidad del ser. En su estado de necesidad, el Eterno Retorno confiere a cada instante su carácter perfectivo y permite a los poseedores de la verdad de acceder a la autenticidad de una vida liberada de toda voluntad de venganza.[120]

Para Nietzsche Dionisos es un concepto, el Superhombre una resonancia y el Eterno Retorno un pensamiento. La figura de lo de lo sagrado no son en la realidad sino las formas apolíneas en la cual y gracias a la cual la vida ascendente da a los propios deseos y al mismo obrar la plenitud del sentido, puesto que es necesaria la ilusión favorable a la vida, para que la verdad no sea más el ídolo destructor de la metafísica, sino la interpretación fiel al ámbito del ser a través del cual el hombre se supera en su acción creadora que confiere a la realidad la perfección delos finito.[121]

El enfoque desde distintos puntos que le da la vida a las cosas es el principio de la transformación. Pienso que la filología es la capacidad de entender el lenguaje que se crea en cada circunstancia y en cada tiempo. Para Nietzsche lo sagrado no es otra cosa que la asunción de los deseos *(Begierde)* que revela y justifica el pluralismo y la jerarquía de las distintas formas de existencia en confrontación con su estado trágico de inacabado, incompleto. Porque el que piensa en la realidad trágica del nihilismo, tiene necesidad de la efectividad del sentido, para tener así la valentía de la verdad sin necesidad de procurarse la muerte.

Hasta aquí hemos tratado de profundizar la problemática nietzscheana sobre el tema de la religiosidad, de lo divino. El pensamiento de Nietzsche nos pone a cada uno de frente a la realidad trágica y la

---

[120] Diet. E. o. c. p 142.

[121] *Ibíd.* p. 143.

organiza para que sea lo que ella en realidad es. Ningún compromiso es posible. Pero con el respeto de la diferencia y en el *pathos* de la distancia, una grandiosa lucha puede y debe comprometerse entre la fe del moralismo y del resentimiento, versus el ateísmo consecuente, en la medida en se puedan demostrar el uno al otro que sean capaces de una afirmación trágica como la que nos da Nietzsche en *Dionisos-Dithyramben,* Af.4 en *"Ruhm und Ewigkeit"* (Gloria-Fama y eternidad):

> *"¡Blasón de la necesidad! Del ser astro supremo, que ningún deseo alcanza, que ningún No contamina, eterno Sí del ser; eternamente yo soy tu sí, porque yo te amo, oh eternidad".*[122]

Respecto a esta lucha entre la creencia moral y el ateísmo nos dice:

> *"No se debe confundir como realidad histórica... ¿Qué es lo que ha negado Cristo? Todo lo que hoy se llama cristiano... Los juicios de valor cristianos, no han sido con ello superados en absoluto... ¿Qué es lo que ha negado Cristo? Todo lo que hoy se llama cristiano. «Cristo en la cruz» es el símbolo más sublime, incluso hoy".*[123]

4. Conclusión

4.1 Por una cristología nietzscheana

Los sarcasmos y la investida de Nietzsche contra el cristianismo esconden la seriedad de su meditación sobre la persona de Cristo, como constata la última sentencia de esta cita. Justamente para Nietzsche el Superhombre debe poseer la espiritualidad más alta como la del alma del mismo Cristo, aunque también este Superhombre deba emular la voluntad de acción y el apegamiento a la tierra de un César. Nietzsche

---

[122] (1999) *Dionysos-Dithyramben* (1888) de Gruyter-München. Kritische Studienausgabe Herausgegeben von G. Colli und M. Montinari. Band 6. "!Schild der Notwendigkeit! ¡Höchstes Gestirn des Scheins! -das kein Wunsch erreicht, das kein Nein befleckt, ewiges Ja des Seins, ewig bin ich dein Ja: denn ich liebe dich, oh Ewigkeit!". Ruhm und Ewigkeit Af. 4 p. 405^{-15}.

[123] VP o. c. Afs. 158 y 219 ps. 114 y 145.

siempre ha respetado y admirado aquello que él creía de haber tomado de la persona real del Cristo más allá de lo que él tenía contra la tradición de la misma Iglesia.[124]

Dionisos es la antítesis del Cristo crucificado, del madero y no del Cristo que camina sobre el mar. Cristo, pero no el del madero, para Nietzsche evidentemente predicó una moral del amor, que consiste en no responder nunca a las ofensas recibidas, sin pecado, por eso la resurrección del amor representada en la transformación del león como vimos antes, es un recurso al mensaje original de Cristo. (cfr. Dario Botero o. c. p. 83). Pero Nietzsche acusa a San Pablo y a la Iglesia jerárquica (sacerdotes) de tergiversar el mensaje auténtico de Jesús, llevados por razones de poder, estableciendo una religión del odio, de la venganza, que imagina y crea enemigos a su alrededor, condenando y llevando a la hoguera a aquellos que no se someten a la autoridad de los sacerdotes.

Cuando uno profundiza en el follaje del bosque, en el borde de su locura Nietzsche firma sus últimas letras con los nombres unidos de Dionisos y el Crucificado, bien comprendido esto, revela que Dionisos es más bien un socio de Cristo que un enemigo.

Para E. Diet, la meditación sobre la personalidad de Cristo, como la de Sócrates, recorre todo el pensamiento filosófico de Nietzsche.[125]

Con su martirio trágico, Dionisos se opone al rito de la crucifixión según la tradicional cristiana interpretación que hace de la muerte del Hijo de Dios un signo de culpabilidad en los creyentes y como consecuencia el de un signo de rechazo y de una desvalorización del sentido de la vida. Pero según E. Diet, para Nietzsche la imagen del Cristo y el sentido de su muerte son algo completamente distinto. La imagen que Nietzsche tiene del Cristo no tiene nada de mezquino, aunque por lo demás contenga su doctrina la personalidad de Cristo una parte de la cualidad que debería caracterizar a la Super-humanidad futura.[126]

---

[124] EH o. c Af. 9 Por que yo soy un destino p 145. "¿Hat man mich verstanden? Dionysos gegen den Gekreuzigten". EH o. c. Band 6 Warum ich ein Schicksal bin Af. 9 p. 374^{-30}.

[125] Diet, E. o. c. p. 145.

[126] *Ibíd.* p. 145.

Karl Jaspers, nos aporta que en lo que se refiere a la imagen de la figura de Cristo, éste, en su riqueza y en su complejidad, esa imagen es de tal naturaleza, que hace necesariamente motivar una reflexión ya sea en el creyente, que más allá de lo bueno y lo malo, va en busca de una fe afirmativa. O ya sea en el ateo que está buscando un ideal humano desembarazado de toda imagen o influjo moral y metafísico.[127] En *El Anticristo*, nos dice Nietzsche que *"El Evangelio murió sobre la cruz"* En Nietzsche debemos distinguir cabalmente entre la persona del Cristo y lo que constituye el cristianismo como tal. Para Nietzsche nada de la doctrina cristiana se pueda pretender creer que viene de su fundador. E. Diet nos dice que debemos recordar que el título *El anticristo,* sería una traducción más apropiada si se refiere al contenido de la obra. Si en la tradición El Anticristo, no es sino el adversario diabólico de Cristo, y si Nietzsche asume explícitamente este significado del término, entonces es necesario entender que se trata no tanto en un sentido apocalíptico, sino cuando mucho en un sentido estricto.

Porque si el cristianismo es la doctrina que se opone al a la personalidad de Dionisos y lo vuelve al revés conservando numerosos elementos de éste, entonces en este caso Nietzsche es anticristiano y anticristo cuando abra este revuelco de este revuelco, cuando hace un regreso a la época pre-cristiana. Parece surgir una discordancia con el rol de la figura de Jesús.[128]

¿Pudo tal vez Jesús haber sido al mismo tiempo la figura representativa de un dulce anárquico y a su vez un agitador político, que los débiles y los frustrados de la comunidad judía, lo convirtieran o transformaran en un Mesías y más tarde en hijo de Dios.? Es precisamente esta discordancia entre los varios modos de comportamiento de Jesús de Nazareth referidos por los Evangelios, que para Nietzsche como genealogista se transforma esto en un signo de falsificación. Contra el influjo del apóstol Paulo en oposición a los Evangelios y en un férreo ataque final al cristianismo, dice Nietzsche en un tono airado:

---

[127] *Ibíd.* nota 5 p. 146 Jaspers, Karl (1949) *Nietzsche et le christianisme*, Edition de Minuit. Paris.

[128] Diet. E. o. c. p. 146.

"...Esta eterna acusación contra el cristianismo quiero escribirla en todas partes donde sólo haya paredes, tengo letras que harán ver incluso a los ciegos ... Yo llamo al cristianismo la única gran maldición, la única gran corrupción interna, el único gran instinto de venganza; para el mal ningún medio es bastante, venenoso, disimulado, subterráneo, pequeño, lo llamo la única mancha de la humanidad... ¡Y se cuenta el tiempo desde el dies nefastus en el que se inició esa fatalidad, desde el primer día del cristianismo!. ¿Por qué no mejor desde el último? ¿Desde hoy?. ¡Transvaloración de todos los valores!".[129]

Vemos que Jesús niega la jerarquía de poder, ignorándola en su discurso kerigmático. Cristo no ha es de hecho animado de resentimiento contra el orden establecido ni tampoco contra la jerarquía eclesiástica ni contra sus sacerdotes. Se hacía eco de la frase del Evangelio: *"Da al César lo que es del César y a Dios lo que es de Dios",* es decir que había una conformidad entre la Iglesia y el Estado. Cristo no revindica para sí ni el poder temporal ni la fe en él. No juzga ni condena. No promete nada. Por tanto, en este sentido Jesús destruye la tradición moral judaica que heredó de los profetas. Justamente para Nietzsche fueron los primeros cristianos que con su estúpida admiración por Jesús el maestro, a hacer de este pacífico Buda el teólogo puntilloso que se convierte en Dios y que más allá del judaísmo tradicional, inaugura un nuevo judaísmo con el carácter de un resentimiento universal. Paulo es la persona a la que hay que hacer responsable de este contra sentido y por tanto de este cambio de la tradición judía primitiva. Para Nietzsche, Paulo, fue quien fuera de la doctrina de los ingenuos evangelistas, y traicionando su plebeya necedad, ha buscado enseñar para edificar la iglesia cristiana a base de la idea del concepto de culpabilidad y del juicio. Fue Paulo quien ha hecho del cristianismo la «más grande maldición», la más grande y única depravación, la única y más grande instinto al servicio de la venganza, por el cual ninguno medio es suficiente venenoso, furtivo, subterráneo, mezquino, es decir en definitiva la única y más grande mancha de la infamia de la humanidad.

---

[129] AC o. c. Af. 62 p. 109 DAC o. c. Band 6 Af. 62 p. 253$^{-10\text{-}15\text{-}20}$.

4.2 Jesús el Redentor

Examinando de cerca los evangelios, para Nietzsche aparece evidente que estos contienen la definición de un ser o persona del cual es necesario descubrir el sentido estricto sin preocuparse demasiado de una exactitud de estilo positivista. Una vez desenmascarada la perversión provocada por el «genio del odio» San Pablo según Nietzsche, éste, busca ahora lograr una definición psicológica de la figura del Redentor.

> *"...Y aquí me refiero por primera vez al problema de la psicología del redentor. Reconozco que he leído pocos libros que contengan dificultades tales como la de los evangelios ".*[130]

Para Nietzsche Jesús es un decadente, ya que él es un representante de una especie de doble vida, que es incapaz de afrontar la realidad vigente y que puede subsistir solamente a costa de una represión continua y total de la agresividad. Cristo no hubiera sido capaz de oponerse, con el testimonio de sus propias vidas, al resentimiento de los sacerdotes judíos, como tampoco a la voluntad judaica de dominación sobre los pueblos de la tierra. Por eso razón solamente es bueno retener del Cristo de los Evangelios, su imagen pastoril, la imagen del «Buen Pastor» y no la imagen de Jesús como el enemigo acérrimo de los judíos. Para Nietzsche el Cristo de los Evangelios tiene dos direcciones esenciales: una, es el «odio instintivo contra la realidad» y segundo se refiere a la instintiva exclusión de toda aversión, de toda hostilidad, de todo límite y de toda distancia de los sentimientos y afectos. Dice Nietzsche:

> *"La exclusión instintiva de toda negación, de toda enemistad, de todos los límites y distancias en el sentimiento: consecuencia de una extremada capacidad de sufrimiento y excitación que siente ya como insoportable displacer (es decir como perjudicial, como desaconsejado por el instinto de conservación), todo oponerse, todo tener que oponerse, y que sólo conoce la bienaventuranza (el placer) en ya no oponer resistencia a nadie, ni a la desgracia ni al mal, el amor como última*

---

[130] AC o. c. Af. 28 p. 57 "Und hier erst berühre ich das Problem der Psychologie des Erlösers – Ich bekenne, daâ ich wenige Bücher mit solchen Schwierigkeiten lese wie die Evangelien". DAC o. c. Band 6 Af. 28 ps. 198 [30] -199.

posibilidad de vida... Estas son dos realidades fisiológicas, sobre las cuales, de las cuales, ha germinado la doctrina de la redención... El miedo al dolor, incluso lo infinitamente pequeño en el dolor, no pueda acabar en otra cosa más que en una religión del amor".[131]

Para Nietzsche, en los Evangelios, Jesús aparece como una especie de un romántico iluminado, que en el amor encuentra como la única vía de salida debido a su impotencia para afrontar la realidad y obrar en el mundo. Cristo vendría a ser como la última consecuencia de un purificación o refinamiento espiritual como producto de una interiorización moral de la tradición judía La excesiva sensibilidad de la personalidad de Jesús según Nietzsche, no le permitía al Maestro enfrentar la realidad, por eso recurre ahora a ofrecer un reino interior, para encontrar dentro de un esparcimiento sentimental, su única posibilidad de supervivencia. Por esto Jesús en su vida pública debe ignorar toda exterioridad, ya que él vive más allá del mundo de lo bueno y lo malo, de lo verdadero y lo falso; de lo real y lo imaginario, puesto que como el mismo Cristo lo predicaba, su reino no es de este mundo, pues este peregrinar aquí en la tierra no es más que un reino simbólico. Nietzsche incluso llega a describir a Cristo como un esquizofrénico, obligado a tomar sus propios deseos por la realidad, dada sus dotes hiperestésicos o metagnómicos, característicos de su personalidad, propia de los taumaturgos de su época. Afirma que Jesús se vuelve un «santo anárquico». Nietzsche dice también que Cristo se presenta como un ser insensible al predicar la igualdad de los hombres. Predica el igualitarismo, pues todas las personas son iguales ante Dios. Esta predicación es producto de su indiferencia ante su incapacidad de afrontar la realidad concreta y vigente de su comunidad.

"Yo entiendo algo de este gran simbolista es que tomo únicamente las realidades interiores por realidades, por «verdades» que entendió el resto todo lo natural, lo temporal, lo especial, lo histórico, solamente como signos, como ocasiones de hacer metáforas. ...El «reino de los cielos» es un estado del corazón, no algo que viene «sobre la tierra» o «después de la muerte»...el reino de Dios no es nada que se espere, no

---

[131] AC o. c. Af. 30 *El odio instintivo a la realidad* p. 59 *Religión der Liebe....* ". DAC o. c. Band 6 Af. 30 ps. 200- 201[5-10-15].

tiene ayer ni pasado ni mañana, no llega dentro de «mil años» es una experiencia del corazón; está en todas partes, no está en ningún lugar".[132]

El cristianismo ha falsificado el mensaje de la Buena Nueva del amor en una burda doctrina basada en el complejo de culpabilidad, en el juicio futuro y en la doctrina de más allá. *(cfr. AC. Af. 31 p. 59)*. Jesús no pretende por tanto dominar, por este aspecto Nietzsche ve también la figura de Jesús como un ser noble. En él la incapacidad de actuar no se trastorna en resentimiento. Jesús no condena ni reniega de la realidad, puesto que como piensa en una realidad futura, no le da importancia a esta realidad terrena. De ahí la aproximación con la imagen de Sakia Muni porque ambos afirman y prometen la existencia de la salvación. Nos dice Nietzsche en el Af. 13 del *Anticristo,* que el Budismo es cien veces más veraz, más objetivo en comparación con el cristianismo. El budista no tiene necesidad de hacer decoroso su sufrimiento.

"El budismo, digámoslo otra vez, es cien veces más frío, más veraz, más objetivo. No tiene ya necesidad de hacer decoroso su sufrimiento, su capacidad de dolor, mediante la interpretación del pecado, dice sencillamente lo que piensa, «yo sufro»".[133]

Jesús ha sabido encontrar y poner en práctica como una especie de remedio, capaz de hacer sentir feliz de su suerte a los débiles Con la práctica de su propia vida, Jesús ha realizado y predicado con su ejemplo en el seno mismo de la tradición judía, la destrucción del deseo de venganza. Jesús para Nietzsche también supo protegerse de la realidad circundante sin necesidad de condenarla ni desvalorizarla. Jesús parece ser que no busca convencer y tampoco destruir a aquél que tiene una creencia distinta y le hace vivir de otro modo, como en el caso de los saduceos. Jesús, el Señor, resalta la propia diferencia sin necesidad de

---

[132] AC o. c Af. 34 p. 64. DAC o. c. Afr. 34 ps. 206^{-15}– 207^{-10-20}.

[133] *Nachlaâ* 1887-1889 o. c. Band 13 - "Buda gegen den Gekreuzigten". 14 [91] 1888 p. 267-^{15} AC o. c. Af. 23 p. 48 "Der Buddhismus, nochmals gesagt, ist hundert Mal kälter, wahrhafter, objektiver. Er ist nicht mehr nöthig, sich sein Leiden, seine Schmerzfähigkeit anständig zu machen durch die Interpretation der Sünde,-er sagt bloss, was er denkt «ich leide»". DAC o. c. Band 6 Af. 23 p. 189^{-25}.

oponerse para imponerse con su doctrina. Cristo ha encontrado y ha descubierto el sentido de la vida, construyendo un mundo imaginario que él mismo se auguraba, pero al menos sin maldecir la tierra y los deseos innatos del hombre. Más allá del ámbito de la moral, encontrando en él mismo la razón y mes medios para una existencia que él mismo bendice y que no niega más, la figura de Jesús aunque en si no sea el mismo Superhombre, da todavía el ejemplo de una concepción de la vida y de una práctica de lo sagrado, gracias a lo cual también el creyente débil puede ser un persona noble y al mismo tiempo liberarse de todo resentimiento. (E. Diet. p. 150) Para Nietzsche según en *Sabiduría para pasado mañana,* selección de fragmentos póstumos (1869-1889) en el tema: "Sobre la historia del cristianismo"

> *"...La vida entera del cristiano es, al final, exactamente la vida cuyo desprecio predicaba Cristo...La Iglesia forma parte del triunfo de lo anticristiano tanto como el Estado moderno, el nacionalismo moderno...La Iglesia es la barbarización del cristianismo...El cristianismo se ha adueñado del judaísmo (Pablo, el platonismo (Agustín), los cultos mistéricos (doctrina de la redención símbolo de la« cruz»), el ascetismo (hostilidad contra «naturaleza»), «la razón», los «sentidos», oriente. 11 [364]* [134]

> *"El cristianismo fue, en la Antigüedad, el gran movimiento nihilista que concluyó con su victoria: y en adelante imperó...". 11 [372]*

> *"No hay tipo menos evangélico que el de los eruditos de la Iglesia griega, que desde el siglo IV empujaron al cristianismo al camino de una absurda metafísica; e igualmente los escolásticos de la Edad Media latina". 11 [397]*

> *"«Cristianismo» ha llegado a ser sinónimo de «religión»: todo lo que se haga fuera de la grande y buena tradición cristiana será infructuosa". 11 [399]*

Nietzsche dice que Jesús niega la Iglesia, el Estado, la sociedad, el arte, la ciencia, la cultura y la civilización (cfr. FP o. c. Band 9-11 [159] p.503) También Jesús contrapuso a la vida diaria, una vida real, una vida basada en la verdad. Dice que nada le es más lejano que el burdo

---

[134] SPM o. c. ps. 208-209 textos: 11 [364]; 11 [372]; 11 [397] y 11 [399] - WU o. c. ps. 282 a 284.

disparate de un «Pedro eternizado», como así el de una eterna perduración personal:

> *"Jesús contrapuso a esa vida corriente una vida real, una vida en la verdad: nada le es más lejano que el burdo disparate de un «Pedro eternizado», de una eterna perduración personal. Lo que combate es la presunción de la «persona» ¿cómo puede entonces querer eternizarla? Combate asimismo la jerarquía en el seno de la comunidad: no promete ninguna recompensa en proporción al rendimiento: ¡cómo se puede pensar que se refería a castigos y recompensas en el más allá?".*[135]

Afirma también que el cristianismo simplemente retoma la lucha que ya existía contra el ideal clásico, es decir contra la religión noble. Que toda esta reconfiguración no es sino una traducción que responde a las necesidades esenciales y el nivel de comprensión de la masa religiosa de esa época. Esta misma masa, que creía en distintas divinidades como Isis, Mitra, Dionisos, la «Gran Madre» y como una religión oficial exigían lo siguiente: 1) una esperanza en el más allá, 2) el misterio en un culto cruento, 3) una leyenda sagrada, es decir el acto redentor, 4) un ascetismo, en la negación del mundo, i.e: la «purificación supersticiosa» y 5) finalmente una jerarquía, es decir una forma de organización de la comunidad. Añade Nietzsche:

> *"5) una jerarquía, una forma de organización de la comunidad; dicho brevemente: el cristianismo se adapta al antipaganismo ya existente, infiltrado por todas partes, a los cultos que combatiera Epicuro…Más precisamente a las religiones de la masa inferior de las mujeres, de los esclavos, de los estamentos que no eran nobles".*[136]

4.3 El mensaje evangélico

Si para Nietzsche la figura de Cristo parece ser el más interesante nihilista, es precisamente porque Jesús con su vida y doctrina da ejemplo de una práctica de vida que puede ayudar también a los débiles, al

---

[135] *Ibíd.* 11[279] -1887-7 p. 206. *Die nachgelassenen Fragmente* 1887-1888 o. c. Reclam. 11[279] ps. 237-238).

[136] *Ibíd.* 11 [295] 5 p. 207. WU. o. c. November 1887-März 1888 11 [295] 5 ps. 281-282.

hombre rebaño, a volverse seres afirmadores de la realidad. Luego de este cambio, de esta transformación, este hombre se libera de todas las posteriores ataduras que se habían transformado en una doctrina del odio, contra la vida, pero ante este cambio aparece la Buena Nueva de Jesús dentro del cuadro del pluralismo axiológico que surgió como consecuencia de la revuelta de todos los valores, como un tipo de existencia posible para aquellos que de algún modo no pueden vivir este estilo nuevo de vidas. El cristianismo original, es decir aquel de Jesús liberado de todo resentimiento y de toda pequeña moral, está en grado de soportar la prueba del Eterno Retorno. A los débiles y a los decadentes, este cristianismo le ofrece un modo de vivir, un nuevo estilo de vida, es decir el ofrecimiento de la salvación sin necesidad de perjudicar a los hombres nobles o superiores. Por esto es que Nietzsche valoriza el comportamiento de Jesús y por esto lo considera como el representante de aquella forma de inocencia realizable por él débil encarnando el espíritu del niño:

> "...La «Buena Nueva» consiste precisamente en que ya no hay más antítesis: el reino de los cielos pertenece a los niños; la fe que aquí se divulga no es una fe ganada luchando, está ahí, está desde el principio, es por así decirlo, una infantilidad vuelta a lo espiritual".[137]

La Buena Nueva de Jesús no es sino una sacralización de la vida interior que anuncia la posibilidad de la salvación que solamente se puede encontrar y lograr en la paz del alma. Nos dice Nietzsche:

> "¿Qué significa «Buena Nueva»? Se ha encontrado la verdadera vida, la vida eterna, no es anunciada, está ahí, está en vosotros: como vida en el amor, en el amor sin descuento ni exclusión, sin distancia. Cada uno es el hijo de Dios ¬Jesús no reclama nada para sí solo¬, como hijo de Dios es cada uno igual a otro...".[138 (8)]

---

[137] AC o. c. AF. 29 p. 58 * Respecto a este texto ver evangelio de San Juan cap. V v. 18 y X. v. 33 y la nota 65 p. 132 del AC.de A. Sánchez Pascual. La lectura de *Vie de Jésus* de E. Renán (1823-1892) influyó en este pensamiento de F. Nietzsche, sobre la divinidad de Jesús y la igualdad de todos los hombres. DAC o. c. Band 6. Af. 29 p. 200.⁻ ⁵.

[138] *Ibíd*. Af. 32 p. 6'1 "Die «gute Botschaft» ist eben, daâ es keine Gegensätze mehr giebt; das Himmelreich gehört den Kindern; der Glaube, der hier laut wird, ist kein erkämpfter Glaube, er ist da, er ist von Anfang, er ist gleichsam eine ins Geistige zurückgetretene Kindlichkeit". DAC o. c. Af. 32 p.203⁻¹⁰.

4.4 Sobre la creencia religiosa

Para Nietzsche el cristianismo es un estado de ánimo que predica vivir y practicar la afirmación de la génesis divina del hombre en la inmanencia. La salvación por tanto no depende de dogma alguno y menos de una demostración. Es ver a Dios como un ser sensible al corazón. Es la pura positividad de una existencia auténtica, que ella misma se afirma en la efectividad de una realidad simbólica. En este sentido Cristo es como un poeta que habita la tierra, cuya realidad para él es solamente el pretexto para poner a prueba la plenitud del sentido (Diet. E. o. c. p. 151).

La creencia cristiana no niega la realidad. La experiencia (*Erlebnis*) de la vida de Jesús y por tanto en el tiempo de aquí y de allá de toda las tomas de posiciones axiológicas con la cual el hombre atribuye al mundo la importancia del lugar que le hace objeto de sus propios deseos y que se transforma con sus propias acciones.

Una fe o creencia de esta índole no se indigna, no reprocha, no contrasta, es decir que no hace uso de la espada como castigo al condenado. Es una creencia que como tal no presagia, sino que por el contrario podrían un día futuro llegar y dividir. Este tipo de creencia, no se demuestra ni con milagros, ni con recompensas y promesas, y mucho menos mediante el recurso de las Sagradas Escrituras. Esta Fe, esta creencia, ni si quiera se formula, por el contrario esta creencia vive, siendo reacia a toda fórmula.

> *"Semejante fe no se encoleriza, no censura, no se defiende, no lleva «la espada»*[*]*, no barrunta en absoluto hasta qué punto ella podría llegar alguna vez a dividir. No da prueba de sí misma, ni con milagros, ni con premios y promesas, ni menos aún «con la Escritura»: ella misma es en todo instante su milagro, su premio, su prueba, su «reino de Dios». Tampoco esa fe se formula a sí misma, lo que hace es vivir, se defiende de las fórmulas".*[139]

---

[139] AC o. c. Af. 32 p. 61 [*] cfr. Evangelio de MT. 10, 34. DAC o. c. Band 6. Af. 32 p. 203-20.

Para Nietzsche el verdadero cristianismo, como el budismo, es pues un modo de vida en el cual la plenitud interior se traduce en una existencia dominada por la no-violencia y por el ejercicio del amor (cfr. el diálogo de Jesús en la cruz con el ladrón arrepentido solamente relatado en el evangelio de Lucas. 23, 40-43)

> *"«¡Este ha sido verdaderamente un hombre divino, un hijo de Dios!», dice el ladrón. «Si tu sientes eso», responde el redentor, «estarás conmigo en el Paraíso; y tu serás también hijo de Dios».*[*] *No defenderse, no encolerizarse, no hacer responsable a nadie...Por el contrario, tampoco oponer resistencia al mal, amarlo...".*[140] [15]

Esta concepción del cristianismo, para Nietzsche, nada tiene que ver con las interpretaciones milenaristas ni mesiánicas que el resentimiento de la comunidad hebrea le ha estampado, tergiversando así el auténtico mensaje dela Buena Nueva de Jesús. En cuanto experiencia interior, es el remedio y la consolación que los decadentes pueden encontrar para mitigar el estado de su propia impotencia.

> *"Sólo nosotros, espíritus que hemos llegado a ser libres, poseemos el requisito para entender algo que hace diecinueve siglos han malentendido, aquella honradez convertida en instinto y pasión que hace la guerra a la «mentira santa», más aún que a cualquier otra mentira...".*[141]

Lejos de todo fanatismo, la vivencia de este tipo de cristianismo y más allá de la concepción de lo bueno y lo malo, no es sino la vivencia real de la beatitud. Incapaz de asumir el aspecto trágico del goce de vivir la vida dionisíaca, donde el cristiano se crea su propio reino, pero en este reino imaginario el creyente encuentra un sentido, un significado a su creencia, que le permite aceptarse y sentirse satisfecho de sí misma sin necesidad de huir de la Tierra en una más allá desvalorizando al nuestro. Presenta Nietzsche una nueva concepción teología de la muerte distinta a la predicada por el cristianismo.

---

[140] *Ibíd.* Af. 35 p. 65 DAC o. c. Band 6 Af. 35 ps. 207 - 208[-5].

[141] *Ibíd.* Af. 36 p. 65. "Erst wir, wir freigewordenen Geister, haben die Voraussetzung dafür, etwas zu verstehn, das neunzehn Jahrhunderte miâvertanden haben,- jene Instinkt und Leidenschaft gewordene Rechtschaffenheit , welche der«heiligen Lüge» nochmehr als jeder andren Lüge den Krieg macht...". DAC o. c. Band 6 Af. 36 p. 208[-10].

> *"El «reino de los cielos» es un estado del corazón, no algo que viene «sobre la tierra» o «después de la muerte». El concepto entero de muerte natural falta en el evangelio: la muerte no es un puente, un tránsito, falta porque pertenece a un mundo completamente distinto, meramente aparencial, útil sólo para proporcionar signos. La «hora de la muerte» no es un concepto cristiano, la «hora», el «tiempo, la vida física y sus crisis no existen en absoluto para el maestro de la «buena nueva»…"*.[142][16]

Para Nietzsche el mensaje de la Buena Nueva anunciada por Jesús es pues la posibilidad de vida que permite al hombre rebaño, al débil, poder encontrar la santidad retrayéndose de la misma realidad. Rechazando toda oposición y toda negación. Si es verdad que el cristiano vive en un mundo ilusorio sin ninguna referencia con la realidad. Entonces este mundo ficticio construido sobre la base de la propia necesidad, aún así no condena a la vida. Por eso el nihilismo cristiano, en el fondo es noble y se puede proponer como un alto ideal para todos aquellos tipos de creyentes que asumen y aceptan que no podrán alcanzar la meta de la superhumanidad (*Übermensch Ziel zu erreichen*). El mensaje del Cristo histórico, el mensaje de Jesús permanece siempre como una realidad posible, ya que si bien no es un mensaje creador, tampoco es un mensaje negador. A la idiosincrasia de los débiles los cuales son incapaces de una creatividad y afirmación trágica, Jesús con su ejemplo, les ofrece al menos la posibilidad de una salvación que no afecte negativamente al hombre fuerte.

> *"Que la humanidad esté postrada de rodillas ante la antítesis de lo que fue el origen, el sentido, el derecho del evangelio, que haya canonizado precisamente, en el concepto «Iglesia», lo que el «buen mensajero» sentía por debajo de sí, por encima de sí. En vano se buscará una forma mayor de ironía histórico-universal"*.[143][17]

Por esto, no obstante afirmando la distancia jerárquica que existe entre lo la verdad y la fe del cristiano, a la misma vez que Nietzsche maldice al cristianismo pregonado por la Iglesia, sin embargo a su vez reconoce el valor y el sentido positivo de la práctica evangélica, en virtud de su mensaje intrínseco.

---

[142] AC o. c. Af. 34 p. 64 DAC o. c. Band 6 Af. 34 p. 207 [-15-20].

[143] *Ibíd*. Af. 36 p. 66 DAC o. c. Band 6 Af. 36 p. 208[-10].

5 "NIETZSCHE: EL HOMBRE, LOS VALORES DE LA DISCUSIÓN MORAL Y EL CULTO A LOS IDEALES"

"...nosotros, los argonautas del ideal, más valerosos acaso de lo que es prudente".[1]

"Es tiempo de que el hombre fije su propia meta. Es tiempo de que el hombre plante la semilla de su más alta esperanza".[2]

"Yo amo a quienes, para hundirse en su ocaso y sacrificarse no buscan una razón detrás de las estrellas: si no que se sacrifican a la tierra para que esta llegue alguna vez a ser del superhombre".[3]

1. Introducción

Para Nietzsche lo único importante es la vida del hombre. Pero no el hombre en general, como a veces lo concebimos, con lo cual lo deshumanizamos y convertimos en personalidad abstracta, en número, sino el hombre como individualidad, como fortaleza, con toda la vigencia para fundirse con un abrazo de hondo anhelo en la colectividad y propósitos de su pueblo. Un hombre con ideales personales para transformar la realidad, para integrarse al «sentido de la tierra». Un hombre

---

[1] EH o. c. Af. 2, *Así habló Zaratustra* p. 106 "...wir Argonauten des Ideal, mutiger vielleicht als klug ist". EH o. c. Band 6 *Also sprach Zarathustra* Af. 2 p. 338– 5-10.

[2] AHZ o. c. Prólogo 5 p. 40 "Es ist an der Zeit, dass der Mensch sich sein Ziel stecke. Es it an der Zeit, dass der "Mensch den Keim seiner höchsten Hoffnung pflanze". ASZ o. c. Band 4 I *Zarathustra's Vorrede* 5 p. 19-10.

[3] *Ibíd.* 4 ps. 38-39). "Ich liebe an die, welche nicht erst hinter den Sternen einen Grund suchen, unterzugehen und Opfer zu sein: sondern die sich der Erde opfern, dass die Erde einst des Übermenschen werde". ASZ o. c Band 4 I 4 p. 17-5.

histórico, pero histórico sólo concebido como para que esté a la altura del momento temporal en que le tocó vivir (no-hombre enfermo de historicidad y pasivo), quiero decir: no es lo mismo el de la Edad Media ni tenía las mismas tareas, que el hombre de los siglos XIX y XX, como no será exactamente igual el hombre del siglo XXI. Será sí, el mismo hombre, pero superado donde no «sólo él», sino su pensamiento y acción colectivos serán superiores. Y no queda más remedio, cada vez que profundizamos en las teorías de Nietzsche, tenemos que ir a la Grecia Antigua y sus personajes, los hombres.

Cuando se piensan los personajes de las tragedias griegas y de *La Ilíada* y *La Odisea*, y al estudiarse aunque sea someramente la historia de la Grecia Antigua incluida su organización estatal; cuando se piensan el resto de los protagonistas de la guerra de Troya y de la invasiones alejandrinas y se les compara con los hombres promedio de la Edad Media, y con el resto de los hombres, digamos, del Oriente, tiene uno la impresión de que la sociedad humana dio un enorme salto al vacío desde aquella remota época, al siglo XIX europeo. Los griegos antiguos eran más cercanos al hombre actual y al que aspiramos, que al de siglos posteriores más cercanos a ellos. Es como si el Feudalismo y el Cristianismo, que llegaron juntos y acompañados con restos de la Esclavitud, hubieran lastrado a los hombres y lanzado, por dos milenios a éstos al vacío. Dijo Nietzsche:

> *"Los sistemas filosóficos sólo son enteramente verdaderos para sus fundadores; para los filósofos posteriores son, por lo general, un gran error, y para las mentes un poco más débiles, únicamente un conjunto de yerros y verdades... He aquí la razón de que muchos hombres desaprueban al filósofo; porque su propósito no es el suyo; se trata de los más lejanos".*[4](*)

Desde Tales de Mileto a la fecha, todos los filósofos han tenido razón al analizar al hombre y la sociedad y todos a la vez han estado equivocados. Pero todos, de una forma u otra, son investigadores y se ocupan

---

[4] FETG o. c. Prólogo de Nietzsche 1874, p. 29 UGB o. c. Band 1 *Die Philosophie im tragischen Zeitalter der Griechen* Vorwort p. 801[5-10]. (*) Escrito cuando Adolf Baumgartner incia transcripción del manuscrito completo de este ensayo. Nota de Luis Fernando Morerno Claro p. [197].

del hombre, vale decir, de su carácter, de cómo debe ser su metafísica, y por lo tanto, sus tareas del instante histórico. Como dice Nietzsche:

> *"Todo lo que existe es justo e injusto, y en ambos casos está igualmente justificado. ¡Ese es tu mundo! ¡Eso se llama un mundo!".*[5]

La naturaleza, la sociedad y el hombre, son dialéctica, tránsito, relámpago (si es relámpago no lo es de un cielo despejado, sino de una tormenta) y eternidad, o sea, contradicción, entendiendo ésta por verdad. De ahí que la existencia del hombre, como quiera que éste haya sido, está justificada. De lo que se trata es de superarlo en el tiempo. Nietzsche nos dice, y forma parte de la anterior idea, que:

> *"No ciertamente en la aflicción o en la melancolía, como suponen aquellos que achacan este quehacer a la adversidad, sino de la aventura, en una edad plena de fortaleza, la filosofía surgió de la serenidad y la alegría de una virilidad madura, victoriosa y audaz...".* [6]

Un poco más adelante, remata la idea, subyaciendo ésta en este libro, de que lo máximo son el hombre y los ideales...o el hombre con ideales, con la siguiente frase:

> *"El hombre era para ellos la verdad y el núcleo de las cosas, el resto de la naturaleza, tan sólo expresión, fenómeno, un juego ilusorio".*[7]

Pero el hombre si no está alerta y con metas elevadas para la vida, puede ser confundido con un juego ilusorio. Un juego ilusorio como es el día, como es el hombre viviendo en un mundo donde cree que el mar y el cielo son azules; creyendo que por el solo hecho de vivir en la Tierra

---

[5] NT o. c. Prólogo a R. Wagner, Af. 9 al final, p. 95 "Alles Vorhandene ist gerecht und ungerecht und in beidem gleich berechtigt. Das ist deine Welt!, Das heisst eine Welt! ". DGT o. c. Band 1 Af. 9 p. 71^{-10}.

[6] FETG o. c. Af. 1 p. 34 "Nicht nämhlich erst in der Trübsal: was wohl einigen vermeinen, die die Philosophie aus der Verdriesslichkeit ableiten. Sondern im Glück in eine reifen Mannbarkeit, mitten heraus aus der feurigen Heiterkeit des tapferen und siegreichen Mannesalters". UGB o. c. Band 1 *Die Philosophie im tragischen Zeitalter der Griechen* I p. 805^{-10}.

[7] FETG o. c. Af. 3 p. 47 "Der Mensch war ihnen die Wahrheit und Kern der Dinge, alles andre nur Erscheinung und Täuschendez Spiel". UGB o. c. Band 1. *Die Philosophie im tragischen Zeitalter der Griechen* 3 p. 815^{-10}.

vive en el Universo cuando aquélla no es más que un miserable pedrusco que pertenece a una Mega o Metagalaxia y él un pedazo de materia más pequeña aún que una hormiga. La verdadera hermosura está en la inmensa noche azul de las galaxias, en la belleza oscura, sin fin y profunda, de los bosques; en la belleza salvaje del trueno y en la muerte eterna. Para vivir en el Universo se ha de ser un hombre con ideales superiores y dispuesto a la destrucción; dispuesto a decir no y a decir sí; tiene que ser un hombre diferente inmerso en la verdadera belleza. Sólo así es el hombre la verdad y el núcleo de las cosas y no será confundido con el «resto de la naturaleza».

Y un hombre sin ideales no es un hombre e incluso no es ni el resto de la naturaleza. No se refiere a «ideales en general» tipo Platón, de esos de consignas y llamados abstractos como «patria», «libertad», «estado perfecto», etc., que tienen tendencias a tirar cortinas de humo y opio ideológico sobre la juventud. Más adelante, volveremos con este tema A estas ideas se une una manera muy peculiar en Nietzsche de explorar al hombre, al universo y sus relaciones en múltiples facetas, en rebuscar todas las dimensiones y posibilidades del homo sapiens, en descubrir los misterios de su existencia y su vida de sufrimientos y felicidades, destruyendo lo trivial y trillado, a la vez que engrandeciendo más aún lo fabuloso de sus hazañas tratando de alumbrarle el complejo, inevitable e imperfecto devenir.

Pero Nietzsche no especula (y no porque no tenga capacidad para ello), pero no teoriza, ni adula, filosofa con el martillo, o sea, golpeando la realidad e inspirado más que todo, en la praxis, en la práctica, en lo que ve y traspasa con su portentosa metafísica. En más de veinte siglos de filosofía occidental, este mundo, sin embargo, sigue siendo el mismo, o sea, se ha transformado, sí, pero la esencia es la misma. La tortuga sigue siendo tortuga y mona la mona. Quiere decir, que somos superiores sí, pero sigue habiendo problemas, unos nuevos y otros viejos no resueltos. Por lo tanto, Nietzsche y Carlos Marx están vigentes, como está vigente Sócrates. Pero cada filósofo, para formar su propio sistema, se empinó sobre las anchas espaldas de los gigantes que lo precedieron. En el caso de Nietzsche, se dedicó a sondear y tantear todo aquello que dice sí a la vida, a los ideales verdaderos y a la reafirmación del hombre.

Para ello tomó como ejemplos a imitar a los griegos y tipos aislados de hombres-superhombres que como excepción ha producido la humanidad en poco más de dos mil quinientos años. Estos son, como repetidamente hemos citado, además del espíritu griego, los primigenios de la filosofía occidental y también, cómo no, los de la filosofía oriental encabezados en este caso por Zoroastro (al que Nietzsche transformó en Zaratustra), Buda y Confucio; para los occidentales, Tales de Mileto y terminando con Sócrates, y mejor Borgia que Parsifal, pues el hombre no puede ser un bonachón y ha de tener algo a la vez de pillo y de caballero, ya que en este mundo lleno de males, para hacer el bien primero hay que hacer inevitablemente algo de mal, como lo dice Sófocles en boca de Electra:

"[...] y en tal situación, amigas mías, ni me es posible guardar miramientos ni pensar cuerdamente; porque en la desesperación es grande el impulso que nos fuerza a obrar el mal".[8]

Parsifal era «todo ideales», pero de tantos «ideales», estos pasaron a ser ingenuos y adormecedores, tenían, como el día, demasiada luz.

1.1 Encrucijadas

Volvamos a la idea con la que empezamos este trabajo. Tetis, la madre del héroe Aquiles le da a escoger a éste uno de dos caminos. No puede tener Aquiles, ni ningún hombre, tanta dicha como para enfrentar dos grandes destinos a cual de los dos mejor y no estar obligado a escoger. No; el hombre siempre tendrá una encrucijada, sino de cuatro caminos, de tres, como las de los griegos. Bien, Tetis le dijo a su hijo, según la versión homérica, que si se unía a la expedición de los ejércitos aqueos contra Troya, su vida sería breve, y su gloria, en cambio, inmortal; por lo contrario, si se quedaba tranquilo con su padre Peleo, tendría larga vida, pero moriría desconocido en el anonimato. Como sabemos, Aquiles escogió el camino que le sugirió la madre. Fue así el guerrero más impetuoso y valiente del ejército Aqueo, el más audaz y a la vez el más colérico de los griegos. ¿Qué era para estos antiguos lo más importante y lo más

---

[8] Sófocles, (1974) *Teatro Griego, Esquilo; Sófocles; Eurípides; Aristófanes y Menandro,* Edaf Madrid Electra Escena III ps. 412-413.

que nos golpea hoy a nosotros? Para ellos no había más valor en el hombre que la gloria obtenida por medio de la valentía personal. De aquí que no cultivaran la idea de rebaño y la epigonal. Ese debe seguir siendo el máximo valor del hombre actual, a la vez que él (el hombre), como en los tiempos antiguos de los griegos, es el supremo valor. Los griegos fueron a la guerra de Troya con el pretexto aparente (pretexto poético) de vengar el rapto de Helena. Pienso que Homero atribuye a eso la causa de la guerra, para darle a ese acto una intención ética e idealista. Pero la realidad es otra y lo da entender el poema de *La Ilíada*: éste muestra en bellas imágenes y sugerencias el impetuoso arrojo de los griegos por abrirse paso al Asia, en su búsqueda de factorías comerciales, esclavos y rico botín.

La Ilíada canta en realidad las aspiraciones de los griegos, sus creencias y sus aspiraciones. Estas aspiraciones eran abrirse paso al mundo del comercio, a la ciencia y glorificar, quizás como una consecuencia, un objetivo y un resultado más que como una virtud, la valentía personal y la divinización de los hombres, a los cuales convertían en semidioses con las mismas cualidades y debilidades que los dioses, menos la de ser inmortales.

Los Dioses, por otro lado, todo lo podían, menos una cosa: contravenir las normas del destino. En aquellos tiempos griegos, sin embargo, los dioses eran casi como los hombres: podían sufrir como éstos, recibir heridas, sentir las mismas pasiones que los hombres (amor, odio, simpatía, antipatía, etc.). Los griegos de los tiempos de la guerra de Troya tenían una religión politeísta, e «hicieron» a los dioses a su imagen y semejanza, como más o menos ha sido siempre y debiera de ser en el futuro. De paso digamos que los griegos eran una «sociedad con esclavos» y en razón de tal, a esa etapa griega, se le llama no muy exactamente sociedad esclavista griega; los orientales, por el contrario, eran una sociedad de esclavos y de rebaños, sin que fueran la típica sociedad esclavista. Como los griegos eran más libres y más sagrados sus hombres como individualidades masivamente hablando (que incluso discutían de tú a tú con sus reyes y hasta desafiaban a sus dioses), tuvieron una religión también politeísta; los orientales, como tenían un solo elemento activo (el Faraón todopoderoso y divino y los demás un enorme sujeto pasivo, como en cierta forma lo siguen siendo hoy con los reyezuelos locales que los gobiernan), crearon también, a su imagen y semejanza, el dios omnipotente hacedor de la materia y dios de los valores morales para regañar y juzgar. El Dios de los orientales, que nos legaron a nosotros, fue el Dios de la tristeza y no los dioses griegos de la vida, la alegría y la democracia. Esta es la razón por la cual Nietzsche nos remite constantemente a los griegos y al hombre actual que se pareciera a aquellos, no obstante las leves críticas que dos o tres veces les hizo, así como algunos amargos y objetivos juicios que sobre ellos emitió a lo largo de su obra, más que todo, por el pase de lo instintivo a lo racional, que sin embargo, lleva un profundo análisis y no es el caso en este momento, pues la realidad es que los griegos tenían gran necesidad interna del desarrollo de lo racional.

En sus tesis sobre la historia, ¿a qué le atribuye Nietzsche el máximo de valores? A que el hombre sea capaz de buscar su propio camino, de fijarse una meta elevada, luchar por ella y morir si es necesario para alcanzarla. Jamás Nietzsche da prioridad, como tampoco lo hacían los griegos, a la larga vida a costa de vegetar, a costa de ser rebaño con un pastor, sino en todo caso, rebaño, pero sin pastor.

En todo se aprecia una reminiscencia nietzscheana del pensamiento griego a pesar de los pasajes bíblicos a que nos remita. Un valor irrenunciable es la vida intensa, la creación, la disposición no sólo a morir, sino ante todo a matar; creación no en términos de productividad, en términos de pragmatismo, sino de creación en el sentido ígnico-artístico y de provocar el cambio, teniendo como premisa que el arte es ante todo propósito, energía interna y capacidad auto movilizativa del animal humano. El hombre sin arte dentro no es hombre, según se colige no sólo de Nietzsche, sino de la vida y la experiencia. Dice Nietzsche:

> *"Ya en el «Prólogo a Richard Wagner» el arte –y no la moral– es presentado como la actividad propiamente metafísica del hombre; en el libro mismo (p.32) reaparece en varias ocasiones la agresiva tesis de que sólo como fenómeno estético está justificada la existencia del mundo".*[9]

---

[9] NT o. c. *Ensayo de autocrítica*, Af. 5 p. 31 "Bereits im Vorwort an Richard Wagner wird die Kunst und nicht die Moral- als die eigentlich metaphysische Thätigkeit des Menschen hingestellt; im Buche selbst kehrt der anzügliche Satz mehrfach wieder, dass nur als ästhetisches Phänomen das Dasein der Welt gerechtfertigt ist". DGT o. c. Band 1 *Versuch einer Selbstkritik* Af. 5 p. 17[-10].

Si en el mundo no hubiera arte, no valdría la pena su existencia y acaso ni existiera el mundo. El hombre sin arte no es hombre, no tiene valores apetecibles. El arte, la creación, la lucha por fundar y avanzar, es la actividad metafísica intrínseca, innata, del hombre y no como nos han querido hacer destacar que la moral es algo innato en el hombre. La moral no existe desde el momento en que el que nos inculca esta idea tiene, en el fondo, la voluntad de lo contrario, la voluntad de no tener moral. ¡Qué profundo era Nietzsche desde *El nacimiento de la tragedia!*. ¡Qué coherente resultó ser a lo largo de toda su obra!

1.2 La voluntad como arte y como factor axiológico vital

Así, nos fija Nietzsche, su idea al respecto, que no es más que una reminiscencia homérica y de Sófocles con lenguaje diferente. Bueno, también de Esquilo y Eurípides, que nos dejaron claro en sus obras y en sus protagonistas, que el fundamento de la vida a través de la acción impulsada por el arte es la voluntad, la voluntad de vencer resistencias; voluntad de lucha del bien con el mal; de paso dejar claro, que el problema no es erradicar el mal, sino extraerle a éste el máximo de bien.

Pero acción y arte son lo mismo en sus efectos, pues igualmente la vida sin acción no es vida. Es más, acción, arte y voluntad, son lo mismo y es lo que justifica la existencia del mundo. Esta era la verdad nietzscheana.[10]

Entre paréntesis sea dicho que, para entender esto de que el problema no es erradicar el mal, sino extraerle a éste el máximo de provecho, hay que acordarse de que el hombre es, por naturaleza, imperfecto, o sea, un manojo de Bien y de Mal; un manojo de purezas (ideales) y de impurezas (defectos e imperfecciones) a partes casi iguales y que por tanto, para erradicar el Mal habría que acabar con el hombre y no se trata tanto de repudiar las impurezas y la parte mala, como de potenciar los ideales. Por eso, entre otras cosas, los idealistas a ultranza son en el fondo, criminales cuando toman el poder. De lo que se trataría es de

---

[10] UPHV o. c. Af. 9 p. 129 UGB o. c. Band 1 *Von Nutzen und Nachtheil der Historie für das Leben* Af. 9 ps. 311-324.

ubicar el Bien en su lugar y al Mal en el suyo: «*ni el Diablo puede ir al paraíso ni Dios al infierno*». Dice Nietzsche:

"De hecho, ya es hora de entrar en batalla con un ejército entero de malicia satírica contra las aberraciones del sentido histórico, contra ese deleite excesivo en detrimento de la existencia y de la vida, contra el desplazamiento irreflexivo de todas las perspectivas. ¿Para qué existe «el mundo»? ¿Para qué existe la humanidad? Estas son preguntas que por ahora no nos interesan, a menos que queramos ser más alegres y joviales en el escenario del mundo que toda la presuntuosidad de esos pequeños reptiles llamados hombres".[11]

La idea de Nietzsche es la misma idea homérica, y no sólo de Homero, también, como mencionamos ya, las de Esquilo, Eurípides y Sófocles. Incluso, entre paréntesis digo que, nunca he llegado a comprender bien el porqué Nietzsche le llama a Homero como el:

"Homero el anciano soñador absorto en sí mismo, el tipo de artista apolíneo, ingenuo…".[12]

¿Será por achacar a motivos idealistas y éticos, a acontecimientos como la guerra de Troya y la divinización de los hombres de aquella época griega? ¿Será porque Odiseo es el prototipo de héroe positivo vigente por los siglos de los siglos? Pero el único héroe homérico no lo fue Odiseo, también lo eran Aquiles y Héctor… Homero divinizó las hazañas griegas como una consecuencia y un objetivo, no como una herencia y una virtud; las divinizó como propagandista de los propósitos helenos. Y también Odiseo, a pesar de ser héroe positivo, cometió errores, pagó por ellos y tuvo su cuota de sufrimiento con lo cual ejerce catarsis sobre nosotros.

Si hubiéramos simplemente querido buscar valores que inspiren las metas más elevadas con tomar a Aquiles y Odiseo como modelos bastaría. No existe alguien más trágico que Aquiles, que además, no fue rectilíneo y bueno a ultranza. Pero no basta con esto, indudablemente,

---

[11] UPHV o. c. 9 p. 123 UGB o. c. Band 1 *Von Nutzen und Nachtheil der Historie für das Leben* Af. 9 ps. 318^{-30}-319^{-5-10}.

[12] NT o.c. Prólogo a R.ichard Wagner Af. 5 p. 61 "Hommer, der in sich versunkene greise Träumer, der Typus des apollinischen, naiven Künstler…" DGT o. c. Band 1 Af. 5 p. 42^{-25}.

ya que Aquiles y Odiseo por demás pueden resultar paradigmas demasiado lejos en el tiempo, pues hace falta, más que todo, el hombre actual con arte dentro para que sea capaz, si no encuentra en quién inspirarse, fijarse él mismo las más elevadas metas y propósitos. Homero, a través de Tetis [*], le fija valores *(ideas elevadas)* a Aquiles; Nietzsche nos dice a los hombres (esa es la diferencia): si nadie te fija ni inspira ideales, «fijátelos tú».[13][*]

Antes de pararnos a preguntar qué es el mundo, debemos interrogarnos: ¿para qué estamos aquí?, y darle sentido a nuestra existencia. El sentido del mundo, aunque éste sea elástico y pulsátil como el Ser, es el hombre. Ni Tetis [*], ni la Biblia, ni los filósofos con sotana o sin sotana nos dice a los Aquiles modernos qué elevada meta nos debemos fijar, sino tú, yo, nosotros; sí, nosotros como hombres. Independencia total en el pensamiento y no esperar por nadie. No queremos decir con esto que no sean los griegos nuestros precursores y nuestros más lejanos referentes morales, desde luego, ni que sean inútiles los paradigmas.

2. Arquetipos o modelos axiológicos

2.1 Aquiles, Áyax, Odiseo, Edipo y Prometeo, que aún viven a pesar del tiempo

La trágica vida de Aquiles es preferible (breve, pero gloriosa, a pesar de ser también un poco romántico tipo Parsifal) al largo vegetar fungiendo como animal de rebaño y/o epígono uncido al yugo o viviendo en las trivialidades de una vida si acaso de pan, circo y vino. Claro, no es sólo Aquiles el héroe gigante, impetuoso y trágico de los griegos. Más trágico fue Ayante que Aquiles. Ayante se suicida (sin ser cobarde ni pesimista abúlico, [para diferenciarlo del pesimista intrépido de Nietzsche]), por el solo hecho de haber perdido el honor y con él la gloria. Al perder la gloria, entendió que había perdido el sentido de su existencia. Sin embargo, tan veraz era Ayante como Aquiles. También Edipo, Odiseo y Prometeo, que nos enseñó este último el noble sufrimiento, aunque en el caso del primero hubiera un poco de patetismo.

---

[13] UPHV o. c. Af. 9 p. 124. [*] Diosa del mar, hija del dios del mar, Nereo.

Tan veraz y trágico era Homero como Sófocles. Los dos nos inspiran espíritu trágico, ético-catártico, purificador. Tan purificadoras de ánimos e inspiradoras son *La Ilíada* y *La Odisea*, como las tragedias de los clásicos griegos. Nietzsche tomó como prototipo para sus ideas a los más lejanos y veraces precursores. Aún así el filósofo alemán tenía ideas originales que debemos tratar de descifrar. En cada filósofo debemos buscar, cómo no, aunque sea a conveniencias, que no es el caso, lo útil para el «soberano devenir». En el caso del huésped de la Alta Engadina, a los valores de la discusión moral, del buen gobierno, a los valores del ateísmo y de la colectividad.

2.2 Arte para el hombre

Todos los filósofos han trabajado alrededor de saber qué es el hombre y qué lugar ocupa en el Ser en general. En el caso de Nietzsche, además, y por sobre todos los demás propósitos, se dedicó a sembrar arte en el hombre. Arte no en el sentido de la creación plástica y literaria, etc., sino en el sentido ígneo de la espiritualidad humana para aspirar a metas superiores; arte en el sentido de movilizar al hombre y diferenciarlo radicalmente del resto de los animales.

Lo único que eso sí, no lo hacía prometiendo paraísos ni con demagogia o paternalismos, y mucho menos con compasión tipo compasión cristiana, que en el fondo no es más que náusea y asco por el hombre. Tampoco lo hacía de la forma paternalista, tradicional y de «amor al prójimo», como la mayoría de los filósofos han hecho siempre, digamos Kant que sólo veía por todas partes «la ley moral» y ésta al fin y al cabo, oculta la realidad, esa realidad que engendra el hombre y al hombre y que sin embargo éste tanto le teme. La «ley moral» en el mejor de los casos nos lleva sólo al día, a lo apolíneo, a la espuma, a la apariencia, al fenómeno; siendo sólo la verdad la noche, el universo, la muerte. El hombre huye de estas evidencias, por escasez de arte, en vez de enfrentarlas con valentía. Lo que tiene Nietzsche para decirnos, lo hace con rayos y truenos, repito, no con demagogia ni paternalismos. Era así este filósofo porque él no pertenecía a sectas y no tenía el propósito de reclutarnos...y, porque era dionisíaco. Al hombre no hay que compadecerlo y tenerle lástima; no, al hombre hay que decirle, ¡empínate, déjate de bobadas y lucha! Por eso el filósofo que se inició en Basilea no es fácil de entender y ha sido vilipendiado como no lo han sido otros en la misma medida. Hegel, Kant y Schopenhauer, fueron profundos, pero contemporizadores y en este sentido, pacíficos; Nietzsche, con Marx y Engels, fueron dinamita, rebeldía, irreverencias; fueron antitéticos y problemáticos y conflictivos cada uno con sus matices, desde luego y con Hegel, tiraron más a lo social que otros filósofos alemanes de aquella época.

3. Énfasis en los valores de la discusión moral: moral y pudor

No podemos confundir, en los análisis nietzscheanos, el pudor con la moral. El pudor es más un problema natural y corporal, un tipo de purismo y de comportamiento convencional, de intimidad y convivencia aunque desde luego, ambos tienen de alguna manera que ver con la espiritualidad humana. El pudor tiene que ver con los fisiólogos (por la parte animal) y los estetas (por la parte espiritual); la moral, sin embargo, pertenece más a los políticos, a los teólogos y a los filósofos, por supuesto.

¿Por qué esto último? Porque la moral abarca, como forma de la conciencia social que en definitivas cuentas es, otra dimensión, la dimensión social, histórica y política, la moral dirigida a la transformación del mundo, o a la formación de los «*agentes del cambio*»: los hombres, en especial la juventud. La moral pertenece a la dimensión donde están los intereses de los hombres. El análisis de lo moral resulta un asunto conflictivo. En la moral se fijan las cualidades éticas de la realidad social del momento (verdad, mentira, bien, bondad, justicia, religión, gobierno, etc.) y constituye un conjunto de reglas, de normas de convivencia y de conducta humana que determinan las obligaciones de los hombres, sus relaciones entre sí, con la sociedad y con el curso de la historia. El carácter de la moral lo fija ante todo el régimen económico y social imperante y cada norma de la misma expresa los intereses de los grupos. Si una clase o un grupo se vuelven retrógrados, su moral pierde justificación y se torna egoísta. Esto es lo que sucedió precozmente incluso con la moral del cristianismo en el justo momento en que se convirtió en religión oficial del Imperio Romano. En ese momento las apariencias la hacían ver en alza y ya estaba en baja.

3.1 Moral de valores extremos

La moral incluye, desde luego, una valoración enfilada-estimativa desde el lugar en que cada quien se encuentra con relación a los medios de producción y de vida. Las normas y relaciones morales no son algo dado de una vez y para siempre como piensan los metafísicos, ni son un engendro puro de la razón y del espíritu, como piensan los idealistas clásicos, sino que tiene una gran condicionante social en relación con la propiedad El capitalismo salvaje y neoliberal (como todos los extremos) impregna la moral del egoísmo, el individualismo, la actitud hostil hacia los hombres y del «sálvese quien pueda». Por el contrario, las dictaduras basadas en las mayorías, con su paternalismo y su demagogia, (también como extremo), crea un hombre blandengue, anónimo, abúlico, arropador de dictadores e inútil para el devenir. Tal es el caso del socialismo repartidor y no productor, tan criticado por Marx en casi toda su obra, especialmente en *Crítica al programa de Gotha* (cfr. Gruppi, Luciano. *Marx-Engels Operte scelte* o. c. p.953 a 975).

3.2 Moral cristiana y moral nietzscheana

La moral que a mi modo de ver quiere Nietzsche impregnarnos es la moral contraria a la moral cristiana. La moral cristiana es ante todo, moral secularizada puesta al servicio de los «nombres santos» y todo tipo de explotadores; es la moral que justificó la «piratería superior» que fueron las cruzadas; la falsa moral de amor al prójimo (cuando a todo el prójimo no se le puede amar); la moral del perdón y el amor universal (abstracto, impreciso, demagogo). De ahí la gazmoñería y la hipocresía de la moral cristiana, donde si se arrepiente en el juicio final, se premia igual a la mujer adúltera que a la honrada; igual al ladrón que al hombre trabajador y donde el pecado es apreciativo del que se arrogó el papel de vicario de Dios en la tierra. La moral de la recompensa para los oprimidos de la tierra cuando se mueran, en el cielo, pero si se portaron bien aquí y se sometieron al poder de los curas y su moral. O sea, que además de ser cuando se mueran, dependen del juicio final y de la voluntad divina aplicada por alguien que no es divino. Dice Nietzsche que él quiere:

> "...«un Dios», si se quiere, pero, desde luego, tan sólo un Dios-artista completamente amoral y desprovisto de escrúpulos, que tanto en el construir como en el destruir, en el bien como en el mal, lo que quiere es darse cuenta de su placer y su soberanía idénticos, un Dios-artista que, creando mundos, se desembaraza de la necesidad implicada en la plenitud y la sobreplenitud, del sufrimiento de la antítesis acumulada".[14]

Añade Nietzsche:

> "Pero ahora conviene saber que sólo el que construye el futuro tiene derecho a juzgar el pasado".[15]

Un Dios como el de Nietzsche, y esto es importante entenderlo si queremos seguir adelante, no es un Dios que está «detrás del mundo», sino aquí, con nosotros. Ese Dios es de carne y hueso; es un legislador, un fundador, es un Ser veraz, es un destructor, es un hombre, pero suprahistórico. Ya vemos, la moral que quiere Nietzsche es la moral del Dios destructor y constructor, pero un Dios libre completamente; libre en su albedrío destructor, no sujeto a reglas y normas, un hombre-Dios-artista, un Napoleón en su profesión y en sus propósitos individuales, aunque no sea, en este caso específico para invadir a Europa destruyendo feudalismos y llevando la libre concurrencia a las mercaderías francesas y reavivando el comercio. La moral cristiana es, en esencia, la moral de la sumisión y del resentimiento; la moral de la compasión activa y el regusto por el morbo y el dolor simbolizados en el Jesús del madero. Es la moral del «no a la vida». Es la moral del regaño y la limitación. Es la moral del «Dios moral» y no del Dios de los valores naturales.

3.3 Por una apología a la moral nietzscheana

La moral de Nietzsche, por el contrario, es la moral del sí a la vida. Es la moral del eterno retorno. Es la moral del elevado deber de la

---

[14] NT o. c *Ensayo de autocrítica* Af. 5 p. 31. DGT. o. c. Band 1 *Versuch einer Selbstkritik* Af. 5 p. 17-15.

[15] UPHV o. c. Af. 6 p. 95 "...jetzt geziemt sich zu wissen, dass nur der, welcher die Zukunft baut, ein Recht hat, die Vergangenheit zu richten". UGB o. c. Band 1 *Von Nutzen und Nachtheil der Historie für das Leben* Af. 6 p. 294-30.

conciencia social, del colectivismo, a pesar de lo cual es la moral de la vida y no del deber. Sí, del colectivismo, como expresa, cuando dijo:

> *"Pero como hemos dicho ya, nuestra época no debe ser en ningún caso la época de las personalidades acabadas, maduras y armónicas, sino la época del trabajo común, preferiblemente útil".*[16]

Tal como citamos varias veces en el trabajo sobre la historia como valor moral en la formación de la juventud. Es la moral de la intransigencia frente a la compasión y el no a la vida. La moral de Nietzsche tiene su origen y validación ideológica y teórica en la creación del superhombre y la voluntad de poder. Si bien, a diferencia de Marx, este otro filósofo no basa el triunfo de la nueva moral en el derrocamiento del régimen social existente y en manos de una clase, sí lo hace en manos del superhombre, del hombre nuevo logrado en un juego dialéctico, de superación constante con el concepto de que para ser libres ante todo hay que ser cultos. A través del superhombre y la voluntad de poder, esta última también en su dimensión política y su *«sensación de poder»* en contra del «complejo de poder» según la idea de Jiménez Moreno[17], la moral de Nietzsche hereda las normas progresivas de la verdadera moral humana.

De esta suerte, la moral nietzscheana, al ser sobre todas las cosas la moral del sí a la vida, la moral de la fortaleza individual fundida en la fortaleza colectiva para abrazar en duro anhelo los deseos de un pueblo, se convierte en agente eficiente, querámoslo o no, de la transformación social. La moral preconizada por Nietzsche no beneficia, sin embargo, la moral colectiva sobre la individual y potencia el egoísmo, si bien no el mezquino sino el constructivo. La moral de este filósofo no es la de proletarizarnos a todos, sino la de aristocratizarnos a todos y como tal, no rebaja el valor del individuo, sino que lo potencia en toda su filosofía. La moral que predica Nietzsche no es la moral del Bien a ultranza, sino la moral con un poquito de Mal y de malicia satírica. Es la moral de Dioniso, y del «hombre extraordinario» de Dostoievski: la moral de los legisladores, de los fundadores, de los que no asumen la moral de

---

[16] UPHV. o. c. Af. 7 p. 100.

[17] Jiménez Moreno, Luis *El pensamiento de Nietzsche*, o. c.

nadie sino la de ellos mismos y la irradian o la imponen; la moral de cometer crímenes incluso si llegara el caso para imponer el cambio y las ideas del progreso. Es la moral de este filósofo alemán, la del imperativo consciente del deber social que excluye toda forma de coerción exterior y conduce, no obstante, a la verdadera y auténtica libertad del individuo. Llegado este momento de la moral nietzscheana, no hará falta legislar sobre la moral ni tan siquiera hablar de ella. Esta moral, moral compleja y creadora, se forma como futura moral de toda la sociedad. Cuando Nietzsche, se autotitula como «*el primer inmoralista*»[18], y grita este epíteto a los cuatro vientos para que todos lo podamos oír, lo hace en el contexto de la crítica al cristianismo y a la religión en general, con el fin de destruir la vieja moral en manos de la cual hemos estado dos mil años. Nos está queriendo decir, al manifestar su postulado supremo en este contexto precisamente, que la moral no es ante todo peculiaridad del perfil espiritual de las personas, sino de la ideología y la sicología colectiva de los grupos sociales y del pueblo en un momento histórico dado, y que no son un engendro puro de la razón y el espíritu como afirman los teólogos y que es un producto más que todo, inculcado por los ideólogos dominantes. Al proclamarse inmoralista, proclama la transvaloración de todos los valores falsos por los valores de la lucha y el sí a la vida y dice bien claro:

> *"Yo soy, con mucho, el hombre más terrible que ha existido hasta ahora...Conozco el placer de aniquilar, en ambos casos obedezco a mi naturaleza dionisíaca...por ello soy el aniquilador par excellence"*.[19]

Si lo del cristianismo es moral, entonces yo voy a la trinchera del frente y soy inmoralista, *soy un sátiro antes que un santo*, esto es lo que parece decirnos Nietzsche a cada momento.

---

[18] EH o. c. Af. 2 p. 137 *Por que soy un destino* "Ich bin der erste Immoralist: damit bin ich der Vernichter par excellence". EH o. c. Band 6 *Warum ich ein Schiksal bin* Af. 2 p.366-30.

[19] *Ibíd*. Af. 2 p.137 EH o. c. Af. 2 p. 366-30.

4. Voluntad nietzscheana y voluntad schopenhueriana como parte de un mundo axiológico

Nos resulta imprescindible, llegados a este punto, comparar la voluntad nietzscheana con la voluntad schopenhuariana. El solitario de la Alta Engadina, en algún momento reconoció a Schopenhauer como la personificación de un ideal filosófico.[20]

En toda la filosofía de Nietzsche se observa más o menos y de una manera u otra, la influencia del filósofo que fue a Franckfurt huyendo del cólera y en cuya ciudad sin embargo, aunque muchos años después, encontró la muerte debido a una pulmonía. Pero esto no le impidió al filósofo de Naumburgo, decir en una época posterior y de más madurez, refiriéndose al pesimismo de Schopenhauer y al supuesto pesimismo (pesimismo=resignación), de los griegos, que:

> "La tragedia es la prueba de que los griegos no fueron pesimistas: Schopenhauer se equivocó aquí como se equivocó en todo".[21]

Schopenhauer entendía que la tragedia era signo de pesimismo y de resignación, cuando en realidad el pesimista y el resignado era Schopenhauer. Más adelante dice Nietzsche palabras más duras aún en contra de Schopenhauer, al seguir analizando *El nacimiento de la tragedia* tiempos después de haberla escrito. En fin, dice así juzgando muchos años después:

> "Es políticamente indiferente –no «alemana», se dirá hoy–, desprende un repugnante olor hegeliano, sólo en algunas fórmulas está impregnada del amargo perfume cadavérico de Schopenhauer".[22]

Hemos traído a colación estas ideas contrapuestas de Nietzsche sobre Schopenhauer, para demostrar que si en un tiempo fue admirador del creador de *El mundo como voluntad y representación*, más tarde, al

---

[21] EH o. c. "El nacimiento de la tragedia" 1 p. 76. "Die Tragödie gerade ist der Beweis dafür, dass die Griechen keine Pessimisten waren: Schopenhauer vergriff sich hier, wie er sich in Allem vergriffen hat". EH o. c. Band 6 "Die Geburt der Tragödie"c1 p. 309-25.

[22] *Ibíd*. 1. p. 76. "Sie ist politisch indiferent- «undeutsch», wird man heute sagen- sie riecht anstössig Hegelisch, sie ist nur in einigen Formeln mit dem Leichenbitter-Perfüm Schopenhauer behaftet...". EH o. c. Band 6 "Die Geburt der Tragödie" 1 p. 310-5.

madurar como filósofo y dejar a un lado la poca de ingenuidad que quizá el ardor de neófito le causó, lo trató con los más duros epítetos sobre todas las cosas para criticar su pesimismo superficial. Para Schopenhauer la voluntad lo es todo. Desde un estado de ánimo hasta la meta final y suprema del ser, la cosa en sí, completamente abstracta e independiente. A guisa de tal, expresa:

> *"El mundo es, por una parte, representación y nada más que representación; por otra, voluntad y nada más que voluntad".*[23]

Existe una gran diferencia entre la concepción del mundo para uno y otro filósofo. En el caso de Nietzsche, el mundo se justifica como fenómeno estético, como arte, como belleza, pero existe; en el caso de Schopenhauer, como voluntad y representación, vale decir, si no me imagino la materia y el ser, significa que éstos no existen aunque tropiece con ellos y me rompa la cabeza. Para éste último todo es voluntad, sólo voluntad y de hecho pone en duda la existencia de la materia. En cambio, para Nietzsche «la voluntad» no es meta ni tampoco pone en duda la existencia del mundo material objetivo a pesar de que es filósofo idealista; la voluntad no es fin *(Ziel),* «no es la cosa en sí, sería más bien la cosa para sí»; un medio, un instrumento para lograr el fin: el superhombre. Por eso es *«la voluntad de poder»*, para romper resistencias y decir, ¡sí, que se puede! Es como las ilusiones que no son en sí el inventario de bienes a tener y de cosas a lograr en un periodo de tiempo, sino el fuego que nos da energía para superarnos y lograr metas superiores en la vida. Todo lo demás en el análisis de la moral nietzscheana son subtemas, el gran tema es la *«voluntad de poder»* y el *«superhombre»*. Esa es su verdad, i.e. la gran moral suya es la moral del superhombre, la moral de la *«voluntad de poder»,* la moral del hombre empinándose, pero sin confundirla con el superficial y nocivo voluntarismo, como sí podemos colegir sin miedo a errar, de Schopenhauer. Estos, el «superhombre y la voluntad de poder», son también sus dos grandes ideales junto al tema central del *«eterno retorno»*. Estos tres entes casi metafísicos, al decir de G. Vattimo, junto al tema de Dionisos, de carne y hueso. Bueno, también a él, porque llegó a exclamar, acordándose de Alejandro en una especie de

---

[23] Schopenhauer, Arthur. (2000) *EL mundo como voluntad y representación*, Editorial Porrúa, México. Introducción de E. Federico Sauer. Af. 1 p. 20.

subconsciente y nostalgia: "*Ese Dioniso de carne y hueso*"[24 (*),] y ya no se sabe si Alejandro es Dionisos o si Dionisos es Alejandro, aunque desde luego, también de Apolo tenía bastante Alejandro.

4.1 El ideal de hombre en Nietzsche, como modelo de su ideal moral

El superhombre es suprahistórico. Los hombres de ciencia del siglo XIX y XX, los obreros capaces de construir obras superiores veinte veces a las maravillas de la antigüedad, son también superhombres. ¿Qué sería para un obrero y un ingeniero de hoy construir las pirámides de Egipto, los jardines colgantes de Babilonia y el faro de Alejandría? Una especie de juego de niños y no un derroche de inteligencias ni martirio como lo fue en su tiempo para los que construyeron aquellas obras que hoy tanto nos asombran no principalmente por su monumentalidad, que la tienen a pesar de su inutilidad (lo de inutilidad va sólo con las pirámides), sino por el dolor que costó (dolor filisteo y esclavo, no dolor prometeico, aunque dolor humano a fin de cuentas) razón por la cual no los podemos llamar héroes a sus constructores por muy importante y grandioso que para la época y para todas las épocas haya sido la obra. El dolor filisteo, dolor de esclavos, no produce héroes. «El superhombre de Nietzsche es, sin falta, un hombre suprahistórico», un hombre que mira de lado y hacia abajo con cierto desdén el mero devenir para fijar su mirada en lo veraz eterno (la sagrada creación, la veraz religión y que adivina por los demás el anhelo del pueblo) un hombre que crea riendo, que goza construyendo; que la destrucción y el trabajo son para él un profundo placer.

4.2 Simplificación de los valores morales en la antropología nietzscheana. Teleología humana según se colige del pensamiento de Nietzsche

Bueno, nada nuevo ni sorprendente diremos si expresamos que, diciendo: *"¡El superhombre!"*, ya con eso lo hemos dicho todo. Pero es

---

[24] EH. o. c. *Por qué soy tan sabio* Af. 3 p. 30 (*) Esta versión no aparece el original alemán. Según nota de A. Sánchez Pascual, esta versión es la que por sesenta años ha venido sustituyendo a la que Nietzsche de verdad quiso. cfr. cita 18 "...oder Alexander, dieser leibhafte Dionysos...". EH o. c. Band 6 *Warum ich so weise bin* Af. 3 p. 269[-5].

que el problema es más complejo e intrincado; pasa por más matices y etapas. El hombre medio del siglo XIX era superior en mucho al hombre de la Edad Media, y sin embargo, para Nietzsche no era ni con todo, el superhombre. Digamos que pasa por el «hombre normal» simbolizado en el camello u «hombre ordinario» de Dostoievski, por el «hombre superado» y termina en el «superhombre». Para entender cuál es el hombre de Nietzsche tendremos que salirnos de las definiciones tradicionales de «hombre», o sea: ser social, grado supremo de desarrollo de los animales de la Tierra, «intención oculta de la naturaleza»; el que tiene como diferencia radical con el resto de los animales, como holmo faber fabrica sus propios instrumentos de trabajo, etc. Ya todo eso sucedió y sigue sucediendo en un proceso natural y normal. El hombre es aquél que: su conducta está determinada por el pensamiento, por los sentimientos, ¡por la voluntad!, por el grado en que se conoce las leyes de la sociedad y la naturaleza, por la forma en que se conoce a él mismo, por la capacidad que tiene de integrarse y de transformarlo todo. Para lograr lo anterior tiene que ser superhombre y, desde luego, tener *«voluntad de poder»*, o sea, voluntad de querer más. El hombre de Nietzsche es el *«superhombre»*, vale decir no el hombre que él conoció en el siglo XIX, un hombre, sí, con más valores que el que le precedió a los griegos antiguos, pero que no obstante se engañaba y creía mirar hacia arriba sin fin, mientras iba hacia un abajo sin fondo. Tuvieron que acontecer tres grandes cataclismos sociales y bélicos después de la muerte del filósofo *(«tres reales y catárticas tragedias»)*, para que Europa tocar a fondo y comenzara un lento ascenso, si bien no vertical, sí con un mejoramiento continuado. En los tiempos de vida de este ilustre maestro, la contradicción fundamental era entre los pobres y los ricos de sus países. Hoy esas contradicciones se han desplazado un poco: son las que se dan entre países ricos y países pobres. Por otro lado, si bien en Europa los antagonismos no han sido totalmente superados. Esto se demostró en estos días en las discusiones por la Constitución de la UE donde los grandes, los «fuertes» quisieron imponerles condiciones a los más débiles, al rebaño, el antagonismo principal lo está siendo entre la UE y los EUA y el FMI. O sea, es entre países ricos por los recursos naturales y no renovables, y que lamentablemente no son muchos, que aún le quedan a la Tierra.

El hombre de hoy, no sólo el europeo, es mejor que el del siglo XIX y primera mitad del XX y la ascensión continúa. No es aún el hombre de Nietzsche, masivamente hablando, pero cada vez se le parece más. El hombre siempre debe ser superado, como les dijo Zaratustra a los hombres concentrados en el mercado para ver la actuación del volatinero. Dice así Zaratustra:

> "...¿Qué es el mono(*) para el hombre? ¿Una irrisión o una vergüenza dolorosa? Y justo es lo que el hombre debe ser para el superhombre: una irrisión o una vergüenza dolorosa".[25]

Pero no sólo en el enunciado del superhombre (idealista éste, mitad genio, mitad santo, mitad pillo y mitad caballero, de óptima constitución física [no un Mr. Músculo del cine Norteaméricano], especie superior de hombre), sino también en FETG, al dedicar su entusiasmo juvenil a los primigenios (cfr. De Tales a Sócrates af. 3. p. [44ss.]) y al calificar a éstos como suprahistóricos, nos dice el filósofo cuál es el tipo de hombre que preconiza y con cuáles valores lo quiere. Dijo:

> "Cualquier pueblo se sentiría avergonzado ante una pléyade de filósofos tan maravillosa e ideal cual la de los maestros de la Grecia más antigua: Tales, Anaximandro, Heráclito, Perménides, Anaxágoras, Empédocles, Demócrito y Sócrates. Todos aquellos hombres estaban hechos de una sola pieza, tallados en un solo bloque de piedra".[26]

Pero precisó más aún sobre aquellos hombres que al parecer robaron su juvenil imaginación al decir en el mismo libro y apartado, que los griegos eran dignos de admiración porque supieron aprovechar el arte de aprender, no para convertirse en eruditos y aplastar al vecino, sino para aprender a vivir y que así deberíamos hacer nosotros los hombres modernos. O como dice Luis F. Moreno Claro:

---

[25] AHZ o. c. Prólogo 3 p. 36 ASZ o. c Band 4 *Zarathustra's Vorrede* 3 p. 14[-15-20]. (*) Según A. Sánchez Pascual Este tema del mono proviene de los Fragmentos 82 y 83 de Heráclito *(Diels-Kranz)* «el más bello de los monos es feo al compararlo con la especie de los humanos» «el más sabio de entre los hombres, parece respecto de Dios, mono en sabiduría, en belleza y en todo lo demás» cfr. nota 15 p. 445.

[26] FETG o. c. 1 p. [37] UGB o. c. Band 1. Die Philosophie im tragische Zeitalter des Grieschen I p. 807[-25].

> *"Y tal hecho es, para Nietzsche, una de las claves de la superioridad del espíritu de la Grecia clásica sobre el de los demás pueblos; mientras que otros pueblos hacían de sus moradores auténticos animales de rebaño, en Grecia existieron verdaderos modelos de hombres a los cuales imitar".*[27]

Esto *«del animal de rebaño»*, es precisamente una de las claves en el ámbito de la verdad y la moral nietzscheana. De los hombres a imitar como modelos, surgieron, en una sociedad llena y de agresividad y tormentosa, los monstruos griegos de la filosofía, ya que éstos, por cierto, no fueron un trueno a las doce del día surgido de un cielo despejado.

4.3 Simplificación aritmética del hombre nietzscheano. Dicotomía apolínea y dionisíaca

El hombre que quiere Nietzsche es mitad apolíneo y mitad dionisíaco. Nos dice:

> *"Con sus dos divinidades artísticas, Apolo y Dionisos, se enlaza nuestro conocimiento de que en el mundo griego subsiste una antítesis enorme, en cuanto a origen y metas, entre el arte del escultor, arte apolíneo, y el arte no-escultórico de la música, que es el arte de Dionisos: esos dos instintos tan diferentes marchan uno al lado del otro, casi siempre en abierta discordia entre sí y excitándose mutuamente a dar a luz frutos nuevos y cada vez más vigorosos, para perpetuar en ellos la lucha de aquella antítesis, sobre la cual sólo en apariencias tiende un puente la común palabra «arte»...".*[28]

El hombre con arte dentro es el hombre nietzscheano, mitad Apolo, mitad Dionisos. Y no lo era sólo para la época trágica de los griegos, sino para todas las épocas y para todos los pueblos. El hombre será siempre apolíneo-dionisíaco. *«El nacimiento metafísico del hombre»* es eso, un hombre artístico, quiere decir, con arte dentro para diferenciarlo del resto de los animales. De no ser así, no es un hombre dionisíaco-apolíneo.

---

[27] Moreno Claro, Luis F. en el Prólogo a FEPG. o. c. ps. [21-22].

[28] NT o. c. Prólogo a Richard Wagner Af. 1 ps. 41-42 DGT o. c. Band 1 *Vortwort an Richard Wagner* Af. 1 p. 25[15- 20].

4.4 Hombre culto y pensador

El hombre de Nietzsche es un pensador. El hombre *no puede ser "un espantajo, un monstruo moral"*, como aclara que él mismo en EH.[29] Tampoco pueden ser los hombres «*eternos coleccionistas de preguntas, mortales que desaparecen sin cesar, hombres históricos*»[30], entretenidos en eso, en hacerse preguntas, pero sin actuar. A este tipo de hombres despreciaba Heráclito. Tienen que ser hombres que vivan su propio crédito, como dice acerca de él en EH:

> "...*En estas circunstancias existe un deber contra el que se rebelan en el fondo mis hábitos y aún más el orgullo de mis instintos, a saber, el deber de decir: ¡Escuchadme! pues yo no soy tal. ¡Sobre todo, no me confundáis con otros!*".[31]

Quiere decir Nietzsche, que el hombre que él concibe, no es un hombre de trivialidades, que además, se cree culto y se dedica a vegetar, mientras él se dedica a pensar. El hombre de este filósofo es un pensador, un hombre que se pone sus propias metas y «*vive su propio crédito*». Por eso se apura en decir: "¡No me confundáis con otros!". (¡*Verwechselt mich vor Allem nicht!*).

4.5 Elección entre Apolo y Dionisos

El hombre que se prefiere es un hombre de Dionisos, con intenciones y comportamiento dionisíacos, más que apolíneo. En *NT.* su autor todo el tiempo se la pasa diciéndonos que somos apolíneo-dionisíacos (ese era el objeto máximo de esta obra) y sin que él mencione las matemáticas para nada en el libro, se colige que es el cincuenta por ciento de Apolo y el cincuenta por ciento de Dionisos. Ya en otros libros, sin embargo, por cada vez que menciona a Apolo y lo apolíneo, menciona diez veces a Dionisos y lo dionisíaco.

---

[29] EH o. c. Prólogo Af. 2 p. 17 "Ich bin zum Beispiel durchaus kein Popanz, kein Moral-Ungeheuer...". EH o. c. Band 6 Vorwort Af. 2 p. 257[-20].

[30] FETG o. c. Af. 8 p. [74].

[31] EH o. c. Af. 1 p.17 *Cómo se llega a ser lo que es.* EH o. c. Band 6 Vorwort Af. 1 Wie man wird, was man ist p. 257[-10].

No hay duda, el énfasis debemos hacerlo en el elemento de la embriaguez, la noche y la música y no en la escultura, la luz y las figuras estables o estáticas. Si el cristianismo hizo hincapié en lo apolíneo, Nietzsche en cambio, lo hace en lo dionisíaco porque en lo dionisíaco está el cambio. En E*H,* desarrolla, en 1888, toda una apología de Dionisos. Este libro autobiográfico, donde se «cuenta su vida a sí mismo», nos dice quién es él y a la vez nos está enviando un mensaje telepático de cómo concibe él a los hombres. Para Nietzsche, la apología sobre la idea de Dionisos y lo dionisíaco es su mensaje máximo, es decir que «lo dionisíaco es la substancia de lo nietzscheano». Bien, vamos a citar el párrafo completo, algo extenso, pero exponente fiel de la idea del hombre dionisíaco de Nietzsche. Dice así el mencionado párrafo:

> *"En qué medida, justo con esto, había encontrado yo el concepto de lo «trágico» y había llegado al conocimiento definitivo de lo que es la sicología de la tragedia, es cosa que he vuelto a exponer en Crepúsculo de los ídolos 139 el decir sí a la vida en sus problemas más extraños y duros, la voluntad de vida, regocijándose en su propia inagotabilidad al sacrificar a sus tipos más altos,–a eso fue a lo que yo llamé dionisíaco, eso fue lo que yo adiviné como puente que lleva a la sicología del poeta trágico. No para desembarazarse del espanto y la compasión, no para purificarse de un afecto peligroso mediante una vehemente descarga de ese afecto– así lo entendió Aristóteles–: sino para, más allá del espanto y la compasión, ser nosotros mismos el eterno placer del devenir, –ese placer que incluye en sí también el placer de destruir...En este sentido tengo derecho a considerarme el primer filósofo trágico– es decir, la máxima antítesis y el máximo antípoda de un filósofo pesimista. Antes de mí no existe esta transposición de lo dionisíaco a un pathos filosófico: falta la sabiduría trágica... La afirmación del fluir y el aniquilar, que es lo decisivo en la filosofía dionisíaca, el decir sí a la antítesis y a la guerra, el devenir...".*[32]

El hombre dionisíaco es un hombre que le dice sí a la guerra, a la discusión, que no es epígono de nadie, que no se convierte en cero, que siente tanto placer en el construir como el destruir; es un hombre complejo, no lineal ni simplista; un hombre que mantiene la luz, la estatua,

---

[32] EH o. c. "El nacimiento de la tragedia" Af. 3 p. 78. EH. o. c. Band 6 "Die Geburt der Tragödie" Af. 3 ps. 312-313.

la figura estable, pero también la orgía, la música, la noche, el caos si es necesario; que no se asusta ante el espanto, sino que más allá de ellos siente el placer del devenir y de la sicología de la tragedia.[33]

La sicología de la tragedia *«no es un fin»* en el hombre dionisíaco como tampoco lo es la voluntad de poder (no lo fue tampoco en los griegos), sino que es un medio como lo fue en los griegos antiguos. Nietzsche nos dice al principio del largo párrafo que copiamos, que en *CI*, volvió a abordar este asunto crucial de «la psicología de la tragedia» y lo dionisíaco y es cierto. Desarrolla este tema y nos dice, sin blandenguerías ni ingenuidades para con los griegos, el porqué éstos, según su opinión, asumieron el espíritu trágico, que es como decir, lo dionisíaco.[34] No fue por herencia, ni por cultura, ni por méritos morales. Incluso dice que los griegos no son para nosotros lo que son los romanos y que a nadie se le hubiera ocurrido, por ejemplo, aprender a escribir partiendo de los griegos, ¡ni de Platón!, a quien califica de predecesor del cristianismo, o «cristiano anticipadamente» y «cobarde frente a la realidad y que por consiguiente huye al ideal».¡Tan descarriado encontraba a Platón de los instintos fundamentales helenos; tan moralizado y moralizador que para él, lo supremo era lo *«bueno»*, lo lineal, lo antidialéctico, lo ideal, el estado perfecto! ¿Qué llevó a los griegos al espíritu trágico, a lo dionisíaco? El coraje frente a la realidad, el fuerte instinto de la voluntad de poder. Al respecto dijo Nietzsche:

> *"Yo he visto su más fuerte instinto, la voluntad de poder, yo he visto a ellos (los griegos) temblar ante la violencia indomable de ese instinto, yo he visto a todas sus instituciones brotar de medidas defensivas para asegurarse unos a otros su materia explosiva interior"*.[35]

La necesidad defensiva ante los peligros a que constantemente estaban expuestos, ante el horror de la existencia, los llevó a la sicología de la tragedia y al espíritu dionisíaco, es decir, a la actitud más bien de

---

[33] CI o. c. cap. I nota 191 *Sentencias y flechas* Af. 14 p. 29 Cfr. cap. I nota 191 p. 90.

[34] CI o. c. *Lo que yo debo a los antiguos* Afs. del 2 al 5 ps. 130 - 136 GD o. c. Band 6 *Was ich den Alten verdanke*. Afs. del 2 al 5 ps 154 a 160.

[35] *Ibíd.* Af. 3 p. 132 GD o. c. Band 6 Af. 3 *Was ich den Alten verdanke* p. 157[-10].

ofensiva. No fue la virtud, fue la necesidad. Pero en tal sentido fueron decididos e inteligentes: en vez de deprimirse y acobardarse, asumieron la dureza y el instinto depurador de las pasiones (el espíritu trágico). Dice además:

> *"Se tenía la necesidad de ser fuerte: el peligro se hallaba cerca, –estaba al acecho en todas partes. La magnífica agilidad corporal, el temerario realismo e inmoralismo que es propio del heleno fue una necesidad, no una naturaleza. Fue una consecuencia, no existió desde el comienzo".*[36]

El hombre dionisíaco es un hombre de la realidad, capaz de teorizar, sí, pero que no se refugiaba en un «ideal» criminal y moralizador, abstracto, general y, por demás etéreo, idealista, para huir del sentido de la tierra. Y lo hizo con gran voluntad. El hombre dionisíaco es un tipo de ejemplar que hace *lo* que sea necesario hacer y hace hoy, lo que hay que hacer hoy. Reproducir el hombre griego antiguo, con el revoloteo del pájaro dionisíaco de hoy y con las características de cada pueblo, es creer en lo que dice Nietzsche y hacer adelantar a la humanidad. Nos dice:

> *"Yo amo a quienes, para hundirse en su ocaso y sacrificarse, no buscan una razón detrás de las estrellas: sino que se sacrifican a la tierra para que ésta llegue alguna vez a ser del superhombre. Yo amo a quien no quiere tener demasiadas virtudes. Una virtud es más virtud que dos, porque es un nudo más fuerte se sujeta el destino".*[37]

Al final, la meta es un hombre superior: «el superhombre». Todo lo demás: voluntad de poder, lo dionisíaco, el eterno retorno, la crítica al cristianismo, todo, son medios, son instrumentos.

4.6 El hombre como derribador de ídolos

El hombre de Nietzsche es «virtuoso». *Virtuoso* como referente moral veraz, no de la virtud del cristianismo. Dice:

---

[36] CI o. c. 3 p. 132 GD o. c. Band 6 Af. 3 p. 157^{-15}.

[37] AHZ o. c. Prólogo Af. 4 ps. 38-39 ASZ o. c. Band 4 *Zarathustra's Vorrede* Af. 4 p. 17$^{-5\text{-}25}$.

Soy un discípulo del filósofo Dionisos, preferiría ser un sátiro antes que un santo...La última cosa que yo pretendería sería «mejorar» a la humanidad. Yo no establezco ídolos nuevos, los viejos van a aprender lo que es tener los pies de barro. Derribar ídolos (ídolos es mi palabra para decir «ideal») –eso sí forma parte de mi oficio".[38]

Los «mejoradores» de la humanidad, son los «moralizadores», es decir, los santurrones y falsos referentes morales. Al no querer Nietzsche ser moralizador, no quiere ser «mejorador». El hombre de Nietzsche nada contra la corriente, va a lo veraz y no a lo triunfador. Puede estar en minoría si su conciencia está tranquila *(no siempre las mayorías tienen la razón)*. No cree en realidades que no lo son. Para esto hay que creer en un ideal particular, concreto, de esos que se convierten en meta individual por el cual se está dispuesto a vivir, a matar y a morir. Para ello hay que luchar, si es preciso, contra la historia.

4.7 Hombre, aniquilador por excelencia

El hombre de Nietzsche es inmoral, exterminador, por eso dice:

"Es conocida mi exigencia al filósofo de que se sitúe más allá del bien y del mal, –de que tenga debajo de sí la ilusión del juicio moral. Esta exigencia se deriva de una intuición que yo he sido el primero en formular la de que: no existen hechos morales. La moral es únicamente una interpretación equivocada. El juicio moral, al igual que el juicio religioso, corresponde a un nivel de ignorancia en el que todavía falta el concepto de lo real y lo imaginario: de tal manera que, en ese nivel, la palabra «verdad» designa simplemente cosas que hoy nosotros llamamos «imaginaciones»".[39]

El juicio moral, en la idea del catedrático de filología y filosofía, es únicamente un sin sentido. Para sacar provecho de la palabra *«moral»*, primero hay que saber bien de qué se trata, de quién es *«la moral»* que se nos inculca. El juicio moral (o a lo que así se le llama), tiene una intencionalidad, detrás de la cual se esconden intereses. Por ejemplo,

---

[38] EH o. c. Prólogo 2 p. 18 EH o. c. Band 6 Vorwort 2 ps. 258^{-10}.

[39] CI o. c. Af. 1 p. 71 GD o. c. Band 6 Die «Verbesserer» der Menschheit Af. 1 p. 98^{-5-10}.

en relación a la moral cristiana, el hombre de Nietzsche debe ser inmoral, «asno por excelencia y exterminador». Es, como dice en ya citada antes: *"Soy el primer inmoralista: por ello soy aniquilador por excelencia"*. Los santos, los *«hombres santos»*, (supuestamente santos) son los que gobiernan e imponen su moral porque tienen los medios para ello. Pero gobiernan muy mal, por eso el hombre del filósofo, quiere ser un sátiro y un inmoralista.[40]

4.8 Hombre, rebelde por la verdad

El hombre de Nietzsche *es rebelde* además de inmoralista. Quizá sea este uno de los valores morales más preciado en «su hombre» de él, pues «*el mal es lo mejor del hombre... y, lo peor es necesario para lo mejor del superhombre*». El rebelde es el antípoda del animal de rebaño. El hombre rebelde es un hombre-verdad. En CI. también subyace la idea de que querer mejorar a los hombres es una vieja idea de las religiones. Mejorarlos desde el punto de vista moral, no racial, física y naturalmente.

Mejorarlos para domarlos, para hacerlos buenos, buenos a sus intereses y fines. A esto él le llama:

> *"La moral de la cría y la moral de la doma son completamente dignas una de la otra en los medios de imponerse: no es lícito sentar como tesis suprema que, para hacer moral, es preciso tener la voluntad incondicional de lo contrario... Ni Manú, ni Platón, ni Confucio, ni los maestros judíos y cristianos han dudado jamás de su derecho a la mentira. Expresándolo en una fórmula, sería lícito decir: todos los medios con que se ha pretendido hacer hasta ahora moral a la humanidad han sido radicalmente inmorales".*[41]

Una constante en este filósofo es la condena (supuestamente no tiene otro calificativo), a la doma del hombre. Es esta una de sus grandes

---

[40] EH o. c. *Por qué soy un destino* Af. 2 p. 137 "Ich bin der erste Immoralist: damit bin ich der Vernichter par excellence". EH. Band 6 o. c. *Warum ich ein Schicksal bin* Af. 2 p. 366-30.

[41] CI o. c. Af. 5 p. 75 GD o. c. Band 6 *Die Verbesserer» der Menschheit* Af. 5 p. 102-10-20.

verdades. El que se deja domar o se suma al rebaño, no tiene valores-nobles, porque ¿cómo es posible, ante un mundo mentido y mentiroso, ante un mundo de engaños, no ser rebelde?.

4.9 El hombre como auténtico creyente

El hombre de Nietzsche «es escéptico» como Zaratustra. No es, sin embargo, iconoclasta ni es nihilista. O sea, no es un hombre, por eso, negativo. En *De la virtud de los regalos*, de AHZ, relata el filósofo que cuando Zaratustra se fue de la ciudad de *«La Vaca Multicolor» (die bunte Kuh)*, lo siguieron muchos de los que habían sido sus discípulos, pero al llegar a una encrucijada, después de agradecerles el regalo de un bastón con puños de oro con una serpiente enroscada en torno al sol, Zaratustra les dijo que desde aquel momento quería seguir solo y les preguntó a sus discípulos a renglón seguido:

> *"Decidme ¿cómo llegó el oro a ser valor supremo? Porque es raro, e inútil y resplandeciente, y suave en su brillo; siempre hace don de sí mismo. Sólo en cuanto a efigie de la virtud más alta llegó el oro a ser el valor supremo. Brillo de oro sella paz entre luna y sol".*[42]

Además dice Zaratustra a sus discípulos:

> *"¿Decís que creéis en Zaratustra? ¡Mas, qué importa Zaratustra! Vosotros sois mis creyentes, ¡mas, qué importan todos los creyentes! No os habíais buscado aún a vosotros: entonces me encontrasteis. Así son todos los creyentes. Por eso vale tan poco la fe".*[43]

Lo que pretende Nietzsche es sembrar, con estos pensamientos, el escepticismo en nosotros, es más, yo diría: sembrarnos sino la desconfianza, sí la sospecha, el espíritu democrático y de lucha contra los dictadores y tiranos, y muy concretamente, contra los jerarcas cristianos que cuando dicen que hay que someterse a Jesús, es a ellos a quien hay que obedecer. Y termina así el capítulo en cuestión:

> *"Muertos están todos los dioses: ahora queremos que viva el super-hombre". –¡sea ésta alguna vez, en el gran mediodía, nuestra última*

---

[42] AHZ o. c. I Af. 1 ASZ o. c. Band 4 I *Von der schenkenden Tugend* Af. 1 p. 97^{-15}.

[43] *Ibíd*. Af. 3 ps. 126-127 ASZ o. c. Band 4 I Af. 3 p. 10^{-25}.

voluntad! ...–¡Ante Dios!– ¡Mas ahora ese Dios ha muerto! Vosotros hombres superiores, ese Dios era vuestro máximo peligro. Sólo desde que él yace en la tumba habéis vuelto vosotros a resucitar, sólo ahora llega el gran mediodía, sólo ahora se convierte el hombre superior– ¡en señor!...Dios ha muerto: ahora nosotros queremos– que viva el superhombre".[44]

Abajo han ido los ídolos falsos y los embaucadores. Bueno, queda un ídolo, el estado, pero para Nietzsche:

"El estado miente en todas las lenguas del bien y del mal; y diga lo que diga, miente– y posea lo que posea, lo ha robado".[45]

El estado se concibe como utilidad práctico-colectiva, no como virtud e ideal para que guíe nuestras vidas espirituales como inspirador hacia metas superiores. El estado debe de ser sólo un administrador, un buen administrador. Un ideal sí, es el devenir, el gran anhelo:

"¡Qué importa el país de los padres!. ¡Nuestro timón quiere dirigirse hacia donde está el país de nuestros hijos! ¡Hacia allá lánzase tempestuoso, más tempestuoso que el propio mar, nuestro gran anhelo!".[46]

"Mi sufrimiento y mi compasión –¡qué importan! ¿Aspiro yo acaso a la felicidad? ¡Yo aspiro a mi obra!... ¡ideal es también, mi propia obra!". [47](*)

Nos quedan sólo dos paradigmas: la juventud, si aplica su fuerza y si la educamos bien y el objeto de luchar por el superhombre. Murieron los dioses, los ídolos (los ideales) en los que se creía, ¡qué viva el

---

[44] AHZ o. c. Af. 3 *De la virtud que hace regalos* p. 127 y Af. 2 p. 390 *Del hombre superior* ASZ o. c. Band 4 I Af. 3 p. 101 y IV Af. 2 p. 357⁻⁵ Vom höheren Menschen.

[45] *Ibíd.* I De los nuevos ídolos ps. 86-87 "Aber der Staat lügt in allen Zungen des Guten und Bösen; und was er auch redet, er lügt – und was er auch hat, gestohlen hat er's". ASZ o. c. Band 4 I. *Vom neuen Götzen* p. 60⁻²⁰.

[46] *Ibíd.* III Af. 28. *De tablas viejas y nuevas* p. 299 "!Was Vaterland! !Dorthin will unser Steuer, wo unser Kinder- Land ist! Dorthinaus, stürmischer als das Meer, stürmt unsre grosse Sehnsucht". ASZ o. c. Band 4 III *Von alten und neuen Tafeln*. Af. 28 ps. 267-268⁻²⁵.

[47] *Ibíd.* IV *El signo* p. 441 (*) El mismo pensamiento aparece repetido en la IVᵗᵃ parte. *La ofrenda de la miel* p. 327. "¡Mein Leid und mein Mitleiden – was liegt daran! ¿Trachte ich den nach Glücke? ¡Ich trachte nach meinem Werke!". ASZ o. c. Band 4 IVᵗᵃ parte *Das Zeichen* p. 405⁻¹⁵.

superhombre! El superhombre es ateo, no tiene Fe, o esa, no tiene Fe para creer; él no cree, no lo necesita; cree sólo en él y en su ideario, en el objetivo que se trazó para su vida. El crea, no sigue a nadie, a él lo siguen, no es epígono ni animal de rebaño e irradia valores. El superhombre, como Alejandro y Napoleón, mitad genio, mitad santo.

4.10 El hombre como sentido de la tierra

El hombre de Nietzsche es un luchador, un creador. Dice el filósofo por boca de su protagonista, usando el estilo bíblico, que habla como si fuera un Dios admonitor:

> *"No sólo la razón de milenios–también su demencia hace erupción en nosotros. Peligroso es ser heredero. Todavía combatimos paso a paso con el gigante Azar, y sobre la humanidad entera ha dominado hasta ahora el absurdo, el sin sentido. Vuestro espíritu y vuestra virtud sirvan al sentido de la tierra, hermanos míos: ¡y el valor de todas las cosas sea establecido de nuevo por todos vosotros! ¡Por eso debéis ser luchadores! ¡Por eso debéis ser creadores!".*[48]

El «sentido de la tierra», vale decir, la realidad, la vida, el Ser, el sentido humano. Todo esto tiene sentido sólo si el hombre es un luchador y un creador; si se deja de esperar la suerte (el gigante Azar), la demencia o fe. Dice, reafirmando muy sencillamente su idea:

> *"Estériles sois: por eso os falta a vosotros la fe. Pero el que tuvo que crear, ése tuvo siempre también sus sueños proféticos y sus signos estelares– ¡y creía en la fe!".*[49]

4.11 El hombre, un luchador por la verdad

El hombre de Nietzsche es limpio, es duro, en primer lugar consigo mismo. El hombre de Nietzsche es un buscador de la verdad. Dice el filósofo al respecto:

---

[48] AHZ o. c. I Af. 2 De la virtud que hace regalos p. 125. ASZ. Band 4 I Af. 2 Von der schenkenden Tugend I p. 100^{-15}.

[49] *Ibíd.* II *El país de la cultura* p. 184. AHZ. Band 4 II. *Vom Lande der Bildung* p. 154^{-30}.

> *"Quien sabe respirar el aire de mis escritos, sabe que es un aire de alturas, un aire fuerte. Es preciso estar hecho para ese aire, de lo contrario se corre el no pequeño peligro de resfriarse en él. El hielo está cerca, la soledad es inmensa, –¡más qué tranquilas yacen todas las cosas en la luz!; ¡con qué libertad se respira! ¡cuántas cosas sentimos debajo de nosotros!".*[50]

Más adelante en la misma obra indica en que consiste la tarea de la filosofía, que es vida voluntaria en lo que concierne al tema del concepto filosófico del error. Nos dice Nietzsche:

> *"La filosofía, tal como yo la he entendido y vivido hasta ahora, es vida voluntaria en el hielo y en las altas montañas- búsqueda de todo lo problemático y extraño que hay en el existir, de todo lo proscrito hasta ahora por la moral…".*[51]

Y sobre el error como un antivalor y fuente del crecimiento de *"lo ideal"* dice:

> *"El error (–el creer en el ideal–) no es ceguera, el error es cobardía…Toda conquista, todo paso adelante en el conocimiento es consecuencia del coraje, de la dureza consigo mismo, de la limpieza consigo mismo…".*[52]

Y en el mismo prólogo, usando una frase de Ovidio que según Andrés Sánchez Pascual,[53] ésta se convirtió en el lema del pensamiento de Nietzsche, quien aclara a continuación, sobre los ideales, es decir que él, que es abanderado de los ideales, pero no de los sembrados por el cristianismo ni por los ideales en general, como ya antes habíamos establecido:

---

[50] EH o. c. Prólogo Af. 3 p. 18 EH Band. 6 Vorwort Af. 3 p. 258^{-25}.

[51] *Ibíd.* Prólogo Af. 3 p. 18 EH o. c Band 6 Vorwort Af. 3 p. 258^{-30}.

[52] EH o. c. Af. 3. p. 19. "Irrthum (-der Glaube an's Ideal -) ist nicht Blindheit, Irrthum ist Feigheit…Jede Errungenschaft, jeder Schritt vorwärts in der Erkenntnis folgt aus den Mut, aus der Härte gegen sich, aus der Sauberkeit gegen sich…". EH o. c. Band 6 Vorwort Af. 3 p. 259^{-5}.

[53] Sánchez Pascual, Andrés. nota 4 de EH o. c. p. 147 De Ovidio, Nasón Publio -43 a h. 18 *3 Amores*, 4, 17. "Nitimur in vetitum semper cupimusque negata; sic interdictis imminet æger aquis". i.e: que nos lanzamos siempre hacia lo prohibido y deseamos lo que se nos niega; así acecha el enfermo las aguas prohibidas.

> *"Yo no refuto los ideales, ante ellos, simplemente me pongo los guantes, Nitimur in vetitum [nos lanzamos hacia lo prohibido]: bajo este signo vencerá un día mi filosofía, pues hasta ahora lo único que se ha prohibido siempre, por principio, ha sido la verdad".*[54]

No está en contra de que se tenga ideales, sino *en contra de ciertos ideales*. Se pone ante ellos los guantes para discrepar, cuestionar, llegar a conclusiones correctas y encontrar la verdad prohibida hasta ahora. Él tiene ideales, razón por la cual dice que él no los refuta, sino que combate con ellos, se pone los guantes ante ellos, discrepa de los de otro en busca de los verdaderos ideales. Refuta los ideales cristianos, los tradicionales, los de la mentira, los adormecedores, los de tipo general y universalmente falsos. Son estos, desde luego, los ideales que se quiere derribar, es decir, los ideales supuestamente falsos del cristianismo, y no sólo del cristianismo, en los cuales hemos vivido. A estos ideales es a los que les anuncia el filósofo su crepúsculo, ya que, además de falsos, por mucha fuerza que parecen tener, en realidad tienen pies de barro y son decadentes; son ideales que se parecen a aquello de Nietzsche y Göthe de la: «personalidad de la pulga», la «sonrisa de la lechuza» o la «inmortalidad del cangrejo», como nos gustaría también llamarles. La dureza y la valentía moral de Zaratustra es tanta, así como intenso su deseo de que el hombre sea libre en el más amplio y profundo sentido de la palabra, que es capaz de emplear pensamientos como estos que, analizados en forma simplista, pudieran representar un rechazo a él mismo, a Zaratustra. En el mismo Prólogo a EH lo despide Nietzsche con estas pragmáticas palabras que pone en boca de Zaratustra. O sea, allí donde no se predica, donde no se exige fe, donde no hay fanatismo, sino luz infinita y plenitud seductora, pero no para todos, sino para los que quieren tener ojos y oídos para las nuevas y altas melodías, para los que son capaces de pensar por sí mismos. Invirtiendo la frase de Mateo 10,33 [(*)] que reza sí: *"Y al que me niegue delante de los hombres, yo también lo negaré delante de mi Padre"* Invirtiendo la frase del evangelista Mateo, al respecto dice Nietzsche:

---

[54] EH o. c. Prólogo Af. 3 p. 19 "Ich widerlege die Ideale nicht, ich ziehe bloss Handschuhe vor ihnen an... Nitimur in vetitum: im diesem Zeichen siegt einmal meine Philosophie, denn man verbot bisher grundsätzlich immer nur die Wahrheit". EH o. c. Band 6 Vorwort Af. 3 p. 259-10.

"Ahora os ordeno [*] *que me perdáis a mí y que os encontréis a vosotros; y sólo cuando todos hayáis renegado de mí, volveré entre vosotros".*[55][**]

Más valentía no se puede tener. Más claro no puede ser el mensaje. El hombre debe ser un hombre de criterios propios y sobre todas las cosas, saber qué es lo que quiere. Cuando se sigue a alguien ciegamente es que no sabemos ni dónde estamos parados. Zaratustra quería, obviamente, comprobar si sus alumnos habían entendido sus enseñanzas. Nietzsche desea saber si entendimos su premonitorio mensaje. *Así habló Zaratustra* es el libro más profundo que existe, según la opinión del vecino de Naumburgo; el auténtico libro con aires de altura, escrito en prosa bíblica y como para sustituir a la Biblia; sin embargo, nuestro filósofo se detiene a explicar que en él no habla un profeta y que él, sí puede estar equivocado. Para sembrar en nosotros la sospecha y que no andemos ciegos por ahí por este complejo e imperfecto mundo lleno de teorías, de religiones que proclaman que las demás están erradas y que ella sí está en lo cierto; lleno de profetas con sotanas y sin sotanas; lleno de adivinos y pitonisas, en fin, en un mundo lleno hace muchos años, de mentiras donde los que más parecen tener la razón son los que menos la tienen. Pero el hombre limpio y duro, es a la vez justo. El problema empieza cuando comprobamos que para ser justo no basta con quererlo y tener la voluntad de lograrlo, sino que también hay que tener los medios para imponer la justeza. Pero este sería otro tema.

4.12 Hombre, el que encarna la virtud de la entereza

El hombre de Nietzsche «*es un hombre de honor y entereza*», como lo era él mismo, si bien, alejado de las gazmoñerías y mojigaterías de la vida convencional y de oportunidades prácticas. No era ni un santo ni

---

[55] EH o. c Prólogo Af. 4 p. 21 [*] [se refiere a la despedida de sus discípulos]. "Nun heisse ich euch, mich verlieren und euch finden; und erst, wenn ihr mich Alle verleugnet habt, will ich euch wiederkehren...". EH. o. c. Bamd 6 Vorwort Af. 4. p.261^{-5} [**] "Qui autem negaverit me coram hominibus, negabo et ego eum coram Patre meo, qui in cæléis est" Sobre este texto ver ASZ o. c. Band 4 I *Von der schenkenden Tugend* Af. 3. p. 101^{-30} Este texto reza así: "Nun heisse ich euch, mich verlieren und euch finden; und erst, wenn ihr mich alle verleugnet habt, will ich euch widerkehren". Versión en español Af. 3 ps. 126-127.

un santurrón y en la medida, bastante poca por cierto, que pudo, conoció el fondo de la vida. Pero si pudo saturarse de lo dionisíaco, fue, entre otras cosas, porque tuvo conocimiento vital y no sólo virtual-libresco, del significado incluso mundano, de la vida y del espíritu de este imprescindible dios griego y de este poderoso, engreído y no obstante, pequeño pueblo. No fue un Lord Byron ni un Dostoievski, pero tampoco fue un Arthur Schopenhauer. Así explica Nietzsche su estado físico, que ha sido débil.

> *"Mi sangre circula lentamente,…padezco, como consecuencia del agotamiento general, la más profunda debilidad del sistema gástrico. También la dolencia de la vista, que a veces se aproxima peligrosamente a la ceguera, es tan sólo una consecuencia, no una causa: de tal manera que con todo incremento de fuerza vital se ha incrementado también mi fuerza visual".*[56]

Sin embargo, era tal su carácter, que esta debilidad física jamás hizo mellas en su moral de trabajo y en su lucha filosófica, explica que:

> *"Para captar los signos de elevación y de decadencia poseo yo un olfato más fino que el que hombre alguno haya tenido jamás, en este asunto yo soy el maestro par ecellence [por excelencia], conozco ambas cosas, soy ambas cosas".*[57]

Su naturaleza, es sí, débil, pero de ahí precisamente sacó fuerzas para no caer en la decadencia moral. Por eso era tan inteligente y *tan sabio* Su indiscutible debilidad física (que lo hizo hasta renunciar, en parte debido a eso, a su cátedra de Basilea) no lo llevó nunca, todo lo contrario, a la debilidad moral y a la decadencia.

> *"En medio de los suplicios que trae consigo un dolor cerebral ininterrumpido durante tres días, acompañado de un penoso vómito mucoso,–poseía yo una claridad dialéctica «par excellence» y meditaba con gran sangre fría sobre cosas a propósito de las cuales no soy, en*

---

[56] EH o. c. Af. 1 *Por qué soy tan sabio* ps. 26-27 EH o. c. Band 6 Af. 1 Warum ich so weise bin p. 265^{-20-25}.

[57] *Ibíd.* Af. 1 p. 25 "Ich habe für die Zeichen von Aufgang und Niedergang eine feinere Witterung als je ein Mensch gehabt hat, ich bin der Lehrer par excellence hierfür, Ich kenne Beides, ich bin Beides" EH o. c. Band 6 Af. 1 *Warum ich so weise bin* p. 264^{-10}.

mejores condiciones de salud, bastante escalador, bastante refinado, bastante frío".[58]

Era capaz de crear aún ante las más horribles condiciones personales. Confiesa que sus obras *Aurora* y *El viajero y su sombra*, fueron escritas en estas condiciones fisiológicas personales. En esa época aprendió, según confiesa, las cosas más altas, las más caras. Todo lo grande que aprendió de sí propio, fue en esas duras condiciones de salud física. Dice:

> *"Después de todo esto, ¿necesito decir que soy experto en cuestiones de decadence?...Incluso aquel afiligranado arte de captar y comprender en general aquél tacto para percibir nuances (maticess), aquella sicología del «mirar por detrás de la esquina», y todas las demás cosas que me son propias no las aprendí hasta entonces, son .el auténtico regalo de aquella época, en la cual se refinó todo dentro de mí...desde la óptica del enfermo elevar la vista hacia conceptos y valores más sanos...si en algo, fue en lo que yo llegué a ser maestro".*[59]

Era un decadente en lo físico, pero su antítesis en lo moral.[60] Fue capaz de elegir los remedios justos contra los estados malos, según confiesa en el siguiente aforismo. Incluso confiesa:

> *"...convertí mi voluntad de salud, de vida, en mí filosofía...pues préstese atención a esto: los años de mi vitalidad más baja fueron los años en que dejé de ser pesimista: el instinto de autorrestablecimiento me prohibió una filosofía de la pobreza y del desaliento...lo que no me mata me hace más fuerte".*[61]

En el siguiente texto resaltando sus valores pedagógicos y didácticos Nietzsche nos describe su fuerte y noble carácter como maestro y educador durante sus siete años como profesor de lengua griega en Basilea:

---

[58] EH o. c. Af. 1 p. 26 EH o. c. Band 6 Af. 1 *Warum ich so weise bin* p. 265-10.

[59] Ibíd. Af. 1 p. 27 EH. o. c. Band 6 Af. 1 ps. 265- 266-30-5.

[60] Ibíd. Af. 2 p. 27 "Descontado, pues, que soy un décadent, soy también su antítesis". "Abgerechnet nämlich, dass ich ein décadent bin, bin ich auch dessen Gegensatz". EH o. c. Af. 2 *Warum ich so weise bin* p. 266-15.

[61] Ibíd. Af. 2 p. 28 EH o. c. Band 6 Af. 2 p. 267-5.

> *"...yo domestico a todos los osos, yo vuelvo educados incluso a los bufones. Durante los siete años en que yo enseñé griego en la clase superior del Pädagogium de Basilea no tuve ningún pretexto para imponer castigo alguno; los alumnos más holgazanes se volvían laboriosos conmigo".*[62]

A las estúpidas ofensas que recibía, las combatió, sí, porque tragarse ofensas es infravalorar las groserías y amargan el carácter:

> *"Mi forma de saldar cuentas consiste en enviar como respuesta a la tontería, lo más pronto posible, algo inteligente: acaso así sea posible repararla todavía. Dicho en imágenes: envío una caja de confites para desembarazarme de una historia agria....A quienes callan les falta casi siempre finura y gentileza de corazón; callar es una objeción... Todos los que se callan son dispépticos".*[63]

El hecho de que recibiera con tanta paciencia y serenidad las ofensas (más bien con sabiduría), no quiere decir que fuera pacifista. Lo que sí sucede es que el hombre de carácter fuerte de verdad no se ofusca ni se enoja floja y ridículamente como los débiles; al hombre fuerte lo hieren de muerte, y al caer, sonríe.

Y nos lanza Nietzsche a propósito, una frase cargada de contradicciones y de alta filosofía. Dice Nietzsche:

> *"Otra cosa es la guerra. Por naturaleza soy belicoso. Atacar forma parte de mis instintos. Poder ser enemigo, ser enemigo – esto presupone tal vez una naturaleza fuerte, en cualquier caso es lo que ocurre en toda naturaleza fuerte... Esta necesita de resistencias y, por lo tanto, busca la resistencia: el phatos agresivo forma parte de la fuerza con igual necesidad con que el sentimiento de venganza y de rencor forma parte de la debilidad... La fortaleza del agresor encuentra una especie de medida en los adversarios que él necesita; todo crecimiento se delata*

---

[62] EH o. c. Af. 4 ps. 31-32. "...ich zähme jeden Bär, ich mache die Hanswürste noch sittsam. In den sieben Jahren, wo ich an der obersten Klasse des Basler Pädagogiums Griechisch lehrte, habe ich keine Anlass gehabt, eine Strafe zu verhängen; die Faulsten waren bei mir fleissig". EH. o. c. Band 6 Af. 4 p.269^{-20}.

[63] *Ibíd*. Af. 5 ps. 32-33 EH o. c. Band 6 Af. 5 Warum ich so weise bin p. 271$^{-15\text{-}25}$.

en la búsqueda de un adversario –o de un problema– más potente, pues un filósofo que sea belicoso reta también a duelo a los problemas".[64]

Toda solución problemática que pretenda resolverse en la vida implica buscarse un enemigo, buscarse un problema; el hombre no puede vivir, a no ser que sea intrascendente, sin enemigos, a los que necesita tanto como a los amigos. Pero eso sí, hasta con el enemigo se debe ser honesto. Así, nos dice Nietzsche:

"Igualdad con el enemigo, –primer supuesto de un duelo honesto. Cuando lo que se siente es desprecio, no se puede hacer la guerra".[65]

Esta actitud es válida también para cuando el enemigo es un problema y no un hombre; tarea principal de los filósofos: buscarse enemigos no en primer lugar entre los hombres, sino entre los problemas. Pero cuando lo que prima es el odio, las cosas no marcharán bien. Esta es, entre paréntesis, también una reminiscencia de los griegos, que ni aquí dejaron de adelantársenos en el pensamiento. Dice Sófocles en la escena XVII en boca de Áyax:

"La experiencia me acaba de demostrar que el odio que he de tener al enemigo no ha de ser tanto que me impida hacérmelo luego amigo, y que he de procurar servir al amigo con la idea de que no siempre ha de continuar siéndolo; porque a la mayoría de los mortales, les es infiel el puerto de la amistad".[66]

Por su parte, dice Odiseo, que en modo alguno debes dejar que la violencia te domine hasta odiar tanto, que te haga pisotear la misma justicia:

"Escuchad pues: al hombre este, por los dioses no permitas que sin sepultarlo tan cruelmente lo arrojen; ni que la violencia te domine nunca de manera que llegues a odiar tanto que a la justicia conculques".[67]

---

[64] *Ibid.* Af. 7 ps. 35-36 EH o. c. Band 6 Af. 7 p. 274$^{5-10}$.

[65] EH o. c. Af. 7 p. 36 "Gleichheit vor dem Feinde-erste Voruassetzung zu einem rechtschaffnen Duell. Wo man verachtet, kann man nicht Krieg führen...". EH. o. c. Band 6 Af. 7 Warum ich so weise bin p. 274^{-20}.

[66] Sófocles *Teatro Griego* o. c. Áyax en boca de Áyax ps. 371-372 Escena XVII donde entra Ulises u Odiseo.

[67] *Ibíd.* p. 394 Escena XVII en la que entra Ulises.

En esta misma línea de pensamiento, recordemos nuevamente los cuatro principios *o supuestos* de un duelo. Después de que a lo primero que se ataca es a los problemas, no a resistencias en general ni a hombres en particular y que, con el enemigo, igualdad.

> *"...Al contrario, en mi atacar representa una prueba de benevolencia y, en ocasiones, de gratitud".*[68]

De esta manera atacó a Wagner y D. Strauss: por el «éxito» de la «*cultura*» alemana. Al atacar a Wagner dice: que atacó a la falsedad, a la bastardía de instintos de la cultura imperante, que confunde a los refinados con los ricos, a los epígonos con los grandes. Explica el filósofo que él le ha hecho la guerra al cristianismo y que, sin embargo, no ha encontrado enemistades ni contrariedades ni obstáculos. Los cristianos más serios, han sido siempre, dice, benévolos con él. ¿Por qué, nos preguntamos nosotros? Porque saben que Nietzsche fue un hombre limpio, sincero y sabían, cómo no, que en el fondo no le faltaban razones en su amarga y honesta crítica. Sólo un fanático podía no tenerlo positivamente en cuenta. Nadie tiene, por otro lado, la culpa de ser cristiano y no hay que ofender a ningún hombre por ello. Concluye así:

> *"Si yo hago la guerra al cristianismo, ello me está permitido porque por esta parte no he experimentado ni contrariedades ni obstáculos,–los cristianos más serios han sido siempre benévolos conmigo. Yo mismo, adversario de rigueur del cristianismo, estoy lejos de guardar rencor al individuo por algo que es la fatalidad de milenios".*[69]

Pero existe una confesión que es definitoria del carácter y la entereza moral de Nietzsche. En ella retrata de cuerpo entero su honradez acrisolada. Mientras otros filósofos alemanes de la época igual de talentosos como él, pero tentados por lo material se preocuparon por lograr contratos ventajosos en lo económico y con vigencia social, él como Carlos Marx y Federico Engels, no se preocuparon, a pesar de sus talentos

---

[68] EH o. c. Af. 7 *Por qué yo soy tan sabio* p. 36- "...Im gegenteil, angreifen ist bei mir Beweis des Wohlwollens, unter Umständen der Dankbarkeit". EH. o. c Band *Warum ich so weise bin* 6 Af. 7 p. 275-30.

[69] EH o. c. Af. 7 p. 37 Por qué soy yo tan sabio EH o. c. Band 6 *Warum ich so weise bin* Af. 7 p. 275-10.

portentosos, en alquilar sus plumas. ¿Dadas las relaciones de siempre que su familia mantenía con la más alta aristocracia a quien esta familia sirvió y a quien hasta el nombre de él debía, no pudo Nietzsche, dado su elevado talento no sólo como filósofo, sino como prosista, haber vivido cómodamente cobijado por la jerarquía aristocrática o por los más extremistas de la política de aquella época que finalmente llevaron al nazi-fascismo? Pero no, él prefirió errar en solitario por la Alta Engadina y otros lugares, sin apenas preocuparse del salario para subsistir.

"Todavía en este instante miro hacia mi futuro ¡un vasto futuro! –como hacia un mar liso: ningún deseo se encrespa en él. No tengo el menor deseo de que algo se vuelva distinto de lo que es; yo mismo no quiero volverme distinto. Pero así he vivido siempre. No he tenido ningún deseo. ¡Soy alguien que, habiendo cumplido ya los cuarenta y cuatro años, puede decir que no se ha esforzado jamás por poseer honores, mujeres, dinero! No es que me hayan faltado...Así, por ejemplo, un día fui catedrático de Universidad– nunca había pensado ni de lejos en semejante cosa, pues apenas tenía yo veinticuatro años...".[70]

Ese era el filósofo de la voluntad de poder: desinteresado en lo material y un hombre de honor preocupado más que todo por la perdurabilidad de su obra.

4.13 El hombre de la fuerza positiva, no docto

El hombre de Nietzsche es un hombre positivo y no docto, entendido el docto como el animal humano que se preocupa por su erudición y por acumular inventarios de conocimientos sin incrementar la verdadera vida, tanto la de él como la de sus compatriotas. El docto es un decadente; el hombre positivo es incrementador. En una idea de cuál debe de ser la actitud ante la vida con el único fin que a él le interesaba *(incrementarla)*, nos dice:

"La palabra corriente para expresar tal instinto de autodefensa es gusto. Su imperativo no sólo ordena decir no allí donde el sí representaría un

---

[70] *Ibíd.* Af. 9 *Por qué soy tan inteligente* p. 58 EH. o. c. Band 6 Af. 9 *Warum ich so Klug bin* p. 296^{-5-10}.

«*desinterés*», *sino también decir no lo menos posible. Separarse, alejarse de aquello a lo cual haría falta decir no una y otra vez*".[71]

El hombre debe saber bien a qué decirle no y a qué decirle sí, pues cada quien tiene su verdad y su no verdad. El sí no debe de ser por desinterés y ni tampoco el no debe de ser por odio. Cuando decimos sí por «desinterés», por indiferencia, hacemos disminuir la vida y ayudamos a los tramposos. Pero si siempre se dice no, se convierte uno en un hombre negativo, desintegrador, no aglutinador; en un hombre que jamás ha encontrado su verdad. Este tipo de hombre no ayuda al colectivo a integrarse en los anhelos del hombre en cuerpo y alma, o sea, en alma y naturaleza. El hombre de Nietzsche debe de ser un hombre para la ofensiva positiva, no para la defensa y la autodefensa. Esta actitud, según él, determina:

> "*La razón en esto está en que los gastos defensivos, incluso los muy pequeños, si se convierten en regla, en hábito, determinan un empobrecimiento extraordinario y completamente superfluo...El rechazar, el no-dejar-acercarse las cosas, es un gasto –no hay engaño en esto– una fuerza derrochada en finalidades negativas...¿No tendría yo que convertirme en un erizo? No tener púas es una dilapidación, incluso un lujo doble, cuando somos dueños de no tener púas, sino manos abiertas...*".[72]

El hombre ha de ser hombre de firmes criterios, de ideales concretos, no abstractos, que le convierten en etérea su personalidad; pero el hombre no debe de ser un erizo. El erizo humano es un resentido, saturado de odios como los terroristas y los fundamentalistas y no hace una obra humana loable. Y el docto (palabra satírica con la que Nietzsche designa a los eruditos de cabeza hueca y como gallinas exhaustas que no piensan si no es con un libro entre las manos), en el mejor de los casos, es útil en un sentido práctico, como el estado, pero nunca es inspirador de valores superiores. El «docto» es conservador y egoísta a la vez, pero egoísta de la mezquindad. ¿Cómo, entonces, se llega a ser lo que se es,

---

[71] EH o. c. Af. 8 Por qué soy tan inteligente ps. 55-56 EH. o. c. Band 6 Af. 8 Warum ich so Klug bin p. 292^{-10-25}.

[72] *Ibíd*. Af. 9 p. 57 EH o. c. Band 6 Af. 9 *Warum ich so Klug bin* p. 293^{-15-25}.

tal y como reza el verdadero título de *Ecce homo,* nos va diciendo? Nietzsche su idea al respecto:

> *"En este punto no es posible eludir ya el dar la auténtica respuesta a la pregunta de cómo se llega a ser lo que se es...El llegar a ser lo que se es presupone el no barruntar ni de lejos lo que se es. Desde este punto de vista tienen su sentido y valor propios incluso los desaciertos de la vida, los momentáneos caminos secundarios y errados, los retrasos, las «modestias», la seriedad dilapidada en tareas situadas más allá de la terea".*[73]

El hombre debe de tener valentía *para ser como es* sin preocuparle los convencionalismos sociales ni «el qué dirán», mezquino y decadente. El hombre debe de amar incluso sus errores personales y comprender que en ese sentido, el error es otra manera de hacer las cosas. Según Nietzsche, el error es cobardía, sí, pero se trata de otro tipo de error, del error filosófico de creer en el ideal, vale decir, en el ideal del cristianismo en este caso. Valorar con profundo sentido los desaciertos de la vida (que también tienen valores los desaciertos); los errores personales cometidos, la confusión de caminos (cuando hemos tomado los secundarios por primarios); los momentos malos, en una palabra, «el hombre, en cuanto a sí», no puede ser superficial pues se derrochan las energías aparentando lo que no se es. La arrogancia y el patetismo son cualidades despreciables. Lo conducta opuesta y auténtica a esta arrogancia es el amor fati, amor al destino:

> *"El pathos de la afectación no corresponde a la grandeza, quien necesita adoptar actitudes afectadas es falso...¡Cuidado con todos los hombres extravagantes!. Mi fórmula para expresar la grandeza en el hombre es amor fati [amor al destino]: el no querer que nada sea distinto ni en el pasado ni en el futuro ni por toda la eternidad. No sólo soportar lo necesario, y aun disimularlo –todo idealismo es mendicidad frente a lo necesario–, sino amarlo...".*[74]

---

[73] EH o. c. AF. 9 *Por qué soy tan inteligente* p. 57 EH o. c. Band 6 Af. 9 *Warum ich so Klug bin* p. 293-1 5-25.

[74] EH o. c. Af. 10 *Por qué soy tan inteligente* p. 60 "Das Pathos der Attitüde gehört nicht zur Grösse; wer Attitüden überhaupt nöthig hat, ist falsch.... ¡Vorsicht vor allen pittoresken Menschen!". EH o.c Band 6 Af. 10 *Warum ich so Klug bin* p. 296-30.

Y siguiendo el mismo pensamiento nos dice Nietzsche:

"Jerarquía de las facultades; distancia; el arte de separar sin enemistar; no mezclar nada, no «conciliar» nada; una multiplicidad enorme, que es, sin embargo, lo contrario del caos –ésta fue la condición previa, el trabajo y el arte prolongados y secretos de mi instinto".[75]

Dice Nietzsche en el mismo lugar, a continuación, que él es la antítesis de una actitud heroica, que en él no hay rasgos tan siquiera de lucha, de esfuerzos y que nunca ha barruntado lo que en él crece y que contemplada en ese aspecto, su vida es sencillamente prodigiosa y:

"...así, todas mis fuerzas aparecieron un día súbitas, maduras en su perfección última...no es posible detectar en mi vida rasgo alguno de lucha, yo soy la antítesis de una naturaleza heroica. «Querer» algo, «aspirar» a algo, proponerse una «finalidad», un «deseo» –nada de esto lo conozco yo por experiencia propia".[76]

Esta es la forma suya de prepararse, y entrenarse, para una transvaloración de todos los valores. Más concretamente, en el mismo lugar antes citado, dice textualmente:

"Para la tarea de una transvaloración de los valores eran tal vez necesarias más facultades que las que jamás han coexistido en un solo individuo, sobre todo también antítesis de facultades, sin que a éstas les fuera lícito estorbarse unas a otras, destruirse mutuamente".[77]

Sobre su concepción sobre la grandeza del hombre afirma Nietzsche que:

"La grandeza del hombre está en ser un puente y no una meta. Lo que en el hombre se puede amar es que es un tránsito y un ocaso".[78]

---

[75] *Ibíd*. Af. 9 p. 58 EH o. c. Band 6 Af. 9 Warum ich so Klug bin p. 294^{-25}.

[76] *Ibíd*. Af. 9 p. 58 EH. o. c. Band 6 Af. 9 Warum ich so klug bin p. 294^{-30}.

[77] *Ibíd*. Af. 9 p. 58 "Zur Aufgabe einer Umwerthung der Werthe waren vielleicht mehr Vermögen nöthig, als je in einem Einzelnen beieinander gewohnt habe, vor Allem auch Gegensätze von Vermögen ohne dass diese sich stören, zerstören durften". EH o. c. Band 6 Af. 9 *Warum ich so klug bin* p. 294^{-20}.

[78] AHZ. o. c. *Prólogo de Zaratustra* 4 p. 38. "Was gross ist am Menschen, das ist, dass er eine Brücke und kein Zweck ist: was geliebt werden kann am Menschen, das ist, dass er ein Übergang und ein Untergang ist". ASZ o. c. Band 4 *Zarathustra's Vorrede* 4 ps. 16-17^{-30}.

El hombre no debe envanecerse ni saturarse de culto a su personalidad. Individualmente todos somos mortales y el valor que tengamos es luchar para la formación de un hombre mejor, en este caso, el superhombre, en eso consiste la gloria: en el trabajo para la patria de los hijos, una patria mejor que la nuestra. Somos un ocaso. Somos como el sol: con un naciente y un poniente alrededor de la tierra, vaya, una especie de parábola balística. Tenemos que estar dispuestos a ceder el paso a los jóvenes, a decaer para que pueda surgir lo nuevo. Nietzsche se preparó mentalmente para la transmutación de los valores. Nosotros debemos hacer lo mismo. Pero para ello es necesario saber que todo por ahora, debe de ser entendido al revés de cómo nos lo dan. Por eso él habla de cosas «pequeñas» según el juicio tradicional, mientras otros hablan de las cosas grandes, en realidad, de las grandilocuentes. Dice Nietzsche en su autobiografía:

> *"..Se me preguntará cuál es la auténtica razón de que yo haya contado todas estas cosas pequeñas...Respuesta: estas cosas pequeñas como –alimentación, lugar, clima, recreación (Erholung(*)), toda la casuística del egoísmo– son inconcebiblemente más importantes que todo lo que hasta ahora se ha considerado importante. Justo aquí es preciso comenzar a cambiar lo aprendido".*[79]

Y aquí, el gran pronunciamiento, la gran tarea del hombre, del hombre de verdad:

> *"Las cosas que la humanidad ha tomado en serio hasta este momento no son ni siquiera realidades, son meras imaginaciones o, hablando con más rigor, mentiras nacidas de los instintos malos de naturalezas enfermas, de naturalezas nocivas en el sentido más hondo -todos los conceptos «dios», «alma», «virtud», «pecado», «más allá», «verdad», «vida eterna»... Pero en esos conceptos se ha buscado la grandeza de la naturaleza humana, su «divinidad».... Todas las cuestiones de la política, del orden social, de la educación han sido hasta ahora falseadas íntegra y radicalmente por el hecho de haber considerado hombres*

---

[79] EH o. c. Af. 10 *Por qué soy yo tan inteligente* p. 59   EH o. c. Band 6 Af. 10 *Warum ich so klug bin* p. 295[-25-30] (*) Erholung entiendo que debe entenderse como recreación sanitaria. Nietzsche padecía de asma e iba a Italia de vacaciones para mejorar su salud. Se pude entender lo que en Cuba se llama Turismo de salud y no de placer.

> *grandes a los hombres más nocivos, –por el hecho de haber aprendido a despreciar las cosas «pequeñas», quiero decir, los asuntos fundamentales de la vida misma".*[80]

La verdad de Nietzsche, luchar contra la verdad. La verdad: el más alto valor de la discusión moral: el hombre. La verdad es un valor-noble o no-noble.

> *"...Lo que hoy se construye ya no se mantiene en pie al cabo de tres años".*[81]

Expresa nuestro filósofo y pronostica que, al conjuro de sus ideas habrá subversiones, destrucciones y grandes construcciones. Su filosofía es transformadora del mundo. Nietzsche se presenta como el nuevo modelo de hombre fuente de los nuevos valores. A todos esos presuntos *«primeros»*, detentadores de la verdad, Nietzsche no los consideraba hombres, sino "desechos de la humanidad, engendros de enfermedad y de instintos negativos, monstruos funestos que se vengan de la vida...Yo quiero ser la antítesis de ellos:

> *"Si me mido por lo que yo puedo hacer, por no hablar de lo que viene detrás de mí, una subversión, una construcción sin igual, tengo más derecho que ningún otro mortal a la palabra grandeza. Y si me comparo con los hombres a los que hasta ahora se ha honrado como a los hombres primeros, la diferencia es palpable. A estos presuntos «primeros» yo no los considero ni siquiera hombre, para mí son desecho de la humanidad, engendros de enfermedad y de instintos vengativos: son simplemente monstruos funestos y, en el fondo, incurables que se vengan de la vida...Yo quiero ser la antítesis de ellos: mi privilegio consiste en poseer la suprema finura para percibir todos los signos de instintos sanos".*[82]

¡El hombre no puede ser pusilánime ni indeciso ni figurín; tiene que ser hombre ante el destino tanto si le es adverso como si le es

---

[80] *Ibíd.* Af. 10 Por qué soy tan inteligente ps. 59-60 EH o. c. Band 6 Af. 10 Warum ich so klug bin ps. 295-296-5.

[81] EH o. c. Af. 10 p. 60 "Das, was heute gebaut wird, steht in drei Jahren nicht mehr". EH o. c. Band 6 Warum ich so klug bin p. 296-15.

[82] *Ibíd.* Af. 10 *Por qué soy yo tan inteligente* p. 60 EH o. c. Band 6 Af. 10 p. 296-25.

favorable; tiene que ser todo un hombre sin miedo al destino, al devenir! El hombre, como ya habíamos dicho en todo este trabajo, tiene que ser: valiente, guerrero, luchador, dispuesto a quedarse en minoría, como Demóstenes cuya grandeza es proverbial por eso, porque no temió estar en minoría ni ir contra la historia; de espíritu trágico, nadador contra la corriente; histórico y ahistórico, inmoral y destructor; fundador y legislador; mitad genio y mitad simplemente hombre; mitad pillo y mitad caballero, o sea, debe de tener de Borgia y de Parsifal, pero más de Borgia; tiene que ser un hombre con fe, pues ha de ser escéptico, como Zaratustra; ha de ser Diablo y como tal, egoísta; tiene que ser limpio y duro, en primer lugar consigo mismo, despojado de ambiciones materiales desmedidas; tiene que ser virtuoso, pero no como los «nombres santos» y, como dice Nietzsche:

> *"Yo amo a quien no quiere tener demasiadas virtudes. Una virtud es más que dos, porque es un nudo más fuerte del que se cuelga la fatalidad"*.[83] (*)

Tiene que ser un hombre de ideales sin miedo a la sangre y saltar por encima de los cadáveres para llevar a cabo sus ideales de progreso; es preciso que el hombre sea ateo sin ser antireligioso, que piense y se vea libre de lo que ha sido la gran fatalidad de milenios y del Dios de los valores morales, o sea, de los valores del regaño, del juicio, del fin del mundo, de la compasión y la náusea, nos dice a propósito del papel del cristianismo en todo esto de envenenar al superhombre, a los que quieren permanecer fieles al sentido de la tierra:

> *"¡...no creáis a quienes os hablan de esperanzas sobreterrenas! Son envenenadores, lo sepan o no. Son despreciadores de la vida, son moribundos y está ellos también, envenenados, la tierra está cansada de ellos; ojalá desaparezcan"*.[84]

El hombre de Nietzsche ya dejó de ser, es un decir, «una cuerda entre el animal y el superhombre», ya es el superhombre, ya es *«el sentido*

---

[83] AHZ o. c. I *Prólogo de Zaratustra* Af. 4 p. 39 "Ich liebe den, welcher nicht zu viele Tugenden haben will. Eine Tugend ist mehr Tugend als zwei, weil sie mehr Knoten ist, an den sich das Verhängniss hängt". ASZ o. c Band 4 *Zarathustra's Vorrede* Af. 4 p. 17⁻²⁵ (*) Cfr. cap. V cita 37 p. 318.

[84] AHZ o. c. Af. 3 Prólogo de Zaratustra p. 36 ASZ o. c. Band 4 Zarathustra's Vorrede 3 ps. 14-15⁻ ³⁰⁻⁵.

de la tierra». El hombre de Nietzsche es la juventud. La juventud está más cerca del ideal del superhombre y éste forma parte de la realidad.

4.14 El hombre de la edad madura

Es muy difícil que un hombre de «edad madura», si en los años jóvenes no lo fue, llegue a ser suprahistórico, trágico y dionisíaco. Tampoco llegará a ser colmado por la voluntad de poder en ninguna de sus dimensiones. El hombre de edad madura, por lo regular fue colmado con la historia monumental, la historia anticuaria y, como consecuencia, padece de la «enfermedad histórica» o de «historicismo». El hombre *«de edad madura»*, por lo regular *él hizo su historia* y a partir de ese supuesto, pasa, sin remedio, *de revolucionario, a conservador.* La historia que por lo regular hemos recibido, además, ha sido impartida a conveniencia y no a averiguación. Los apartados 9 y 10 de la *II intempestiva* (UPHV), un poco dan las siguientes impresiones: **a)** que Nietzsche los escribe a guisa de conclusiones de sus juicios sobre la historia como valores de la discusión moral, y **b)** que se los dedica a la juventud desde el inicio, con exclamaciones incluidas, con lo cual da la idea de que ardía en deseos de llegar a la gente joven y opinar, una vez más, alrededor de su programática intención al respecto. Como ya afirmamos en el cap. I para Nietzsche la juventud es la verdadera verdad.[85]

Si encontramos a la juventud, si la encontramos en el verdadero sentido de la palabra, ¿qué más necesitamos? Ella sí tiene germen de voluntad de poder para llegar a ser superhombre. En el borrascoso mar, con un viaje en busca de una esperanza, de nuevos valores que liberten al hombre:

> *"...Siguiendo el rastro de los peligros de la historia, nos hemos encontrado a nosotros mismos expuestos de semejante modo a tales peligros; porque llevamos todavía en nuestro interior las mismas huellas de ese padecimiento que ha sobrevivido a los hombres de épocas recientes a causa del exceso de historia".*[86]

---

[85] Cfr. cap. I La utilidad de la historia para la vida, cita 196 p. 92 en referecia a: UPHV o. c. Af. 10 p. 129.

[86] UPHV o. c. Af. 10 p. 129 UGB o. c. Band 1 *Von Nutzen und Nachtheil der Historie für das Leben* Vorwort 10 p. 324[-20-25].

A continuación desarrolla Nietzsche la idea de que este ensayo que es la *II intempestiva*, desarrolla una crítica de humanidad algo inmadura y de crítica desmedida y que a veces se transita de la ironía al cinismo. Pero que aún así confía en el hombre representante de la nueva juventud joven que está inmerso en la nave de la historia, pero pone el filósofo una condición para que esto se logre: de que se tiene que ser muy joven para comprender esta protesta:

> *"Aún así confío en el poder inspirador que, a falta de un genio, conduce mi nave. Confío así en que la juventud me haya guiado correctamente al obligarme a protestar contra la educación histórica de la juventud del hombre moderno y a sostener la tesis de que el hombre debe aprender, saber todo, vivir y utilizar la historia únicamente al servicio de la vida aprendida. Se tiene que ser joven para comprender esta protesta".*[87]

Y la solución no estaba tan cerca. Se tenía que ser muy joven para entender esto, dado el precoz encanecimiento actual de la juventud. Para que un mundo perezca hace falta tiempo y más aún en Alemania:

> *"Este despertar a la vida de una palabra no trajo la muerte de los creadores de palabras; en cierto sentido, viven aún; pues si como Gibbón*[(*)] *dice, hace falta tiempo, pero mucho tiempo para que un mundo perezca, nada salvo el tiempo mismo, pero nada salvo mucho más tiempo hará falta para que en Alemania «el país del poco a poco», un falso concepto se desmorone".*[88]

Aún así, ¡la juventud, la juventud, siempre la juventud! Como vimos en el cap. I, Nietzsche confronta la figura de Dios con la juventud, invitando a ésta a romper las cadenas para liberar a la vida.[89]

Esta etapa intermedia padece de muchas dolencias, entre ellas, el recuerdo de las cadenas (que sólo hasta la máxima dorada no serán

---

[87] *Ibíd*. Af. 10 p. 130 cfr. capt. I citas 199 p. 94 y 239 p. 111.

[88] *Ibíd* UPHV o. c. Af. 10 p. 130 UGB o. c. Band 1 *Von Nutzen und Nachtheil der Historie für das Leben* Vorwort 10 p 325^{-20}.

[89] Cfr. cap. I La utilidad de la historia para la vida, cita 213 p. 100 en referecia a: UPHV o. c. Af. 10 p. 135 UGB o. c. Band 1 *Von Nutzen und Nachtheil der Historie für das Leben* Vorwort 10 p 329^{-20}.

eliminadas del tobillo del hombre), y se llama enfermedad histórica, que se ha producido por el exceso de historia. Sólo la juventud es capaz de curarse ella misma con su actividad vigorizante debido a un don que sólo el hombre joven posee: el don clarividente de la naturaleza como medicina. Y, ¿cuáles son «esas medicinas» contra lo histórico? ¡Se llama veneno! Nietzsche nos lleva más aún dentro del laberinto, con el esposo de Ariadna [*], Teseo, héroe de Ática e hijo del rey Egeo, hasta llegar al Minotauro ejecutado mortalmente por Teseo:

> *"Los medios contra lo histórico se llaman lo ahistórico y lo suprahistórico".* [90]

El valor de lo ahistórico, para Nietzsche, es el arte y la fuerza de poder olvidar y encerrarse en un horizonte determinado. Diverso es lo suprahistórico como ya vimos en el cap. I sobre el Ateísmo.[91]

Lo ahistórico, sin embargo, ve lo que deviene, sí, pero no ve lo eterno, algo que *«es»*; no ve lo que supera el horizonte:

> *"La consideración histórica...busca así superar todo aquello que limita el horizonte, mientras arroja al hombre al infinito e ilimitado mar de olas luminosas del devenir conocido".* [92]

El valor de la vida es el poder máximo, el valor supremo al que se subordina la verdad. Nosotros, los curados de lo histórico, llegaremos a lo ahistórico con sus dolencias y con el recuerdo (o mal recuerdo) de las cadenas, que por más que queramos evitarlo, nos lleva a cierto tipo de resentimiento. A valor de lo suprahistórico, sólo la juventud es capaz de llegar, es la única que posee cualidades para ello. Y, ¿cuáles son esas

---

[90] UPHV o. c. Af. 10 p. 135 (*) De la Mitología: Ariadna, princesa cretense, hija de Minos y Pasifae. Esposa de Teseo quien le facilitó el ovillo de hilo para hallar la salida del laberinto después de dar muerte al Minotauro. Teseos la abandonó en la Isla de Naxos y Dionisos la consoló y la desposó. Ambos engendraron a Enopión, al que Dionisos le enseñó el arte de producir el vino. De aquí surge la expresión *«hilo de Ariadna»*, es decir el que hace el papel de guía en medio de las dudas o dificultades. Cfr. Enciclopedia Salvat 1972 Tomo 1 p. 273.

[91] Cfr. cap. I *La utilidad de la historia para la vida*, cita 216 p. 102 en referecia a: UPHV o. c. Af. 10 ps. 135-36 UGB. o. c. Band 1 Vom Nutzen und Nachtheil der Historie für das Leben Af. 10 p. 330^{-10}.

[92] UPHV o. c. Af. 10 p. 136.

cualidades de la juventud? En las páginas finales de *II intempestiva*, las vamos discerniendo con bastante claridad e incluso con pasión. Es así la juventud:

> *"Y aquí reconozco la misión de la juventud,... luchadores y matadores de serpientes...Esta juventud padecerá tanto del mal como de los antídotos, pero pese a esto, creerá poder esforzarse en una salud más poderosa... El signo y garantía de su propia poderosa salud debe ser justamente esto: que ella, esta juventud, para definir su esencia, en efecto, no pueda utilizar ningún concepto, ninguna consigna partidaria de uso que circule como moneda de cambio conceptual del presente, sino que trate de convencerse de ese sentimiento vital cada vez más elevado existente en todas sus horas buenas y de ese poder que dentro de ella actúa luchando, eliminando y dividiendo... Cabe reprocharla desmesura e inmadurez, pero ella no es aún lo suficientemente vieja y sabia para resignarse".*[93]

Para la juventud dice Nietzsche:

> *"No necesita fingir defender una formación completa, pues disfruta de todos los consuelos y privilegios de la juventud, sobre todo de la valiente y atropellada sinceridad y del apasionado consuelo de la esperanza".*[94]

Y de este modo describe Nietzsche el valor de las cualidades de la juventud:

> *"fuerza;" egoísmo viril; "–resistencia a esa iluminada transfiguración mágica-científica al servicio de ese egoísmo viril y al mismo tiempo pueril. –Orgullo–. Olvido de sí mismo. –Amor-calor y sentimiento de justicia–. Ansia opuesta a la avidez de convertirse rápidamente en alguien preparado, –útil, productivo– "fuerza para implantar en sí, con plenitud de fe, una idea grande y hacerla brotar desde sí misma aún con más fuerza".*[95]

Sí, la juventud actúa, y como tal, no tiene conciencia (entendida esta como un proceso de compromisos vinculado a intereses o como gusano que corroe), pues, según ideas de Göthe citadas por Nietzsche, *"...el*

---

[93] UPHV. o. c. Af. 10 p. 137.

[94] *Ibíd.* Af. 10 p. 137.

[95] *Ibíd.* 9. p. 128.

hombre que actúa siempre carece de conciencia"...[96], y no tiene compromisos con partidos políticos y con caudillos...al menos de momento, entre otras cosas, porque quiera o no, aún no los necesita. La juventud es libre aún, mientras sea joven y puede olfatear:

> *"Cualquiera que esté en la posición de olfatear y respirar repetidamente esta situación de atmósfera ahistórica en la que se origina cualquier gran acontecimiento histórico... y en tanto ser cognoscente puede elevarse a lo suprahistórico (überhisdtorisch) ya descrito por Niebuhr (*) como posible resultado de la observación histórica".*[97]

Incluso, es preciso morir joven para ser líder, atrayente, revolucionario y fundador. Si Cristo y Alejandro hubieran llegado a ancianos, hubieran perdido el embrujo, el carisma y la leyenda. El propio David y Julio César se corrompieron. El poder y la gloria los convirtieron en dioses y en conservadores y demoraron demasiado para «*hundirse en sus ocasos*».

4.15 El hombre sincero

Nietzsche es el más extraordinario y la vez el más conflictivo de los filósofos. Es difícil y espinoso de entender no sólo para los doctos mal intencionados, sino para los teólogos tanto con sotana como sin sotana y demás mal o no tan mal intencionados; e incluso para los hombres sinceros, así, de pronto se torna inextricable, intrincado, incomprensible y no por ocultista ni obscuro en sentido religioso-marginal o de las negritudes, sino por científico de lo social y profundo como pocos. También su hombre (hombre con valores de la discusión moral) es endiabladamente peliagudo y laberíntico de inferir. Las tareas que deberá cumplir el hombre nietzscheano será también la más difícil debido a que no le será fácil orientarse en las situaciones concretas que son: cruzar por encima de lo humano, de lo «demasiado humano» y por si esto fuera poco, que no lo es, saltar al otro lado del «bien y del mal» mirando no al

---

[96] *Ibíd*. 1 p. 47.

[97] *Ibíd*. Af. 1 ps. 47-48 (*) Según Germán Cano, nota al calce 10, Nietzsche se refiere al historiador Barthold Georg Niebuhr, autor *Historia de Roma*. Es un personaje muy alabado por Göthe.

simple devenir, sino más allá aún, es decir, al ideal, a la religión y al Dios de los valores naturales, vale decir, a lo supra-histórico. El hombre nietzscheano no será, por lo tanto, ni del rebaño, ni epígono y sí ateo y escéptico, como ateo y escéptico es Zaratustra. Empezando por el hecho cierto de que Nietzsche no tenía público ni se preocupó por ello. Menos con los muertos (y con muchos muertos también se querelló), se peleó con el mundo entero incluidas la madre y la hermana. Se peleó con los profesores y con los curas. No estaba a favor de los pobres, la manera más corriente y sencilla de ganar popularidad. De las masas y el pueblo bajo, no tenía buenas opiniones como hemos dejado demostrado más arriba en este trabajo, ya que sirve para arropar dictadores y para que sea controlado agradeciendo lo que le dan y no se para a pensar de que el que tiene, en política, que agradecer, es el que da porque lo dejan dar y no el que coge porque le permitan e inviten a coger.

Del socialismo, sus razones tendría, no quería oír hablar. Es como si él hubiera visto lo que no vio Marx. No estaba con los ricos ni con la aristocracia, la manera más expedita de ganar dinero. No le importaba el dinero a no ser para la mera y pura subsistencia. No le importaban ni las mujeres ni los honores en el sentido de vigencia y poder. No le importaba estar en minoría, tanto, que hasta ateo era cuando la mayoría decía ser creyente, si bien algunos sinceros y otros por conveniencias sociales y políticas, estos últimos, de «ojos azules». El pueblo llano, de conocerlo mejor, hubiera dicho como en el refrán y un poco con cariño: ¡era un palo de cañada, siempre atravesado!. Los estudiantes universitarios de Berlín y Viena lo leían según las confesiones de Stefan Zweig en *El mundo de ayer* un poco a escondidas y misterios y erróneamente lo consideraban, como a Sören Kierkegaard, más un teólogo de la angustia y el egotismo, que un filósofo de la vida. *Eran aquellos tiempos, ¡tiempos muy difíciles!* Pero los tiempos difíciles no han pasado, y muchos de los grandes problemas de los días de Nietzsche siguen sin resolverse. De los alemanes, para decirlo con una imagen, echaba pestes en forma de cieno. Decía que era polaco, aristocrático, para más señas, cuando en realidad ni era polaco ni de la nobleza como casta. Pero no era un cínico ni excéntrico tipo Diógenes ni prometía paraísos políticos terrenales como Carlos Marx con quien no parece haberse cruzado en la vida intelectual, lo cual no deja de ser una verdadera calamidad. Lo más importante de él es esto, de lo cual no podemos olvidarnos ni un minuto porque cada minuto cuenta y el olvido aunque sea momentáneo es criminal y traidor: Nos «invitó» a *«más allá del bien y del mal»* y pasar sobre lo *«humano, demasiado humano»*. Nos sugirió (nunca lo dijo si bien subyace en toda su obra), que no nos parásemos en perder tiempo con el llamado *Bien* (*Gut*) ni con el llamado Mal (*Böse*) y que lo que es demasiado Humano (*Allzumenschliches*) no da ganancias y estanca al hombre. Es más, ¿sabemos a ciencia cierta qué es Bueno, qué es Malo y qué es Humano? En términos generales sí, pero en términos concretos nos perdemos en este terrible laberinto de intereses que es la vida humana y, lo Bueno, lo Malo y lo Humano llegados a este punto se entrelazan. Nietzsche era un filósofo del sentido de la tierra, no de detrás del mundo ni de intereses políticos y económicos. El pragmatismo, por su parte, no lo veía en el solo sentido práctico de la utilidad inmediata y/o productiva, sino como forma real de inspirar los valores necesarios de cada momento, de cada momento supra-histórico más que histórico. Glorificó, sin embargo, a la juventud, por no tener ésta conciencia y no haber llegado aún a ser *«demasiado humana»*. Veía a la juventud como la arcilla en que se ha de moldear el futuro.

Esta glorificación de la juventud (de juventud sin conciencia), se corresponde con aquello de pasar por encima de lo demasiado humano. ¿Qué sucede? Nietzsche, conocedor de la humanidad, sabía que todos los llamamientos demasiado humanos, no dieron utilidad en la práctica ni para los ideales elevados, porque éstos, al final de la jornada, se afianzan sobre una base como de hormigón armado para poder triunfar. Si no hay hormigón armado (para decirlo también con una imagen), no hay tampoco ideales. Así de complejo y *«no humano»*, es el asunto que debe de encarar el filósofo y la filosofía si ama al hombre y quiere, de verdad, servirlo. El socialismo utópico francés y las teorías reformadoras (por ejemplo, las de Robert Owen en Inglaterra [98]), fueron una pérdida

---

[98] Owen, Robert (1771-1858) Economista, moralista y reformador social británico. Socialista utópico de renombre en su tiempo. Se opuso a la visión moral cristiana. En 1813 escribió: *A new view of society, or Essay on the principle of the formation of human character, and the apllication of the principle to practique*. Postula la necesidad del cooperativismo. Autor también de *Book of the new moral world* donde expone una teoría sobre el valor del trabajo la noción de fuerza del trabajo, aproximándose así a la que mas tarde expondría Karl Marx. Fundador en EE.UU. de New Harmony Comunity, comunidad del Nuevo Orden Moral, en la que se parcticaba la vida en común sin matrimonio y el trabajo=hora en sustitución del dinero. (Cfr. Enciclopedia Salvat. Barcelona, 1972. Tomo IX. M-P p. 2492).

miserable de tiempo y de siembra de inútiles ilusiones, pues servían sólo para el cielo, no para la tierra, por imperfecta. Proponían un sistema ideal, un gobierno ideal, para un planeta ideal y un hombre artificialmente desnaturalizado y desconocidamente ideal. Este no es el momento de profundizar en el tema, sino de enunciarlo apenas. Pero a propósito de este *«Más allá del bien y del mal»* (*Jenseits von Gut und Böse*) aplicado a la práctica (como conducta realista ante la vida y sus retos) y de lo *«demasiado humano»* del que nos alertaba Nietzsche como real peligro, sería bueno, en oposición a los extremos de«humano demasiado humano», del neoliberalismo salvaje del «sálvese quien pueda» y de la utopía marxista en la ex-Unión Soviética (que resultó sangrienta), desenterrar como alternativas, las no tan viejas teorías de John Maynard Keynes,[99] y de Henry Ford,[100] teorías que en su tiempo escandalizaron al mundo occidental, pero que no obstante lo ayudaron a desarrollarse. Estas proponían: pleno empleo de la fuerza de trabajo como forma de redistribución de la renta nacional, lo que a su vez aumentaría el poder adquisitivo de la masividad de la población, y crearía una cadena de retroalimentación para el desarrollo, y un juego dialéctico de desarrollo-educación. Estas teorías no son ideales ni perfectas, son apenas buenas, como deben de ser las cosas, pero eso sí, se acercan a la realidad de la vida. Son una especie de término medio positivo: no absolutiza al estado ni se rige por la teoría de «menos estado». No es ni «demasiado humana» ni demasiado cruel. Con todo, estimula la emulación y la

---

[99] Keynes, John Maynard (1886-1946). Economista inglés. Autor de *Indian, currency and finance* (1913), *The economic consecuences of peace* (1919), *Tract of monetary reform* (1923) *Treatise on Money* (1930), Fundador del pensamiento economista el Keneysianismo en contra del sistema del patrón oro y la vuelta al multilateralismo en los pagos, en oposición al plan White. Cfr. Enciclopedia Salvat. Barcelona, 1972. Tomo 7. H-L p. 1924.

[100] Ford, Henry (1863-1943) Creador en 1902 de la Ford Company, y en 1903 la Ford Motor Company. Escribió en 1922 *My Life and Work*, y en 1926 *Today and tomorrow* Introdujo el principio de participación en los beneficios de los obreros y un sistema de venta-a crédito, para que todos sus obreros pudierran tener su automóvil.Sus ideas económicas se conoce como Fordismo. Fue de los primeros en considerar la exportación como un medio importante de expansión comercial. Cfr. Enciclopedia Salvat. Barcelona, 1972. Tomo 5. E-F p. 1435.

competencia. No es tampoco una utopía ni una ingenuidad y nos puede situar en el justo medio de «más allá del bien y del mal», al llevarnos a hacer lo necesario, lo que «en este-momento» se necesita. Es, en fin, una especie de liberalismo sensato puesto en práctica con resultados algo alentadores, en algunos países del mundo no solamente en Europa. El hombre, vale decir, en su proyección social y política, no puede ser ni demasiado humano ni al homo sapiens se le debe de compadecer, sino indicarle el camino de la cuesta empinada que es la vida y a que se siga preparando, como ha tenido que hacer siempre desde que se empezó a diferenciar del resto de los animales, para subirla. Lo demasiado humano lo lleva irremediablemente a la muerte. Lo que nos proponen los 'redentores' es muy bonito, pero inviable por irrentable. Hay que ser prácticos, hay que imprimirles más pragmatismo a nuestros ideales.

6 LA RELIGIÓN COMO ENGAÑO Y DEVASTACIÓN

"¡Ay!, hermanos, ese dios que yo creé era obra humana y demencia humana, como todos los dioses".[1]

1. Introducción

1.1 La religión: Dios como meta de los rebeldes

Para Nietzsche la religión es vista como un evento doctrinal, como un conjunto de enunciados sobre el sentido del mundo y de las cosas, y que tiene por causa eficiente a Dios, el cual se ha revelado al hombre. Nietzsche se pregunta, de ¿cómo es posible que una persona sienta como revelación *(Die Offenbarung)* de Dios su propia interpretación de la realidad? Para Nietzsche la opinión general sobre el mundo que tiene un líder fundador de una secta religiosa, y que éste le llama «*Revelación*», surge de forma inexplicable del fundador, pero se la atribuye a una causa superior. Para este líder, someterse a Dios, significa en realidad, un sometimiento a sí mismo. El origen de la religión tiene como fuente la necesidad que tiene el hombre de asegurarse un cierto dominio sobre la naturaleza en una época en que la ciencia y la técnica no se hallan aún en situación de dar una respuesta de cómo dominar el mundo circundante.[2] Esta seguridad que busca el líder religioso tanto

---

[1] AHZ o. c. *De los trasmundanos* p. 61 "Ach, ihr Brüder, dieser Gott, den ich schuf, war Menschen-Werk und - Wahnsinn, gleich allen Göttern". ASZ o. c. Band. 4 I *Von den Hinterweltlern* p. 35-20.

[2] AR o. c. Libro primero Af 62 *Del origen de las religiones* ps. 91- 92. MR o. c. Band 3 Erstes Buch. Af. 62 *Vom Ursprunge der Religionen* ps. 62-63.

para él como para sus adeptos (sumisos) consiste en una cierta visión de la realidad que tiene como garantía a Dios. Para Nietzsche tanto la metafísica como la religión tienen unos efectos tranquilizadores.[3]

Desde el punto de vista de la función práctica de la religión para darle una tranquilidad al hombre en un mundo natural y aún hostil, dicha doctrina religiosa responde en su aspecto general con su tipo de comportamiento mágico:

> *"La invención peculiar de los fundadores de religiones es, en primer lugar, la de impulsar un determinado género de vida y de costumbres cotidianas, que actúa como disciplina voluntatis, al mismo tiempo, que expulsa el aburrimiento; en segundo lugar, es la de dar precisamente a esta vida una interpretación, en virtud de la cual parece rodeada del valor más alto, al punto de convertirse ya en un bien por el que se lucha y en determinadas circunstancias se sacrifica la vida. En verdad, es la segunda de estas dos invenciones la más esencial".*[4]

La idea de este texto, es también reforzada en *HDH* cuando nos habla de la necesidad que tiene «el asceta y el santo»: de hacerse la vida en cualquier caso aún soportable. Esta actitud nace evidentemente, cuando la misma se somete, en la ascesis y la santidad, a todas las prescripciones de la moral, encuadrándose dentro de la perspectiva metafísica que esta lleva consigo. G. Vattimo lo resume así:

> *"A esta necesidad de «animación» y «excitación», responde la dramatización de la vida interior y de los acontecimientos cotidianos que se hace posible con el mito del «enemigo interior». Santos y ascetas, explotan en particular su inclinación a la vanidad, su sed de honores y de dominio, y por último sus deseos sensuales, para poder considerar su vida como una continua batalla en el que luchan espíritus buenos y malos con éxito variable".*[5]

---

[3] GM o. c. I «*Bueno y malvado* », «*bueno y malo*» Af. 7 ps. 38 y 39 y III ¿*Qué significan los ideales ascéticos?* Af. 28 p. 184.

[4] GS o. c. Af. 353 p. 303 FW o. c. Af. 353. *Von Ursprung der Religionen* p. 589$^{-5\text{-}10}$.

[5] Vattimo, Gianni. (1998) *El sujeto y la máscara*, Edit. Península 2da. Ed. Barcelona p. 119 en referencia a HDH Af. 141.

1.2 La fe y la metafísica

La religión y la metafísica surgen como el medio de alcanzar la tranquilidad, pero en realidad lo que hacen es perpetuar la inseguridad. El sentimiento de culpa que provoca esta inseguridad y que el hombre religioso experimenta, se universaliza de tal forma que hasta parece anularse. Este sentimiento de culpa jamás se puede eliminar con medios puramente humanos. Por eso la única redención *(Erlösung)* que el hombre puede obtener es aquella llevada a cabo por el mismo Dios. La interpretación general que tiene el hombre religioso del mundo y de las cosas que presentan, se le atribuyen a Dios como revelación suya. En VP (Af. 224) y en GM. III, la religión es entendida como una forma de explicación y de justificación del malestar que produce la misma vivencia del sentido de culpabilidad heredada desde Adán. Un malestar que expresa los caracteres negativos de nuestra existencia. En este sentido la religión proporciona al hombre ante esta situación, un suplemento de animación a la monotonía de la vida en el mundo de la *ratio* socrática. La violencia que provoca esta inseguridad, en el hombre que encarna una religiosidad ascética que toma la forma de crueldad:

> *"¡Ay, cuánta crueldad y cuánto maltrato inútil de animales procede de las religiones que inventaron el pecado! ¡Por no hablar de los hombres que pretendieron con ellas disfrutar del máximo poder!"*.[6]

Nietzsche aclara que el disfrute del poder se alcanza precisamente a través de la crueldad y la pena que se infligen los monjes a sí mismos. Por el dominio de las pasiones se aseguran éstos una intensificación de la sensación de poder y dominio sobre los demás y el mundo circundante. En virtud de que toda moral es sostenida y propagada por rebeliones, Nietzsche hace un ataque muy duro a ésta. Para Nietzsche la moral es el pecado original de la razón, ya que criticar a la moral es atacar a la religión en sus bases: es decir que afirmar lo subjetivo es

---

[6] AR o. c. Af. 53 El abuso de los concienzudos p. 94 "¡Oh, wie viel überflüssige Grausamkeit und Tierquälerei ist von jenen Religionen ausgegangen, welche die Sünde erfunden haben! ¡Und von den Menschen, welche durch sie den höchsten Genuss ihrer Macht haben wollten!". MR. o. c. Band 3 I Missbrauch der Gewissenschaften. Af. 53 p. 57^{-5}.

negar lo objetivo, la existencia precede a la esencia. Así asevera M. Weyland:

> *"Nietzsche con su crítica a la religión, marca la etapa final de un proceso que se había iniciado con los jóvenes hegelianos y que tiene como punto de partida la forma ambigua y poco satisfactoria en que Hegel había resuelto el problema religioso identificándolo con lo filosófico".*[7]

Con este texto intentamos situar la crítica nietzscheana de la religión en su contexto de la historia de la filosofía. Él es el que lleva a su culminación la herencia hegeliana que trata al respecto. Para M. Weyland, la tesis de los jóvenes hegelianos se puede expresar en la siguiente sentencia:

> *"...es como la paulatina transformación de la filosofía teológica de Hegel en una antropología".*[8]

Según Ludwig Feuerbach (1804-1872), perteneciente al materialismo de la izquierda hegeliana, Dios es una proyección del hombre, y producto de su debilidad. Para Karl Marx (1818-1883), Dios es el consuelo del hombre por un mundo económico irracional. Según J. Hirschberger, para Sören Kierkegaard (1813-1855), quien fue un personificador de la revolución cristiana, Dios es solamente aquella realidad para el mártir que muere en la cruz. Para Sigmund Freud (1856-1939), el culto a Dios no es sino una manifestación de una neurosis obsesiva. Y finalmente para Nietzsche según M. Weyland, Dios no es sino un síntoma de enfermedad.[9] Luego G. Vattimo en referencia a *La Voluntad de Poder* citando a Nietzsche dice:

> *"Si no hubierais transformado la naturaleza en una comedia, no creerías en Dios –toda la maquinaria teatral, los bastidores, las sorpresas".*[10]

---

[7] Weyland, Miriam. (1953) *Una nueva imagen del hombre a través de Nietzsche y Freud*, Editorial Losada. Buenos Aires. p. 94.

[8] Weyland, Miriam, o. c. p. 95.

[9] Vattimo, Gianni. *El sujeto y la máscara*, o. c. p. 240.

[10] *Ibíd.* p. 134 en referencia VP.

Según G. Vattimo en la doctrina de Nietzsche, Dios es pensado como «autor», solamente en la medida en que la naturaleza es pensada como «comedia». También Dios forma parte del mundo de la máscara. En el desenmascaramiento radical que realiza Nietzsche en HDH concluye con el anuncio de la muerte de Dios. Respecto a los fundamentos de la muerte de Dios en la conclusión de Nietzsche añade G. Vattimo:

> *"El problema de esa excepcionalidad del espíritu libre y de la libertad de lo simbólico ha llevado a Nietzsche, en un primer momento, a formular el anuncio de la muerte de Dios como primer evento de la construcción de un mundo nuevo, donde el espíritu libre pudiera convertirse verdaderamente en el principio de una nueva humanidad".*[11]

Nietzsche, al igual que Feuerbach y Marx, concibe a Dios como un producto de la debilidad humana. La causa general de esta proyección, es causada por el agotamiento general de los instintos. Este debilitamiento de las fuerzas instintivas, es el que crea la imagen de Dios, que cambia según las épocas. En un principio Dios estaba dotado de la crueldad y de la fuerza que poseía el hombre primitivo. Más tarde Dios se interioriza y se convierte en una Voluntad de Poder, cuyo fin único es el castigo y la sumisión total de los instintos vitales:

> *"La gran mentira de la inmortalidad personal destruye toda razón, toda naturaleza existente en el instinto, a partir de ahora todo lo que los instintos tienen de beneficioso favorecedor a la vida, garantizador del futuro, suscita desconfianza. Vivir de tal modo que ya no tenga sentido vivir, eso es lo que ahora se convierte en el sentido de la vida, garantizador del futuro, suscita desconfianza. Vivir de tal modo que ya no tenga sentido vivir, eso es lo que ahora se convierte en el «sinsentido» de la vida....".*[12]

Los instintos a su vez fueron debilitados por el temor que sintió el hombre primitivo a su antepasado. Heredamos un pecado, una culpa, por culpa de nuestros antepasados. Quizá sea este uno de los motivos *(tal vez inconscientes)* por el que Nietzsche se expresa negativamente respecto a la figura de la mujer, ya que fue ésta la que incitó a Adán al pecado:

---

[11] Vattimo, Gianni. *El sujeto y la máscara,* o. c. p. 240.

[12] AC o. c. p. 75 Af. 43 DAC o. c. Band 6 Af. 43 p. 217^{-10}.

"La mujer no es todavía capaz de amistad, gatas y pájaros, esto es lo que son siempre las mujeres, o en el mejor de los casos, vacas...".[13]

Este texto de Nietzsche en boca de Zaratustra, expresará la opinión del filósofo Regis Jolivet, de que la filosofía de Nietzsche no es sino reflejo de su personalidad, de la misma manera que la filosofía existencial de Sören Kierkegaard.[14] En este caso la mujer como antepasado del hombre es la responsable de la causa de la culpabilidad del hombre que se dejó engañar fácilmente por ella. Es la causante en este asunto de la creación de esa imagen de Dios todopoderoso, frente a la debilidad del hombre.

La figura del «antepasado» se agiganta a través del tiempo hasta llegar a la forma definitiva de Dios. Al mismo tiempo que esta figura se agiganta, el hombre va aumentando su sentimiento de culpa, cuya eliminación es el Dios cristiano, redentor, el «padre idealizado». Para Etienne Borne, la invención de Dios en la mente humana de acuerdo a la filosofía nietzscheana, tiene dos ventajas principales según podemos ver en el siguiente texto:

"Tal invento, tiene dos ventajas: en primer lugar los amargados, atormentados, resentidos y derrotados se contonean en fingida nobleza y están convencidos, mediante una dialéctica hegeliana prejuiciada, de que no solamente ya no son esclavos, sino que se han convertido en el amo de sus amos; y en segundo lugar, los pocos héroes proporcionados por el planeta para librar batalla no son inmunes a la traición, como lo muestran muchas leyendas, ni a amos persuadidos por la pérfida plausibilidad de esclavos, así como para dudar de que su poder es real a sus valores auténticos".[15]

---

[13] AHZ o. c. I. p. 96. Del amigo. "Noch ist das Weib nicht der Freundschaft fähig: Katzen sind immer noch die Weiber, und Vögel. Oder, besten Falles, Kühe". ASZ. Band 4 I p. 73^{-5} Vom Freunde.

[14] Jolivet, Regis, (1970) *Las doctrinas existencialistas*, Gredos, Madrid ps. 64-65.

[15] Borne. E. (1961) *Modern Atheism*, London, Hawthorn Books, p. 60 "Such an invention has two advantages: first, the embittered, the angry and resentful, the defeated, parade in sham nobility and are convinced, according to a twisted Hegelian dialectic, that they are no longer slaves but have become the master of their master; and second, the few heroes whom the earth brings forth to join battle are not immune against treachery, as many legends show, and masters persuaded by the perfidious plausibility of slaves so as to doubt that their power is real or their values authentic".

Así del ataque a la figura de Dios, Nietzsche pasa al ataque de la religión cristiana. Esta es la decadencia de la consecuencia lógica del pueblo judío. Cuando éste era poderoso, sus relaciones con Dios eran naturales. Yahvé fue la expresión simbólica del poder judío; el Dios fuerte y avasallador. Pero cuando el pueblo hebreo cae en desgracia opresora, inmediatamente perdió la imagen natural del Dios que tenían y ya no pudieron soportar a aquel Dios que habían conocido. Entonces crean otro Dios, que no es sino una proyección de su estado: es decir aparece el Dios de los pobres (anabí), de los enfermos y de los necesitados. Para resucitar a Dios de lo divino, es preciso liberar a Dios de todo compromiso con los viejos conceptos maestros de la metafísica. Dice Nietzsche:

> *"Nuestra gran modestia: no divinizar lo desconocido: nosotros comenzamos precisamente a saber poco. Se trata de esfuerzos falsos y desperdigados. Nuestro «nuevo mundo»: nosotros debemos darnos cuenta hasta qué punto somos los creadores de nuestros sentimientos de valor; por consiguiente, poder poner un sentido en la historia. Esta creencia en la verdad llega a nosotros hasta su última consecuencia: vosotros sabéis cómo suena ésta: ... sí, en general, hay algo que adorar es la apariencia la que debe ser adorada; ¡la mentira, y no la verdad, es lo divino!".*[16]

2. El cristianismo como producto de un pueblo oprimido

2.1 La esencia del Cristianismo

Por lo antedicho, podemos decir que el cristianismo surge como una consecuencia. Es la última consecuencia del mencionado debilitamiento de las fuerzas vitales, y es por esta razón que prefiere aquellos valores que niegan la expansión vital. A tales efectos Nietzsche califica como «nihilista» a la tabla de valores de la doctrina cristiana, veamos lo que n os dice Miriam Weyland:

> *"Cuando un pueblo decae, pierde su fe en el destino, hace de su impotencia una necesidad, pues sabe que sólo puede subsistir si se somete, y*

---

[16] VP o. c. Libro IV Disciplina y educación II Dionisios - Invertir los valores. Af. 1004 p. 529.

entonces erige la sumisión en la categoría de virtud. Los hombres son todos débiles, son buenos, porque no son bastante fuertes para saber ser malos".[17]

Este es el concepto de Dios de los cristianos, que también Nietzsche en el AC; como vimos antes, es presentado como un Dios enfermo y promovedor de la corrupción del concepto mismo de Dios.[18]

Este texto tiene mucha riqueza y expresa ya claramente el ataque al Dios de los cristianos por parte del mismo Nietzsche. El cristianismo al que Nietzsche no niega que tenga Voluntad de Poder, sin embargo desvirtualizó la realidad, convirtiendo al enfermo en un pecador eternamente culpable. Nietzsche en varias ocasiones acusa al sacerdote de explotar este sentimiento de culpabilidad del hombre, atormentándole con la idea de que es pecador. Este mismo individuo, mediante una Voluntad de Poder mal interpretada y mal empleada, destruye al hombre, su integridad como ser, convirtiéndole en un culpable ante la fuerza y deseos naturales de sus instintos. No contribuye al crecimiento de la vida, ya que le enseña a despreciar el cuerpo, a abandonarlo y a maltratarlo, que lo que causa en individuo es un malestar una «*nerviosidad crónica*». El cristianismo hizo de los «poderes eróticos, poderes infernales», cargos de conciencia innecesarios, cuando en realidad no son sino goces de la naturaleza, del instinto más elemental. Según G. Vattimo, para Nietzsche el error del cristianismo consistió sólo en su imprudencia, en la prisa con la que quiso adornar demasiado pronto su bandera con el tema de la paz y el amor al prójimo. No planteó en realidad con rigor el problema de las cadenas que atan al hombre y de la enfermedad de las cadenas que todavía arrastra. En el *VS.* sobre esta enfermedad de las cadenas y el tema de la libertad afirma Nietzsche:

"Al hombre se le han puesto muchas cadenas para que desaprenda a comportarse como un animal; y realmente se ha hecho más apacible, espiritual, alegre, y juicioso que todos los animales. Pero ahora sufre todavía por él hecho de haber llevado por tanto tiempo las cadenas, de haber estado privado durante tanto tiempo de aire bueno y de

---

[17] Weyland, Miriam o. c. p 104.

[18] cfr. cap. IV 3. 3 Caracteres de la fe. cita 50 p. 260 AC. o. c. Af. 18 p. 43.

movimiento libre, pero estas cadenas son, lo volveré a repetir siempre, los errores graves y al mismo tiempo sensatos de las ideas morales, religiosas, metafísicas. Sólo cuando sea superada la enfermedad de las cadenas se habrá alcanzado la primera gran meta: la separación del hombre de los animales –ahora estamos empeñados en nuestro trabajo de sacar las cadenas y debemos tener, en tal circunstancia, la máxima prudencia. La libertad del espíritu, sólo puede ser dada al hombre ennoblecido; sólo a él se acerca la liviandad de la vida, esparciendo bálsamo sobre sus heridas; él es el primero que puede decir que vive para la alegría y para nada más, y sus palabras serían peligrosas en cualquier otra boca: paz a mí alrededor y un recibir placer de todas las cosas más cercanas. Con este lema para individuos él se acuerda de una antigua, tocante y gran palabra que fue dicha para todos, y que se detuvo sobre la humanidad entera, como un lema y un símbolo por el cual está destinado a perecer todo el que adorne con él demasiado pronto su bandera –por el cual pereció el cristianismo. Todavía, así parece, no es tiempo de que a todos los hombres pueda sucederles lo que a aquellos pastores que vieron iluminado el cielo sobre sus cabezas y oyeron aquella palabra: «Paz en la tierra y a los hombres hallar placer los unos en los otros– este es todavía el tiempo de los individuos»".[19]

2.2 Enfermedad, Venganza y Liberación

Toda otra concepción de la voluntad forma parte de la voluntad que debe ser eliminada, porque pertenece aún al mundo del conflicto y a la enfermedad de las cadenas. Según G. Vattimo (o. c. p. 242) en el discurso de Zaratustra: *Von der Erlösung*, *De la Redención*, la liberación del pasado y la afirmación de la creatividad con el límite que el mismo representa, deben entenderse como liberación del espíritu de venganza – o sea de la concepción edípica del tiempo, del contenido y la forma autoritaria del pasado (*mundo de las cadenas*) en vista de la producción de un hombre capaz de vivir en sí y en el mundo que se construye, una perfecta unidad de sentido y acontecimiento. Este tema de la liberación

---

[19] VS o. c. II Af. 350 p. 281 La máxima dorada o La palabra áurea MAM o. c Band 2 Zweite Abtheilung "Der Wanderer und sein Schatten" Af. 350 *Die goldene Loosung* p. 702[-del 5 al -30].

del pasado en vista a construir un mundo nuevo, en AHZ III: discurso Del gran anhelo:

> *"¡Oh alma mía!, yo te he enseñado a decir «hoy» como se dice «alguna vez» y «en otro tiempo», y bailar tu ronda por encima de todo aquí, ahí y allá [...] ¡Oh alma mía! Te he devuelto la libertad sobre lo creado y lo increado: ¿y quién conoce la voluptuosidad de lo futuro como tú lo conoces?... ¡Oh alma mía!, he apartado de ti todo obedecer, todo doblar la rodilla y todo llamar "señor" a otro; te he dado a ti mismo el nombre «viraje de la necesidad» y «destino». ¡Oh alma mía!, te he dado nuevos nombres y juguetes multicolores, te he llamado «destino» y «contorno de los contornos» y «ombligo del tiempo» y «campana azul»...El futuro y el pasado, ¿dónde estarían más próximos y juntos que en ti?".*[20]

Justamente el carácter alegórico de la figura del Zaratustra, tiene que ver con esta enfermedad. Parece ser que Nietzsche reprocha más al cristianismo por su imprudencia que por el contenido de su mensaje como tal. Nietzsche interpreta el amor de Jesús por los pecadores como una simpatía por los espíritus libres.

> *"Jesús de Nazareth amaba a los malos y no a los buenos: la vista de su indignación moral lo hacía hasta blasfemar. En cualquier ocasión en que se desarrollase un juicio, él tomaba partido contra los jueces: quiso ser destructor de la moral".*[21]

El siguiente texto de VP es una abierta crítica a la visión moral del cristianismo que convierte lo simbólico en crudezas:

> *"El cristianismo ha transformado desde el principio lo simbólico en crudezas: 1) la contraposición «vida verdadera» y «vida falsa" se malinterpreta como «vida de este lado», «vida del más allá»; 2) el concepto de «vida eterna» en contraposición con la vida personal de la caducidad, se malinterpreta como «inmortalidad personal», 3) la confraternización mediante la comunidad de alimento y bebida, según la costumbre árabe-hebraica, se malinterpreta como «milagro de transustanciación»; 4) «la resurrección» –como ingreso a la «vida verdadera», como «haber vuelto a nacer»– se convierte en una eventualidad*

---

[20] AHZ o. c. p. 206 Af. 1 Acerca del gran deseo ASZ o. c. Band 4 III Von der grossen Sehnsucht ps. 278^{-5}-279^{-5}.

[21] Vattimo, Gianni, o. c. p. 163.

histórica que se producen en un momento determinado después de la muerte; 5) la doctrina del hijo del hombre como «hijo de Dios», la relación vital entre hombre y Dios, se convierte en la «segunda persona de la divinidad» –eliminando la relación filial de todo hombre con Dios, incluso del hombre más bajo; 6) a la redención por medio de la fe o sea, que no hay ningún otro camino para ser hijo de Dios, salvo la práctica de la vida enseñada por Cristo– se convierte en la fe que hay que creer en una milagrosa expiación de los pecados, que no lleva a cabo el hombre sino la acción de Cristo. Así, «Cristo en la cruz» debió recibir una nueva interpretación. De por sí, esa muerte, no era en absoluto lo esencial...era sólo un signo más de cómo debemos comportarnos ante las autoridades y las leyes del mundo renunciando a defendernos... En eso consistía el ejemplo...".[22]

Nietzsche critica a la filosofía alemana, por haber convertido al pálido, al débil, al decadente, en **espíritu puro**, en un **absoluto**, en una **cosa en sí**.

"...De él se enseñorearon hasta los más pálidos de los pálidos señores metafísicos, los albinos del concepto... A partir de este momento él tejió a su vez la telaraña del mundo sacándola de sí mismo subspecie Spinozae (en figura de Spinoza) a partir de ese momento se transfiguró en algo cada vez más tenue y más pálido, se convirtió en un «ideal», se convirtió «en espíritu puro», se convirtió en un absolutum (realidad absoluta), se convirtió en «cosa en sí»... Ruina de un Dios: Dios se convirtió en «cosa en sí»".[23]

Aunque profesa profundamente el hecho de que Dios ha muerto, Nietzsche sostiene sin embargo que su época fue una de tipo nihilista. Todo lo que se presenta como religión es una simulación. Dios ha muerto, y en su lugar se levanta el hombre de instintos, el que afirma la vida en vez de negarla: el superhombre. Nietzsche personifica estos instintos al exaltar el cuerpo como contraposición a la doctrina cristiana, y cómo él la concibe en el siguiente texto:

"Escuchad más bien hermanos míos, la voz del cuerpo curado: es una voz más leal y más pura. Con más pureza y mayor lealtad habla el

---

[22] Vattimo, Gianni, o. c. p. 264.

[23] AC o. c. ps. 42-43 Af. 17 DAC o. c Band 6 Af. 17 p. 184^{-25}.

cuerpo sano. El cuerpo completo, macizo, de la cabeza a los pies, habla del sentido de la tierra".[24]

Según Regis Jolivet, en la filosofía de Nietzsche es negada toda la doctrina cristiana en bloque. Para ellos la razón nos la brinda la *«filosofía histórica»* que explica las manifestaciones religiosas como producto de las condiciones biológicas, sicológicas y sociológicas de una determinada época. En este aspecto ya no existe verdad absoluta, todo es humano, nada es objetivo. En Nietzsche la metafísica corre el mismo riesgo que corre la religión. Sin embargo y concuerdo con la opinión de G. Váttimo, que Nietzsche transforma a la *Voluntad de Poder* en un ente metafísico. Según Jolivet, Nietzsche respecto a la metafísica sostiene que: *"La metafísica es una forma muerta de la civilización".*[25]

3. Una nueva moral y una nueva religión

3.1 Sobre la necesidad de una religión

Continuando con Jolivet, no debemos creer que la actitud de Nietzsche frente a la necesidad de una religión, sea puramente negativa. Por el contrario Nietzsche anuncia el advenimiento de una nueva religión que se levantará sobre las ruinas de las religiones pasadas, pero muy especialmente del cristianismo. Si hacemos un poco de memoria sobre el contenido de la introducción de este trabajo, repetía las mismas palabras de un intérprete de Nietzsche, en el sentido de que éste era un «redescubridor» del cristianismo. Estas palabras tienen una estrecha relación con el tema de una nueva moral y una nueva religión. Esta nueva religión se relaciona con el tema del «*eterno retorno*», que es a la vez una fuente de angustia y de alegría para ciertos individuos. Para el hombre que se considera contingente, finito, la religión será fuente de angustia, pues para él la vida termina con la muerte. Sin embargo

---

[24] AHZ o. c. De los trasmundanos p. 63 "Hört mir lieber, meine Brüder, auf die Stimme des gesunden Leibes: eine redlichere und reinere Stimme ist diess. Redlicher redet und reiner der gesunde Leib, der vollkommne und rechtwinklige: und er redet vom Sinn der Erde". ASZ o. c. Band 4 I Von den Hinterweltlern p. 39[-5-10].

[25] Jolivet, Regis, o. c. p. 72.

para otros es fuente de alegría, pues de antemano sabe, que ya por el hecho de existir aquí y ahora se encuentra ya en la eternidad:

> *"¡Oh hombre, pon cuidado! ¿Qué dice la profunda medianoche? He dormido, he dormido...«Me he despertado de un profundo sueño...El mundo es profundo, y más profundo que pensaba el día. Profundo es su dolor...La alegría más profunda que la pena. El dolor dice: ¡pasa y acaba! Pero toda alegría quiere la eternidad, ¡quiere la profunda eternidad!".*[26]

Al respecto afirma R. Jolivet:

> *"La angustia y el desgarro que provoca la visión implacable de un destino trágico indefinidamente repetido, dan a nuestra existencia individual presente un valor metafísico y religioso, porque nos revelan nuestra eternidad".*[27]

Si esto es así, dice Jolivet, entonces se exige la aceptación de la existencia tal y como es: un devenir infinito. La labor del hombre consiste en asumir y aceptar este destino. Así la existencia debe adquirir un carácter religioso:

> *"...ya que cada instinto individual se identifica con el destino del todo, y es ese mismo destino y por tanto se identifica con Dios, que nace, muere y renace eternamente. Tal es la verdad existencial que debe fundamentar la religión nueva y traer al mundo la salvación".*[28]

Respecto al peligro en la felicidad y el amor al destino o amor fati afirma:

> *"Ahora todo me sale mejor, y desde ahora amo todo destino, ¿acaso hay alguien que tenga ánimo para ser mi destino?".*[29]

---

[26] AHZ o .c. p. 306 Af. 12 *De la canción de la embriaguez* ASZ o. c. Band 4 IV *Das Nachtwandler- Lied* 12 p. 404 5-10.

[27] Jolivet, Regis. o. c. p. 72.

[28] Jolivet, Regis. o. c. p. 73.

[29] MBM o. c. IV. Aforismos e intermedios 103 p. 82 "Nun gereicht mir Alles zum Besten nunmehr liebe ich jedes Schicksal:- ¿wer hat Lust, mein Schicksal zu sein?". JGB o. c. Band 5 Af. 103 IV Die Gefahr im Glücke p. 91-20 Sprüche und Zwischenspiele.

Jolivet establece que esta moral nueva profetizada por Nietzsche, debe nacer dentro de estas tendencias hacia una eternidad, en la cual el hombre puede encontrar en el constante devenir de su vida, un significado a su propia existencia, ya como alegría ya como angustia, es decir como hombres fuertes o como hombres de rebaño o débiles.

4. El eterno retorno como exigencia de la vida
(amor fati=amor al destino)

4.1 El eterno retorno como la eterna afirmación del ser

El eterno retorno se anuncia en el Zaratustra luego del discurso del "Gran anhelo (Der großen Sehnsucht III p. 197) es anunciado en el discurso sobre la Visión y el enigma, un diálogo con el enano (Der Zwerg), (Von Gesicht und Räthsel p. 197); se elabora en un fondo en el que la naturaleza original reside en el caos, por encima de los reinos y las leyes que constituyen tan solo la naturaleza secundaria. La profundidad, la distancia, los bajos fondos, lo tortuoso, las cavernas, lo desigual en si forman el único paisaje del *eterno retorno*. Nietzsche contrapone su tesis y su manera de profundizar, a la hipótesis cíclica en la esfera de los conceptos fijos y su ausencia de profundidad. A Zaratustra a veces lo representa como un bufón, pero también como el águila y la serpiente. El concepto de *eterno retorno* no es ni cualitativo ni extensivo, es puramente intensivo. La diferencia radica en el vínculo fundamental del *eterno retorno* y de la *voluntad de poder*. De tal modo que el primero no puede definirse sino a través del segundo. La *voluntad de poder* es el mundo centelleante de las diferencias de diferencias, de los soplos, de las insinuaciones y de las expiraciones: mundo de intensivas intencionalidades, mundo de simulacros, o de «misterios». El *eterno retorno* no es sino la «eterna afirmación del ser».

Pensada contra las leyes del pensamiento, la repetición en el *eterno «retorno»* es el pensamiento más alto:

> *"Todo va, todo vuelve; eternamente rueda la rueda del ser. Todo muere, todo vuelve a florecer, eternamente corre el año del ser. Todo se rompe, todo se recompone; eternamente se construye a sí misma la casa del ser. Todo se despide, todo vuelve a saludarse; eternamente permanece*

fiel a sí el anillo del ser. En cada instante comienza el ser; en torno a todo «Aquí» gira la esfera «Allá». El centro está en todas partes. Curvo es el sendero de la eternidad...«Eternamente retorna él, el hombre del que tú estás cansado, el hombre»...".[30]

Porque nada es igual, porque todo se sumerge en la diferencia, en su «no-semejanza», en su desigualdad, en primer lugar consigo mismo para existir en «su y en el tiempo», por lo que todo retorna para seguir siendo. O más bien porque la nada, no retorna. También para Nietzsche lo que no retorna es lo negativo, porque la diferencia se invierte para anularse; es lo idéntico, lo semejante, lo igual, porque éstos constituyen las formas de la indiferencia. Lo que el «*eterno retorno*» niega no es tanto el tiempo cuantitativo, ni el tiempo lineal del historicismo, ni tampoco el tiempo estático como lo ven el espiritualismo y el existencialismo; si no lo que niega es la estructura del dominio, dentro del cual se encuentran vinculadas las distintas dimensiones del tiempo (el cuantitativo: de la mecánica, el lineal de la historia y estático del espiritualismo), ya que la voluntad como tal no puede querer hacia atrás, deshacer lo hecho para recomenzar siempre desde el principio. Los tres elementos del *eterno retorno* son: **a)** la plena liberación de la estructura rígida del tiempo, **b)** la pura liberación del sentimiento y la obediencia (la segunda transformación: el león) liberación del dominio de violencia de la metafísica, del impulso de venganza y **c)** la liberación del impulso del comediante, que no es sino la expresión de un nihilismo negativo. Por tanto vemos que el *eterno retorno*, incluye en el propio ámbito, todos los diversos sentidos que Nietzsche ha ido atribuyendo con el tiempo a la auto negación de la metafísica, al nihilismo, también al proceso de autonomización de lo simbólico que acompaña este desarrollo. En *El Gay Saber* IV parte, el hombre que pretende y anhela querer el *eterno retorno*, es porque se siente como un hombre feliz.

"Esta figura del ultrahombre, como el que vive en sí los tres aspectos fundamentales del eterno retorno, representa la respuesta de Nietzsche al problema que se había planteado al concluir el itinerario de auto negación de la metafísica, resumido en la cuestión del espíritu libre, de

---

[30] AHZ o. c. III^{ra} parte. *El convaleciente* 2 ps. 305-306 ASZ o. c. Band 4 III *Der Genesende* 2 ps. 272^{-30}-273^{-5} -274^{-20}.

> *su excepcionalidad y provisionalidad... el eterno retorno, que en sustancia es el descubrimiento del hecho de que todas las estructuras metafísico-morales en que está modelado y que sufre el hombre actual, se refieren al dominio, a la autoridad que se nos impone con la indiscutibilidad de lo ya presente, de lo –ya sido, por tanto al pasado en un sentido nada formal".*[31]

André Cresson en la explicación de la doctrina del «eterno retorno» de Nietzsche, nos introduce en la leyenda del viejo mito que se transmite de generación en generación, es decir, el mito del ave fénix, un animal enorme, un pájaro, que se deja consumir por las llamas de donde se forma otro nuevo y nace otro Fénix, el cual vivirá las mismas vicisitudes de su predecesor y así repite la historia hasta el infinito:

> *"Es allá arriba, sin entrar en detalles, y por instinto en lo que se fundamenta Nietzsche. Y es porque esa visión de las cosas lo seduce que él inventa y recomienda la doctrina de «los regresos eternos»".*[32]

Y parafraseando a Nietzsche sigue diciendo:

> *"Y sabe usted, escribe, ¿qué es el mundo para mí? ¿Quiere que yo se lo muestre en mi espejo? El mundo es un monstruo de fuerzas sin principio ni fin, una suma fija de fuerza dura como el bronce que no aumenta ni disminuye... un mar de fuerza en tempestad y en un flujo perpetuo, eternamente en vías de cambiar su rumbo. Ese es mi universo dionisiaco que se acerca y destruye él mismo eternamente. Este mundo es el mundo de la voluntad de poder y ningún otro y usted es esa voluntad de poder y nada más".*[33]

---

[31] Vattimo, Gianni. o. c. p. 251.

[32] Cresson, André, (1959) *Nietzsche, sa vie, son ouvre avec une exposé de sa philosophie*, Presses Universitaires de France. Paris. p. 62 "C' est. lá dessus, sans entrer dans ces détails, et d' instinct que Nietzsche se fonde. Et c' est parce-que cette vision des choses le séduit qu' il invente et preconise la doctrine des « retours éternels»".

[33] *Ibíd*. o. c. p. 63 "Et savez vous bien, écrit-il, ¿ce qu' est le monde pour moi? ¿Voulez vous que je vous le montre dans mon miroir? Le monde, un monstre de force sans commencement ni fin, une some fixe de force dure comme l' airain qui n' augmente ni ne diminue... une mer de force en tempête et en flux perpétuel, éternellment en train de changer, éternellment en train de refluer avec de gigantesques annes au retour régulier. Voilá mon universe dyonisiaque qui se crée et detruit éternellment lui même. Ce monde c' est le monde de la volonté de puissance et nul autre et vous même, vous êtes aussi cette volonté de puissance et rien d'autre".

A. Cresson, nos dice que una tal concepción implica naturalmente el fatalismo más completo y más absurdo. Porque dice que Nietzsche escribe que:

> *"Todo se convierte y todo vuelve, escribe Nietzsche, no hay escapatoria"*.[34]

No hay escapatoria al devenir. Esta aseveración de Cresson nos introduce directamente en el tema del *eterno retorno*. La primera formulación del tema del «***eterno retorno***» aparece en el cuarto libro del *Gay Saber* en especial el aforismo 341 *La carga más pesada*, que reza así:

> *"Vamos a suponer que cierto día o cierta noche un demonio se introdujera furtivamente en la soledad más profunda y te dijera: «Esta vida, tal como tú la vives y la has vivido, tendrás que vivirla todavía otra vez más y aun innumerables veces; y se te repetirá cada dolor, cada placer y cada pensamiento, cada suspiro y todo lo indeciblemente grande y pequeño de tu vida. Además todo se repetirá en el mismo orden y sucesión... y hasta esta araña y este claro de luna entre los árboles y lo mismo este instante y yo mismo. El eterno reloj de arena de la existencia se le dará la vuelta siempre de nuevo, y tú con él, corpúsculo de polvo». ¿No te echarías al suelo, rechinarías los dientes y maldecirías al demonio que así te hablase? ¡O puedes que hayas tenido alguna vez la vivencia de un instante prodigioso en el que responderías «tú eres un dios y nunca oí nada más divino!». Si aquel pensamiento llegase a apoderarse de ti, te transformarías como tú eres y acaso te aplastaría. En todo tu obrar a cada cosa y a cada paso, se impondría como la carga más pesada la pregunta: «¿quieres que se repita esto otra vez y aun innumerables veces?» O ¿cómo tendrías tu que ser bueno para ti mismo y para la vida, no aspirando a nada más que a confirmar y sella esto mismo eternamente?"*.[35]

Para Nietzsche el vivir el eterno retorno consiste en tratar de producir una humanidad capaz de querer la repetición, capaz de no vivir más el

---

[34] *Ibíd.* p. 64. "Tout devient et tout revient écrit Nietzsche, pas d'echeppatoire possible".

[35] GS o. c. Af. 341 p. 283 *La carga más pesada* FW o. c. Band 3 *Das grösste Schwergewicht* p. 570- 10-15.

tiempo de manera angustiosa, como una tensión *(Spannung)* hacia una culminación siempre por venir, es decir el amor por la vida. Es un nuevo modo de ser del hombre y al mismo tiempo del mundo que busca construir pero sin ninguna referencia trascendente. La metafísica de Nietzsche como concepción total del universo reconoce como teoría central la del eterno retorno que la «Voluntad de Poder» es la vida misma. Lo que ha existido, desaparece momentáneamente para dar paso a otras formas y volver a aparecer nuevamente en el futuro. El cosmos se compone de un determinado número de elementos y en número de combinaciones es también limitado, de aquí que una vez producidos los fenómenos, vuelvan éstos otra vez a reproducirse cíclicamente. En la órbita del tiempo se han dado todas las combinaciones posibles, y no solamente seremos nuevamente, sino que ya hemos existido un sinnúmero de veces. El mundo corre en el «*círculo del tiempo*». Ahora bien, ¿cuál es el principio y cuál es el final? Nietzsche a igual que Heráclito, responderá que el principio y el final son dos acontecimientos comunes. Veamos lo que nos dice M. Weyland citando a Nietzsche:

> *"La línea recta es una ilusión, y por el círculo del tiempo hemos de volver a nosotros, a nuestros pasos, hemos vuelto infinidad de veces. Y vienen y se dan la mano y ríen y huyen y retornan. Todo parte, todo vuelve; eternamente rueda, la rueda del ser. Todo se despide, todo se vuelve a encontrar, eternamente se es fiel a la rueda del ser".*[36]

4.2 Eterno Retorno y Renacer

De modo que la existencia de los seres es la repetición de existencias anteriores; el individuo ha vivido un sinnúmero de veces y volverá a vivir eternamente. Como vimos en el texto de André Cresson, esta teoría del eterno retorno no es original de Nietzsche. ya que éste la toma de la filosofía griega, en especial de Heráclito y de los estoicos. Modernamente se encuentra enlazado con la teoría de la persistencia absoluta de la sustancia y de la energía, y, en general, con toda interpretación de una continuidad cerrada como un símbolo que puede traducirse en la siguiente máxima moral:

---

[36] Weyland, Miriam, o. c. ps. 144-5.

"Obra como si cada momento poseyera un valor de eternidad y como si tu abarcases todo el porvenir en el presente invisible...". Pregunta Nietzsche:

> *"...¿no tenemos todos nosotros que haber existido ya? y venir de nuevo y correr por aquella otra calle, hacia delante, delante de nosotros, por esa larga, horrenda calle nos tenemos que retornar eternamente? Así dije, con voz cada vez más baja:...".*[37]

Esta doctrina también implica que todo lo malo en el hombre, como también lo bueno, retornará. De modo que el hombre se ve obligado a hacer una vida digna en cada instante, para no tener que enfrentarse a una vida mala a través de toda la eternidad. Entonces querrá sinceramente retornar, pues este retorno lo traerá la felicidad de una vida expansiva. Estas ideas, más o menos fueron las que fundamen-talmente se encuentran a la base de la filosofía de Heráclito (-584-544) y de Empédocles (-493-432). El eterno devenir en estos filósofos afirma la «*eterna conservación*» de la subjetividad y su eterna destrucción. La desintegración de lo individual, hace posible la «palingenesia», es decir: regeneración, resurrección, vuelta a la vida después de la muerte real o aparente. Por ella el hombre vive la naturaleza, y se vuelve a encontrar en ella, como posible forma de su propia existencia. El eterno retorno en la metafísica de Nietzsche tiene un significado cósmico. Debido a éste, el hombre no desaparece, sino que vuelve a repetir en lo infinito del tiempo su propia vida junto a todas las circunstancias que la hicieron o acompañaron. Según algunos críticos, esta concepción cósmica del eterno retorno, elimina el libre albedrío en el campo psicológico, aunque por otro lado, la admite en el plano metafísico. Se dice que elimina el libre albedrío en el plano psicológico, cuando señala qué fuerzas oscuras arrastran al hombre; pero en el plano metafísico una nueva comprensión de lo caótico y de los valores posibilita una superación que lleva a una plena «realización del individuo». La conclusión metafísica de Nietzsche, consiste según M. Weyland, en dar el sello de la eternidad a nuestra

---

[37] AHZ o. c. III La visión y el enigma p. 145 "...¿müssen wir nicht Alle schon dagewesen sein?...und wiederkommen und in jener anderen Gasse laufen, hinaus, vor uns, in dieser langen schaurigen Gasse-müssen wir nicht ewig wiederkommen?-Also redete ich, und immer leiser...". ASZ o. c. Band 4 III Von Gesicht und Räthsel 2 p. 200[-30].

vida. También de ella se desprende un imperativo ético, es decir, que el hombre debe construir su vida de tal modo que siempre quiera repetirla, dando a cada momento un valor máximo, es decir que debe ser siempre íntegro. Para Regis Jolivet, el hombre resuelve su angustia que lo tritura en el mito del eterno retorno:

> "Bajo otra forma más tardía, la angustia de Nietzsche se alimenta con el tema del eterno retorno, por la cual imagina conducir el «mundo de las apariencias», hasta los límites que este mundo se crea a sí mismo y quiere refugiarse en el seno de la verdadera realidad".[38]

A igual que A. Cresson, R. Jolivet concluirá que este *eterno retorno*, es una vuelta atrás a una libertad que conduce a una fatalidad. Vemos que este tema del *eterno retorno*, en la doctrina nietzscheana es uno de los más difíciles de comprender. A tales efectos, Miriam Weyland concluye que El *eterno retorno* de Nietzsche es la conclusión necesaria a la que llega la filosofía esencialmente experimental; que la misma representa el deseo de filosofar con lo desconocido y con otras posibilidades. La *Voluntad de Poder* no es tampoco una última verdad, y termina admitiendo que Nietzsche presenta un mundo sin finalidad y sin principio, un mundo que eternamente construye y destruye. Este es precisamente el mundo y el núcleo de la filosofía y del pensamiento nietzscheano.

4.3 Eterno retorno y amor al destino

Según J. Hirschberger, el *eterno retorno*, quiere decir lo mismo que «inocencia del ser o amor fati». Con esto ya se ha esfumado el concepto de valor, quedando solamente la existencia desnuda. Se ha alejado de las cosas la oposición. Se ha salvado la unicidad en todo acaecer. Ahora todo es fatalidad. Mi fórmula de la grandeza del hombre, es «*amor fati*»: que no se codicie otra cosa ni delante ni detrás, ni por toda la eternidad. No contentarse con llevar o sobrellevar lo inestable, y menos aún disimularlo, todo idealismo es embuste ante lo ineludible, sino ¡amarlo! Si así fuera careciese completamente de sentido de hablar de valores. También el «*superhombre*» carece de sentido, puesto que es

---

[38] Jolivet, Regis o. c. p. 76.

un concepto de valor. Y hasta la vida misma carecería de sentido, la vida en su inocencia del ser, en su eterno retorno, que al fin y al cabo es también para Nietzsche un concepto de valor; pues tenemos que vivirla. Pero dice al mismo tiempo:

> "...ya no existen valores, se ha eliminado la oposición, todo es igual ¿Sabía Nietzsche lo que decía?".[39]

El tema del «amor fati, o inocencia del ser» hace referencia a la condicionalidad del ente.

> "...Yo mismo no he sufrido por nada de esto; lo necesario no me hiere, «amor fati» constituye mi naturaleza más íntima".[40]

La relación entre el cautiverio de la temporalidad, como necesidad y la voluntad de liberación del ente como posibilidad. Es la voluntad en cautiverio la que exige una alternativa que no se entregue a la fatalidad. El hombre que juega en el escenario de su vida, está por un lado encerrado (*eingespert*) y a la vez abierto (*offen*) a Dionisos como Dios. A esta voluntad que no se somete a la fatalidad (*Verhängnis*) le llama Nietzsche, *amor fati*, que es el que no se deja arrastrar por la trágica obligatoriedad de una existencia apolínea, y participa de la necesidad, como el juego dionisiaco. Este *amor fati* no es sino la armonía cósmica entre el hombre y el mundo en la necesidad como juego. En el Zaratustra, nos hace ver el *amor fati*, como una aceptación gozosa de la necesidad ineluctable en que estamos encerrados. Se entiende como la pura aceptación de la realidad y de la insensatez y por tanto de la peculiar forma de «*negación del devenir*». Para Nietzsche el camino para la grandeza del hombre, es precisamente este *amor fati*; es decir, no querer nada diverso de lo que es, ni en el pasado, ni en el futuro, ni por toda la eternidad.[41] No sólo soportar lo que es necesario, sino también amarlo.

---

[39] Hirschberger, Johannes (1974) *Breve historia de la filosofía*, Herder Barcelona p. 276.

[40] EH o. c. El caso Wagner Af. 4 p. 134 "Ich selber habe ich nie an Alledem gelitten; das Nothwendige verletzt mich nicht; Amor fati ist meine innerste Natur". EH o. c Band 6 Der Fall Wagner Af. 4 p. 363^{-30}.

[41] Vattimo, G. o. c. p. 294.

> *"Voluntad así se llama el libertador y el portador de alegrías: ¡esto es lo que yo os he enseñado, amigos míos!..Y ahora aprended también esto: la voluntad misma es también una prisionera"*.[42]

Pero, a mi entender, Nietzsche no alcanzó su libertad. Vivió como la filosofía que criticaba; la especulación contempladora, con una sustancial diferencia. En la *II intempestivas*, escrita en 1873, como vimos en el capítulo I, había afirmado que la vida necesita de los servicios de la historia. La tesis sobre del *amor fati*, el *eterno retorno* y el *hombre puente*, han cambiado implícitamente su punto de vista que defendía lo histórico como el pasado necesario. La aceptación total de la vida implica, según Nietzsche, la aceptación fatal del pasado, y el hecho de la cautividad de la temporalidad, es decir: la voluntad de que el hombre sea como ha sido. Con el *amor fati* como una actitud ante la vida, Nietzsche pretende resolver el problema de la temporalidad que nos ata, al establecer que la posibilidad de superar la necesidad como cautiverio, radica en la voluntad de querer. Es decir: ser un vidente; un queriente, un creador, un futuro, un puente hacia el futuro del ente.

> *"Un vidente, un volente, un creador, un futuro también, y un puente hacia el futuro y ¡ay!, incluso, por así decirlo, un lisiado junto a ese puente: todo eso es Zaratustra"*.[43]

El hombre moderno tiene ante sí una *súper* tarea; reconstruir en sí mismo el pasado, para ser puente de la auténtica libertad. Puente de ruptura con la moral histórica que constituye la inmoralidad del cautiverio. Puente de tránsito para superar el hombre de todos los tiempos y convertir en la nada la existencia errada. Puente de la verdad para construir el Superhombre (*Übermensch*),

> *"El hombre en efecto no está sin remedio condenado a los viejos valores, puesto que es «un peligroso pasar al otro lado», «un peligroso*

---

[42] AHZ o. c. II De la redención p. 209 "Wille-so heisst der Befreier und Freuderbringer: also lehrte ich auch, meine Freunde! Aber nun lernt dies hinzu: der Wille selber ist noch ein Gefangener". ASZ. o. c. Band 4 II. Von der Erlösung p. 179-30.

[43] AHZ o. c. II *De la Redención* p. 209 " Ein Seher, ein Wollender, ein Schaffender, eine Zukunft selber und eine Brücke zur Zukunft –und ach, auch noch gleichsam ein Krüppel an dieser Brücke: das Alles ist Zarathustra". ASZ o. c. Band 4 II *von der Erlösung* p. 179-10.

caminar» y su grandeza está en ser un puente y no una meta, lo que en el hombre se puede amar es que es un tránsito y un ocaso".[44]

"¡Yo no voy por vuestro camino, despreciadores del cuerpo! ¡Vosotros no sois para mí, puentes hacia el superhombre! Así hablaba Zaratustra".[45]

Según Manuel Maceiras, para Nietzsche la filosofía debe como tarea suya propia contribuir a la búsqueda de la transmutación de los valores, y no sólo que ésta permanezca como una denuncia y aniquilación de los valores de antaño. Igualmente sostiene que Nietzsche habla de «tránsito», porque nada está definitivamente cerrado y por tanto toda carga puede ser renovada. Se habla de «ocaso», ya que no es muerte, sino paso al otro lado (durch Brücke), al más allá, a lo oculto, pero real, es decir, a lo que debe ser, pero que todavía no es (devenir). Para Nietzsche, el rango de una moral se define por su grado de verdad, es decir por la manera como se ajusta a la voluntad de poder y hasta donde reconoce a ésta como principio de la creación de valores. Por tanto esto significa que es el problema moral en última instancia, un problema de verdad, de adecuación a la voluntad de poder, que es la esencia de la vida.

5. El nihilismo nietzscheano

5.1 Búsqueda del nihilismo como superación

Paso de lo apolíneo a lo dionisíaco. Para Nietzsche el *nihilismo* constituye un fenómeno esencialmente moral. Es el proceso de la autonegación de la metafísica, como una reducción general de la realidad, viendo como el mundo verdadero acabó convirtiéndose en fábula. De ahí el grito de Nietzsche:

---

[44] Maceiras Fafián, Manuel (1994) *La filosofía como reflexión hoy* Edit. Verbo Divino Navarra ps. 72-73. cita *Así habló Zaratustra* Madrid. Alianza Edit. 1979 p. 36.

[45] AHZ o. c. p. 64 *De los despreciadores del cuerpo*. "¡Ich gehe nicht euren Weg, ihr Verächter des Leibes! Ihr seid mir keine Brücken zum Übermenschen!". ASZ o. c. Band 4 Die Reden Zarathustra's I *Von den Verächtern des Leibes* p. 41^{-5}.

> *"Hemos eliminado el mundo verdadero: ¿qué mundo ha quedado?, ¿acaso el aparente? ...¡No!, ¡al eliminar el mundo verdadero hemos eliminado también el aparente!. (Mediodía; instante de la sombra más corta; final del error más largo; punto culminante de la humanidad; INCIPIT ZARATUSTHRA".*[46]

Ya en la introducción de este trabajo, al hablar de los autores que influyeron en el pensamiento de Nietzsche, hablamos de Max Stirner; pues es precisamente en este autor del siglo XIX, donde debemos ver la fuente principal del nihilismo de Nietzsche. M. Stirner siempre creyó que el error de la filosofía era el querer obligar al hombre a adaptarse a un ideal. En su obra *El único y su propiedad* (1845) expone que el valor fundamental es el yo individual; medida de todo, lo primero.

> *"Igual que Dios, soy mi todo, nada de los demás, único. Humanidad, Libertad, Dios, Verdad, son invocaciones vacías. Un hombre no es tal si depende de la sociedad y la ley. La convivencia es reunión de egoístas, asociación para nada. Superhombre significa libre del todo, de todos y de todo".*[47](*)

Éste, sostenía que al hombre se le debe dejar totalmente libre para adaptarse o no a un ideal. Por esta razón critica a L. Feuerbach (1804-1872), ya que éste afirma el amor como la única posibilidad del hombre para superar su enajenamiento. Este fue el defecto máximo de Feuerbach, pues al afirmar la supremacía, convertía al yo en un ser dependiente, siendo éste, en esencia único y egoísta. De ahí el título de la obra de Max Stirner: *Der Einzige und sein Eigentum*, donde como vimos antes, postula un egoísmo absoluto.[48] El yo único de M. Stirner, no tiene ligaduras ni finalidad; no tiene principio y es lo que en cada

---

[46] CI o. c. Af. 6 Cómo el mundo verdadero acabó convirtiéndose en fábula. *Historia de un error* p. 52 GD o. c. Band 6 Wie die «wahre Welt» endlich zur Fabel wurde. *Geschichte eines Irrthums* Af. 6 p. 81^{-10}.

[47] Ruano, Argimiro. (1984) *El mito del superhombre*, Universidad de Puerto Rico Mayagüez P. Rico. Colección Cuadernos de Artes y Ciencias ps. 80 y 93 (*) Seudónimo de Johan Kaspar Schmidt 1806-1856 autor Der Einzige und sein Eigentum (1845) y precursor del Solipsismo según W. Brugger.

[48] Brugger, Walter (1972) *Diccionario de Filosofía* Barcelona. Herder séptima. edición. p. 608.

momento puede ser. Para Miriam Weyland el yo de Stirner se reduce al nihilismo: es decir que todo lo que le rodea, su medio es la nada.

La filosofía de la vida de Nietzsche, e incluso la de Sören Kierkegaard, se mueve dentro de este concepto del nihilismo, pero buscando siempre un camino de superación. Nietzsche se siente arrojado en un mundo sin sentido, «como un interrogante suspendido en la nada, o como un acontecimiento sin plan». El nihilista abandona el principio de fe, que consiste en creer que el sentido puesto en las cosas, es la verdad, que expresa la realidad en sí misma. Nietzsche descubre que el verdadero interés que se esconde tras el trabajo, es el nihilismo.

"El nihilismo es la primera de sus tareas, que exige otra segunda por la que se continúe la reconstrucción del «más allá» del nihilismo".[49]

El hombre no trabaja para hallarse atado a las exigencias del dinero, que según Marx, es el verdadero espíritu de las cosas, sino que necesita huir de todas las cosas, y de sí mismo. El nihilismo para Nietzsche no es algo absoluto, sino que contiene en sí las posibilidades de su propia superación. También para Nietzsche el nihilismo es como la muerte de Dios, que se distingue de toda toma de posesión atea precisamente por su carácter de evento, al respecto afirma Nietzsche:

"...el nihilista filosófico está convencido de que todo lo que sucede está vacío de sentido y es en vano: y no debería existir ningún ser vacío de sentido y en vano. Pero ¿de dónde proviene este «no debería»?".[50]

5.2 Las tres posibilidades del hombre ante el nihilismo

Nietzsche distingue entre «*un nihilismo activo* y un *nihilismo pasivo*». El «*nihilismo activo*» según en VP (Af. 15 p. 38), se define sobre la base de la fuerza con que podemos confesar la necesidad de la mentira. Mientras que el «*nihilismo pasivo*» según la misma obra, es la pura y simple constatación del hecho de que todos los valores supremos se han desvalorizados, constatación que da lugar a una «*absoluta insostenibilidad de la existencia*» (VP. o. c. Af. 3 p. 33) Ambos tipos de

---

[49] Maceiras Fafián, Manuel o. c. p. 72.

[50] Vattimo, Gianni. *El sujeto y la máscara,* o. c. p. 181 en referencia a la VP.

nihilismos se relacionan con la idea del eterno retorno según aparece en HDH. (Af. 34 p.62) donde Nietzsche se pregunta ¿cómo es posible existir con la conciencia de la necesidad y la universalidad de la ficción? Mediante esta universalidad de la ficción que es interna, se le da un sentido al devenir en orden a una meta. Por eso el nihilismo es como un pensamiento de una duración sin finalidad ni meta, por el cual somos engañados y al mismo tiempo se carece de la fuerza de no ser engañados, por eso, el nihilismo no es sino el mismo el pensamiento más paralizante. El nihilismo no es sino la nada misma:

> *"...imaginémonos este pensamiento en su forma más terrible: la existencia tal cual es, sin sentido ni finalidad, pero que vuelve inevitablemente, sin un final en la nada: «el eterno retorno». Y ésta es la forma extrema del nihilismo: la nada (el no sentido) eterno".*[51]

Es necesario pasar por el nihilismo, para entonces llegar a comprender cuál es el valor de los valores pasados. Nietzsche busca superar el nihilismo y los valores decadentes (i.e. preceptos morales tradicionales) analizando a éstos desde la perspectiva de la vida ascendente y descendiente, de lo débil y de lo fuerte. Toda su crítica a la moral y a la religión obedece a este propósito nietzscheano. Para Nietzsche, uno de los signos del *nihilismo*, es la aparición de la conciencia moral en la cultura. Los moralistas son signos de empobrecimiento de la cultura: Dice Nietzsche:

> *"...Nosotros que somos distintos, nosotros los inmoralistas, hemos abierto por el contrario, nuestro corazón a toda especie de intelección, comprensión. Aprobación...Pero nosotros mismos, los inmoralistas, somos aquí la respuesta".*[52]

> *"No hay error más peligroso que confundir la consecuencia con la causa: yo llamo la auténtica corrupción de la razón. Sin embargo ese*

---

[51] Vattimo, Gianni. o. c. p. 175. Y VP o. c. Af. 55 La crisis: El Nihilismo y la idea de retorno ps. 58-62.

[52] CI o. c Af. 6 p. 58 y Af. 1 p. 61 "Wir Anderen, wir Immoralisten haben umgekehrt unser Herz weit gemacht für alles Art Verstehn, Begreifen, Gutheissen...Aber wir selbst, wir Immoralisten, sind hier die Antwort". GD. o. c. Band 6. Af. 6 Moral als Widernatur p. 87^{-20-25}.

error pertenece a uno de los hábitos más viejos y más jóvenes de la humanidad: entre nosotros está incluso santificado, lleva el nombre de «religión», de «moral»".[53]

Ahora bien, la condición previa, para que la superación se efectúe, es la muerte de Dios y de toda la moral cristiana. Para Nietzsche esta superación consiste en una afirmación de la existencia de la totalidad; Lo que implica una valoración ingenua y al mismo tiempo cínica de la realidad, más allá de todas las diferenciaciones morales y religiosas. El *superhombre* de Nietzsche ha vivido el nihilismo en todas sus formas. Ha podido adquirir nuevos valores, porque pudo atravesar el mar del nihilismo en que se garantiza su grandeza y se mide por la fuerza de su angustia. El *superhombre* también es cínico, pues ha matado a Dios, porque él es amoral, ya que niega la virtud y el ideal. Según Nietzsche el hombre tiene tres posibilidades que a su vez son tres etapas que se requieren para la superación.

De estas etapas nos habla a través del personaje de Zaratustra. (Las tres metamorfosis—» *camello*—» *león*—» *niño*): Así como camello acepta el yugo del deber, del ideal y de los valores eternos y pregunta de rodillas por lo que es pecado. Luego se hecha a correr por el desierto, y en su ansia de crearse nuevos valores y derechos, se transforma en el león que quiere conquistar la libertad, y un santo no aún frente al deber. En el tercer estado, el hombre llega a engendrar sus propios valores y se ha transformado en el niño, que es inocencia y olvido, un nuevo comenzar, un juego, una rueda que gira sobre sí, un primer movimiento, «una santa afirmación».[54]

Nietzsche llega a sentirse como un salvador del hombre, al querer salvarlo de este nihilismo al que la carga del pasado (la moral, la religión,

---

[53] CI o. c. Af. 1 p. 61 "Es giebt keinen gefährlicheren Irrthum, als die Folge mit de Ursache zu verwechseln: ich heisse ihn die eigentliche Verderbniss der Vernunft. Trotzdem gehört dieser Irrthum zu den ältesten und jüngsten Gewohnheiten der Menschheit: er ist selbst unter uns geheiligt, er trägt den Namen «Religion», «Moral»" . GD o.c. Band 6 Af. 1. *Die vier grossen Irrthürmer* p. 88-5.

[54] AHZ. o. c. I *De las tres transformaciones* ps. 53 a 55. ASZ. o. c. I. Von den drei Verwandlungen ps. 29-31.

las verdades y doctrinas idealistas) lo habían reducido en una nada y por eso llega a decir Zaratustra:

> "A redimir el pasado del hombre y transformar mediante su creación todo. «Fue», hasta, que la voluntad diga: «¡Mas así lo quise yo! Así lo querré» –esto es lo que yo llamé redención para ellos, únicamente a esto les enseñé a llamar redención... El hombre es algo que debe de ser superado...".[55]

5.3 Raíces del nihilismo del yo

Para finalizar este tema del nihilismo, podríamos decir que las raíces del nihilismo comienzan muy temprano en la vida. Estas raíces están compuestas por elementos de una interpretación moral del universo que pone la fuente de bondad o maldad fuera del mismo hombre, y por consiguiente presenta un «*bien* y un *mal*» común a todos. Es esta la famosa moralidad del «*premio* y del *castigo*». Los rasgos básicos de esta interpretación de la existencia, son nociones de que ésta es algo de la cual debemos ser perdonados. Nietzsche atacará duramente a esta noción del «*bien* y del *mal*» que tanto han acorralado a los hombres dentro de las rejas de la culpabilidad y del arrepentimiento. Afirma Nietzsche:

> "Existe una vieja ilusión que se llama bien y mal. En torno a adivinos y astrólogos ha girado hasta ahora la rueda de esa ilusión. En otro tiempo la gente creía en adivinos y astrólogos: y por eso creía «Todo es destino: ¡debes puesto que te vez forzado!». Pero luego la gente desconfió de todos los adivinos y astrólogos: y por eso creyó «Todo es libertad: ¡puedes puesto que puedes!» ¡Oh! hermanos míos, acerca de lo que son las estrellas y el futuro ha habido hasta ahora tan sólo ilusiones, pero no saber: y por eso acerca de lo que son el bien y el mal ha habido hasta ahora tan sólo ilusiones, ¡pero no saber!".[56]

Finalmente, Nietzsche culpará a los teólogos, que en su búsqueda de poder, provocan como consecuencia el nihilismo del ser.

---

[55] *Ibíd.* III *De viejas y nuevas tablas* 3 y 4 p. 281 ASZ o. c. Band 4 III *Von alten und neuen Tafeln* 3 y 4 p. 249- 5 y -2 5.

[56] ASZ o. c. 9 p. 285 Band 4 III Von alten und neuen Tafeln 9 p. 253- 5–10.

> *"El instinto de los teólogos, él es la forma más difundida de la falsedad que haya en la tierra...Lo que un teólogo siente como verdadero, eso es necesariamente falso... Los teólogos extienden la mano hacia el poder, no dudemos de qué es lo que acontece en el fondo, todas esas veces: la voluntad de final, la voluntad nihilista quiere alcanzar el poder..."*.[57]

Fue el hombre quien puso los valores sobre las cosas a fin de sobrevivir. Fue el mismo hombre el que creó el sentido de las cosas, un sentido humano del valor, por eso se llama hombre. Es decir el que evalúa ya que evaluar es crear:

> *"Valorar es crear: ¡oídlo, creadores! El valorar mismo es el tesoro y la joya de todas las cosas valoradas. Sólo por el valorar existe el valor: y sin el valorar estaría vacía la nuez de la existencia, ¡Oídlo, creadores! Cambio de los valores —es cambio de los creadores, Siempre aniquila el que tiene que ser un creador"*.[58]

Para J. Habermas, Nietzsche ha tratado de darnos los fundamentos de una trasmutación de todos los valores con su conocida teoría de la *Voluntad de Poder* y con su hipótesis del *Eterno Retorno* de lo mismo. Realiza una conexión entre estos dos sistemas con la doctrina del *nihilismo*, como resultado de una crítica de la moral.[59]

Nietzsche dirige y aplica hasta sus últimas consecuencias el *nihilismo* como método. Una vez más, ahora contra la ilustración historicista, la figura del pensamiento que la dialéctica de la ilustración representa, pero con la única finalidad de hacer *implosionar* la envoltura de la razón de la modernidad, para justificar sin compromisos de ninguna índole la necesidad de una nueva verdad. Según Darío Botero Uribe, la interpretación que M. Heidegger da de Nietzsche en su obra *Holzwege*, niega que éste salga esencialmente al horizonte *(offen Welt)* de un nuevo amanecer del mundo. Sostiene que Nietzsche sigue prisionero de la

---

[57] AC o. c. Af. 9 p. 34 DAC o c. Band 6 Af. 9 ps. 175-176-30-10 Ver cap. IV 3 1: *Creencia, valor y verdad*. cita 49 p. 258.

[58] AHZ. o. c. I De las mil metas y de la única meta ps.100-101 ASZ. o. c. Band 4 I Von tausend und Einem Ziele p. 75-25.

[59] Habermas, Jürgen, (1982) *Sobre Nietzsche y otros ensayos*, Edit. Tecnos Madrid. p. 35.

metafísica, porque se alimenta de una determinada manera, de la tendencia fundamental de ésta.

> *"El nihilismo, es pues la propia conciencia cristiana en crisis, es la convicción de los hombres de que los símbolos cristianos no representan lo que dicen representar, que son meros fantasmas, construcciones vacías de sentido, que comportan sin embargo una voluntad de la nada, porque a esos supérstites del cristianismo puede aplicar legítimamente la frase con la cual Nietzsche finaliza "La Genealogía de la Moral: "El hombre prefiere querer la nada a no querer...".*[60]

Nietzsche acusa al racionalismo extremo de ser la causa del nihilismo, porque ha pensado el mundo de una manera que nos es imposible reconocernos en ella. Asumieron la existencia con las categorías de «*fin, de unidad, y de verdad*», revelando con ello una imagen falsa y artificiosa de la realidad existencial. Para Nietzsche la antítesis de la vida causada por el mismo racionalismo y el cristianismo, es la que hace absurda la moral, es decir la que produce el nihilismo. Este nihilismo no es sino la expresión del hundimiento de los valores establecidos. Este nihilismo preanuncia el cambio, pero no es el cambio como tal. Constituye una fase necesaria de la transformación (*Umwerthung*), es solamente negación, destrucción, no vislumbra como tal algo nuevo. El hombre afirma la vida en su eterno devenir transformador. Sobre este nihilismo nietzscheano afirma A. Ruano:

> *"A coro con otras voces de este siglo, la de Levi-Strauß repite que el mundo comenzó sin el hombre y terminará sin él. Es hebreo, y su afirmación puede interpretarse, por igual, en trasfondo bíblico, en el trasfondo darwiniano-nietzscheano. El hombre no hace falta en el mundo. Cósmicamente hablando, la especie racional es producto desechable".*[61]

A través del proceso nihilista, y dentro de una visión sincera de buscar un modo para salvar al hombre de las garras del «*mundo de la ratio*», del «*mundo de los dogmas teológicos*», Nietzsche presenta al hombre una oportunidad de reiniciar su vida retornando al pasado no

---

[60] Botero Uribe, Dario o. c. *Nietzsche: La voluntad de poder*, ps. 35-36.

[61] Ruano, Argimiro. o. c. p. IX.

maculado por la doctrina de Sócrates, quién para Nietzsche éste significa la disolución de los instintos griego, a fin de coger impulso y poder así repetir en su vida la escenas en la que el misionero Zaratustra le narra al Enano (*Zwerg*) la actitud del pastor que vomita la serpiente recuperando con ello, su entera dignidad y libertad. Por esto exclama Zaratustra:

> "...lejos de sí escupió la cabeza de la serpiente-: y se puso en pie de un salto. Ya no pastor, ya no hombre, –¡un transfigurado, iluminado, que reía!. ¡Nunca antes en la tierr5a había reído hombre alguno como él rió! ¡Oh! hermanos míos oí una risa que no era risa de hombre–, y ahora me devora una sed, un anhelo que nunca se aplaca...¡oh, cómo soporto el vivir aún! ¡Y cómo soportaría el morir ahora!".[62]

6. Conclusión

6.1 La Fe y la religión

Normalmente en filosofía, la fe no se incluye en el listado de los valores como lo moral, lo jurídico, lo político, lo cultural y lo histórico. Pero la fe es también un fenómeno social. Un fenómeno social de los más terribles y apabullantes que han existido y existen. La fe, a través de la historia, ha movilizado oleadas humanas, casi siempre a obras malas, especialmente de conquistas, tanto fanatizando como adormeciendo. Por eso yo las incluyo entre los valores, en forma, además, privilegiada. La fe es lo que más daño le ha causado al hombre desde la comunidad primitiva a la fecha. La fe, en forma siempre irracional, puede condenar, o puede aprobar, orientar y/o regular la conducta de las personas y de la sociedad, y hasta crear todo un sistema de representaciones morales. Con las mejores intenciones muchas veces se abraza a la fe. La fe «moviliza» o «paraliza» a las grandes masas, sobre todo al «animal de rebaño», al «gregario», al «animal enfermo hombre», o sea, al epígono. Pero también al hombre correcto le sucede muchas veces esto que dice:

---

[62] AHZ o. c. III *De la visión y el enigma* p. 232 ASZ o. c. Band 4 III *Vom Gesicht und Räthsel* 2 p. 202[-15-20-25].

> *"Quien al cabo se da cuenta de hasta qué punto y por cuánto tiempo ha sido engañado abraza, por despecho, incluso la realidad más fea; de modo que, visto el curso del mundo en su conjunto, es a ésta a la que en todas las épocas le han caído los mejores pretendientes, pues siempre han sido los que mejor y por más tiempo han sido deludidos".*[63]

¿Qué es, en sentido general, la fe, aunque la consideremos subsumida en lo moral o en lo religioso? Es: la aceptación, sin análisis, de la veracidad de un fenómeno, de una teoría, de un «líder», de una «verdad»; casi nunca de una mentira, siendo que a veces la mentira es la verdad. La fe muchas veces tiene un fundamento noble y ese es su gran problema, como acabamos de ver en la cita de Nietzsche, *"donde los mejores han sido engañados más y por más tiempo"*.

La fe es lo que muchas veces ha movido a las masas, no a los líderes. A los líderes los mueven los intereses personales, que cuanto más los disimulan a los intereses, mejor se les dan. Esa es la gran diferencia. Lo sobrenatural, Dios, ángeles, demonios, la creencia en ellos, es parte de la fe. La religión, el cristianismo, son la fe. La superstición y la fe son primas hermanas, como también lo son la doctrina y la fe. La fe se contrapone al saber. Por eso los pueblos necesitan «sabios y no santos», como dijo Nietzsche (FETG, con traducción de Luis F. Moreno Claro p. 38) Pero a veces la fe se apoya en las realidades de la vida, en los descubrimientos de la ciencia y en la inevitabilidad de la vida y el ser. Todo nace, se desarrolla y muere, realidad del ser y aprobado por la filosofía, se usa por los propagadores de fe para sembrar el terror y el espanto sobre el fin del mundo. ¿Cuál es la actitud de Nietzsche ante la fe? Aquí la respuesta:

> *"¡Ahora yo me voy solo, discípulos míos! ¡También vosotros os vais solos! Así lo quiero yo. Se recompensa mal a un maestro si permanece siempre discípulo… Vosotros me veneráis: pero, ¿qué ocurrirá si un día vuestra veneración se derrumba? !Cuidad de que no os aplaste una estatua!. ¿Decís que no crees en Zaratustra? ¡Más, que importa Zaratustra! Vosotros sois mis creyentes; ¡mas, qué importan los*

---

[63] HDH o. c. Primera parte. Opiniones y sentencias varias Af. 3. *Los pretendientes de la realidad.* p. 13 MAM o. c. Band 2 Vermischte Meinungen und Sprüche Af. 3 *Die Freier der Wirklichkeit* p. 381[-15].

creyentes!. No os habíais buscado aún a vosotros: entonces me encontrasteis. Así hacen todos los creyentes: por eso vale tan poco la fe. Ahora os ordeno que me perdáis a mí y que os encontréis a vosotros; y sólo «cuando todos hayáis renegado de mí[(*)]*» volveré entre vosotros"*.[64]

Esta frase lo dice todo acerca de la idea de Nietzsche sobre el peligro que significa la fe. Más profundidad filosófica no se puede pedir como respuesta. Pero este asunto de la fe como parte de la metafísica del hombre es tan importante en la práctica social, que no basta para entenderlo, no; hace falta algo más. ¿Quién es la creación máxima de Nietzsche, digamos su ídolo, su icono? ¡Zaratustra, porque decir Zaratustra y decir el superhombre (como generador de valores) y la voluntad de poder (como valor ella misma), es casi lo mismo! Sin embargo, para que desconfiemos de la fe y las creencias a ciega, es capaz de poner a Zaratustra en situación comprometida. También lo hace para la «repulsa a dejarse domesticar por interpretaciones *in vitro*».

Está claro, con tal de hacernos desconfiar de algo tan dañino como la fe, es capaz de comprometer hasta la creencia en lo máximo para él: Zaratustra. La fe es debilidad. El débil tiene que creer en algo, aunque sea una quimera; más en la providencia que en el propio esfuerzo. La fe es el apoyo de las doctrinas y del dogma. El dogma y la fe nos hacen operar con conceptos y fórmulas invariables negando el carácter concreto de la verdad. La fe está identificada, por antonomasia, con los dogmas que nos ha impuesto el cristianismo en sus representaciones religiosas. Las religiones, ya sean cristianas, musulmanas, budistas o judaicas, nos dan, a través de la fe, sus dogmas como verdades preestablecidas e indiscutibles. Incluso, de la mentira y la fatalidad de milenios, han levantado estatuas por doquier, razón por la cual Nietzsche nos advierte del peligro de que una de ellas nos aplaste. Y puede que una nos aplaste, cómo no, si siempre las estamos mirando embelesados y de rodillas. Por mirarlas de rodillas es que nos parecen tan altas. La fe y el dogma no pueden estar sujetos a crítica, especialmente para los creyentes activos. Sin embargo, los que nos imponen la fe van en

---

[64] EH o. c. Prólogo Af. 4 p. 20 EH o. c. Band 6 Vorwort Af. 4 p. 260-30 (*) Se tergiversa la sentencia de Mat. 10; 33: "Y el que me niegue delante de los hombres, yo también lo negaré delante de mi Padre que está en los Cielos".

contra de la naturaleza humana. La naturaleza humana, además de imperfecta, como la sociedad, es plural. Pero la religión, además de los sistemas políticos totalitarios, quieren a toda costa, hacernos singulares y unidimensionales tanto a los individuos como a la sociedad. La fe, en el concepto nietzscheano, va contra natura. En la iglesia, solo el cura puede hablar. En los sistemas políticos totalitarios puede hablar alguien más... pero si lo hace a favor. *"Lo demás es silencio"*.

El individuo y la sociedad no se pueden agotar en lo positivo como pretenden hacerlo los teólogos y demás sacerdotes, con sotana o sin sotana. Es preferible mil veces el criticismo de Kant ante los conceptos paralizantes de la religión. El devenir, que expresa la variabilidad sustancial de las cosas y los fenómenos tanto sociales como naturales, y que se produce ininterrumpidamente a ojos vista, es negado por la fe y el dogma de los cuales se forman con frecuencia las doctrinas, en este caso políticas, con sus secuelas de intolerancia y estancamiento social. La doctrina, familiar cercano e íntimo de la fe, trata de impedir el devenir, o sea, la transformación en otra cosa. La fe, la doctrina y el dogma maldicen a Heráclito con su «todo fluye». Nietzsche, a veces tácitamente, es decir, sugiriendo más bien que diciendo, fue repartiendo tareas y encomendando misiones. Al superhombre, por ejemplo, con la voluntad de poder, le dio la tarea de irradiar valores. A Zaratustra, acabar con la moral, la dualidad y de decir que la rueda de la historia es la lucha del bien con el mal. Al filósofo, le dio la tarea de atacar los problemas porque estos son los peores enemigos. Así, dice: *"...pues un filósofo que sea belicoso reta a duelo también a los problemas"*.[65]

Nietzsche atacó a Richard Wagner y David Strauss por lo que significaban como valores falsos para la cultura alemana:

> *"Así es como ataqué a Wagner, o, más exactamente, la falsedad, la bastardía de instintos de nuestra «cultura» que confunde a los refinados con los ricos, a los epígonos con los grandes"*.[66]

---

[65] EH o. c. *Por qué soy yo tan sabio* Af. 7 p. 36 "...denn ein Philosoph, der kriegerisch ist, fordert auch Probleme zum Zweikampf heraus". EH o. c. Band 6 *Warum ich so weise bin* Af. 7 p. 274$^{-10\text{-}15}$.

[66] *Ibíd*. Af. 7 p. 36 "...So griff ich Wagnern an, genauer die Falschheit, die Instinkt-Halbschlächtigkeit unsrer «Cultur», welche die Raffinirten mit den Reichen, die Späten mit den Grossen verwechselt". EH o. c. *Warum ich so weise bin*. Af. 7 ps. 275-6^{-30}.

Sólo en esos casos él atacaba hombres. Pero como filósofo «belicoso, problemático y curioso», más que todo atacaba a los problemas. La fe era y es uno de los mayores problemas. La fe es la que produce epígonos y animales de rebaño y sin estos, el mundo andaría mejor. Por culpa de la fe nos hemos movido siempre a las peores causas. Por culpa de la fe hemos sido gobernados por farsantes y redentores, o hemos estado adormecidos flotando en una dorada medianía sin angustias metafísicas y en el mejor de los casos, en una despreocupación festiva buena para las trivialidades de la vida cotidiana, no para las grandes obras y propósitos. La fe y el dogma, con la inflexibilidad, condujeron a la humanidad a la doctrina y ésta al poder, más bien al complejo de poder, que erosiona, corrompe y desintegra.

El rasgo distintivo de la fe es su incapacidad para tolerar la pluralidad y la imperfección humanas, y conduce, inevitablemente, al totalitarismo político que mata la multiplicidad de opciones, al concentrar las grandes decisiones en una sola persona, que por muy inteligente que sea, no lo es más que un pueblo entero. En fin, ¿cuál es la proyección de Nietzsche en cuanto a la fe? Que el hombre debe creer en sí mismo y en su análisis. No se trata, al rechazar la fe, de rendirle culto a la actitud iconoclasta y convertirse en nihilista. Se trata de rendirle culto a la investigación y al fortalecimiento del criterio propio y a la búsqueda de la veracidad. Esta es la razón por la cual Nietzsche pone en bocas de Zaratustra, su creación más preciada, las siguientes palabras que destacan la actitud del filósofo ante la fe y la creencia ciega e irracional. Zaratustra siembra la duda y la desconfianza para que se profundice en el análisis y en el proyecto aun a costa de su propio prestigio. Volverá a los hombres sólo cuando hayan profundizado tanto que incluso lleguen a renegar ¡hasta de él! Y se hayan convencido, ¡sólo así! de que Zaratustra tiene razón. Es mejor morir equivocado que creer que se tiene razón cuando en realidad no es así y vivir engatusado en un mundo de cerdos contentos. ¡Mejor la sospecha que la fe! ¡Aceptar la probabilidad y no la verdad! La filosofía es vida voluntaria y búsqueda de todo lo problemático.[67]

---

[67] Cfr. cap. V Nietzsche: el hombres, los valores de la discusión moral y el culto a los ideales. Cita 51 p. 322.

La fe es problemática y extraña en el existir del hombre. Problemática porque con ella y a través de ella se ha movilizado, a veces para las peores causas, oleadas de seres humanos que han matado y se han dejado matar a causa de ella, no de las convicciones. Extraña, porque el hombre, el único animal que habla y piensa, es, por naturaleza, libre y plural. La fe le reprime la pluralidad, las opciones y el vigor intelectual a los hombres, aunque a veces los ayuda a mantenerse vivos, pero existiendo no viviendo. Ni la fe ni nada puede justificar que el hombre sea como dice Nietzsche, con amargura:

> *"El único argumento definitivo que, en todos los tiempos, ha impedido a los hombres absorber un veneno, no es el temor de la muerte que podría ocasionar, sino su mal gusto".*[68]

La realidad es mejor, aun con mal gusto, que las «verdades» prefabricadas por la propaganda y que la fe, por muy buen gusto que ésta tenga. Los hombres tenemos que abandonar la inocencia y la cobardía. Nos gusta mucho justificarnos diciendo: "fuimos engañados", cuando la verdad es que por cobardes nos dejamos «engañar». Debemos unir voluntad e intelecto, sin dejar lagunas, para ganar. Para lograr lo anterior, según la idea nietzscheana, es necesario empezar por vencer a los filósofos, siendo éstos, en buena ley, quienes debieran ayudarnos. Los filósofos se han convertido, por el contrario, en nuestros enemigos. Creen éstos haber interpretado al hombre y se convirtieron, de esta triste manera, en moralistas, o sea, en corruptores del hombre. Dice Nietzsche:

> *"Los filósofos creían elevarse por encima de los de los moralistas. Así es como encontramos, por bases de las famosas doctrinas de Schopenhauer respecto a la primacía de la voluntad sobre el intelecto la invariabilidad del carácter, la negatividad de la alegría–que todas, tal como él las entiende, son errores...y todos los filósofos de la moda repiten y parecen saber exactamente que todas las cosas no tienen más que una sola voluntad (lo que equivale a decir, después de la descripción*

---

[68] VS o. c en 2da. parte de HDH Af. 41 *La absorción y no absorción de venenos* p. 33 MAM o. c. Band 2 Vermischte Meinungen und Sprüche II Af. 41 *Genuss und Nicht-Genuss von Giften* p. 399-5.

que se da de esta voluntad una y universal que se quiere tomar por Dios al estúpido demonio".[69]

Concluimos por ahora este trabajo sobre la devastación de la religión como devastación, con este pensamiento de Nietzsche en: La verdad no tolera otros dioses:

"La fe en la verdad comienza con la duda respecto a todas las "verdades" en que se ha creído hasta el presente".[70]

Este pensamiento resume, más que todo lo que nosotros podamos decir, que nunca será con la claridad y la profundidad de este clásico de la filosofía, cuál debe ser nuestra actitud ante la fe. No fe; investigación, duda, preguntas; no santos, sino sabios, científicos, superhombres y voluntad de poder; no compasión, sino vigor; no suerte, sino proyectos. Reforzando esta idea dice Vattimo citando a Nietzsche:

"Jesús de Nazareth amaba a los malos y no a los buenos: la vista de su indignación moral lo hacía hasta blasfemar. En cualquier ocasión en que se desarrollase un juicio, él tomaba partido contra los jueces: quiso ser destructor de la moral".[71]

6.2 A modo de epitafio ¿Dónde está Dios?

Después de toda esta devastación, nos podríamos preguntar ¿qué sitio reservado le queda a Dios, o dónde finalmente está Dios? Si Dios ha muerto, entonces, ¿qué rol tiene ahora la presencia de Dios a través de la manifestación religiosa? ¿No habrá sido acaso sepultado por la misma religión? Pero Nietzsche con su pensamiento revolucionario y renovador parece haber sepultado para siempre a la moral y a la religión. Atahualpa Yupanki que no quiere hacerse eco de la expresión de reza: *"si se calla el cantor, calla la vida"*, nos canta la ausencia de Dios en la vida de los obreros y los marginados, hijos de la explotación:

---

[69] HDH o. c. Af. 5 Un pecado original de los filósofos p. 20 MAM o. c. Band 2 Af. 5 Eine Erbsünden der Philosophen ps. 382-383⁻ ¹⁰⁻¹⁵⁻²⁰.

[70] *Ibíd*. Af 20 p. 24 "Der Glaube an die Wahrheit beginnt mit dem Zweifel in allen bis dahin geglaubten «Wahrheiten»". MAM o. c. Band 2 II *Wahrheit Hill keine Götter neben sich* Af. 20 p. 387⁻¹⁵.

[71] Vattimo, G. *El sujeto y la máscara*, o. c. p. 163.

La Preguntita

"Un día yo pregunté a mi abuelo, ¿dónde está Dios? mi abuelo se puso triste y nada me respondió. Mi abuelo murió en el campo sin rezo ni confesión y lo enterraron los indios con flauta de caña y tambor.

Al tiempo yo pregunté, ¿Padre, qué sabes de Dios? mi padre se puso serio y nada me respondió. Mi padre murió en la mina sin doctor ni protección, color de sangre minera tiene el oro del patrón.

Mi hermano vive en el monte y no conoce una flor, sudor, malaya, serpientes, es la vida del leñador, y que naide le pregunte ¿dónde está Dios? pues por su casa no ha pasado tan importante señor.

Yo canto por los caminos y cuando estoy en prisión, oigo las voces del pueblo que canta mejor que yo. Hay un asunto en la tierra más importante que Dios, y es que naide escupa sangre pa que otro viva mejor.

Que Dios vela por los pobres tal vez sí tal vez no, pero es seguro que almuerza en la mesa del patrón".[72]

---

[72] Atahualpa, Yupanki. *La preguntita,* Cantautor del folklore argentino.

7 LA VERDAD Y VERDAD RELIGIOSA

"Va pareciéndose cada vez más el filósofo, en cuanto es un hombre necesario del mañana y el pasado mañana, se ha encontrado y ha tenido que encontrarse en contradicción con su hoy: su enemigo ha sido siempre el ideal de hoy".[1]

"Si a nuestra conciencia la amaestramos, nos besa, a al mismo tiempo que nos muerde".[2]

I. Introducción

1.1 El enfrentamiento a la verdad

El filósofo, al ser por antonomasia promotor del hombre, tiene, pues, que romper esquemas de idealizaciones anticipándose al resto de los mortales y ha de decir cosas duras (por ejemplo, analizar la moral y lo que las autoridades han dado hasta hoy por verdad, de un modo grosero), o sea, no puede hablar como las viejecillas y los niños, sino como lo que es: como un filósofo; tiene que convertirse en la «conciencia malvada de su tiempo», según refiere Nietzsche en el (MBM af. 212 p.

---

[1] MBM o. c. VI. *Nosotros los doctos* Af. 212 p. 156. "Es will mir immer mehr so scheinen, dass der Philosoph als ein nothwendiger Mensch des Morgens und Übermorgens sich jederzeit mit seinem Heute in Widerspruch befunden hat und befinden musste: sein Feind war jedes Mal das Ideal von Heute". JGB o. c. Band 5 VI *Wir Gelehrten* Af. 212 p. 145-20.

[2] *Ibíd.* Af. 98 *Sentencias e interludios* p. 97 "Wenn man sein Gewissen dressirt, so küsst es uns zugleich indem es beisst". JGB o. c. Band 5 IV Af. 98 *Sprüche und Zwischenspiele* p. 91-20.

167), o no es filósofo ni amante de la sabiduría . Por esta razón el ideal de hoy es su mayor enemigo. El filósofo, si de veras quiere ayudar al hombre ha de sembrarle el alerta en su conciencia. La verdad, sin embargo, en términos generales, se asocia más que todo a la esfera de lo subjetivo en el proceder humano, es decir, pertenece al proceso discursivo, al pensamiento y no a las cosas mismas y a los recursos de su expresión por medio del lenguaje y es, por tanto, parte de la ideología y del hecho histórico. Pero aún así, la verdad es la realidad, lo que golpea duro. Poncio Pilato, cínico, pero inteligente, es verdad. La cruz es verdad y no el evangelio que nos presentan en ella ni la verdad del Cristo enigmático de los tantos a los que se les ha seguido y aún se les sigue en el Cercano Oriente, explicable este increíble hecho sólo debido a condiciones sociales específicas de atraso y como una predisposición fisiológica al fanatismo religioso, al espíritu tirano y al odio provocado por la impotencia. La verdad del Cristo, que además de lunático era predicador mendicante y milagrero, con pasta de mártir dócil que todo lo aguanta y perdona y que la trae a la verdad del más allá, lo que supuestamente es realmente una gran mentira. Todo cuanto ha movido a la historia, ya sea en su actuar positivo como en su bregar negativo a veces de retroceso, es decir, dialéctico, es verdad, pero nunca la que viene del más allá, sino con causas de orígenes terrestres. Toda destrucción dionisíaca, todo fluir y aniquilar heracliteano son también verdad en el sentido que nos ocupa. Pero aquello que nos llama al reposo, a la obediencia, al rebaño y las milagrerías, deja de ser útil, y por tanto, deja también de ser verdad. La esencia de la verdad es la realidad y la esencia de ésta es la acción. En general, y lo mismo si analizamos en concreto cada hecho y cada propuesta, la verdad es más destructora que constructora. Destruir y no buscar a ultranza el bien es el objeto de la verdad, que, como las leyes, se hizo para ser violada y no para ser respetada. Cuando empecemos a respetarlas, o sea, a adorarlas, nos empiezan a morder la cara y sacar los ojos al convertirse en doctrina y en convicción ideológica. Por eso, el «tiempo es el padre de la verdad y no la autoridad». La duda y la verdad como posibilidad, y no las afirmaciones, es, por tanto para nosotros, la mejor de las verdades. Las afirmaciones destruyeron a muchos imperios y los que le dieron fin son los que dudaban. Si el Imperio Romano duró tanto fue por su politeísmo, porque como los griegos, asimilaban todas las culturas y los dioses de los pueblos que iban sumando a sus conquistas, sin despreciar a ninguno, a pesar de ser gobernados por emperadores y cuando empezó a imponerse el monoteísmo les sobrevino desafortunadamente el declive. ¿Fue causalidad, casualidad histórica o efecto?

1.2. Tipos de verdad

De hecho, aparte de la verdad que representan la materia y la realidad, cada hombre tiene su verdad. Y la verdad como categoría filosófica, que tiene como criterio a la práctica, se puede dividir para su análisis, en:

Tipos de verdades:
- Verdad absoluta.
- Verdad relativa.
- Verdad objetiva.
- Verdad eterna.
- Verdad de los lenguajes formalizados.

Según Nicolás Abbagnano existen otras «verdades», pero a los efectos que nos proponemos en estos momentos, lo importante son las cinco anteriores y por supuesto, la verdad como utilidad, pero como ese es el objeto preciso de este capítulo, a esta última la iremos desarrollando todo el tiempo. (Cfr. Abbagnano, N. [1963] *Diccionario de filosofía* FCE. México. *Verdad* ps. 1180 a 1185).

Verdad absoluta. Es una categoría que caracteriza el proceso contradictorio de desarrollo del conocimiento y expresa lo ya conocido y aquello que esperamos lo sea en el ulterior avance de la ciencia en la más profunda y distante cognoscibilidad del hombre.

Verdad relativa. La que es conocida ya y que permanece irrefutable temporeramente, y que puede ser cambiada y puntualizada en el curso de un ulterior progreso de la ciencia y de las nuevas circunstancias.

Las verdades **absolutas y relativas**, especie de doctrinas para trabajar con ellas tanto en metafísica, como en física, ya que se trabajaría con el espacio, el tiempo y la gravedad, pudieran dar respuestas, según Vladimir Lenin (1870-1924) en, su obra *Materialismo y* *empiro-criticismo* (1909), a preguntas tales como: las representaciones humanas que expresan la verdad objetiva, ¿pueden expresarla de una vez por entero, incondicional y absolutamente o sólo aproximada y relativamente? La palabra «absoluto» se entiende como un conocimiento completo y acabado. Pero la realidad es que las verdades, independientemente y quizás debido a la verdad de cada persona está condicionada por el nivel alcanzado en la ciencia, en la técnica y en la producción. El descubrimiento de Copérnico, de que la tierra es quien da vueltas alrededor del sol y de que en la inmensidad del universo no somos más que un granito de arena, apenas fue aceptada como una vedad relativa por necesidades socio-económicas dado el entonces imperativo del desarrollo industrial y comercial de Europa y en particular de Italia, es decir, *la necesidad así lo exigía*. La causalidad fue la necesidad. No en balde casi al mismo tiempo y en el mismo lugar existieron Miguel Ángel, Rafael, Leonardo da Vinci, Cristóbal Colón, Marco Polo, N. Machiavello, Dante Aligheri, Giordano Bruno, y el Nuevo Mundo no pudo ser descubierto por un etíope y no por un problema racial, sino debido a la necesidad de un supuesto desarrollo económico y social. Verdad es que los innovadores todos estuvieron a punto de ser quemados por ello, pues en esa relatividad histórica *coexistían* en lo que hoy es Italia, y en la Ciudad Eterna, bañada por el ardiente sol del Renacimiento, los hombres más lúcidos y las ideas más avanzadas, con los grandes magnates de la Iglesia Católica dominada por un clero codicioso y supuestamente hundido en el vicio. Claro, como bien reza el refrán, «*donde se corta leña saltan astillas*» y en ese tiempo se gestaba la unidad territorial de Italia y se formaban grandes capitales y grandes intereses, lo cual repercutía en las ideas y en los comportamientos individuales y nadie podía aspirar a que fuera un proceso o un parto sin dolor, puro, bueno y demasiado bueno y demasiado humano.

Podemos afirmar que el cielo cristiano se terminó el seis de enero de 1610 con el escopetazo galileano, para convertirnos en satélites del sol (¡quién lo iba a decir: el mundo, y la Iglesia, a partir de Galileo son otro!). Ya hoy se pone en duda el famoso «big bang» y el cogitabundo homo sapiens se debate en echar por tierra las más complejas respuestas incluso que hoy tenemos como verdades acerca de cómo surgió el mundo y todo lo que materialmente existe. Los materialistas para acabar con aquello ingenuo, pero dañino a la vez del Antiguo Testamento (AT, 1.1.2.3, Génesis) de que *"En el principio Dios creó los cielos y la tierra...y Dios dijo sea la luz y fue la luz...y separó la luz de las tinieblas"*, repito, para acabar con el anticientífico y supuestamente adormecedor mensaje bíblico, idearon aquello de que «el mundo existió siempre» y después otro más dialéctico y científico de que es «algo que llegó a ser», no sólo en el espacio, sino en el tiempo. Hoy las agencias de investigaciones espaciales europeas y la NASA se están encargando, junto con el resto de la comunidad científica mundial, de ir aclarando más en concreto de dónde venimos, quiénes somos y hacia dónde vamos, con lo cual, eso creemos, será superada aquella verdad de los materialistas, pues la doctrina creacionista, son ya muy pocos los que la siguen defendiendo. Las verdades que un día fueron absolutas, hoy se van convirtiendo poco a poco en relativas y la duda y el escepticismo, no la fe, son más las verdades y es con las cuales trabajamos y nos identificamos mejor. La práctica del hombre y sus cada vez más amplios conocimientos extienden y hacen más exactas y concretas las respuestas a las preguntas: de dónde venimos, cómo nos formamos, hacia dónde vamos. A medida que las respuestas a las interrogantes sobre la naturaleza sean más exactas, en interacción con la metafísica, la propia respuesta filosófica y las ideas sobre «la verdad» irán cambiando. Cada día tendremos nuevas verdades a la vez que viejas verdades quedarán en el camino. No es el caso ahora situarnos aquí a hacerle al materialismo una defensa ni una amonestación que, por de más, no necesita. Pero sí decir que, no obstante sus limitaciones y su no escaso e inoportuno dogmatismo de siempre, ha sido más liberal a la vez que más preciso históricamente que el idealismo al establecer márgenes de duda con el fin de que se entienda que las verdades, con todo y lo científicas que sean en una época dada, son relativas en el sentido de que no proporcionan un conocimiento completo, acabado y exhaustivo sobre la esfera de los objetos estudiados y contienen elementos que, con el consiguiente progreso del conocimiento humano se modifican, se precisan, se profundizan y se sustituyen por otros.

No existe, por otro lado, un límite claro e infranqueable entre la verdad absoluta y la relativa. La suma de las verdades relativas, aun en la especulación, guardan, como las hipótesis, elementos de base científica cuyo conjunto forman las verdades absolutas a la vez que siempre lo absoluto será relativo y dialéctico para buscar, sin encontrarla nunca, la verdad absoluta ya que se nos aleja con nuevas hipótesis para seguir desechando y afirmando en un proceso de nunca acabar y de nunca encontrar una estación terminal. Toda verdad absoluta es, por tanto, también provisional. Y siguen y seguirán las preguntas sin fin al revés de como propugnaba Kant[3], donde dice, en su miedo eterno a pesar de su inteligencia: es una gran y necesaria prueba de sabiduría saber lo que razonablemente se debe preguntar... *"si la verdad consiste en el acuerdo de un conocimiento con su objeto"*. El hombre no se debe de limitar en el número de sus preguntas. Y unos errores serán sustituidos por otros y así, hasta penetrar cada vez más el gran y gigante error: «el error universal», como el propio I. Kant, en flagrante y clara contradicción con él mismo, le llamó a todo lo que está a nuestro alrededor, es decir, al universo. El error universal es la única y veraz verdad. Pero tenemos que llegar a conocer *la cosa en sí*, el objeto, para llegar a conocer la verdad. La verdad, para Kant, es el acuerdo de un conocimiento con el objeto y sería aplicado a todos los conocimientos sin distinción del objeto. No pretendemos hacerle la crítica (el análisis) «al viejo Kant» como le llamaba Nietzsche, pero aun así, queremos detenernos un poquito más en él en este objeto que nos propusimos de dilucidar en Nietzsche la verdad como utilidad. La verdad de Kant no nos sirve para intensificar la vida, pues mata, de entrada, la capacidad o la voluntad de hacernos preguntas, de diferenciar las verdades en relación con el objeto. Dice Kant:

> *"...las simples relaciones no hacen, sin embargo, conocer una cosa en sí; por consiguiente, bien podemos juzgar que, puesto que el sentido externo no nos da otra cosa que simples representaciones de relación, no puede encerrar en su representación, sino la relación de un objeto al sujeto y no lo que hay en el objeto en sí y le pertenece como algo propio y lo mismo ocurre con la intuición interna".*[4]

Es decir, en este tema vertebral de la verdad en filosofía como parte del proceso de la cognoscibilidad, no se puede alcanzar ningún criterio universal de la verdad del conocimiento en cuanto a su materia por ser

---

[3] Kant I. (1990) *Crítica de la razón pura* o. c. p. 260.

[4] *Ibid*. o. c. p. 249.

contradictorio en sí, cuando sería precisamente ese su mayor mérito a pesar de que fuera falso al final. Kant se acercaría bastante a la realidad de la verdad, si no se sostuviera en la negación de que el sujeto no pueda llegar al conocimiento de la «cosa en si» u objeto. En el fondo, se parecen él y Schopenhauer que todo lo empiezan y lo terminan en la esfera del pensamiento y en que el mundo y no la materia, es voluntad y representación. Las grandes preguntas del cogitabundo animal sapiente no tendrían con él respuesta *in crescendo* y sí las tendrían con la forma nietzscheana de pensar como más adelante iremos asimilando. Con el gran Kant negamos los resultados obtenidos anteriormente en las teorías humanas, algunas desechadas y otras comprobadas y desarrolladas, como la existencia de los átomos no sólo comprobada, sino desarrollada y aplicada a la práctica de la técnica y las tecnologías; igualmente las de simultaneidad e inercia en la mecánica clásica y en la teoría de la relatividad y las cuerdas y los universos superpuestos, de Albert Einstein (1879-1955); la posible existencia de la antimateria y los agujeros negros; la ley de la transformación de la energía, etc. todas las cuales nos acercan cada vez más al conocimiento de la cosa en sí.

Verdad objetiva. No depende de la voluntad y los deseos del sujeto, sino independiente de él y se distingue por el contenido del objeto reflejado y porque no subjetiviza el saber científico ni desacredita a la ciencia. Que la materia, por ejemplo, y el universo existen, es a la vez una verdad absoluta, relativa y objetiva.

Verdad eterna. Es parecida a la verdad absoluta y a la verdad objetiva, pero tanto ésta como aquélla, en el inmenso mar de la verdad relativa, la que más nos interesa junto a la objetiva, sólo representan microscópicas partículas, pues el desarrollo de la ciencia y el pensamiento humano van desmintiendo, negando o dejando pequeño lo que ayer y hoy consideramos como verdades eternas y absolutas. Un conocimiento y un pensamiento puede estar en contradicción en la búsqueda de la verdad con el objeto. Es la *conditio sine qua non* (remedando a Kant), la condición negativa de la verdad. El error estará siempre en el contenido (el error universal) y no en la forma ¡Y con todo, al objeto nos acercamos, pero no lo conoceremos o habremos llegado a una estación terminal!, con lo cual, en parte, hay que darle la razón a Kant.

2. La verdad desde el punto de vista natural y fisiológico

¿Merece, se pregunta Nietzsche en, si se debe prestarle más importancia al instinto, que a la razón? ¿Juicios sintéticos a priori? Y, ¿la apariencia visible, la más engañosa de todas y cuyos enemigos principales y victoriosos fueron, cada uno en su momento Galileo, G. Bruno, Copérnico y antes un poco los Pitagóricos, en la astronomía en particular? Hasta ellos tal parecía que la tierra estaba quieta, pues así lo dicen las apariencias, demostrándose de esta manera, que la verdad es mentira y la mentira es verdad. Y vuelve, una y otra vez, machacándonos, la eterna pregunta por conveniencia y utilidad como debe de ser toda cuestión filosófica si quiere escindir los espíritus: ¿instinto o razón? Hasta Sócrates y Platón, los griegos, paradigmas occidentales, entre ellos de Nietzsche, fueron instintivos, un poco menos Platón a quien según Nietzsche, la faltaba la plebeya y picante picardía de Sócrates, que por andar este último más en la calle y en contacto con todas las capas sociales, especialmente con los jóvenes, estaba mejor apegado a la realidad. O sea, Sócrates no es sólo que tuviera *plebeya picardía* sino que su método de filosofar, la mayéutica (investigación mediante interrogación al interlocutor) y como no tenía, que sepamos, segmentos sociales preferenciales para practicar su mayéutica, se veía más obligado al contacto con las personas y esto naturalmente, trae consecuencias. El instinto es, sin embargo, la primera manifestación de las inteligencias aristocráticas. Pero Sócrates surgió como una necesidad, no como una desgracia, en todo caso, como un mal necesario y nunca sacralizó al racionalismo, riéndose en secreto de sí mismo según la expresión nietzscheana. Los hombres necesitan también comprender más profundamente el porqué de las cosas, incluido su obrar, y eso lo proporciona sólo el racionalismo al elaborar más los presupuestos del pensamiento y la acción de los hombres. Después Platón un poco absolutizó el racionalismo (si bien el padre del racionalismo y abuelo de la revolución es Descartes), convirtiéndose Platón en cristiano, al igual que la persona de Zoroastro antes de Cristo.[5] La razón debe ser para ayudar a los instintos como era el ideal secreto de Sócrates y no para la fe y para la

---

[5] MBM o. c V *Para la historia natural de la moral* Af. 191 p. 120 JGB o. c Band 5 V zur Naturgeschichte der Moral. Af. 191 p. 112[-5-10-15].

formación de rebaños tal cual hace el cristianismo, para quien lo principal es obedecer con jefes y carneros-guías. Darle la autoridad sólo a la razón, como hizo Descartes a quien Nietzsche llama abuelo de la revolución y padre del racionalismo, es dejar que venza no la razón, sino la fe cristiano-católica en este caso, o el rebaño, como lo califica, con pasión de militante. La razón, en una palabra, debe de ser un instrumento de los instintos, es decir, de la inteligencia. Instintos y razón deben combinarse, pero dando prioridad, en última instancia, a los instintos para no llenarnos de moral. Ni debemos volver a antes de Sócrates, ni a después de Zoroastro y Platón y… en cuanto a Descartes dice:

> *"Habría que excluir a Descartes, padre del racionalismo (y en consecuencia padre de la revolución) que reconoció autoridad únicamente a la razón: pero ésta no es más que un instrumento, y Descartes era superficial".*[6]

Los espíritus libres a que aspiramos (los fuertes, los independientes, los preparados y los predestinados al mando) en un mundo cuya esencia es la voluntad de poder, no pueden tratar a la moral y a la verdad conocida con melindres: pues tienen el influjo tanto de la destrucción como de la construcción, como todo ser humano de naturaleza aristocrática, es decir, de espiritualidad elevada. La verdad, como la felicidad, consiste en buscarla. También verdad es, más que todo, lo que moviliza y golpea, ya sea para seguirla y utilizarla con un objeto, ya sea para combatirla porque nos esclaviza y estanca, tal como debe hacerse con las convicciones y las doctrinas, es decir, sin convertirnos en esclavos de ellas. La verdad, si lo es, siempre moviliza, ya sea para demostrarla, ya sea para rechazarla, convirtiéndose así, en lucha del bien con el mal y en rueda de la historia. La verdad aunque sea terrible y mala, es válida porque la vida es imperfecta y no lineal. Donde no se puede estar es en el vegetar histórico, detenidos en el tiempo y comprimidos en el espacio temiéndoles a la guerra y a los conflictos. Las culturas fuertes, aquellas que son capaces de competir porque representan verdades, son las que perduran y rompen esquemas y llegan a ser. Y que nadie, por favor, se escandalice con los ejemplos duros que hemos sacado y seguiremos

---

[6] MBM o. c Af. 191 p. 121 JGB o. c. Band 5 V Af. 191 p. 113–5.

sacando de la realidad para exponerlos y compararlos, porque se basan en ideas nietzscheanas a las cuales compartimos. Nos dice:

"La felicidad y la virtud no son argumentos. Pero la gente, también a los espíritus reflexivos, les gusta olvidar que el hecho de que algo haga infelices y haga malvados a los hombres no es tampoco un argumento en contra. Algo pudiera ser verdadero, aunque resulte perjudicial y peligroso en grado sumo... Para ser un buen filósofo hace falta ser seco, claro, sin ilusiones. Un banquero que haya hecho fortuna posee una parte del carácter requerido para hacer descubrimientos en filosofía, es decir, para ver claro en lo que es".[7]

"¿Cómo? ¿No significa esto, para hablar de manera popular: está refutado Dios, pero no el diablo? ¡Al contrario! ¡Al contrario, amigos míos! Y, ¡qué diablos!, ¡quién os obliga a vosotros a hablar de manera popular!".[8]

Y agrega otro conflictivo, pero filosófico pensamiento:

"«Mi juicio es mi juicio: no es fácil que también otro tenga derecho a él» dice tal vez ese filósofo del futuro. Hay que apartar de nosotros el mal gusto de querer coincidir con muchos".[9]

Es indecoroso padecer de falta de criterio por querer ser 'simpático' a cuanto docto y a cuanto mediocre *autoconsolante* (que se consuela él mismo imaginándose y deseando siempre lo mejor) existe en este mundo. A estos les llamaría yo los hojalateros (del ¡ojalá!) o los «cuando» (cuándo sucederá esto, cuándo sucederá esto otro, siempre bueno, por supuesto como si lo maravilloso que existe en la tierra no hubiera sido logrado con sangre, sudor y lágrimas). Nietzsche compara a la verdad

---

[7] CI o. c. Af. 39 *El espíritu libre* ps. 63-64 JGB o. c. Band 5 II *Der freie Geist* Af. 39 ps. 56-57$^{25\text{-}30}$.

[8] MBM Af. 37 ps. 63 "«¿Wie ? Heisst das nicht populär geredet Gott ist widerlegt, der Teufel aber nicht-? » ! Im Gegentheil, meine Freunde! Und, zum Teufel auch, wer zwingt euch, populär zu reden!". JGB. Band 5 II *Der freie Geist* Af. 37 p. 56^{-5}.

[9] *Ibíd*. Af. 43 p. 67 "«Mein Urtheil ist mein Urtheil: dazu hat nicht leicht auch ein Anderer das Recht» - sagt vielleicht solch ein Philosoph der Zukunft. Man muss den schlechten Geschmack von sich abthun, mit Vielen übereinstimmen zu wollen". JGB o. c. Band 5 II *Der freie Geist* Af. 43 p. 60^{-10}.

con un guerrero y con una mujer. A la mujer, lo eterno inaccesible, no se la viola, se la conquista, pero ella ama sólo al guerrero y a él quiere darle hijos. Sólo el guerrero es la verdad hecha hombre: con energías rebosantes, con gozo de vida, valeroso, despreocupado, irónico (incluso satírico), violento y sanguinario si hiciera falta; fatalista alegre y confiado, trágico como el soldado griego de los tiempos troyanos o como Cristóbal Colón y los hombres españoles de los tiempos del descubrimiento y la conquista. El guerrero, por ser verdad, lleva dentro de sí, la sabiduría trágica y la veracidad, no odio ni rencores ni resentimientos. Al guerrero, por otro lado, que es duro como el creador, nada le remuerde la conciencia y lleva consigo la energía, la voluntad de poder (el mundo visto desde dentro, «en su carácter inteligible», que es un efecto y causalidad de la voluntad de poder para los espíritus libres o reflexivos) y el presupuesto fisiológico del superhombre, con vitalidad, por supuesto y con la prioridad filosófica del existencialismo y el pragmatismo. El guerrero, como la cima del hombre pertenece a la semiótica del superhombre. Al respecto del matiz ideológico de este asunto nos dice Nietzsche:

"En las montañas el camino más corto es el que va de cumbre a cumbre: mas, para ello se tienen que tener piernas largas. Cumbres han de ser sentencias: y aquellos a quienes se habla, hombres altos y robustos".[10]

El hombre fuerte, sólida verdad, como por ejemplo, el hombre de Göthe, mira hacia abajo o hacia los lados, nunca hacia arriba, como hace la rana constantemente desde el fondo del pantano y no llega a ver las cumbres jamás. Y continúa Nietzsche:

"Valerosos, despreocupados, irónicos, violentos, así nos quiere la sabiduría: es una mujer y esta ama siempre únicamente a un guerrero".[11]

---

[10] AHZ o. c. *Del leer y el escribir* p. 73 "Im Gebirge ist der nächste Weg von Gipfel zu Gipfel: aber dazu musst du lange Beine haben. Sprüche sollen Gipfel sein: und Die, zu denen gesprochen wird, Grosse und Hochwüchsige". ASZ o. c. Band 4 I Von Lesen und Schreiben p. 48-15.

[11] *Ibíd.* p. 74. "Muthig, unbekümmert, spöttisch, gewaltthätig - so will uns die Weisheit: sie ist ein Weib und liebt immer nur einen Kriegsman ". ASZ o. c. Band 4 *Von Lesen und Schreiben* p. 49-10.

Eso de que la mujer ama sólo a un guerrero es un simbolismo que se explica así: como ya dijimos, «mujer y verdad» son lo mismo en la idea de nuestro filósofo, pues afirmó que gracias a la mujer vino la verdad al mundo. En la selección natural la mujer no ama a un lisiado moral y la verdad sólo con un volcán o cataclismo se moviliza para la independencia y el mando. Ese (el guerrero u hombre de alturas) sería un hombre de apostólico ardor y con misión superior en la vida. Este es el verdadero canto a la vida, a la verdad como venida de la realidad y que como tal golpea y moviliza; a la verdad como sabiduría y al superhombre representado en la voluntad humana. La obra *MBM* está dedicado a la verdad y la verdad, como la mujer, «venera» y se «deja» conquistar sólo por un guerrero, por el luchador, por el creador. Es más, no se «deja» conquistar por el guerrero, es que sólo el guerrero tiene energías para conquistarla a esa, a la mujer, a esa que no le importa para nada la verdad porque ella es la verdad; y la verdad no se manifiesta a veces de forma meridiana, sino que ésta surge de la antítesis, del error y de la voluntad de poder. Lo demás, es fe, valores ascéticos inculcados predicadores de la Biblia desde el AT y contrarios al ideal aristocrático de vida. La verdad, como el arte trágico, se manifiesta únicamente en el hombre con estas características: valiente en lo personal, con mente clara, de pensamientos rápidos, con fuertes pulsiones alimentadoras de los instintos; con popularidad entre sus iguales sobre los cuales se debe destacar además, por su talento para el mando, sus condiciones para la euforia en el combate (la embriaguez-*Rausch*), con capacidad para la intriga; por último, es preciso que sea mejor soldado que persona. Sólo en este hombre se da la «voluntad de verdad». Este es el hombre sapiente y ardoroso, todo en uno, es decir, el guerrero. La voluntad de verdad es igual a la voluntad de poder, pues ambas se refieren a lo que debe ser la eterna voluntad humana y estas tienen como premisa la «no verdad y la no moral». La verdad surge sólo de la duda, de la inconformidad y del error universal. Por eso creemos que, en la cumbre del escepticismo y la más profunda meditación filosófica, dijo Nietzsche:

> *"¿Cómo podría una cosa surgir de su antítesis? ¿Por ejemplo, la verdad del error? ¿O la voluntad de verdad de la voluntad del engaño? ¿O la acción desinteresada del egoísmo? ¿O la pura y solar contemplación del genio de la concupiscencia? Semejante génesis es imposible...las cosas de valor sumo es preciso que tengan otro origen, un origen*

> *propio... en el seno del ser, en lo no pasajero, en el Dios oculto, en la «la cosa en sí», ¡Ahí es donde tiene que estar su fundamento, y en ninguna otra parte!".*[12]

¡Otra vez nos lleva Nietzsche a la vida, a la realidad, a la materia, al ser, al mundo material y nos sustrae del mundo del engaño, de lo superficial y pasajero, del mundo de los majestuosos edificios morales, para que busquemos en la realidad y en la utilidad para la vida, a la verdad!. Nos traslada, del mundo de los necios (seductor, engañador, mezquino); del mundo de los aparentes, pero profundos y simples deseos, al mundo de Dionisos. En el propio, nos hace Nietzsche aún más complejo el concepto de verdad y su búsqueda. No podía ser de otra manera. La verdad, si como ya hemos apreciado surge de la antítesis, del error y de la duda, o sea, del ser y la materia, tiene, como la moral un fuerte componente discursivo, vale decir, subjetivo y de utilidad para la vida y los intereses de los hombres. Entre las partes más grandes del pensar se encuentra la reacción instintiva, pero para entender la idea nietzscheana al respecto hay que leer también entre líneas todos sus libros. Por ejemplo:

> *"Así como el acto del nacimiento no entra en consideración para nada en el curso anterior y ulterior de la herencia: así tampoco es la conciencia en ningún sentido decisivo, antitética de lo instintivo, la mayor parte del pensar consciente de un filósofo está guiada de un modo secreto por sus instintos y es forzada por éstos a discurrir por determinados carriles".*[13]

Es decir, el pensar (producto superior de la materia altamente organizada, el cerebro humano, y que se refleja en conceptos, juicios, teorías, etc.), surge en el ser humano de modo obligado, instintivo, quiera el hombre o no quiera. Personalmente experimentamos esta afirmación: a veces queremos pensar y no lo logramos debidamente y a veces, como de un manantial fértil y prístino, brota el pensamiento como un torrente

---

[12] MBM o. c. *De los prejuicios de los filósofos* Af. 2 p. 22 JGB o. c. Band 5 I *Von den Vorurtheilen der Philosophen* Af. 2 p. 16^{-5-10}.

[13] *Ibíd*. Af. 3 ps. 23-24 JGB o. c. Band 5 I *Von den Vorurtheilen der Philosophen* Af. 3 p. 17^{-20}.

sin que lo podamos evitar, sólo que el filósofo, con lo que Nietzsche llama el pensar consciente, encarrila o encauza a ese pensamiento. De esta manera el mundo objetivo se conceptualiza, se teoriza y en este proceso, los intereses de los hombres lo deforman, lo crean, a ese mundo, o crean «su verdad». Quiere decir, subjetivizan, racionalizan el pensamiento. En este caso la razón viene a ayudar a los instintos para pulir, pudiéramos decir, lo que animalmente brotó de la actividad fisiológica. Si bien Nietzsche no utilizó mucho el lenguaje relacionado con lo social y con la producción, sí es cierto que lo vincula también a la realidad, a la materia y al sentido de la tierra.

Aquí se llena de complejidad y de subjetividad «el pensar consciente» y el componente instintivo se satura de racionalidad, o sea, de obligado socratismo, platonismo y cartesianismo. Pero más instintivo y racionalista que sea, por las particularidades de su surgimiento, hacen que el pensamiento y el propio lenguaje, más que otra cosa, sean un producto social. La verdad, por lo tanto, tiene un origen y un destino social por encima de todo. El proceso del pensar (donde se busca y se encuentra o no se busca y no se encuentra la verdad), tiene como resultado siempre una idea predeterminada y en estrecha relación con el lenguaje. También son propios del pensar procesos tales como: la abstracción, el análisis, la síntesis, la formulación de hipótesis, ideas, etc. De ahí le viene al hombre la capacidad de razonamiento (del cual ya tenían necesidad los griegos en la época socrática), la capacidad de demostración, o sea, de cognición ulterior de la realidad más fuertemente elaborada. Pero en primer lugar no lo concibe aislado de la conciencia global del hombre y no separa, implícitamente, materia y pensamiento como hacen los idealistas clásicos, por ejemplo, F. Hegel, que procura presentar el pensamiento de los individuos aislados como algo derivado de ciertos principios espirituales situados por encima de la materia y de la conciencia de los hombres. Claro, Hegel es un filósofo que profesa, de entrada y principio, dos certezas: una, se sabe histórico y efectivamente lo es en el mejor sentido de la palabra, o sea, tiene esa seguridad, como la tenemos nosotros respecto a él, de que es grande e histórico; otra, se cree, por tanto, final y esto es lo malo del asunto. Nunca antes de él un filósofo ocupó un puesto tan firme como heredero intelectual de toda la filosofía precedente y rechaza el sólo tomar, rechazar y dar ideas, como si se pusieran de manifiesto nada más que las diferencias y oposiciones, en la mayoría de los casos formales, entre los diferentes sistemas e ideas filosóficas. A diferencia de Hegel, de Bismarck y de Marx, con afirmaciones y certezas de estos dos últimos, Nietzscheano quiso, o no se atrevió, a proponer sistemas políticos concretos avanzados ni a la revoluciones «*tan siquiera en las altura*». Igual que sus compatriotas que él mismo critica por haber corrompido (entiéndase tergiversado) a los filósofos franceses, no podía proponer democracias como las actuales y les temió a las dictaduras afincadas en las mayorías como se presagiaban en su tiempo nacidas de revoluciones y se vio entre dos fuegos: ni admiraba a los nobles alemanes anquilosados y fuera de moda en una Europa que hacía más 350 años que quería cambiar, y que de hecho estaba poco a poco cambiando y encontrando a tropezones su verdad, ni quería revoluciones «obreras» ni propuso *democracias representativas* como hoy se les llama. No quería que Alemania siguiera tal como estaba, pero tampoco propuso repetir en su país el hecho francés de 1789 o el inglés de 1647-1649 (respectivas revoluciones burguesas) si bien entendía a Napoleón y lo consideraba prototipo de superhombre. También él, aunque no se diera cuenta, era más un hijo del medio (léase de la época y de las condiciones sociales imperantes) y no de un pastor en extremo pacífico y tranquilo por muy religioso Protestante que aquél fuera. Y, por último, igual que otros paladines del pensamiento, él no era dueño de la sapiencia absoluta y tenía derecho a no ver más allá de cierto lejano punto en la problematicidad humana y orientarse correctamente en la convulsionada Europa Occidental y en la oscura y triste Rusia de los implacables Zares. ¡No era un Dios como no lo somos tampoco nosotros!

Por eso Nietzsche, opta por otra variante, intermedia, pudiéramos decir: nos propone una evolución meta democrática, más allá del cosmos populista, de las sectas así sean religiosas, de los partidos políticos y de la representatividad clasista (recordemos que su ideal era aristocratizarnos a todos), para ir a un hombre superior, fuera de serie y veraz, de pensamiento aristocrático, el superhombre y la voluntad de poder. No deja de ser la anterior propuesta, como en los idealistas clásicos alemanes, una evolución del pensamiento, pero es una especie de «batalla de ideas» o revolución en las alturas como la que proponían los idealistas clásicos alemanes, pero con otras connotaciones en el caso de Nietzsche: más vitalistas las propuestas, más del propuesto «sentido de la tierra» (léase «realidad» en el contexto discursivo nietzscheano) y de pragmatismo existencialista: hacer lo que la práctica haya corroborado como útil para incrementar la vida; con un hombre, no nos cansaremos de repetirlo, que primero existe, *come y bebe* como hasta el propio Jesús expresó acerca del hijo del hombre, y después piensa y se forma una cultura. Nietzsche, como figura proteica al contrario de Descartes, que primero existe y luego piensa, es evolucionista, pero no en esencia pacífico, sino guerrero del pensamiento. En esta su guerra de ideas participan no «solamente las alturas», sino todos los hombres sin espíritu gregario. O sea, existen matices diferenciales a la vez que importantes semejanzas entre esta evolución del pensamiento de Hegel, Fichte, Schelling y Nietzsche, las cuales son:

a) Hegel, Fichte y Schelling niegan implícitamente todo condicionamiento material en la capacidad humana para el cambio y afirman que, en las silenciosas regiones del pensamiento que se regenera y vuelve y vuelve a sí mismo constantemente(no se confunda con el eterno retorno) y que existe solo en sí mismo, se silencian primero y se eliminan después los intereses que mueven a los hombres y a los pueblos y toda transformación es en la idea y con las ideas; siempre en las alturas y sólo en la alturas, pues el pensamiento tiene la capacidad, según resuman su filosofías, de *autorrevolucionarse* y *autorre-generarse* espontáneamente por sí mismo sin la intervención para nada de los intereses de los hombres, de las masas y el desarrollo social junto al pensamiento.

b) Nietzsche concibe un hombre fuera de serie, que a pesar de ello es masivo en la sociedad, que no tiene conciencia sino instintos de acción, que crea y mata, si hiciera falta, jugando y es el agente transformador de la sociedad por excelencia y el cambio que prevé es no sólo en las alturas, sino en todo hombre rebelde y sin mediocridades en su cuerpo, es decir un hombre metatemporal y un sistema metademocrático.

Y, después está obligada especie de digresión acerca del pensamiento aplicado a la práctica de la política y del desarrollo, volvamos aunque sea superficialmente, a lo fisiológico. Tampoco absolutiza Nietzsche el sistema fisiológico en el proceso del pensar. Pavlov vivió 36 años más que Nietzsche y para la época de los estudios y experimentos de aquél ya éste había muerto y no conoció la teoría de los reflejos incondicionados y los condicionados, es decir, los que nacen con el hombre y los que éste adquiere en la experiencia vital y se manifiestan con sus instintos como carácter reflejo de la actividad psíquica. Los reflejos condicionados tienen mucho que ver con la conducta del hombre y su actitud ante la verdad o ante «su verdad». Pero el alemán no sólo era un psicólogo con garras para interpretar la vida, sino un conocedor de lo que es inmanente a la naturaleza del animal humano. Por eso sabía que, incluso los juicios más falsos (sintéticos y a priori), son también útiles para el hombre porque constituyen las ficciones lógicas, las que el hombre elabora después de lo incondicionado. Y termina esta idea:

> "*Admitir la no-verdad es condición de la vida: esto significa, desde luego, enfrentarse de modo peligroso a los sentimientos de valor habituales; y una filosofía que osa esto se coloca ya sólo con ello más allá del bien y del mal*".[14]

Admitir la no-verdad es el quid y la quintaesencia de este espectacular dictado. El pensamiento, y la verdad, deben ser útiles para la vida y no en el sentido utilitario y productivo como fe (tal cual diría un cristiano) ni como rebaño (como diría un nietzscheano), sino para ideales de alto alcance. La verdad está más allá del bien y del mal, está en la actitud pragmática y existencial pasando por encima de la moral, donde el hombre se crea a sí mismo y para sí mismo. Pero cada vez que se toca, aunque sea someramente a la veracidad y sus problemas, los filósofos, hasta los más honrados, se escandalizan en ruido grande y virtuoso, por lo que es mejor ser afilosófico como se es antihistórico y se es inmoralista. Sí, de la misma manera que no es suficiente al hombre en la historiografía la historia monumental y anticuaria, sino la historia crítica y el sentido antihistórico (el que le amplía los horizontes y le da tareas también mediatas), es necesario que nos imbuyamos del conocimiento sensorio del pensar afilosófico.

Del llamado pensar consciente surge la ideología, es decir, la verdad que el hombre cree, aunque con conciencia falsa que, por ser armazón lógica y racional del hombre, la considera Nietzsche útil y contra la cual no hay objeciones si es o tiene como causas a la voluntad de poder

---

[14] MBM o. c. I. *De los prejuicios de los filósofos* Af. 4 p. 24 JGB o. c. Band 5 Af. 4 p. 18-20 *Von den Verurtheilen der Philosophen.*

y el sentido de la tierra. El hombre se imagina fuerzas propulsoras falsas o aparentes en este proceso discursivo que es producto, tanto de un órgano fisiológico como del actuar social.

El hombre lo acepta a este proceso, de inicio, sin someterlo a juicio ni investigación y, trabajando sólo con material discursivo; no busca otra fuente más alejada e independiente del pensamiento. En este proceso, tanto para Engels como para Nietzsche, el pensador histórico es peor y más dañino que el ahistórico, pues encuentra siempre en los campos científicos, un material que se ha formado independientemente por obra del pensamiento de generaciones anteriores y que ha atravesado el cerebro de estas generaciones sucesivas por un proceso propio e independiente de evolución, pero con tendencias a la petrificación y el anquilosamiento. Incluso, el hecho histórico, en lo cual lo económico fue lo decisivo en *última instancia*, va más rápido que la mente de las personas en este acontecer. Le sucedió así a la revolución francesa, a la revolución rusa y al Sur de los EUA después de abolir oficialmente la esclavitud en que subsistió, sin embargo, la discriminación racial. Las transformaciones en el pensar y en la ideología son producto de los cambios en las relaciones económicas, que las determinan en última instancia. Pero aún así, los filósofos saben que los cambios en el pensar se producen con mucha más lentitud que los económicos y no siguen en forma mecánica ni mucho menos inmediata a la realización de estos últimos. Así, aún cuando ha sido creada la base material del nuevo sistema y son diferentes las relaciones de producción, sobreviven hábitos, costumbres e ideas producto de la ideología del pasado. Nadie puede aspirar a que, prejuicios, creencias y vicios incubados por los regímenes anteriores (digamos la Esclavitud, el Feudalismo y la propia religión) durante siglos y a veces milenios puedan erradicarse de la noche a la mañana. Los ecos nefastos de lo viejo se escuchan después del cambio aún mucho tiempo, y toman, en determinadas ocasiones, fuerza tal que logran obstaculizar a veces el desarrollo de la nueva vida.

Acerca de estas apariencias que se crean y que engañan al hombre como los espejismos en el desierto, se expresó Engels en una carta a Francisco Mehring, desde Londres, el 14 de julio de 1893.[15(*)]

---

[15] Gruppi, Luiano *Opere scelte* o.c. Carta de Engels a Franz Mehring, p. 1250 [(*)] F. Mehring, Historiador marxista alemán y fundador del partido comunista alemán 1846-1919.

Explica Nietzsche que, detrás y más allá de toda lógica, se encuentran exigencias fisiológicas orientadas a conservar una determinada especie de vida donde la apariencia (en este caso la subjetividad, en que creemos ver la realidad y no es así exactamente), es, sin embargo, más importante que la verdad, o sea, que son situaciones con resultados superficiales, en que suponiendo que el hombre no sea la medida de las cosas, como no lo es, sirve para conservar a seres como nosotros (¿intrascendentes en última instancia?).[16] Y así continúa en el propio con la siguiente idea:

"La falsedad de un juicio no es para nosotros ya una objeción contra el mismo… La cuestión está en saber hasta qué punto ese juicio favorece a la vida, conserva la vida, conserva la especie, quizá incluso selecciona la especie…".[17]

Lo único importante para Nietzsche es lo que favorece a la vida. Sin embargo, el hecho ideológico se produce sin que lo veamos ni a sus causas en forma lineal y con fronteras claramente definidas, si bien lo decisivo, *en última instancia* (como constantemente reiteramos) es el hecho económico. Un hecho histórico parido «en última instancia por hechos económicos» repercute a su vez, en forma contradictoria, sobre todo lo que lo rodea e incluso, según la idea de Engels, sobre sí mismo y sobre sus propias causas. Sin embargo, esto lo olvidan con frecuencia los filósofos tradicionales, por lo que es mejor, como dice Nietzsche, ser afilosófico de la misma manera que se es antihistórico. La ideología y los hechos históricos se producen no sin causalidad y sin necesidad y estas son siempre, sin falta, causas y necesidades económico-materiales que van interactuando con el pensamiento. Son los hombres, movidos por sus pensamientos y su subjetividad, los que hacen su historia aunque dentro de un medio dado que los condiciona cuyo hilo de engarce son las necesidades, las causas y las relaciones económicas teniendo en cuenta además, que sus aspiraciones se entrecruzan. Por eso en todas las sociedades y en toda época histórica impera la necesidad. La necesidad y el hecho económico son las causas del hecho

---

[16] MBM o. c I *De los prejuicios de los filósofos* Af. 3 ps. 24-25 JGB o. c. Band 5 I *von den Vorurtheilen des Philosophen* Af. 3 p. 17.

[17] *Ibíd*. I Af 4 p. 24 JGB o. c. Band. 5 I *Von den Vorurtheilen der Philosophen* Af. 4 p. 18-5.

ideológico. Lo anterior sucede también con los así llamados «grandes hombres» o superhombres o hombre pleno o hombre nuevo o hombre extraordinario, según sea Nietzsche, Marx, Ernesto Ché Guevara, Dostoiveski, Hugo Chávez o Juan Evo Morales Aimán, el que los designe o nombre.

3. Más sobre la idea del origen del pensamiento y de la verdad

3.1 Verdad y Voluntad

La esencia del mundo y del hombre es la voluntad de poder, la voluntad de dominio, la voluntad de ir siempre a por más. La voluntad influye, por supuesto, sobre el pensamiento, pero no a la manera schopenhauereana, de quien dijo Nietzsche:

> *"...Schopenhauer dio a entender que la voluntad era la única cosa que nos era propiamente conocida, conocida del todo y por entero, conocida sin sustracción ni añadidura, pero a mí continúa pareciéndome que Schopenhauer no hizo más que lo que suelen hacer justo los filósofos: tomó un prejuicio popular y lo exageró. A mí la volición me parece ante todo algo complicado...".*[18]

Claro, la idea del filósofo de Frankfurt juega y se hilvana con su concepto fijo de que el mundo no es más que voluntad y representación, con lo cual subordina, como Kant, los fenómenos a la conciencia y de que estos sólo son representaciones. Sin embargo, como ha demostrado la historia, son más válidos Heráclito, Demócrito, Galileo y Copérnico (por haber expuesto mejor la esencia material del mundo), que la voluntad ciega e irracional de Schopenhauer negadora, en el fondo, de la voluntad de vivir tal cual hace el cristianismo. Se lamenta Nietzsche de que los filósofos suelen hablar de la voluntad como si esta fuera la cosa más conocida del mundo. La volición, sin embargo, para el creador de MBM es un asunto harto complicado como para que se pueda tratar superficialmente. El trashumante y espinoso filósofo alemán no hizo,

---

[18] MBM o. c. I Af. 19 *De los prejuicios de los filósofos* p. 39 JGB Band 5 I *Von den Vorurtheilen der Philosophen* Af. 19 ps. 31-32[-30].

desde luego, otra cosa que recoger la jabalina donde la había clavado Schopenhauer y llevarla unos cuantos metros más allá, pero para ello se fue de la esfera de los filósofos tradicionales a su manera muy propia (pragmática y antidogmática): para él, el sentir es un sentir múltiple. Esto quiere decir que también los es el pensar, que es complejo, no en flecha.

> *"...así también debemos admitir en segundo término, el pensar en todo acto de voluntad hay un pensamiento que manda y no se crea que es posible separar ese pensamiento de la volición como si entonces quedara ya sólo voluntad".*[19]

Aunque Nietzsche parece olvidar las causales económicas del asunto, fija con claridad que la voluntad es un medio dirigido a un fin y no sólo un complejo fisiológico del sentir y el pensar: es dirigida al mando y a su efecto, o sea, a «la tensión de la atención». Toda idea de Nietzsche es dirigida a fortalecer la vida y ser útil a la vida, en especial, como más adelante comprobaremos, en la esfera del gobierno y al mando y al automovimiento. Lo que no tenga utilidad práctica para incrementar la vida, ¿para qué la queremos? De no ser útil no tiene sentido alguno. Y la idea de la voluntad aunque sea dirigida con sus efectos al mando, no es suficiente la buena fe del volente, o sea, lo importante es la acción, esencia y objeto de la vida, pero en la que no basta la buena fe. Y la voluntad es dual y contradictoria: es tanto para el mando como para el que obedece y esa dualidad no debe olvidarse en forma engañosa. El volente cree que voluntad y acción son una y la misma cosa. El verdadero volente, en la utilidad práctica manda y al mismo tiempo se identifica con el ejecutor de su orden y disfrutan ambos, en cuanto tal, el triunfo sobre las resistencias:

> *"...pero dentro de sí mismo juzga que es su voluntad que propiamente venció a las resistencias".*[20]

El ejecutor se identifica siempre con el del mando y ambos son, no obstante, portadores de la voluntad de poder y superhombres. Una

---

[19] MBM o. c. Af. 19 p. 39 JGB o. c. Band 5 I Af. 19 p. 32^{-15}.

[20] MBM o. c Af. 19 p. 40 "...aber bei sich urtheil, sein Wille selbst sei es, der eigentlich die Widerstände überwinde". Af. 19 p. 40 JGB o. c. Band. 5 I Af. 19 p. 33^{-20}.

verdadera voluntad de poder puede ser llevada a la práctica sólo por superhombres, tanto en función del mando como en función de ejecutantes. El anarquista, ese que proclama constantemente la maldición del mando y el estado y dice que, *ni César ni Dios,* no es un verdadero volente, pues la volición consiste sencillamente en mandar y obedecer, en tener disciplina, si bien no la disciplina del rebaño, que es la disciplina del esclavo. Y, ¿cuál es el efecto de la volición? El efecto «soy Yo» y siento, obedeciendo, el «Yo soy libre», pero en este caso particular el «Yo» es un concepto sintético que simboliza y quiere decir «Nosotros». Dice Nietzsche:

> *"Toda volición consiste sencillamente en mandar y obedecer, sobre la base, como hemos dicho, de una estructura social de muchas almas: por ello un filósofo debería arrogarse el derecho de considerar la volición en sí desde el ángulo de la moral: entendida la moral, desde luego, como doctrina de las relaciones de dominio en que surge el fenómeno vida".*[21]

Llevado al plano práctico del gobierno y de la política quiere decir que la clase gobernante, «*con verdadera volición*» y «*sensación de poder*», se identifica con los éxitos de la colectividad y la colectividad, con los éxitos del mando. Cuando los subordinados empiezan a alegrarse de los fracasos del mando es porque no hay verdadera volición y dejaron de identificarse mutuamente porque ya no coinciden los intereses. La libertad plena y el libre albedrío humano (ya abordado en otro capítulo), por nadie tan ampliamente concebida como lo hizo Nietzsche, no es la tendencia al caos, al libertinaje y a la esclavitud como antípoda, sino a la voluntad de mandar de forma natural, instintiva, consciente y de la misma manera, obedecer para lograr un fin elevado. Significa el no a la dinámica de los privilegios y el sí a la sensación de poder con un «Yo» por un «Nosotros», sin pastor y por supuesto, sin rebaño. Esta es también la dinámica de la voluntad de poder y en ella cada palabra significa lo que significa, ni más ni menos.

Se necesita, desde luego, para entender semejante dinámica, mucha educación y mucho desarrollo material también, análisis en el cual tuvo

---

[21] *Ibíd.* Af. 19 p. 41 JGB o. c Band. 5 I Von den Vorurtheilen der Philosophen Af. 19 p. 33^{-30}.

el filósofo alemán su mayor déficit, como ya hemos dicho reiteradamente. La libertad no es más que: la relación entre la actividad del hombre y las leyes objetivas de la naturaleza y la sociedad o como necesidad de la que se ha tomado conciencia, según la idea filosófica de Spinoza esta última. Sin desarrollo económico no habrá hombre libre, democrático y con voluntad de poder generalizada, es decir, no habrá el hombre fuerte concebido por Göthe. La pobreza produce no sólo anemia moral, sino anemia física. La verdad, por muy subjetiva que sea, ya que pertenece al ordenamiento lógico elaborado por el hombre, debe, y de hecho así es, surgir de la vida y su problemática, es decir, de un origen propio, de la veracidad fáctica, en correspondencia con la situación real de las cosas que se pretende transformar más que a las leyes que se desprenden de la lógica, es decir, del concepto de Leibniz con «sus verdades necesarias» o de razón (las verdades que el hombre crea a su medida) o las verdades contingentes o verdades de hecho. Debe usarse siempre más que todo, *el quizás* más que el absoluto para que no domine la voluntad de engaño. Menos mal, dice Nietzsche, que está surgiendo un nuevo tipo de filósofos, filósofos peligrosos quizás. Se desea filósofos que siembren en nosotros la duda y no la fe, el espíritu de investigación y no el pensar filosófico-religioso. No es pues, el hombre la medida de las cosas, sino el universo, la materia y a partir de Nietzsche, el superhombre se incorpora como la medida de las cosas. Cuando decíamos que, *el hombre es la medida de las cosas,* estábamos absolutizando no al hombre ni a su metafísica, sino a las Sagradas Escrituras y la silla de Pedro. La base de todo brotar filósofo hasta Nietzsche, ha sido la moral. Pero dice Nietzsche: *"Todo instinto ambiciona dominar: y en cuanto a tal, filosofar".* Por eso Nietzsche «defiende» tanto a los instintos y al dominio. El hombre, por naturaleza, aspira a conocer cada día más y a cada momento romper más resistencias, para lo cual se auxilia de la razón, pero desechando a la moral. Detrás de cada filosofar están siempre, sin duda, los intereses: la familia, el salario, la política; su moral o su idea de moral le proporcionan al que filosofa, más que todo quitarse la careta y decir quién es él (el hombre en cuestión), de qué orden jerárquico se encuentran recíprocamente situados los instintos más íntimos de su naturaleza. De ahí, que no nos debemos dejar engañar por «los modales grandiosos y el histrionismo de los grandes personajes» que, en ocasiones enmascaran los verdaderos objetivos y tienen gran poder movilizativo al ponerse ellos mismos en escena y esconder así el interés material que los inspira y las fuerzas de que se valen. Al respecto de los grandes demagogos y populistas dice Nietzsche en forma implícita:

> "¿Cómo? ¿Un gran hombre? Yo veo siempre tan sólo al comediante de su propio ideal".[22]

No quedan dudas, Nietzsche es el filósofo del alerta y el escepticismo respecto a la política, a la religión, al estado y los estadistas y los demagogos.

3.2 ¿Qué es vivir? ¿Vivir es verdad?

Querer vivir es querer -ser -distinto. Queremos ser distintos incluido ser diferente a la naturaleza. Los estoicos y Lao Tse querían que el hombre fuera como la naturaleza y entendían que tal era la misión del verdadero sabio. La felicidad, para ellos consiste en librarse de las pasiones y en el sosiego del alma y la indiferencia, pero desde luego, eran naturalistas y no propiamente materialistas como hoy conocemos este concepto y de ahí venían sus limitaciones. Predicaban, no obstante, que era necesario distinguir lo verdadero de la verdad. Lo verdadero, para los estoicos, es incorpóreo y no existe. La verdad existe sólo como cuerpo y los juicios eran condicionales y no categóricos. En una palabra, de esta manera, no nos invitaban a vivir, sino a existir y vegetar en «su regreso pacífico a la naturaleza», pues todo está predeterminado por el destino. ¡Si es así, «sábado de los sábados», y a vegetar! Al igual que Epicuro, los estoicos y Lao Tse negaban la intervención de los dioses en las cuestiones del mundo y creían en la eternidad de la naturaleza dotada de una cierta fuente interior de movimiento, con lo cual suscitan nuestra admiración, pues ya en aquellos lejanos tiempos dejaban de lado la fabulación y el mito religioso, tal como hicieron los naturalistas griegos. Pero en la esfera del conocimiento eran más sensualistas que materialistas y creían que las sensaciones eran siempre veraces al partir

---

[22] MBM o. c. IV *Sentencias e interludios* Af. 97 p. 97. "¿Wie? ¿Ein grosser Mann? Ich sehe immer nur den Schauspieler seines eignen Ideals". JGB o. c. Band 5 IV *Sprüche und Zwischenspiele* Af 97 p. 90-20.

de la verdad objetiva. El error, según ellos, surge de las interpretaciones que se les dé a las sensaciones. Pero el conocimiento tiene como objeto liberar al hombre de la ignorancia y que éste encuentre su verdad para que viva sin miedo, liberado de las supersticiones, liberado del miedo a los dioses, a la muerte, y sobre todo liberado del miedo a la vida sin lo cual no es posible la felicidad. El reposo, la ataraxia (¿mantenerse indiferente ante lo que acontece?), y la religión no le brindan al hombre la felicidad, o al menos, no la felicidad nietzscheana. La religión, ¿qué le ha dado al hombre? Tres cosas por completo distintas a la felicidad nietzscheana: «*soledad, culpabilidad y abstinencia sexual*».

Para Nietzsche, pragmático y existencialista en el sentido vitalista, la razón de ser del hombre es la acción, la actividad. La actividad no como medio, sino incluso como fin. Por eso su verdad se fija en más allá del bien y del mal y va a lo pragmático, con lo cual parecería, superficial y malignamente interpretado, que niega absolutamente todo tipo de reglas y culturas éticas de la realidad social tradicionalmente conocidas y generalmente aceptadas como moral, cuando en realidad se trata, de cabo a rabo en sus presupuestos filosóficos, de propugnar todo lo que sea útil al hombre aunque haya que pasar por encima de lo demasiado humano y del propio hombre si hiciera falta en determinado momento. Su moral y su vivir es la actividad en bien del hombre. Por eso exclama Nietzsche:

> *¿Queréis vivir «según la naturaleza»? ¡Oh, nobles estoicos, qué embuste de palabras!. Imaginaos un ser como la naturaleza, que es derrochadora sin medida, indiferente sin medida, que carece de intenciones y miramientos, de piedad, y justicia, que es feraz, y estéril e incierta al mismo tiempo imaginaos la indiferencia misma como poder, ¿cómo podríais vivir vosotros según esa indiferencia? Vivir –¿no es cabalmente un querer ser distinto de esa naturaleza?–*". [23]

Vivir, para Nietzsche, no es convertir en tiranía a la naturaleza, sino en ser distinto a esa naturaleza pasiva y pacífica, también a veces violenta sin objeto ni razón, a que nos quieren llevar de regreso los estoicos. Vivir es: evaluar, preferir, ser injusto intencionalmente, no

---

[23] MBM o. c. I *De los prejuicios de los filósofos* Af. 9 p. 28 JGB o. c Band 5 I *von den Vorurtheilen der Philosophen* Af. 9 ps. 21^{-25-30}-22.

como la naturaleza; ser limitado, ser «algo opuesto»; querer hermosas posibilidades antes que certezas y afirmaciones. Las afirmaciones, generadas por el monopolio, han sido la causa de la caída de los imperios. Vivir es saber diferenciar el mundo real y el mundo aparente. Vivir es burlarse de los fanáticos puritanos que se acuestan (a dormir y a morir) «sobre una nada segura» antes que sobre un algo incierto. Vivir es querer ir siempre adelante con fuerza, valor y sentido artístico. Vivir es alejarse, siempre alejarse y separarse de la apariencias visibles que se nos han inculcado por el cristianismo (el supuesto atomismo psíquico del cristianismo), cuyas referencias nietzscheanas podemos encontrarlas en MBM (Af. 12, p. 36). El atomismo psíquico concibe el alma indestructible, eterna, indivisible como un átomo, todo lo cual, como creencias, dice Nietzsche que debemos expulsar de nuestra conciencia. El primer instinto del hombre, superior éste a la naturaleza estoica, epicúrea y laotsiana, no es el de la mera conservación, es decir, la de la existencia, sino el de la voluntad de poder. La autoconservación no es más que una consecuencia, y no al revés, del espíritu de la voluntad de poder. Afirmar lo contrario es, para el filósofo de la acción como voluntad de vida, caer en «principios» de teólogos superfluos y de gustos y sentidos aplebeyados. Vivir es pensar. Pero cuando digo «Yo pienso», con las temerarias aseveraciones que se me ocurren de que soy yo quien piensa, quiere decir que tiene que existir algo proteico, objetivo y absoluto que piensa, es decir, un hombre en cuerpo físico de donde sale el alma.

Por lo tanto, en este mundo de tratar de encontrar la verdad, pensar es: una actividad que nos hace vivir, el efecto causado por un ser que a su vez es pensado como causa, que existe sobre todas las cosas un «Yo» que sabe qué es pensar y que al sujeto se le encuentra al partir del sujeto y no del objeto. El pensar consciente se produce aunque el hombre no quiera a partir de que éste es, en parte, producto de un órgano fisiológico que como soporte natural y genético es causa e instrumento del pensar. Existen también, desgraciadamente, el pensar plebeyo y esclavo junto al pensar aristocrático. Así:

> *"En suma, ese «Yo pienso» presupone que yo compare mi estado actual con otros estados que yo conozco en mí, para de ese modo establecer*

lo que tal estado es: en razón de ese recurso a un saber" diferente del estado no tiene para mí una 'certeza inmediata".[24]

Pero deja bien claro Nietzsche que, una cosa es lo que el hombre corriente y el pueblo creen y otra es la que el filósofo tiene que columbrar. Cuando al hombre corriente y común se le ocurre algo o asimiló algo que otro le dijo, cree que ese es el final, es decir, lo creyó como una certeza inmediata tal cual es: cándido observador que al fin y al cabo se nos muestra y no como una posibilidad tal a la manera que haría el escéptico capaz de penetrar las profundidades. De aquí, de la candidez, también, se forma el rebaño. Pero el filósofo es otra cosa, a no ser que sea un filósofo como Schopenhauer que, al creer que «Yo pienso», es, al tener esa «certezas inmediatas», algo que no fue sino una superstición para Schopenhauer como decir:

> *"«Yo quiero»: como si aquí por así decirlo, el conocer lograrse captar su objeto, de manera pura y desnuda, en cuanto «cosa en sí», y ni por parte del objeto ni por parte del sujeto tuviese lugar ningún falseamiento".*[25]

Para Schopenhauer es como si el objeto ya, con el sólo pensamiento, se construyera. Y no debe de haber certeza inmediata, conocimiento absoluto, pues, al igual que la cosa en sí schopenhauereana, en el terreno de los lenguajes formalizados, no es más que *contradicción del adjetivo*, algo que no pasa del proceso discursivo puro sin basamento material que le haya dado origen, es decir, sin verdadero piso ideológico. Si en AHZ Nietzsche nos somete, en una especie de tirón macroscópico a una estrategia de que no seamos gregarios de las ideas de otros, en especial de esa neurosis que viene siendo la religión del cristianismo, en MBM, nos lleva de la mano del escepticismo, la duda y el ateísmo bien entendido (no como herejía), al análisis microscópico del asunto. El pensar filosófico, como una especie de atavismo de alto rango, que nos viene de los griegos antiguos y de la naturaleza, no es tanto descubrir como reconocer, un volver atrás y un repatriarse. Un pensar filosófico

---

[24] MBM o. c. Af. 16 p. 37 JGB o. c. Band 5 I *Von den Vorurtheilen der Philosophen* Af. 16 p. 30^{-10}.

[25] *Ibíd.* Af. 16 p. 36 JGB o. c. I Af. 16 p. 29^{-20}.

debe de ser un movimiento hacia algo. Pero por no pensar más allá de lo humano demasiado humano y más allá del bien y del mal, la psicología, y también los filósofos, han estado hasta ahora pendientes de los temores y de los prejuicios morales. Es como si nuestro ambiente, nuestras opiniones, nuestros procesos mentales fueran, y lo son, tan diferentes, que frecuentemente interpretamos de manera diversa el mismo presupuesto filosófico y al propio filósofo en su conjunto. Los filósofos no han osado por eso descender a la profundidad, dice Nietzsche, y se han llenado de un sutil ateísmo (herejía vulgar diría yo) que dice: «ni Dios ni amo», como la consigna máxima de los anarquistas de donde sacan sus intenciones de poder y en la que:

> "...hasta la misma palabra «tiranía» acabase pareciendo inutilizable o una metáfora debilitante y suavizadora-algo demasiado humano-; y que, sin embargo, afirmase acerca de este mundo, en fin de cuentas, lo mismo que vosotros afirmáis...que tiene un curso« necesario» y «calculable», pero no porque en él dominen leyes, sino porque faltan absolutamente las leyes...".[26]

Se proclama, por los filósofos prejuiciados, en todas partes igualdad ante la ley como si se tratara de igualdad ante la naturaleza o como la igualdad proclamada por los hombre rebajados por sí mismos en su condición humana (moral de esclavos), ante lo que debe de ser soberano y privilegiado. El hombre se autoengaña y vive dentro de simplificaciones y falsificaciones, como si no nos rodearan peligros y no tuviéramos cerca el Apocalipsis, sino la felicidad sin fin. ¿A qué debemos aspirar? A que la voluntad de saber se levante sobre otra tan fuerte como ella: la voluntad de no saber. Si amamos a la vida, amemos el error y la posibilidad y no defendamos a muerte la verdad. No estemos tan seguros, repetimos la sentencia de Nietzsche *"por que si amaestramos a nuestra conciencia nos muerde a la vez que nos besa"* (cfr. cap. VII cita 1 p. 376) Por eso son tan peligrosas las doctrinas, las ideologías y las convicciones. Estas, se convierten en cárceles tanto para el amo que las genera como para el plebeyo-seguidor.

---

[26] MBM o. c. Af. 22 p. 45 JGB o. c. Band 5 I *Von den Vorurtheilen der Philosophen* Af. 22 p. 37-25.

3.3 La verdad nietzscheana viviseccionada

–No es la luz libre y fácil, sino la antítesis y la guerra la que nos lleva a la luz de la posibilidad, o sea, a la verdad nietzscheana. Es un concepto, como el del escepticismo, para luchar contra los dogmas, las convicciones y las ideologías y estimular en el hombre el espíritu de averiguación y no de afirmación. La enemistad contra la luz se refiere a la luz donde dice que la luz es la verdad que promete el Cristo en los Evangelios:

> *"Yo soy la luz del mundo; el que me sigue, no andará en tinieblas, sino que tendrá la luz de la vida. El que me envió es verdadero. La verdad está arriba. La verdad os hará libres. La verdad está en Dios; la verdad es hacer lo que a él le agrada. Mi testimonio es verdadero, dijo el Cristo, porque sé de dónde he venido y hacia dónde voy".*[27]

A esta afirmación y a esta verdad que está arriba, proveniente de un predicador enigmático, hacedor de milagros, taumaturgo, sublime, Nietzsche le opone y confronta con la verdad de Pilato (aristocrático, seguro de sí, cínico), es decir, la verdad de la duda en todo lo conocido hasta ahora y en todo incluso digno de conocerse y hacerlo pasar por apariencias. Mucho menos creer en una verdad que supuestamente está «arriba». En VS, (Af. 8, p. 21), Nietzsche hace referencias al magnífico pasaje «Jesús ante Pilato» (según Juan, 8, 53), en que el gobernador romano después de interrogar a Cristo y saber que éste no tenía nada que ver con este mundo y comprobar que no era más que un acusado sin pruebas, que a nadie le había hecho daño, se erigió abogado de él aunque sin mucha convicción y menores deseos, de donde hubo este diálogo: –Cristo: *"Todo aquel que está en la verdad, oye mi voz"*–.

---

[27] Evangelio de San Juan, cap. 8 versículos 12, 26, 29 y 32 y cap. 21, 31 *Biblia Latinoamericana* [12] "Iterum ergo locutus est eis Jesús dicens: Ego sum lux mundi; qui sequitur me non ambulat in tenebris, sed habebit lumen vitæ. [26] Sed qui me misit, verax est...[23] Et dicebat eis: Vos de deorsum estis, ego de supernis sum...[29] sed sicut docuit me Pater, hæc loquor; et qui me misit mecum est et non reliquit me solum, quia ego quæ placita sunt ei, facio semper... [32] et cognoscetis veritatem, et veritas liberabit vos....". *Evangelium secundum Joannem* 8, 12-26-29-32 Biblia Sacra Juxta Vulgatam Clementinam, (1956) Typis Societatis S. Joannis Evang. Declée et Socii, Edit. Pont. Romæ ps. [110-111].

Pilato, encogiéndose de hombros y con un mohín de desprecio y de burla en el rostro le dijo:

> *"¿Qué es la verdad? Y cuando hubo dicho esto, salió otra vez a los judíos y les dijo: Yo no hallo en él ningún delito".*[28]

Pero los judíos querían que sí, que hubiera pretextos para acabar con el Cristo. Después, como ya sabemos, tuvo Pilatos el histriónico-teatral gesto cínico de lavarse las manos y que todo quedara entre judíos. A él qué más le daba: ¡un judío más o un judío menos!... La historia posterior es también harto conocida... La verdad es hacer que se sospeche de todo lo que hoy se nos da como verdad y tener como verdad la búsqueda de ésta sumergiéndonos en el error universal, es decir, en todo lo que nos rodea y no «allá arriba».

"La verdad está arriba", contestó Cristo a Pilato. Bueno, una verdad que «*está arriba*», no presenta mucha evidencia. Eso en primer lugar. En segundo lugar, la verdad es entonces, Dios, pero faltan las pruebas de la existencia de Dios. Es más, para Nietzsche sobran las pruebas de que en realidad Dios no existe. Lo que existe es la copia espiritual del faraón al que el autor del AT. da por nombre Jehová. La única diferencia es que el autor de La Biblia, trata demasiado benevolentemente al Dios a pesar de que el AT. está lleno de ira, ira, y más ira. Ira de Dios contra los hombres, en fin, ira por todas partes y por la más mínima desobediencia, como el caso de la condena de muerte de Onán, por negarse a procrear hijos con Tamar. (Gn. 38, del 6 al 11) ¿No era así cómo actuaba el Yahvé ante la más insignificante indisciplina de los hombres y por las cuales les castigaba? El Dios era el faraón o el faraón era Dios, un Dios que no sólo castiga en la tierra, como el faraón, sino en el infierno cuando te mueras. Un Dios hecho para reforzar el poder del faraón por medio de una transposición de las almas: involuntariamente, en el hombre aparece, en la figura idealizada de Dios, la figura proteica del faraón, esta vez con poder aquí y en el más allá. Nos dice Nietzsche:

---

[28] *Biblia de Jerusalén* (1967) Declée de Brouwer Bilbao Jn. 18; 37-39 Mt. 27, 2; 11, 26; Mc. 15, 15; Lc. 23, 1-7- 13-15 23, 2.

> *"Durante larguísimo tiempo esos griegos se sirvieron de sus dioses cabalmente para mantener alejada de sí la «mala conciencia», para seguir estando contentos de su libertad de alma: es decir, de un sentido inverso al uso que el cristianismo ha hecho de su Dios".*[29]

Los griegos tenían a los dioses para servirse de ellos; el Dios del cristianismo es como el déspota, para que lo sirvan a él. El AT pudo muy bien haber sido escrito por Machiavello y se puede afirmar que no era mucha la diferencia entre César Borgia, hijo del Papa Alejandro VI (1475-1507) y príncipe de ducado de Valentinois y el Dios tipo faraón del cristianismo. –La verdad no puede, no debe, bajo ningún concepto, ser asumida superficialmente. Y si sacralizamos la verdad conocida, cuando ya deja de serlo, en el mejor de los casos, es decir, suponiendo que ciertamente haya en algún momento sido verdad, la convertimos no sólo en mentira, sino en algo paralizante. La verdad no podemos convertirla en Dios, porque del Dios es difícil huir, pero cuando es diablo aunque a veces se disfrace de Dios, sí pudimos alejarnos de él. La verdad no tolera otras verdades porque se le pone en duda, entonces, a ella y según la idea del AT no debe de haber comparaciones, las comparaciones son peligrosas. El filósofo que hay en Nietzsche cree en ideales, pero no los impuestos hasta hoy por la religión cristiana, sino en el ideal que se impone cada uno con intereses en el reino de esta tierra y por convicción reflexiva; ni tampoco en los que creemos, así, a pie juntilla e ingenuamente. Nietzsche sabe, y nosotros con él, que sin ideales un hombre es igual que un caballo ni más ni menos. ¿Buscarlos en lo prohibido? ¿Y si los verdaderos ideales están precisamente en lo prohibido? La verdad, perteneciente al lado de la subjetividad humana, consiste en ser buscada y no en poseerla. En la idea nietzscheana, toda verdad, toda conquista, todo paso adelante en el conocimiento es consecuencia del coraje y de la dureza, en primer lugar consigo mismo. Todo ideal, todo pensamiento, cuando se presenta ante nosotros, lo debemos ver

---

[29] GM o. c. II «*Culpa*», «*mala conciencia*» *y similares* Af. 23 p. 107 "Diese Griechen haben sich die längste Zeit ihrer Götter bedient, gerade um sich das «schlechte Gewissen» vom Leibe zu halten, um ihrer Freiheit der Seele froh bleiben zu dürfen: also in einem umgekehrten Verstande als das Christenthum Gebrauch von seinem Gotte gemacht hat". ZGM o. c. Band 5 II. «*Schuld*», «*schlechtes Gewissen* », *Verwandtes* Af. 23 p. 333[-30].

con altanería, sospecha, orgullo e inconscientemente preguntarnos si no debiéramos

> "...inconscientemente nos preguntamos si no podemos oponerle una antítesis como enemiga o bien añadirle un «quizá», un «a veces»; incluso la palabreja «probablemente» nos satisface, pues rompe la personalmente fastidiosa tiranía de lo incondicionado. Si, por el contrario, esa nueva tesis se nos aproxima en forma más suave, sutilmente tolerante y humildemente, y por así decir, arrojándose en brazos de la contradicción, ensayamos una prueba diferente de nuestra autocracia: qué ¿no podemos venir en ayuda de este ser débil, acariciarlo y alimentarlo, darle fuerza y plenitud, más aún, verdad e incluso incondicionalidad?".[30]

Un ideal que se presenta ante nosotros, la actitud ante él debe de ser: aceptarlo sólo como un teorema, no como un axioma y mucho menos si derrama sobre nosotros demasiada luz como para que nos encandile, pues esa autoridad (que no es más que una autoridad si la llevamos a la praxis) se nos vuelve un día escabrosa. Sí, llevada a las funciones de poder político estatal y práctico esta teoría nietzscheana nos advierte del siguiente problema: los líderes que de inicio tuvieron demasiado apoyo por haber hecho cosas de verdad grandes, se nos vuelve tan escabrosa su autoridad que termina ésta convirtiéndose en tiranía. No siempre el que hace, por ejemplo una revolución, es el más indicado para dirigir un país en la vida civil después del triunfo, pero ¿quién se lo dice después de haber adquirido prestigio y hálito movilizativo, en realidad adormecedor? La destrucción es necesaria, pero no siempre el que destruye es después buen constructor. Esa es la idea: ese hombre, aunque ya no lo sea, se convierte, a los ojos de los demás hombres, en verdadero. Y el hombre, por desgracia, prefiere, aunque se hunda, lo-verdadero a lo no-verdadero, porque lo verdadero es más útil y reporta más honores prácticos que lo no-verdadero. Aceptar, por tanto, la verdad, es más cómodo y menos peligroso. Al hombre-común, nos domina el oportunismo, sobre todo si se trata del campo político y

---

[30] HDH o. c. II Opiniones y sentencias varias Af. 26 *De la experiencia más íntima del pensador* p. 18 MAM o. c Band 2 II Af. 26 *Aus der innersten Erfahrung des Denkers* p. 389⁻ 20-25.

en la tarea de fundar estados o hacer reyes (king makers), *"¡nadie hablará ya de una necesidad de conocimiento en sí!"* (VS Af. 26 p. 27).

Nietzsche tenía como una de sus grandes verdades, el ateísmo verdadero, aquel al que se llega por resultado y resulta ser ateísmo por convicción reflexiva y no por herejía ni resentimientos. Se puede ser hereje y no ateo (Arrio, por ejemplo, aunque no le faltaban fuertes razones para su herejía). Pero de cualquier manera este no era el caso de Nietzsche, que fue, con mucho, un pensador superior a Arrio. Si nuestro amigo el alemán creía en un Dios, de lo cual incluso no estamos seguros, «ese Dios no era» el Todopoderoso tipo faraón egipcio que, con vicario aquí en la tierra para hacer las tareas sucias, ejercía sobre nosotros, y que vuelve a ejercerla si bajamos la guardia, su inmensa tiranía. El creía, si acaso, en el Dios individual y oculto de cada hombre y en otro Dios, el de las tinieblas y los abismos: en Dionisos, no en el Dios que parió al cristianismo, es decir, el del resentimiento, el del antimovimiento por su esencia, el de la gran rebelión en contra de los valores aristocráticos; el del Nuevo Testamento empezado en el AT en el cual cada hombre, como después sucedió con los Jesuitas fundados por Ignacio de Loyola (1491-1596) en el siglo XVI con el fin principal de luchar contra los éxitos de la Reforma. La verdad del ateísmo en Nietzsche cree que la conciencia no es la voz de Dios en el hombre, sino el instinto de la crueldad, y como uno de los más antiguos trasfondos de la cultura y eso de que Dios actúe detrás de los sacerdotes diciéndoles al oído lo que han de hacer, es a falta de algo mejor que decir y porque según la idea nietzscheana implícita en sus temas, no existió, hasta su libro AHZ, un contra ideal.

> *"El segundo tratado ofrece la psicología de la conciencia: ésta, no es como se cree de ordinario «la voz de Dios en el hombre», –es el instinto de la crueldad, que revierte hacia atrás cuando ya no puede seguir desahogándose hacia afuera"*.[31]

---

[31] EH o. c. GM ps. 121-122 "Die zweite Abhandlung giebt die Psychologie des Gewissens: dasselbe ist nicht, wie wohl geglaubt wird, «die Stimme Gottes im Menschen», - es ist der Instinkt der Graumsamkeit, der sich rückwärts wendet, nachdem er nicht mehr nach aussen hin entladen kann". EH o. c. Band 6 "Genealogíe der Moral"– Eine Streitschrift p. 352^{-2}.

O sea, la obra AHZ, como una de las verdades de Nietzsche, además de ser un himno a la vida, es también en el fondo, su respuesta al Nuevo Testamento que, por representar en esencia la moral del resentimiento y la verdad que viene del más allá, él negaba. Bueno, y en parte también al Antiguo Testamento, que en algunos lugares parece preferirlo al Nuevo Testamento y en la realidad lo detestaba tanto como a éste, pues fue aquí (en el AT) donde se formó el rebaño, lo que más odia Nietzsche y de donde más trataba de sacarnos. ¿Qué es si no la formación del rebaño?, este pasaje, ejemplo de los cuales está saturado el AT que dice Yahvé–Dios a Abraham convertido después en Abraham porque era padre de hombres o de muchedumbre de gentes:

> *"1- Cuando Abraham tenía noventa y nueve años, se le apareció Yahvé y le dijo: «Yo soy el Dios de las Alturas; anda en mi presencia y trata de ser perfecto. 2- Y yo confirmaré mi alianza entre ti y yo te multiplicaré más y más... 7- Esta es mi alianza que pacto contigo y con tu descendencia después de ti, de generación en generación... Yo seré el Dios tuyo, y después de ti, de tu descendencia".*[32]

AHZ y MBM, ambas obras nacieron de los momentos más felices de Nietzsche para llamarnos a luchar contra todo lo que hasta ahora ha aparecido en nuestras conciencias como santo, bueno, intocable, divino y este es no sólo el Nuevo Testamento el cristianismo y los nombres santos creados por éste, sino el AT lleno igualmente de predicaciones y explicaciones milagreras (el acto de la creación, la longevidad milenaria casi de Matusalén, Abraham engendrando hijos a los 99 años, etc.) de tiranías y de poder omnímodo y omnipresente sobre el hombre.

El AT es la antesala o muestra de lo que nos espera en el Nuevo Testamento. Estos obras AHZ y MBM nos siembran un espíritu para quien lo supremo es aquello en lo que el pueblo encuentra de verdad su medida de valor, aunque no signifique más que peligro y sin embargo, siembren confianza en sí mismo, en que la tragedia y la decisión serenas se ha rebelado contra toda la anterior palabrería llena de gestos huecos, grandilocuentes y solemnidades moralistas y no de signos de interrogación. Desde los inicios de la filosofía de Nietzsche, Dionisos es la

---

[32] *Biblia de Jerusalén* o. c. *Libro del Génesis* En Abram pasa a ser Abraham cap. 17, 1-7 p. 25.

contraparte del Dios del AT y del Nuevo Testamento a pesar de que en el AT haya un poco más de naturaleza, de gozo y de sexo (quizá milagrero, pero bueno, gozo al fin) que en el Nuevo Testamento, razón por la cual Nietzsche lo prefiere, pero como un mal menor según nuestro entender, pues del AT nada se espera y del nuevo sí, del nuevo los de la inferioridad sí esperan y tiene consecuencias prácticas nocivas para los humanos. El concepto de lo dionisiaco, con Zaratustra como el antípoda del Cristo, se vuelve acción suprema al lado del cual todo el anterior obrar humano aparece pobre, condicionado y lleno de miedos. Zaratustra, comparado incluso con los gigantes Göthe, Dante Shakespeare (genio salvaje, padre de la dramaturgia, el más inteligente y sensible de los dramaturgos), es uno que se hizo para crear y no para creer. Zaratustra no cree en verdades, sino que crea verdades y un espíritu diferente para gobernar al mundo. En Zaratustra el hombre, con el superhombre, supera al hombre y lo convierte en la «medida de todas las cosas». Jamás se soñó, antes de Zaratustra, que no la actitud epigonal y el rebaño, sino la arrogancia, los pies ligeros, la omnipresencia y la maldad, fueran lo esencial en el hombre. A la grandeza del superhombre es a lo que debe aspirar el hombre. El hombre, que no es de ninguna manera la medida de las cosas, ha de ser superado. Sin embargo, el Zaratustra es modelo de antítesis y negación a pesar de que recorre todo el camino filosófico; en grado inaudito niega todo lo afirmado hasta hoy. La verdad del Zaratustra es la verdad del escepticismo y de la religión de la virtud, no la del Todopoderoso Yahvé-Dios viniendo del más allá como un arrogante. Dios nunca amó al hombre, entonces, ¿por qué se le ha de tener compasión por las religiones si no es para dominarlo mejor? El hombre no debe de ser objeto de amor ni compasión; el hombre, como creador, debe de ser endurecido. Así, dice Nietzsche:

"El imperativo ¡Endureceos!, ¡la más honda certeza de que todos los creadores son duros, es el auténtico indicio de una naturaleza dionisíaca!".[33]

---

[33] EH o. c. en AHZ Af. 8 p. 117 "Der imperativ «! werdet harti», die unterste Gewissheit darüber, dass alle Schaffenden hart sind, ist das eigentliche Abzeichen einer dionysischen Natur". EH o. c. Band 6 "Alzo sprach Zarathustra" Af. 8 p. 349 -25.

Zaratustra, contrafigura de Jesús, cuando bajó de las montañas venía no con un rebaño y un Dios Todopoderoso y con *una verdad que está allá arriba,* sino con una nueva religión: la de la virtud y el verdadero evangelio, que no podía ser el de Jesús, pues este no es que haya muerto en la cruz, ya que nunca fue un evangelio veraz este de un Mesías ingenuo, milagrero y con los caracteres propios de un taumaturgo. En realidad el Cristo no podía, con esa estampa de la compasión retratada en su imagen, ser redentor, como ya anteriormente dijimos. ¡Ni un sólo llamado a las armas (a penas una débil referencia a ellas en alguna parte del NT), ni un sólo llamado al combate, ni un solo gozo de la vida! Sólo milagrerías, ingenuidades, rebaño y relaciones con los resentidos. Zaratustra no vino con el Dios de La Biblia (ni con el Dios del AT ni con el del Nuevo Testamento). O sea, el Dios de La Biblia es déspota, mezquino, cruel, lleno de sed de venganza como dice Stendhal (*El rojo y el negro* o. c. cap. LXXIV p. 275 t. II), sino con otro Dios: infinito y que te llama a que crees, a que no seas rebaño ni seas perfecto, sino superhombre. Un Dios que, por cierto, no será tampoco exactamente el de Stendhal ni el de Voltaire, sino superior, el Dios de la guerra y de la lucha, el del fortalecimiento del hombre, el que le diga al hombre: ¡no esperes nada de nadie, tendrás lo que tú seas capaz de crear!.

• Una de las mayores verdades de Nietzsche: Dios ha muerto y los ideales ya no existen, aunque por desgracia algunos hombres, unos cuantos, no se han enterado. En otro tiempo el delito contra Dios era el máximo delito, pero si Dios ha muerto y con Él los ideales que como embaucadores disfrazados de nombres santos (Pedro, Pablo, San Agustín, entre otros que han ido apareciendo después) le servían de soporte, lo lógico es ahora no seguir adorándolos y dejar la postración. Ahora, a adorar a la tierra y su sentido, es decir, su realidad y dejar como un recuerdo «el más allá». De esta manera, dice el filósofo:

"¡Ahora lo más terrible es delinquir contra la tierra y apreciar las entrañas de lo inescrutable más que el sentido de la tierra!".[34]

---

[34] AHZ o. c. Prólogo 3 p. 37 "An der Erde zu freveln ist jetzt das Furchtbarste und die Eingeweide des Unerforschlichen höher zu achten, als den Sinn der Erde!". ASZ o. c. Band 4 *Zarathustra's Vorrede* 3 p. 15-10.

Por eso hay que transvalorar todos los valores, o sea, caminar de cara hacia el sol, forjar ideales acorde al sentido de la tierra, y esto se logra sólo con:

"La guerra, que ha sido siempre la gran listeza de los espíritus...".[35]

Por eso, por no haber entendido esto el mundo anda mal y la gente no se ha dado cuenta de que la vieja realidad, la vieja verdad, se acerca a su final. Los dogmas y la vieja verdad yacen por el suelo o están en pie afligidos. El AC lo escribió Nietzsche para decirnos que el Cristo es precisamente el «Anticristo»: un Mesías milagrero y enigmático no podía redimir. El verdadero Cristo es el «Anticristo» que se aprecia del espíritu del Zaratustra. El CI es un llamado a la guerra hecho por un guerrillero del pensamiento, a la guerra de las ideas, a la batalla de las ideas basadas en el Cristo anticristo que nos propone como protagonista del cambio, es decir, del devenir:

a) El superhombre y el *sentido de la tierra*.

b) La voluntad de poder que, no obstante ser condición de vida, es medio o instrumento, no artificial y única, como en Schopenhauer.

c) La negación del rebaño, el epígono y el gregario, pues fe significa no querer conocer lo que es verdadero ¡Endureceos!, nos dice todo el tiempo.

d) El pragmatismo: cruzar por encima de nosotros mismos, de lo humano, demasiado humano, más allá del bien y del mal y hacer en cada momento lo que cada momento requiera así como todo aquello que la práctica ha demostrado que es bueno para el hombre y para el incremento de la vida.

e) La voluntad de lo trágico, es decir, la valentía del intelecto, la valentía del sentir múltiple y la voluntad, pero no ésta última separada de la volición y del 'Yo' como concepto integrador sintético; vale decir, fuerza, valor, vuelo, sentido artístico en el más abarcador concepto de la palabra, en fin, voluntad para ir siempre más allá, para caminar, a pesar de las adversidades, media milla más que el que más camine. La

---

[35] CI o. c. Prólogo p. 27 "Der Krieg war immer die grosse Klugheit aller zu innerlich, zu tief geworden Geister...". GD o.c. Band 6 *Vorwort* p. 57-15.

voluntad de lo trágico se da en el seno del ser, en lo no pasajero, en la *cosa en sí,* en el Dios oculto y personal (único Dios en que creía Nietzsche), en la voluntad libre, libre para inventar nosotros mismos las causas, la sucesión, la coacción, el número y la ley, pero en base a la necesidad.

f) La moral (en este caso la verdad), de un inmoralista como Nietzsche, consiste en: la doctrina de las relaciones de dominio de donde surge el fenómeno vida. Moral y verdad como las relaciones concretas de las cosas, es decir, la relación natural, de la conciencia de poder, de la alegría de sí, de la conciencia de sí, de la autoafirmación de un pueblo para encumbrarse; sentimiento de un pueblo respecto de sí mismo y consigo mismo. Cuando se hace lo contrario de esto, cuando se rompe la unidad de un pueblo en su cultura y su naturaleza, cuando toda ventura se aprecia como un premio de Dios prometido en el pacto que significa el AT y cuando toda desgracia pasa a ser un castigo de Dios, cuando las cosas se interpretan de manera mendaz y se establece un presunto orden moral del mundo, se pone cabeza abajo el concepto natural de verdad, de moral, de necesidad y de causa y efecto. Al usarse a Dios, al premio y al castigo para expulsar la causa natural, se requiere, en vez de una necesidad, una causalidad antinatural: el Dios moral y se destierra el Dios de los valores naturales y el Dios personal oculto en todo hombre verdadero. En este momento «*se sale del sentido de la tierra*» para ir a buscar las causas del bien y del mal en el más allá y se fortalece, si esta es la palabra exacta, a la religión y deja de ser la moral la expresión de las condiciones de vida y crecimiento de un pueblo. La moral y la verdad, para un inmoralista, es: el instinto vital más hondo de un pueblo, no algo abstracto, no antítesis de la vida con el objeto de volver malos los deseos del cuerpo y los deseos de lucha, de guerra y la voluntad de poder, en primer lugar, la de superar a Dios. La moral judía y la moral cristiana son:

> *"El azar privado de su inocencia; la infelicidad manchada con el concepto de pecado; el bienestar material considerado como tentación. La moral cristiana: el gusano de la conciencia invadiéndolo*[(*)]* todo".*[36]

---

[36] AC o. c. Af. 25 p. 52 "Der Zufall um seine Unschuld gebracht; das Unglück mit dem Begriff «Sünde» beschmutzt; das Wohlbefinden als Gefahr, als «Versuchung»; das physiologische Übelbefinden mit dem Gewissen-Wurm vergiftet...". DAC. o. c. Af. 25 p. 194[-25] [(*)] Creo que la traducción debería ser: envenenándolo todo (*vergiftet*).

El cristianismo, así, nació no del espíritu, sino del «espíritu» del resentimiento, del resentimiento de Jehová-Dios cuando el hombre se le quiso ir adelante y cuando el hombre se llenó de deseos que él, al parecer, no contempló como tales al hacer al hombre y observar que éste no siempre quiso ir delante y ser perfecto. Y todo comenzó en el primer pacto de Dios con los hombres, es decir, en el AT. De esta antitética reflexión nietzscheana nace el superhombre. Dios hizo, según dice, al hombre a su imagen y semejanza y para que señoreara sobre todo lo que se arrastra:

> *Dijo Dios: «Hagamos al hombre a nuestra imagen, y semejanza. Que mande a los peces del mar y a las aves del cielo, a las bestias, a las fieras salvajes y a los reptiles que se arrastran por el suelo»".*[37]

El hombre, para Dios, señorea sólo sobre los animales, pero ni es señor de sí mismo al estar sometido a Dios, ni tiene razones propias, ni mucho menos señorea sobre el propio hombre, es decir, no se va más allá de él mismo y de esa moral de la antivida que nos han fijado de vivir no para nosotros, sino para servir a un amo Todopoderoso. Pero el superhombre sí señorea y no sólo sobre lo que se arrastra. El hombre vive acogido y respetando los valores que les improntó el AT y el Nuevo Testamento pero el superhombre se burla de todos los valores conocidos y fija valores él mismo. El superhombre es el Cristo y es el Dios verdadero. Parafraseando a Protágoras (-480 -410), podemos decir que «*De esta manera el hombre, mejor dicho, «el superhombre, sí es la medida de todas las cosas»*.

g) La moral nietzscheana, la moral de la aristocratización masiva (elevación del tipo «hombre»), priorizando al hombre y no a la colectividad con la idea de que lo que es bueno para la abeja es bueno para la colmena y no al revés. Hay que respirar aire puro para no contaminar

---

[37] Génesis. Primer relato de la creación, 1. 26 "Et ait: Faciamus hominem ad imaginem et similitudinem nostram; et præsit piscibus maris, et volatilibus cæli, et bestiis, universæque terræ, omnique reptile quod movetur in terra. Et creavit Deus hominem ad imaginem suam...". Biblia Sacra Juxta Vulgatam Clementinam o. c. Vetus Testamentum Liber Genesis Prima pars. Primæva Mundi Humanique Generis Historia I Creatio Mundi 1. 27-27 p. 2.

la verdad. Dijo Nietzsche: *"No debemos entrar en iglesias si queremos respirar aire puro"*.[38]

Todo este pensamiento para decirnos que cree en Dios sólo la gente sin espíritu, el hombre bajo, el que no piensa, el que no sabe mirar, como el águila, desde las alturas. Pero tales son los hombres que han dominado hasta ahora, con su «igualdad ante Dios», es decir, una especie empequeñecida de animal de rebaño, dócil, mediocre y lleno resentimientos y odios. El enunciado de los problemas nietzscheanos siempre termina con un amargo juicio hacia a todo lo que apunte a la formación de rebaños y epígonos. ¿Por qué?, nos preguntamos: Porque el hombre mediocre y gregario, en realidad hombre oprimido que no tiene coraje para disparar hacia arriba, dispara hacia abajo; en el fondo este hombre siente fuertes rencores y dolores que ignoran los hombres de espíritu libre y lo hacen inútil para incrementar la vida y se rinde ante los encantos, ante el azúcar, y no se le hacen sospechosos ese tanto «sentimiento de abnegación, de «sacrificio por el prójimo», ese «por los otros, ese por la nación, ese de no por mí», como si no se tratara de adormecernos para mordernos. A pesar de que por naturaleza en algunos casos sean tipos tiernos y generosos estos mediocres y gregarios, viven bajo una norma particular: la moral de los esclavos, que hacen del odio una virtud. Por reacción espontánea, estos tipos resentidos de hombres, se entregan con pasión (si es que esta es la palabra correcta), al primero que les está permitido querer y piensan más a la hora de comprarse un pantalón, que a la hora de escoger un líder. Así, terminan adorando a los dictadores y a algún tipo de religión en un círculo histórico vicioso. El mediocre escoge entre la oscuridad y la antorcha, pero se queda con la oscuridad donde entre otras cosas se esconde de él mismo; escoge entre la pequeñez de los días y los actos exactos y una vida inmensa, quedándose con la primera, por supuesto y no entienden jamás que la verdad es para combatir, teniendo por cierto que no hay nada más contagioso como el valor, pero esto último tampoco lo entiende el mediocre.

---

[38] MBM o. c Af. 30 p. 56 "Mann soll nicht in den Kirchen gehn, wenn man reine Luft athmen will". JGB o .c. Band 5 *Der freie Geist* Af. 30 p. 49^{-10}.

h) La verdad de Nietzsche (eterno joven, espíritu burlón, genio de la filosofía, creador de extrañas atmósferas escépticas en la guerrilla del pensamiento libertario), no es la certeza ni la afirmación, sino el error universal. Nos dice el filósofo de la sospecha, el escepticismo y la vida:

> *"Mirando desde cualquier lugar, la erroneidad del mundo en que creemos vivir es lo más seguro y firme de todo aquello de que nuestros ojos pueden todavía adueñarse: –a favor de esto encontramos razones y más razones que querrían inducirnos a conjeturar que existe un principio engañador en la esencia de las cosas".*[39]

Se debe, por principios, desconfiar de todo pensar y no por ello iremos de cabeza hacia abajo, hacia lo agnóstico y la *cosa en mí,* sino de seguro hacia arriba, a lo cognoscente y a la «*cosa en sí*». El que quiera hacer el bien en el mal, primero ha de ser un trasgresor, un destructor, un quebrantador de valores. Si sospechamos que vamos por un errado curso del razonamiento, se nos obliga a una mayor profundización. El error puede provenir de una interpretación incorrecta y de un uso desacertado; como premisa de todo razonamiento en determinadas aseveraciones. La verdad se caracteriza por la inseguridad, el riesgo y la lealtad crítica ante ella. En estas condiciones, la posición de un filósofo, debe ser asumir la erroneidad del mundo como premisa para no petrificar las verdades. Si algo debiéramos sacralizar es la erroneidad del pensar. De haber sido así no hubiéramos caído en las redes del cristianismo del NT sin el gusto de los antípodas propios conscientes de que un Dios que baje a la tierra no tomaría sobre sí la pena sino la culpa, según Nietzsche, porque todo lo que hizo, caso de que lo haya hecho, lo hizo mal. Es decir que no supo convencer con su mensaje. Si hubiéramos sabido sacralizar la erroneidad, tampoco habríamos caído en las redes de las religiones terrestres, o sea, del comunismo ruso, del fascismo alemán y de los absolutistas de hoy con sus escuelas de espíritu tirano. El cristianismo o lo cristiano, lo mismo da, es la: *"...última razón de la mentira. El judío duplicado-incluso triplicado".*[40]

---

[39] CI o. c. *El espíritu libre* Af. 34 p. 62—63. JGB. o. c. Band 6 *Der freie Geist* Af. 34 p. 52^{-20}.

[40] AC o. c. Af. 44 p. 85 Der Christ, diese última ratio der Lüge, ist der Jude noch einmal–drei Mal selbst". DAC o. c. Band 6 Af. 44 p. 219^{-15}.

No quiere decir que vayamos a caer en brazos de Schopenhauer con su *«el mundo es sólo voluntad y representación»* y desconozcamos a la materia, al ser y a la solidaridad y buenaventura humanas, pues precisamente para eso queremos más que todo a la verdad. Schopenhauer da la impresión de que era como el ciego que ni en el bastón tiene luz. No podemos hacer responsable al pensar, o sea, al espíritu, de la falsedad del mundo debido a la sacralización de la idealidad del mundo en el que creemos vivir. Al menos no es esa la idea nietzscheana. El que juzgue falso este mundo en el que vivimos y nos rompemos constantemente la cabeza con su materialidad, su espacio, su tiempo y su figura planetoide, tiene más razón, según Nietzsche, para desconfiar, no del error, sino de todo el pensar. Lo que hay que someter a la erroneidad son las inferencias, no la materialidad porque no tendría razón práctica de vida. Someter las inferencias a sospecha es no creer en «certezas inmediatas, no ser ingenuo moral», ni creer en los filósofos que entienden que ante todo hay que ser filósofo moral. Las certezas y las afirmaciones han costado muy caras a los hombres. La desconfianza, la sospecha, admitir la erroneidad, ha sido signo de mal carácter y digno de inconformes y/o inadaptados, pero el progreso de la especie humana se les debe más a éstos que a los doctos (como burlonamente les llama Nietzsche a esta especie de sábelo todo: los demasiado cultos, los ociosos, los nobles, los virtuosos, los místicos, los artistas, cristianos casi todos, políticos oscurantistas y adormecedores de los sentidos), los adaptados y los triunfadores. El hombre moral es el antípoda del político realista, de aquel que no vive obsesionado por los anhelos piadosos.

> *"El filósofo de hoy... tiene el deber de desconfiar, de mirar maliciosamente de reojo todos los abismos de la sospecha... Que la verdad sea más valiosa que la apariencia, eso no es más que un prejuicio moral; es incluso la hipótesis peor demostrada que hay en el mundo".*[41]

Pero eliminar por parte de los filósofos el mundo aparente y sembrarnos en las certezas y las afirmaciones, con ello, de cuajo, eliminaría la verdad, la única verdad a la que debemos dedicarnos: la posibilidad. Y llevado a la práctica termina Nietzsche afirmando que:

---

[41] MBM o. c *El espíritu libre* Af. 34 ps 63-64 JGB o. c Band 5 Der freie Geist Af. 34 p. 53^{-15}.

"Todo nuestro respeto por los gobernantes: ¿mas, no sería tiempo de que la filosofía abjurase de la fe en los gobernantes?".[42]

«*El espíritu libre o espíritus libres*». En línea y coherentemente con lo dionisiaco (el eterno y prístino perfume de todo lo nietzscheano), se lucha contra lo gregario que es lo que significa esto de espíritu libre, y entronca éste con el así llamado precepto burgués del libre pensamiento a pesar del rechazo explícito nietzscheano a lo burgués. La palabra espíritu, en su acepción amplia significa también ideal y conciencia como forma superior de la actividad psíquica. En un concepto más estrecho, espíritu significa, en el sentido estricto del término, que es equivalente al concepto de pensamiento. Nietzsche, cuando desarrolla su presupuesto filosófico de espíritu libre lo hace tanto, pensamos nosotros, en el sentido amplio como en el sentido estricto del término. La forma superior del pensar es el placer de filosofar, vale decir, de teorizar. Lo de espíritu se puede entender como actividad teórica y/o como principio *suprarracional* cognoscible inmediata e instintivamente (Plotino 204-270); el espíritu supera todo lo natural (Hegel) y se eleva hasta sí mismo en el proceso del autoconocimiento; el espíritu se considera secundario respecto a la naturaleza o materia (Marx) y no existe independientemente de éstas. El espíritu y el pensar son un producto de la materia altamente organizada: el cerebro y es un reflejo del ser social, presa de las necesidades materiales y en el marco del ser es donde se determina la conciencia. También el concepto espíritu libre se utiliza, como hace Nietzsche, en un sentido metafórico queriendo significar al hombre librepensador, al caótico, al libertario, de cuyo conglomerado humano es de donde salen y de donde único se desarrollan la producción, el hombre propiamente dicho, el comercio, lo social, en fin, las ideas que hacen crecer la vida y la sociedad. El espíritu libre es todo lo contrario a la anemia que se opone al principio vital, a la decrepitud del alma, a la pereza espiritual, al aire rancio del alma y a la cobardía antidemocrática en los hombres. Libre pensador y/o espíritu libre es igual a decir democracia política y politeísmo religioso. El espíritu libre

---

[42] MBM o. c. *El espíritu libre* Af. 34 p. 61 "Alle Achtung vor den Gouvernanten: aber wäre es nicht an derZeit dass die Philosophie dem Gouvernanten-Glauben absagte? ". JGB o. c. Band 5 Af. 34 *Der freie Geist* p. 54[-10].

es todo lo contrario a la moral de la decadencia, es decir, de la moral de la vida religiosa, a la moral del débil, o esa, de aquel que no es dueño de conocer y que, por el contrario, siente la necesidad de la mentira y el autoengaño para autoconsolarse. El concepto de espíritu libre se relaciona con el concepto y la actitud de lo trágico, del fluir y el aniquilar heracliteano y dionisiaco, del hombre fuerte, libertario y fatal. Toda esta verdad y esta creencia nietzscheana es propia de lo trascendente y de lo grande y forma parte de las pulsiones y el corazón de los hombres de verdad con aires de emperadores, de dioses, con comportamiento espartano rodeados de una existencia extrañamente trágica, humana y total. En definitivas cuentas la vida es más trágica que dramática y en todo caso en orden descendente, lo dramático es más intenso que lo cómico y que la burla. La actitud innata de los hombres es más frágil a la tragedia que a la burla. La tragedia, por ser reproducción casi exacta de la vida, nos somatiza más aunque no queramos.

> *"La expresión espíritu libre quiere ser entendida aquí en este único sentido: un espíritu devenido libre, que ha vuelto a tomar posesión de sí"*.[43]

O sea, el espíritu libre, más que expresión filosófica inmanente del hombre, que también lo es, se refiere más que todo, en forma metafórica, al hombre que se liberó del ideal predominante, el cristiano, y volvió a ser él mismo, como el hombre no de la edad de los héroes, sino como el hombre de la edad de oro donde predomina en él la dureza, lo trágico natural, lo instintivo y lo animal e identifica la libertad de lo trágico con la voluntad de poder. Sin embargo, hoy somos más aún los espíritu-pobre que los espíritu-libre. Todavía hoy predominamos los concienzudos, los útiles, los no-libres, los amaestrados, los que «pensamos» con la cabeza de otros y no los inteligentes para la política y el gobierno. El hombre de Nietzsche y parte de su verdad, lo son el hombre inteligente y paradigmático tipo hombre de Voltaire a quien Nietzsche llamó liberador de espíritus (Dedicatoria a Voltaire, en HDH) con un Dios

---

[43] EH o. c. en HDH Af. 1 p. 89 "In keinem andren Sinne will das Wort «freier Geist» hier verstanden werden: ein freigewordner Geist, der von sich selber wieder Besitz ergriffen hat". EH o. c. Band 6 MAM Af. 1 p. 322^{-10}.

hecho del principio de acción de la naturaleza misma y no un Dios moral para los hombres, de aquel que en el AT nos tiraniza con su pacto de «yo te ayudo, pero tú me obedeces» y que en el Nuevo Testamento nos «regala» al Cristo de la cruz sin evangelio y sin verdad sino con morbo y dolor como amenaza.

i) Ante la vida religiosa y la fe religiosa nos fija Nietzsche también su sospecha y su verdad. Lo hace en forma explícita tanto en AC, en AHZ, en CI, en AR, en MBM y en HDH, por no hablar de su autobiografía, es decir, *Ecce homo*. Claro, también nos pone a descifrar códigos. Un ejemplo de esto último es que Cristo es en realidad el anticristo y que el cristo verdadero lo es el superhombre como ya hemos dicho páginas anteriores.

La vida religiosa no es más que falta de gozo y miedo y reinterpretación del mal como un bien. Por ejemplo a Dios lo interpretamos como un padre y no como lo que realmente es, somatizado por la necesidad de una etapa histórica, como un señor feudal que nos protege en tanto le seamos fieles o de lo contrario nos castiga como hizo con el Diluvio Universal (Gn. 6, 5), con las ciudades palestinas de Sodoma y Gomorra (Gn. 19, 1) y con la torre de Babel construida por los Babilonios (Gn. 11, 1-9) remembranza de esta sentencia del AC:

> *"¡se han terminado los sacerdotes y los dioses... Y al viejo Dios se le ocurre una última decisión: «el hombre se ha vuelto científico –no queda otro remedio!, hay que ahogarlo!»"*.[44]

La laboriosidad moderna, ruidosa, orgullosa de sí, es, dice Nietzsche algo que educa y prepara. Según ha ido avanzando el amor al trabajo y el interés por sus resultados, va disminuyendo la religiosidad. Dice Nietzsche:

> *"Entre aquellos que, por ejemplo ahora en Alemania viven apartados de la religión encuentro hombres cuyo librepensamiento es de especie y ascendencia muy diversas, pero sobre todo una mayoría de hombres a quienes la laboriosidad les ha ido extinguiendo, generación tras*

---

[44] AC o. c. Af. 48 p. 84. "Und ein letzter Entschluss kommt del alten Gott: «der Mensch ward wissenschaftlich,-es hilft Nichts, man muss ihn ersäufen!»". DAC. o. c. Band 6 Af. 48 p. 227-30.

generación, sus instintos religiosos: de modo que ya no saben para qué sirven las religiones...".[45]

Jehová empezó siendo el Dios de esos judíos siempre amenazados y terminó siéndolo para todos nosotros. El señor feudal y el Dios empezaron de la misma manera: primero «cariñosos» después tiranos. Pero el hombre necesita tener un paradigma y una sombrilla inspirado en el cual lucha o cree luchar contra el mal porque le modifica el juicio sobre las vivencias. Sin embargo, como dice Nietzsche:

"Cuanto más propende uno a interpretar y a justificar, tanto menos tendrá en cuenta y eliminará las causas del mal... cuanto más declina el dominio de las religiones y de todo el arte de la narcosis, tanto más estrictamente se aplican los hombres a la eliminación real de los males... los sacerdotes han vivido hasta ahora de la narcotización de males humanos".[46]

Para Nietzsche son falsas las afirmaciones de los sacerdotes de que:

a) Hay un Dios que exige de nosotros el bien después de habernos hecho llenos de mal y a «*su imagen y semejanza*» El problema del pecado original

b) Que existe un Dios que nos ama y que es guardián de cada acción, de cada instante, de cada pensamiento también tema central y recurrente del Antiguo Testamento

c) Que existe un Dios que nos ama y que en toda desgracia quiere lo mejor para nosotros. De igual forma, presente siempre en la literatura del AT.

Pero la realidad es otra. La Biblia, encuadernación de los dos testamentos hecha por los europeos, pues los judíos reconocen sólo el AT. Este libro contiene méritos literarios y de cierta forma, que giran en torno al supuesto a Dios Jehová, y la narración fantasiosa del acto de la

---

[45] MBM o. c. *El ser religioso* Af. 58 ps. 82-83 JGB o. c. Band 5 III *Das Religiöse Wesen* Af. 58 p. 76[-10].

[46] HDH o. c. *La vida religiosa* III Af. 108 p. 97 MAM o. c. Band 2 Drittes Hauptstück *Das religiöse Leben.* 108 p. 107[15- 20-25].

creación, refleja, como ya hemos dicho, en muchos puntos la tragedia y la imperfección humanas, pero por lo demás:

> "...no hay tales verdades... la tragedia de esos dogmas de la religión y de la metafísica no se pueden creer cuando en el corazón y en la cabeza se tiene el método estricto de la verdad... y surge por tanto el peligro de que el hombre se desangre al entrar en contacto con la verdad reconocida".[47]

El cristianismo representa la vida religiosa occidental a pesar de haber nacido de madre y padre orientales. Según Nietzsche, dado el grado actual de conocimientos en el hombre (se refería al conocimiento de la época del siglo XIX, siendo hoy superior), no se puede tener contacto con el cristianismo sin mancharse irremediablemente uno la conciencia intelectual y degradarla ante sí y ante los demás. El Imperio Romano, que la oficializó (después de haberla escarmentado y pretendido sojuzgarla) porque necesitaba una religión única que se dirigiera a todos los hombres independientemente de su condición de clase y nacionalidad con lo cual la convirtieron en 'policía espiritual'. Las clases dominantes estaban en su época interesadas en el cristianismo, dado que este no tocaba las bases clasistas de la sociedad y consagraba, en nombre de Dios, la opresión existente. El cristianismo es, así, la religión del embaucamiento, y surgió, como queda claro de los estudios nietzscheanos y de la lectura del Nuevo Testamento en los estamentos superiores de la sociedad judía de su época, con una empalagosa palabrería, diferente por completo a la decisión, sangre fría y aire verdaderamente aristocráticos de Pilato y de todo el poder que éste representaba.

j) La verdad de la religión (referencia a HDH. Af. 110 II p. 98) es que es un error, en este caso no cobardía, sino inmanente al ser humano al tomarla como valor a la religión, para desarrollar y obtener conocimiento. En eso, en ese error, por demás sincero, consiste la vida religiosa. La Ilustración pudo haber despojado del manto místico a la

---

[47] *Ibíd*. t. II Af. 109 ps. 98-99 "Doch solche Wahrheiten giebt es nicht...Nun ist aber die Tragödie die, dass man jene Dogmen der Religion und Metaphysik nicht glauben kann, wenn man die strenge Methode der Wahrheit im Herzen und Kopfe hat... woraus also die Gefahr entsteht, dass der Mensch sich an der erkannten Wahrheit verblute". MAM o. c. Band 2 III *Das Religiöse Leben* Af. 109 p. 108[-10-15].

religión cristiana, pero no lo hizo a pesar de haber aquélla potenciado a las ciencias. De manera acerba critica también Nietzsche a Schopenhauer porque éste, con su elocuencia altisonante no honró a la verdad como posibilidad ya que:

> "...nunca religión alguna, ni mediata ni inmediatamente, ni como dogma ni como parábola, ha contenido verdad alguna".[48]

La verdad de la religión viene del más allá... Por esta razón:

a) Todas las religiones nacieron, sí, de la necesidad, pero más que todo, del miedo.

b) Porque se han deslizado en la existencia por caminos erróneos de la razón. Sólo en situación de peligro ha acudido la religión a la filosofía, incluso aunque haya sido para defenderla. A las ciencias naturales las ha aceptado sólo en última instancia:

> *"Pues todas han nacido del miedo y de la necesidad, se han deslizado en la existencia por caminos erróneos de la razón; quizá alguna vez, puesta en situación de peligro por la ciencia, haya introducido subrepticiamente en su sistema alguna doctrina filosófica para que luego se la encontrase en ella; pero en una artimaña de teólogos de la época en que una religión duda ya de sí misma".*[49]

c) Porque los filósofos, sometidos por la tradición a los hábitos religiosos, llegaban a opiniones doctrinales, muy parecidas a las opiniones religiosas judeo-cristianas, hindúes o musulmanas, y fabulaban, al ver la parecida maternidad (no la paternidad): cómo era aquello posible, se preguntaban, que toda religión y todo enfoque filosófico-metafísico de la religión y la ciencia se parecieran tanto, independientemente que el camino a la religión era suave y el de la ciencia escabroso y árido, es decir, como algo que viven en planetas diferentes y no se daban cuenta, como bien dice Nietzsche:

---

[48] HDH o. c. III *La Vida Religiosa* Af. 110 p. 99 "... noch nie hat eine Religion weder mittelbar noch unmittelbar, weder als Dogma , noch als Gleichniss, eine Wahrheit enthalten". MAM o. c. Band 2 III Das religiöse Leben Af. 110 p. 110-15.

[49] HDH o. c. Tomo 2 III La Vida Religiosa La verdad en la religión Af. 110 p. 99 MAM o. c. Band 2 III. *Das religiöse Leben* Af. 110 p. 110^{-20}.

"En realidad, entre la religión y la auténtica ciencia no hay ni parentesco ni amistad, ni siquiera enemistad: viven en planetas diferentes".[50]

Esta afirmación nietzscheana es clara como un meridiano. Es tan dudosa la existencia de Dios, que los pueblos, por supuesto, no se han podido poner de acuerdo en identificar el mismo para todos. Cada una de las grandes religiones tiene su propio Dios, o al menos con importantes diferentes matices, ni todos los pueblos están todavía de acuerdo no sólo con un único e igual Dios, sino ni en cuestiones religiosas.

d) En los tiempos en que surgió la religión, y las religiones como secta o partido, nada se sabía de las leyes naturales. Lo anterior es la causa principal de la fe religiosa. Por ejemplo, un temporal de lluvias con inundaciones terrestres, en vez de ser interpretado como un fenómeno atmosférico sujeto a leyes como todo en la materia y el ser, se interpretó, fabulándolo, «como el diluvio», y como un castigo de Dios a la maldad intrínseca de los hombres. La lluvia, los ciclones, pueden darse o no y no se sabía qué era, en la naturaleza, una ley y una necesidad, con lo cual tampoco se sabía cuál era la causalidad:

"Falta en general todo concepto de causalidad natural. Cuando se rema, no es el remar lo que mueve la nave, sino que remar no es más que una ceremonia mágica por la que se obliga a un demonio a mover la nieve. Todas las enfermedades, la muerte misma, son resultado de influencias mágicas".[51]

El culto religioso surge porque falta la idea de proceso natural de las cosas. Esto se observa aún hoy en los pueblos más atrasados. La idea de proceso natural, empezó a surgir en una etapa muy tardía, en Grecia Antigua, pero no aún como ciencia, sino como destino, a lo que

---

[50] HDH o. c. III[ra parte] *La vida religiosa* 110 p. 99 MAM o. c. Band 2 III *Das religiöse Leben* 110 p. 110-20.

[51] HDH o. c. Af. 111 p. 100 "In der That besteht zwischen der Religion und der wirklichen Wissenschaft nicht Verwandtschaft, noch Freundschaft, noch selbst Feindschaft: sie leben auf verschiedenen Sternen". MAM o. c. Band 2 III *Das religiöse Leben* Af. 111 p. 11-10.

estos, los griegos, llamaban Moiras. Pero era ya algo, pues al menos estaba esta idea por encima de los dioses y del criterio religioso. El racionalismo, que los griegos tenían necesidad de él, debió reforzar esta tendencia, trayendo, con Platón en Grecia y con Zoroastro en Persia, lo contrario, el cristianismo anticipado. Al desconocer a la naturaleza y a sus leyes y procesos, afirma Nietzsche:

"...el culto religioso se basa en la idea de encantamiento entre hombre y hombre; el hechicero es más antiguo que el sacerdote".[52]

En la espiral religiosa el sacerdote sucedió al hechicero, esa es la idea; el sacerdote es un hechicero más «civilizado», más «moderno». El cristianismo, dado en el NT. Lo considera Nietzsche una antigualla, es decir, algo que ya está fuera de moda: «algo» que llegó después de Zoroastro y Platón, que pudieron haber agotado el tema. El cristianismo es la culminación en la vida religiosa, con la creación de una secta o partido, en el mundo occidental. En este sentido no se puede dejar de citar este pensamiento de Nietzsche:

"Cuando un domingo por la mañana oímos replicar las viejas campanas, nos preguntamos: ¿sería posible? Esto se hace por un judío crucificado hace dos mil años, que dijo ser hijo de Dios. ¿Qué sucede?: Falta la prueba de semejante afirmación... La religión es una antigualla subsistente desde épocas muy remotas.

¿Un Dios que engendra hijos con una mujer mortal? ¿Un sabio que, en vez de incitar al trabajo, no hace más que hablar del inminente fin del mundo? ¿Una justicia que acepta al inocente como víctima propiciatoria? Temor de un más allá cuya puerta es la muerte".[53]

¿Conmemorar, adorar y reverenciar una fecha de algo tan remoto y con basamento tan dudoso? Compartimos la preocupación nietzscheana de semejante tontada, que parece mentira que tenga tantos devotos. ¿No hubo hombres más grandes que Jesús (Alejandro, César, Espartaco) un Jesús incluso que no se sabe bien si fue hombre, pues hombre, lo

---

[52] HDH o. c. Af 111 p. 102 MAM o. c. Band 2 Af. 111 p. 112^{-30}.

[53] *Ibíd.* III^{ra} ^{parte} La vida religiosa Af. 113 *El cristianismo como antigualla* p. 103 MAM o. c Band 2 III Das religiöse Leben Af. 113 *Christenthum als Alterthum* ps. 116^{-30}117$^{-5-\ 10\text{-}15}$.

que se dice hombre no fue?. Los tres anteriores eran rebeldes, libres, guerreros, fundadores y dignos de admirar, pero no a ellos, si no a un mártir dócil es a quien nos han dado como paradigma para golpearnos cada día la conciencia emotiva, como hacen los dictadores con todos los medios de propaganda en sus manos y con la oposición política acallada por la represión. Pero se ha ido imponiendo una teoría tan vana debido a que el hombre tiene que creer en algo aunque ese algo sea la nada. También al miedo y a la culpa con la influencia que empezó por afectarnos, debido a la machaconería del AT. y al desconocimiento de la causalidad natural. No hubiéramos creído tan fuertemente, esa es la desgracia, en un Dios como Dionisos, que en vez de a la abstinencia nos hubiera llamado al gozo y al placer. En vez de al gozo y al trabajo, la muerte, siempre presente, es decir, la siembra del miedo y de la amenaza al hombre. El hombre, por naturaleza, sí, es violento y siente miedo. Debido al miedo y a la violencia subsistió a la larga evolución, a los peligros que constantemente le acechaban de ser devorado por las bestias feroces. El miedo salvó e hizo valiente al hombre. Pero para el tiempo en que el sentir religioso se afianzaba con más fuerza, en especial el cristianismo del NT. ese miedo ya no era el miedo primitivo que protegió al hombre, sino el miedo que lo hacía no conservar la vida, no; era el miedo para hacerlo hostil a la vida. ¿Qué es si no la figura en la cruz como símbolo en una época en que ya no se ejecuta a nadie en la cruz?. ¡Si se me dijera, debajo de la guillotina o ante el pelotón de fusileros, estaría más conforme, ¿pero en la cruz?! ¿Qué sentido puede tener? Dios, en el cristianismo, y antes, en AT, estuvo siempre por encima de los hombres. Mantuvo el cristianismo el culto religioso por encima del hombre como si de verdad esto fuera el evangelio. Los griegos nunca creyeron por encima de sí a los dioses aunque fueran los homéricos ni se creían por debajo de los dioses, es decir, nunca pensaron como siervos. Para dioses, en el peor y en el mejor de los casos, escogían a los mejores ejemplares humanos y eran, por lo tanto, émulos y no una antítesis de la propia esencia como sí lo fue, desde el principio el Dios de los judíos, que luego pasó a ser el Dios de todos, inexplica-blemente. En los griegos había una alianza (no un pacto) entre dioses y hombres y estos los desafiaban y discutían con aquellos de tú a tú tal como hacían con otros hombres y con sus propios reyes. Tampoco se puede dejar de citar esta idea colosal de Nietzsche al comparar la intención de dioses en los griegos y la idea de Dios en nosotros según nos fue impuesta por el NT. En fin, dice el maestro de la Alta Engadina:

> *"El cristianismo, por el contrario, aplastaba y quebraba al hombre por completo y lo sumía como en un profundo fango: dejaba luego que de pronto el resplandor de una misericordia divina iluminase el sentimiento de plana reprobación, de modo que el sorprendido, atendido por la gracia, profería un grito de arrobamiento y por un momento creía llevar en sí el cielo entero".*[54]

Los griegos tenían a los dioses para ayudarlos y para animarlos; nosotros hoy tenemos un Dios para que nos aplaste. Los griegos, al compararse con los dioses, se sentían grandes ellos mismos; nosotros, comparados con el Todopoderoso, tenemos el honor de ser si acaso hormigas. El cristianismo, por tanto, corrompe la mente y el corazón de los hombres, objetivo para el cual se vale de muchas invenciones psicológicas. Este, el cristianismo, quiere aniquilar, quebrar y aturdir al hombre, o esa, hacer un hombre vacío y monótono. El hombre vacío y monótono hace bien en ser cristiano, pero que no se le ocurra a nadie, por favor, exigir, argumenta Nietzsche, que el que es pleno, fuerte, libre de espíritu debido a lo cual ha encontrado objeto en la vida, sea igual que él (*monótono y vacío*). El cristianismo, al fin y al cabo, es digno de lástima. Para el cristianismo la fe, que no desplaza montañas, sino que emplaza montañas, lo hace al hombre ser feliz, tan feliz, decimos nosotros, como pueda serlo un esclavo feliz.

Nietzsche no tenía una visión doctrinal de las cosas y mucho menos acerca del pensamiento, la religión, la política y la filosofía. Debido a esto, profundizó más que otros en la maldad y en el aspecto psicológico del asunto religioso. Sin despreciar el aspecto social, de alguna manera implícito en toda su obra, y sin elocuencias altisonantes a pesar de la «Ley contra el cristianismo», que es, más que grandilocuente, la explosión inevitable de un indignado Dios oculto y sombrío tipo hijo de Heráclito, Nietzsche hace una cruel, pero vivificante radiografía del cristianismo atreviéndose así a decir lo que otros filósofos, viendo lo mismo que él vio, no se atrevieron a decir. El espíritu rebelde y su

---

[54] HDH o. c. Af. 114 *Lo no griego en el cristianismo* p. 104 MAM. o. c. Band 2 III Das religiöse Leben. Af. 114 *Das Ungriechische im Christenthum* p.118 -5.

condición de guerrillero del pensamiento lo llevaron a decir la compleja y pura verdad: la religión, la vida religiosa, la fe religiosa, presentada ya desde el AT. es una cruel ingenuidad hostil a la vida en su génesis, en su original concepción: ¡qué fácil Dios creó los cielos, la tierra y todo lo que existe y a continuación «derramó» su amor sobre los hombres!, pero les impuso un pacto: yo te amo y tú me respetas; en el NT. un judío cualquiera crucificado, de los que debe de haber existido por miles en aquellos tiempos, hijo putativo por más señas, medio ido de la cabeza, o sea, lunático, se nos presenta como hijo de Dios, del Dios eterno y Todopoderoso, pero que fue, como todo hombre, mortal, y para esconder la condición de mortal se inventó lo de la resurrección y de que vendrá un día como redentor... A partir de ahí se reforzó la moral cristiana y el crimen de condenarnos porque no somos a pesar de todo perfectos y no querer caminar delante como las ovejas. «*Arrepentíos*», dice perentoriamente Jesús a los hombres (Mateos, 3. 2), «*porque el reino de los cielos se ha acercado*». Es decir, Dios nos hizo pecadores, nos induce al pecado, él mismo ofende al hombre en la persona de José, Caín y Abraham y después dice ¡Arrepentíos! y nos sitúa como paradigma a alguien que jamás conoció el gozo, que fue ingenuo e idiota y que siendo inocente sirvió de víctima propiciatoria, ya sea voluntariamente o por mandato de un padre tan cruel que prestó a su hijo para que lo torturaran. Con Nietzsche nos preguntamos, ¿cómo fue esto posible, de qué debemos arrepentirnos?. Todo árbol que no da buen fruto debe de ser cortado y echado al fuego, dijo Juan Bautista a los fariseos... *"o si tu ojo te crea problemas, arráncatelo"* como diría Bertolt Brecht. Pues bien, el cristianismo no da buen fruto, ¿qué esperamos para arrancarlo de nuestras mentes? Bíblicamente hablando todos somos rebaño y precisamente el núcleo central o el eje axial del Zaratustra es la lucha contra la actitud del rebaño, del gregario y del epígono. «Ve delante y sé perfecto», le dijo Dios a Abraham. En otras palabras: *"Sé el rebaño y yo seré el pastor"*. La condición humana es, sin embargo, la imperfección y su esencia es la voluntad de poder. Por lo tanto, Dios y el cristianismo están desde el AT, en contra de la vida, sujetándola, haciéndola hostil.

4. Epílogo

Nietzsche parecía más un «hijo del combate» que de un padre en extremo pacífico y débil, que al decir de su propio vástago, los campesinos a quienes él predicaba *"decían que un ángel debía de tener sin duda su mismo aspecto"*, (EH. o. c. Por qué soy yo tan sabio, Af. 3 p. 29) Y uno realmente no sabe a qué atenerse: ¿Realmente Nietzsche admiraba a su padre, hombre bueno, pero ángel y débil en extremo? Pero ese es un tema para otra ocasión, y además, no es ahora tan importante dilucidarlo, aunque sea incomprensible que de una familia tan en esencia negativa (un padre débil en extremo, si bien era un hombre culto, con una madre y una hermana tan dominantes y superficiales ante la religión, la política y la filosofía), haya salido de ahí un hombre con la integridad personal, el espíritu de sacrificio y la profundidad de pensamiento de Nietzsche, para quien la posteridad ganada con sudor, lágrimas y la incomprensión de los poderes constituidos, era más importante que el oropel del momento. Se peleó también con su familia, la cual, pese a la honradez individual del padre, estaba de entrada condenada al fracaso, pues sus vidas fueron constituidas sobre cimientos superficiales y éticamente erróneos con la bruma de la religión y los convencionalismos sociales sobre su cabeza como una nube negra que todo lo cubre.

Lo importante ahora es esto: Al ser Nietzsche hijo del combate amaba más que todo a la guerra como una de las ruedas de la historia. No amar la guerra es no amar lo inevitable y más querido: la vida en todo su esplendor y el devenir. La guerra no es que sea fatalmente inevitable y que por esta razón no nos quede más remedio que aceptarla y hasta que quererla, sino que la guerra se provoca y se busca. Sin la guerra no se combate al mal, a ese que está en todas partes y a veces parece que no está en ninguna, pero que con bastante frecuencia adquiere caracteres concretos y muchas veces está representado en una figura proteica, en una fuerte personalidad que se hizo con el mando. El que no ama la guerra no ama al devenir. El hombre necesita tanto de los enemigos como de los amigos, y cuando digo los hombres, incluyo a los pueblos.

La fuente de las riquezas colectivas lo son el egoísmo individual y sin el egoísmo de los estados no hay encumbramiento de los pueblos y esta actitud implica la pelea e implica tener enemigos. Lo demás es ingenuidad e idealismo barato. Sólo los débiles no aman la guerra, entendida ésta más allá del simple enfrentamiento armado. Se puede tener la guerra de las ideas o la batalla de las ideas. Se puede tener la guerra dentro de uno mismo como señal inequívoca de la eterna inconformidad que ha de acompañar siempre al hombre. La guerra forma parte de la voluntad de poder. Nietzsche era, en el más amplio sentido de la palabra, un guerrero del pensamiento y las ideas. Su filosofía es guerra y desafíos de una punta a la otra. En EH, «Por qué soy yo tan sabio», nos dice un pensamiento ya citado por nosotros en otro capítulo, pero necesario de nuevo:

> *"Atacar forma parte de mis instintos. Por naturaleza soy belicoso. Poder ser enemigo, ser enemigo –esto presupone tal vez una naturaleza fuerte–, en cualquier caso es lo que ocurre en toda naturaleza fuerte".*[55]

Si se tiene en cuenta que la tarea principal de nuestra era no es evitar la guerra, sino declarar la guerra, más importante aún es esta cita de Nietzsche. No les hagamos caso a los pacifistas, casi siempre guerreristas enmascarados, acobardados o envidiosos, que quieren que sobre la tierra sólo exista el bien a ultranza, sin entender (¿o entendiéndolo?), que siempre habrá guerras, pero ellos la quieren a la guerra si acaso a traición y como rebelión de los resentidos y en dicho caso deja de ser ésta voluntad de poder y acción encomiable del volente. Esa guerra mata la emulación, la competencia y hace que la vida sea gris como un cuartel de policía o uniformemente pardo como los valles africanos cuando se marchan las lluvias. Nietzsche, sin embargo, rebelde por antonomasia, que sin resentimientos ni odios fue capaz de pelearse con los curas, con los profesores y con los políticos de su tiempo en su patria, era más partidario de la evolución activa que de la revolución violenta. Lo asociaron a él con la violencia fascista porque no lo conocieron bien y extrajeron, para justificar esa culpa que le echaron encima, ideas

---

[55] EH o. c. Por qué soy tan sabio Af. 7 p. 35 "...Angreifen gehört zu meinen Instinkten. Feind sein können, Feind sein– das setzt vielleicht eine starke Natur voraus, jedenfalls ist es bedingt in jeder starken Natur". EH. o. c. Band 6 Warum ich so weise bin. Af. 7 p. 274-5.

sueltas y mal intencionadamente de aquí y de allá en sus escritos y no analizaron, algunos porque no les convenía, el conjunto de sus planteamientos.

El columbró, en los albores ya del siglo XX, los grandes cataclismos sociales que se avecinaban, pero no fue apologista de ellos y lo más que hizo en algunas ocasiones es lamentarse del idealismo y el poco a poco de sus compatriotas los alemanes, debido a que no habían pasado por experiencias como la francesa, de donde surgieron los filósofos que él más admiraba. Una cosa es amar la guerra y otra ser belicista. Una cosa es no ser pacifista y otra muy diferente ser, filosóficamente hablando, violento. Una cosa es la mal llamada «revolución proletaria» por ejemplo, en realidad revueltas de intelectuales resentidos que usaron como materia prima a los proletarios y otra cosa es revolución de mentes aristocráticas, entendidas éstas como revolución de hombres de inteligencia superior y que van a la lucha sin odios y sin el deseo del desquite rencoroso porque se les ha privado de algo en la vida, algo que quizás no era noble. Esta lucha, o esta guerra, se manifiesta como guerra o como lucha más bien menesterosa y no rica ni exuberante. El hombre devino tal, «viniendo» del mono, gracias no a una revolución, sino a una evolución. Con una revolución o cataclismo si acaso, se sospecha que terminaron los dinosaurios y otros gigantes como los mamuts. La evolución, más que la revolución (revolución tal como hoy a veces se entiende: como revuelta), forma parte del hombre con más fuerza que la revolución. En CI. (Incursiones de un Intempestivo, 1 p.85), desarrolla la idea de que, la vida y la evolución darwineanas, se da en una lucha por la vida, pero no en una lucha menesterosa, sino rica, exuberante y sin compasiones por el poder, o sea, un poco al revés de como nos la presenta la escuela de Darwin: pacífica y lenta en extremo, humana, demasiada humana en detrimento de los fuertes y de los mejores ejemplares, donde los que dominen sean los débiles, los flojos de espíritu y cortos de mira. Lo que ha ido venciendo e imponiéndose es lo fuerte, lo previsor; los dominantes en primer lugar de sí mismos; los capaces de vivir las tragedias más dolorosas, viviendo mejor la vida justo porque ésta se les opone y ellos (los hombres con más espíritu), han sido la máxima hostilidad, pues con mucho valor se enfrentan a ésta. Sin embargo, para que no lo confundan con un vulgar y fascista exterminador humano, dice: *"No debe confundirse a Malthus con la naturaleza"*.[56] (*)

Pero eso sí, caso de que se nos demostrara el Dios de los cristianos, cosa difícil desde luego, pero suponiendo que sea así, menos creeríamos en él por su hostilidad a la naturaleza y a la vida. Una de sus verdades y de sus exigencias era situarse no sólo sobre lo humano, demasiado humano, sino más allá del bien y del mal. Por eso es, su filosofía, chocante y conflictiva. Toda obra filosófica de Nietzsche está saturada de cierta exageración porque pretende proyectar con fuerza lo que quiere decir y de momento tirarnos, de golpe y porrazo, contra la confusión y la polémica. Su filosofía supera a la vida y sólo así llena su cometido. Para este filósofo, descubrir la verdad no es lo único: ésta se muestra y se interpreta de manera definida para que sea útil al hombre. Pero la exageración filosófica nietzscheana es exageración controlada y gracias a ella se pudo franquear la formidable cortina de hierro erigida en su tiempo por su familia (su hermana Elisabeth Förster), por los políticos, la ignorancia y el espíritu mediocre y fascista. De esta manera, a veces a tropezones, buscaba su verdad, tratando siempre de vivir en la realidad y no inmerso en la enfermedad de la bobería en la cual con mucha frecuencia caemos los hombres comunes; sumergidos en el juicio moral, vale decir, en el juicio religioso, en lo imaginario y no en la vida, llamando verdad a lo que «*está arriba*», a lo que son sólo imaginaciones de culturas y de hombres inferiores y de otros tiempos. A los efectos de este razonamiento, nos dice:

> *"Es conocida mi exigencia al filósofo de que se sitúe más allá del bien y del mal, –de que tenga debajo de sí la ilusión del juicio moral, la de que no existen los hechos morales. El juicio moral tiene en común con el juicio religioso esto: el creer en realidades que no lo son"*.[57]

---

[56] CI o. c. Incursiones de un intempestivo Af. 14 *Anti-Darwin* p 95 "Man soll nicht Malthus mit der Natur verwechsel". GD o. c Band 6 Streifzüge eines Unzeitgemässen. Af. 14 p. 120^{-25} (*) Malthus, Thomas Robert. (1766-1834) autor de: An Essay on the Principle of Population as it effects the future Improvement of Society 1978.

[57] CI o. c. *Los mejoradores de la humanidad* Af. 1 p. 71 GD o. c. Band 6 *Die Verbesserer der Menschheit* Af. 1 p. 98^{-5}.

Es decir, verdad es todo lo que sea útil para incrementar la vida. Ahora bien, esta parte de la verdad nietzscheana, la de situarse más allá el bien y del mal y la de ir a una evolución no sólo natural, sino artificial, es decir, provocada en cierta forma por la acción del hombre, no debe de confundirse con la evolución como corriente vulgar propugnada por Spencer (Herbert, Inglaterra, 1820-1903), en la que domina sin más, la moral y el hecho moral; es en él, en Spencer, mecanicista la evolución, como simple redistribución de la sustancia y del movimiento en el mundo. Tampoco es la evolución nietzscheana pacífica a ultranza en un mundo moral de funcionarios eficientes elevados a categorías filosóficas del Kant morigerador y acobardado. No es la evolución del que concibe sólo el aumento simplista de la forma cuantitativa, producto del cambio de actos bruscos, irracionales e incomprensibles desde un punto de vista lógico como impulsos-elementos-inmateriales. Se colige de las propuestas nietzscheanas que, si bien prefiere la evolución a la revolución es, porque además de que las revoluciones hasta ahora con honrosas excepciones (la de Francia en 1789 con todo y sus excesos y déficit y otras) han sido fatales en sus resultados históricos; es también porque la evolución que preconiza y/o propugna, es la evolución que, parte para su desarrollo, de fenómenos concatenados entre sí, con cambios tanto cuantitativos como cualitativos, quizás menos rápidos estos últimos. Nunca su teoría, colegimos, se remite a evolucionismos simples y menesterosos como se pudiera entender de la teoría darwineana, es decir, sin la clave del automovimiento inherente a la materia y al ser en general. El momento evolucionista incluye tanto el cambio cuantitativo como que la acumulación de estos, llevan obligatoriamente al cambio cualitativo, uno gradual, pero perseverante y el otro interrupto, pero al final inevitable y a veces violento si lo viejo aún tiene fuerzas y se niega a morir, según la idea engeleana y que a lo viejo haya que ayudarlo a morir, según ha expresado Nietzsche en algún lugar.

La evolución, por tanto, no es sólo natural, sino artificial en la cual se impone la voluntad de poder como relación de dominio del fenómeno vida sin absolutizar el elemento social ni el biológico. Cada vez que se crea un ambiente de revolución extemporánea y opuesta a la lógica de la evolución se crea el caos y la destrucción que se produce no es la destrucción dionisíaca, sino la catastrófica como en toda rebelión de esclavos y de elementos inferiores, tornándose en freno de la historia en vez de en rueda de la historia. El espíritu de trabajo y la verdadera educación se resquebrajan en estas revoluciones y proliferan los demagogos y el caudillismo, siendo, al final, interrupción del desarrollo como sucedió en Rusia en 1917, en que la mal llamada «*revolución proletaria*» interrumpió por casi un siglo el desarrollo social lógico, es decir, la construcción del capitalismo. La revolución «socialista» rusa alejó, demoró, al fin y al cabo, la construcción del socialismo. No siempre de la confrontación violenta se gana algo. De haber sabido esto, los Panteras Negras de los EUA en la época más alta de la guerra fría (agentes involuntarios de la cual fueron), nunca hubieran existido ni Malcon X hubiera vivido su primera y equivocada primera parte de su vida. De otra manera más inteligente, y en el fondo más activa, sin racismos y poniendo el énfasis en la educación y el ejemplo personal en lugar de la violencia, otros negros norteamericanos han demostrado que son igual de inteligentes y capaces que los blancos y que la discriminación racial tenía muchas vías, no sólo una, para ser derrotada, alcanzar el nivel de los blancos y fundirse evolutivamente en esa sociedad. De haber sabido que no siempre las armas son la solución, los blancos no hubieran asesinado al creador de "*I still have a dream*" (Martin Luther King) y los negros no hubieran asesinado a Malcon X cuando aquél rectificó sus medios y su meta final de lucha. De haber sabido que no siempre la violencia es el idioma para decir y hacer útil a la verdad, los palestinos hubieran aprendido la gran lección de que para ganar hay que tener no sólo la razón, sino la fuerza. El pueblo palestino tiene la razón, pero ¿se puede decir lo mismo de algunos jefes palestinos, en especial de los de tendencias extremas llenos de resentimientos, de espíritu tirano y hasta lunáticos muchos de ellos como parece haberlo sido el Cristo y el propio Mahoma? ¿Quién no quiere que haya estado palestino, Israel o Egipto y en parte Siria, que aún se creen dueños de Palestina? En todo caso, la fuerza no la tienen, y la razón, noble, los poderosos se la han hecho dudosa al pueblo permeado desgraciadamente del gregarismo y confundido. ¿Qué han hecho, al final?. Perder las guerras, perder hombres y lo peor, perder credibilidad ante el mundo y frente a su propio pueblo y ante el pueblo judío que, como dijo Nietzsche:

> *"Los judíos son el pueblo más notable de la historia universal, ya que, enfrentados al problema de ser o no ser, han decidido ser a cualquier precio... el pueblo judío parece dotado de la más tenaz de las vitalidades"*.[58]

No se puede fijar tan fuerte una verdad y una afirmación, porque como dice Nietzsche parafraseando al apóstol Pablo:

> *"Con cierta tolerancia se podría llamar a Jesús un «espíritu libre» ninguna cosa fija le importa: la palabra «mata», todo lo que está fijo «mata»"*.[59] (*)

La primera reacción de un filósofo de verdad y de un hombre de ciencias, ante un descubrimiento, es dudar para seguir la investigación. Las nuevas particularidades de la verdad y de la filosofía derrumban las teorías aceptadas hasta hoy como buenas y que aceptan los filósofos y demás pensadores desde hace siglos y se echa abajo un mundo de ideas sacralizadas por el tiempo contradiciendo las más firmes concepciones sobre las ideas religiosas y el comportamiento actual del ser social. Lo nuevo se interesa acerca de lo viejo sólo como punto de referencia y para, elevándose sobre los hombros de lo que está por morir, concebir las infinitas prolongaciones y espera, para su convicción, a que se obtengan los primeros y decisivos resultados. Lo nuevo es nuevo, pero desde luego, no surge de la nada, sino de lo peor y de lo mejor de lo viejo y de éste también se alimenta. La actitud de un filósofo, por las implicaciones político-prácticas que tienen sus presupuestos, es aún más categórica esta cautela. Por definición, un filósofo no cree nunca, así, de golpe y porrazo, en una teoría nueva a la vez que ya negó o empieza a negar la vieja.

---

[58] AC o. c Af. 24 p. 50 DAC o. c. "Die Juden sind das merkwürdigste Volk der Wedltgeschichte weil sie, vor die Frage von Sein und Nichtsein gestellt, mit einer vollkommen unheimlichen Bewusstheit das Sein um jeden Preis vorgezogen haben..." DAC o. c. Band 6 Af. 24 ps. 191^{-30} -192^{-25}.

[59] *Ibíd.* Af. 32 p. 62 "Man könnten, mit einiger Toleranz im Ausdruck , Jesus einen «freien Geist» nennen -er macht sich aus allem Festen nichts: das Wort tödtet, alles was fest ist, tötdtet". DAC o. c. Band 6 Af. 32 p. 205^{-5} (*) II^{da}. Epistola ad Corinthios III 6 "...non littera, sed spiritu: littera venim occidit, spiritus autem vivificat".

Lo importante, sin embargo, en los éxitos o los fracasos de los acontecimientos, por muy listos u obtusos que puedan ser los personajes que los encabezan, y de la posibilidad que tengan de influir en la marcha de las cosas, lo determinante son las condiciones socio-económicas, la base social y la escisión de las contradicciones, que definen a su vez, la situación política y el escenario ideológico y propagandístico en que actúan los líderes. Lo demás cae en el terreno de la casualidad y no debe de confundirse con la causalidad. Nietzsche, un guerrillero del pensamiento, un rebelde, un amante de la guerra, prefiere la evolución a la violencia; a ésta en última instancia solamente. Había una gran diferencia de contenido y matices entre la violencia de Marx y la de Nietzsche. Nuestra tarea, según se deduce de Nietzsche, es conocer y juzgar a la verdad, o lo que nos dan por tal el cristianismo y los poderes ideológicos constituidos, para someterla al análisis del microscopio metafísico. Se aprecia en la idea nietzscheana y en la observación práctica, que nos afecta una infección mundial: la moral, la verdad; la anemia y la clorosis provocada por las dos anteriores. Esta infección se instala en silencio, sin síntomas aparentes en sus primeros tiempos y por largos períodos. Es un virus del espíritu. Pero así, en silencio, este virus se ha extendido al menos a la mitad de la población mundial. Silenciosa, asintomática, a veces en forma atractiva, otras veces impuesta o inoculada a traición, pero sin dolores casi siempre, sin fiebres y molestia alguna, actúa por largos períodos de tiempo. El que padece de ella puede convivir, a veces cómodamente, y llevar una vida aparentemente normal, mientras que, como animal de rebaño más o menos bien alimentado, alimenta y hace engordar al que lo inficionó. Así es cómo la moral y la verdad, una infección de reciente identificación (se puede decir que a partir de Nietzsche) actúa durante largos períodos de tiempo. ¿Cómo se cura? Poniendo en alerta y máxima tensión a la actividad filosófica y convirtiendo a ésta en malvada. Transvalorando todos los valores. Buscando la verdad de hoy, con la voluntad de poder potenciada y ayudando al proceso evolutivo a desarrollarse para ir matando lo viejo, ayudando a que lo viejo muera en un proceso combinado educación-desarrollo económico tal como lo que sucede en Europa con todo y sus imperfecciones. Pero para que esto suceda debe de haber gobernabilidad y para que haya gobernabilidad debe de haber madurez en el pueblo, en un pueblo que aspire a metas altas y no a que si se le da lo elemental para vivir, no le importa quién y cómo lo gobierne. En este sentido, ha sido Nietzsche con el objeto de que la moral y la verdad sirvan no para obedecer, sino para metas altas de vida en el hombre. Debido a esto asumió este Dios *holbacheano*, es decir, este Dios ateo, sin solemnidades, pero responsable y tristemente, la actitud inmoralista. ¿Por qué? Dice:

> *"Nadie ha sentido todavía la moral cristiana como algo situado por debajo de sí: para ello se necesitaban una altura, una perspectiva, una profundidad y una hondura psicológica totalmente inauditas hasta ahora. La moral cristiana hasta este momento la Circe de todos los pensadores –estos se hallaban a su servicio–. ¿Quién ,antes de mí, ha penetrado en las cavernas de las que brota el venenoso aliento de esa especie ideal –¡la difamación del mundo!–? Ser en esto el primero ha de ser una maldición, es en todo caso un destino: pues se es el primero también en despreciar... La náusea por el hombre es mi peligro...".* [60]

Nos dormimos con los cantos de sirenas mientras Nietzsche atrae sobre él al trueno y adopta para sí la actitud inmoralista (polémica y conflictiva) sin sonrojarse porque acaso lo señalen con el dedo. La palabra inmoralista expresa antítesis ante la verdad constituida, o sea, fascinación por lo probable y no por lo cierto y demostrado; dejar de creer en el Dios de los cristianos es una de las grandes verdades que Nietzsche defiende; concertación sobre el misterio desentrañable de la ciencia y lo desconocido; defensa de la verdad cuestionable o ante la aproximación a la verdad que debiera ser la actitud natural del ser humano, vale decir, a la verdad cuestionable, no demostrada: provocar en el hombre el deseo de saber, la reflexión, la polémica desde el centro del hombre y hacia su inconmensurable gama de interrogantes políticas, culturales y religiosas. En miles de años de filosofía occidental, los misterios del universo y en particular de los seres que lo habitamos, ha sido tema central (leitmotiv) y línea recurrente de nuestro pensar. Eso es cierto. Pero, ¿qué sucede?. Nuestro pensar no siempre ha sido ciencia constituida, como lo son el caso de la creencia en el Dios y en el Cristo, si bien La Biblia es, de alguna manera, además de la madre de todas las

---

[60] EH o. c. *Por qué yo soy un destino* Af. 6 p. 141 EH o. c. Band 6 *Warum ich ein Schicksal bin* Af. 6 ps. 370-371^{-5} $^{-10}$.

tragedias escritas hasta hoy y fuente de cierta investigación histórica del heroísmo del pueblo hebreo que se ha visto siempre amenazado como si fuera una maldición eterna; pero en el fondo La Santa Biblia, de la cual los judíos aceptan sólo el AT. es no otra cosa que una constante alabanza con cantos de salmos al Dios indemostrable y en todo caso inaceptable; y a veces, por otro lado, hemos querido que el pensar ande por lechos de rosas y ha dominado la idea cristiana, como en el Oriente, que con el mismo daño, han dominado el Islam y el Budismo. La limitación histórica del pensar filosófico confirmó el auténtico cerebramiento de las ciencias y la Iglesia Jerárquica Católica aún hoy, se opone a lo más avanzado aunque riesgosos adelantos de la sabiduría humana porque es pecado capital tratar de imitar a Dios, si bien estos adelantos sean para hacer más feliz al hombre en el valle de lágrimas que es la tierra. Como si el hombre hubiera sido hecho para sufrir inútilmente y no para buscar la felicidad. Por cada momento de alegría, y ya casi lo vemos como si así tuviera que ser, tenemos diez de sinsabores. Se limita la ingeniería genética, la biotecnología y todo lo que pueda mejorar genéticamente al hombre; se consagra así, todo lo que aún nos queda de primate de los valles; se quiere eternizar que la mujer para con dolor según la sanción de Jehová al expulsarla del Edén por darle a Adán la manzana y que el trabajo sea un sufrimiento porque Caín entregó a la tierra el cadáver de su hermano Abel.

El hombre hoy anda con valentía sobre el cosmos, donde por cierto, no se ha visto hasta ahora ni rastros de Dios, asumiendo de manera insospechada los riesgos y el fracaso siempre posible y de la necesaria erroneidad teniendo como una agazapada posibilidad equivocarse, pero en todo caso, guiado por la máxima de Nietzsche:

"La creencia en la verdad comienza con la duda de todas las verdades hasta entonces creídas".[61]

Toda la misión y de la cual hizo Nietzsche la gran novela de su vida, fue liberar al hombre y llevarlo a ejercer su libre albedrío y en el libre albedrío no hay espacio para la obediencia al Dios Todopoderoso porque

---

[61] HDH o. c II Opiniones y sentencias varias Af. 20 *La verdad no quiere dioses* p.17 MAM. o. c. Band 2 II Vermischte Meinungen und Sprüche Af. 20 *Wahrheit will keine Götter neben sich* p. 387[-15].

es déspota, cruel, murmurador, rencoroso y lleno de sed de venganza. No es jamás, aunque no sea tampoco el que queremos, no por malo, sino por insuficiente, el Dios demasiado bueno que imaginó Voltaire: justo, bueno, infinito.

¡El Dios este del cristianismo es demasiado antitético, poderoso y «amoroso», o sea, paternalista que con la misma mano que te da de comer te castiga y por eso emociona tanto como ofende! Es decir que *en* su pacto con Israel, Dios prometió ser su Dios con la condición de que ellos vivieran en fiel obediencia a él. Una prueba es que en su pacto con Israel, Jehová prometió ser su Dios con la condición de que ellos vivieran en obediencia a él. La idea de esta sentencia bíblica se refuerza, cuando el mismo Yahvé les reprocha o les saca en cara, que él fue el que los liberó de la esclavitud de los Faraones egipcios.[62]

Tremebunda y antinómica idea que nos quieren vender: un Dios amoroso, pero que exige más que todo obediencia y gloria. Un Dios tipo señor feudal. La psicología y la propia misión que Nietzsche se había propuesto, no podía, con perdón de las ilustres personalidades que así piensan, preferir a ninguno de los dos testamentos. Por eso, para contrarrestar esta ingenuidad religiosa, Nietzsche quiere no sólo espíritu, sino espíritu libre. Ningún pacto con Dios quiere el filósofo que lleva consigo el demonio del crepúsculo y que buscando a tropezones su verdad, se tortura injustamente como un Prometeo alemán: voluntad de poder y superhombre para que como hombre reine sobre todo lo que se arrastre, incluido el hombre si en vez de empinarse se arrastra como las culebras. Para ir a la cima, mejor el vuelo del águila que el andar rastrero de la serpiente. El cristianismo no fortalece almas, sino que despedaza almas fuertes y aristocráticas. Esta es la razón del desprecio al Nuevo Testamento y por lo que Nietzsche estima más a Pilatos que al Cristo y si bien es cierto que nuestro filósofo no desprecia al evangelio, sí es cierto que ha dicho que éste, si existió, que parece ser que en el Cristo no existió (existió el anticristo), en todo caso murió en

---

[62] Gn. 15 y 17, 1 Alianza de Dios con Abrahám. Y el libro de los Números 15, 40-41 "... sed magis memores precæptorum Domini faciant ea, sintque sancti Deo suo. Ego Dominus Deus vester, qui eduxi vos de terra Ægypti, ut essem Deus vester". Biblia Sacra, Juxta Vulgatam Clementinam o. c p. 140.

la cruz. Así, Pilatos es más verdad que el Cristo y el pecado original y la prédica del cristianismo, es palabrería suntuosa, siendo el gobernador romano por ejemplo, infinitamente superior.

Sobre el ejercicio de La Voluntad de Poder, dice Nietzsche:

> "En suma, los poderosos, del mundo aprendían un nuevo temor en presencia del santo, presentían un nuevo poder, un enemigo extraño, todavía no sojuzgado: –la «voluntad de poder» era lo que los obligaba a detenerse delante del santo. Tenían que interrogarle–".[63]

Pero el rechazo al Nuevo Testamento comienza en el AT a pesar de ciertos halagos que hace Nietzsche de las Sagradas Escrituras:

> "En el Antiguo Testamento judío, que es el libro de la justicia divina, hombres, cosas y discursos, poseen un estilo tan grandioso que las escrituras griegas e indias no tiene nada que poner a su lado".[64]

Eso dice Nietzsche, es cierto, creo que en ese único lugar, pero todo su análisis sobre la religión desmiente estas 'positivas' palabras sobre el AT. ¿Y por qué decimos esto? Queda muy claro que toda la filosofía nietzscheana es un llamado al albedrío humano, a la supremacía de vida y al placer del cuerpo y el espíritu y allí comienza, en el AT, desde los primeros versículos: –la angustia de Dios frente al hombre, por el conocimiento (voluntad) de éste como medio de poder y de igualdad del hombre frente a Dios. Aquí, en el AT se fijan, como mensaje de Dios a la humanidad: la venganza, el resentimiento que mucho después dio origen al cristianismo, la obediencia como condición para guiar al hombre y el paternalismo; desde el AT. se le teme a la vida y se trata de matar "*el árbol de la vida*".[65] –El hombre como falla de Dios, empieza, ya lo habíamos dicho, en el AT. (DAC Af. 48) El hombre que conoce, o que quiere conocer (voluntad de poder) como rival de Dios al cual ve

---

[63] MBM o. c. El ser religioso Af. 51 p. 78 "Genug, die Mächtiger der Welt lernten von ihm eine neue Furcht, sie ahnten eine neue Macht, einen fremdem, noch unbezwungenen Feind: - der «der Wile zur Macht », was es, der nöthige, vor dedm Heiliogen stehen zu bleiben. Sie mussten ihn fragen", JGB o. c Band 5 Af. 51 p. 71^{-25}.

[64] *Ibíd.* Af. 52 p. 78 JGB o. c. Band 5 *Das religiöse Wesen* AF. 52 p. 72^{-5}.

[65] AC o .c Af. 48 ps. 83-84 DAC o. c. Band 6 Af. 48 p. 226.

éste como el máximo peligro. Un Dios que en vez de hablar de trabajar y de superarse, sólo habla de castigos y más castigos. El trabajo, máximo placer del hombre, Dios lo dio como un castigo. Por haber matado a su hermano Abel le dice Dios a Caín:

> "Por lo tanto, maldito serás y vivirás lejos de este suelo fértil que se ha abierto para recibir la sangre de tu hermano, que tu mano derramó. Cuando cultives la tierra no te dará frutos. Andarás errante y vagabundo sobre la tierra".[66]

En el AT

– En el AT comenzó la lucha de Dios por alejar al hombre del árbol de la vida, ¿cómo?, con indigencia, muerte y trabajo. Estos son los medios que utiliza para mantenernos sojuzgados, que no tengamos cultura para que no asaltemos al cielo. Dice Nietzsche:

> "Dios prohíbe el conocimiento, porque éste induce al poder y a la igualdad con el Dios... Ahora se descubre que la guerra es necesaria: los hombres deben destruirse a sí mismos. Finalmente decide la ruina".[67]

Tratando de simplificar más aún las cosas, nos preguntamos, ¿verdad nietzscheana?: La que sirve a la vida no sólo para conservarla, sino para incrementarla; la verdad del escepticismo:

> "...de ese escepticismo viril, es decir, como intrepidez de la mirada, como valentía y dureza de la mano al descomponer cosas, como tenaz voluntad de emprender peligrosos viajes...bajo cielos desolados y peligrosos...".[68]

La verdad de la sospecha para poder seguir adelante matando la somnolencia dogmática; la verdad del ateísmo científico sin herejías ni vulgaridades, o sea, de ese ateísmo que aleja de todo lo que enerva y que por eso se convierte en valor moral y en una verdad como cura y

---

[66] Gn. 4. 11-12. *Caín y Abel Biblia Latinoamericana* o. c. p. 47.

[67] AC Af. 48 Nota 124 ps. 145-46 Andrés Sánchez Pascual.

[68] MBM o .c *Nosotros los doctos* Af. 209 p. 151   JGB. o. c Band 5 *wir Gelehrten* Af. 209 p. 141-30.

salud de la voluntad transformadora; la verdad de que en aras del hombre a veces hay que pasar por encima del propio hombre, o sea, más allá de bien y del mal, más allá de lo humano, demasiado humano; la verdad del libre albedrío humano ya que la lucha por la vida no es en forma alguna, una lucha menesterosa y lenta, sino exuberante, rica, llena de vida de lo fuerte y libre contra lo pobre y débil; la verdad de Nietzsche en lo político es un hombre y un sistema metademocrático, con sensación de poder y con la idea de que el mando es para crear y que el placer de mandar debe consistir sólo en eso: en el placer de la creación y no en el complejo de poder; la verdad nietzscheana dice que la fe es para crear y no para creer pues tener fe es no querer ver la verdad; el creador debe de ser duro; otra verdad de Nietzsche: el Dios de Voltaire y Stendhal es mejor que el de La Biblia, pero es demasiado bueno y el Dios que se requiere para la integración del hombre con las cosas exteriores es un Dios que también conozca el ardor de la pelea y el placer de la destrucción y el sabor de la victoria; como dios hizo al hombre *para que reine sobre lo se arrastra, él,* Nietzsche, propone al superhombre para que reine sobre lo que se arrastra y sobre lo que no se arrastra, es decir, sobre todo con tal de crear un hombre de porte aristocrático que, sin ser rebaño, construya y sienta placer en el sufrimiento, en el mandar como y en el obedecer en debida identificación mando-subordinación; la verdad de Nietzsche es que La Biblia (compuesta del AT. y del Nuevo Testamento), no es el mejor libro como guía teórica y práctica para los hombres, es más, que el poder no está hoy en las mejores manos, porque están inspirados, los que ejercen el mando, en los «ideales» bíblicos y en los «nombres santos»; la verdad de Nietzsche es la que está aquí, en la tierra y en el «sentido de la tierra». y no «allá arriba», como le dijo el Cristo a Pilatos; pues la verdad de Nietzsche es la rebeldía y de que no debe de haber ni un sólo rebaño ni un sólo pastor; la verdad es que el arte, la historiografía, la religión, todo, debe de ser para incrementar la vida y no arte por el arte, como se colige de Schopenhauer ni religión para someter o historia para embellecer solamente o para casarnos con paradigmas viejos tal como los poderes constituidos tratan hoy de enseñárnosla y por eso nos recomienda que vayamos a aprender de los que no se dejan embaucar; la verad de Nietzsche: la juventud, esa que es capaz de ir adelante cortando cabezas de serpientes y creando la patria de los hijos, la que preferimos a la de los padres sin negar a éstos o estaríamos negando a los propios hijos, aunque eso sí, piensa este filósofo, y pensamos nosotros, que los hijos serán siempre mejores y superiores a los padres y que si esto no fuera así, estaríamos aún en la edad de piedra; ¿otra verdad de Nietzsche?, que el Cristo del Nuevo Testamento es sin duda el anticristo, pues siendo como es aguantón y milagrero este Cristo no puede ser redentor y que el redentor o el Cristo del hombre es el propio hombre o superhombre (forma espectacular característica de este filósofo para designar lo trascendente); ¿más verdades de Nietzsche?, estas: el prototipo de hombres que él prefiere es el rebelde, el de espíritu libre, el problemático, el conflictivo, el criminal de I. Dostoievski, el hombre fuerte de Göthe, el hombre tipo Napoleón, Alcibíades (-450 a–404 personificaba la juventud de la decadencia ateniense, asesinado por el sátrapa Farnabases), Federico II Hohenstaufen, rey de Sicilia y duque de Suabia (1194 -1250), ateo éste último y excomulgado dos veces (1227 y 1229) por el Papa Gregorio IX por negarse en primera instancia a emprender otra cruzada contra los Musulmanes y el Islam, César y Leonardo da Vinci como ejemplo de artista, éste, es decir, fundadores, legisladores, luchadores por el devenir, creadores de valores ellos mismos y no seguidores de los valores de otros; la verdad de Nietzsche tiene que ver más que todo, con la antítesis y la guerra, aclarando que *la guerra no como fatalidad*, sino como bien y como algo que si no llega hay que salir a buscarla y/o a provocarla, pues lo que sí mata es el deseo de reposo preferido por los débiles; la verdad es que el hombre debe de volver a la naturaleza, pero no como los estoicos y los laotsianos, que se refieren a la naturaleza como lo inconsciente, lo sin objetivo, como lo pacífico y que cuando se rebela, como los tsunamis recientes, perjudica sin mirar a quién, sino *como vuelta a la naturaleza, a la realidad, listos para emprender tareas mayores;* la verdad es que el peor enemigo del hombre ha de serlo el ideal de hoy y que el filósofo se debe de consagrar a atacar problemas teniendo como premisa que la verdad no se encuentra buscando más que todo el bien; la verdad de Nietzsche es que el cristianismo aplasta al hombre y le da sólo muy breves momentos de lucidez y de sensación de libertad para así tenerlo dominado mejor, tal cual hacen los dioses terrestres que han copiado, casi todos, al Dios tipo faraón del AT, pues da mejores resultados decir que se actúa a nombre de Dios que a nombre del faraón enajenado en la divinidad de Jehová: 'yo no copio al faraón, yo copio a Dios para tupir las entendederas', deben decir para sus adentros los dictadores y tiranos; la transvaloración de todos los valores propuesta por este Dios malo de la filosofía no es para desembarazarnos del espanto y de la compasión, sino para mirar de frente la dura realidad de la vida del hombre, amenazado en primer lugar por él mismo y por la naturaleza toda; las ciencias naturales, que nos dan momentos de felicidad, y a la cual sin embargo no debemos de limitar hasta hacerla inútil, en la realidad de las cosas amenaza con el fin del mundo, pues lo va poco a poco consumiendo y esterilizando con el engaño de que todo nos lo facilita, pero esa facilidad es además la que va a acabar con el hombre o en todo caso va a asesinar su sonrisa, razón por la cual debe de adorarse al hombre y no a la ciencia como hacen los progre más de moda que reales; la evolución es la ley de la selección y no la revolución. Como se observa más arriba en la simplificación de las verdades del filólogo de Basilea y filósofo de Röcken y la Alta Engadina, todas las verdades suyas que nos ocupan, y muchas más que no vamos a agotar ahora, tienden a la utilidad de la vida y las que niega, es porque no establecen la debida correlación vida-metafísica.

Según Nicolás Abbagnano,[69] existencialista prominente, destacado investigador filosófico y admirador de Nietzsche, fue Nietzsche el primero en descubrir, o sea, el primero en filosofar sobre la verdad como filosofía de la acción y la utilidad, en especial para el pragmatismo, quiere decir, para la vida y la práctica de los hombres. Fue este filósofo, cuya máxima es la supremacía de vida, el primero en formular «*la verdad como utilidad*» y fija N. Abbagnano este pensamiento nietscheano para justificar su aseveración:

> *"Verdadero no significa en general sino lo apto para la conservación de la humanidad. Lo que me hace perecer cuando creo que no es verdadero para mí, es una relación antihistórica e ilegítima de mi ser con las cosas externas".*[70]

---

[69] Abbagnano, Nicolás *Diccionario de Filosófia* o. c. 1180.

[70] *Ibíd*. cita la VP Edit. Kröner Madrid 1932 § 78. 507.

Nosotros, por nuestra parte, habíamos encontrado, a propósito de las ideas de Nietzsche y la cita de Nicolás Abbagnano, esta otra idea definitoria igualmente acerca de la verdad como utilidad. Dice Andrés Sánchez Pascual en su comentario al AC. Af. 55.

> *¿Qué es lo que hace que uno se decida entre distintas posibilidades? Su razón práctica, su ventaja...*".[71]

En este aforismo del AC. presenta el autor la antítesis entre la mentira y la convicción de la fe. La convicción como enemiga peligrosa de la verdad. Sobre la verdad o la mentira es el hombre, de alguna manera como dio a entender hasta el propio Kant, el que decide aunque sea una de las decisiones más antitéticas que tenga que enfrentar, pensando, desde luego, que las convicciones son enemigos más peligrosos que las mentiras, y que la fe, lejos de desplazar montañas, las emplaza y las convierte en inamovibles por muy dañinas y por más divinas que sean. La ecuación entre utilidad y verdad, fue extendida por Nietzsche a toda esfera del conocimiento.

Una proposición es verdadera sólo por su efectiva utilidad para engrandecer la supremacía de vida, o sea, por lo que es útil para extender el conocimiento, el dominio del hombre o también la solidaridad del mundo humano evitando la fatalidad a que nos condena el Dios del AT y a la que nos muestra no sólo con el Jesús de la Cruz, sino con el Jesús milagrero que nos envió diciendo que *la* verdad está allá arriba, que la verdad es Dios.

En esta idea de la utilidad de la verdad coincide Nietzsche, aunque sin embargo, no con la amplitud del creador del Zaratustra, con F. Schiller que entendía como verdad sólo las buenas consecuencias y con el filósofo norteamericano John Dewey (1859-1952), en que según la idea de este último, la verdad es instrumento cognoscitivo a los fines del perfeccionamiento de la vida humana en este mundo y no le

---

[71] AC o. c. Af. 55 ps. 94 a 96 Nota de Andrés Sánchez Pascual 141 ps.148-149. Este tema de la Convicción aparece también en HDH o. c. Band 2 IX [parte]. El hombre a solas consigo Af. 483 Enemigos de la verdad. p. 234. MAM. o. c. Band 2 IX: Der Mensch mit sich allein Af. 483 Feinde der Wahrheit p. 317[-5] "Überzeugungen sind gefährlichere Feinde der Wahrheit, als Lügen".

temamos al desenfreno al que Dios temió y por el cual castigó al hombre. Dice Nietzsche al respecto:

> *"¿Desenfreno? La madre del desenfreno no es el gozo, sino la ausencia de gozo"*.[72]

Cultivar el espíritu libre, como quería este errante y solitario filósofo de la aurora con visos de escritor crepuscular, que respondía al nombre, nunca bien venerado de Federico Nietzsche, que hizo de su vida una novela del sufrimiento personal, pero para fortalecer la vida de los otros. Terminemos este artículo con dos pensamientos cardinales de Nietzsche, uno de los cuales aparece en HDH dedicado uno de los más grandes liberadores del espíritu, a Voltaire (1694-1778). Dice así el primero de los dos:

> *"<u>Dedicatoria a Voltaire</u>: este libro monólogo, nacido en Sorrento durante el invierno de 1876-1877, no sería ahora publicado si la proximidad del 30 de mayo de 1878 no me hubiese suscitado el más vivo deseo de rendir a su debido tiempo un homenaje personal a uno de los más grandes liberadores del espíritu"*.[73]

El criterio de la verdad es la práctica, repetiríamos con los marxistas y el padre de ésta es el tiempo y no la autoridad, diríamos como simpatizantes de las ideas brechteanas. Y finalmente exclamar con Nietzsche, más espinoso que un cardo, y con sus mismos sentimientos esta idea que en pocas palabras abarca todo lo que él quiere decir acerca de la verdad, de su verdad y su filosofía(existencialista y pragmática), que va más allá del bien y del mal y más allá de lo humano, demasiado humano. Dice así el otro pensamiento, dedicado también de alguna manera, a Voltaire:

---

[72] HDH o. c Tomo III I *Opiniones y sentencias varias* Af. 77 Desenfreno p. 31 "Die Mutter des Auschweifung ist nicht die fraude, sondern die Freudlosigkeit". MAM o. c. Band 2 I Vermischte Meinungen und Sprüche Af. 77 Aussweifung p. 409.

[73] HDH o. c Tomo 2 Dedicatoria a Voltaire p. 31 "Dieses monologische Buch, welches in Sorrent während eines Winteraufenthaltes (1876 auf 1877) enstand, würde jetzt der Öffentlichkeit nicht übergeben werden, wenn nicht die Nähe des 30. Mai 1878 den Wunsch allzu lebhaft erregt hätte, einem der grössten Befreier des Geistes zur rechten Stunde eine persönliche Huldigung darzubringen". MAM o. c. Band 2 p. 10.

"¡Oh Voltaire! ¡Oh humanitarismo!. ¡Oh imbecilidad!. «La <u>verdad</u>», la búsqueda de la verdad, son cosas difíciles; y si el hombre se comporta aquí de un modo demasiado humano –il ne cherche le vrai que pour faire de bien (no busca la verdad más que para el bien),– ¡apuesto a que no encuentra nada!".[74]

Quizás no sea fácil recordar los detalles de este trabajo a lo largo de todas sus páginas, e incluso puede suceder que no estemos de acuerdo con algunos planteamientos, pero sí que la esencia de lo que aquí se dice formará parte de esa percepción y de ese sentido que tiene la filosofía y que hemos designado como el principio fundamental de toda buena obra filosófica: la duda en todo lo que existe hasta hoy como ideal de verdad y la búsqueda contradictoria de la verdad del mañana, pero eso sí, si sirve al hombre, a su solidaridad, a su fortalecimiento y a su calidad de vida aunque haya que ir en alguna ocasión más allá del propio hombre.

No sólo lo bueno es verdad. No nos asustemos, además, por el hecho de que no hayamos sido benevolentes con el Dios del Antiguo y del Nuevo Testamentos y de que a veces hayamos empleado duros vocablos y hasta dicterios. Todo eso es nada al lado de lo que Nietzsche les ha dicho no sólo a los sacerdotes con sotanas y sin sotanas, sino a los que creen en ellos, y al Dios, y al Cristo y a las religiones como sectas y no lo ha hecho afirmando y aceptando negando. Nada menos parecido: niega negando. Y de los políticos, según la idea de Nietzsche, que nos mantengamos más alertas aún que de los curas... lo importante es el individuo, más que el grupo.

---

[74] MBM o. c. I El espíritu libre Af. 35 p. 61 JGB o. c. Band 5 I Der freie Geist Af. 35 p. 54^{-15}.

8. EL IMPACTO DE LA RELIGIÓN EN LA CONCIENCIA

I. Introducción

1.1 Súper-ego-represión y sublimación

Buscaremos plantear el impacto del dogma religioso, ya en su nivel más profundo, es decir la misma individualidad del hombre, su conciencia. Sobre esta situación aparecen en la obra de Sigmund Freud, *Interpretación de los sueños*[1] con citas explícitas de Schopenhauer y de Nietzsche. Una de las fuentes principales sobre el tema del valor moral, de la cultura y del fenómeno del comportamiento religioso en Nietzsche es HDH[*] (1ra. parte 1878- 2da. parte 1880 bajo el *Viajero y su sombra*). El orden en el que Nietzsche analiza estos temas es el siguiente:

1) Un psicoanálisis de la filosofía, lo trata en la primera parte de HDH: *De las cosas primeras y de las últimas* (Afs. De 1 al 34 ps.43 a 63) Otras fuentes, *Verdad y mentira en el sentido extramoral*, *Ecce Homo* y en *Crepúsculo de los ídolos*.

2) Una sicología de lo mortal: segunda parte de HDH: *Para la historia de los sentimientos morales* (Afs. del 35 al 107 ps. 66 a 96). Otras

---

[1] Freud, Sigmund (1983) *Interpretación de los sueños* Obras completas Tomo II Edit. Biblioteca Nueva. Madrid. Del original Alemán *Träumdeutung,* publicado por Franz Deuticke-Leipzig- Viena.

[*] La versión que usamos ya citada anteriormente es: HDH (1996) Akal Ediciones Madrid.

fuentes: *Más allá del bien y del mal, Genealogía de la Moral*; y en el *Anticristo*.

3) Un psicoanálisis de la religión y cura analítica: Tercera parte de HDH. La vida religiosa. (Afs. 108 a 144 ps. 97 a 118).

4) Por un análisis de la libertad del artista: Cuarta parte de HDH *Del alma de los artistas y de los escritores* (Afs. 145 a 223 ps. 119-150)

5) Un psicoanálisis de la cultura: Quinta parte de HDH. *Indicios de la cultura superior e inferior* (Afs. 224 a 292 ps. 151-183) Otros recursos: *Aurora y La Gaya ciencia o Gay Saber.*

1.2 Origen de los sentimientos morales: aspecto axiológico

En HDH Nietzsche desarrolla la derivación de los sentimientos morales, religiosos y estéticos, considerados como productos de un proceso químico inconsciente. Para Jacinto Choza, esta obra de Nietzsche puede considerarse como el primer psicoanálisis realizado en la historia del pensamiento de un modo sistemático.[2] En la obra de Irvin D.Yalom apare la relación de Nietzsche en su relación de cura con el famoso psiquiatra Dr. Joseph Breuer y la relación de éste en consulta con Sigmund Freud. Nietzsche se convierte de paciente a sicólogo. (*El día que Nietzsche lloró* [1999] Emecé Editores, Buenos Aires).

1.3 Los contrarios como causas y efectos

Nietzsche con su doctrina del *Eterno Retorno (*AHZ. El convaleciente 2 p. 305) reaviva la doctrina de Heráclito. Los contrarios se evocan. Así de la irracional surge lo racional; de lo muerto surge lo vivo; de lo ilógico nace la lógica; del deseo libidinoso fluye la contemplación desinteresada; del egoísmo surge el deseo de vivir y darse a los otros y del error nace la verdad. Para Nietzsche los metafísicos buscaron dar un fundamento ingenioso, negando que la ley de los opuestos, que lo uno nace del otro, admitiendo que el existir ontológico y axiológico de las cosas (cosa en sí) con un origen milagroso, es decir que con la salida

---

[2] Choza Jacinto (1978) *Conciencia y afectividad: Aristóteles-Nietzsche y Freud* o. c. cap. II La Articulación entre afectividad y conciencia. El método hermenéutico de Nietzsche y Freud. ps. 53 a 152.

del núcleo y de la esencia de la «cosa en sí». Para él, todo aquello de que tenemos necesidad y que puede sernos dado por primera vez gracias al nivel actual de las ciencias particulares, no es sino:

> *"Todo lo que necesitamos y que sólo gracias al nivel actual de las ciencias particulares puede sernos dado, es una química" de las representaciones y de los sentimientos morales, religiosos y estéticos, lo mismo que todas esas emociones que vivenciamos en nosotros en el grande o pequeño trajín de la cultura y de la sociedad, e incluso en soledad: ...".*[3]

1.4 Origen y obra de la moral y la religión

Para Nietzsche el organismo humano está sometido a diversos estímulos del medio externo que se expresan bajo las formas sensibles de placer dolor. Por eso para Nietzsche:

> *"A toda creencia subyace el sentimiento de lo agradable o doloroso respecto al sujeto sintiente. En su forma más rudimentaria el juicio es una tercera sensación nueva en cuanto resultado de dos sensaciones singulares precedentes. En principio a nosotros seres orgánicos no nos interesa de cada cosa más que su relación con nosotros en la que a placer y dolor se refiere".*[4]

Ante los estímulos fuertes y de mayor intensidad se produce como consecuencia en el cuerpo una «resonancia simpática» en virtud de la cual el propio organismo presta una adhesión (placer) o rechazo (displacer) estable a los objetos asociados con dichos estímulos y de este modo por asociaciones habituales de sentimientos e ideas se forma lo que conocemos con el nombre de «moral y de religión».

> *"Todas las vibraciones de cierta intensidad comportan una resonancia de sensaciones y humores afines, que resuelven, por así decir la memoria. Fórmanse así rápidas asociaciones de sentimientos y*

---

[3] HDH o. c. I De las cosas primeras y últimas Af. 1 *Química de los conceptos y sentimientos* p. 44-45 MAM o. c. Band 2 I *Von den resten und letzten Dingen* Af. 1 Chemie der Begriffe und Empfindungen p. 24⁻⁵.

[4] *Ibíd*. Af. 18 Cuestiones fundamentales de la metafísica p. 53 MAM o. c. Band 2 Af. 18 Grundfragen der Metaphysik p 39⁻¹⁵.

pensamientos... ni siquiera son ya percibidas como complejos, sino como unidades. En este sentido se habla del sentimiento moral, del sentimiento religioso como si fuese unidades sin más...".[5]

Para Nietzsche surge una costumbre cuando se establece "la unión entre lo agradable y lo útil".

"Un género importante de placer y por tanto fuente de la moralidad, tiene su origen en el hábito. Lo habitual... se siente placer al hacerlo... por tanto es útil... La costumbre, es por consiguiente la unión de lo agradable y lo útil, además no hace menester ninguna reflexión. Tan pronto el hombre puede ejercer coacción, la ejerce, a fin de imponer e introducir sus costumbres, pues éstas son para él la sabiduría acrisolada de la vida...".[6]

El hábito engendra una especie importante de placer, por lo que es fuente de moralidad. Este fenómeno, para Choza constituye el proceso de hominización y de socialización del hombre. A fin de adoptar un argumento ontológico existencial, a este proceso químico de libido y tánatos (θάνατος) en su nivel de conducta emocional bajo su carácter social y religioso, los metafísicos trascendentalitas según Nietzsche le dieron una impronta trascendental, convirtiéndolo en una acción moral al darle atributos metafísicos, al transformar este proceso químico corporal en una entidad o cosa en sí. Para Nietzsche esto no es sino una vil mentira *(schrekliche Lüge)*, pero no deja de ser una mentira con carácter de necesidad, como un medio para que el hombre permanezca dentro del ámbito de la animalidad *(Tierheit)*:

"La bestia en nosotros quiere que se le mienta; la moral es la mentira necesaria para que no nos destruya. Sin los errores implícitos en las hipótesis de la moral, el hombre seguiría siendo un animal...".[7]

---

[5] HDH o. c. I Af. 14 *Resonancia simpática* p. 50 MAM o. c. Bamd 2 I Af. 14 Miterklingen p. 35^{-5}.

[6] *Ibíd*. II Para la historia de los sentimientos morales Af. 97 *El placer en la costumbre* p. 88 MAM o. c. Band 2 I Af. 97 *Die Lust in der Sitte* p. 94^{-5}.

[7] *Ibíd*. t. II I De las cosas primeras y últimas Af. 40 *El superanimal* p. 69 "Die Bestie in uns will belogen werden; Moral ist Nothlüge, damit wir von ihr nicht zerrissen werden. Ohne die Irrthümer, welche in den Annahmen der Moral liegen , wäre der Mensch Thier geblieben...". MAM o. c. Band 2 I Af. 40 *Das Über –Thier* p. 64-^{25}.

Sobre las tres fases de la moralidad que la capacidad de referirse a lo útil que inicialmente no es agradable, constituye la primera de las tres fases de la moralidad hasta nuestros días:

"El primer signo de que el animal se ha convertido en hombre se produce cuando sus actos ya no se refieren al bienestar del momento, sino al duradero, cuando el hombre por tanto deviene útil conforme a un fin: entonces irrumpe el libre dominio de la razón".[8]

El factor máximamente patógeno en la consideración de Nietzsche, es la moral y en mayor grado aún la religión cristiana. La religión cristiana no deja de ser una fuente de alivio para el corazón humano que está de por sí atormentado por su entorno histórico del pecado original y su sentido de culpabilidad, de ahí que estos tormentos haya sin do provocados por la misma doctrina religiosa. Para Nietzsche las religiones no deberían llegar nunca a ser dominantes, sino quedarse por siempre en su periodo de génesis.[9] En *Destino del cristianismo*, sobre la tarea principal del cristianismo dice Nietzsche:

"El cristianismo nació para aliviar el corazón; pero ahora debiera primero apesadumbrar el corazón para luego poderlo aliviar. Consiguientemente, se extinguiría".[10]

En: *Arte y fuerza de la falsa interpretación*, y en: *Veneración de la demencia* de HDH dice Nietzsche:

"Todas las visiones, los terrores, los agobios, los hechizos del santo, son estados morbosos conocidos, pero que él por razón de errores religiosos y sicológicos arraigados, interpreta de otra manera, es decir, no como enfermedades, pero como se observase que una emoción daba claridad muchas veces al cerebro y evocaba felices inspiraciones, se pensó que por las emociones más fuertes se participaba en las

---

[8] HDH o. c. I Af. 94 *Las tres fases de la moralidad hasta la fecha* p. 86 MAM o. c. Band 2 II Af. 94 *Die drei Phasen der bisherigen Moralität* p. 91-10.

[9] Nota de Brotons Muñoz Alfredo a HDH o.c. Tomo II III ra. parte. La vida Religiosa, nota al calce 23 p. 105 de FP sobre Af. 119 p. 105.

[10] HDH o. c. Tomo II III parte Af. 119 p. 105 MAM o. c. Band 2 III. Af. 119 Schicksal des Christenthums p·120-5.

aspiraciones y en las impresiones más felices, y así se veneraba a los locos como sabios y adivinos".[11]

1.5 Cronología y fases de la formación moral del hombre

Las tres fases de la formación moral:

a) Primera fase: advenimiento de la moral, la cultura y la virtud

Es el paso de la animalidad (*Thierheit*) a la humanidad (*Menschheit*). Esta se experimenta cuando se tiene la sensación de un bienestar duradero. Cuando se produce el placer de un modo estable. Por ejemplo cuando se vive o se siente la sensación y percepción de una firme seguridad. Pudiera ser lo que otrora Epicuro denominase un placer en reposo o ataraxia. Esta desatención de la sensación de un bienestar poco duradero, momentáneo, en busca de una sensación más duradera Nietzsche le llama represión. Ésta bloquea lo presente para referirse a lo futuro, permitiendo así la creación e involucración de objetos con carácter medial. Es decir imponer medios con referencia a un futuro, originando de este modo el advenimiento de la moral y de la cultura. La moral no es más que un producto de la coacción a la que el hombre se somete para evitarse momentos de desplacer. Por fin con el tiempo se convierte en costumbre, y luego en una libre obediencia, hasta llegar a transformarse en un instinto. Luego al convertirse en un comportamiento habitual y como produce una sensación de placer y/o bienestar, se le llama a esta experiencia del hombre, la vivencia de una virtud, del progreso espiritual.

> *"...La coacción procede de la moralidad, más aún, ésta misma es todavía durante un tiempo coacción a la que uno se sujeta para evitar el displacer. Más tarde se convierte en costumbre, luego en libre obediencia, finalmente casi en instinto: entonces, como toda una*

---

[11] *Ibíd.* t. II III La vida religiosa Af. 126 *Arte y fuerza falsa de la interpretación* p. 106 y Af. 127 *Veneración de la demencia* p. 107 MAM o. c. Band 2 III. Das religiöse Leben Af. 126 *Kunst unid Kraft der falschen Interpretation.* p. 122⁻⁵ y Af. 127 *Verherung des Wahnsinns* p. 122⁻⁵.

duradera costumbre habitual y natural, se le asocia con el placer y se la llama virtud".[12]

Pero estos instintos por carecer de un fundamento uniforme, y por provenir de un acto de represión se degeneran. Al respecto asevera Nietzsche

"Es de los individuos disolutos, más inseguros y moralmente más débiles de quienes en tales comunidades depende el progreso espiritual: son los hombres que intentan cosas nuevas y, en general múltiples".[13]

b) Segunda fase: formación de la buena conciencia moral

Se refiere al paso de un cambio de jerarquía axiológica en donde ahora el hombre considera de mayor preeminencia anteponer en su conducta el honor (die Ehre) sobre el bienestar. Aquí se inicia la etapa del proceso de sociabilización, en el cual el hombre descubre que el preocuparse por los demás tiene preeminencia sobre el desarrollo de su egoísmo. Esta es la etapa o fase de la alteridad, es decir que homologando a Martín Buber (1878-1965), diríamos que es la etapa transitiva, es decir en el paso de yo al tú. Etapa del desarrollo del instinto social, ya que «los demás son fuente de placer».

En esta fase, tiene lugar el paulatino sometimiento del sujeto o individuo a la coacción de los usos y deseos ajenos, hasta que al devenir en un hábito se transforma en una sensación de algo que produce un estado de satisfacción. Ahora ya se siente como encarnando un valor moral, es decir una virtud. Dice Nietzsche al respecto:

"Cuando alguien obra por un pequeño número de motivos, pero siempre los mismos, sus acciones adquieren una gran energía; si estas acciones están de acuerdo con los espíritus gregarios, son aprobadas y producen en el que las realiza el sentimiento de la buena conciencia".[14]

---

[12] HDH o. c. II. Af. 99 Lo inocente de las llamadas malas acciones p. 89-90 MAM.o. c. Band 2. II. Af. 99 Das Unschuldige an den sogenannten bösen Handlugen p. 96-30.

[13] *Ibid.* V[ta] parte Indicios de cultura superior e inferior. Af. 224 *Ennoblecimiento por degeneración* p. 151 MAM o. c. V Haupstück Anzeicher höherer und niederer Cultur. Af. 224 *Veredelung durch Entartung* p. 187-15.

[14] HDH o. c. V Af. 228 *El carácter fuerte, bueno* p. 154 MAM o. c. V. Af. 228 *Der starke, gute Charakter* p. 192-5.

Por este modo de concebir la buena conciencia dice Nietzsche que la mayor parte de los hombres son copia de otro. Esta actitud de ser copia se puede aplicar a los modelos de vida religiosa, donde el creyente se convierte en copia del supuesto "santo".

> *"No es raro encontrarse con copias de hombres eminentes, y, como en las pinturas también aquí, a la mayoría le gustan más las copias que los originales"*.[15]

En el tema de "cómo la apariencia se convierte en ser", Nietzsche trata el tema de la hipocresía en la figura de los líderes y sacerdotes, que le dan a la hipocresía un valor de naturalidad y como una forma válida para ejercer su personalidad.

> *"El hipócrita que desempeña siempre el mismo rol, acaba por dejar de ser hipócrita, por ejemplo los sacerdotes que en su juventud son por lo común conscientes o inconscientemente, hipócritas, acaban por adquirir naturalidad... Cuando alguien quiere durante mucho tiempo y tenazmente aparentar algo, acaba por serle difícil ser otra cosa. La vocación de casi todos los hombres, aún la del artista, comienza por una hipocresía, por una imitación del exterior, por una copia de lo que produce su efecto..."*.[16]

Para Nietzsche, un hombre no reprime espontáneamente, sino que por el contrario lo manifiesta, se expresa y actúa como un hombre desalmado y cruel. Estos tipos de sujeto desalmados no son sino:

> *"Son hombres atrasados, cuyo cerebro, debido a todos los posibles azares, en el curso de las herencias, no se ha desarrollado tan delicada y multilateralmente. Nos muestran lo que todos fuimos y nos espantan..."*.[17]

---

[15] *Ibíd*. VI[ta]. parte. El hombre en el trato Af. 294 *Copias* p. 184 "Nicht selten begegnet man Copien bedeutender Menschen; und den Meisten gefallen, wie bei Gemälden, so auch hier, die Copien besser als die Originale". MAM o. c. Band 2 Sechstes Hauptstück. Der Mensch im Verkehr. Af. 294 *Copien* p. 239[-10].

[16] *Ibíd*. Af. 51 p 74. MAM I o. c. Af. 51 *Wie der Schein zum Sein wird* p. 72. Ver apéndice, Nota: Similitudes con este tema ver Afs. 89 y 92.

[17] *Ibíd*. I Af. 43 p. 69-70 *Los hombres crueles en cuanto atrasados* Grausame Menschen als zurückgeblieben- "Es sin zurückgeblieben Menschen , deren Gehirn, durch alle möglischen Zufälle im Verlaufe der Vererbung, nicht so zart und vielseitig fortgebildet worden ist. Sie zeigen uns, was wir Alle waren und machen uns erschrecken:...". MAM o. c. I Af. 43 *Grausame Menschen als zurückgeblieben* p. 66[- 10].

Según afirma J. Choza (o. c) Nietzsche se separa de Freud cuando acentúa la voluntad por encima de los afectos hasta el punto de anular por completos los afectos. Desde este punto de vista Nietzsche es el anti-Freud, pues para el Nietzsche de la última época la voluntad es el epicentro, aunque en épocas anteriores dominaba en Nietzsche los afectos sobre la voluntad. El conflicto afectivo se produce según Nietzsche cuando se contrapone lo que es fuente de placer duradero, es decir lo que se percibe como útil al contrario de lo que produce un efecto momentáneo.[18]

c) Tercera fase: De la individualidad a la colectividad

En esta etapa ya el hombre vive y obra como individuo, como sujeto inmerso en la colectividad. La verdad de la comunidad se traduce en una sensación de placer que produce la verdad y esta permite y asegura la convivencia segura. Del mismo modo en una escala de valores bajo la óptica de verdad = placer, el matrimonio, la educación, el derecho, etc. como no constituyen una cosa en sí, no tiene identidad ontológica, y por tanto tampoco gozan de una impronta axiológica, sino que ésta depende de la fe de los "espíritus gregarios" sobre la base de una conformidad que se traduzca en una convivencia feliz. Dice Nietzsche al respecto:

> *"En realidad el Estado procede igualmente y, todo padre educa a su hijo del mismo modo: «ten sólo esto por verdadero, dice, ya te darás cuenta del bien que hace». Pero esto significa que la verdad de una opinión ha de demostrarse por el provecho personal que comporta, que la seguridad y solidez intelectuales de una doctrina ha de garantizar su convivencia...".*[19]

Como vemos entonces padres inculcan a sus hijos, y también el estado a sus ciudadanos, de que la verdad es lo útil, y que ésta le asegura a uno que todo le irá bien. Es decir que al igual que J. Bentham y Stuart Mill, lo útil viene a significar aquello que proporciona mayor cantidad

---

[18] Choza, Jacinto o .c. p. 66.

[19] HDH o. c. V Af. 227 p. 153 *Razón y sinrazón inferidas de las consecuencias* MAM o. c. V Af. 227 Aus den *Folgen auf Grund und Ungrund zurückgeschlossen* p. 191[-15-20].

de placer. Sobre el tema de la connotación moral de la legítima defensa relacionada con la sensación de placer dice Nietzsche:

> "Sin placer no hay vida, la lucha por el placer, es la lucha por la vida misma. Si el individuo libra esta lucha, de modo que los hombres le llamen bueno o de modo que le llamen malo, es algo sobre lo que deciden el nivel y la idiosincrasia de su inteligencia". [20]

Tanto para S. Freud como para Nietzsche, la represión de los instintos dan como resultado el advenimiento del comportamiento moral y cultural del hombre. Para Nietzsche, en lo que respecta al tema el tema de la relación entre religión y cultura: la religión como entidad tiene una función represora de primera magnitud, lo que hace que sea también un factor productor de cultura y de actividad intelectual.

2. La moral como contranatura y contravalor

2.1 Valor y contravalor

Igualmente que Freud, Nietzsche en CI insiste y reafirma su concepción de la moral como producto de una supuesta represión. Dice Nietzsche:

> "La moral contranatural, es decir, casi toda moral hasta ahora enseñada y predicada se dirige por el contrario, precisamente contra los instintos de la vida, –es una condena, a veces encubierta, a veces ruidosa e insolente, de esos instintos.... la moral dice no a los apetitos más bajos y más altos de la vida y considera a Dios enemigo de la vida...". [21]

---

[20] *Ibíd.* II Af. 104 p. 93 *Legítima defensa*. "Ohne Lust kein Leben; der Kampf um die Lust ist der Kampf um das Leben. Ob der Einzelne diesen Kampf so kämpft dass die Menschen ihn gut, oder so, dass sie ihn böse nennen, darüber entscheidet das Maass und die Beschaffenheit seines Intellects". MAM o. c. II Af. 104. Nothwehr ps. 101^{-30}-102.

[21] CI o. c. *La moral como contranaturaleza* Af. 4 p. 57 "...Jeder Naturalismus in der Moral, das heisst jede gesunde Moral, ist von einem Instinkte des Lebens beherrscht...Die widernatürliche Moral, das heisst die Instinkte des Lebens., - sie ist eine bald heimliche, bald laute und freche Verturtheilung dieser Instinkte...sagt sie Nein zu den untersten und obersten Begehrungen des Lebens und nimmt Gott als Feind des Lebens...". GD o. c. Band 6 Af. 4 p. 85^{-20-25}.

2.2 El sentido de un nuevo valor: El Genio

La represión, es decir la preponderancia de lo útil sobre lo momentáneamente placentero, tiene como ya vimos antes en la primera fase, como efecto directo la aparición de la conciencia moral. El segundo efecto que es menos frecuente, consiste en la producción del Genio y por último y en tercer lugar surgen los fenómenos patológicos. El Genio es producto de una situación emergente del sujeto. Por ejemplo la acción de una persona que es sujeto de un secuestro, su mente se ve motivada a recurrir a formas extraordinarias para obtener su libertad. Tengamos presente el ejemplo que nos da Nietzsche sobre el hombre que se pierde en el bosque (cfr. Af. 231 HDH). Por tanto el valor de la genialidad surge y es producto de una situación y condición cruel, inmisericorde e implacable de la naturaleza. Para Nietzsche sin embargo el valor de la genialidad, por ser una polarización unilateral y exclusivistas de las energías vitales, no está exenta de peligros. Dice que el genio se produce cuando deriva de:

> *"...Esto deriva de la compresión, consciente o inconsciente, de que hallan muy útil que uno proyecte todas la fuerzas en un solo dominio y hace de sí, por así decir, un solo órgano monstruoso Seguramente al hombre mismo le es más útil y venturoso un desarrollo proporcionado de sus fuerzas, pues todo talento es un vampiro que chupa la sangre y la savia de las demás fuerzas, y una producción exagerada puede llevar casi a la locura al hombre mejor dotado... pero es también necesario una cultura mucho menor para no dejarse encadenar por ellas. Los hombres se someten de ordinario a todo lo que quiere tener poder".*[22]

El factor máximamente patógeno en la consideración de Nietzsche, es la moral y en mayor grado aún la religión cristiana. Así ante la objeción de que las «conquistas culturales» expuestas a una severa restricción sexual, impuesto por la moral sexual de la cristiana cultura europea, compensan y hasta superan los prejuicios individuales, afectando hasta cierta gravedad solamente a una minoría, que es lo que se conoce como el sufrimiento de los genios que se someten a estos estados

---

[22] HDH o. c. Af. 260 *El prejuicio a favor de la grandeza* p. 168 MAM o. c. Fünftes Hauptstück Af. 260 *Das Vorurtheil zu Gunsten der Grösse* p. 214[-15-20-25].

patológicos en virtud de una cargada sobre excitación provocada por la cultura. Ante estos tipos de comportamiento sostiene Nietzsche que a partir de estos fenómenos patológicos iniciales:

"...un ejército de sacerdotes transmitió involuntariamente su excitación a la colectividad, llevándola desde la ansiedad y el éxtasis hasta la angustia y el miedo ante la divinidad".[23]

Este proceso de la excitación y de sobrecarga cultural opresiva determinado por la acción controladora y dictatorial de la religión que se cree única poseedora de la felicidad, detalladamente en Nietzsche lo describe así:

"El hombre es consciente de ciertas acciones que ocupan el nivel inferior en la jerarquía usual de las acciones; es más, descubre en sí una propensión a semejantes acciones que le parecen tan inmutables como todo su ser ¡Cómo le gustaría intentar ese otro género de acciones que se reconocen en la estimación general como las más eminentes y supremas!. ¡Cómo le gustaría sentirse lleno de la buena conciencia que debe seguirse de un modo de pensar desinteresado!. Pero desgraciadamente se queda en este deseo: el descontento por no poder satisfacerlo se agrega a todas las restantes clases de descontento que en él han suscitado la suerte de su vida en general o las consecuencias de esas acciones llamadas malas; de modo que se origina un profundo malestar que hace buscar un médico capaz de acabar con él y todas sus causas. Este estado no se sentiría tan amargamente sólo conque el hombre se comparase imparcialmente con otros hombres: pues entonces no tendría motivos para estar particularmente descontento de sí, no haría sino llevar su parte de la carga general de insatisfacción e imperfección humanas. Pero se compara con el único ser capaz de esas acciones llamadas altruistas y que vive en la constante conciencia de un modo de pensar desinteresado: con Dios; por mirarse en este claro espejo le parece su ser tan deslucido, tan insólitamente distorsionado. Además, le angustia pensar en el mismo ser, en cuanto que éste flota ante su fantasía como justicia punitiva: en todas las posibles vivencias, grandes o pequeñas, cree reconocer su cólera, su amenaza, incluso sentir por anticipado los latigazos de sus jueces y verdugos".[24]

---

[23] Choza, J. o. c. p. 68.

[24] HDH o. c. I Af. 132 *De la necesidad cristiana de la redención* p. 108-109 MAM o. c Band 2 I Af. 132 *Von der christlichen Erlösungsbedürfniss* ps. 125[-25-30] - 126[-5-10-15-20].

Este texto trata sobre la sobrecarga cultural opresiva del súper-ego represor, es decir del ideal del yo, que en su consideración moral condena a cada sujeto individual y que agrava su malestar hasta llegar a extremos de carácter patológicos. A este estado de enfermedad Schopenhauer la daba un carácter ascético.

2.3 Dicotomía axiológica: actitud ascética ante el valor del cuerpo

Establecía y lo interpretaba como una tendencia natural a la aniquilación y como un afán voluntario (als Betrachtung) de un deseo de suprimir la existencia. Un escape al nihilismo existencial al estilo de lo predicado en la filosofía de Sakia Muni. Pero Nietzsche describe de un modo sicoanalítico este carácter axiológico de la existencia humana:

> *"Ciertos hombres tienen una necesidad tan grande de ejercitar su fuerza y su tendencia a la dominación que, a falta de otros objetos, o porque han fracasado siempre en otros terrenos, caen por fin, en la tentación de tiranizar ciertas partes de su propio ser... Más de uno provoca expresamente la desconsideración de los demás contra sí mismos. Esta tortura de sí mismo, esta ironía contra su propia naturaleza, este spernere se sperneri (despreciar que a uno lo desprecien*(*)*)... a la que las religiones le han dado tanta importancia, se explica porque el hombre experimenta una verdadera voluptuosidad en hacerse violencia por exigencias excesivas, y en deificar luego esa fuerza que manda tiránicamente en su alma. En toda moral ascética el hombre adora una parte de sí mismo como una divinidad y debe por esto necesariamente considerar las otras partes diabólicas".*[25]

Como parte de la conducta ascética y de auto-sacrificio, Nietzsche integra y explica la fenomenología del remordimiento y la herencia religiosa de la conciencia o complejo de culpabilidad, como otra forma de auto-agresión mediante la cual se satisfacen los instintos de crueldad y de venganza por un lado, y por otra parte los deseos de ser admirado y

---

[25] *Ibíd*. Af. 137 p. 112 (*) Según nota de Alfredo Brotons, nota 41 p. 112, esta sentencia "Spernere se sperne": fue tomado por Nietzsche de los sermones del Arzobispo de Tours Mons. Hildelbert de Lavardin 1056-1133 Carmina Miscellanea p. 124 MAM o. c. Band 2 III *Das religiöse Leben* Af.. 137 p. 131⁻ ⁵⁻²⁰.

reconocido por los demás a efectos de desarrollar su autoestima, o vanidad (*Eitelkeit*) Otroraa las monjas se les exigía no usar espejos en los conventos para rechazar todo acto de vanidad. Nietzsche dice que el hombre en su vida de auto-sacrificio, descubre que el sacrificio de sí mismo le da tanta o mayor satisfacción que el sacrificio del enemigo.

> *"Bajo el influjo de la emoción violenta, lo que a todo trance quiere es lo grande, violento, monstruoso; y si por azar advierte que el sacrificio de sí mismo le satisface tanto o más que el sacrificio de otro, elige aquél".*[26]

En la antigüedad la crueldad constituía en alto grado una alegría festiva, y al decir de B. Spinoza la crueldad y la maldad desinteresada se consideraban como ingredientes de esta fiesta. Spinoza sostiene que la maldad **(sympathía malevolens)** es una propiedad normal del hombre.

> *"...(O, para decirlo con Spinoza, la simpatía malevolens), es una propiedad normal del hombre –, ¡y por tanto, algo a lo que la conciencia dice de sí de todo corazón!".*[27]

Esto lo confirma también Nietzsche basado en su doctrina de los contrarios que se causan, en la que la crueldad y la maldad son espiritualizadas y divinizadas, ya que atraviesan la historia entera de la cultura superior. (cfr. MBM Afs. 18-77- y 113). Nietzsche nos dice que la imaginación de muchos santos católicos era extraordinariamente obscena; en virtud a la teoría de que estos apetitos, el de la vanidad (*Eitelkeit*), la crueldad, los sexuales, no eran sino verdaderos demonios (*Gegnersor inneren Feinde*) que le atormentaban, no se sentían muy responsables.

---

[26] HDH o. c. III La vida religiosa Af. 138 p. 112 "...Er will, unter dem Einflusse der gewaltigen Emotion, jedenfalls, das Grosse, Gewaltige, Ungeheure, und wenn er zufällig merkt, dass ihm die Aufopferung seiner selbst ebenso oder noch mehr genugthut, als die Opferung des Anderen, so wählt er sie". MAM o. c. III Das religiöse Leben Af. 138 p. 132-10.

[27] GM o. c. p. 75 II Af. 6 "*Culpa, mala conciencia y similares*". "...(oder, mit Spinoza zu reden, die simpatía malevolens) von ihr als normale Eigenschfat des Menschen angesetzt wird: somit als etwas, zu dem das Gewissen herzhaft ja sagt!". ZGM o. c. Band 5 II «Schuld», «Schlechtes Gewissens» und Verwandtes p. 301[-15].

> "El medio más habitual que emplean el asceta y el santo para hacerse con todo soportable y amena la vida, consiste en hacer ocasionalmente la guerra y en la alternancia de victoria y derrota. Precisan para ello de un adversario, y lo encuentra en el llamado «enemigo interior». Es decir, utilizan sobre todo su propensión a la vanidad, a la codicia y de honores y de dominio, además de sus apetitos sensuales, para poder considerar su vida como una batalla sin tregua y con éxito alterno".[28]

Por eso mismo, y respondiendo a esta doctrina pesimista, el mismo acto de generar, reproducción se consideraba como malo en sí. Esta visión pesimista de la existencia y que Nietzsche se convierte en el más ferviente crítico de este pesimismo existencial. Esta visión recibe su broche de oro con la expresión de un catolicismo superlativo cuando dice:

> "...El delito mayor del hombre es haber nacido. En todas las religiones el acto de la procreación es sentido en sí mismo como malo, pero de ningún modo es este sentimiento compartido por todos los hombres; ni siquiera en el juicio de todos los pesimistas es unánime este punto".[29]

2.4 Conciencia religiosa y enfermedad

Para Nietzsche la enfermedad progresiva de Europa tiene como causa determinante la formación y fijación de la conciencia moral, y ésta a su vez viene a ser reforzada por la religión. Por tanto una de las tareas de liberar al hombre de esta enfermedad para encarnarlos en un nuevo mundo de valores, consiste en la anulación de esos efectos patógenos producidos por la moral religiosa de la sociedad y la cultura establecida. Si la moral y la religión constituyen los dos grandes atentados contra la vida, habrá que esclarecer el proceso constitutivo de esas patologías o

---

[28] HDM o. c. III Af. 141 p. 114 MAM o. c. Af. 141 *Das religiöse Leben* p. 134 Drittes Hauptstück.

[29] HDH o. c. Af. 141 p. 115 "...die Grösste Schuld des Menschen ist, dass er geboren ward. In allen pessimistischen Religioonen wir der Zeuggungsact als schelct an sich empfunden, aber keineswegs ist diese Empfgindung eine allgemnein-menschliche; selbst nicht einmal das Urteil aller Pessimisten ist sich hierin gleich". MAM. o. c. af. 141- p. 135-15.

desviaciones en el instante mismo de su origen, y puesto que tal proceso es diagnosticado como de naturaleza sicológica exclusivamente, de ahí entonces que el análisis clínico de este desorden corporal vendrá a ser el recurso terapéutico fundamental. Choza nos dice que, para Nietzsche, es la consideración de la moral y religión como verdaderas lo que constituye eo ipso el odio a la vida.[30]

En esta doble lucha contra esta enfermedad, que Nietzsche la ve como una lucha contra el mal, caben dos métodos: Primero: o bien suprimiendo la causa del mal, es decir la moral, y la religión, o segundo: o bien modificando el efecto que estas dos causas producen sobre la sensibilidad del ser humano.

> *"Cuando un mal nos alcanza, puede ponérsele remedio o bien eliminando su causa, o bien modificando el efecto que produce sobre nuestro sentimiento; es decir reinterpretando el mal como bien, cuyo provecho quizás sólo más tarde será visible".*[31]

2.5 Valor del dolor humano

Para Nietzsche no hay duda de que esta lucha contra el mal que aqueja a la humanidad, es ardua y dolorosa. Dice Nietzsche al respecto:

> *"Esos dolores pudieran ser bastante penosos; pero sin dolores no puede llegarse a ser guía y educador de la humanidad; ¡y de quien lo intentare y no tuviere esa limpia conciencia!".*[32]

---

[30] Choza, Jacinto. o. c. p. 79.

[31] HDH o. c. Af. 108 *La vida religiosa* p. 97. "Wenn uns ein Übel trifft, so kann man entweder so uber dasselbe hin wegkommen, dass man seine Ursache hebt, oder so, dass man die Wirkung, welche es auf unsere Empfindung macht, verändert: also durch ein Umdeuten des Übels in ein Gut, dessen Nutzen vielleicht erst später ersichtlich sein wird". MAM o. c. Band 2 III Af. 108. *Das religiöse Leben* p. 107.

[32] HDH o. c. Af. 109 p. 98 *La aflicción es conocimiento* "Jene Schmerzen nicht zu einem Führer und Erzieher der Menschheit werden; und wehe Dem, welcher diess versuchen möchte und jenes reine Gewiâen nicht mehr hätte! . MAM o. c. Af. 109 *Gram ist Erkenntniss* p. 109^{-5}.

Para Nietzsche esta pura conciencia no es sino la convicción o certeza de la no existencia de la verdad. Reafirmando la necesidad del sufrimiento dice Nietzsche:

> "Sea de ello lo que sea, en pro o en contra, en el estado actual de una determinada ciencia particular se ha hecho necesario el despertar de la observación moral, y no puede ahorrársele a la humanidad el cruel espectáculo de la mesa de disección psicológica y de sus cuchillos y pinzas. Pues aquí manda esa ciencia que pregunta por el origen de la historia de los llamados sentimientos morales y que según progresa debe plantear y resolver los complejos problemas sicológicos...".[33]

Solamente este método del análisis síquico podrá para Nietzsche revelar este que el producto de las creencias morales y religiosas, que por sí mismas dañan al hombre, son un error, aunque a pesar del error, el enfermo, se aferra a sus creencias porque encuentra en ellas, una seguridad, un consuelo. Citando Nietzsche al francés y autor de *Máximas*, y en su lengua a Françoise La Rochefoucauld (1613-1680) dice que:

> "Lo que el mundo llama virtud no es de ordinario, más que un fantasma formado por nuestras pasiones, al que se da un nombre honesto, para hacer impunemente lo que se quiera...".[34]

2.6 Paso de la metafísica a la sicología

Según E Fink, estos textos arriba citados, corresponden al comienzo de la segunda parte de HDH bajo el título *Para la historia de los sentimientos morales*, nos permiten comprobar que Nietzsche inicia lo que se conoce como su 2do. periodo, en el cual parece ejercer una filosofía de la sospecha y del desenmascaramiento, el cual consiste en reducir toda la ontología a una axiología, y a ésta en una sicología. Esta

---

[33] *Ibíd.* II. Para la historia de los sentimientos morales *Pese a todo* Af. 37 p. 66 MAM o. c. Band 2 2da. parte. Zur Geschichte der moralischen Empfindungen Af. 37 *Trotzdem* ps. 59^{-30} -60.

[34] *Ibíd.* o. c Af. 36 *Objección* "Ce que le monde nomme vertu n'est d'ordinaire que'un fontôme formé par nos passions, á qui on donne un nom hennête pour faire impunément ce qu'on veut". MAM o. c. Band 2. I Af. 36 *Einwand* p. 59^{-15}.

reducción implica una consideración prioritaria de lo apetitivo sobre lo cognoscitivo. Es decir que se da una prioridad de lo ético sobre lo ontológico. Por este procedimiento la sicología como ciencia encargada de curar esta enfermedad queda entronizada para Nietzsche como filosofía primera, en virtud de que ya Nietzsche tiene la certeza de toda la falsedad de toda la metafísica, por eso llega a la sicología desde una descalificación de la metafísica.[35]

Para Nietzsche, desenmascarar las supuestas verdades o valores introducidos por la acción dominante de la mortal y la religión, y que no son sino supuestos errores, es una tarea que tiene como principal motor una real Voluntad de Verdad, que está cifrada en la seguridad y certeza de que la verdad no es sino la misma nada. La supresión de la causa del mal, es decir de la enfermedad de la decadencia, se lleva a cabo para comprobar conscientemente que tales creencia no se fundan en un conocimiento verdadero de lo real, de decir que al comprobar que las mal llamadas creencias metafísicas, morales y religiosas, se fundan en la facticidad de una dinámica afectiva que es frenada por obstáculos físicos, y que no son otra cosa que la interiorización en la conciencia de tales obstáculos y de este modo se produce la desaparición de la causa del mal. La enfermedad queda definida como la creencia en el valor de «verdad» de algo que merma el rendimiento biológico, y la recuperación de la salud o la curación de esta enfermedad, admitiendo como verdad a aquello que permite el óptimo rendimiento biológico. Es decir el pleno desarrollo de la voluntad de lo instintivo. Por tanto dado que esta enfermedad o vivencia del mal, del error tiene su origen en los procesos de adquisición de creencias en supuestas verdades, la cura, el tratamiento que se practique debe ser el de una regresión al pasado en que se adquirieron. Esta regresión metódica permite poner de manifiesto a la conciencia el carácter ficticio de las creencias metafísicas en lo que concierne a los verdadero y lo falso, en lo bueno y en lo malo. De manera que el hombre con esta cura mediante la regresión quede liberado de tales creencias e instalado definitivamente más allá del bien y del mal. A este proceso Nietzsche le llama *"educación de la humanidad o curación de esta enfermedad mal llamada civilización"*; a la que Freud le da el nombre de curación de la neurosis.

---

[35] Fink, Eugene. *La filosofía de Nietzsche*, o. c. p. 65 ss.

> *"Cómo le gustaría a uno trocar las falsas afirmaciones de los sacerdotes, que hay un Dios que exige de nosotros el bien, que es guardián y testigo de cada acción, de cada instante, de cada pensamiento, que nos ama, que en toda desgracia quiere lo mejor para nosotros, cómo le gustaría a uno trocarlas por verdades que fuesen tan saludables, tranquilizantes y benefactoras como esos errores. Pero No hay tales verdades; a lo sumo la filosofía puede oponerles a su vez apariencias metafísicas (en el fondo, igualmente falsedades). Pero, ahora bien, la tragedia es que esos dogmas de la religión y de la metafísica no se pueden creer cuando en el corazón y en la cabeza se tiene el método estricto de la verdad, y por otra parte uno, con la evolución dela humanidad se ha vuelto tan delicado, excitable y doliente como para haber menester medios de salvación y de consuelo de índole suprema, de donde surge por tanto el peligro de que el hombre se desangre al entrar en contacto con la verdad reconocida".*[36]

Nietzsche recurre al tema de los sueños para explicar el proceso de la regresión al pasado. Destaca las funciones del cerebro entre el sueño y la memoria. Esta en su estado de vigilia confunde las cosas en razón de semejanzas, llegando producir la mentira y el absurdo

> *"La función cerebral más afectada por el ensueño es la memoria... Arbitraria y confusa como es constantemente confunde las cosas en base a las más efímeras analogías; pero con el mismo arbitrio y confusión compusieron los pueblos sus mitologías; y aún ahora suelen los viajeros observar la propensión salvaje al olvido, cómo su espíritu, tras breve tensión de la memoria, empieza a vacilar y, por mera relajación, produce la mentira y el absurdo. Pero nosotros nos parecemos en el sueño a este salvaje; el reconocimiento deficiente y la equiparación errónea. Son la causa del mal razonamiento del que en el ensueño nos hacemos culpables: de modo que, cuando un sueño se nos presenta claramente, nos espantamos de nosotros mismos por albergar en nosotros tantos disparates... La perfecta nitidez de todas las representaciones oníricas, que tiene como presupuesto la creencia incondicional en su realidad, nos recuerda a su vez estados de la humanidad primitiva*

---

[36] HDH o. c. II Af. 109 *La aflicción es conocimiento* p. 98 MAM o. c. III Af. 109 *Gram ist Erkenntniss* p. 108[-5-15].

en que la alucinación era extraordinariamente frecuente... De modo que al dormir y en el ensueño recapitulamos la humanidad anterior".[37]

Para Nietzsche el ensueño es el origen de toda metafísica, de la razón y de los sistemas lógicos, puesto que es el mismo contenido del ensueño lo que llevó al hombre en una época de civilización informe y rudimentaria a creer precisamente en la existencia de un segundo mundo real, y en una dicotomía entre el cuerpo y el alma, entre materia y espíritu y entre dioses y hombres.

"En las épocas de cultura rudimentaria y primitiva el hombre creía que en el sueño conocía un segundo mundo real; este es el origen de toda metafísica. Sin el sueño no se habría hallado ningún pretexto para la escisión del mundo También escisión en alma y cuerpo guarda relación con la más antigua concepción del sueño, así como la hipótesis de una pseudocorporeidad del alma, esto es, el origen de toda creencia en espíritu y probablemente también de la creencia en Dios".[38]

También para Nietzsche del ensueño ha nacido la noción de verdad, como así la inferencia de efecto-causa y demás efectos que fundamentan la civilización y el estancamiento en estas formas en la mitad de su vida. La cura de esta enfermedad tiene como efecto y resultado primordial la extirpación total de las creencias morales y religiosas como único camino y método para la consecución de la vivencia de nuevos valores. No puede considerarse como cura la sustitución de esas creencias morales y religiosas por otras de tipo similar aunque en si éstas parezcan menos erróneas. Para Nietzsche el socialismo y la filosofía son un tipo de esta clase de sustitución, lo que para Freud lo era la filosofía marxista. Sobre este tipo de situación dice Nietzsche:

"Se cree predicar algo bueno de una filosofía cuando se la presenta como un sustituto de la religión para el pueblo... el paso de la religión a la concepción científica es un salto violento, peligroso, algo desaconsejable... Pero, en fin, también debería comprenderse que las necesidades

---

[37] *Ibíd.* Af. 12 *Sueño y cultura* p. 48 MAM o. c. Band 2 I Von den ersten und letzten Dingen Af. 12 *Traum und Kultur* ps. 31-32[-25- 30-5-10].

[38] HDH o. c. t. II I De las cosas primeras y últimas Af. 5 *Mala comprensión del sueño* p. 45 MAM o. c. Band 2 I Von den eresten und letzten Dingen Af. 5 *Missverständniss des Traumes* p. 27[-10-15].

a que ha satisfecho a la religión y ahora debe satisfacer a la filosofía, no son inmutables, incluso es posible atenuarlas y erradicarlas. Piénsese, por ejemplo en la miseria del alma cristiana, los lamentos por la perversidad interior, la preocupación por la salvación, representaciones todas que no dimanan más que de errores de la razón y no merecen en modo alguno satisfacción, y que de ningún modo merecen una satisfacción, sino una eliminación... Lo que mucho mejor aquí debe emplearse para hacer una transición es el «arte» (psicológico) a fin de aliviar el ánimo sobrecargado de sentimientos, pues esas representaciones reciben mucho menos apoyo de él que de una filosofía metafísicas. Es más fácil pasar luego del arte a una conciencia filosófica efectivamente liberadora".[39]

Esto es para Nietzsche la característica de la filosofía alemana desde I. Kant hasta Straus pasando por Fichte, Schelling, Hegel y Feuerbach, que según sus teorías en cuanto que consolidan el error son corruptoras. (Cfr. El Anticristo Af. 10). Dice Nietzsche:

"El sacerdote protestante es el abuelo de la filosofía, el protestantismo es el pecado original de esta filosofía. Definición del protestantismo: la hemiplejia del cristianismo y de la razón...la filosofía alemana es una teología artera".[40]

La cura de la enfermedad es tanto más difícil de llevar a cabo cuanto más metamorfoseadas están las falsas razones del cristianismo en sentimientos de valor. Dice Nietzsche que la peligrosidad del cristiano radica como tal en sus sentimientos de valor, es decir en todo aquello que se pueda sustraer a la expresión conceptual. Esta es una de la razón de la lucha de Nietzsche contra el cristianismo. (*Voluntad de Poder* Af. 1020 en la versión de las Obras Completas de Ovejero, cfr. Choza J. o.c. p 98).

---

[39] *Ibíd*. I De las cosas primeras y últimas Af. 27 *Sustituto de la religión* p 59 MAM o. c. Band 2 I Von den ersten und letzten Dingen. Af. 27 *Ersatz der Religion* p. 48$^{-10-15-20}$ - ^{25}.

[40] AC o. c. Af. 10 p. 34. "...Der protestantische Pfarrer ist Grossvater der deutschen Philosdophie, der Protestantismus selbst ihr peccatum originale. Definition des Protestantismus: die halbseitige Lähmung des Christenthums und der Vernunft....was die deutsche Philosophie im Grunde ist: eine hinterlistige Theologie...". DAC o. c. Band 6 Af. 10 p. 176^{-15-20}.

3. La irresponsabilidad y la nueva educación como valores eminentes

3.1 En busca de una liberación libre de todo pecado y de toda culpa

El objetivo principal de una cura para eliminar la enfermedad provocada por la imposición de valores morales y religiosos, es la de eliminar los factores represivos patógenos, en virtud de una coerción de los instintos, creando una desarmonía provocando el sentimiento de culpa. Por la conciencia de culpa el hombre se mira en el espejo de un ser al que él considera movido por móviles altruistas, sin darse cuenta que tal tipo de espejo lo ha construido el mismo hombre y no deja de ser. Más que una ficción. Nietzsche afirma que:

> *"...es absolutamente imposible, que sintamos por otros como suele decirse, sólo sentimos por nosotros".*[41]

No obstante una vez desaparecida la idea de Dios y del pecado, queda una inquietud muy cercana al temor de los castigos de la justicia terrenal o del desprecio de los hombres; el aguijón más poderoso en el sentimiento del pecado queda así inutilizado cuando nos enteramos de que con nuestros hemos violado los... preceptos y los mandatos humanos solamente. Por tanto para eliminar este resto de la conciencia de culpabilidad queda por tanto tan sólo eliminar la conciencia de responsabilidad ante la idea de Dios. Por esto dice Nietzsche.

> *"Si el hombre consiguiese a la vez adquirir la convicción filosófica de la necesidad absoluta de todas las acciones y de su plena irresponsabilidad y asimilarla en su carne y su sangre desaparecería también ese resto de remordimiento de conciencia".*[42]

La cura por tanto consiste en la extirpación de estas creencias religiosas. Dice Nietzsche:

---

[41] HDH o. c. III^{ra parte} *La vida religiosa* Af. 133 ps. 109-110. "...Wir können unmöglich für Andere fühlen, wie man zu sagen pflegt; wir fühlen nur für uns..." MAM o .c Band 2 III *Das religiöse Leben* Af. 133 p. 127⁻¹⁵.

[42] *Ibíd.* III Af. 133 p. 110 MAM o. c. Band 2 III Af. 133 p. 128⁻²⁵.

> *"Cuando se ha comprobado cómo vino el pecado al mundo, a saber por errores de la razón y en virtud de los cuales los hombres se toman recíprocamente, es más el individuo se toma a sí mismo por un más negro y malo de lo que es realmente, toda la sensibilidad se siente aliviada, y hombres y mundo aparecen de tiempo en tiempo bajo una aureola de inocencia, hasta el punto de que un hombre puede sentirse feliz. El hombre abandonado a la naturaleza es siempre el niño en sí. Este niño sueña sin duda, a veces, un penoso ensueño angustioso, pero cuando abre los ojos, se ve siempre en el paraíso"*.[43]

La actitud ascética del hombre desarrollada dentro de un culto y como parte del culto es muchas veces usada por esto cómo método para realizar este trayecto que va desde el sentimiento de culpabilidad hasta la noción de inocencia, pudiendo alcanzar un sentimiento de una completa exención de pecado y de una completa irresponsabilidad.[44]

Para Nietzsche el itinerario que va desde la culpabilidad a la inocencia es el proceso científico por se desvelan el conjunto de ficciones a partir de las cuales se originó el culto religioso. Para Nietzsche el ejercicio del culto religioso no tiene pues otro fundamento que las relaciones empáticas entre los hombres y del deseo de poder…[45] Nietzsche habla de deseo de poder, al mismo nivel de lo que Freud habla del deseo sexual en su conocida obra Tótem y Tabú. Dice Nietzsche:

> *"Por consiguiente, una determinada sicología falsa, un cierto fantaseo en la interpretación de los motivos y vivencias es el presupuesto necesario para que uno se haga cristiano y sienta la necesidad de la redención. Cuando uno se percata del extravío de la razón y la fantasía, deja de ser cristiano"*.[46]

---

[43] HDH o. c. III Af. 124 *Ausencia de pecado en el hombre* p. 106 MAM o. c. Band 2 III Af. 124 *Sündlosigkeit des Menschen* p. 121$^{-10-15-20}$.

[44] Ibíd. III. Af. 144 p. 118. MAM. o. c. Band 2. III. Af. 144 p. 140 $^{-5}$.

[45] Ibíd. Af. 111 *Origen del culto religioso* ps. 100 a 102 MAM o. c. Band 2 III Af. 111 *Ursprung des religiösen Cultus* p. 112^{-15}.

[46] Ibíd. III *De la vida religiosa* Af. 135 p. 111 MAM o. c. Band 2 III *Das religiöse Leben* Af. 135 p. 129^{-25-30}.

Para Nietzsche y Foucault esto se trata de una imbricación entre saber y poder. En la aplicación del castigo para el que no se atiene a la obediencia, aquí radica una de las mayores trabazones entre ciencia y poder. Así el arte de la individualización de las ciencias sicológicas nace bajo la presión del poder judicial mediante el cual algo se considera como judiciable, para luego darle su debido castigo. Para M. Foucault (*Vigilar y Castigar*) y Nietzsche, en la antropología criminológica de la época se constituye no ya una ciencia del cuerpo a castigar, sino una ciencia del alma a vigilar. El alma por tanto no es sino un correlato de una Técnica de Poder. En la era de los suplicios se castigaba al cuerpo hasta la tortura. En cambio en la era del castigo generalizado se vigila el alma hasta convertir a la misma vigilancia en un castigo. Dice M. Foucault:

> *"El poder de castigar se aplica ahora al espíritu, o, mejor, a un juego de representaciones y de signos circulando con discreción por necesidad en el ánimo de todos"*.[47]

El concepto de poder adquiere como vimos antes una primacía explicativa. Bajo la óptica del poder practicada por los que educaban al hombre, los moralistas y los sacerdotes, se cuestione entonces la «Voluntad de verdad» mediante la íntima asociación entre el saber y el poder, entre el discurso y el poder. Haciendo una crítica al sujeto de la modernidad, cartesiano, kantiano y hegeliano, dice Nietzsche:

> *"...el sujeto, (o hablando de un modo más popular, el alma) ha sido hasta ahora en la tierra el mejor dogma, tal vez porque a toda la ingente muchedumbre de los mortales, a los débiles, a los oprimidos de toda índole, les permitía aquel sublime autoengaño de interpretar la debilidad misma como libertad, interpretar su ser así-y-en sí como mérito"*.[48]

Este antihumanismo de Nietzsche va dirigido contra el democratismo burgués, contra toda tendencia a la masificación que se percibía

---

[47] Rojas Osorio, Carlos. (1995) *Foucault y el pensamiento contemporáneo*, Edit. Universidad de Puerto Rico. Rio Piedras PR. cita a M. Foucault en *Surveillir et punir*, Gallimard 1976. ps. 103-5.

[48] GM o. c. Tratado I. «Bueno y malvado», « bueno y malo» Af. 13 p. 53 ZGM o. c. Band 5 I «*Gut und böse*», «*Gut und Schlecht*» Af. 13 ps. 280-281-5.

en toda la sociedad con la consiguiente nivelación de toda cualidad y de toda diferencia. Nietzsche engloba también al cristianismo y al socialismo en esta tendencia nihilista. Para Nietzsche, según Deleuze, rechaza por completo la dialéctica, ya que ésta proviene de la plebe, del afán populachero de Sócrates y por tanto en cuanto proviene de la plebe conduce como consecuencia al nihilismo.[49]

Para Nietzsche la dialéctica es la filosofía de la enajenación, del hombre perdido y ahora encontrado. La dialéctica es la filosofía de la teología usada en el seminario Católico Mayor de Tübingen Otra incapacidad de los teólogos para Nietzsche es su incapacidad para la filología. Por filología entendía Nietzsche el arte de leer bien, el poder de leer hechos sin falsearlos con interpretaciones, como hacían y hacen los sacerdotes para mantenerse en el poder. [50]

3.2 Ateísmo como una respuesta a la conciencia

Para Nietzsche el cristianismo desde el punto de visto axiológico no es sino una enfermedad mental que la humanidad ha padecido durante dos mil años, pero que ahora que tiene conciencia de su falsedad, es decir que se ha logrado liberar de esta enfermedad de esta ficción, y que por lo tanto sería indecoroso para este hombre curado, seguir viviendo en el engaño y en la mentira.

> *"Lo que en otro tiempo no era más que algo enfermo se ha convertido hoy en algo indecente, –es indecente ser hoy cristiano. Y aquí comienza mi náusea–. Miro a mi alrededor: ni una palabra ha quedado ya de lo que en otro tiempo se llamó «verdad», nosotros no soportamos ya ni siquiera que un sacerdote tome en su boca la palabra «verdad» ...nosotros tenemos que saber hoy que, en casa frase que dice, un teólogo, un sacerdote un papa, no sólo yerra, sino que miente, –que ya no es libre de mentir por «inocencia», por «ignorancia». También el sacerdote sabe, como lo sabe todo el mundo, que ya no hay un «Dios», un «pecador», un «redentor»...".*[51]

---

[49] Deleuze, Jaques, *Nietzsche y la filosofía* (1971) Anagrama, Barcelona p. 273.

[50] AC o. c. Af. 52 p. 89.

[51] AC o. c. Af. 38 ps. 67-68 DAC o. c. Band 6 Af. 38 p. 210$^{-\ 10\text{-}15}$.

A partir de ahí, mantener la salud, la curación, consiste en permanecer firme en la Voluntad de Verdad, que en su forma más lúcida no es sino el ateísmo incondicionalmente probo. Este ateísmo viene a ser como un segundo estado y otro tipo de sensación de inocencia. Se deja de seguir viviendo en la mentira de creer en Dios.[52] Nietzsche afirma que para completar la total cura de la enfermedad, es decir una desculpabilización respecto de los premios y castigos humanos, muestra que éstos premios y castigos están basados en lo que se ha llamado «justicia» que es un valor que a su vez deriva de la utilidad de los hombres. Dice Nietzsche:

> *"El advenimiento del Dios cristiano, que es el Dios máximo a que hasta ahora se ha llegado, ha hecho por eso manifestarse también en la tierra el máximum del sentimiento de culpa. Suponiendo que entre tanto hayamos iniciado un movimiento inverso, sería lícito decir, con no pequeña probabilidad, de la incontenible decadencia de la fe en el Dios cristiano, que ya ahora se da una considerable decadencia de la conciencia humana de culpa...no hay que rechazar la perspectiva de que la completa y definitiva victoria del ateísmo pudiera liberar a la humanidad de todo ese sentimiento...El ateísmo y una especie de segunda inocencia, se hallan ligados entre sí".[53]*

3.3 La educación del hombre y la Fe en Dios

Alcanzado estos presupuestos, la salud humana queda confiada al sistema educativo, el cual ya está dotado de suficientes recursos para desarrollar su tares de un modo satisfactorio. Respecto a esta educación dice Nietzsche:

> *"El interés por la educación no adquiere gran fuerza hasta el momento en que se pierde la Fe en Dios y en su providencia; así como el arte de curar no pudo florecer hasta que se perdió la fe en las curas milagrosas. Hasta hoy, todo el mundo cree en la educación milagrosa; hemos visto formarse, en el mayor desorden, en la mayor confusión de fines, en las*

---

[52] GM o. c. III. ¿Qué significan los ideales ascéticos? Af. 27 ps. 182-183 ZGM o. c. Band 5 III ¿*Was bedeuten asketische Ideale*? Af. 28 p. 408-411.

[53] *Ibíd.* II «Culpa», «mala conciencia» y similares Af. 20 p. 103 ZGM o. c. Band 5 II «Schuld», «schlechtes Gewissen», Verwandtes Af. 20 p. 330[- 5-10-15].

circunstancias más desfavorables, a los hombres más fecundos y fuertes. Una educación que no cree en el milagro habrá de tener presente tres cosas: primero la cantidad de energía heredada; segundo, el modo de generar nueva energía, y tercero, como el individuo puede adaptarse a estas exigencias tan varias de la cultura sin perturbarse y perder su unitariedad".[54]

Para Jacinto Choza el idealismo axiológico de Nietzsche y su pragmatismo aparece como una versión peculiar de la *«moderna pedagogía activa»* cuya meta suprema, a saber, la *«autorrealización»* del hombre se establece más por referencia a una *«armonía de la subjetividad en sí»* que por referencia a un *«conocimiento de la realidad en sí».*[55] Para M. Foucault en *Las palabras y las cosas,* toda educación debe estar ordenada a infundir nuevos valores contra toda alienación. El ser humano concebido desde una esencia originaria perdida, pero que podría ser reencontrada en un sistema educativo antialienante, producido debido a oscuras relaciones de poder que se inventó la religión. Nietzsche junto a otros genios que estuvieron al borde la locura cuestionaron los parámetros sociales. Por esto la misma sociedad los excluía en nombre de sus criterios y, sin embargo, la sociedad se mide ella misma en la grandeza de las obras que estos mismos genios aportaron para liberar al hombre de toda axiología alienante.[56] Choza Jacinto dice que:

> *"Nietzsche ha estableciendo ya el diagnóstico de la enfermedad como «conciencia de culpa basada en apreciaciones erróneas», como «penoso sueño angustioso», y ha indicado el tratamiento como desculpabilización, retorno a la inocencia, mediante la patentización de la falsedad de tales creencias.*[57]

Nietzsche después de la curación de la enfermedad, confía el estado de la salud humana al sistema educativo, que ya que éste está equipado

---

[54] HDH o. c. t. II V[ta parte] Indicios de Cultura Superior e Inferior. *Educación milagrosa* Af. 242 p. 160 MAM o. c. Band 2 V Anzeichen höherer und niederer Cultur Af. 242 *Wunder – Erziehung* ps. 202[-15 -20-30].

[55] Choza, Jacinto. o.c. p. 106.

[56] Rojas O, Carlos. o. c. p. 176.

[57] Choza, J. o. c p. 103.

con medios científicos para realizar y llevar a cabo esta difícil tarea. La educación es profilaxis, el mismo método terapéutico del análisis cura. Ésta podría encontrar un obstáculo si el enfermo (creyente) se aferrase a sus propios errores, o lo que es lo mismo a su propia enfermedad, tal vez debido a un caso de un miedo por dar el paso o por pasar algo nuevo, algo distinto, o como diría Erick Fromm, por un miedo a la libertad, a ser él mismo. Sobre este tema de la resistencia al tratamiento Nietzsche describe en HDH lo que es realmente la tarea de un médico. Veamos algunos pasajes:

> *"No hay actualmente profesión alguna que haya adquirido tanta importancia como las del médico...necesita de aquella virilidad que disipa la timidez (polilla de todo enfermo), una cierta flexibilidad diplomática en las relaciones con los que necesitan alegría...hasta la ingeniosidad de un agente de policía y de un procurador para averiguar los secretos del alma sin revelarlo; en suma el médico perfecto necesita hoy utilizar todos los procedimientos y todas las artes de las demás profesiones. Pertrechado de todos estos elementos, puede ser un benefactor de la sociedad, fomentando las buenas obras, el gozo espiritual y la fecundidad, preservándonos de los pensamientos y expresiones obscenos (cuyo asqueroso origen está casi siempre en el bajo vientre), promoviendo el restablecimiento de una aristocracia (favoreciendo y dificultando matrimonios), por la bienhechora supresión de torcedores y remordimientos: sólo así llegará a ser de un simple médico un salvador, sin que para ello tenga que hacer milagros o dejarse crucificar".*[58]

Para S. Freud, esta descripción del médico por Nietzsche no es sino el retrato perfecto del sicoanalista. La resistencia más suave a la «*cura de la enfermedad*» en diversas ocasiones en su obra Nietzsche la denomina pudor. Siempre que haya misterio, habrá pudor en virtud de una concepción religiosa antigua. Respondía a un acceso que prohibía la interdicción divina. El pudor en el ejercicio de la sexualidad, donde todo se envolvía en un mundo lleno de secretos y pudor.

---

[58] HDH o. c. t. II V[ta parte] Indicios de cultura superior e inferior Af. 243 *El futuro del médico* p. 161 MAM o. c. Band 2 V Anzeichen höherer und niederer Cultur Af. 243 *Die Zukunft des Ärztes* p. 203[-10–15–20–25–30–5].

> *"El pudor existe donde quiera que haya «misterio», pero éste es un concepto religioso... Este sentimiento fue de múltiples maneras transferido a otras situaciones, por ejemplo, a las relaciones sexuales, que como privilegio y ádyton de la edad madura, debían ser sustraídas, para bien suyo, a la mirada de los jóvenes... Asimismo, para todos los no filósofos sigue todavía siendo un misterio todo el mundo de los estados internos, la llamada «alma», tras haberse creído durante un tiempo infinito que ésta era digna de un origen divino, de un trato con la divinidad; es por tanto un «ádyton» y suscita pudor".* [59]

Nietzsche atribuye a la prédica de los sacerdotes ascéticos en promover la perversión de los instintos el origen de la interioridad, que es el mundo entero de los estados interiores, que se conoce como el alma, que es aún un misterio para todo el que no es filósofo. El grado máximo de perversión de los instintos corresponde al momento en que se produce el desdoblamiento de la interioridad misma, que es cuando surge la creencia en la propia responsabilidad y, consiguientemente, el sentimiento de la misma culpa, a que la quiera; a que la convierta en cruz, en elemento necesario para su santidad. De este modo se hace querer lo que es en sí es antinatural, es decir, la nada, porque no ha habido nunca algo para ser querido conforme a la naturaleza. Nietzsche considera que a partir de él ya hay un ideal conforme a naturaleza que puede ser querido y anhelado como el caso del Übermensch, el super-hombre, que del algún modo ofrezca liberar al hombre de estas tres situaciones como son el sentimiento de pudor, el sentimiento de culpa y el deseo de autocastigo o autodestrucción.

> *"El principal ardid que el sacerdote ascético se permitía para hacer resonar en el alma toda suerte de música arrebatadora y extáctica consistía –lo sabe todo el mundo– en aprovecharse del «sentimiento de culpa»... Sólo en manos del sacerdote, ese auténtico artista en sentimientos de culpa –¡oh qué forma! El «pecado»...".* [60]

---

[59] HDH. Af. 100 *Pudor* -ádyton-άδυτον (sagrario-harén-sacramento) p. 90 MAM o. c. Band 2 II Zur Geschichte der moralischen Empfindungen Af. 100 Scham p. 97⁻ ⁵⁻¹⁰⁻ ²⁵.

[60] GM o. c. III Af. 20 ps 162-163 ZGM o. c. Band 5 III ¿Was bedeuten asketische Ideale? Af. 20 p. 389⁻ ⁵⁻¹⁰.

4. Epílogo: El poderío de la religión

La religión se presenta tanto para Nietzsche como para Freud en el único enemigo de la concepción científica del universo, ya que el arte no tiene pretensiones de validez y la filosofía solamente es patrimonio de un grupo reducido de personas, que tiene muy poco influjo sobre las masas. El poderío de la religión estriba en que, primero: explica en una forma simplista el origen y génesis del universo, segundo: le asegura a las masas protección y una dicha final con la promesa del paraíso en oposición a las vicisitudes de la vida y tercero: orienta sus doctrinas y sus actos con prescripciones o mandamientos con carácter de imperativo categórico, que apoya con toda su supuesta autoridad divina. La religión ve en la ciencia su enemigo, su antítesis, al ésta demostrar que la doctrina eclesiástica de la gestación del universo es una elaboración infantil desde un punto de vista ontogenético y filogenético, partiendo de la idea de un supuesto padre que engendra al niño. Con la promesa de una vida mejor que nos espera, se busca mitigar así el miedo y la angustia ante el advenimiento de la muerte. La angustia ante la muerte y la angustia ante la conciencia moral como una elaboración de la angustia ante la presencia del deseo de poder de los que dominan, de los sacerdotes. Freud en su obra *Das Ich und das Es*, le llamaría a esta angustia motivada por la presencia de un complejo de castración. A modo de conclusión con Nietzsche concluimos que:

> *"El hombre tiene conciencia de ciertas acciones que ocupan en nivel inferior en la parte más baja de la escala habitual de la actividad, y descubre en él una inclinación que le parece tan inmutable como todo su ser. ¡Cuánto le gustaría ejercitarse en esta otra clase de acciones que son reconocidas en la estimación general como las más altas y las más grandes; cuánto le gustaría sentirse pleno de la buena conciencia que debe dar un pensamiento desinteresado! Pero por desgracia no pasa de este deseo: el descontento de no poder satisfacerle se suma a todos los otros descontentos que han despertado en él su lote de existencia o las consecuencias de esas acciones llamadas malas, de suerte que se origina un profundo malestar, en el que se busca a un médico capaz de suprimir esta causa y de todas las demás. Esta situación no sería tan amarga si el hombre no se comparase con otros hombres... Pero se compara con un ser considerado como únicamente capaz de esas acciones llamadas no egoístas y que vive en la conciencia*

perpetua de un pensamiento desinteresado, con Dios… Luego se siente ansioso pensando en ese mismo ser que flotante su pensamiento como una justicia suprema; en todos los detalles posibles de su vida, grandes y pequeños, cree ver su cólera, sus amenazas y aún sentir por adelantado los latigazos de sus jueces y de sus verdugos".[61]

Para concluir y parafraseando a Irvin Yalom,[62] nos dice que es increíble en la manera en que Nietzsche se atrevía a decir ciertas cosas. ¡Que Dios había muerto! ¡Que la verdad era un error, sin el que no es posible vivir! ¡Que los enemigos de la verdad no eran las mentiras sino las convicciones! Y que la recompensa final de los muertos era no tener que volver a morir. Que la esperanza es el peor de los males que prolonga el tormento. La esperanza es el único mal que no escapó de la caja de Pandora de Zeus. No debemos convertir a la conciencia en cofre de verdades esperanzadoras, sino en esfuerzos constantes de buscar la verdad y no de poseerla. Sólo a Nietzsche le importa la verdad. Aborrece la mentira que comportan los prejuicios. Dice que lo que no le mata, le hace más fuerte. Si Freud buscó liberar al hombre de sus complejos y traumas de culpabilidad a través de sicoanálisis, Nietzsche lo hizo promoviendo la liberación y rompiendo toda atadura con los dogmas religiosos y morales, ofreciendo como única salvación, la «trasvaloración de todos los valores y la exhortación a «permanecer fieles a la tierra» en la promesa de que al enseñarnos al «Superhombre», el hombre debe ser superado.[63]

---

[61] HDH o. c. Tomo II IIIra. parte. La vida religiosa Af. 132 *De la necesidad cristiana de la redención* p. 108 MAM o. c. Band 2 III Das religiöse Leben. Af. 132 *Von dem christlichen Erlösungsbedürfniss* ps. 125^{-25-30}-$126^{-5-\ 10-15}$.

[62] Yalom, Irvin. *El día que Nietzsche lloró*, o. c. p. 101

[63] AHZ o. c. Prólogo de Zaratustra 2 ps. 36-37 cfr. cap. V cita 25.

9. MORAL, VIDA Y ALBEDRÍO HUMANO EN LOS PRESUPUESTOS NIETZSCHEANOS

"Pues los seres desmesurados e inútiles caen en duros engaños de los dioses, decía el adivino; todo el que habiendo hecho germinar una naturaleza de hombre, luego no reflexione como hombre".[1]

"El que posee temor y vergüenza a la vez, sábete que este tiene salvación. Pero donde es propio el ser insolente y hacer lo que apetece, ten presente que esa ciudad, aunque avance con tiempo propicio, con el tiempo cae al fondo".[2]

"¿Ves lo que hace? Pues hace todo lo contrario de lo que debiera".[3]

1. Introducción

1.1 El castigo (cfr. Aurora)

¿Qué es la moral? El concepto de castigo; lo que limita el albedrío; hacer lo que los demás esperan de uno. Ante esta sacralizada actitud, se alza el contundente y preciso llamado del filósofo alemán:

---

[1] Sófocles (1977) *Ayax-, Las Traquinias, Antigona, Edipo Rey*. Editora Nacional, Madrid. Edición preparada por José Mª. Lucas de Dios en boca del Mensajero, p. 81, quinta vez que habla el Mensajero en la tragedia de Ayax.

[2] *Ibíd*. Sófocles en boca de Menelao, p. 95 tercera vez que Menelao interviene en la tragedia Ayax.(*) Según José Lucas, cita 33, este es uno de los innumerables ejemplos que aparecen en la tragedia griega sobre la imagen de la nave del Estado.

[3] Cela, Camilo José *(1945) La familia de Pascual Duarte*, EMECE Editores SA. Buenos Aires Nota del transcriptor, p. 24.

"¡Colaborad en una obra provechosa, hombres caritativos y bien intencionados, ayudad a extirpar del mundo la idea de castigo, que por todas parte os invade!".[4]

El concepto de castigo, consecuencia de la práctica moral, es tan viejo como la propia humanidad, según la idea nietzscheana, y de ello hablaremos de nuevo un poco más adelante. A propósito hemos situado como sobre título pensamientos contradictorios, pero en un orden de lógica implacable, que van, desde Sófocles a Camilo Losé Cela. Sí, ¡hasta Sófocles predicaba ya moral a pesar de la tragedia, tal como se puede comprobar en el análisis de una de sus más contundentes y célebres tragedias, Ayax. El mensaje de la tragedia, además de ser una reproducción del comportamiento de la naturaleza, y ahí radica la grandeza del espíritu trágico, es, también en la práctica, un llamado de la prédica moral. Pero de un poco más acá de Sófocles y de los inicios del cristianismo, un grupo importante de pensadores se propusieron, vistos los resultados históricos, todo lo contrario, luchar contra la moral y buscar así la verdad, sabiendo, como nos enseña la vida y la naturaleza, que existen modelos para imitar, otros para huirles y otros que aunque nos los dan como paradigmas, por insípidos e intrascendentes que resultan en la realidad, son para ignorarlos. Por otro lado, también la verdad puede ser inventada y es verdad aunque sea dicha por el propio Diablo, tal como decían los clásicos. Aurora es uno de los más importantes libros de Nietzsche, pues con este libro inicia él su lucha abierta (antes lo había hecho en forma de sugerencias) contra la moral.

"Con este libro comienza mi campaña contra la moral".[5]

"¿Qué sentido tienen aquellos conceptos-mentiras, los conceptos auxiliares de la moral, «alma», «espíritu», «voluntad libre», «Dios», sino el de arruinar fisiológicamente a la humanidad?".[6]

---

[4] AR o. c. Af. 13 *Para la nueva educación del ser humano* p. 15. "Helft, ihr Hülfreichen und Wohlgesinnten, doch an dem Einen Werke mit, den Begriff der Straffe, der die ganze Welt überwuchert hat, aus ihr zu entfernen!". MR o. c. Band 3 Erstes Buch Af. 13 *Zur neuen Erziehung des Menschengeschlechts* p. 26^{-5}.

[5] EH o. c. "Aurora" Af. 1 p. 97 "Mit diesem Buche beginnt mein Feldzug gegen die Moral". EH o. c. "Morgenröthe" Band 6 Af. 1 p. 329^{-5}.

[6] *Ibíd.* Af 2 p. 100. "¿Welchen Sinn haben jene Lügenbegriffe, die Hülfsbegriffe der Moral, «Seele», «Geist», «freier Wille», «Gott», wenn nicht den, die Menschheit physiologisch zu ruiniren?...". EH o. c. "Morgenröthe" Band 6 Af. 2 p. 331^{-25}.

Contra esta moral comienza él su campaña en *Aurora* y, mientras la mayoría de los filósofos plantean mejorar y fortalecer la moral, Kant por ejemplo, y otros, Marx, sustituir una moral por otra, Nietzsche plantea eliminar la moral, porque ésta, desde hace miles de años, incluso antes de Cristo, lo único que hace es debilitar el alma y como consecuencia de ello, el cuerpo del hombre medio. La moral nos lleva a desconocer nuestra naturaleza animal, para lograr lo cual nos ha envuelto (y nos auto envolvemos voluntariamente nosotros mismos) en capas de sensibilidades morales, cuando la moralidad nada tiene que ver con el instinto animal o con los esenciales instintos generales del hombre. Por eso le tememos a la fundamental, o sea, al fortalecimiento animal del hombre, por eso se le temió tanto al superhombre, a la voluntad de poder y... a Nietzsche como inmoralista. Claro, en el fondo, esto no es más que ignorancia y desconocimiento de que debemos saltar por encima no sólo de Dios, sino de nosotros mismos. Como consecuencia de tanta moral (moral predicada), ni hemos mejorado racial ni moralmente. Eso sí, «somos mejores», más disciplinados y útiles en el sentido productivo y como animales de rebaño en muchos casos, pero no estamos preparados para contingencias trágicas y apocalípticas como las que nos esperan. La moral mata la inteligencia y seca el alma, pues refrena mucho al hombre. Y la moral, además, debilita al hombre por lo siguiente: cuando no se toma en serio la *autoconservación*, el aumento de fuerza del cuerpo, cuando la clorosis y la decadencia nos dominan y le hacemos más caso al alma que al cuerpo, *"cuando de la anemia se hace un ideal"*, (cfr EH "Aurora" Af. 2 p. 100), es decir, cuando esto sucede, «la salud del alma», o sea, la obediencia, es lo más importante. En el momento en que nos preocupamos más por el alma que por el cuerpo, éste se debilita, y entonces, también, desde luego, el alma pierde fuerzas. La salud del alma es lo más importante para los moralizadores. De ahí, el desacuerdo de principios de Nietzsche con los «mejoradores» de la humanidad. Llegado a este punto, Nietzsche compara a los moralizadores con los fisiólogos. El fisiólogo, sin compasión, exige amputar la parte degenerada del organismo y niega, por tanto, toda solidaridad con el degenerado y la parte podrida; el sacerdote (aquí está el quid del problema y la lucha de Nietzsche), por el contrario, quiere proteger la parte degenerada, la parte enferma, es más, quiere aumentarla, pues de ahí, de esa degeneración proviene su poder: a ese precio domina el sacerdote a la humanidad. El hombre debe prepararse para un momento de gran lucidez, para un gran mediodía en que deje atrás la rémora moral y camine, como el gigante de las siete leguas, de cima en cima. Esa debe de ser nuestra misión en la vida. El hombre, por imperativo natural es agresivo, emprendedor, inmoralista, pero la prédica de la moral por miles de años ha ablandado a muchos hombres, es decir, nos ha doblado el espinazo y el natural instinto de destruir y nos ha matado la innata rebeldía al degenerarnos. Esta parte degenerada es la que se plantea Nietzsche extirpar y nos llama a ser rebeldes y dejar la actitud epigonal y *gregarista* no sólo en la política y la religión, sino en el presupuesto fisiológico al que debemos aspirar. El potencial físico-activo del hombre disminuye con la moral, pero el sacerdote, y muchos más porque tienen el poder, viven de este estado de cosas y por eso, a diferencia del médico, no plantean combatir a los gregarios (la parte degenerada) sino aumentarlos y todo empieza con la prédica de la renuncia a uno mismo, al placer del cuerpo, a la renuncia al bienestar material porque es tentación y se estimula por la religión y los filósofos y los políticos, el cumplimiento del deber; se renuncia al Ser por el Deber Ser. Al final del análisis de *Aurora* en EH, dice Nietzsche:

> "Con Aurora yo fui el primero en entablar la lucha contra la moral de la renuncia a sí mismo... Aurora es un libro que dice sí, un libro profundo, pero luminoso y sereno".[7]

Estamos de acuerdo y pensamos que es *Aurora*, efectivamente, un libro profundo, luminoso y sereno, que dice «sí», pero a la vez creo que es un libro que recoge todo el proceso en forma sui generis. Tanto, que su título original fue *"La reja del arado"*, porque se proponía abrir entrañas y romper para sembrar. Cambió su título por «*Aurora*», para que quede abierto a la imaginación porque, *"¡hay tantas auroras...!". El editor, por demás,* hizo muy bien en situar en la portada, «La siembra», de Van Gogh, pues representa el positivismo del espíritu del libro, pero como muy bien aparece y nos muestra, hay primero que herir, como el médico cirujano, para curar. Es un libro todo símbolos y todo prosa, pero endiabladamente filosófico aunque el objetivo en sí que me

---

[7] EH o. c. "La gaya ciencia" Af. 1 p. 101 "Die «Morgenröthe» ist ein jasagendes Buch, tief, aber hell und gütig". EH. o. c. Band 6 "Die fröhliche Wissenschaft" p. 333-5.

propongo no es hacer una recensión de *Aurora* como libro, ni comentar el libro, sino tratar de desentrañar, para mí mismo, el concepto de moralista e inmoralista y ver a dónde nos lleva este conflictivo y original filósofo en un tema tan importante y que a tanta confusión se presta.

1.2 La moral y el embrión del superhombre como propuestos filosóficos

"Habéis recorrido el camino que lleva desde el gusano hasta el hombre, y muchas cosas en vosotros continúan siendo gusanos. En otro tiempo fuisteis monos, y también ahora es el hombre más mono que cualquier mono".[8]

En *Ecce homo*, en el análisis de su obra *Aurora*, Nietzsche nos advierte que, en el libro *«hay conclusiones y no cañonazos»* y que para leerlo hay que llevar encima una cautela esquiva contra todo lo que el hombre ha honrado hasta ahora: *"ni un solo ataque,* nos advierte, *sino una malignidad"*, (EH, Aurora, Af. 1, p. 97). O sea, para entender la profundidad de Aurora, hay que tener mucha malicia y desentrañar muchos códigos:

"Este libro que dice sí, derrama su luz, su amor, su ternura nada más que sobre cosas malas, les devuelve otra vez «el alma», la buena conciencia, el alto derecho y el privilegio de existir. La moral no es atacada, simplemente no es tomada ya en consideración... Este libro concluye con un «¿o acaso?», –es el único libro que concluye con un «¿o acaso?»".[9]

Para decirnos que concluye con ¿un acaso, *"¡hay tantas auroras...!"*. El final, como en las buenas obras, ¿queda abierto? El libro tiene ciclo cerrado, y por lo demás, es dulce y suave sólo en apariencias. *Aurora* es más duro en sus sentencias que *El anticristo* y que *El crepúsculo de los ídolos*, porque en este se acaba primero con la moral, se le ignora después, y se le da libre albedrío al hombre. Pregunta Stendhal:

---

[8] AHZ o. c. *Prólogo* 3 p. 36 "Ihr habt den Weg von Wurme zum Menschen gemacht, und Vieles ist in euch noch Wurm. Einst wart ihr Affen, und auch jetzt noch ist der Mensch mehr Affe, als irgend ein Affe". ASZ o. c. Band 4 *Zarathustra's Vorrede* Af. 3 p. 14[-20].

[9] EH o. c. "*Aurora*" Af. 1 p. 98 EH o. c. Band 6 "Morgenröthe" Af. 1 p. 330[-15].

"En una palabra, Mademoiselle pregunta (Julián)... ¿debe el hombre que quiere desterrar la ignorancia y el crimen de la tierra, ¿debe pasar como la tormenta y hacer el mal como el azar?".[10]

El inmoralista (es decir, el criminal, el legislador, el fundador) es el superhombre, comparado con el hombre 'normal', y éste nació no de Nietzsche en un parto único y puro, sino que «pasó» por Göthe, Dostoievski, y Stendhal; estos tres gestaron el embrión del superhombre y sirvieron de alimento ideológico al filósofo alemán. "¡*Hay tantas auroras...!*", repetimos con Nietzsche: Lo que nos dice en *Aurora* «*es sí*», y en general positivo, pero también dice «*no*». ¿Por cuál aurora nos decidimos, si además, no tenemos a Ariadna para llegar al fondo donde está el Minotauro? Todo lo cuestiona Nietzsche porque todo son «*cosas malas*» disfrazadas de Circe a pesar de que no tira en este caso cañonazos sino conclusiones:

a) La moral, en primer lugar;

b) Todas las auroras posibles, dejando una: la que es antesala de la gran autognosis y el gran mediodía de la humanidad;

c) El dominio de los sacerdotes, con sotana y sin ella, que se han adueñado de todo;

d) El camino por el que hoy marcha la humanidad, que no es gobernada en absoluto por ningún Dios y la Biblia no es el mejor libro ni inspira ideales;

e) Los más santos conceptos de valor que la humanidad ha sufrido hasta hoy;

f) *"El concepto de castigo, que lo ha invadido todo";*

g) *"La existencia como castigo"* como cadena perpetua y no como goce y placer;

---

[10] Beyle, Henrri Marie- (de Stendhal) (1953) *The red and the blac* The Modern Library. N. York. Translated by C.K. Scott Moncrieff. Chapter XXXIX, The Ball. p. [95] "In a word, Mademoiselle, he (Julien) said ...¿ought the man who seeks to banish ignorance and crime from the earth to pass like a whirlwind and do evil as though blindly?".

h) y las dos pseudociencias más peligrosas: *la moral popular y la medicina popular*.

Nietzsche, ya lo habíamos dicho, es el filósofo de la vida, de la supremacía de vida. En *Aurora* es donde con más fuerza y claridad esto se revela. La gran propuesta filosófica de este hombre nacido en el segundo país capital mundial de la filosofía occidental (el otro fue Grecia), es el culto a la vitalidad potencial del hombre. Las aristas salientes donde en *Aurora* nos sugiere esta idea, son, cuando dice:

> "Sobre el bien y el mal se ha discutido hasta ahora más mezquinamente que sobre cosa alguna. Este tema ha sido muy peligroso. La conciencia, la opinión, el infierno, y hasta a veces la policía, no permitían la imparcialidad. En presencia de la moral, como delante de una autoridad, no era permitido discurrir ni menos hablar; había que obedecer…. Acaso, criticar la moral… ¿no es inmoral?".[11]

La autoridad ha sido hasta ahora para prohibir el libre albedrío (liberación de la reflexión sobre el pensar, sobre la acción y sobre la elección). Pero no podemos elegir. Nos lo prohíbe moral. La inhibición no sólo natural, sino la inoculada por miles de años de prédica moralista, ayudada esta inoculación por la fuerza: la policía. El pasaje citado de Nietzsche es un llamado a no respetar la autoridad que nos impuso la moral para debilitarnos en la fuerza física (los instintos) y en la fuerza moral, el raciocinio. La moral nos mata, la moral es mortal como un veneno demorado, pero agradable como la nicotina, y lo peor, como suele entusiasmarnos, pues nos domina más suavemente y la aceptamos como lo bueno para lo cual casi no se necesitan los medios de disuasión de los cuales dispone la moral para gobernar (el estado con el ejército y la policía).

> "La moral dispone de medios, con el respeto o seguridad que inspira de evitar la crítica, y posee además un cierto aire de seducción que domina: –sabe– entusiasmar. Con una sola mirada consigue a veces paralizar la voluntad crítica…".[12]

---

[11] AR o. c. Prólogo Af. 3 p. 6 MR o. c. Band 3 Vorrede Af. 3 p. 12^{-25}.

[12] *Ibíd.* Af. 3 p.6 "…ihre Sicherheit liegt noch mehr in einer gewissen Kunst der Bezauberung, auf die sie sich versteht, sie weiss zu «begeistern». Es gelingt ihr, oft mit einem einzigen Blicke, den kritischen Willen zu lähmen.". MR. o. c. Band 3 Af. 3 p 13^{25}.

Tanto daño nos hace la moral impuesta por la prédica filosófica y religiosa de años, que hasta nos recluta para el bando de los débiles, para el bando en el que en vez de fortalecernos, nos debilitamos. Y, ¿desde cuándo, según Nietzsche, existe esta moral? Da a entender que desde Sófocles y Platón. Pregunta Nietzsche, "¿A qué se debe que desde Platón todos los filósofos hayan edificado en vano?" (cfr. Aurora Prólogo 3 p. 6): Se fortaleció, con Platón, la prédica de la moral: es decir, el hombre no es como él cree que debe de ser ni hacer lo que él cree que debe de hacer, sino lo que las normas de la moral, que lo han ida carcomiendo como el coleóptero a la madera, le dicen lo que tiene que hacer. Ya miles años atrás, con la idea fija de bien, mal, moral, bueno, malo, justicia, alma, etc., decía Sófocles:

> *"De igual manera un hombre es preciso que tanga presente, que aunque haya alcanzado un cuerpo de gigante, puede caer incluso en el caso de una desgracia insignificante".*[13]

Es decir, Bien, Mal, Moral, Bueno, Malo, se amalgaman, más que se identifican, desde miles de años atrás para situarle coto, o sea, límite el albedrío humano. Sin embargo Stendhal, uno de los más importantes referentes ideológicos y elemento nutricio de Nietzsche en cuanto a la formación de su filosofía (para la crítica al sacerdote, a la Biblia, a la idea de Dios y a la moral), por su parte, hace apenas 162 años, se rebela contra éstos al decir que:

> *"Ud. no ha comprendido su siglo Principe Karasoff dijo a él: haga Ud. todo lo contrario a lo que los demás esperan de Ud., esa es, palabra de honor, la única religión de la época".*[14]

Pero está el hombre tan amaestrado, tan domado, le queda tanto aún de mono y de gusano, que automáticamente lo hace todo según quiere la autoridad sin que ni siquiera haya que decírselo ni obligarlo. Incluso, los propios filósofos materialistas en Francia, tan grandes y tan meritorios, que ayudaron a preparar ideológicamente al pueblo para

---

[13] Sófocles, o. c. en boca de Menelao, la tercera vez que interviene éste en la tragedia de Ayax, p.95.

[14] Stendahl, Henrri B. o. c. t. II chapter. XXXVII, *An attack of Gout* p. 68 " You have not understood our age, Prince Karasoff said to him: always do the opposite to what people expect of you. That, upon my honor, is the only religion of the day".

acabar con el feudalismo, predicaron moral, al plantear cambiar ésta, con lo cual se diferencian radicalmente de Nietzsche. Todos los filósofos, incluidos Kant y el propio Marx, han estructurado sus sistemas filosóficos teniendo en cuenta como mirada mediata, como faro para orientarse en el proceloso mar, la moral, ya sea de una ya sea de la otra, *«pero moral»* de cualquier manera y...la moral es mentira y en esencia limitante. Esa es la idea nietzscheana: que todo lo hemos edificado sobre una base mentirosa.

> *"Por el contrario, la verdadera respuesta hubiera sido que todos los filósofoso –tanto Kant como los anteriores a él– han construidos sus edificios bajo la seducción de la moral; que su intención sólo se encaminaba en apariencia y a la certeza y a la «verdad», pero lo que buscaban en realidad era la «majestuosidad del edificio moral»...".*[15]

Seguidamente nos dice Nietzsche que sí, que se predicó mucha moral y se pretendió construir enormes y sólidos edificios espirituales, pero todos los filósofos fracasaron, incluido Kant, con todo y haber sido llamado éste «el hijo legítimo del siglo» por los exaltados propósitos que tenía al querer fortalecer la moral, incluso crear moral, cuando en realidad lo que había que proponerse era acabar con la moral. Edificar sobre la moral es construir castillos de naipe. Por eso, mientras los de la moda o los ingenuos, por decirlo así, calificaron a Kant de *«hijo legítimo del siglo»*, él le llamó *«idiota»*, como a Cristo, y «lisiado conceptual», por el concepto que de la moral tenía. Remata Nietzsche esta idea diciendo de Kant:

> *"Por otra parte, llevando en el corazón ese fanatismo francés, no se podía actuar de una forma menos francesa, más profunda, más sólida, más alemana –si la palabra «alemán» todavía hoy en día se permite– que como lo hizo Kant: fundamentalmente para dejarle espacio para su «imperio moral», tuvo que añadir un mundo no, un «más allá» lógico precisamente para ello necesitaba su «Crítica de la razón pura»".*[16]

---

[15] AR o. c. Prólogo Af. 3 ps. 60 "Die richtige Antwort wäre vielmehr gewesen, dass alle Philosophen unter der Verführung der Moral gebaut haben, auch Kant -, dass ihre Absicht scheinbar auf Gewissheit, auf «Wahrheit», eigentlich aber auf «majestätische sittliche Gebäude» ausgieng:...". MR o. c. Band 3 Vorrede Af. 3 ps. 13-14^{-30}.

[16] AR o. c. Af. 3 p. 61 MR o. c. Band 3 Af. 3 p. 14^{-20}.

El reino moral debía de ser invulnerable debido a la razón y no a su *tangibilidad*; no hay moral sin razón ni razón sin moral, pero todo indemostrable, todo intangible. El reino de Marx tampoco fue demostrable. Involuntariamente, la moral nos copa como una silenciosa diátesis que por todas partes implacablemente nos persigue. A la razón acude Kant con su gnoseología, cuando examina la posibilidad del conocimiento de los fenómenos por el hombre, pues niega a la razón la posibilidad de conocer la cosa en sí. La cosa en sí, por ejemplo el agua del arco iris como simple fenómeno según Kant, es la cosa en sí, pero mientras la consideremos:

> "...como una cosa que, en la experiencia general, está determinada y no de otro modo en la intuición, sean cuales sean las diversas posiciones de los sentidos".[17]

Siempre, en la idea de Kant, para que las cosas existan, estamos obligados a acudir a la intuición. Así, el espacio y el tiempo, son una simple *"forma de nuestra intuición"*, formas apriorísticas de la contemplación sensorial y no una parte más de la materia y los lugares donde ésta se realiza como formas básicas y objetivas de su existencia. De esta concepción idealista en cuanto a la materia se deriva el idealismo en lo social y la edificación de «majestuosos edificios morales». El reconocimiento de los límites como garantía de la posibilidad del éxito sólo es analizado por Kant en su teoría del conocimiento al fundar los límites de las posibilidades del conocer en la experiencia. Las garantías de voluntad humana, en la cual se funda y basa la vida moral, sólo pueda darla la existencia de Dios, según la concepción kantiana. Sin embargo, Nietzsche da las «garantías de la voluntad humana», a la que él llama, en forma espectacular, «voluntad de poder» y libre albedrío, desde luego, sin la presencia de Dios. La presencia de Dios la debilitaría a la voluntad humana. La esencia del hombre y de la materia es la voluntad (Yo quiero). El tiempo y la energía (esta última forma física del movimiento de la materia) son infinitos, como infinitos son el tiempo y el espacio, entre otras cosas, porque los hechos se repiten, aspecto éste al que Nietzsche le da el sugestivo nombre, con lo cual nos incrusta en él

---

[17] Kant, Immanuel (1970) *Crítica de la razón pura,* Clásicos Bergúa, Madrid. Segunda Edición, con notas, traducción, preliminar de Juan B. Bergúa t. I p. 246.

para siempre, de Eterno Retorno de lo mismo. Aplicado este presupuesto a la materia y al hombre en particular dentro de la materia, quiere decir que el tiempo, el espacio y la energía son infinitos y sorprendentes. La voluntad se inscribe dentro de la energía como combinación de lo eterno y lo finito, el Eterno Retorno. Si Nietzsche ataca siempre, de forma implacable, a la moral y a la razón, es porque ambos postulados van siempre ligados a Dios y Dios es rémora al albedrío del hombre y al despliegue de la voluntad al querer limitar la energía en el tiempo y en el espacio. Kant admite, efectivamente, la existencia de la realidad objetiva como una de las acepciones de la cosa en sí. Incluso los teólogos más derechistas le reprochan no haber sido suficiente y absolutamente idealista. Recordemos que la primera brecha a la dictadura espiritual sobre las ciencias naturales, según Engels en *Dialéctica de la naturaleza*, la abrió Kant con su obra *Historia universal de la naturaleza y teoría del cielo*, al ubicar a la naturaleza no sólo en el espacio, sino en el tiempo, como *algo que llegó a ser*, que no fue hecho de golpe y porrazo y que no tuvo ni tendrá cambios ni se debió al *mágico impulso inicial* de Newton. Kant es el único filósofo que logró sacar al genio (Aladino) de la botella y volver de nuevo a meterlo en ella, por desgracia. En los inicios de *Crítica de la razón pura* dice:

> *"No hablamos más que de nosotros mismos; pero en el asunto de que se trata exigimos que piensen los hombres que la renovación no es una opinión, sino una necesidad".*[18]

Pero a continuación agrega en el mismo lugar el presupuesto moral (¡no podía faltar!):

> *"Y tengan por cierto que echamos los cimientos no de una secta o parecer, sino de la propia dignidad y utilidad humana. Exigimos también que los amigos velen por el bien público, beneficio del cual ellos mismos deben participar. Exigimos, en fin, que tengan confianza y que no imaginen en la intimidad de su pensamiento que la renovación es algo infinito y ultramortal, pues en realidad no es sino el fin y término legítimo del error universal".*[19]

---

[18] Kant, Immanuel *Crítica de la razón pura*, o. c. p. 157.

[19] Kant, I. o c. III p. 157.

Es decir, la renovación no es, a pesar de todo lo que él mismo afirmó, infinita y el funcionario estatal, en la práctica, es elevado a la categoría de fenómeno filosófico. Para eso, para glorificar contradiciéndose, al quietismo y al funcionario estatal, utilizó, a mi modo de ver las cosas, la crítica del juicio y a la razón pura y las categorías espacio y tiempo (para él, conceptos a priori) Pero, qué sucede: en el fondo Kant tenía un concepto estrecho de verdad, materia y naturaleza y da la impresión de que las consideraba: una multitud de representaciones del espíritu. Por ejemplo, la verdad para él qué es:

> "...la verdad consiste en el acuerdo de un conocimiento con su objeto... Ahora bien, un criterio universal de la verdad sería aquel que pudiera ser aplicado a todos los conocimientos sin distinción de su objeto".[20]

Después de haber situado a la naturaleza no sólo en el espacio, repito, sino también en el tiempo, y después de fijar el concepto de que «*la renovación no es una opinión*», sino la esencia de las cosas, retrocede y todo lo fija en la moral, en el idealismo inmovilista y en la glorificación del funcionario estatal. En el fondo, es que Kant limitaba al hombre y a la materia, por el mismo concepto que del hombre y de la materia tenía. Nietzsche, antípoda de Kant, lo llevaba al hombre hacia todas las infinitas posibilidades que tiene y que sin embargo, la moral y la razón de la religión le han impedido desarrollar. El hombre, sin embargo, según se colige de las propuestas filosóficas suyas no conoce, a pesar de todo, el universo de sus potencialidades. Para Kant, lo «Universal» se diluye unilateralmente en el «Yo», pero, queriendo fortalecer «el Yo», lo debilita al colmarlo de moral y razón. Nietzsche, por el contrario, también es capaz de disolver lo universal en «el Yo», pero fortalece, eliminando la moral y «el Yo Debo», al hombre y a su individualidad hasta límites insospechables. Kant no pudo evitar, desde luego, caer en el más puro y rancio idealismo que tanto Nietzsche le critica, y además analizarlo todo, o pretender hacerlo, partiendo, con el hombre, desde una realidad, sino absolutizando la razón del hombre y sus representaciones. La conciencia de la existencia del individuo se determina en el «yo pienso», pues considera que el «yo pienso» expresa de manera espontánea la

---

[20] *Ibid*. p. 260 De la división de la lógica general en analítica y dialéctica.

conciencia del hombre, de su existencia, en calidad de inteligencia, pero la conciencia del «yo pienso» no es según él, por sí misma equivalente al conocimiento del hombre y todo le es dado a través del sentido interno y todo se determina por el «yo pienso», o sea, a la subjetividad de la existencia. Se conoce, según la gnoseología kantiana, el proceso por el cual se llega a los fenómenos, pero no al fenómeno en sí o cosa en sí. La libertad queda así confinada al reino de la razón práctica, o sea, restringida a la esfera de la prédica moral como ley de lo imperativo. Por ninguna parte rige la necesidad.

Si Sören Kierkegaard es el filósofo de la posibilidad negativa y la angustia es para él el sentimiento de lo posible en su fuerza *anonadadora* y destructiva; si Kant es, por el contrario, el filósofo de la posibilidad positiva, la moral, la razón, el imperativo categórico, el optimismo y el deber; si Schopenhauer es el filósofo del pesimismo racionalista y apocado, del arte por el arte, la voluntad y la representación como lo supremo en el hombre; si Carlos Marx es el de la proletarización y la transmutación de la moral, Nietzsche, en cambio, lo es de la filosofía de la vida, la posibilidad objetiva, la aristocratización masiva, la voluntad como medio, el superhombre, la supresión de la moral y el pesimismo intrépido tipo naturalistas griegos. No denostemos, sin embargo de Kierkegaard, de Marx e incluso de Kant. Todos, un poco menos Kant con tanta moral, querían que el hombre no viva de ilusiones y se prepare para lo peor si quiere avanzar. Especialmente Kierkegaard, que era catártico (purificador) y debemos reflexionar más profundamente acerca de sus ideas, aunque en otro momento. Pero Nietzsche los superaba a todos estos pensadores en la ubicación del hombre. Pretendía lo mismo, pero de forma más vitalista, más objetivamente positiva, un poco existencialistamente si se quiere; de forma más aprovechadora de las posibilidades *suprahistóricas* y potenciales del hombre, suprahistoricidad y potencialidad demostradas en la espiral humana a pesar de los reveses y el atraso que padecemos. La supremacía de vida era para él lo principal.

La espiral humana, tenida en cuenta por Nietzsche, demuestra el triunfo histórico del hombre sobre el resto de los animales. Nietzsche situaba a la existencia, al hombre, de forma diferente, o sea, por encima de la norma conocida, como algo reservado a los fuertes; al dominio del superhombre, pero éste no sólo como ejemplar *darwiniano*, sino como hombre nuevo, como hombre pleno; hombre aristocrático llegado no del mundo astral, sino del «*sentido de la tierra*», en un mundo plenamente desarrollado sin mediocridades y sin falsas modestias; en el hombre liberado de la moral, de Dios, y de la razón kantiana, para que no sea rebaño ni epígono. El hombre de Nietzsche no lo es el de multitudes pasivas, que se cree todo lo que dicen como si viviera en Babilonia (país de los babilonios o de los incrédulos cfr. Libro de Daniel caps. 13 y 14), humanista e idealista a ultranza, con miedo a las guerras y que cree que éstas, con moral y educación, se acaban. El hombre de Nietzsche no lo es de multitudes adoctrinadas representadas por un solo elemento activo, el líder o *Führer*. El hombre de Nietzsche es, incluso, un hombre genéticamente modificado. Pero desde luego, que yo sepa, es inútil buscar vínculos ideológicos de Nietzsche con el fascismo «por ese ubicar al hombre» por encima de la *norma conocida* y con un destino reservado a los fuertes. Para Nietzsche, si hay rebeldía y salimos del rebaño, todos podemos empezar a ser fuertes. Lo otro viene después El fascismo, sin embargo, absolutiza el principio bestial inherente al hombre con la psicosis de la destrucción y el cinismo. Todo esto y mucho más era ardientemente condenado por el filósofo de Basilea y de la Alta Engadina. Es necesario hacer un paréntesis sobre el fascismo y los sistemas centralizados a los que les gusta uniformar a los hombres y moverlos eternamente de aquí para allá y de allá para acá, en fila india, sin dudas y con mucha fe, fe que hizo perder a las amas de casa romanas, como dice Bertolt

Brecht en *Galileo Galilei*,[21] la lucha por la leche.

El pathos, ($\Pi\alpha\varphi o S$) cfr. EH o. c. Af. 10 p. 296^{-30} Warum ich so klug bin) de Nietzsche, no visto como psicosis como sí era o es el del fascismo, se comporta como: el de la sabiduría trágica llevada no sólo a las obras de arte, sino a la vida práctica: el de no sembrar falsas esperanzas en el hombre al revelarle el verdadero estado de la realidad inestable y te-

---

[21] Brecht Bertolt (1961) *Seven plays,* Grove Press, Inc. N. York. "The battle to measure the heavens is won by doubt; by credulity the Roman housewife's battle for milk will always be lost". 13 p. 399.

rrible en que vive y que le espera en el futuro inmediato y mediato, el carácter de perenne inseguridad de su existencia en cualesquiera sociedad y sistema social en que viva.

Recordemos que el espíritu trágico (paradigma nietzscheano tomado de los griegos) éstos lo asumieron no como virtud, sino como resultado, como una necesidad ante lo terrible de la existencia.

La vida, «*ab initio*», nos enseñó que siempre el espíritu trágico ha de ser un medio, más que una virtud innata en los hombres, para hacerles frente a las duras contingencias. El conocimiento y más que todo el éxito humano, por tanto, va siendo un tanteo de pruebas y errores donde es posible, esta es la dura realidad, el triunfo inmediato o el derrumbe total, ¡pero seguridad absoluta, nunca la hay ni debe de haberla!.

Incluso, los éxitos de la ciencia y la técnica, no son más que entreactos artificialmente agradables, que sacralizan lo banal y maculan lo real para hacernos engañosamente felices; que disimulan lo banal y que nos acercan al final inexorablemente apocalíptico y terrible.

La esencia del hombre es la inseguridad y el fracaso, pero es esto, precisamente, quien lo ha hecho triunfar sobre los demás animales. Al final, sólo el presupuesto fisiológico del superhombre (concepto relativo en el espacio y en el tiempo) es capaz de superar lo terrible y continuar adelante. En este sentido era Nietzsche un poco materialista, un poco existencialista, un poco pragmático y sobre todo vitalista, con el concepto pragmático-existencialista de que las palabras y las ideas son instrumentos con significado operacional.

Nietzsche, ya lo habíamos dicho, era el filósofo de la posibilidad objetiva para un mundo lleno de peligros, en el que no sólo la angustia es el sentimiento de lo posible, sino la voluntad de poder.

2. Desacralización de valores cristianos y exaltación del hombre

> *"Antes se consideraba que el buen éxito **de un acto** no como una mera consecuencia de dicho acto, sino como un cuadro gracioso emanado de Dios. ¿Puede imaginarse más torpe confusión?"*.[22]

Nietzsche promovía en primer plano el problema de la libertad individual en base a un humanismo combativo y no se planteó refrenar el impulso zoológico del hombre, sino encauzarlo sin falsas morales, en nombre de una reacción antitética que exalte al hombre con fuerte y vital individualidad. Y a la moral y a la religión, a la política, a la razón, a la sociedad, en fin, al estado, desacralizarlos junto al origen de la religión no natural y la mayor parte de los valores del cristianismo reforzando, en cambio, el Ser y no el Deber Ser, pues él entiende que el hombre se debate en términos de vida o muerte en una realidad histórico-social determinada como la de sus tiempos y los actuales; todo esto, quizá desplazado no sólo en el tiempo y sistema social, sino en el espacio, a juzgar por los resultados de la práctica. El hombre hoy, está claro, no tiene poder sobre nada a no ser, de forma muy restringida, sobre sí mismo y de forma contradictoria, mínima y pírrica sobre la naturaleza. Todo lo hacemos por la voluntad ajena, unas veces disuadidos y otras paternalizados, y por eso nos paramos de cabeza cada vez que nos lo ordenan o sugieren y vivimos con serpientes debajo de nuestras sábanas en nombre de «gloriosos sacrificios», siendo, las más de las veces sombríos, abrumados e infieles al final de la jornada. A pesar de que vivimos en una época excitante y llena de energías en que lo viejo, aunque a regañadientes, le va dando paso a lo nuevo. Pero hay que reforzar el poder creativo interior desde donde único debe de llenarse la vida de un fuerte sentimiento ético, una robusta moral, un espíritu emprendedor y una moral veraz. Nietzsche, para el hombre del libre albedrío, nos propone un individuo metatemporal, pero a la

---

[22] AR o. c. Libro Primero, 12 *La consecuencia como gracia coadyuvante* p. 15. "Ehemals glaubte man, der Erfolg einer That sie nicht eine Folge, sondern eine freie Zuthat- nämlich Gottes. Ist eine grössere Verwirrung denkbar! "MR o. c. Band 3 Erstes Buch. 12 *Die Folge als Zuthat* p. 25[-25].

vez, de naturaleza finita y en cuya finita naturaleza, se restituyen los valores perdidos para la realización de la posibilidad humana y la libertad y sin negar valores individuales innatos, como hacen el fascismo, los dadaístas y los fundamentalistas, que niegan los valores acumulados por la humanidad y las libertades colectivas. El libre albedrío y la libertad son necesarios y debe primar la esperanza sobre la nostalgia sin pedanterías culturosas basadas en viejos y obsoletos paradigmas que sólo dan pie para afincarse a los demagogos y a los populistas. El peor enemigo del hombre es el hombre y esta sentencia es válida no sólo en el mundo de los negocios, la política y el gobierno, sino en la llamada transformación de la naturaleza. El jefe indígena de la etnia Suquamish Seattle (USA), enemigo mortal de los que los despojaron de sus tierras, que para nada debe de haber conocido y mucho menos leído a Plauto[**], sólo que coincidieron en inteligencia y en sus calidades de videntes, les dijo a los funcionarios norteamericanos, ya reducido, pero no vencido, este apóstrofe en el siglo XIX:

> *"Al cabo de varios días el moribundo no siente el hedor de su propio cuerpo. Continúen Uds. contaminando su cama y una noche morirán sofocados por sus propios desperdicios". Y agregó: "Lo que ocurre a la tierra ocurre a los hijos de la tierra".*[23][*]

El hombre, repito, no es sólo su mayor enemigo cuando de intereses materiales se trata (por cada hombre que muere matado por un animal o en catástrofes naturales, mueren cinco millones asesinados en las guerras entre ellos). Pero las catástrofes naturales se acercan a pasos agigantados provocadas por el propio ser humano. En la ciencia, por lo tanto, no sólo hay que analizar las reacciones axiológicas del hombre y el lugar que estas ocupan en su código de valores, es decir, si está del

---

[23] Galeano, Eduardo (1991) en *El tigre azul y nuestra tierra prometida*, Editora de Ciencias Sociales. La Habana. p. 129. [*] Cita atribuida al aborigen Seattle, del Estado de Washington, capital del condado de King. En esta zona vivían los indígenas Snohomish y los Squamish antes de la fundación de la ciudad por los blancos en 1852. El nombre de la ciudad fue dedicada a este sabio jefe indígena, por luchar contra la tala indiscriminada de los bosques vírgenes y milenarios y la usurpación de sus tierras. (**) Plauto Tito Maccio h. -254 a -184, comediógrafo latino, representante de la comedia palliata Autor de *Anfitrión Los asnos o La marmita , Los cautivos, Los Yanquis* y otras.

lado del bien, del mal, etc., y a cuáles intereses responde. Hay también, acorde con el sabio Seattle, las consecuencias de las acciones antrópicas. Nietzsche apologiza, por eso, a los griegos antiguos y el valor de la tragedia como imitación de la naturaleza, o sea, de la verdad y como una de las más hermosas creaciones del intelecto humano. En la finitud trágica del hombre individual debe de realizarse la libertad humana (autodeterminación del espíritu y libre albedrío, aunque influenciada por las condiciones exteriores al hombre) y propone Nietzsche en forma de sugerencias, una sociedad futura en calidad de ideal humanista en la cual ni se desprecie la ciencia y la técnica, pero tampoco se canoniza su culto como hacen los futuristas y los progre. Y sí se proclama por él el dinamismo y el movimiento de esa sociedad sin preocuparse el hombre, como se ve obligado a hacer hoy, por la responsabilidad moral-religiosa de sus acciones, es decir, estando todo sujeto al elemento exterior. La necesidad objetiva, así, adquiere en sus propuestas, un valor casi absoluto porque la necesidad deja de ser desconocida. La libertad es el conocimiento de la necesidad, según B. Espinosa (la libertad humana es posible en el marco de la necesidad). El hombre que conoce sus necesidades es libre aunque aún tenga grilletes. Llegado a este punto, no nos queda más remedio que hacer una ligera comparación con Engels y Hegel para entender mejor las propuestas de Nietzsche. Hegel, idealista, pero representante de la burguesía en su etapa inicial de más empuje revolucionario y social, analizaba la razón en su contenido objetivo como realización de lo absoluto, pero creyó que quien gobierna en el mundo no es la propiedad, como dijo su compatriota Engels, sino la razón y que el proceso histórico-universal, ya sea para bien o para mal, es realizado por la razón. Y razón, es igual a moral. Se manifestó así la inconsecuencia de su dialéctica, que intenta, bajo determinadas condiciones, la conciliación de los contrarios y la eternización de determinadas etapas del desarrollo social llevando así, lo finito a la eternidad. O sea, petrificó al sistema y al devenir y su propia filosofía se presenta así como el fin del conocimiento filosófico. ¿Cómo explica esto F. Engel en *Ludwig Feuerbach y el fin de la filosofía clásica alemana*, dice así:

> *"Pongamos un ejemplo. No ha habido tesis filosófica sobre la que jamás haya pesado la gratitud de gobiernos miopes y la cólera de liberales, no menos cortos de vista, como sobre la famosa tesis de Hegel: «Todo*

lo real es racional, y todo lo racional es real». ¿No era esto, palpablemente, la canonización de todo lo existente, la bendición filosófica dada al despotismo, al Estado policiaco, a la justicia de gabinete, a la censura?".[24]

F. Hegel, así, idealiza (i.e., canoniza y petrifica) al Estado prusiano, al hombre le niega el desarrollo y a la sociedad alemana de la época y de todas las épocas en todos los países. Pero, como agrega F. Engels:

"Y del mismo modo, la historia al igual que el conocimiento, no puede encontrar jamás su remate definitivo en un estado ideal perfecto de la humanidad; una sociedad perfecta, un «Estado perfecto», son cosas que sólo pueden existir en la imaginación; por el contrario: todos los estadios históricos que se suceden no son más que otras tantas fases transitorias en el proceso infinito de desarrollo de la sociedad humana, desde lo inferior a lo superior".[25]

Hegel se veía obligado a poner fin al proceso. La planta que él sembró, el mismo le puso techo encima estorbándole el sol para que no creciera y así hace que todo empiece con el espíritu y termine con el espíritu. La idea absoluta se enajena, «se transforma en la naturaleza, para recobrar más tarde su ser en el espíritu, o sea, en el pensamiento y en la historia», Engels:

---

[24] Gruppi, Luciano *Opere scelte*, o. c. Engel, F. Ludovico Feuerbach e il punto di approdo della filosofía clássica tedesca. o. c. p. 1105. "Prendiamo un esempio. Nessuna proposizione filosofica si è mai tanto attirata la riconoscenza di governi gretti e la collera di altretanto gretti liberali, quanto la tesi famosa di Hegel:«Tutto ciò che è reale è razionale e tutto ciò che è razionale è reale». Questa era manifestamente, infatti, l'approvazione di tutto ciò che esiste, la consacrazione filosofica del dispotismo, dello Stato poliziesco, della giustizia di gabinetto, della censura. E cosí l'interpretò Federico Guglielmo III, cosí i suoi sidditi".

[25] *Ibíd*. I Ludovico Feuerbach. p. 1107 "Allo stesso modo della conoscenza, la storia non può trovare una conclusione definitiva in uno stato ideale perfetto del genere umano; una società perfetta, una «Stato perfetto» sono cose che possono esistere soltanto nella fantasia; al contrario, tutte le situazioni storiche che si sono succedute non sono altro che trappe transitorie nel corso infinito dello sviluppo della società umana da un grado più basso a un grado più elevato…".

> *"El término de la historia es el momento en que la humanidad toma conciencia de esta misma idea absoluta y proclama que esta conciencia de la idea absoluta se logra en la filosofía hegeliana".*[26]

El lado conservador es sólo el instante no eterno, pero es relativo mientras su carácter revolucionario sí es absoluto pues tiende hacia el devenir. Dice Engels:

> *"Claro que la forma específica de esta conclusión proviene del hecho de que Hegel era alemán, y, al igual que su contemporáneo Göthe, enseñaba siempre el rabo de filisteo. Tanto Göthe como Hegel eran, cada uno en su campo, verdaderos Júpiter Olímpicos, pero nunca llegaron a desprenderse por entero de lo que tenían de filisteos alemanes".*[27](*)

El idealismo de Hegel parte para todo análisis de la idea y la razón y la moral por lo cual tiende a justificar toda la realidad *post factum*. Mientras, Marx y Nietzsche, partiendo del hombre (hombre que existe y después piensa), tienden a transformar la realidad misma, pues supera el carácter contemplativo del pensamiento inherente éste a Hegel e incluso con mayor desgracia en L. Feuerbach, que tampoco llegó al final del camino en ninguno de sus presupuestos filosóficos. De la filosofía de F. Hegel se pude decir, a pesar de ser este filósofo un Júpiter del pensamiento, que en última instancia es *«un círculo viciado»*; de Nietzsche, sin embargo, que empezó con lo natural y con él cerró su círculo, se puede afirmar que «es un ciclo cerrado». Este empezó con los griegos antiguos, que más que hombres teóricos eran hombres instintivos y

---

[26] *Ibíd.* Engels, F. Ludovico Feuerbach I p. 1108 "...cioè facendo consistere la fine della storia nel fatto che il genere umano giunge alla conoscenza dell'idea assoluta è raggiunta nella filosofia hegeliana...".

[27] *Ibíd* Marx- Engels I p. 1109 Engels, F. Ludovico Feurebach, en "Marx – Engels. p. La forma specifica di questa conclusione proviene d'altra parte dal fatto che Hegel era un tedesco e gli pendeva dietro, come al suo contemporaneo Göthe, un pezzo di codino di filisteo.(Tanto Göthe che Hegel furono, ognuno nel suo campo, un Giove olimpico, ma né l'uno né l'altro non si liberarono mai per intero del filiesteismo tedesco" *) La Biblia entiende por filisteo al pueblo enemigo de los hebreos, eran enemigos por excelencia. En cambio para los Románticos, filisteo, representa el espíritu mezquino, conformista, hipócrita. etc. Marx y Engels emplean la palabra filisteo en este segundo sentido. Nota del traductor y editor L. Gruppi 1 p. 1109.

prototipos de superhombres para aquellas condiciones históricas, y terminó con el superhombre actual y del futuro mediato, con un presupuesto fisiológico más elevado. La voluntad de poder, sin embargo, es para potenciar no sólo al hombre, sino al superhombre, pues aquélla es para suplir déficit tanto del hombre como del posible superhombre. La concepción nietzscheana, destaca el aspecto activo y práctico de la idea del hombre, que es, por naturaleza, «práctico» y «activo», condiciones que especialmente Nietzsche trata de estimularle siempre realzando su individualidad existencial y pragmática en la finitud infinita despojada de la falsedad, vale decir, de la moral. Pero no debemos olvidarnos que, desde luego, el potencial del hombre se realiza más que todo en las relaciones sociales y en la producción y el control estado. Pero el funcionario estatal y el estado como tales, no obstante, no son sacralizados ni canonizados por Nietzsche al nivel de fenómeno filosófico como hacen, aunque de diferente forma, Kant y Hegel. Incluso Marx, con su propuesta de estatalización mecánica de la economía (que por supuesto, abarcaba también en la práctica a la sociedad), sacralizó al estado a pesar de que alabó las obras de Maquiavelo, siendo que este último el primero en traer del cielo al estado y vulgarizarlo como otra obra cualesquiera de los hombres y no como cosa de Dios, o sea, como instrumento práctico de poder y no un ente sacrosanto. Nietzsche analiza la esencia del hombre a partir en primer lugar de la relación consigo mismo y con su interioridad, su espiritualidad y su conciencia. En cambio, no desdeña en absoluto las relaciones externas a él y con la naturaleza, cuyo papel destacado corresponde a la producción y a las relaciones de carácter material con su fundamento práctico-social sin olvidarse de la individualidad como pudiera parecer a un analista superficial.

Lo primero en Nietzsche, para que haya cultura, es el hombre físico, corporal y después su esencia y su desenvolvimiento es también social y no sólo de la corporeidad y del espíritu puro. Ninguno de los dos aspectos se debe absolutizar. La diferencia es que debemos ver en la producción más que «un medio», «un fin» y de esta manera nunca fue destacado por el de Basilea. En la producción y en los resultados de ella es donde único el hombre se realiza y progresa como especie. Obviar o no haber profundizado este análisis es un punto débil en Nietzsche.

La producción condiciona toda la vida del hombre, tanto, que en el ejercicio de la producción es donde el mono se convirtió en hombre a pesar de lo mucho que aún nos quede de simios. Gracias al trabajo, más que a una evolución sólo natural, es lo que lleva del mono, al hombre. Sí, de ese primate de los valles, de ese animal que empezaba a pensar y que comenzó bajándose de la mata y cascando piedras para usarlas como medios de trabajo y que hoy, con Mozart y Beethoven compone maravillosas sinfonías; con ese mono maravilloso que comenzó lanzando un hueso para cazar y hoy lanza naves cósmicas a los espacios siderales.. Si seguimos comparando, porque no nos queda más remedio, monstruos sagrados de la filosofía, tenemos que: Kant no ve más que moral, razón y posibilidad positiva; Marx no ve más que violencia, revolución perenne y acaso una nueva moral; Nietzsche va más lejos y se nos presenta con más y mejores resultados históricos: plantea eliminar la moral, transmutar todos los valores, pero en una posibilidad objetiva alejada tanto del facilismo como de la imposibilidad. Constantemente se autoproclama inmoralista, pero no desconoce los valores pasados y de la tragedia como imitación de la naturaleza y al materialismo como antípoda necesario del idealismo. Más bien desconoce y niega los valores actuales, creados (sí, creados), por el cristianismo. Confía en la juventud y cree en «la patria de los hijos». No en balde se proclamó inmoralista, pero por el solo hecho de que la moral debilita y limita al hombre. Existirá «el hombre del libre albedrío», pero es necesario aclarar que ese hombre nietzscheano 'del libre albedrío no será aquel que grite histéricamente y parafraseando a Nietzsche yo diría: ¡No hay comienzo, hay fin, y no temblamos; no somos sentimentales y desgarramos como el viento furioso, la ropa de las nubes; no rezamos, todo lo contrario, maldecimos al Dios, al Cristo y al Diablo que nos da el cristianismo, pues el diablo somos nosotros; destruimos, incendiamos y nos preparamos lentamente para la descomposición del Dios y de la materia, todo comienza con nosotros y terminará con nosotros y con nosotros; somos el anticristo y veneramos a los héroes astrales, los únicos en quienes creemos, que pronto nos visitarán!. Por eso gritamos a los cuatro vientos: ¡Viva la muerte! La destrucción dionisíaca, la de Nietzsche, no es la destrucción fascista ni dadaísta. La destrucción de Nietzsche es esencialmente constructiva, pero sí destructiva de todo lo débil y viejo. Para Nietzsche, como filósofo de la vida y de la posibilidad objetiva, en oposición a las posibilidades negativas y positivas (S. Kierkegaard y I. Kant respectivamente), la esencia humana es en parte moral, a pesar de tanto que ataca a la moral, mientras que para K. Marx lo es lo social. La moral del hombre de Nietzsche es la moral de la destrucción y la «no moral». Si algo le faltó al filósofo de Röcken para haber sido un materialista completo fue estudiar más la producción y ligar sus presupuestos filosóficos a este aspecto y al comercio, si bien es verdad que todos sus referentes ideológicos son hombres de la naturaleza y de la realidad. Pero dejemos por ahora este asunto medular ya reiterado en otras ocasiones debido a su enorme importancia. En otro orden de cosas, relacionado con el tema de la moral, dice el creador de *Zaratustra*:

> *"Si a pesar de esa terrible presión de la «moralidad de las costumbres», bajo la que todos los seres corrientes de la humanidad han vivido muchos años antes de nuestra era, y en ella, más o menos también hasta hoy (nosotros mismos vivimos en el pequeño mundo de las excepciones, y por decirlo así en la zona mala): –si, como digo, a pesar de eso, brotaban ideas, valoraciones e instintos, ocurría con un acompañamiento terrible: en casi todos los casos es la locura la que abre camino a la idea nueva, la que rompe el hechizo de una costumbre, una superstición vulnerable. ¿Comprendéis por qué tiene que ser la locura?".*[28]

En la misma obra nos dice:

> *"¡... qué terrible y contra razón es ya entender causa y efecto como causa y castigo!... obligar a sentir la existencia como castigo, ¡es como si los delirios de carceleros y verdugos hubieran dirigido hasta ahora la educación del género humano!".*[29]

La causa condiciona los efectos. Lo que sucede ha tenido siempre una causa, algo que lo hizo detonar, existiendo la causa absoluta y la

---

[28] AR o. c. Libro I. Significado de la locura en la historia de la humanidad Af. 14 ,ps. 15-16. Morgenröthe o. c Band 3 erstes Buch 14. Bedeutung des Wahnsinns in der Geschichte der Moralität p. 26- 20-25 .

[29] AR o. c. Af. 13 p. 15 "Ja, man hat die Tollheit so weit getrieben, die Existenz selber als Strafe empfinden zu heissen es ist, als ob die Phantasterei von Kerkermeistern und Henkern bisher die Erziehung des Menschengeschledchts geleitet hättet! ". MR o. c. Band 3 Erstes Buch Af. 13 p. 26-15.

causa específica, siendo ésta última la más común ya que aquí se unen los componentes de la causa absoluta, más difícil de establecer y menos frecuente, pues, mientras la específica es el conjunto de las circunstancias y la que lleva a la aparición del efecto y forma las condiciones para que la causa actúe. Establecer la causa absoluta sólo resulta posible en casos muy sencillos. Nietzsche, para llevarnos al extremo de la moral, nos iguala causa y efecto, con «causa y castigo». La causa, aquí, se une con el castigo. Vivir es un castigo, no un goce y por eso es el delirio de un carcelero. La «causa de vivir», ya de por sí, engendra el castigo, el deber, la limitación, la utilidad, la productividad del individuo y su alineamiento al rebaño. Si no, el castigo, el juicio y siempre el castigo. El superhombre de Nietzsche comenzó con «*el loco*»:

> *"Casi en todos los casos es la locura la que abre camino a la idea nueva, la que rompe el hechizo de una costumbre o una superstición venerable... Mientras que a nosotros hoy se nos dice que al genio, en vez de un grano de sal, le ha sido dado un grano de la raíz de la locura, los hombres de otros tiempos estaban más cerca de pensar que allí donde hay locura también hay un grano de genio y de sabiduría, –algo «divino», como se decían en voz baja los unos a los otros. «Por la locura han descendido los bienes más grandes sobre Grecia» decía Platón con toda la Humanidad Antigua".*[30]

¡Hasta Platón, moralista, decía eso! Más que carisma (*«grano de sal»*), tenía que poseer locura encima. El loco, o sea, el inmoral, el hombre libre, el que depende de sí mismo y es impredecible, ni tiene miedo ni tiene conciencia y por eso actúa: la moral no lo refrena ni siente la causa ni le preocupa el efecto, por eso sigue adelante aunque dude, como dudaban los griegos cuando destruyeron a Troya. A Troya la destruyeron las afirmaciones y la certeza y ayudaron a ello (a la destrucción), los que dudaban. Para él, o sea, para Nietzsche, el loco y el que duda: todo o nada, y la vida, más que triunfo, es pelea. Así se fragua la asombrosa voluntad del hombre. No hemos nacido en la luna ni habitamos el séptimo cielo, sino que vivimos en un mundo y en un momento histórico que golpea duro y no existimos para el triunfo, sino para la pelea de nunca acabar sin derecho incluso a mirar hacia atrás a ver el

---

[30] AR o. c. Libro I. Af. 14. p. 16. MR o. c. Band 3 I Af. 14. p. 26^{-25}.

fuego que hemos desatado pues perdemos tiempo como el gato cuando el perro lo persigue y puede ser fatal. *"Donde la fe reinó durante mil años, ahora reina la duda"*, dice B. Brecht en (Galileo Galilei, o. c. acto 1).

Pero eso sí, los momentos en que está más cerca el día, son los más oscuros de la noche y puede que en ese tenebroso instante llegue la tormenta de la confusión y del infortunio por causa de la ofuscación y los pataleos de lo viejo negado a morir. Las cumbres de la vida son, a la vez que las más gloriosas, las más terribles e inseguras. Se supone que la prédica tradicional de moralidad comenzó, principalmente, con Empédocles, Sócrates y Platón. Pero aún así Nietzsche fija la prédica de la moral, quizá mucho más atrás.

Él dice: *"muchos miles de años antes de nuestra era"*. (*Aurora*, o. c Libro I, 14 p.16), y no sabemos ese *«muchos miles»*, cuántos años son exactamente. Quiere decir que, prácticamente, la moral ha formado parte de nuestra esencia. Nietzsche creía que no estamos tan aptos nada y menos para la lucha y que en todo caso, primero tenemos que desprendernos de la principal rémora que nos atrasa y limita: la sempiterna esencia de moralistas que tenemos encima, aunque en gran medida inculcada. Los presupuestos a partir de los cuales trabajó Nietzsche son los siguientes:

• El mundo es terrible e inestable, en consecuencia, al hombre hay que mostrárselo tal como es y estimularle la capacidad de empinarse y enfrentarlo, vale decir, el espíritu trágico y que nacimos no para las victorias y el triunfo sino para la lucha y la vida;

• La capacidad potencial innata del hombre para rebelarse contra la moral y las costumbres, a lo cual Nietzsche le llama «locura» (y aunque sea en un inicio con los seres de excepción, «los locos»). La presión de la moralidad se ejerce, según la idea nietzscheana, más que todo sobre los «seres corrientes». El *«loco»* se empina primero por lo siguiente, porque son:

> *"...seres humanos superiores, que se sentían irresistiblemente impulsados a romper el yugo de cualquier moralidad y a dar nuevas leyes, no les quedaba otro remedio, si no estaban locos de verdad, que volverse*

> *locos o hacerse los locos...por ejemplo, Solón, cuando incitó a los atenienses a la reconquista de Salamina".*[31](*)

¡Cualquier cosa, pero cambiar al mundo! A pesar de las distancias que separan a una y a otra, pero dados sus gérmenes nacionales y el avance que constituyeron en el filosofar, las filosofías de Hegel y Feuerbach son las fuentes más importantes de la filosofía marxista. Nietzsche, en cambio, se nutrió de más fuentes, cuyas reminiscencias se perciben a cada instante, pues lo asaltan a uno a cada momento. Las fuentes principales, a grandes rasgos dichas son: los naturalistas griegos de la antigüedad, los materialistas franceses *pre* y *post* revolución burguesa de 1789, las experiencias de la Reforma, de Lutero y sus consecuencias; por último, Dostoievski, Stendhal y Göthe, entre otros.

El propósito máximo de Nietzsche, como filósofo de la vida, es llegar al superhombre, pero a un superhombre relativo y muy superior, incluso genéticamente, a los hombres de excepción que hasta hoy ha dado la humanidad, digamos, muy superior a Alejandro, a Arquímedes, a Julio César y a Göthe, que, comparados con los genios de hoy, no serían más que jovencitos de preuniversitario y tenientes de artillería si acaso como Napoleón en el sitio de Tolón en 1793. Eses es el verdadero sentido, la relatividad histórica del superhombre, mientras que la voluntad de poder es eterna. Lo demás, son medios, instrumentos, pudiéramos decir, incluido la transvaloración de todos los valores (desechar la moral y el confuso y mediático concepto del *Bien* y el *Mal*). Todo estos son estadios transitorios. Decir otra cosa es privar a la filosofía nietzscheana de su esencia vitalista y a su modo, revolucionaria. Nietzsche contrapone una filosofía que, partiendo del hombre, es decir, esto es lo que la convierte a su filosofía en humanista en grado sumo, vuelve al hombre después de transformar activamente la realidad misma con el hombre como protagonista y centro transmutador. Pero esta acción transvaloradora se produce por el hombre no como un neurótico que hace todo lo posible

---

[31] AR o. c. Libro I o. c. Af. 14 p. 16 *(*)* Solón (639-559) Estadista ateniense que en la guerra contra Megara, reconquistó en el año 600 la ciudad de Salamina, isla del golfo Sarónico al oeste de Atenas. Durante la Guerra Médica, Salamina fue escenario de la importante victoria de los griegos sobre los persas. MR o. c. Band 3 Erstes Buch Af. 14 p. 27^{-20-25}.

por olvidar el trauma espiritual sufrido, porque «este hombre» de Nietzsche no ha sufrido ni sufrirá ni será, por tanto, un resentido, es decir, será tan fuerte y tan alegre, que no sufrirá sumisamente jamás y lo que hace por el devenir, lo hace no por él ni por los demás, sino que lo hará jugando y con placer. De ese estado de ánimo surgirán tanto su estrategia como su táctica, así como al final su carisma o su *«granito de sal»*. Nietzsche, sin racismos y darwinismos enloquecedores, nos diseña un superhombre-tipo-hombre-integral concebido según él por Göthe, continúa con el hombre extraordinario de Dostoievski, y había comenzado en *Aurora*, con el hombre de las nuevas ideas, de la avanzada, que más que carismático (con un granito de sal), tiene en su cuerpo un granito de locura, es decir, *«el loco»*. Si no está loco, no puede lanzarse a romper las costumbres y a cometer errores, sí, porque donde quiera que se actúe, se cometen errores. Los perros, más no ladran al no conocen, como dijo una vez Heráclito también llamado el Oscuro:

> *"«Los perros ladran al que no conocen»...«Los asnos preferirían los desperdicios del grano antes que el oro»".*[32]

Este hombre de *«la locura»* coincide con el joven, de ese que se contrapone a la impotencia, sí, ese que actúa porque aún no ha adquirido conciencia. Pero aún así no hay que contraponer el individuo a la sociedad, aún cuando se promueva en primer lugar la libertad individual, garantía de la democracia y el gobierno controlado por el pueblo. Sin soberanía individual no hay soberanía nacional.

El libre albedrío y la libertad son necesarios para que no nos maten, disparándoles a todo lo que se mueve y crece, como hacía Juvenal y hacen hoy las dictaduras. El hombre, así piensa Nietzsche, es, por naturaleza, activo y práctico, pero para que esta potencialidad llegue a ser cinética, ha de liberarse de la moral. Los griegos antiguos, por ejemplo, menos afectados por la moral, eran muy activos y aunque se pasaran la vida cometiendo errores, todo el tiempo actuaron.

---

[32] FETG o. c. Af. 7 p. [70] Tomado de I. Kant *Allgemeine Naturgeschichte und Theorie des Himmels* según Nota 41 de Luis Fernando Moreno Claros p. [206] "...«die Hunde bellen jeden an, den nicht kennen», oder «dem Esel ist Spreu lieber als Gold»". UGB o. c. Band 1 Nachgelassene Schriften- Die Philosophie im tragische Zeitalter der Grieschen Af. 7 p. 832[-20].

Los sacerdotes egipcios los llamaban «los eternos niños». Los «actuales niños» son los norteamericanos. Se eterniza el Ser como universo en la materia y a partir de él, el Deber Ser, siempre que éste no sea «el clásico obedecer». No sólo el hombre, sino el mundo, son energía y no materia pasiva. En el hombre, lo que se repite eternamente es la voluntad de poder, es decir, ese medio dinámico para oponerse al fin de la energía y perpetuar el tiempo, espacio en el que no sólo existe, pues es más bien donde se desarrolla y mejora.

3. Perspectiva inmoralista en las propuestas filosóficas de Nietzsche

"Desgraciada es la tierra, que necesita héroes". (B. Brecht en Galileo Galilei, o. c. acto XIII).

Lo más importante en un sistema filosófico, junto con el pronunciamiento sobre los valores, es la concepción del mundo. Esto significa adentrarse en cómo se conjuga y trata la relación conciencia cotidiana con otra categoría más amplia: lugar que en el mundo ocupa el hombre independientemente de los límites históricos impuestos a la proposición. Por su contenido, cualquier sistema de conocimientos constituye la expresión refleja del objeto real de investigación científica que también posee carácter sistémico, o sea, al complejo integral que determina los elementos que conforman la realidad. Las ciencias particulares estudian al hombre con independencia relativa respecto a él; la filosofía, no sólo por ser ciencia general, sino por ser la «ciencia del hombre, por el hombre y para el hombre» como animal pensante, lo estudia precisamente con método metafísico (más allá de la mente del propio hombre), en relación no sólo con él, sino con el mundo y lo hace a través de un sistema teórico-conceptual.

Nietzsche, como buen alemán a pesar de tanto que lo negaba, no se pudo sustraer al «circulizado» en la forma de hacer filosofía, sólo que en una dimensión en que sitúa al hombre muy por encima de la norma y tensa al máximo sus fuerzas. Considera que el hombre nació siendo inmoralista (¿edad de oro?), se convirtió en moralista (¿edad de los héroes?) por la prédica religiosa y filosófica y terminará siendo inmoralista (¿retorno a la edad de oro?) o no llega el devenir, al cual, como se sabe, hay que salir a buscarlo. Al devenir se le busca rompiendo esquemas en las ciencias, en las ideas filosóficas y en la política y el gobierno. Para ello hay que romper con las trabas religiosas que quedan y con el status quo del poder político.

Y al contrario de lo que a simple vista pudiera parecer, también Nietzsche pisó la cúspide del filosofar político. Su superhombre es sobre todo, un agente de la transformación a la vez que un producto de la transformación, o sea, un político, un vitalista metafísico que llega a su culminación con la voluntad de poder como eterno instrumento. Entiendo que no sólo *El manifiesto del partido comunista* es de carácter político, también lo son, ¡y de qué manera!, *Así habló Zaratustra* y *El nacimiento de la tragedia*. Tan político son Papá Goriot y Madame Bovary, como la *Declaración de los derechos del hombre y el ciudadano* y la *Constitución de los EUA*. Tanto el superhombre como el inmoralista (¿son uno y el mismo?), tiene un contenido ideológico, de reto al hombre, a los poderes religiosos, a los poderes políticos e ideológicos de la época. Tienen esencia y orientación socio-clasista de políticas dirigidas al reforzamiento de las relaciones existentes en la sociedad, entre las cuales entran, tanto la voluntad de poder en su dimensión «sensación de poder», así como la transvaloración de todos los valores. Nietzsche, sin embargo, que para expresarse utiliza como vehículo o vínculo mediático formas artístico-literarias con bella e insuperable prosa, mantiene, sin embargo, al parecer sin sistema de coherencia la visión y el contenido filosófico *cosmovisivo* de un pensador al que le gusta tensar las máximas las potencialidades y las fuerzas del hombre en lo personal. Por eso le lleva más allá de la medida común. Lo único que, eso sí afecta la estructura categorial del sistema, menos las de contenido y forma, y las de la necesidad y libertad, que aparecen medianamente clara en toda su doctrina filosófica, si bien no siempre se mencionan de una manera explícita. La concepción del mundo refleja el sistema de puntos de vista sobre el mundo objetivo, y lo más importante: el lugar que el hombre ocupa en él. Esto, para cualquier sistema filosófico y para cualquier pensador. Pero algo más importante aún: qué partido toma el sujeto ante la realidad circundante, ante los problemas, ¿será un agente del cambio o será un mediocre animal de rebaño que además, en las primeras de cambios se asusta como el gregario y oportunista? ¿Será un criminal científico que acaba de fabricar una terrible bomba y dice que quiere más a su perro que a los hombres, como dicen que expresó Cohen, el padre de la bomba de neutrones? La filosofía, referida específicamente al hombre, es la más importante de todas las ciencias, pues a partir de ella se ayuda no sólo a interpretar la realidad, sino incluso a crearla y a asumir una responsabilidad ante ésta. A partir de ella y con ella, se estructuran las posiciones vitales del hombre, sus convicciones, sus ideas, los principios que guían su conducta, sus conocimientos, sus actividades, en fin, toda la orientación valorativa e interpretativa del mundo, de la cual se distinguen las siguientes dimensiones y/o vertientes:

• La conciencia cotidiana que se forma a partir de un proceso más o menos espontáneo, precientífico, de la estructura del mundo. Se forma a partir de, por ejemplo, la temporalidad o vivencia empírica anterior del hombre, de su estado de ánimo como lo primario o lo espontáneo no-desarrollado. Las formas apriorísticas que asume la personalidad en estos casos son: la preocupación, la angustia y el temor que anonadan al hombre). Estableciendo una obligada comparación, Hegel, por su parte, identifica al ser con el pensamiento, por lo cual, no siempre teoriza la vida cotidiana del hombre. ¿Cómo trata sin embargo Nietzsche este medular asunto? En dos subvertientes o subdimensiones:

Una: Como descomposición de la existencia en lo trivial cotidiano.

Dos: Las garantías de la autenticidad existencial, que se da sólo en la total liberación, en el libre albedrío humano, elevado, como proponen los existencialistas en sus status filosóficos; de las determinaciones propias según las cuales las vivencias subjetivas del sujeto son el fundamento de la realidad separadas de la fuente empírica. En la primera dimensión la concepción del mundo se sume en lo convencional mediocre de: Comer-dormir-trabajar y un poco de pan y circo, donde la mayor preocupación espiritual, si cabe en estas condiciones hablar de ella, es la angustia y el amor al prójimo (en realidad miedo al prójimo), pero jamás una meta superior y un ideal elevado.

El «miedo universal», el temor o la angustia, se considera, para este caso, como la condición esencial de la existencia (imprecisa, ansiosa ante la posibilidad de la pérdida total, miedo al juicio y al fin del mundo). La angustia, para S. Kierkegaard, mueve al hombre; en cambio, el acicate impregnado por la «voluntad de poder», para Nietzsche, debe ser lo que inquiete y mueva a estos hombres en este estadio de ánimos.

"El miedo, dice Nietzsche, vuelve a ser la madre (o el padre) de la moral".[33] [(*)]

Así, de esta manera, al hombre se le descompone y disuelve la existencia. Nos expresa:

"El hombre perteneciente a una época de disolución, de la mezcla de unas razas con otras, el hombre que, por ser tal, lleva en su cuerpo la herencia de una ascendencia multiforme, es decir, instintos y criterios de valor antitéticos y, a menudo, ni siquiera sólo antitéticos, que se combaten recíprocamente y raras veces se dan descanso, –tal hombre de las alturas tardías y de las luces refractarias, será de ordinario un hombre bastante débil: su aspiración más radical consiste en que la guerra que él es, finalice alguna vez; la felicidad se presenta ante todo, de acuerdo con una medicina y una mentalidad tranquilizante (por ejemplo, epicúreas o cristianas), como la felicidad del reposo, de la tranquilidad, de la saciedad, de la unidad final, como «sábado de los sábados», para decirlo con el santo retórico Agustín, que era, él mismo, uno de esos hombres".[34]

Pone de ejemplo a Agustín «como naturaleza de esclavo» y/o «platonista aplebeyado», débil, flojo, hipócrita, enano y mediocre en su grandeza de oropel, que quiso, al contrario de otros que «quisieran crucificarse y humillarse ellos mismos», lo que quiso, repito, es vengarse con otros, transfigurarse y, *«colocándose más allá»*, en la altura y en la lejanía. Agustín publicó su modestia, con lo cual dejó de serlo y manifestó, en cambio, su alma vacía y quiere, ¡el pobre!, ser-jefe-carnero-guía. ¡Pero como abundan los Agustines! Agustín es prototipo de moralista, según el concepto de Nietzsche. Ninguno de estos, de la

---

[33] MBM o. c. Af. 201 *Para la historia natural de la moral* p. 131. "...das ist jetzt die moralische Perspektive: die Furcht ist auch hier wieder die Mutter (*) der Moral! ". JGB o. c. Band 5 Fünftes Hauptstück: zur Naturgeschichte der Moral Af. 201. p. 122⁻¹⁰
[(*)] En el texto alemán aparece la palabra Padre (Vater) y no Madre, aunque A. Sánchez Pascual dice que Nietzsche escribe Madre de la moral por ser de género femenino en alemán el término Furcht (miedo) Nota 87 p. 273.

[34] MBM o. c. Af. 200 p. 129 JGB o. c. Band 5 Af. 200 p. 120-25⁻³⁰.

disolución cotidiana, deja, desde luego, de ser mediocre y una especie particular de rebaño-pastor-subordinado-a-un-pastor-mayor que es, a su vez rebaño de otro pastor mayor aún. Y ninguno rebasa la concepción cotidiana del mundo y la conciencia cotidiana. Esta es una de las peores especies de moral y de moralistas. Sigue la idea nietzscheana:

> "...más de un inmoralista quisiera ejercer sobre la humanidad su poder y su capricho de creador; otros, acaso precisamente también Kant, den a entender con su moral: «lo que a mí es aceptable es el hecho de que yo puedo obedecer, –¡y en vosotros las cosas no deben ser diferentes que a mí!»–en una palabra, las morales no son más que una semiótica de los afectos".[35]

En una palabra, la moral no es más que obedecer y una forma de interpretar, hacer lo que los demás esperan que uno haga; la moral no es más que multiplicar la parte degenerada de donde viene el poder de los sacerdotes y de los «nombres santos». La moral es la debilidad, el amor al prójimo, más bien miedo y odio al prójimo y el cómo se interpretan los afectos. La rama enferma del parral debe venir Dionisos a podarla. La primacía de la «sensación de poder» es la felicidad que se siente en la lucha, en el acicate, en la angustia por lo nuevo, por tener más poder, por fortalecer la «sensación de poder», si bien no el «complejo de poder». Pero el ser de la conciencia cotidiana no lo percibe así. Nietzsche aprecia la felicidad sólo en la sensación de poder, no en el complejo de poder, y mucho menos en la ausencia de poder y donde el cuerpo sea fiesta y no culpa y haya un Dios enamorado de la condición humana (Dios de los valores naturales) y no un jefe supraterrenal de policía con tijeras de castrar constantemente afiladas y amenazantes como si la mayor de las desgracias de la humanidad hubieran sido Adán y Eva y no San Pablo, San Pedro y la cruz. La cruz, por pecaminosa, y no el desnudo del hombre (el animal más bello), es lo que hiere el cerebro. Sólo la moralidad y la hipocresía de Agustín y no el espíritu artístico y humano del pintor florentino Tomasso di Giovanni Masaccio (1401-1428) más aún que Albrecht Dürer, (1471-1528) están en contra del cuerpo del hombre, la más grande creación de la naturaleza con todo y sus imperfecciones. Esta es la opinión de Nietzsche al analizar la

---

[35] Ibíd. Af. 187 ps. 115-116 JGB o. c. Band 5 Af. 187 p. 107[-25].

descomposición de la existencia y la influencia religiosa (no sólo la cristiana) en la conciencia cotidiana. Este filósofo, como ningún otro, incluso ni Marx, condenaba tan duramente la vida intrascendente, la abstinencia como virtud (el cuerpo como culpa) y la mediocridad humana. De ahí, la inmoralidad y el libre albedrío...Dijo B. Brecht, "*¿Quién no sueña, con ser su propio señor hoy y siempre?*" (cfr. *Galileo Galilei*, o. c. acto XIII p. 391). Nunca ha podido ser así y por eso necesitamos a los héroes, desde luego. Pero se amplía esta dimensión del asunto y toma también otros matices: ésta es la «garantía de la autenticidad existencial» o vida verdadera. Desde luego, esta es, de entrada, contraria por completo a la «elevada aristocracia del alma» tono peyorativo e irónico que él utilizaba para referirse al Agustín aplebeyado, que no es más que el mayor representante del jefe-carnero-pastor.

Si la conciencia cotidiana o vida cotidiana, en el análisis de la primera vertiente o dimensión es, en parte, «la descomposición de la existencia», esta segunda es la «potenciación de la existencia» y/o la verdadera «elevada aristocracia del alma». Nietzsche no se opone a lo cotidiano ni lo considera indigno y por debajo del ser humano. Todo lo contrario, pues lo cotidiano tiene también su grandeza. Con Sánchez Pascual pudiéramos tener la preocupación, que al igual que él no la tenemos, por el peligro que pudiera implicar lo cotidiano, cuando afirma:

> *¿Qué nos importan a nosotros sus pequeñeces, sus tonterías? ¿Es tan decisivo que sepamos que el alcohol le sienta mal y que «un vaso de vino o de cerveza al día basta para hacer de mi (su) vida un valle de lágrimas»?*".[36]

Pues así, en esas «pequeñeces» nació una de las filosofías más grandes que existen. De las «pequeñeces»" cotidianas nacieron y se formaron los que hoy conocemos como prototipos de superhombres. Parodiándolo a él mismo pudiéramos decir, *que* es, sí, muy modesto, pero sabe darse su lugar en su grandeza verdadera con rebeldía, sin oropeles ni falsas grandilocuencias. Y que al joven Kaiser alemán no le cedería el honor de ser su cochero. Nietzsche, tan llevado y traído, tan vilipendiado, tanto como Marx debido a las implicaciones prácticas de sus

---

[36] A. Sánchez Pascual, Andrés en EH o. c. Introducción. p. 8.

propuestas filosóficas, no era, sin embargo, grandilocuente (espectacular sí lo era) en las expresiones y en las ideas. Nada humano, al parecer, le era ajeno (*homo sum: Humani nihil a me alienum puto*). Hablaba, con el mismo énfasis, tanto de los más elevados ideales y propósitos, como de las cosas aparentemente simples de la vida. Más que de una rareza de teólogos y de sus teorías religiosas, el futuro de la humanidad, para Nietzsche, depende de la alimentación. La alimentación te define las energías físicas momentáneas, la pesadez corporal, la concentración mental útil y práctica y ¡hasta la virtud sin moralina al estilo del Renacimiento! Se empeña Nietzsche en decirnos que hasta los años de su madurez comió mal, impersonalmente, a la salud de los cocineros y otros compañeros en Cristo. La cocina de Leipzig le hizo negar la voluntad de vida al igual que los estudios de Schopenhauer; la sopa antes de las comidas, las carnes demasiado cocidas, las verduras grasosas y harinosas, los dulces, que de tan duros parecían pisapapeles. ¡Compara a Schopenhauer con algo tan aparentemente vulgar como la cocina y hábitos alimenticios de la nación alemana! es decir, de esta manera nada solemne y grandiosa, en medio de atroz alimentación, surgió la filosofía de Nietzsche, filosofía humana, de la realidad, vitalista y no «humana, demasiado humana». La relación de todas las cosas con el Ser, por pequeñas que sean en apariencias esas cosas, tienen suma importancia. Pero más allá de las comidas y de la alimentación, importantes de por sí si no caemos en la gazmoñería pequeño burguesa, pasa Nietzsche a valoraciones aún superiores.

El carácter activo del sujeto no se restringe a la alimentación y ni siquiera a la gnoseología como simple proceso del conocimiento. Va más allá. Aunque da la impresión de que la actividad es entendida de una forma unilateral, no es, sin embargo, abstracta y va, desde lo «humano», demasiado humano (las comidas y las bebidas, las ideas más nobles, entendidas éstas no como el animal que fuimos, sino como el animal que somos), hasta los más altos ideales y al «¿qué es el hombre?». Para Nietzsche, vitalista por excelencia y por antonomasia, el hombre es el sujeto activo de la realidad, aquel que, si tensa sus fuerzas, no sólo va conociendo a su tiempo cómo se llega al conocimiento del fenómeno, sino al fenómeno y a la cosa en sí. El hombre, para este filósofo de la heterosis, del vigor híbrido (existencialista, pragmatista y materialista), es: –humanidad; –género que se auto-realiza y auto-revela en el devenir; –su esencia es su actividad creadora, o esa, la acción que produce hechos *suprahistóricos*, inherentes a la conciencia humana en su autenticidad existencial; –antropológicamente, el hombre es para Nietzsche, totalizador y activo por naturaleza innata; –el hombre no es sólo el que hace progresar a la historia, sino que «él es el progreso histórico». El hombre, para hacer progresar la historia, no necesita más que eso: ser hombre y desde luego, pensar, porque si no piensa no es hombre. Absolutiza Nietzsche, en aras del hombre, al hombre mismo teniendo en cuenta hasta cierto punto, que el hombre es «él y sus circunstancias», ya que desgraciadamente no profundizó como es debido, sus relaciones con la producción y el comercio. Pero no hay duda de que glorificaba, divinizándolo, al hombre en relación activa con él mismo y relacionado con la realidad objetiva y el sentido de la tierra. Sin duda aquí hay, cómo no, un fuerte matiz de idealismo en las limitaciones nietzscheanas, pero existe una comprensión del individuo miembro de un género mutable, de «un animal que fuimos», de un «animal que somos» y de «un animal que seremos», con cambios importantes en la vida y en el pensamiento.

Seguimos, en el fondo, siendo nómadas y no el fruto de Dios, sino del desarrollo, en primer lugar, de la producción que es la que nos ha hecho progresar como especie, con un substrato, cómo no, ideal que tiende a una búsqueda sin fin y a una estación intermedia, nunca a una estación terminal. El género humano se perfecciona infinitamente (ese es el trasfondo sin embargo, de la idea nietzscheana), en los límites de su finitud infinita, mediante el conocimiento de la realidad, pero mediante la liberación de la actitud moralista. Sólo así se va liberando progresivamente de la oscuridad propia y de los estadios inferiores, oscilando entre el materialismo y el idealismo, pero sobrepasando, con Nietzsche, lo trascendental y la medida conocida: es el infinito lo que el hombre puede conocer, hacer y esperar.

4. Epílogo

La garantía de «la autenticidad existencial» *la* fija Nietzsche, además, en una dimensión aún mayor. Para hacer lo contrario a lo que los demás esperan de Ud., hay que ser un hombre muy fuerte física y espiritualmente. Dice Nietzsche:

"En contraposición al laisser aller (dejar ir), toda moral es una tiranía contra la «naturaleza», también contra la «razón»".[37]

En el mismo apartado plantea el filósofo la idea de que la moral existe gracias a una coacción prolongada. La obediencia ha sido hasta ahora la cosa mejor entre los hombres, se lamenta el filósofo alemán y dice:

"...cada uno lleva innata en sí la necesidad de obedecer, cual una especie de conciencia final que ordena, «se trate de lo que se trate, debes hacerlo incondicionalmente, o abstenerte de ello incondicionalmente, en pocas palabras, tú debes»".[38]

De esta manera, la esencia del hombre no sería la libertad y el libre albedrío, sino la sumisión y la obediencia. La vida debe de ser, en cambio, para vivirla activa y fructíferamente, pero la vida individual hoy, aún la más libre, es en extremo limitada física y moralmente. El espíritu humano trata constantemente de sobrepasar esos límites, de alcanzar a compartir experiencias más amplias y variadas, pero la moral y la religión, que aún tiene demasiada fuerza espiritual, se lo impiden constantemente. No sólo en los tiempos de Nietzsche, sino aún hoy. No hay más que analizar con espíritu crítico al estilo nietzscheano los objetivos de la visita reciente del Papa a la gruta de Lourdes en Francia y analizar, con ojo clínico y no con lectura complaciente, lo que allí expresó el vicario de Dios ante más de tres cientos mil fieles. Así nos damos cuenta de que el aparente ensañamiento de Nietzsche contra el cristianismo no era resentimiento ni estrechez mental, sino todo lo contrario, excelente metafísica y filosofía no sólo especulativa sino de la práctica y del martillo. El comprendía, parece, que la lucha iba a ser larga, pues lo que él plantea es demasiado duro, demasiado arriesgado en sus atrevidos presupuestos como para que fácilmente sean aceptados no sólo por el hombre común, sino incluso por los así llamados «hombres de avanzada» y líderes mundiales, no únicamente por cierto de

---

[37] MBM o. c. Af. 188 p. 116. "Jede Moral ist, im Gegensatz zum laissez aller, ein Stück Tyranei gegen die «Natur», auch gegen die «Vernunft»:...". JGB. o. c. Band 5 *Naturgeschichte der Moral* 18 p. 108^{-5}.

[38] *Ibíd.* Af. 199 p. 128 JGB o. c. Band 5 Fünftes Haupstück: zur Naturgeschichte der Moral Af. 199 p. 119^{-10}.

los países subdesarrollados, sino incluso de los así mal llamados «del primer mundo» o *postindustrializados*. La Iglesia, con la cuestión de la estabilidad del matrimonio y «el no al divorcio» por mantener la «castidad», con su oposición al aborto en defensa del derecho a la vida y la clonación, con su callada oposición a la ciencia sin límites y al albedrío humano, se encuentra en la disyuntiva de no entender que la perpetuación del hombre va condicionada al cambio y a la auto transformación física interna y externa del propio hombre. Cuando Nietzsche en algún lugar ha dicho *«dadme un cuerpo y a partir de él formaré una cultura»*, además de querer decir: *existo, luego pienso*, tuvo en mente que físicamente el hombre de hoy no es el hombre del futuro. El hombre de hoy, cierto, con relación al resto de los animales, posee dos ventajas: un cuerpo más bello y la astucia, como le llama Nietzsche, la razón, como le llama Bertolt Brecht, vale decir, la inteligencia. Pero un hombre le gana a un león sólo con un rifle, pues físicamente es inferior. El hombre actual necesita muchos recursos para subsistir: demasiadas medicinas para alcanzar con vejez insuficiente los setenta años de edad; exceso de combustible para calentar su cuerpo y desplazarse; demasiado confort (casa cara y lujosa, automóviles, aviones, etc.); demasía de lujos (sí, a lo que hoy llamamos «lujo», el hombre lo necesita); la vida del hombre es muy corta, aun la más activa y fructífera y los espacios *interespaciales,* donde algún día ha de trasladarse si no quiere perecer, demasiado lejanos en comparación a la velocidad que es capaz de desarrollar en la duración de su vida y en relación a los avances de la ciencia y las tecnologías; el hombre de hoy necesita una cantidad exorbitante de alimentos para subsistir y mantenerse en «un nivel físico adecuado», pero aun así por debajo del resto de los animales. Nos enorgullecemos de los avances de la ciencia, pero la realidad es que estos van por detrás del agotamiento del planeta en materia de recursos no renovables y todo, porque necesitamos consumir más que lo que propiamente tenemos. El hombre es demasiado débil a pesar de que éste pudiera parecer «la intención oculta» de la naturaleza o la máxima creación de Dios. Las causas más profundas de la utilización de las drogas por el hombre lo constituye su debilidad física ante las realidades de la vida y la necesidad de la competencia. El tema sobre el uso del dopaje no es un fenómeno nuevo. Ya en la antigua Grecia los atletas ingerían en las Olimpiadas, no drogas sintéticas tal como hoy las conocemos, era imposible, pero sí se suministraban extractos de plantas y testículos de animales para incrementar su fuerza física y mejorar sus estados de ánimo. También lo hacían los gladiadores romanos antes de los combates y en la era actual, «en secreto», a los soldados en guerra, se les suministra algún tipo de estimulante a la hora de levantarse de las trincheras para combatir cuerpo a cuerpo con el de la trinchera de enfrente. A los soldados rojos en la II Guerra mundial antes del ataque se les estimulaba con un cuarto de litro de Vodka. Igualmente los incas durante la era precolombina y actual para resistir la presión de las alturas y el cansancio en sus andaduras y en el trabajo, mezclaban y mezclan, hojas de coca para poder participar en ritos y luchas. Si no admitimos esto, que somos débiles, no vamos a perdurar. Venimos a ser hombres plenos a los veinte y tres años y a los cuarenta y cinco ya empezamos a padecer varias enfermedades. En comparación, y salvando las distancias, un equino tiene la misma verdadera duración que nosotros. La explosión deportiva que hoy auspician los gobiernos civilizados, muy plausible por cierto, no son más que el inicio lejano-positivo de lo que en materia de fortalecimiento del hombre ha de llegar. Pero un joven que a los veinte años ganó medalla de oro en Grecia, nada evita que muera de cáncer a los cincuenta. El deporte no basta para cambiar al hombre.

El hombre debe de ser «cambiado» desde dentro, desde lo más profundo de su naturaleza. Incluso, por qué no, el hombre debe de ser genéticamente modificado. Así, el presupuesto fisiológico del hombre del futuro es el del superhombre. Por eso Nietzsche en su metafísica, se ocupa, como todo verdadero filósofo, del ser con el hombre como centro y objeto, y lleva a éste más allá de la medida común, más allá de lo humano, más allá de lo demasiado humano, más allá de toda autoridad eclesial, económica y política. Los retos que esperan al hombre de hoy son duros. Podrá vencerlo sólo el hombre con un presupuesto fisiológico superior a los ejemplares más destacados que como excepción ha tenido hasta hoy la humanidad.

El hombre de hoy creyendo en dogmas, débil como es físicamente y limitado por la moral, no los puede enfrentar. Hay que preparar al hombre para lo peor y sólo así vendrá la guerra y después la paz. Si se tiene que luchar contra huracanes, de nada nos sirve gemir y llorar; mejor armar alboroto y prefiero ser Michael Moore, a ser como É. Zola que se empeña en apestar como decía Nietzsche en (CI. Incursiones de un intempestivo 1. p. 85). Es necesario pensar a Nietzsche, a Kierkegaard, a John Dewey (1859-1952 naturalismo empírico) y desechar todo influjo doctrinal religioso y político. Contra toda esta melaza religiosa y kantiana se rebela Nietzsche con mucha fuerza y contra todo lo que fuera «para gloria de Dios» y para la «salvación del alma del hombre». Se cambia, por Kant y la religión, el Ser y el Yo por el Deber Ser, por el «tú debes», o sea, el «tú debes obedecer». Nietzsche remata esta idea diciendo:

> *"Esta tiranía, esta arbitrariedad, esta rigurosa y grandiosa estupidez, entendida en sentido bastante grosero y así mismo en sentido bastante sutil, el medio indispensable también de la disciplina y la selección espiritual... y lo que implanta la necesidad de horizontes limitados, de tareas próximas –lo que enseña el estrechamiento de la perspectiva y por lo tanto, en cierto sentido la estupidez como condición de vida y crecimiento: «Tú debes obedecer a quien sea y durante largo tiempo: de lo contrario perecerás y perderás la última estima de ti mismo»– éste me parece ser el imperativo moral de la naturaleza, el cual, desde luego, ni es «categórico» como exigía de él el viejo Kant (de ahí el de lo «contrario»–), ni se dirige al individuo (¡qué le importa a él el individuo!), si no a pueblos, razas, épocas, estamentos y, ante todo, al entero animal «hombre», a el hombre".*[39]

Esta moral enseña a odiar la excesiva libertad, la vida le es dada al hombre una sola vez. Si no es su individualidad lo que se destaca y fortalece, para qué la quiere, de qué le sirve, qué estímulo siente al vivir, *«pasar por la vida sin saber que has pasado»*, como diría el poeta. Una colectividad, una sociedad, una raza, es fuerte sólo si son fuertes sus individualidades. Para lograr esto, debe hacer todo lo contrario de la prédica idealista y conciliatoria de Hegel y Kant: «tú debes obedecer a quien sea...». Esa es la moral: obedecer, no ser egoísta, temer, para decirlo en una palabra. La moral de Nietzsche, mejor dicho, su «no moral», es la de desobedecer y la de destacar al individuo dentro de la

---

[39] MBM o. c. Af. 188 p. 118 *Para la historia natural de la moral* JGB o. c. Band 5 *Naturgeschichte der Moral* Af. 188 p. 109 –30.

sociedad mejor muriendo violentamente de una vez que doblando cada día un poco las espaldas para que el palo y el mayoral ejerzan su función. Por eso su filosofía está dedicada a los fuertes, a los que rebasan la medida. El «Yo» absoluto, donde se coloca lo universal en lo individual, única manera, por demás, de no debilitar lo universal. Un edificio es fuerte si uno a uno de los ladrillos con que se construyó tuvo calidad porque a su vez, cada ladrillo fue hecho con buen barro y en un buen horno. Desde luego, esta propuesta filosófica de individualismo pone límites al estado y a otras instituciones de la moral. En la interioridad del acto espiritual del individuo (voluntad de poder y superhombre), resuelve Nietzsche existencialistamente la relación-sociedad-estado-moral-derecho-política-justicia, en fin, todo lo relacionado a la imbricación de los intereses entre los hombres, a lo cual les da fuerza hegemónica. Fue esta, por demás, históricamente la forma de vincular lo filosófico con la política. El hombre está hoy, más que como siempre ha estado, en crisis y al filo del abismo. Decir otra cosa es de optimistas kantianos, rayanos en lo nihilista de la versión que todo lo encuentra bien. Considerarse siempre en crisis y al borde del abismo, sin embargo, es lo que ha hecho progresar al hombre y con él, a la especie humana. Este acicate provocado por la angustia lo llevó a mejorar cada vez más su vida, su condición social (su temple moral) y a la modernización constante de los medios de producción y de vida. ¿Podemos, entonces, reprocharles a Nietzsche y a los existencialistas que nos hayan desnudado al hombre tal cual es en su evolución y no disfrazarlo como quisieran otros que fuera? El hombre internamente, en forma innata, lleva dentro la angustia y su contrario para no deprimirse, el acicate y la inclinación por la ocupación. La inseguridad, la angustia y el acicate que aquélla produce, lo llevan a mejorar. En esta línea de razonamiento nos viene a la mente que existen inexplicablemente razas que por mal que estén no pierden la jovialidad, el canto y la alegría aun en las medianías, pero otras, por bien que estén, son adustas, preocupadas e inconformes, siendo estas últimas las que más progresan, sin embargo. Es más real, más útil diríamos, situar al *«hombre»*, si fuera esta la expresión correcta, al filo de una desesperada decisión y no sumirlo en un neoromanticismo ambiental de evasión y consuelo. El hombre es, además de pasado, presente y futuro, es también debilidad-miedo-angustia-acicate-fortaleza. Y este es, por decirlo con una imagen, el suelo nutricio de cualquier reflejo teórico acerca del hombre. La conciencia espontánea o condicionalidad existencial, que refleja los estados de ánimos primarios, dan la medida, para empezar la teorización (el hombre piensa como vive), del espíritu real de vida y pasar, así, a formas superiores de la conciencia social tales como el arte, la literatura, la ciencia, la religión, etc. O sea, en cualquier sistema filosófico que se analice, y Nietzsche no es una excepción, existen dos niveles condicionantes cualesquiera que hayan sido sus suelos nutricios: el nivel de la vida cotidiana como páginas atrás analizamos y que se refleja en la conciencia de modo espontáneo; el nivel teórico, que se refiere a las fuentes científicas y/o filosóficas de que se nutre. Estas últimas son modificadas acorde a las condiciones histórico-sociales, en especial, de acuerdo al desarrollo relativo de las fuerzas productivas sociales y económicas que inspiran, pudiéramos decir, al pensador. En el caso de Nietzsche es aún más importante este asunto porque él parte para sus análisis, del individuo en sí, de su naturaleza innata y de sus reacciones puramente espirituales. Sin embargo, pienso que Nietzsche no pudo sustraerse, ni quizá lo quisiera, de la influencia que en el pensar filosófico implicó el desarrollo de la industria en detrimento de la agricultura, vinculado a la práctica de la vida y a la práctica de la política. El siglo XVIII, finales, y el siglo XIX, inicios, demostró, con el desarrollo de la producción industrial, el verdadero carácter del hombre en calidad de ente activo, transformador de la naturaleza en su condición de sujeto. Antes de este acontecimiento predominaban las relaciones agrarias. En la agricultura el hombre dependía más de la naturaleza, es decir, de los factores climáticos y atmosféricos.

La Revolución Industrial Burguesa (RIB), en cambio, demostró, de facto, todo el poder y las potencialidades del hombre para imponerse y salir adelante cada vez que las condiciones lo obligan. También a «ver antes y estar preparado», como sujeto previsor activo. A partir del desarrollo de la industria el hombre teorizó la experiencia práctica llevándola a la esfera de la actividad teórico-filosófica, si bien en muchos casos, entendida ésta de manera idealista-especulativa no siempre dándole al hombre, a pesar de las soluciones teórico-científicas, una orientación práctica a sus problemas. Este enfoque, sin embargo, ha venido siendo superado por los filósofos a partir de entonces al adquirir plena conciencia de la importancia de vincular la filosofía con la actividad no filosófica pura y en especial con la lucha práctico-política.

En el caso de Nietzsche, además, existe el intento de brindar una alternativa positiva al hombre a partir de la necesidad de la lucha para mejorarse él internamente y opone razón y existencia dando prioridad a esta última.

La filosofía de Nietzsche se manifiesta, como la de algunos otros existencialistas en forma artístico-literaria y considera al arte como la mejor de las formas de expresarse en la esencialidad humana. Su aparato categorial, oculto en los aforismo, las sentencias, las flechas y en las negaciones para afirmar, es, aparentemente, muy abstracto y más que todo, muy complejo. Pero el análisis psicológico muestra que sus propuestas, sus punzantes sentencias y sus juicios son un reflejo y una expresión transfigurada de la naturaleza intrínseca del hombre en su vida cotidiana en un mundo de por sí imperfecto, inseguro y terrible que, si bien nada tiene que ver con «el fin del mundo» y el «juicio final» de los cristianos, sí es duro y se necesita una buena preparación psíquica y física para enfrentar la realidad vital humana, la vida viviéndose plenamente y sin complejos. En cada hombre engrandece Nietzsche a la especie humana al destacar más que todo su individualidad y no «el hombre en general», lo «universal» y la idea del hombre». Es el hombre, con todas sus cualidades de luchador e incluida su cultura; a partir de que se libere de la moral y haga todo, menos lo que todos esperan de él. Reafirma esta idea en la siguiente cita:

> *"Zaratustra, primer psicólogo de los buenos, es –en consecuencia– un amigo de los malvados. Si una especie decadente de hombre ascendió al rango de especie suprema, eso sólo fue posible a costa de la especie opuesta a ella, de la especie fuerte y vitalmente segura de hombre".*[40]

La mendacidad, continúa Nietzsche desarrollando su idea en el mismo apartado de EH, reclama para sí la palabra «verdad», quiere decir que esa es precisamente la mentira y que, entonces, el inmoralista, el mentiroso, el «inmoral», es el hombre verdadero, el de la veracidad, el que está ligado a la realidad y el que sabe que el padre de la verdad es el tiempo y no la autoridad eclesiástica o política. Los hombres «buenos» son los que a Zaratustra le han producido horror, por eso

---

[40] EH o. c. Af. 5 *Por qué yo soy un destino* p. 140 EH o. c. Band 5 V*Warum ich ein Schicksal bin* Af. 5 p. 369^{-3}.

escoge para él la palabra más problemática: «la palabra inmoralista como distintivo», (cfr. EH, Por qué soy yo un destino 6 p. 141). Pero para Nietzsche el hombre lo es todo y a partir de él, cualquier cosa puede suceder, pero al estilo de Galileo. La jerarquía eclesiástica de entonces, los Inquisidores, acusaron a Galileo de despreciar al hombre porque este, en vez de situarlos en el centro del Universo y poner el sol y todas las estrellas a dar vueltas a su alrededor, como hacían las Sagradas Escrituras, lo puso al borde, en un miserable pedrusco e invirtió las cosas: puso la tierra, con el hombre dentro a dar vueltas alrededor del sol. La realidad es que para los curas, lo importante eran no el hombre en sí, sino las Sagradas Escrituras y Dios, pero Dios porque de ahí venía el poder de ellos. Pero Galileo, que en la vida era un descontento, lugar de donde vienen todos los progresos, creía en los hombres, es decir, en su razón y aun cuando lo situó en un pedrusco, no lo quitó del centro y de su humanidad, sino que dejó de adularles y lo puso a él, al propio hombre, a descubrirse y descubrir su camino, su potencia y sus debilidades. Igual hace Nietzsche, lleva al hombre a lo máximo, pero no lo adula, lo critica y lo endurece. Incluso aquí se nos presenta la disyuntiva, la duda y/o la encrucijada: ¿hombre o superhombre? Al final de este trabajo vamos a tratar de tomar partido al respecto. De momento vamos a decir, en honor a los fuertes visos existencialistas y humanistas de Nietzsche, que, los adelantos y progresos técnicos traídos en su inicio por la RIB y continuados después (en realidad que la Revolución Industrial Burguesa no ha terminado), surtieron influencia sobre nuestro filósofo, pero en esencia no modificaron (como les sucedió a los futuristas), su concepción de la vida y del hombre y de que lo que se necesita es «hombre y no héroes» ni superhombres.

Nietzsche en *Sabiduría para pasado mañana* deja claro que, si bien no era, por supuesto, anticientífico y antiprogresista, tampoco los glorificaba ni los *absolutizaba* a estos conceptos, pues tal como hoy se llevan éstos y vistos los enormes descubrimientos y adelantos, si no nos enmendamos, la ciencia y el progreso nos llevarán al fin del mundo provocado por el propio hombre. La desertificación, la pérdida de la diversidad biológica, la capa de ozono, la deforestación acelerada, los ríos que se secan y nadie revierte nos llevan a que poco a poco la tierra se convierta en un planeta como Marte en que las evidencias dicen que hubo agua, pero ¿dónde fue a parar? ¿Hubo allí una civilización como la nuestra y arruinó al planeta? ¿O se auto arruinó él solo en un proceso interno fatalmente inevitable? ¿Permanecerá eternamente inalterable el hasta hoy axioma de que todo nace, se desarrolla y muere? Por eso él tensa al máximo las fuerzas del hombre y lo prepara para lo peor... con el objeto de que lo peor no le suceda. Y nada, ni la máquina ni la ciencia ni la exaltación irreflexiva de la ciencia y la técnica (a pesar de que a éstas nadie las niega como valor que van sustituyendo a Dios y a la religión), podrán ser superiores al hombre. Mientras el futurista, glorificando a la máquina y al robot es, en el fondo antihumanista, Nietzsche, el más humanista dentro de los humanistas, glorificando en el hombre la fuerza y aparentando no ser humanista (recordándonos, para entenderlo mejor, todo lo que aún nos queda de monos y ordenándonos cortar, sin dejarnos vencer por súplicas la parte que ya no da fruto), engrandece no sólo al hombre fuera de medida, sino al hombre animal humano viviente todo. Pero el humanismo del alemán de Röcken hay que encontrarlo en los códigos y aforismos asumiendo nosotros el riesgo de adentrarnos en un bosque oscuro, laberíntico, pero que poco a poco nos transporta a la luz que implica todo paraíso o todo infierno en la filosofía nietzscheana. Si Thomas Carlyle (cfr. CI. Incursiones de un intempestivo Af. 12. p. 93) sentía vergüenza de haber llegado a conclusiones ateístas y sentía resquemor por confesarse ateo, Nietzsche, el hombre de los aforismos y las frases punzantes, sentía pudor de confesarse humanista y enmascara esta idea con lo del superhombre, la voluntad de poder, el mundo reservado a los fuertes, al inmoralista, al criminal y a la locura y tensando a más no poder las resistencias del hombre. El hombre fuera de medida y sin escrúpulos es, para este filósofo, el futuro. Destruir la moral y al animal de rebaño, sólo eso garantiza la potencia destructora del hombre:

> *"Para construir un santuario (un ideal), hay que destruir un santuario: esta es la ley ¡muéstrenme un solo caso en que no se haya cumplido!..".*[41]

---

[41] GM o. c. Tratado Segundo, *«Culpa»*, *«mala conciencia»* y similares Af. 24 p.108 "Damit ein Heiligthum. Aufgerichtet werden kann, muss ein Heiligthum zerbrochen warden: dass ist das Gesetz - man zeige mir den Fall, wo es nicht erfüllt ist" . ZGM o. c. Band 5 II. *«Schuld»*, *«schlechtes Gewissen»*, *Verwandtes* Af. 24 p. 335[-10].

En el mismo aforismo y libro explica Nietzsche a continuación las siguientes ideas que no hacen más que ratificar sus iniciales propuestas: somos herederos de la vivisección de la conciencia por miles de años, o sea, que no comenzó, esta especie de aberración de la naturaleza humana, ni con Cristo ni con Platón ni con Zoroastro, sino mucho antes. El ser humano, de natural inmoralista y emprendedor, ha aprendido, más que todo, a *autotorturarse* y *autolimitarse*. Como el animal que fuimos, y como el animal que somos, nuestra más prolongada ejercitación y práctica, lo es nuestra autenticidad existencial, pero limitada. ¿A qué se debe este «estado natural» de cosas? A tales efectos escribe y explica Nietzsche:

"Durante demasiado tiempo el hombre ha contemplado «con malos ojos» sus inclinaciones naturales de modo que estas han acabado por hermanarse en él con la mala conciencia».[42]

Nos han dominado: el «más allá», hacer lo contrario de los sentidos, lo contrario de los instintos y la naturaleza; lo contrario de lo que pide el animal que hay dentro de nosotros,

"…en una palabra, los ideales que hasta ahora han existido, todos los cuales son hostiles a la vida".[43]

No dejan, los ideales, manifestarse a la naturaleza, es decir, a la verdad. Si pretendiéramos rebelarnos contra la moral de milenios, dice Nietzsche, que tendríamos contra nosotros:

"Tendríamos contra nosotros justo a los hombres buenos; y además como es obvio –a los hombres cómodos–; a los reconciliados, a los vanidosos, a los soñadores, a los cansados…".[44]

---

[42] *Ibíd.* Tratado II Af. 24 ps. 108 – 109 "Der Mensch hat allzulange seine natürlichen Hänge mit «bösem Blick» betrachtet, so dass sie sich in ihm schliesschlich mit dem «schlechten Gewissen» verschwistert haben". ZGM o. c. Band 5 II «Schuld», «schlechtes Gewissen», Verwandtes. Af. 24 p. 335^{-20}.

[43] GM o. c. Af. 24 p. 109 "…kurz die bisherigen Ideale, die allesammt lebensfeindlichen Ideale…". ZGM o. c. Band 5 II. «Schuld», «schlechtes Gewissen», Verwandtes. Af. 24 p. 335^{-25}.

[44] *Ibíd.* Tratado II Af. 24 p. 109 "Gerade die Guten Menschen hätte man damit gegen sich; dazu, wie billig, die bequemen, die versöhnten, die eitlen, schwärmerischen, die müden…". ZGM o. c. Band5 II *«Schuld», «schlechtes Gewissen»*, Verwandtes Af. 24 p. 335^{-30}.

A todos estos animales violadores del hombre, les molesta, según la idea nietzscheana, denotar algo del rigor y de la elevación con que uno se trata a sí mismo. Sin embargo, si hacemos todo lo que todo el mundo espera de nosotros, qué complaciente fueran todos (valga la redundancia) con nosotros. Entonces, ¿qué se necesita? Hacer, como dijo Stendhal, y cuya reminiscencia se observa en Nietzsche, lo contrario a lo que todos esperan de nosotros. Es decir, ser inmoralistas y si preciso fuera, hundirnos en el cieno y abrazarnos al carnicero con tal de cambiar al mundo, «porque el mundo es malo», (cfr. B. Brecht, Mahagonny o. c. acto III p. 106) *"Moïse: Parce que le monde est mauvais"*. Afirma Nietzsche:

> *"Para lograr aquel fin se necesitaría una especie de espíritus distinto de los que son probables cabalmente en esta época: espíritus fortalecidos por guerras y victorias, a quienes la conquista, la aventura, el peligro e incluso el dolor se les haya convertido en una necesidad imperiosa; se necesitará para ello estar acostumbrado al aire constante de las alturas, a las caminatas invernales, al hielo y a las montañas en todo sentido, y se necesitaría además una especie de sublime maldad, una última y autosegurísima petulancia del conocimiento, que forma parte de la gran salud"*.[45]

Nietzsche cree que nada de esto es hoy posible con el hombre promedio actual. Estamos debilitados en lo físico y por la moral. Nos limita no sólo la teología y su brazo armado (la policía y el estado), sino por nosotros mismos debido a miles de años de prédica moral y no tenemos ni siquiera *«sublime maldad»* para emprender tareas superiores y atrevernos a pisar lo prohibido. ¿Llegará el momento del despliegue poderoso de la naturaleza, es decir, de las potencialidades del hombre, más que de la ciencia en general y de lo universal abstracto? Sí, llegará, y Nietzsche tiene este momento reservado al superhombre, al fuerte, al hombre que está por encima de toda norma conocida e imaginada. En esta concepción reside el humanismo nietzscheano. La época será también más fuerte, pero sólo debido al hombre. Así lo explica el filósofo:

---

[45] GM o. c. Tratado Segundo «*Culpa*», «*mala conciencia*» y similares. Af. 24 p. 109 ZGM o. c. Band 5 II «*Schuld*», «*schlechtes Gewissen*», *Verwandtes* Af. 24 p. 336[5-10].

> *"Alguna vez, sin embargo en una época más fuerte que este presente corrompido, que duda de sí mismo, tiene que venir a nosotros el redentor, el hombre del gran amor y del gran desprecio, el espíritu creador, al que su fuerza impulsiva aleja una y otra vez de todo apartamiento y de todo más allá, cuya soledad es mal entendida por el pueblo como si fuera una huida de la realidad, para extraer alguna vez de ella, cuando retorne a la luz, la redención de la misma, su redención de la maldición que el ideal existente hasta ahora ha lanzado sobre ella".*[46]

Ni la ciencia ni Dios ni nadie del «*más allá*». El *redentor* será el propio hombre, el hombre del «*gran amor*» y del «*gran desprecio*»; amor a la creación y al hombre divinizado por el propio hombre; desprecio a la cobardía, a la debilidad y a la moral. Nietzsche llevó a Cristo, convertido en Zaratustra, a las montañas de Persia y cuando lo hizo bajar de allá venía con otra religión, una religión que no es religión sino virtud y fuerza, eliminando a Pablo y su falsa prédica, para traer el verdadero evangelio, no el del Dios de la Biblia (déspota, mezquino, cruel, puritano, negador de los placeres materiales y lleno de sed de venganza), sino del Dios del enciclopedista francés François Marie Arouet Voltaire (1694-1778), del racionalista holandés Baruc Spinoza (1632-1677) y del hijo del Rey de Macedonia Alejandro Magno (-356-323): justo, bueno, infinito, más que omnipotente, omnisciente y ubicuo.

El verdadero objetivo de Zaratustra es luchar tanto contra los animales de rebaño, como contra los pastores, razones que ya en AHZ. (cfr. Prólogo 9 p. 47) las expone claramente como el que ha visto una verdad nueva. Zaratustra, como el nuevo Cristo, no necesita seguidores, necesita compañeros de viaje, que, en vez de seguirlo a él, se sigan ellos mismos: Zaratustra no será nunca perro ni pastor de un rebaño, todo lo contrario: «*para incitar a muchos a apartarse del rebaño*», es para lo que bajó de las montañas, por eso dejó que no sólo la aurora, sino la mañana y el sol caliente entero le pasaran por el rostro, para erguirse como un resorte y decir: he visto una luz en el horizonte y esa luz es un haz de pueblos libres. No otra cosa que acabar con el rebaño, con la moral y dar libre albedrío a los hombres es lo que se propone el persa.

---

[46] GM o. c. II «*Culpa*», «*mala conciencia*» y similares Af. 24 ps. 109-110 ZGM o. c. Band 5 II «*Schuld*», «*schlechtes Gewissen*», *Verwandtes* Af. 24 p. 336^{-2}.

¿Qué dice Nietzsche, que el futuro sólo es de los fuertes, de los jóvenes y de los ateos, es decir, de los despreciadores, de los inmoralistas? El tercer libro de GM, hablando de la sabiduría como mujer, nos dice "*...es una mujer, ama siempre únicamente a los guerreros*" (GM. III. p. 111), y termina a este libro, como el más fuerte de todos los nietzscheanos, diciendo: "*el hombre prefiere querer la nada a no querer*". (GM p. Af. 28, 186). El superhombre, yo pienso que «superhombre» es el nombre espectacular que como aval de impacto él le da al hombre que ya dejó detrás todo lo que de gusano y de mono ha venido arrastrando. Esta misma pregunta se la hace a sí mismo Jiménez Moreno en *El pensamiento de Nietzsche*, (5.1 p. 101) y sin embargo, con sus magníficos acertijos nietzscheanos y todo, deja la pregunta sin respuesta contundente, con final abierto. Nosotros, más categóricos y menos inteligentes por supuesto, la vamos a contestar directamente: no se trata de «superhombre», sino de *«hombre»*, el superhombre jamás llegará a no ser como comparación con el pasado; y no sólo de idea abstracta de hombre, de homo *theoricus*, se trata también de hombre como animal viviente no sólo astuto, sino fuerte; como animal viviente sin esperar nada del *«más allá»* ni de ningún Dios, sino de él mismo; de él mismo como redentor y como algo que debe de ser superado, pues el hombre, como la naturaleza, es algo que llegó a ser y que su evolución no ha terminado y no terminará; para el hombre no hay estación terminal. Pero en Nietzsche no se trata sólo del animal viviente, también se trata de definir qué es teóricamente el hombre. El hombre, el superhombre, él lo sitúa en la naturaleza o de vuelta a ella, es decir, cuando el hombre está preparado para tareas de mayor envergadura. A mí no se me ocurre otra idea, por más que en esta expresión pienso, que se trata de la realidad, de la naturaleza, de la tierra y sus problemas metafísicos. Dice así:

> "*El superhombre es el sentido de la tierra. Diga vuestra voluntad: ¡sea el superhombre el sentido de la tierra! Yo os conjuro, hermanos míos, permaneced fieles al sentido de la tierra y no creáis a quienes os hablan de esperanzas sobreterrenales! Son envenenadores, lo sepan o no*".[47]

---

[47] AHZ. o. c. Prólogo 3 p. 36. "Der Übermensch ist der Sinn der Erde. Euer Wille sage: der Übermensch sei der Sinn der Erde...Ich beschwöre euch, meine Brüder, bleibt der Erde treu und glaubt den nicht, welche auch von überirdischen Hoffnungen reden!. Giftmischer sind es, ob sie es wissen oder nicht". ASZ o. c. Band 4 Zarathustra Vorrede Af. 3 ps. 14[-30] y 15[-5]. cfr. Cap. II Ateísmo cita 90.

El hombre es el animal, además, más valiente, tanto, que incluso al sufrimiento no lo huye, lo busca siempre que tenga éste un sentido. Esta teoría la desarrolla en «Genealogía de la moral». Un hombre así asimila cualquier cambio por monstruoso que de inicios parezca, pues el cambio, aunque sea para mal hace falta. Este es un hombre despojado de las sombras que oscurecen su camino. Un hombre así es, a la vez, animal viviente concreto, homo *theoricus* y una constante insatisfacción. Bajo el aspecto inhumano, el mundo reservado a los fuertes, y a los «fuera de medida»; tal parecería que no hay chance en la filosofía de Nietzsche, para los de la medida común, para los jugadores debase ni los intermedios, sino sólo para los de las «grandes ligas», por emplear un término o una imagen deportiva. El humanismo de Nietzsche, con visos de existencialismo y fuerte contenido vitalista, consiste en llevar al hombre, a todo hombre, a lo máximo, a las ligas mayores. El animal de rebaño, el epígono, el creyente, el gregario, no tiene cabida en la concepción nietzscheana. El futuro es para el guerrero, el luchador, el creador y para el que es capaz de derruir santuarios para construir santuarios, vale decir, destruir ideales de ascetismo y de limitación a la vida, para darle paso a la vida plena y primero que todo a la existencia.

"…por amor al mismo Wagner, que se hubiera despedido de nosotros y de su arte, de otro modo, no con un Parsifal, sino de una manera más victoriosa, más segura de sí, más wagneriana –de una manera menos desconcertante, menos ambigua en lo referente a todo su querer, menos schopenheueriana, menos nihilista…".[48]

"…y en general, todo lo que la actividad fuerte, libre, regocijada lleva consigo… La manera noble-sacerdotal de valorar tiene –lo hemos visto– otros presupuestos: ¡las cosas les van muy mal cuando aparece la

---

[48] GM. o. c. III. Af. 4 p. 118. "…um Wagner's selber willen, dass er anders von uns und seiner Kunst Abschied genommen hätte, nicht mit einem Parsifal, sonder siegreicher, selbstgewisser, Wagnerische , - weniger irreführend, weniger zweideutig in Bezug auf sein ganzes Wollen, weniger Schopenhaerisch, weniger nihilistich?". GM. o. c. Band 5 III Af. 4 p. 344^{-20}[48] GM. o. c. III. Af. 4 p. 118. "…um Wagner's selber willen, dass er anders von uns und seiner Kunst Abschied genommen hätte, nicht mit einem Parsifal, sonder siegreicher, selbstgewisser, Wagnerische, -weniger irreführend, weniger zweideutig in Bezug auf sein ganzes Wollen, weniger Schopenhaerisch, weniger nihilistich?". GM. o. c. Band 5 III Af. 4 p. 344^{-20}.

> *guerra! Los sacerdotes son, como es sabido, los enemigos más malvados —¿por qué? Porque son los más impotentes. A causa de esta impotencia el odio crece en ellos hasta convertirse en algo monstruoso y siniestro, en lo más espiritual y más venenoso".*[49]

El sacerdote, con su pacifismo y su impotencia, genera odio, resentimiento y al final, guerra, pero guerra de esclavos y resentidos. Esa es su moral:

> *"...y han mantenido con los dientes el odio más abismal (el odio de la impotencia) esa inversión, a saber «¡los miserables son los buenos; los pobres, los impotentes, los bajos son los únicos buenos, los que sufren, los indigentes, los enfermos, los deformes son también los únicos piadosos, los únicos benditos de Dios, únicamente para ellos existe la bienaventuranza, –en cambio vosotros, vosotros los nobles y violentos, vosotros sois, por toda la eternidad, los malvados, los crueles, los lascivos, los insaciables, los ateos y vosotros seréis también eternamente los desventurados, los malditos y condenados!...»".*[50]

El futuro, queda claro, Nietzsche lo reserva para los de espíritu libre, para los de la moral de la lucha, para los caballeresco-aristocráticos, para los que no les importa, como dijo Bertolt Brecht, no recuerdo ahora dónde, hundirse en el cieno y abrazarse al carnicero con tal de cambiar al mundo, como citamos en páginas anteriores. Dice Nietzsche:

> *"El hombre trágico como el hombre llamado a ser el maestro del hombre".*[51]

Y en la misma obra nos dijo que nos había dicho, que, la despreciable palabrería judía no es más que ensalzamiento religioso y que lo único que reemplaza a la religión es la obra de arte dramática. Dios y la religión dejan de ser un valor moral y lo sustituye, ¿quién?: La obra dramática, en este caso, identificada con la tragedia.

---

[49] GM o. c. Tratado I. «Bueno y malvado», «bueno y malo» Af. 7 p. 39 ZGM o. c. Band 5. Erste Abhandlung: Gut und Böse, Gut un Schlecht. Af. 7 ps. 266-267^{-30}.

[50] GM o. c. III II. Af. 7 ps. 39-40 ZGM o. c. Band 5 I «Gut und Böse», «Gut und schlecht» Af. 7 p. 267^{-20}.

[51] AHZ o. c. Prólogo 3 p. 36. ASZ o. c. Band 4 Zarathustra Vorrede Af. 3 ps. 14^{-30} y 15^{-5}. cfr. cap. II Ateísmo cita 90.

"La obra de arte dramática es capaz de reemplazar a la religión".⁵²

Y, ¿qué es la tragedia? Imitación de la naturaleza. Y, ¿qué es, a su vez, la naturaleza? La naturaleza es la materia, la verdad, la única y exclusiva verdad, la que todo lo abarca, o sea, la realidad objetiva. El hombre de Nietzsche, sin embargo, cuando deje todo lo que de mono le queda, sustituye a los dioses. Los dioses de Nietzsche, que son los hombres, los representa el más diabólico de los dioses, el Dios del gozo y el sufrimiento, el Dios que lo es también de las tinieblas, el Dios que en las noche de vicio y gozo, con su flauta mágica llamaba y provocaba y satisfacía, en la manifestación material sagrada e impura de la vida a los hombres y mujeres vividores para disfrutar de la vida, «no para padecer de la vida». Estamos hablando, claro está, de Dionisos, ese que inspira a ir a los confines del mundo conocido y por conocer para derribar los templos de la barbarie y construir los de la civilización global. Sin embargo, a este formidable Dios del fondo oscuro engendrador de la vida, por no hablar del Dios moral de los católicos y cristianos que más fuerte es su vicario en la tierra que él, ¿por quién, a pesar de que su filosofía tiene más que todo sabor dionisiaco, es decir, de supremacía de vida, ¿por quién, repito, lo sustituye Nietzsche? A Dionisos lo sustituye por «el hombre». Pero no por cualquier hombre, sino por el hombre prometeico, si bien a los creadores (que es su ideal de hombre), los concibe como de exuberante vida, dionisíacos, como hombres endurecidos (referencias a Zaratustra en EH), donde dice:

"Para una tarea dionisíaca la dureza del martillo, el placer mismo de aniquilar forman parte de la manera decisiva de las condiciones previas. El imperativo «¡Endureceos!», la más honda certeza de que todos los creadores son duros, es el auténtico indicio de una naturaleza dionisíaca".⁵³

---

⁵² (2001) *Sabiduría para pasado Mañana*. Tecnos Grupo Anaya, S.A. Madrid. Edición española de Diego Sánchez Meca. Traducción de José Luis López y López de Lizaga y Sacha Pablo Koch. 5 [103] p. 31. "...- das dramatische Kunstwerk ist deshalb im Stande, die Religion zu vertreten". *Nachlaß* 1969-1874 Band 7 o. c. p. 121⁻¹⁰.

⁵³ EH o. c. AHZ Af. 8 p. 117 "Für eine dionysische Aufgabe gehört die Härte des Hammers, die Lust selbt am vernichten in entscheidender Weise zu den Vorbedingungen. Der Imperativ, «werdet hart!», die unterste Gewissheit. darüber, dass alle Schaffenden hart sind, ist das eigentliche Abzeichen einer dionyschen Natur". EH o. c. Band 6 en Also sprach Zarathustra, Af. 8 p. 349⁻ ²⁵.

Para «endurecerse» hay que tener un fuerte presupuesto fisiológico de vida. Ahora bien, en otra obra nos dice:

> *"Prometeo fue uno de los titanes que despedazó a Dionisos, sufriendo por ello eternamente, como sus criaturas. Fue contrario a Zeus, en el presentimiento de una futura religión universal. Sólo gracias al despedazamiento por obra de los titanes es posible la cultura, mientras que mediante el robo se perpetúa la especie de los titanes. Prometeo fue el despedazador y al mismo tiempo el padre de los hombre prometeicos"*.[54]

Prometeo, no Dios, y Adán y Eva, es decir, la atracción sexual, son el verdadero padre del hombre, (aunque haya perdido algo de Dionisos), del hombre que sufre, del hombre que como el politeísta dice, *sufro, luego existo*. El hombre es el hijo de Prometeo, porque el sufrimiento le es innato. Pero no es el sufrimiento del esclavo y del filisteo (que más bien es sumisión, masoquismo e insanas metas), sino de *«ese sufrimiento»* que se traduce en placer porque conduce a la heroicidad y a la creación; el hombre es hijo del «placer del sacrificio», de ese sacrificio que no le era ajeno a Nietzsche ni en la vida personal ni en la idea filosófica, porque es el sufrimiento que se siente en la rebeldía con un noble fin. El hombre es, además, el hijo eterno de Prometeo (aunque no aparezca así en la Teogonía, o sea, como padre del hombre, sino como bienhechor de la humanidad), porque se enfrentó a los dioses, en concreto, al Dios de dioses Zeus y murió, pero no transigió, no se rindió y era otra su moral, que, entre otras cosas, nada tenía que ver con los héroes. Pero la cultura, con Prometeo, quedó marcada: es, como producto del despedazamiento de los dioses, vale decir de la religión, hija del sufrimiento prometeico. Sencillo, rebelde y sin alardes heroicos. Es hija de ese sufrimiento que al que podemos llamar «vida superior», más abarcadora, que incluye las formas físicas y químicas y también las de intercambio constante de sustancias y experiencias con todo lo que nos rodea. Zeus cree que venció, embaucándolo, a Prometeo, pero fue Prometeo quien lo venció a él destruyéndole las bases de la religión

---

[54] *Sabiduría para pasado mañana*, o. c. 7[83] p. 32 Weisheit für Übermorgen o. c. 7 [83] ps. 33-34. Idem en *Nachlaß* 1869-1874 o. c. Band 7 Ende 1870-April 1871 7 [83] Von Homer bis Socrates p. 157.

universal que aquél quería o presentía para los hombres. El hombre debe de seguir con la cultura, trágica mejor que otra y no con la religión aunque ésta sea universal como quería Zeus.

La voluntad (el «yo quiero», que se vincula al libre albedrío), era muy importante para el desarrollo del hombre, según la filosofía del de la Alta Engadina. Sin embargo, la voluntad no es totalmente innata en el hombre y parece ser que Nietzsche así lo entendía, razón por la cual no se le puede tildar, como a A. Schopenhauer, a I. Kant y J. Fichte, de voluntarista.

La voluntad, para este filósofo es no sólo un medio nunca un fin en sí, sino también el deseo consciente que lleva al hombre a realizar determinadas acciones y donde el influjo de las circunstancias exteriores juegan un papel destacado. Esto quiere decir que no sólo el deseo libre individual (prisma de las condiciones interiores del sujeto [necesidades, intereses, deseos, conocimientos, etc.) sino el mundo objetivo le proporciona al hombre las verdaderas fuentes de la actividad volitiva.

El libre albedrío (facultad que tiene el sujeto de tomar una resolución con conocimiento de causa para vencer obstáculos exteriores o interiores, con el fin de alcanzar objetivos), es importante en la prédica inmoralista nietzscheana, pero para ello hay que tener «conocimiento de causa». ¿qué quiere esto decir? Las condiciones sociales e históricas, son decisivas además de las facultades individuales del hombre concreto. El hombre, quiéralo o no, esté consciente o no, actúa más como «ser social» que como «ser individual». Sin condiciones sociales apropiadas (sin base social) no es posible llevar a cabo tareas de alto valor, con lo cual no queremos decir que no sean necesarios los hombres de excepción (los locos, los extraordinarios, los criminales de Dostoievski, los legisladores, los fundadores, los superhombres [más elevados que el hombre común] en una etapa específica del deambular humano), es decir, aquellos que ven más que los otros y que son capaces de adelantarse a los acontecimientos.

Pero la humanidad tiene obligación urgente de dejar de depender de los héroes y de volver a la edad de oro. Pero la transformación incluso genética del hombre, sólo es posible en las sociedades postindustrializadas, donde los prejuicios sociales y los melindres religiosos no existan o que al menos no dominen.

4.1 Los hombres

"Primeramente llenarse la panza. En segundo lugar hacer el amor, Enseguida el boxeo. Por último, emborracharse, es la ley. Pero ante todo no olvidéis Que en este mundo todo está permitido".[55]

La acción efectiva del hombre, del hombre fuerte, en la cual no se niega el papel del heroísmo personal y colectivo en forma transitoria, es dentro de las leyes objetivas de la vida y la historia. De ahí, el carácter relativo del libre albedrío y del poderío del hombre, que no es, en la idea nietzscheana, dominación, sino querer más, ir a por más cada día no un grupo selecto de hombres, sino todos los hombres aunque para ello haya que, en primera instancia, cortar sin contemplación ni falso humanismo la rama enferma de la higuera y del parral o arrancarse el ojo que estorba. Eso sí, necesitamos huracanes, pero en última instancia, el huracán lo forma el propio hombre.

"Lo terrible es el huracán. Y más terrible el tifón, pero nada es más terrible que el hombre. ¿Para qué se necesitan huracanes?¿Para qué necesitamos tifones? Estos son menos terribles que el hombre, cuando éste busca divertirse".[56]

---

[55] Brecht, Bertolt. (1956) *Théâtre complet- Maître Puntila et son Valet Matti- Grandeur et décadence de la ville de Mahagonny*. L'Arche, Paris. IV. Act. XIII. p. 130. "Premièrement se remplir le panse. Deuxièmement faire l'amour. La boxe vient ensuite. En fin se saoûler, c'est la loi. Me avant tout n'oubliez pas, que tout est permis icibas".

[56] Brecht, B. o. c act XI: p. 124 "Mais des ouragans, oui, et si, ça ne suffit pas, des typhones: de meme pour l'homme, Il faut qu'il détruise tout. Qu'avons nous besoin d'ouragan? Le typhoon le plus dévastateur. Est bien moins terrible que l'homme quand il cherche à se divertir".

10 EL ARTE COMO MEDIO DE LIBERACIÓN DEL DOGMA RELIGIOSO

"…la única que está impedida de desligarse de las fechas es la raza de quienes hacen arte, y no sólo tienen que adelantarse a un ayer inmediato, representado en testimonios tangibles, sino que se anticipan al canto y forma de otros que vendrán después, creando nuevos testimonios tangibles con plena conciencia de lo hecho hasta hoy… Hoy terminaron las vacaciones de Sísifo".[1]

"A estos hombres serios sírvales para enseñarles que yo estoy convencido de que el arte es la tarea suprema y la actividad propiamente metafísica de esta vida, en el sentido del hombre a quien quiero que quede dedicado aquí este escrito, como a mi sublime precursor en esa vida".[2]

"¡Dichosos aquellos que tienen gusto, aunque sea un mal gusto!. Y no solamente dichosos, pues no se puede llegar a ser sabio más que gracias a esa cualidad; por eso los griegos, que en tales cosas eran muy sutiles, designaron al sabio con una palabra que quiere decir el hombre de gusto y llamaron buenamente 'gusto"(sophia), a la sabiduría, tanto artística como filosófica".[3]

---

[1] Carpentier, Alejo. (1983) *Obras completas: El reino de este mundo*, y *Los pasos perdidos*, Tomo II Siglo XXI Editores. México Edición a cargo de María Luisa Puga. cap. VI 39 (30 de Diciembre) ps. 413-414.

[2] NT o. c. p. 39 Prólogo a R. Wagner EH o. c. Band 6 Die Geburt der Tragödie Af. 3 p. 312 [-15].

[3] HDH o. c. I[ra.] parte Opiniones y sentencias varias Af. 170 Los alemanes en el teatro p. 56 - MAM o. c. Band 2 I Vermischte Meinungen und Sprüche Af. 170 Die Deutschen im Theater p. 449[-30].

1. Introducción

Nada de lo anteriormente enunciado existe en el cristianismo, que odia tanto a la riqueza, como a la sabiduría y el espíritu rebelde, es decir, al hombre con arte dentro. Nos proponemos demostrar:

• Que la idea nietzscheana acerca del arte es contraria a la schopenhauereana. El arte debe de ser destinado al servicio de la utilidad práctica, si bien no como en términos de productividad al servicio del estado, sino dirigido a metas e ideales superiores. El arte por el arte es una estupidez (o una picardía de *altura)* de la intelectualidad erudita. El arte, para Nietzsche, es una genialidad demasiado amplia, una aspiración de rango aristocrática que emplea lo más profundo del intelecto y la metafísica.

• Que tanto la verdad como el arte, sirven si aportan ganancias espirituales al hombre, si contribuyen a aumentar el caudal espiritual y material de la humanidad, hablando en términos de caudal social.

• Que el arte no es sólo la arquitectura, las artes escénicas, la literatura, la poesía, sino que el arte es el espíritu creador y rebelde en el hombre, todo lo contrario al cristianismo que, en vez de a los con arte, quiere a los pobres de espíritu porque de ellos será el supuesto reino de los cielos. Una cosa es «las artes» y muy otra es «el arte». Hoy en el mundo desarrollado y en desarrollo no es posible separar «arte» y «ciencia» así como «ciencias» y «letras», pues este distingo fue una dicotomía clásica de otros tiempos que escindía, en dos campos opuestos, al conocimiento. ¿Qué puede haber más importante para una nación que se respete y haga admirar que su arte y su patrimonio cultural? Y, ¿qué entendemos, si de ensanchamiento mental se trata, por patrimonio cultural, acaso el inventario de las obras plásticas que posea, la cuenta de los escritores que ha tenido y tiene, la cantidad de libros y bibliotecas que atesora como bien material? Por patrimonio cultural de una nación entendemos que es el sustrato sobre el cual se apoya su vida espiritual, la fuente de la cual bebe el alma, el impulso para sostener el presente y forjar el futuro. Si las ciencias naturales deciden la vida de las personas, con lo cual estamos de acuerdo, también podemos decir que sin un ambiente social saturado de arte, es imposible el desempeño exitoso de los individuos. El «saber» forma parte del arte y por supuesto, de la cultura. El arte, en un rejuego dialéctico ayuda al desarrollo de las ciencias naturales y a la aplicación práctica de sus resultados.

Que el cristianismo estuvo contra todo poder (estado, cultura, Iglesia incluida) y más que en contra, ni los menciona tan siquiera, como sucede con el arte, porque le eran ajenos y desconocidos.

Que el hombre, si es hombre de verdad, es, él mismo, arte. Estamos de acuerdo con Oscar Wilde, cuando dijo como si hubiera sido griego antiguo o nietzscheano al menos en parte:

"La gente vulgar espera que la vida le descubra sus secretos... Pero de cuando en cuando una personalidad completa sustituye y asume el puesto del arte; llega a ser realmente, a su manera, una verdadera obra de arte, pues la vida produce obras maestras como la poesía, la escultura o la pintura".[4]

Los griegos a sus hombres de excepción como Tales de Mileto, Heráclito (h. 639-545), Pericles (h-495-h.429), Temístocles (h-528-h-462), Leónidas (s.V Rey de Esparta-488-480), Aristóteles, Sócrates, Platón, Alejandro Magno (-356-323), etc.; los consideraban obras de arte producidas por la vida. Nosotros también consideramos que toda obra humana es obra de arte. Que los grandes hombres mencionados por Nietzsche a través de sus presupuestos filosóficos, con espíritu dionisiaco éstos y superhombres todos ellos, eran arte.

Que no debemos confundir jamás arte, con «realismo» en el arte: arte es vida y se asocia con la realidad; realismo, por lo contrario, es ilusión de vida y deseo del cómo quisiéramos que fueran las cosas. Especialmente malo fue el *realismo socialista* impuesto en la URSS y en el campo socialista, copiado del Egipto de los faraones, y convertido en un dogma pintado de rojo sin carga cognoscitiva alguna tal como también hacían los egipcios. Que el arte, como todas las formas de manifestación de la conciencia social y la memoria histórica, dependen del rejuego dialéctico desarrollo material-educación.

---

[4] Wilde, Oscar (1985) *El retrato de Dorian Gray*, Editorial Ercilla Stgo. De Chile. Traducción de Julio Gómez de la Serna cap. IV párrafo 2 p. 63.

1.1 El arte liberador

El arte pertenece al campo de los valores espirituales, a lo estético, a la belleza, sin lo cual el hombre no puede vivir, como no puede vivir sin pan, techo sobre la cabeza y vestido. Hasta las etnias más atrasadas de hoy y de siempre en el mundo, necesitaron y necesitan arte y hacen arte, y de hecho lo tienen. El arte es del máximo interés humano. Hacer arte es la segunda más importante necesidad del hombre. Sin embargo, en el cristianismo, a no ser en los tiempos de los Jesuitas obligados por lo nuevo que a pesar de ellos se iba imponiendo, y siempre en el espíritu limitado de la contrarreforma, pero con la influencia del Renacimiento a la cual no pudo sustraerse el catolicismo por más que les pesara (más conservador que el Protestantismo), no hubo nunca un alusión, ni un llamado, ni una insinuación tan siquiera al arte; a la cultura a pesar de que no desconocemos, ni negamos, que en las catacumbas romanas, que fueron utilizadas como viviendas, como refugio y como cementerio, los primeros cristianos pintaron obras artísticas primitivas, pero manifestación de espíritu humano al fin y al cabo.

El cristianismo es odio, resentimientos, espíritu bajo, «bastión para cansados», y el arte pertenece, por lo contrario, a los espíritus aristocráticos. El Imperio Romano, que en el aspecto organizativo era una verdadera obra de arte, con una cultura docta, con métodos científicos de dirección, con excelentes divisiones territoriales, que había estatuido ya «el gran arte» (el de leer bien, el de mantener la tradición de la cultura, el de la unidad de la ciencia natural y social aliadas con la matemática y la mecánica),[5] fue carcomido, cual el hollín a algunos metales, por esta religión, a la cual todo orden social progresista y politeísta le eran ajenos y hostiles. ¿Cómo lo logró? Pudriéndolo poco a poco, [como al final decimos, siguiendo a Nietzsche, en Epílogo de esta tesis], con métodos subterráneos, con una maloliente judaína (*mezcla de* rabinismo *y superstición*) como en definitivas cuentas era el mensaje de Pablo, sin lo cual no podía derrumbar lo mejor de la organización romana, es decir, la investigación metódica, el genio de la organización, la aristocracia del instinto, la voluntad de futuro, en fin, el arte hecho realidad

---

[5] AC o. c. Af. 59 ps. 104 -105.

cósmica. Con los romanos, asegura Nietzsche en algún lugar, se podía aprender a leer, mientras que con los griegos, no; tal era la alta estima en que él tenía al «Imperium Romanum», que incluso lo sitúa por encima de los griegos que ya es mucho decir y todo porque era una obra de arte en el sentido organizativo; y esta gigantesca obra humana fue destruida por la debilidad, por la decadencia organizada.[6]

El trabajo, en gran medida, transformó al mono en hombre y a la vez hizo del hombre un ser social capaz de hacer arte. En el proceso del trabajo es donde mejor el hombre conoce el mundo circundante, es decir, la «realidad», y en este complejo proceso es donde se manifiesta la segunda naturaleza del hombre, la de hacer arte. Pero para dominar el proceso laboral el hombre no sólo pone de manifiesto sus conocimientos, hábitos y experiencias, sino también su, «voluntad de poder», o voluntad humana, que es de lo que se trata (audacia [y disposición apropiada para actividades conjuntas que consolidan el colectivo], cualidades físicas [resistencia y fuerza]). Y todo lo anterior, en conjunto, es arte. En el arte incluimos el proceso educativo donde las aptitudes y actitudes se mejoran sin cesar y en este proceso se auto-mejora el hombre a sí mismo. El cristianismo es, por el contrario, el antípoda de todos estos presupuestos al exigirnos sólo fe y sentirnos pecadores.

Para el vulgo ilustrado, en el mejor de los casos, arte son sólo las obras de los artistas genios que de vez en cuando ha producido la humanidad. Pero arte es mucho más, desde luego, pues éste abarca toda la actividad práctica del hombre, dirigida por su intelecto. El hombre es el único animal que piensa y planifica antes de actuar y mientras actúa. Para el escritor cubano Alejo Carpentier el hombre es un animal cuya raza pertenece a las que hacen arte. Así, hasta la ingeniería, que siempre se consideró un arte, la ha convertido, elevándola, en arte-ciencia. El peor de los arquitectos, dijo Marx, es superior a la mejor de las abejas, pues el hombre, antes de actuar, piensa. La historia de las ideas demuestra, y también la práctica diaria, que la producción intelectual se transforma en materia en el proceso de la producción y que la práctica de la producción material es, a su vez, la que más ideas genera.

---

[6] AC o. c. Af. 59 ps. 104-105.

Cuando se dice «arte» se piensa sólo, así, de pronto, en: la pintura, la escultura, la música y la literatura. Cuando decimos «arte», enseguida, con mucha razón, nos viene a la cabeza el David de Miguel Ángel, la Capilla Sixtina (construida durante papado de Sixto IV, Francesco della Rovere 1441-1484, por Giovannino di Dolci), o el Partenón (i.e: templo de las vírgenes, dedicado a la divinidad griega Athená s. V) Y desde luego, esta idea es correcta, pero incompleta según la sugerente idea de Nietzsche. El hecho cierto de que las artes plásticas incluyan un amplio espectro (planimétricas [pintura, dibujo, gráficas], las volumétricas [escultura, diseño y otras], las espaciales [arquitectura y urbanismo], las temporales o cinéticas [obras en movimiento]). La arquitectura, por ejemplo, incluyendo el entorno que la acompaña como obra del hombre y como inserción en la naturaleza, va creciendo su importancia como expresión concreta y a la vez amplia, de arte como pulsión vital del hombre.

El arte es la segunda naturaleza del hombre y también lo es esa segunda naturaleza creada por el hombre. La metafísica y su resultado, presente únicamente en el hombre, es arte, como esa parte no vulgar ni animal del hombre. Arte es la realidad creada por el hombre con su genio y acción humanos. Por ejemplo, ciudades como Venecia, como Brasilia (y los diseñadores de esta última, Lucio Costa y Oscar Niémeyer), son arte ellos mismos debido a su poder creador y espíritu aristocrático); obras como la represa de Assuán, el canal de Suez etc., son obras de arte, en tanto son resultado del pensar humano y expresión de voluntad de futuro.

La actividad metafísica del hombre lo lleva al choque con la naturaleza y a la transformación valiente de ésta en contra del temor cristiano a todo lo natural y sus leyes. Hasta la política es arte. Sobre de la política como arte en el contexto del proceso revolucionario cubano y de la política internacional, dice el comandante Fidel Castro en su discurso de clausura del encuentro mundial sobre globalización:

"La política me parece mejor decir que es una mezcla de ciencia y de arte, aunque más de arte que de ciencia".[7]

---

[7] Comandante Castro Ruz, Fidel , (2003) Periódico Juventud Rebelde, La Habana Cuba, 14/2/03 Vía internet.

La política, como orientación del estado, y la guerra necesaria (esa que ahorra tiempo y desdichas y que es otra forma de hacer política), ambas metafísica organizativa del ser humano-animal político, son arte.

1.2 El arte como imagen y representación del mundo versus «revelación» bíblica

La mal llamada revelación bíblica no existe, por supuesto. Parece ser que la revelación no es más que un concepto eufemístico de la filosofía idealista religiosa que designa el conocimiento directo y suprasensorial de la verdad, accesible únicamente a los elegidos en un momento de iluminación mística, como pudo haber sucedido en los tiempos cristianos de hambre y desconocimiento de las leyes naturales. Cristo, con un ayuno de más de cuarenta días pudo haber *visto* al Diablo como tentador y pudo sentir la revelación del Dios. La revelación, para los idealistas y religiosos, está vinculada a la verdad (a la que está «allá arriba») y al bien y la moral. Para quienes no están en condiciones de recibir la revelación se convierte en objeto de fe, o sea, es como decir: ¿a ti no te llegó la revelación?, ¡pues tienes que creer en ella! La revelación bíblica (según Nietzsche, una supuesta inspiración divina) es rechazada por la ciencia debido a que es una exigencia de fe ciega en lo sobrenatural y no tiene nada que ver, vale la pena aclararlo, con la intuición.

El arte, en cambio, es una forma activa de la conciencia social y de la actividad humana. El arte es hijo del espíritu absoluto del hombre, que le es innato crear; es hijo de la voluntad humana y tiene, como todos los valores, carácter histórico, si bien es universal y eterno. Las guerras de Alejandro Magno, verdaderas obras de arte, fueron ganadas no sólo por el genio indiscutible del macedonio, sino porque iban a favor de la historia y debido a lo cual el mundo marchaba con Alejandro. Igual sucedía con Napoleón en su avance triunfal por Europa aplastando, con el capitalismo progresista que él representaba, al odioso y apestoso feudalismo. Si después perdió en la batalla de la ciudad belga de Waterloo (18 de junio de 1815. Fin del periodo de los Cien Días) es porque Inglaterra se le fue adelante en el desarrollo económico-social, lo cual no es el caso analizar ahora, pues ya lo hicimos en el desarrollo de esta tesis en otro capítulo. El arte es nacional e histórico en las formas y universal y eterno por su contenido. Como forma de relación entre el pensamiento humano y la realidad, el arte tiene dos grandes posibilidades: el realismo y la abstracción. El realismo lleva al hombre a expresar, un poco más simplemente, la apariencia de las cosas que ve; mediante la abstracción, por el contrario, como forma superior del pensamiento, que cala más profundamente que la forma sensorial y empírica, es decir, que la realista, procura el hombre imponer a la materia sus propias estructuras mentales. El arte, en lo más profundo, es todo él investigación y análisis, muchas veces inconsciente e instintiva como segunda naturaleza humana, y nunca dogma y objeto de fe como lo es la revelación bíblica para aquellos a quienes no nos llega la dicha revelación. La abstracción figura las apariencias con el fin de simplificar a la vez que hacer complejas las cosas para estimular el pensamiento y profundizar el análisis. El arte no te dice, ¡cree!, no; el arte te dice, ¡piensa!, y se convierte, así, en el antípoda de la mal llamada «revelación bíblica y de los dogmas cristianos».

Por supuesto, el arte se vincula con el pueblo que es quien le da forma y contenido. En esto el arte tiene las mismas características que la ideología, las luchas, las costumbres específicas, lo jurídico y otras formas de manifestarse la conciencia social y la memoria histórica. El arte, en su contenido abarcador tiene relación con todos los demás fenómenos de la vida espiritual y material de la sociedad, es decir:

a) Con la ciencia.

b) Con la técnica, también en el sentido estético.

c) Con la ideología y la política (espíritu de partido en el arte).

d) Con la moral con referencia a lo estético ya lo ético).

e) Con las actitudes estéticas y movilizadoras del hombre frente a la realidad (aprehensión artística del mundo), situando al hombre y no al Cristo en la interacción con las relaciones éticas y las ideas de moral. O sea, es como decir que, a partir de este momento, el cual en parte se lo debemos al Renacimiento (uno de sus más destacados representantes lo fue Petrarca), se sitúa al hombre y no a Dios con la silla de Pedro, en el centro de los problemas. Este es, entre paréntesis, el verdadero humanismo, el de dejar al Dios y al Cristo de lado y asumir nosotros la responsabilidad, sin llegar nunca «a lo humano, demasiado humano», de lo cual nos sembró Nietzsche la sospecha.

El hombre y el artista son la misma cosa, es decir, «dígase artista y se ha dicho hombre». La imagen artística se elabora en el proceso de la incesante actividad creadora del hombre, sí; de ese, que como Sísifo, no tiene ya vacaciones, tal como dijo el primer premio Cervantes cubano, Alejo Carpentier; de ese que no tiene, por vocación, actitud para lo cristiano y sí para la creación, la rebeldía y la lucha. En lo personal, juega un importante y determinante rol la habilidad, el talento y la maestría individual y colectiva. La ciudad de Brasilia fue diseñada por un grupo de genios de la arquitectura, pero, ¿dónde dejamos a los cientos de miles de obreros y técnicos que ejecutaron esa magna idea?.

El arte, en su rejuego dialéctico, brota del hombre, por el hombre y para el hombre y se desarrolló vertiginosamente cuando en detrimento de la teología, aumentamos el estudio de la ciencia y la naturaleza. A través de su función estética y unívoca se revela su valor cognoscitivo y ejerce, por tanto, poderosa acción vivificadora sobre el animal viviente humano. La manifestación artística surgió no del sentimiento religioso, que es limitador de su espíritu por miedo al error y al pecado, sino de su instinto y se perfecciona en «el hombre mejorado, es decir, en el hombre teórico, que a su vez mejora a otros hombres».

La historia del arte es la historia de cómo se ha ido profundizando el reflejo artístico de la realidad. El progreso económico ha facilitado siempre el desarrollo del arte en una forma tal que ni Marx fue capaz de columbrarlo a mediano alcance. Genios como los del Renacimiento sólo podían surgir en el ambiente de ampliación del comercio y el cosmopolitismo que éste sembró en el género humano occidental, lo cual es conocido por «el milagro italiano». Este ambiente creó la distensión favorable para la creación artística y fue el intento no sólo de regresar a lo griego (que nunca tuvo a Dios como centro, sino al hombre); fue el intento de poner el Universo al alcance del hombre, de su inteligencia, a la vez que reafirmación de la personalidad individual contra la subordinación enajenada y oscurantista de la Edad Media dominada por la tiranía del Papa, la opulencia vaticana y el cristianismo.

El modo de producción capitalista, con su arrollador empuje económico y el descomunal desarrollo de las fuerzas productivas sociales, puso al arte y las ciencias a un nivel jamás soñado (ni por los precursores grecorromanos). En especial, con sentido hondamente pragmático, estimularon las matemáticas como el cuerpo común de las artes y de las ciencias, ya que incluso, tanto la doctrina de las proporciones como la teoría de las perspectivas, tienen en su base la disciplina matemática. Todo esto a pesar de que en sus inicios vulgarizó el capitalismo hasta el amor convirtiéndolo en una mercancía, si bien no fue el capitalismo el «inventor» de la prostitución. Junto con el desarrollo técnico que tanto necesitaba el capitalismo, vino el desarrollo artístico. Sí, el capitalismo, a pesar de que el afán de enriquecimiento domina y ocupa espacio y tiempo y en cierto sentido enajena al individuo, creó ambiente para pensar en forma muy superior al feudalismo dominado por la ideología cristiana (promovió incluso al Protestantismo como cristianismo más progresista) y creó las figuras del técnico que hace experimentos y del artista que observa; es más, los unió a los dos en la práctica.

El capitalismo completó el ambiente de distensión necesario para la creación y le dio soltura adecuada, ya que la creación, siendo como es, «caótica y libertaria», así lo exigía. El capitalismo hizo suyos los postulados teórico-empiristas del inglés John Locke (1632-1704), materialista, postulador de la experiencia como madre de las ideas y de una especie de pragmatismo político y económico que fue llevando a su país a los lugares cimeros. Éste había dicho, lo cual era el fondo de su filosofía que, es mejor ir París que estudiar la historia de París y veinte veces mejor estudiar un árbol que leer libros sobre árboles, o sea, es mejor comparar, combinar y abstraerse, con lo cual las ideas simples se convierten en complejas y útiles. El criterio de la verdad es la práctica. Y Marx, a pesar de ser, como Locke economista, político (es decir, teórico-práctico), filósofo y escritor, no columbró el indetenible impulso que la ciencia le iba a imprimir a Inglaterra y ésta llegaría a ser, y no Francia, la primera potencia mundial hasta los años cuarenta del siglo XX llegado el momento en que nadie había previsto que a partir de ese momento, serían los EUA, también orientados en el rumbo principal por una filosofía pragmática, los que la iban a desplazar de ese lugar cimero. Tampoco lo previó Nietzsche, si bien éste le daba otra connotación al aspecto científico, a la ingeniería y al arte como inspiradores y guías. Nadie previó:

a) Que veinte años después de la muerte de K. Marx en Londres 1883, e incluso en vida de Nietzsche, los EUA iban a ser la primera potencia mundial y no Inglaterra.

b) Que el acelerado desarrollo de la revolución industrial iban a cambiar de raíz la situación material y espiritual de esos países (EUA e Inglaterra) y del mundo «desarrollado» de aquel entonces y que el carácter del capitalismo iba a ser otro.

c) El conocimiento tan adelantado que íbamos a tener del planeta Tierra, del espacio sideral y de las leyes que rigen la biosfera (tierra, bosques, mares y atmósfera). Hoy casi dominamos prácticamente las cinco grandes esferas concéntricas del planeta (centrosfera, astenosfera, atmósfera, litosfera e hidrosfera).

d) Que iba a existir la teoría de la relatividad y mucho menos que, junto al átomo, iba a tener utilidad práctica al igual que las teorías de I. Newton, también con utilidad aplicada (Albert Eienstein [1879-1955] cuando Nietzsche murió apenas tenía unos veinte años de edad).

e) Que en estos tiempos se iba a hablar mucho de la palabra «big bang».

f) Que el teléfono celular, en fracciones de segundo, te podía comunicar, a la velocidad de la luz, de un lado al otro del globo terráqueo.

g) No previó la filosofía, ni Nietzsche en particular, el mapa del genoma humano, la clonación y la conquista de Marte y la Luna, ya próximas.

h) No se imaginaron la mayoría de los filósofos que el cielo sería surcado por verdaderos palacios volantes y hollado el mar por lujosos trasatlánticos. Y toda esta gigantesca obra humana es arte a pesar de que en algunos casos sea criticable, digamos, la bomba atómica, cuyo verdadero padre es Einstein. Pero todas estas creaciones, que son arte, molestan, cómo no, a la religión católica, pues esta vive convencida de que la ciencia no debe de tener «razones propias», con lo cual oculta que no debe de mejorar tanto al hombre porque entonces deja de ser hijo de dios y no expía el pecado y lo peor, se convierte él en su propio Dios, como quiere Nietzsche.

1.3 Extremos ocasionales en los movimientos artísticos

Hagamos un obligado paréntesis. El origen del arte es social, pero llevado a extremos esta tesis se torna aberrante y dañina al espíritu. Por ejemplo, el arte del tiempo de los faraones, con su rigidez e inmovilismo, el «arte» cristiano con su negativa a pintar escenas de la vida mundana y el desnudo humano; el «arte» del «realismo socialista» estereotipando e ideologizando el arte, fueron utilizados amplia y firmemente por los poderes establecidos para la coacción ideológica en sus épocas respectivas. Vamos a analizar un poquito el así llamado «realismo socialista» y el arte egipcio.

Marx, tenemos que volver sobre el tema, observando la sociedad inglesa del siglo XIX, que se desarrollaba con «sangre, sudor y lágrimas», explotando sin misericordia no sólo a los hombres, sino a las mujeres y los niños, se apuró en declarar que, dada la absolutización que del aspecto mercantil hacía el burgués dominante, éste y su sistema eran hostiles e indiferentes al arte. Se pensó por Marx que, bajo el sistema burgués, el arte, la ciencia y la técnica (en conjunto el arte), tendrían un espíritu decadente. Esta corta metafísica de Marx, anticientífica en el fondo y falta de voluntad de futuro, les dio cobertura a los falsos profetas del socialismo real. En la realidad, el desarrollo capitalista iba a proporcionar, simple y naturalmente, sin dirigismos, una división social del trabajo capaz de estimular como nunca, la poesía, la pintura, la arquitectura y todas las artes, entre ellas las de la organización. De ahí, de esa idea poco avizora de Marx y del «ardor del neófito», presente en los jefes de la revolución de octubre en Rusia, se desarrolló la idea del fatídico «realismo socialista». También había cómo no, una dosis no pequeña de oportunismo sectario y de subdesarrollo mental en los doctrinarios jefes que sustituyeron a Lenin. Se aprovechó, para implantar el realismo socialista, una propuesta de Máximo Gorki, (Alexis Maximovich Peshkov 1868-1936) de desarrollar «el realismo» como una versión, según su idea, de superar el realismo crítico de los tiempos de Honoré Balzac (f. 1799-1850), L. Tolstoi y É. Zola.

El realismo socialista era un «arte» para funcionarios mediocres, no para intelectuales de verdad. Según estos individuos, el triunfo ya cercano del socialismo en el mundo entero, harían inservibles, por burguesas, las obras de Bach, Mozart, Miguel Ángel y Göthe, por sólo citar algunos de los grandes de la humanidad que ellos iban a eliminar. En los tiempos modernos recientes, los hitlerianos organizaron piras públicas para quemar obras de la literatura universal que no convenían a sus intereses mezquinos. El socialismo cesarista no organizó piras públicas, sino que fue más sutil. Aplicaron un «arte» politizante combinado con un terror de baja o alta intensidad (dependía de las circunstancias que fuera a veces de alta intensidad), pero en la práctica jugó el mismo papel que las piras de Hitler. Contrarrestaban esta labor con sobornos en base a premios estatales y tiradas exageradas de las obras que eran de la simpatía de la dirigencia y de control disimulado de las que no eran de su agrado. Aún hoy, en la República Popular Democrática de Corea, que tiene poco de república, de democracia y de popular, suceden estas cosas y nadie se atreve a desplegar sus ideas. Los talibanes (jóvenes) en Afganistán destruyeron la famosa esfinge del Buda y quemaron en actos públicos los libros que no fueran del Corán y los instrumentos y literatura de ajedrez. Prohibieron además la televisión y la música que no fuera estrictamente religiosa, porque ésta distraía a las personas de las oraciones a Alá y de los discursos del Mullah Omar. O sea, todos los sistemas absolutistas y centralizados tienen un punto en común: el miedo a la crítica hacia arriba y a la libre creación. La misma fogata hizo el dictador chileno A. Pinochet con las obras de Marx.

Corresponde, sin embargo, a los egipcios antiguos el tristemente célebre mérito de haber empadronado estatalmente el arte. El arte egipcio de los faraones convirtió al pueblo en servidor del Más Allá y del más Acá de los poderosos. No en balde el cristianismo surgió ahí, en ese medio. El arte era un arma ideológica que sirvió para tener al pueblo sumiso y así, junto a latigazos en el lomo, construir obras de riego, pero también obras inútiles, como las pirámides, aunque hoy las consideramos arte, cómo no y triunfo del hombre. Trabajando como esclavos y pensando en dioses, el pueblo pasaba el tiempo, más bien vegetando que viviendo. (En importar incienso para quemar en los templos se gastaban inmensas fortunas. De hecho se dice que era el incienso el primer rubro de importación del antiguo Egipto). Las formas eran, para los egipcios y para los que encasillan la creación artística, lo más importante, porque así dirigían el contenido. En el antiguo Egipto la astronomía, la escritura, la medicina, eran conocimientos sólo de grupos, atesorados por las clases minoritarias que ocupaban las posiciones de poder. Las pirámides, en cierto sentido, y mostrando formas más que contenido, nos sugieren los estratos sociales de la población y el estado egipcios. La extensa base de las pirámides representa al pueblo que sostiene, digamos, al ejército, que está un poco más arriba; por encima del ejército se encontraban los funcionarios; subiendo un poco más, los sacerdotes y en la cúspide o vértice, el faraón. Esto, como generalidad, porque hubo momentos en que los sacerdotes y el ejército estuvieron por encima incluso del faraón, pero eso sí, el pueblo fue siempre pedestal, nunca ara. El pueblo lo construía todo y en cambio, no valía nada. Los griegos promovían el culto al valor personal y el politeísmo; los egipcios, y en general los orientales, cultivaban la sumisión, el inmovilismo y el monoteísmo.

En Egipto, a diferencia de Grecia, el poder terrenal se mezclaba con el poder celestial o religioso. Por eso el faraón, supremo mandatario, era también hijo de la divinidad. De ahí, de la copia del faraón, nace el Dios Todopoderoso, o sea, nace de ahí, de ese torpe y brutal aplastamiento de la voluntad del pueblo. Es a esto a lo que se llama «estado teocrático». El pueblo egipcio durante mucho tiempo tuvo que erigir tumbas monumentales para los faraones y templos descomunales para los sacerdotes. Los dioses, como los palazos en el lomo, se heredaban de generación en generación sin que el suplicio del pueblo tuviera fin. Un bisnieto recibía los mismos rebencazos y humillaciones que recibió el bisabuelo. Cada egipcio pensaba que, pese a la renovación, todo era siempre lo mismo. A este concepto asociaban hasta las inundaciones del río Nilo. A una inundación seguía idéntico periodo de siembra y recolección; a cada noche seguía idéntico día; se moría un faraón o lo mataban y lo sustituía otro exactamente igual. ¡Qué le importaba a un egipcio el cambio de dinastías ni la explicación sobre ellas, por ejemplo, si iba a recibir igual los mismos palos en las espaldas que cien generaciones de gente humilde atrás! Debe de haber habido excepciones y rebeldes, pero las clases dominantes lograron por mucho tiempo adormecer, no sólo con la más cruel de las represiones, sino con la religión y el dominio de todas las formas de expresión, entre ellas las obras de arte, la conciencia del pueblo. La represión ideológica tuvo al pueblo sumido en la ignorancia, el sufrimiento menesteroso y en el inmovilismo. El arte les ayudó al ejército, a los sacerdotes y a los faraones, a mantener al pueblo en la esclavitud.

El arte oficial egipcio, único que en la realidad existía, era convencional, como convencional fue el realismo socialista y las ideas hitlerianas sobre la cultura. Los fundamentalistas de hoy piensan igual que los egipcios antiguos. El arte egipcio estaba regido por reglamentos. Eso garantizaba que siempre sirviera al estado y a sus intereses. Según hemos leído en toda literatura acerca del Oriente, los edificios egipcios estaban pintados y tallados con pinturas y figuras religiosas o alegóricas a la vida de los faraones. Estas figuras se pintaban con colores planos y sin variación en su superficie. Lo que más caracterizaba al arte egipcio era lo estático de sus realizaciones. Sus obras no daban idea de movimiento, lo cual quiere decir que fueron pensadas por excelentes ideólogos. Aun cuando la figura humana está por ejemplo en pose de caminar, sus miembros son tan rígidos que no causan idea de movimiento. Su característica es la inmovilidad tanto en la figura humana como en la monumentalidad de sus obras. El empleo de la piedra como material principal, nos dicen los egiptólogos, da sensación de querer trascender no sólo en el tamaño, sino en el tiempo. El arte, sin embargo, como relación entre el pensamiento humano y la realidad, tiene carácter social incluso para los egipcios del tiempo de los faraones.

> *"Esclarecer el origen del arte desde el punto de vista materialista significa demostrar, en primer lugar, que toma su contenido de la realidad y en segundo lugar, que la creación artística surgió inevitablemente de la vida material de los hombres y sirve a determinadas necesidades sociales".*[8]

El arte es un reflejo de la realidad interpretada por el pensamiento abstracto del hombre y adaptado a sus necesidades complejas. No es un producto del Más Allá y la prueba está entre otras cosas, en que ni el

---

[8] Colectivo de Autores (1980), *Historia del arte*, I-V Editorial Pueblo y Educación Ministerio de Cultura de Cuba. A cargo de Margarita Colosia y Rafael Cerezo p. 27.

Antiguo Testamento ni en los Evangelios hay un solo llamado, como no lo hay en todo el cristianismo así llamado primitivo, a la sabiduría y al arte. Más bien prima en los evangelios el pensamiento de que si el hombre se hace científico, se acaba Dios. Una sociedad monoteísta y estática, como el «socialismo real» y como la que proponen ahora los fundamentalistas árabes, produce sólo un arte como el que acabamos de analizar. El Renacimiento, y todo lo que a él se parezca, produce irremediablemente, figuras excelsas y obras de arte imperecederas. Sólo una sociedad que gracias al trabajo, a la organización colectiva y a la libertad de creación y asociación; una sociedad que se eleve sobre el nivel del rebaño, sólo en esa sociedad, se dan buenas obras humanas; sólo en esa sociedad nace la posibilidad y la necesidad del arte como impulso vital del hombre. Y para lograr tal sociedad, hacen falta superhombres, hombres con arte dentro como los suponía Nietzsche.

2. Concepción nietzscheana del arte como liberación del dogma religioso

Para conocer la concepción nietzscheana sobre el arte bastaría estudiar *El nacimiento de la tragedia*, donde por primera vez, que conozcamos, nos da a conocer su admiración por la tragedia y el ideal trágico como la forma más acabada y útil de hacer arte. Cada hombre o filósofo tiene su «caballo de batalla». El de Marx fue la «lucha de clases» para llegar al comunismo o «reino de la abundancia»; el de Schopenhauer, «la voluntad como meta y el mundo y su representación»; el de Kant, la moral y el «imperativo categórico, el tú debes» y el de Aristóteles la «inteligibilidad humana», o sea, la intelección como auténtica aspiración del hombre y no la fe sin saber, como muchas veces sucede, de dónde nos nacen las convicciones por las que vamos a la pelea. Nietzsche, desde sus primeras obras tuvo como «caballo de batalla», a la tragedia, al ideal trágico, a la voluntad de poder y ¡al superhombre!. La cultura alemana y europea es lo que más le preocupaba, porque no era cultura en el verdadero sentido de la palabra, sino campañas para crear «estados de opinión pública». Uno de los críticos (analistas) más profundos de Nietzsche lo fue Eugen Fink. Sin embargo, cuando en La filosofía de Nietzsche hace la evaluación del filósofo acerca de la cultura y el arte, creo que se excedió y tomó demasiado al pie de la letra las expresiones del pensador alemán. El matiz que le da al asunto Eugen Fink puede confundir a más de uno. Dice así:

"No polemiza sólo con la moral y la religión tradicionales. Su lucha tiene la forma de una crítica total de la cultura".[9]

En realidad lo que quería Nietzsche era criticar la influencia cristiana sobre la cultura, por eso la somete a toda a la crítica y no a la demolición. La cultura, y el arte, estaban y aún en cierta forma lo están, inficionados por la idea religiosa. La sombra cristiana sobre la cultura y el arte, es más dañina que la sombra del manzanillo y las anacardiáceas para el ser humano, como diría un poeta; su crítica total a la cultura, era a la cultura enferma por la herencia cristiana y de creación de «opinión pública», en especial la llevada a cabo por Bismarck y a la cual le hizo juego Wagner y muchos intelectuales más, es decir, la cultura, a lo cual dice Nietzsche:

"Aquella airada explosión contra la teutomanía, la acomodaticiedad y el apordioseramiento de la lengua del decrépito David Strauss, el contenido de la I Intempedstiva...".[10]

"Richard Wagner, aparentemente el máximo triunfador, en verdad un romántico pútrido, desesperado, se postró de pronto, desamparado y quebrado, ante la cruz cristiana...".[11](*)

Es decir, «no es una crítica total a la cultura», sino a la cultura alemana de Bismarck, de Wagner y de David Strauss. De creer que fue una crítica total a toda la cultura, tendríamos que pensar que Nietzsche era nihilista y/o pesimista y en el peor de los casos, un filósofo de esencia negativa. Él era, como sabemos, vitalista y pragmático, pero con una

---

[9] Fink, Eugen *La filosofía de Nietzsche*, o. c. cap. 1 La metafísica del artista p. 10.

[10] HDH o. c. Prefacio 1 p. 7 "Jener zornige Ausbruch gegen die Deutschthümelei, Behäbigkeit und Sprach- Verlumpung des altgewordenen David Strauss, der Inhalt der esrten Unzeitgemässen". MAM o. c. Band 2 II. Vorrede 1. p. 369^{-20}.

[11] *Ibíd*. Prefacio 3 p. 9 * Alusión a la ópera Parsifal. " Richard Wagner, scheinbar der Siegreichte, in Wahrheit ein morsch gewordener, verzweifelnder Romantiker, sank plötzlich, hülflos und zerbrochen, vor dem christlichen Kreuze nieder... ". MAM o. c. Band 2. II Vorrede 3 p. 372^{-5-10}.

metafísica tan desarrollada, que vio lo que nadie más pudo columbrar, o sea, la tormenta que iban a traer los vientos que se estaban sembrando en Alemania. La «santa cruz» ante la cual se hundió Wagner «paradigma» de la cultura alemana, anonadado, es lo que criticó y molestó a Nietzsche. Fue él el único alemán, al parecer, con ojos para ver, con compasión en la conciencia para lamentar ese horrible espectáculo de una cultura que parecía ir hacia arriba cuando se hundía rumbo a un abajo sin fin, y todo ¿gracias a qué?, gracias a la maligna sombra del cristianismo cuyo símbolo es la «santa cruz» que derrumbó a tanta gente, entre ellos al que más le dolía Nietzsche, Wagner. Tan fuerte resultó el choque producido en el filósofo de Basilea, que cayó enfermo, pero enfermo de verdad. Así, confiesa:

> *"Al proseguir solo, temblaba; no mucho después caí enfermo, más que enfermo, cansado por la irresistible desilusión respecto a todo lo que nosotros, hombres modernos, nos quedaba para el entusiasmo, respecto a la fuerza, el trabajo, la esperanza, la juventud, el amor «despilfarrado» por doquier, cansado por asco hacia lo afeminado, y exaltado-indisciplinado de este romanticismo, hacia toda la mendacidad idealista y reblandecimiento de la conciencia, que aquí se había llevado una vez más la victoria sobre uno de los más valerosos; cansado en fin y no menos por la pena de una inexorable sospecha: que, tras esta desilusión, estaba condenado a desconfiar más profundamente, a estar más profundamente solo que nunca antes".*[12]

Podemos comparar este texto, como que eso mismo le sucedió al padre del filósofo, que se enfermó, se fatigó y se le «reblandeció el cerebro», pero no a causa de un golpe al caerse de una escalera como suelen decir, sino a causa del sufrimiento por los acontecimientos revolucionarios europeos en la década del cuarenta, en la cual él era ferviente monárquico. La tristeza ante el retroceso de las monarquías le reblandeció el cerebro, pues sintió que su mundo se hundía. No existen dudas de que Federico Nietzsche era hijo de Karl Ludwig Nietzsche y que heredó o pudo haber heredado todas las enfermedades de su padre. Claro, el hijo luchó más que el padre y se dijo a sí mismo: *"¡Un doliente*

---

[12] HDH o. c. Prefacio 3 p. 9 MAM o. c. Band 2 II. Vorrede 3 p. 372[-20-25].

todavía no tiene ningún derecho al pesimismo!".[13] Pero desde luego, no renuncia al pesimismo para condenar el romanticismo barato de los alemanes, y es, en estas condiciones, donde declara que encontró el camino a sí mismo, ¿dónde?, en el «pesimismo intrépido» (HDH. Prefacio 4 p. 10), contrario a todas las habladurías románticas. En él, en ese pesimismo intrépido, está, dice, nuestra tarea, pues este pesimismo es oculto y dominador; es objetivo, y por tal motivo se toma desquite cada vez que queramos separarnos de él y cuando queremos tomar decisiones prematuras y aliarnos a aquellos de quienes no formamos parte y cuando nos atacan convicciones, como las de la santa cruz, que en realidad no sabemos de dónde nos vienen. El pesimismo intrépido nos ayuda a no sucumbir. Aquí sí, aquí podemos afirmar con E. Fink, que *"Nietzsche ve el mundo como un juego trágico"*.[14]

Nietzsche ve el mundo como un juego trágico, es decir, con el arte trágico, porque en definitivas cuentas qué es la tragedia si no una copia exacta de la vida real de los hombres. Nos puede parecer que Edipo rey es cruel. Pero, ¿no está muy por debajo de personajes de la vida real como los de la guerra de Troya, de Julio César, de Atila o como la supuesta guerra (pues nunca hubo declaración de guerra, fue como se dice en Puerto Rico una invasión a la cañona) de Irak hoy? ¿La trama de Edipo rey, sabio sufridor, no es inferior a los horrores reales del hitlerismo recientemente cometidos no sólo contra los judíos, sino contra todos los pueblo de Europa? Nietzsche, ajeno a la especulación, a pesar de que como Hegel hubiera tenido suficiente capacidad para ella, y apegado al martillo como si fuera el mejor de los carpinteros, nos sugiere el análisis de la tragedia y no al cristianismo, para tener una visión del mundo, convencido, como sugiere en las Intempestivas, que el pasado, bien analizado, tiene mucho que decirle al mundo de hoy y al de mañana. Por eso él no critica, ni demuele, a toda la cultura, sino a la inficionada por la «*santa cruz*». A lo fácilmente triunfante, a lo moralizador y marcador de pautas es lo que él critica y trata de demoler. Y sembrar, por todas partes, la sospecha. En aras de esto último, hasta a

---

[13] *Ibíd*. Prefacio af 5 p. 10 "...ein Leidender hat auf Pessimismus noch kein Recht...". MAM o. c. Band 2 II Vorrede p. 374-30.

[14] Fink, Eugen. o. c. Psicología del arte como conocimiento del mundo p. 25.

su máxima creación, Zaratustra, lo convierte en escéptico. «El juego trágico», al ser catalizador del hombre es la más efectiva manifestación de arte. Nietzsche era admirador de éste y más si era «arte trágico», porque este tipo de arte no tiende a domar al hombre como hace la religión, sino a mejorarlo, a fortalecerlo en todo el sentido de la palabra, a desarrollarle el intelecto, a ponerlo a pensar y le desarrolla hasta los instintos, que le permiten, de una ojeada, apreciar las situaciones más complejas y actuar sobre ellas. La tragedia, tan predicada por Nietzsche, proporciona la verdadera intelección, pues es la vida, sí, esa vida que comienza realmente ¿dónde?, en el fondo caótico primordial donde predomina Dionisos (el contenido). Si bien la tragedia es la que purifica, esta lo hace en forma da catarsis y no de sermón, como el cristianismo. Para Nietzsche lo primero, en el sentido del arte para el hombre en particular, es la intuición. O sea, es la facultad de apercibir de modo inmediato la realidad sin previo razonamiento lógico, pues éste viene sólo a continuación. Con la intuición se aprehende, así, de pronto, la esencia de las cosas. No quiere decir, desde luego, que sea ésta una facultad mística del conocimiento, incompatible con la lógica, el razonamiento y la práctica de la vida. Al arte se llega, quiere decir, por tres vías: la intuición, la lógica y/o razonamiento y por la práctica de la vida y esta última se incluye, por supuesto, el aspecto social del problema.

Pero el camino del arte empieza por la intuición, tal como es el hombre, la inspiración y la movilización de esa segunda naturaleza del hombre, de esa que lo impele a movilizarse para la creación, aunque acompañada de manera decisiva por el medio social y natural. El arte es, pues, firmeza e inspiración. El espíritu trágico es la máxima firmeza en el arte aunque sea apolíneo-dionisíaco como la máxima de las antítesis. Dice Nietzsche:

> *"Con sus dos divinidades artísticas, Apolo y Dionisos, se enlaza nuestro conocimiento de que en el mundo griego subsiste una antítesis enorme en cuanto a origen y metas, entre el arte del escultor, arte apolíneo, y el arte no-escultórico de la música, que es arte de Dionisos: esos dos instintos tan diferentes marchan uno al lado del otro, casi siempre en abierta discordia entre sí y excitándose mutuamente a dar a luz frutos nuevos y cada vez más vigorosos, para perpetuar en ellos la lucha de aquella antítesis, sobre la cual en apariencia tiende un puente la común*

palabra «arte»: hasta que, finalmente, por un milagroso acto metafísico, de la «voluntad» helénica, se muestran apareados entre sí y en ese apareamiento acaban engendrando la obra de arte a la vez dionisíaca y apolínea de la tragedia ática".[15]

Dionisos, sin embargo, no puede vivir si Apolo como éste no puede sin aquél. El arte es contenido y es forma. La escultura, que «viene» de Apolo, simboliza las formas y la música, «viene» de Dionisos, el contenido, según captamos de la idea nietzscheana en el NT. Ya desde su primer libro, olvidémonos ahora del «detalle» de música y escultura, nos sugiere Nietzsche cómo debe brotar el arte. Ya desde su primer libro, donde era aún más filólogo que filósofo, este pensador tenía la idea de que el arte no sólo debe de tener formas y constituir un espectáculo, sino contenido, vale decir, objeto y poseer poder movilizativo en el hombre y para el hombre. Un poco más adelante en este trabajo veremos su concepto claramente definitorio de «espectáculo y espectador» en el arte. De paso podemos dejar establecido el carácter coherente de la obra de este filósofo de principio a fin: empezó con que el arte tiene que tener fin u objeto y a la vez bellas formas, y así terminó. La belleza, que la da el hombre en el arte, ayuda a mejorar la condición humana. Eso es lo que quiere decirnos el filósofo de un rincón cualquiera de Los Alpes, lugar donde al parecer se encontraba cuando escribía El nacimiento de la tragedia. Los juicios y la filosofía cristianos, por supuesto, nada tienen que ver con estos conceptos nietzscheanos acerca del arte y la vida, que son la misma cosa.

2.1 Identificación del arte y el ser

El arte abarca toda la vida del hombre. Las ciencias incluso, que nos parecen enormes y sagradas, y no sólo que nos lo parecen, sino que lo son, forman parte del arte, como hemos establecido en la introducción. El conocimiento y dominio del mundo lo logramos a través de las ciencias naturales, pero también a través del arte y con actitud e inmanencia artística. Con el arte y por medio de él, conocemos el pasado, tanto de

---

[15] NT o. c. Prólogo a R. Wagner Af. 1 p. 40 DGT o. c. Band 1 Vorwort an Richard Wagner 1 p. 25[-15-20].

los egipcios como de toda la prehistoria humana. Pero lo más importante, nos ayuda a conocer el presente y a proyectar el futuro porque nos dice lo que sucedió, cómo sucedió y también el porqué sucedió. El arte es un «ayudante» muy eficiente de la historia en esto de decirnos cómo fuimos y cómo seremos. El arte supera el nivel de una simple disciplina, para convertirse en un ente metafísico. Este nos permite ver más allá de lo físico, más allá de lo convencional, no sólo para comprender mejor la realidad, sino para crearla. Sí, a través del arte podemos crear nuestra propia realidad y contribuir a que la tierra deje de ser el valle de lágrimas bíblico y el de la visión de los cristianos con su pesimismo y nihilismo en lo que a producción artística se refiere.

Nietzsche analiza el arte con la óptica de la psicología y de la vida. Se aparta, para el análisis del arte y de la propia vida, del Ser, de los viejos cánones de la filosofía y de la tradición cristiana. Sin embargo, esta variación psíquica no le impide a Nietzsche ver al mundo como algo material, como «el sentido de la tierra» y como un «juego trágico», repetimos. Lo trágico, y no lo religioso, constituyen el principio cósmico de la actividad de los hombres. Claro, para entender la idea nietzscheana acerca del arte hay que tener una especie de «tercera conciencia» y comprender que no sólo brota éste del cuerpo físico-biológico del hombre concreto, sino de su componente social. Para Nietzsche quedaba claro, al parecer, que el pensar, de donde en última instancia surge el arte, no está sujeto sólo a leyes biológicas y su evolución, especialmente del cerebro como órgano especial y superior de la materia o «materia altamente organizada», sino a fenómenos sociales, entre los que están también la estética y la filosofía. El pensamiento es un proceso activo en el que el mundo objetivo se refleja en conceptos, juicios y teorías. Nietzsche, en el análisis del arte, no absolutiza la intuición y abandonando o superando la interpretación puramente fisiológica del asunto, da un viraje al aspecto estético y psicológico, con lo cual reconoce, tácitamente, como lo hubiera hecho un filósofo materialista cualquiera en forma explícita, la acción determinante de lo social en el arte y por lo tanto, en el pensamiento. Porque, ¿qué es lo estético y lo psicológico, sino lo social determinado sobre lo natural-psicológico? El pensamiento, y así debía entenderlo también el pensador de Röcken, es un producto social tanto por las particularidades de su origen, como por la manera de funcionar así como por los resultados finales. Quizá

Nietzsche, eso sí, no quiso hacer causa común con el «materialismo histórico», al que no pocos consideran pseudo ciencia y le buscó un lenguaje diferente a sus conclusiones. Pero el pensamiento, como el arte en general, se encuentra indisolublemente ligado al trabajo y al habla y sus resultados finales se dan en el lenguaje. Son propios del arte y del pensar en general, lo estético, lo psíquico y procesos tales como: la abstracción, el análisis y la síntesis, de donde surge la hipótesis y la idea firme o conclusiva. En una palabra, tanto el arte como el pensamiento se hallan vinculados a procesos psíquicos y este no existe aislado de la conciencia del hombre, es decir, de su pensar y de su ética. Dice M. Rosental:

> *"En psicología el pensamiento es el proceso de interacción entre el sujeto cognoscente y el objeto cognoscible; es la forma básica que regula la forma de orientarse el sujeto en la realidad".*[16]

El pensamiento, que nada tiene que ver con la idea cristiana y hegeliana, es decir, ni viene del «más allá» ni se regenera él solo en el individuo sin la intervención de la realidad, o sea, de la vida. El arte, y el pensamiento, así debe de haberlo comprendido el filósofo de «la voluntad de poder», es el resultado del pensamiento creador y a éste se llega, por el pensamiento productivo, que a su vez, se transforma en pensamiento reproductivo y da las premisas del «pensamiento creador», o sea, del que conduce al arte. Nada de lo dicho anteriormente niega, sin embargo, la concepción nietzscheana del dualismo apolíneo-dionisiaco de donde brota el arte u obra del arte. El arte es hijo de Dionisos y Apolo a la manera como hace la regeneración a la dualidad de los sexos. Negar esto sería negar la vida misma y la realidad. El arte y el pensamiento nacen de la vida misma, de lo social en un componente equilibrado de las formas y la figura (pureza de Apolo) y fondo oscuro generador de dureza y de vida (Dionisos).

Al principio Nietzsche, con *El Nacimiento de la Tragedia*, toma a Apolo y a Dionisos, al parecer sólo como metáforas para expresar los estados contrapuestos del ser humano, de los instintos humanos. Pero

---

[16] Rosental, Mihaíl (1981), *Diccionario Filosófico*, Editora Política, La Habana Cuba p. 356.

según uno se adentra en su obra se va dando cuenta de que no es un asunto de metáforas, sino que va mucho más allá. En el arte, como hemos reiterado, Apolo representa la luz, las formas y la medida. Dionisos, en cambio, representa lo caótico, lo desmesurado, la embriaguez y el frenesí sexual, lo informe, que libera al corazón del hombre, como en una procesión, de todos los afanes y lo hace con las fiestas, con el júbilo que provoca el vino y la alegría de la carne. Todos tenemos un poco de Dionisos y un poco de Apolo. Pero es mejor que la mayor parte sea de Dionisos. De lo contrario, no aparece el cambio, el devenir, pues todo hombre debe de ser un instrumento de destrucción si quiere que la vida fluya. Sí, cada hombre debe de ser, como dijo Nietzsche refiriéndose a Alejandro, un «Dionisos de carne y hueso». De esta manera, Nietzsche, tácitamente, también amplía el concepto del arte al ser mismo. Alejandro «ese Dionisos de carne y hueso», un arte él y la guerra que llevó a cabo, fue dominado por Apolo en Halicarnaso (antigua colonia doria, patria de Herodoto), en Mileto y otros lugares, pero aplicó el desenfreno de Dionisos en Tiro (antigua ciudad fenicia, hoy Es-Sur), en Tebas (antigua ciudad del Alto Egipto, hoy Karnak y Luxor) y en Persépolis (complejo monumental del antiguo Irán). La vida, para que sea vida de verdad, ha de tener desenfrenos y frenos y contrafrenos a la manera de las dos divinidades griegas. Por esta razón Nietzsche aplica, desde el NT, según nuestra idea, la identificación del arte y el ser. El propio E. Fink cita palabras de Nietzsche que justifican esta nuestra idea de la potencia abarcadora del arte y de la identificación del arte y el ser. Dice así E. Fink:

> *"La bella apariencia de los mundos oníricos en cuya producción cada hombre es artista completo, es el presupuesto de todo arte figurativo".*[17]

Pero Nietzsche tiene prisa en lograr que no nos confundamos. Lo existente, que se junta y actúa en el espacio y en el tiempo, es, a la vez, divisible, particularizado y «todo es uno». En la tragedia griega, por ejemplo, cada artista lo es tanto del sueño, Apolo, como de la embriaguez, Dionisos, porque todo hombre tiene de los dos un poco. Nos dice Nietzsche:

---

[17] Fink, E. o. c. en La metafísica del artista 3 p. 27.

> *"Hasta ahora hemos venido considerando lo apolíneo y su antítesis, lo dionisiaco, como potencias artísticas que brotan de la naturaleza misma, sin mediación del artista humano y en las cuales se encuentran a satisfacción por primera vez y por vía directa los instintos artísticos de aquélla: por un lado, como mundo de imágenes del sueño, cuya perfección no mantiene conexión ninguna con la altura intelectual o con la cultura artística del hombre individual, por otro lado, como realidad embriagada, la cual, a su vez, no presta atención a ese hombre, sino que intenta incluso aniquilar y redimirlo mediante un sentimiento místico de unidad. Con respecto a esos estados artísticos inmediatos de la naturaleza, todo artista es un «imitador»".*[18]

O sea, el arte no es hijo de Apolo y Dionisos ni de la naturaleza, sino del hombre. Cada hombre, además, empieza con la experiencia de los otros que le antecedieron y depende de su nivel cultural, su tradición, su cultura ancestral y su carácter. Depende todo, en fin, del aspecto social más que del natural. La intuición incluso no es supranacional ni mística. Tras la facultad de apreciar, de «una ojeada» la realidad, se encuentra, más que otra cosa, una gran experiencia acumulada, un saber adquirido anteriormente por otras personas y un ambiente (elemento social), que te respalda para hacer arte. Por otro lado, todos somos artistas porque todos tenemos dentro a Apolo y a Dionisos, lo cual identifica también arte y ser. Con esto se hace posible, y todo lo niega, ignorándolo, el NT, o esa, la ciencia, la cultura y la elevación aristocrática del hombre. El camino de la ciencia y el arte es árido y a la gloria no se llega por caminos llanos. Se necesita, por el contrario, mucho esfuerzo, mucho sacrificio; ánimo para vencer resistencias y se necesita experiencia acumulada. No en balde las razas y los individuos más antiguos son también los más triunfadores. Se necesita asimismo mucha solidaridad, o sea, trabajo colectivo pasado y presente. La existencia del ser es dura y para enfrentarla se precisa «fuego de militancia» en el cuerpo e inspiración artística. Dice Nietzsche:

> *"Aquel pueblo [se refiere a los griegos] tan excitable en sus sentimientos, tan impetuosos en sus deseos, tan excepcionalmente capacitado para*

---

[18] NT o. c. Prólogo a Richard Wagner Af. 2 p. 46 DGT o. c. Band 1 Vorwort an R. Wagner 2 p. 30^{-20-25}.

el sufrimiento, ¿de qué otro modo habría podido soportar la existencia...?. El mismo instinto que da vida al arte, como un complemento y una consumación destinados a seguir viviendo, fue el que hizo surgir también el mundo olímpico en el cual «la voluntad» helénica se puso delante de un espejo transfigurador".[19]

Y agrega Nietzsche:

"También el arte dionisiaco quiere convencernos del eterno placer de la existencia: sólo que ese placer no debemos buscarlo en las apariencias, sino detrás de ellas".[20]

El arte trágico, o arte dionisiaco, no sólo tiene poder movilizador, sino poder de diversión, de entretenimiento y de sostén espiritual de la vida. *Buscarlos detrás de las apariencias* para que nos ayude a la existencia, quiere decir que no debe de ser un arte superficial y sólo contemplativo, sino un arte que, identificándose con el ser, estimule la actividad humana cognoscente.

2.2 Idea nuclear nietzscheana acerca del arte

Para Nietzsche, la música, como una de las expresiones específicas de manifestación del arte, es el espejo universal de la voluntad del mundo. Pero en cada aspecto y/o conducta humana importante, el filósofo alemán dejó su pronunciamiento ideológico. Si analizó los valores en general, planteó «transvalorarlos todos. Si analizó el arte, como es el caso que ahora nos ocupa, plantea que no puede ser un objeto en el hombre «el arte por el arte» y el arte de apariencias. Claro, el arte de este pensador nada tiene que ver con las corrientes artísticas tradicionales (realismo crítico de É. Zola y/o Balzac o romanticismo de Víctor Hugo). Tampoco hubiera aprobado, de haberlo conocido, el «realismo socialista». El arte, para este pensador, debía ser ante todo, sino de extremos, de contenido y objetos con el fin de hacerle frente a la dura

---

[19] *Ibíd.* Af. 3 p. 53 DGT o. c. Band 1 Vorwort an R. Wagner 3 ps. 35^{-30} -36^{-15-20}.

[20] *Ibíd.* 17 p. 138 "Auch die dionysische Kunst will uns von der ewigen Lust des Daseins überzeugen: nur sollen wir diese Lust nicht in den Erscheinungen, sondern hinter den Erscheinungen suchen". DGT o. c. Band 1 Vorwort an R. Wagner 17 p. 109^{-5}.

realidad de la vida. Debía ser un arte despojado de mojigaterías y formulismos religiosos. Nos dice muy claramente al respecto:

"El arte es el estimulador para vivir: ¿cómo podría concebírselo como algo carente de finalidad, de meta? ¿Cómo l'art pour l'art? –Todavía queda una pregunta: el arte pone también de manifiesto las cosas feas, duras, problemáticas de la vida–, ¿no parece con ello quitarnos el gusto por ésta? Y de hecho ha habido filósofos que le han atribuido ese sentido: Schopenhauer enseñó que el propósito general del arte era «desligarse de la voluntad», veneró, como la gran utilidad de la tragedia el «disponer a la resignación». Por esto –ya lo he dado a entender– es una óptica de pesimista y un «mal de ojo»: hay que apelar a los artistas mismos. ¿Qué es lo que el artista trágico nos comunica acerca de sí mismo? Lo que él muestra –¿no es precisamente el estado sin miedo frente a lo terrible y problemático?– Ese mismo estado es una aspiración elevada; quien lo conoce lo venera con los máximos honores. Lo comunica, tiene que comunicarlo, suponiendo que sea un artista, un genio de la comunicación. La valentía y libertad del sentimiento ante un enemigo poderoso, ante un infortunio sublime, ante un problema que causa espanto, –ese estado victorioso es el que el artista escoge, el que él glorifica. Ante la tragedia lo que hay de guerrero en nuestra alma celebra sus naturales; quien está habituado al sufrimiento, quien va buscando el sufrimiento, el hombre heroico, ensalza con la tragedia su existencia–, únicamente a él le ofrece el artista trágico la bebida de esa crueldad dulcísima".[21]

Es un aforismo un poco largo. Hemos copiado la mitad de él debido a lo interesante y sobre todo, lo definitorio que resulta ser. Tan claro y definitorio es, que no necesita comentarios. Sólo decir lo siguiente:

• Si la «transvaloración de todos los valores» constituye el eje alrededor del cual gira la idea nietscheana de los valores inficionados por el cristianismo, alrededor de este aforismo gira la idea de Nietzsche sobre el arte como valor específico opuesto a la «sombra religiosa» que todo quiere cubrirlo. El arte no puede ser encasillado y llevado a extremos como hemos analizado, pero tampoco es el arte por el arte como

---

[21] CI o. c. Incursiones de un intempestivo Af. 24 *L'art pour l'art* ps. 102-3 GD o. c. Band 6 Streifzüge Unzeitgemässen Af. 24 ps. 27 [25-30].

querían algunos intelectuales europeos de aquella época, pesimistas y resignados, y los dirigentes e intelectuales gazmoños de este mundo, o sea, un arte sin finalidad ni objetivos concretos para «desligarse de la voluntad» y como «resignación», es decir, contrario a la tragedia. Es un arte para el hombre heroico, para el que no le teme al sufrimiento, sino que lo busca y no por masoquista, sino por guerrero y por saber que sin dolor no hay crecimiento. En realidad, cuando se proclama el arte por el arte, lo que se quiere es enajenar al hombre y poner a éste al servicio del arte.

Nietzsche, como hemos dicho varias veces en la confección de esta tesis, glorifica a la tragedia. La glorificación de la tragedia es una constante en la obra de Nietzsche de principio a fin, ya que esta es la única que da el hombre que hace falta que exista (el inteligente, el valeroso, el no-blando, el guerrero, el valiente, el real y realista) y la única que da esa «crueldad dulcísima» para beber de ella, para beber en el arte trágico, destinado al hombre de espíritu fuerte, contrario al hombre del Nuevo Testamento.

• Nietzsche no quería, como tampoco debemos de querer nosotros, un «arte» que esconda lo problemático, lo feo y lo duro de la vida. Esa es una de las cosas que mató al socialismo, matará, y de hecho está matando, a todos los fundamentalistas: esconder lo feo, sustraerlo de la crítica pública, que cae entonces en el folclor y la especulación misteriosa. El arte debe de servir para criticar, pero es preferible incluso que muerda antes que dejar de criticar todos los aspectos problemáticos de la vida: los sociales, los políticos, los morales propiamente dichos, es decir, someterlos, a los problemas, al juicio de todos, donde todos los males se vean retratados y catalizados para la superación autocrítica colectiva y destruya la prepotencia del prejuicio. Lo anterior sólo se logra con la tragedia y con el ideal trágico, no con la táctica esotérica del Nuevo Testamento y la orden de los comunistas. Esta concepción nietzscheana hace que él se halla peleado con los intelectuales-fresa de Europa y se nos presenta este filósofo como problemático, pero eso sí, lleno de carisma y don de gentes.

• Ante esta última idea que hemos revelado de Nietzsche sobre el arte, todo lo demás que dijimos pudiera resultar relleno. Lo básico es esto. ¡Ni el arte por el arte sin finalidad ni objetivos, ni el empadronamiento del mismo por los poderosos! Esa es la conclusión. Ni Eugen Fink, con todo respeto, ni nosotros, debemos buscar otras cosas sobre el arte en Nietzsche que no sean estas, las de la dimensión política y gubernativa del arte. El arte del Renacimiento Nietzsche lo aprobaba porque quería éste no sólo volver a los tiempos de la tragedia (entre otras cosas), sino que pretendía *desalienar* al hombre de la pesadumbre moral-religiosa de la Edad Media. Es verdad que dijo:

> *"El Renacimiento –¡un acontecimiento sin sentido, gran en vano! ¡Ay, esos alemanes, cuánto nos han costado ya! – En vano: esa fue siempre la obra de los alemanes".*[22]

O sea, Nietzsche no critica los objetos del Renacimiento (entre otras cosas, acabar con el cristianismo, según su idea), sino que se lamenta de que haya fracasado y les echa la culpa a sus compatriotas y que la reforma se quedó pequeña en ese empeño. También les echaba la culpa a Leibniz, a Kant y a la filosofía clásica alemana y más tarde al Reich y no sólo a Lutero. En fin, queda claro que cuando Nietzsche dice sobre el Renacimiento, *¡un acontecimiento sin sentido, un gran en vano!*, lo hace con intención polémica y lamentándose de que por culpa de los alemanes no haya triunfado en ese país y que éste se autoengañó y por tanto haya aceptado al cristianismo.

De los ídolos de su juventud (Schopenhauer, Wagner, y los primigenios griegos de la filosofía), Nietzsche renuncia, en su etapa más madura (creo que maduro siempre fue), sólo a los dos primeros y sin embargo, su admiración por los griegos antiguos se acrecienta con la madurez filosófica debido a que el ideal trágico de estos, su arte, contribuía a la formación de hombres libres, fuertes de espíritu y cuerpo para enfrentar la vida, el mejoramiento humano en base a la necesidad, la causalidad, el desarrollo y no teniendo al Cristo como paradigma. A Schopenhauer y a Wagner no les perdona a uno, el pesimismo y el arte por el arte; al otro, el haberse doblegado al Reich guerrerista y creador no de cultura, sino de «mera opinión pública», alejada del arte trágico,

---

[22] AC o. c. Af. 61 p. 62 "...Die Renaissance – ein Ereigniss ohne Sinn, ein grosses Umsonst! – Ah diese Deutschen, was sie uns schon gekostet haben! Umsonst – das war immer das Werk der Deutschen". DAC o. c. Band 6 Af. 61 p. 251-25.

arte verdadero, del arte que se convirtió en opio para la juventud. Así, dice en EH:

> *"Entonces adiviné también por primera vez la conexión existente entre una actividad elegida contra los propios instintos, eso que se llama profesión (Beruf), y que es la cosa a la que menos estamos llamados –y aquella imperiosa necesidad de lograr una anestesia del sentimiento de vacío y de hambre por medio de un arte narcótico, por medio del arte de Wagner, por ejemplo".*[23]

Se lamenta Nietzsche que haya tantos jóvenes en estado tal de miseria moral que tengan necesidad de anestesias del sentimiento y de arte narcótico. Una primera contranaturaleza, dice, fuerza a la otra y demasiados hombres están condenados a decidir prematuramente y a perecer después por cansancio. Por eso dice al final del anterior aforismo:

> *"Estos anhelan a Wagner como un opio,-se olvidan de sí mismos, se evaden de sí mismos por un instante...! Qué digo, –por cinco o seis horas!"*.[24]

2.3 Importancia en Nietzsche, no obstante, de las apariencias en el arte

El arte de Nietzsche no es sólo la obra de arte trágica, ya de por sí llena ésta de carga explosiva para influenciar obligatoria, inconsciente e involuntariamente en los sentimientos del hombre (donde se produce la catarsis). Esto es lo principal. Pero es más aún, es la denuncia, compleja como en el Guernica; es el arte que incluye a la ciencia y la tecnología capaces de construir gigantescas obras humanas para mejorar la situación material y espiritual del género humano. El arte de este

---

[23] EH o. c. HDH Af. 3 p. 92. "Damals errieth ich auch zuerst den Zusammenhang zwischen einer instinktwidrig gewälten Thätigkeit, einem sogenannten «Beruf», zu dem man am letzten berufen ist – und jenem Bedürfniss nach einer Betäubung des Öde- und Hungergefühls durch eine narkotische Kunst, - zum Beispiel durch die Wagnerische Kunst ". EH. o. c. Band 6 MAM Af. 3 p. 325^{-20}.

[24] EH o. c Af. 3 p. 93 "...Diese verlangen nach Wagner als nach einem Opiat, - sie vergessen sich, sie werden sich einen Augenblick los...!Was sage ich! Fünf bis sechs Stunden! ". EH o. c. Band 6 MAM Af. 3 p. 325^{-30}.

filósofo, y por eso él se aparta del aspecto fisiológico y lo lleva al proscenio estético y psicológico identificándolo con el ser y con la dimensión de utilidad práctico-educativa, es un arte de «más allá de la apariencia apolínea», y llevado al fondo mismo de la vida. Debe de ser el arte del pueblo, para el pueblo y por el pueblo. El arte debe salir de la vida misma, de la delicadeza, sí, pero de la brillantez más profunda, contradictoria y verdadera de la existencia humana.

Digamos que no existe obra de teatro, personaje de ficción, novela policíaca, etc., que se acerque tan siquiera a la realidad de lo que ha sucedido y sucede en la vida. El personaje «Drácula», tan terrible, es nada al lado de los dráculas reales que han existido; el Guernica, por impactante que sea, y lo es, no llega a reflejar jamás ni en un bajo por ciento, lo que sucedió ese día de bombardeo nazi en esa aldea vasca; *La guerra y la paz* de León Tolstói, con todo y su dramatismo, no logró imprimir el real esplendor trágico de la batalla de Borodino (victoria pírrica de Napoleón contra el Gral. Kutuzov, cerca de Moscú en 1812) y el estado de ánimo avasallador que invadió a Napoleón en su regreso de derrota por todo el territorio ruso desde Moscú-Vilnius-Polonia-París. De la vida real se extraen las mejores obras de arte. El fatal-sabio Edipo (Rey de Tebas y símbolo de la fuerza del destino) surgió de la realidad griega al igual que el violento e impulsivo Ayax. Muchos años después, con las actuaciones de Alejandro Magno, a quien de vez en cuando nos remite Nietzsche y nos lo sitúa como ejemplo de lo dionisiaco, y como obra de arte humana, o «Dionisos de carne y hueso», se pudieron conformar monumentales obras de arte trágico.

Por ejemplo, cuentan los biógrafos que cuando Alejandro decidió arrasar la ciudad de Persépolis (ex capital del imperio persa), lo hizo en medio de haber caído en un trance precedido de un grito como de fiera herida en la pelea. Como se supo posteriormente es cierto que él estaba, como su madre Olimpia (tan dionisiaca como él y como su padre Filipo II Rey de Macedonia -382-336), poseído por Dionisos, dominándolo en todo. Pero el arrasamiento de la ciudad y del palacio de gobierno, fue producto de la planificación fría y bien calculada del macedonio, quien utilizó el pretexto expreso de vengar la afrenta sufrida por miles de griegos que, presos por Darío I (rey de Persia +- 486), habían sufrido los más terribles y atroces tormentos (con decenas de años en las cárceles, sin ojos, con pies y manos amputados, untados de miel para que las hormigas hicieran su trabajo), pero en la realidad de las cosas lo que quería era borrar el «el nido de la cigüeña» para que ésta (Darío), no regresara jamás. Pero en el momento en que les dijo a sus tropas ¡Persépolis es de Uds.!, nadie pudo adivinar el histrionismo de Alejandro, superior al de cualquier actor de la tragedia, por cierto tan admirada por el rey panhelénico, como perfecto instrumento que era, para la gloria humana, de la destrucción. La orgía posterior, la del incendio del palacio real, las danzas henchidas de sensualidad, los gritos de alabanzas al Dios Dionisos, la exaltación diabólica y sagrada, todo, había sido calculado por Alejandro, quien estaba escenificando un acto teatral superior a la mejor tragedia escrita. En sentido figurado, este es el arte que quiere Nietzsche, o sea, este que viene de la vida real y no sólo de la ficción. Lo que eso sí, le da al arte una distinción psicológica que nada tiene que ver ni con lo místico por un lado, ni con lo tosco y/o burdo y vulgar por el otro. Dice Eugen Fink:

> *"...nos muestran con claridad quién es el verdadero sujeto del arte: no el hombre, que cree ejercerlo, sino el fondo mismo del mundo, que actúa por medio del hombre y hace de él depositario de sus tendencias... El fondo mismo del mundo busca «redención»".*[25]

Quizá E. Fink no se lo propuso, pero también nos confirma con esta idea, la identificación del arte y el ser. Si vamos sólo al hombre (que le da el aspecto psicológico y estético) como creador y/o portador del arte, estaremos quedándonos en las apariencias y no iremos al fondo del ser social, de la materia, como concepto más abarcador de la vida y el arte. Toda la vida humana repetida e imitada, sólo que a estadios más altos, incluida la ciencia, es arte y desde luego, no representación empírica.

Por ejemplo, volvamos con el Guernica, que es arte del bueno y tiene una carga enorme de fondo, de contenido, pero también de forma, o sea, que «*no es representación empírica*». Tan impresionante resultó esta pintura que, cuentan, hasta los fascistas se reconocieron en él. Testigo de esto es el siguiente inteligente equívoco publicado en la

---

[25] Fink, E. o. c. La metafísica del artista 3 Psicología del arte y el arte como conocimiento del mundo p. 30.

prensa y que más que a la anécdota pertenece a la leyenda: dicen que un fascista, blandiendo el cuadro delante de Picasso, le espeta la siguiente pregunta: "¡¿quién hizo esto?!", y el pintor, con la misma energía y sangre fría le contesta: "¡Ustedes!". Picasso, como artista y como ser humano pintó, recogió en el lienzo y con el pincel el bombardeo horrísono de la aldea vasca, inmortalizándolo, pero la verdadera tragedia estuvo en la vida misma, en el bombardeo de los fascistas, en el levantamiento popular contra la dictadura que amenazaba; en los fantasmas y demonios que en la vida real se habían conjurado, cada uno creyendo tener la razón, en la lucha eterna del bien con el mal. El mundo creó la realidad trágica de Guernica, y el pintor, creyendo ser el sujeto verdadero, lo pintó como una no menos real obra de arte donde no sólo recogió en ella la realidad, esa que si exagera tiraniza y esclaviza a la imaginación, sino que plasmó también en ella «el misterio de la inteligencia y el acto supremo de la creación y los refinamientos del hombre». Aquí, en el Guernica, por solamente citar un ejemplo, se justifica y cumple la sentencia de Nietzsche que dice:

> "El signo distintivo del espectador ideal (según A. W. Schlegel *) sería correr hacia el escenario y liberar al dios de sus tormentos... y ahora la expresión de Schlegel nos ha insinuado que le espectador perfecto e ideal es el que deja que el mundo de la escena actúe sobre él, no de manera estética sino de una manera corpórea y empírica... El espectador sin espectáculo es un concepto absurdo".[26]

El Guernica tiene espectadores, porque cuenta con el espectáculo que reclamaba Nietzsche. El arte tiene que venir de la vida, tener objetivos, tiene que ser catalizador, depurador, pero ha de contar

---

[26] NT o. c. Prólogo a R Wagner 7 p. 75 "Und es wäre das Zeichen des idealischen Zuschauers, auf die Bühne zu laufen und den Gott von seinen Martern zu befreien...und jetzt deutet uns der Schlegel'sche Ausdruck an, dass der volkommen idealische Zuschauer die Welt der Scene gar nicht æstetisch, sondern leibhaft empirisch auf sich wirken lasse...Der Zuschaeur ohne Schauspiel ist ein widersinniger Begriff. DGT. o. c. Band 1 Vorwort an R. Wagner Af. 7 ps. 53 [30] y 54[- 5-15] * August Wilhelm, alemán 1767-1845. Se interesó por las culturas orientales. Defensor del Romanticismo con la revista Athenäum 1298-1800, y en cursos *Über schöne Literatur und Kunst*. 1801-1804 dados en Viena y en Berlín. Se destacó como traductor de las obras de Schakespeare con la ayuda de L. Tieck.

también con fastuosidad, con esplendor; ha de ser espectáculo para que cuente con espectadores, con gente que vaya a apreciarlo; el arte ha de tener embrujo. Don Quijote se lee «de una tirada», no tanto por la eximia calidad de la obra y su inteligente entramado, como por la amenidad de los diálogos, por la finísima ironía de Cervantes y el humor de alturas que destila, y una cosa te va llevando a la otra. Una obra literaria, y esto puede parecer una verdad de Perogrullo, si es densa como un ladrillo y empírica, nadie la leerá. Fantasía, fastuosidad, esplendor, complejidad y un final demorado como arte de callar, estos cinco aspectos en uno, son importantes en la obra de arte; es lo que nos ha querido decir Nietzsche con aquello de «espectáculo y espectador» y con ir detrás o más allá de las apariencias.

En una palabra, según la idea nietzscheana, el arte no tiene sólo que venir «del mundo» y de su fondo oscuro lleno de demonios para revelar virtudes y problemas, sino que también debe de venir de Apolo, de las formas, de la belleza y la técnica más extraordinarias, o de lo contrario, no es arte. Si exagera la realidad o la enmascara, no logra ni espectáculo ni espectadores y esclaviza a la imaginación, como ya hemos dicho.

3. El pesimismo de Nietzsche en el contexto del arte, la cultura y las ciencias

El pesimismo de Nietzsche, tal como quedamos, es el «pesimismo intrépido», o sea, no existe en él el pesimismo como tal. Todo el «pesimismo» de este pensador se circunscribe y/o limita a la influencia teológica, vale decir cristiana, que pueda haber sobre la conducta de los hombres y de la sociedad. Tampoco existe en él el romanticismo y el optimismo. El pesimismo propiamente dicho, el romanticismo, el optimismo ¡y hasta el nihilismo!, los asocia Nietzsche a la maligna influencia cristiana, ajena, por supuesto, al arte como componente ígneo del espíritu humano. No es el éxito o el fracaso de una acción en la conducta lo que debe inducirnos a calificarla de *«buena o de mala»*. Así como el cristia-nismo es hijo del resentimiento, así como es producto de los valores no- aristocráticos y del quietismo filosófico y de los anti-valores ascéticos, el arte, por el contrario, es hijo de los valores superiores en el hombre y del contra-ideal religioso y de los contra-valores del cristianismo «culto».

Nietzsche siempre criticó al optimismo, al romanticismo y al nihilismo y se mostró partidario de cierta clase de pesimismo. Ese pesimismo era el de no aplaudir lo oficial y lo triunfante y trasladar al hombre y su actitud, de la confianza a la sospecha. Esta temprana definición de Nietzsche puede haber creado la impresión de que era pesimista sin remedio. Cuando se lamenta de la pérdida de su padre y les dedica en cambio duros dicterios a la madre y a la hermana, tal parece como si un halo negro rondara siempre por encima de él convirtiéndolo en amargado y pesimista y de que, de ese estado de ánimo nacían sus ideas acerca de la religión, la cultura, la política, la filosofía, la ciencia y el gobierno. Refuerzan no poco esta imagen la obsesión de él de ser de origen aristocrático, polaco por más señas, o sea, es como si renegara de todos sus orígenes y generalmente el que así actúa es pesimista. Como si todo esto fuera poco, en gran parte de su obra se las pasa ofendiendo a los alemanes como si fuera apátrida, que no lo era.

La ruptura ideológica con Wagner y Schopenhauer y todo lo que ocupó el tiempo de trabajo en sus libros (crítica a los alemanes y su espíritu –más bien espíritu del Reich–, como hemos reiterado en toda la tesis abordando distintos temas), crítica a la pseudocultura alemana como adoctrinamiento para el falso patriotismo, crítica a la ciencia alemana, crítica al romanticismo, crítica al cristianismo por representante del anti-movimiento; su ateísmo militante, su escepticismo personalizado en Zaratustra como portador de su legado, su mal interpretada «voluntad de poder», su mal asimilado concepto de «superhombre», su «ley contra el cristianismo», en fin, todo se ha vuelto a favor de la idea de que este filósofo más bien vitalista fuera pesimista, darwinista y hasta racista. Corríamos el peligro, al parecer ya bastante conjurado, de que lo mejor de sus mejores sueños, de este eximio pensador se nos perdieran encandilados por la forma impactante de él expresarse y que, por lo contrario, se nos disipara su ideal trágico llevado no sólo «al arte» y a «las artes», sino a la vida, en contra del dogma cristiano. En lo que estamos todos de acuerdo es en que Nietzsche era vitalista y el «vitalista» no puede ser pesimista, optimista, nihilista, triste, aburrido (lo más horrible que existe en el mundo), y abúlico a pesar de todos los sufrimientos físicos y morales que le impuso la vida a su paso por ella. Nos llamaba a razonar:

> *"Es más cómodo hacer caso a la conciencia de uno que a su inteligencia; pues ante cada fracaso aquélla tiene en sí una excusa y un alivio, razón por la que sigue habiendo tantos concienzudos frente a tan pocos inteligentes".*[27]

Obedecer resulta fácil y da más resultado a corto plazo; obedecer a la razón da resultados más profundos, pero a largo plazo y es sólo para los de espíritu fuerte, para los rebosantes de arte, o esa, para el hombre que no es mediocre y de corto vuelo. De aquí, de esta irreverencia suya hacia los valores establecidos se llega, de pronto, a la idea de que Nietzsche no era, efectivamente, pesimista y que quería más que todo, criticar lo establecido y el optimismo de conveniencias que nos inculcan los centros de poder. El que se lleva más por la razón que por la conciencia, tiene más voluntad de corazón, no le teme a lo terrible y problemático de la existencia y les busca a estos estados el lado bueno y positivo, es decir, les busca las cualidades útiles. El que se guía por la razón, por los resultados palpables de los experimentos y por las conclusiones de su propio cerebro, fracasa menos y sigue adelante buscando caminos. Sobre este romanticismo como tal, que en el fondo es pesimista, que es «espíritu» de indigentes, de los fracasados, dice Nietzsche:

> *"Para finalmente reducir a una fórmula mi oposición al «pesimismo romántico»* (*) *es decir, al pesimismo de los abstinentes, fracasados, derrotados: hay una voluntad de lo trágico y del pesimismo que es el signo tanto del rigor como de la fortaleza del intelecto (gusto, sentimiento, conciencia). Con esta voluntad en el pecho no se teme lo temible y problemático propio de toda existencia; se lo busca incluso. Detrás de semejante, está, el valor, el orgullo, el ansia de un gran «enemigo». Ésta ha sido desde el principio «mi» perspectiva pesimista: ¿una nueva*

---

[27] HDH o. c. I-ra. parte: Opiniones y sentencias varias Af. 43 *Los concienzudos* p. 24 "Seinem Gewissen folgen ist bequemer, als seinem Verstande: denn es hat bei jedem Misserfolg eine Entschuldigung und Aufheiterung in sich, - darum giebt es immer noch viele Gewissenhafte so wenig Verständige". MAM Band 2 I Vermischte Meinungen und Sprüche Af. 43 *Die Gewissenhaften* p. 399^{-15}.

(*) Según A. Brotons nota 11, con este término de "Pesimismo Romántico alude Nietzsche a la doctrina de la Voluntad de Schopenhauer y a la música de R. Wagner. cfr. GS. Af. 370 p. 336 se compara con el pesimismo dionisiaco. MAM o. c. Band 2 II Vorrede

perspectiva, colmo se me antoja? ¿una tal que aún hoy es también nueva y extraña? Hasta el momento me he atenido a ella y, si se me quiere creer tanteen favor mío como, ocasionalmente al menos, «contra mí»... ¿Queréis primero una prueba? Pero, ¿qué, si no esto, se habría probado con este largo prefacio?".[28]

El pesimista piensa que todo evoluciona siempre a lo peor, hacia estados de ánimo decadentes; para ellos (los pesimistas) el triunfo del bien y la justicia no existe, y no era este el caso de Nietzsche, que no creía que el mal tenga que imponerse. De seguir por el camino que se iba, haciendo como el avestruz, sí iba todo a evolucionar a lo peor, pero si todos estábamos alertas y ese fue el papel que se arrogó Nietzsche, el de centinela humano y «ojo avizor», las expectativas podían y debían ser otras. Tampoco quería Nietzsche ser romántico y optimista. ¿Qué era en sí el Romanticismo como corriente y como estado de ánimo individual? Las ramas secundarias del romanticismo y el optimismo eran, si no hermanas gemelas, sí primas hermanas. El romanticismo fue un paso de avance al romper con el clasicismo, pero degeneró en negativo. Se agruparon en ese movimiento aquellos que se desilusionaron de las revoluciones del siglo XVIII sin verles a éstas valorarles y aspectos positivos: que fueron un paso de avance en relación al feudalismo y desencadenaron una fuerte corriente científica y artística en el mundo occidental, es decir, en aquellos lugares donde se pudieron desatar con más vigor las fuerzas productivas y las «enfermedades históricas», en cambio, no pudieron encadenar a los pueblos. Nietzsche también tuvo como limitantes que, en relación a estas revoluciones, como al sol los desagradecidos, les vio manchas más que luz. La revolución francesa de 1789, y yo diría más, o sea, la de 1793 (21 de enero), fecha en que guillotinaron a Luis XVI y momento real de aquella revolución, como toda obra humana, estaba saturada de déficit e imperfecciones, pero fue un gigante paso histórico-social en la espiral del hombre. Sin embargo, algunos códigos de Nietzsche nos dicen que la aceptaba (uno de ellos es cuando no se alinea al romanticismo como corriente) y otros que no en realidad, aunque se lamenta por su ausencia en Alemania,

---

[28] HDH o. c. Prefacio 7 p. 11.

nunca pidió tampoco para ésta una revolución como la de Francia y en este sentido no alumbró la mente alemana.

Pero el hecho cierto es que Nietzsche no fue romántico y mucho menos de esos que sueñan con encantar castillos, con remozar sauces llorones con las llamas del ensueño y las leyendas, ni con ponerles lacitos rojos a las gatitas ni llevar pañuelos rosa para la nariz. Por eso no le gustaban los intelectuales color fresa que por doquier veían perspectivas maravillosas, con el espíritu crítico apocado y proponiendo sólo lo bueno, a los cuales llamó «teólogos sin sotanas», o sea, los demasiado agradecidos, que exageraban las luces sin ver objetivamente las manchas del sol. Es como los pacifistas, cuya tarea es más fácil, pero menos útil que la de los que llaman a la guerra necesaria. Por eso Nietzsche se torna irreverente y lucha contra la «enfermedad de la debilidad o enfermedad histórica», como él le llamaba y que a veces contamina a los hombres humildes y al pueblo llano. No pretendía este filósofo ser un soñador con quimeras brillantes, pero irrealizables, hijas del acaloramiento romántico y del falso optimismo. Además, en el fondo, el optimista y el romántico son ingenuos o pesimistas y se dan la mano con los nihilistas.

El optimista que se conoce hoy, tipo optimismo metafísico de Leibniz (Gottfried Wilhelm, (Alemania 1646-1717) no cuadraba ni a la naturaleza levantisca de Nietzsche ni a su metafísica filosófica. El optimismo, en definitivas cuentas, pertenece a la segunda variante del nihilismo: a aquella que todo lo encuentra bien. El optimista exagera las virtudes del mundo actual y jura y perjura que otro mundo mejor no hace falta. Para él, para el optimista, el mundo existente es el mejor de todos los mundos posibles. Al exagerar las virtudes del mundo actual, el optimista tapa lo terrible y lo problemático, mata el ideal trágico, glorifica, de hecho, al cristianismo y, al fin y al cabo, niega a la justicia y al bien; cuando niega el mal, también de hecho, lo justifica y con él a todas las calamidades y desgracias que tiene encima la humanidad. Y, lo peor de todo, niega tácitamente al menos la necesidad de la lucha contra el mal y petrifica las viejas verdades, los viejos ideales («los viejos ídolos»), ídolos del cristianismo. Pero al descubrirse el pivote central de la filosofía de Nietzsche, se observa, no obstante, que él creía en un mundo mejor y no era nihilista, romántico ni optimista. Esta es la razón del porqué era tan crítico con el mundo actual, con el cristianismo y con los intelectuales complacientes y que en vez del endurecimiento del hombre llamaban al conformismo. El mundo puede hacerse mejor gracias al esfuerza humano colectivo y personal (a la voluntad de poder y al superhombre), no a la voluntad religiosa y mucho menos cristiana.

Pesimismo, optimismo, romanticismo, fundamentalismo, «realismo», en fin, casi todos los sufijos «*ismo*», han resultado negativos por adormecedores de la conciencia y propagadores de la sinrazón y en muchos casos del nihilismo. Nietzsche rompió con Schopenhauer y con Wagner, uno, por pesimista y el otro por optimista y paradigma de un arte de narcótico para la juventud especialmente. El arte es para beber en al autenticidad, es decir, en la realidad, no para desligarse de ella y de la voluntad. Por ejemplo, de Richard Wagner, ¿qué dijo? Lo siguiente:

> *"Era entonces hora en efecto de «despedirse»: pronto recibí la prueba de ello. Richard Wagner, aparentemente el máximo triunfador, en verdad un romántico, pútrido, desesperado, se postró de pronto, desamparado y quebrado, antes la cruz cristiana... ¿Ningún alemán tuvo, pues, entonces para este terrible espectáculo ojos en la cara, conmoción en su conciencia? ¿Fui yo el único que «sufrió» por él? No importa; este inesperado acontecimiento, me dio a mí mismo, como un rayo, claridad sobre el lugar que había abandonado, y también este estremecimiento «a posteriori» que siente todo aquel que ha corrido inconscientemente un enorme peligro".*[29]

En "Ensayo de autocrítica" del NT también se lamenta el autor de haber estado tanto tiempo como hechizado por Wagner y su romanticismo, o sea, más bien mientras no se dio cuenta de que en realidad Wagner no era amante de la verdadera tragedia, sino del romanticismo adormecedor. Califica a éste de «el más grande de los románticos», lo cual no es, en boca de Nietzsche, ningún elogio precisamente, ni a Wagner ni al romanticismo. Para que no haya dudas en cuanto el porqué defiende insistentemente el pesimismo, en este propio Ensayo de autocrítica, aforismo. 1, se pregunta Nietzsche a sí mismo:

---

[29] HDH o. c. Vol. II Prólogo Af. 3 p. 9 MAM o. c. Band 2 II Vorrede 3 p. 372[-5-10-15].

> "*...¿es pesimismo necesariamente signo de declive, de ruina, de fracaso, de instintos fatigados y debilitados?*".[30]

Pero dice que no: que existe un pesimismo de la fortaleza, con predilección por las cosas duras, horrendas, malvadas, problemáticas de la existencia; existe una predilección nacida de un bienestar, de una salud desbordante, con plenitud de la existencia. Si hay, a causa de este pesimismo algún sufrimiento, se debe sólo a la sobreplenitud de vida y a la tentadora valentía. A este pesimismo es al que se adscribía Nietzsche, no a otro. Además, cuando ha defendido este filósofo al pesimismo, lo ha hecho también con intención polémica y para provocar a la lucha al cristianismo, pesimista y nihilista por excelencia. En el mismo aforismo mencionado de NT, ensayo de autocrítica, enfrentando al pesimismo nihilista se hace aún otra pregunta:

> *¿Existe un pesimismo de la fortaleza? ¿Una tentadora valentía de la más aguda de las miradas, valentía que anhela lo terrible, por considerarlo el enemigo, el digno enemigo en el que poder poner a prueba su fuerza?*".[31]

Está claro que no es una defensa del pesimismo lo que él hace, a no ser para poner a prueba nuestra fuerza para vencerlo y una crítica al romanticismo y al optimismo, a uno por ingenuo y al otro por nihilista. El filósofo consideraba a su amigo y compatriota Wagner (y a éste sólo lo tomaba como ejemplo), un romántico, es decir, un «narcotizante», un opio para la juventud especialmente y para todo el pueblo. El ensayo de autocrítica completo, sus siete aforismos y sus catorce páginas, detalles aparte, los dedica a fijar su posición respecto al arte y a Wagner, no por un problema personal, sino como algo superior, como posición política si se quiere. En él ratifica su adhesión al ideal trágico de los griegos como paradigma de fortaleza de vida para nosotros los occidentales.

---

[30] NT o. c. Ensayo de autocrítica 1 p. 26 "Ist Pessimismus nothwendig das Zeichen Niedergang, Verfalls, des Missrathenseins , der ermüdeten und geschwächten Instinkte?". DGT o. c. Band 1 Versucht einer Selbstkritik 1 p. 12-10.

[31] *Ibíd.* 1 p. 26 "¿ Giebt es einen Pessimismus der Stärke?...Eine v ersucherische Tapferkeit des schärfsten Blicks, die nach Furchtbaren verlangt, als nach Feinde, dem würdigen Feinde, an dem sie ihre Kraft erproben kann?". DGT. o. c. Band 1. Versuch einer Selbstkrtik. 1 p. 12-15.

No es imposible descifrar los códigos nietzscheanos. Él no podía ser pesimista, sino un hombre valiente y objetivo. El hombre griego que él defiende es el que anhelaba tener un «poderoso y terrible enemigo», «una valentía que anhela lo terrible y, por lo tanto, no podía ser pesimista. De esta manera ubicamos definitivamente a Nietzsche en nuestro bando, o sea, de los que creemos que un mundo mejor es posible gracias al esfuerzo humano, pero desechando el resultado de los acaloramientos románticos. Hay que lograrlos, los resultados, preparando al hombre para lo peor sin miedo a lo terrible, con el ideal trágico dentro de nosotros metido en cada polo y en cada célula alejándonos siempre de la idea cristiana que niega la realidad, fijando, sumisa, su mirada en el «más allá» y en la verdad que «está allá arriba». En fin, dice así el filósofo:

> *"Solitario en lo sucesivo y malignamente desconfiando para conmigo, tomé de esta forma, no sin rabia, partido «contra» mí y en «pro» de todo lo que precisamente «me» afligía y apenaba: así volví a encontrar el camino hacia ese valiente pesimismo que es lo contrario a toda la mendacidad romántica, y también, según me quiere parecer hoy, el camino hacia «mi» mismo, hacia «mi» tarea".*[32]

Así que ya lo tenemos, «pesimismo intrépido» es el de Nietzsche. O sea, no el de tristes y derrotados, ni la contentilla barata de los románticos ni la aquiescencia criminal de los optimistas con el mal. Por lo que podemos colegir, a Nietzsche le costó no poco trabajo decidir no tanto su camino, como su filiación y el nombre con el cual iba a bautizar su actitud. La decisión que al final tomó lo hizo contra sí mismo, porque lo menos que pueda parecerse a un pesimista es él y sin embargo se llamó *pesimista*. Pero muy claro su adjetivo «pesimismo intrépido» contra romanticismo y nihilismo tipo Leibniz, disfrazado éste de optimista. El arte trágico, al cual se asocia la actitud de «*pesimismo*

---

[32] HDH o. c. Prefacio 4 p. 9 "Einsam nunmehr und schlimm misstrauisch gegen mich, nahm ich, nicht ohne Ingrimm, dergestalt Partei gegen mich und für Alles, was gerade mir wehe that und hart fiel: - so fand ich den Weg zu jenem tapferen Pessimismus wieder, der der Gegensatz aller romantischen Verlogenheit ist, und auch wie mir heute scheinen will, dem Weg zu «mir» selbst zu meiner Aufgabe". MAM o. c. Band 2 Vorrede 4 p 373^{-15-20}.

intrépido» sólo luz arroja sobre la espiritualidad humana y dirige el peligro que implican las ciencias tanto naturales como sociales. Las ciencias serán el fin del hombre, pero no podemos obviarlas so peligro de retroceder como género. No podemos prescindir de lo moderno aunque éste nos mate al final de la jornada.

4. Conclusión de Nietzsche y el arte

• La transvaloración de todos los valores es el eje alrededor del cual gira la axiología nietzscheana. En cuanto al arte en específico como valor opuesto al dogma religioso, el eje lo constituyen la procedencia apolíneo-dionisíaca de toda manifestación artística, la tragedia como imitación de la naturaleza y lo principal: su negativa a aceptar la más importante manifestación humana como si fuera el «arte por el arte». Este, el arte, debe ser estímulo de vida, con fines y objetivos concretos para mejorar al hombre, no para domarlo y alienarlo como hacen las religiones y el cristianismo en particular y como le sucedió a Dorian Gray ({retrato de una pena, rostro sin corazón, máscara de juventud} que vivió al revés, para el arte y murió destrozado por él). El arte, en fin, debe de estar imbuido del «espíritu de partido», aunque no del «*partidarismo*»; debe de ser arte al servicio del hombre.

• El arte que, como ya hemos establecido, es hijo en iguales proporciones de Apolo y Dionisos, debe de tener contenido (objetivo, fines y espíritu de partido), así como belleza (forma, apariencia, espectáculo). Para Nietzsche existe una máxima: no hay espectador sin espectáculo. La representación empírica no sirve a los objetos del arte. Una obra de arte llena de buenas intenciones, pero sin embrujo ni amenidad y exagerando el retrato de la realidad, no gusta y si no gusta no sirve porque no transmite mensaje, es decir, no representa espectáculo...y no tendrá espectador.

• El arte debe mostrar el «estado sin miedo» frente a todo lo terrible y problemático de la vida y no enmascarar las realidades como aspiración más elevada; debe encarnar la valentía y la libertad de sentimientos ante un enemigo poderoso o ante un problema gigante que cause espanto y glorificar, con el ideal trágico, los momentos difíciles. Estas deben ser las aspiraciones máximas del arte. Arte versus religión.

- Sin embargo, el arte no debe ser empadronado por el estado ni responder al partidarismo y al soberanismo. El arte debe ser hijo del aparente caos y del ambiente libertario, o sea, libre y antialienante. Debe tener, sí, fuego de militancia y no ser, en cambio, ni romántico, ni pesimista ni nihilista. No debe, en fin, ser adormecedor, como el Antiguo Testamento y el Nuevo Testamento. Ahí tenemos los casos palpables de hoy donde dominados por el dogmatismo religioso y el fundamentalismo filosófico, muchos pueblos del mundo no tienen, a pesar de sus riquezas potenciales y la inteligencia de sus razas, ni artistas, ni deportistas, ni científicos y, como es lógico suponer, son en extremo pobres.

- El arte y el artista deben ser «pesimistas intrépidos» con fatalismo decidido, alegre y confiado. El miembro de la raza que hace arte, a la guerra la ve no como un problema, sino como una posibilidad de hacer deporte, tal como los soldados griegos y macedónicos de los tiempos de Troya y de Alejandro respectivamente. Es decir, debe ser un fatalista guerrero y de «estado de necesidad», libre como el espíritu del hombre guerrero, que hace transcurrir su vida en ardientes pasiones y en sueños libertarios. Debe de ser un hombre libre porque sólo el hombre libre ha sido el vencedor de los tiranos y los sátrapas. Así será todo en la vida; y el arte, como ya hemos citado, se identifica con el ser social y la vida misma. Se necesita un arte para la vida y no para la disciplina, como pide el cristianismo. El arte no representa en forma simplista, sino compleja, los límites de difícil identificación del bien y del mal y viene, si no estamos alertas, un sacerdote o una religión o un gobierno sin «sensación de poder», a decirnos cuál es uno y cuál es el otro. El arte ha de ser, identificado con la ciencia, para llevar, como querían Atlas y Prometeo, cada vez más alto, cada vez más rápido y cada vez más lejos, al hombre. El arte debe prepara al hombre para el sufrimiento que, en fin de cuentas, es prepararlo para la vida y debe de ser un arte *"que no se congele en la rigidez y la frialdad egipcias"*.[33]

---

[33] NT o. c. Af. 9 p. 94 "Damit aber bei dieser apollinischen Tendenz dieser Form nicht zu ägyptischer Steifigkeit und Kälte erstarre...". DGT. o. c. Band 1 Vorwort an Richard Wagner p. 70[-20].

- El núcleo del *El nacimiento de la tragedia* lo constituye el pensamiento de Nietzsche sobre los griegos a quienes utiliza para decir sus ideas acerca de cómo quiere que seamos nosotros y cuál será nuestra actitud ante el arte. Así, en "Ensayo de autocrítica", aforismo 1, p. 26, se pregunta con honda preocupación y con profunda meditación al analizar estos temas: cómo:

> "¿Música y tragedia? ¿Griegos y música de tragedia? ¿Griegos y la obra de arte del pesimismo? La especie más lograda de hombres habidos hasta ahora, la más bella, la más envidiada, la que más seduce a vivir, los griegos –¿cómo?, ¿es que precisamente ellos tuvieron necesidad de la tragedia? ¿Más aún-del arte? ¿Para qué el arte griego? ¿Y el fenómeno enorme de lo dionisiaco? ¿Qué significa, nacida de él, la tragedia?".[34]

El estudio y las meditaciones acerca de los griegos, no sólo los problemas actuales y sus interrogantes lo hicieron romper con Wagner. De verdad, ¿no es todo esto, a simple vista una contradicción? Pero no; la «raza más envidiada» necesitaba «*música y tragedia*» para vivir, ¿y entonces nosotros, inficionados por el dogmatismo religioso y la blandenguería política y filosófica, no? De verdad, ¿no es una contradicción? ¿No es dicotómico este razonamiento? ¿No parece que no compagina? A Nietzsche le mortificaban, no obstante estar convencido del porqué, todas estas meditaciones debido a lo complejo del asunto y a lo absurdo que a primera vista pudieran parecer. Y él sabía, al hacerse las preguntas, cuáles eran las respuestas. Los griegos tuvieron necesidad de la tragedia para enfrentar la dura vida, tal como lo es hoy a nosotros esa necesidad. De la tragedia no como obra teatral sólo y como espectáculo, sino como actitud ante la vida. Las dos cosas, música y tragedia, tuvieron que cultivar los griegos. Un pueblo como ellos, donde los hombres se confundían con los dioses, es más, que retaban a los dioses y discutían con ellos como hacían con los reyes como Odisea que retó a Poseidón y éste, al ver su valentía y perseverancia, no lo perdonó, sino que lo respetó. ¿Para qué entonces, se preguntaba Nietzsche, les hacía falta el arte trágico y el espíritu de la tragedia? Pero no sólo necesitaban

---

[34] NT o. c. *Ensayo de autocrítica* Af. 1 p. 26 DGT o. c. Band 1 *Versuch einer Selbstkritik* 1 p. 12^{-5}.

la tragedia, también al arte apolíneo y la serena mirada del Olimpo. Tan naturalistas en su filosofía de la vida, tan libres que cultivaban el culto a la valentía personal y la valentía como nación, y sin embargo, tuvieron que mirar el Olimpo y pedir ayuda a los dioses. En el mismo aforismo responde el filósofo: *"El griego conoció y <u>sintió</u> los horrores de la existencia"*. Por esa razón tuvo, ese avanzado y envidiado pueblo, paradigma aún hoy, que otear, desde su altura, la altura del Olimpo. Es lo que decíamos al inicio de este capítulo: el hombre no puede vivir sin arte y es este su segunda naturaleza. Y, ¿qué parecen haberle recetado los dioses para hacerles llevadera la existencia y seguir viviendo libres y fuertes no obstante las calamidades? Les recetaron ¡arte!, pero ¡arte trágico!, no «arte» de hombres flojos y pusilánimes. Por eso, ¡música y tragedia! Y la música viene de Dionisos, el más corrupto, agradable, dominante y con mayor don de ubicuidad de las divinidades griegas. Es decir, un arte de «detrás de las apariencias»; un arte para el estímulo de la vida y su incremento de ella; un arte con pesimismo, «*pesimismo intrépido*», que ni es decadente ni es de derrotista. Un arte que purifica porque establece distancia, antítesis, catarsis, intercambio silencioso, es decir, purificado de las mejores ideas y actitudes de los hombres, sin miedo, sembrando el espíritu guerrero y de hombre libre. Un arte que no te pinta todo color de rosa, pero tampoco te da una perspectiva de derrota. Para seguir adelante en la vida tenemos que identificarnos y sensibilizarnos con el dolor, es más, buscarlo, al dolor y al sacrificio, lo que es lo mismo, estar «capacitado para el sacrificio» (referencias a Nietzsche en el NT, 3, Prólogo a Richard Wagner). Si no estamos capacitados para el sufrimiento, ¿cómo podemos soportar la existencia, que es más sinsabores que placer? Si se nos quita la capacidad de sufrimiento, se nos quita la capacidad de lucha y de crecimiento, o sea, de esa capacidad asociada no tanto al «arte trágico» como al «ideal trágico». Nietzsche, consecuente siempre, empezó glorificando el ideal trágico, el arte trágico, la tragedia como imitación de la naturaleza y terminó ideologizando al superhombre. Pero éste empieza con el ideal trágico. El camino es el del mejoramiento humano para llegar a aquello de que otro mundo mejor es posible y no sólo posible, sino necesario y deseable. No es un camino recto y diáfanamente definido. Pero se divisan los hitos: el escepticismo como ejercicio de la inteligibilidad humana y la eliminación de la nube religiosa que ronda nuestros cielos y hombros aún.

4.1 La figura de Sócrates versus la ontología del arte y su lejana relación con el cristianismo

¡El gran tema eterno, explícito o tácito, de Nietzsche, fue el cristianismo y consideraba el filósofo alemán que, el hombre y su destino son más importantes que el estado, los partidos, la religión iy hasta que la propia filosofía!. Por eso, todos los problemas los «pasaba» por el espíritu, pero de una manera completamente distinta a como lo haría un teólogo cristiano para quien el fin último no es el hombre, sino Dios. En el sordo estrépito del hundimugiente mar nietzscheano, o sea, en sus abismales sentimientos, era este el más profundo pensamiento del filósofo. Tan así es, que afirma que la verdadera actividad metafísica del hombre, como ya hemos dicho, es el arte como fenómeno típico-positivo de la voluntad de poder (la voluntad de poder es siempre un fenómeno-positivo o no es voluntad de poder), vale decir, encaminado a la creación, cuando siempre se entendió que ésta lo era la religión, la filosofía y la necesidad intrínseca de especular filosóficamente. Nietzsche cree a pie juntilla que el haber abandonado los griegos la predominancia del naturalismo, cuyo hito lo marca Sócrates, y de la tragedia prístina, por designarla de alguna manera, de lo cual son culpables según él Sócrates y Eurípides, sentaron las lejanas bases para el surgimiento de las religiones monoteístas y del cristianismo en particular y que estas hicieron si no retroceder, al menos avanzar muy lentamente a la humanidad por más de dos mil quinientos años envuelta en el perfumado humo de los complejos morales. También Platón, que reafirmó al hombre teórico interiorizando a Sócrates, fue culpable del surgimiento del cristianismo. Por supuesto que es este un punto de vista demasiado lineal, pero de momento atengámonos al mismo y aceptémoslo como bueno. Como hemos acabado de decir, no sólo a Sócrates le adjudica la culpa de la muerte de la tragedia. Dice Nietzsche que la agonía de la tragedia fue obra de Eurípides (-480-406) y dio paso éste, a la comedia ática como nueva figura degenerada de la tragedia (NT Prólogo a R. Wagner Af. 11 p. 105). Las obras de Eurípides, de ese que con su monumentalidad teatral llevó, al decir de Nietzsche, el público al escenario, cuyas propuestas estaban cargadas de acción y patetismo, cargando parte de la culpa de la agonía de la tragedia. Pero Eurípides tenía un demonio soplándole detrás de la oreja y ese «demonio» era Sócrates, según Nietzsche. En Eurípides, hasta los dioses estaban saturados de fatalidad, pero lo determinante era, a pesar de eso, la obra y la acción de los hombres. Sin embargo, la agonía de la tragedia, el pensador alemán la atribuye a este trágico, no sólo a Sócrates.

Desde luego, para Nietzsche, Sócrates no poseyó un órgano-místico. Pero éste se hallaba poseído por el instinto incoercible de transformarlo todo, entre ello, convertir todo en algo lógico racional, en algo pensable. Fue Sócrates el creador del hombre positivo u hombre teórico, proponiendo así un nuevo tipo de homo sapiens y con él, un nuevo ideal. Dique con Sócrates vino al mundo la idea absurda de que el pensamiento llega, al hilo de la causalidad, hasta los más hondos abismos del ser. Considera Nietzsche a Sócrates como el negador de la esencia griega y carecía éste, según la idea del filósofo, de seguridad instintiva. Nietzsche ve en la racionalidad de Sócrates la decadencia de la tragedia griega y al parecer niega la comprensión de la necesidad que del pensamiento racional tenía Grecia, incluso desde la época de Tales de Mileto, reforzada esta necesidad para los tiempos en que le tocó vivir a Sócrates. Pero en el arte queda transfigurado todo lo que existe, mientras el cristianismo nada transforma, sino que destruye todo, poco a poco y en silencio, como el gorgojo a la semilla de los cereales. La actividad del artista, su proceso creador, es para Nietzsche solamente una copia y una endeble repetición de la *póiesis* más imaginaria de la vida universal. Una vez que esta actividad se la entienda como el arte trágico, el arte para Nietzsche se convierte en un símbolo ontológico. Desde esta perspectiva ontológica concibe Nietzsche la potencia, la esencia básica del ser. El artista en la misma actividad creadora de su obra, encuentra su propia actividad redentora. En todo nacimiento de cosas está introducida ya la simiente de la decadencia, y también en el placer del artista en la procreación de una obra de amor se agitan juntos el placer de la muerte, de la aniquilación. El arte, así, y no la moral religiosa ni la filosofía, se presenta como la verdadera actividad metafísica del hombre. El arte es la actividad mediante la cual el hombre incrementa su vida. Se aparta así, de Schopenhauer, para quien la voluntad es un «*impulso ciego*», lo único que es verdaderamente real, y como una representación surge y existe solamente para el intelecto humano y las formas subjetivas de la intuición, es decir, el espacio y el tiempo no poseen ninguna realidad metafísica, sino que sólo se encuentra alojada en el espíritu del hombre. Apartándose de esta doctrina pesimista de su maestro, dice Nietzsche según E. Fink:

> *"Nietzsche se aparta de esta concepción. El fondo primordial mismo, que es una realidad que juega, es lo que produce la apariencia del fenómeno; éste es un producto artístico de su impulso estético; es para él el medio de encontrase consigo mismo y de autocontemplarse. Más aún: se podría llegar a decir con cierta razón, que el fenómeno es una condición necesaria para que la voluntad llegue a sí misma, se haga consciente de sí, y, en esta forma de conciencia, se posea, se «redima» en la bella apariencia. El fenómeno es, pues, algo necesario para la posibilidad de la conciencia de sí de la voluntad… En el juego trágico tiene lugar la autorrepresentación del juego cósmico del ser"*.[35]

En el NT, Nietzsche presenta el valor de la realidad más originaria en la forma simbólica del juego. Con esta se remonta a Heráclito, siendo este uno de los temas principales de su filosofía. El valor de la cultura para Nietzsche, hunde su raíz y se alimenta en su concepción trágica del mundo y de ahí, desde luego, nace su concepción, amplia, del arte trágico; del arte como actividad metafísica creadora del hombre, pero no de un hombre, sino de todos los hombres. Por la metáfora del juego entiende Nietzsche la antítesis del poder de Apolo y Dionisos, dos potencias fundamentales. Tan alta consideración tenía Nietzsche de estas dos «potencias divinas», que las funde para formar, con ellas, la verdad, según nos expone y dice:

> *"Tenemos, pues, en ellos, un mundo intermedio entre la belleza y la verdad: en ese mundo es posible una unificación de Dionisos y Apolo. Ese mundo se revela en un juego con la embriaguez, no un quedar engullido completamente por la misma"*.[36]

Todo esto, teniendo en cuenta que no estamos hablando «de las artes», sino «del arte», o sea, como algo más general y a la vez más profundo y metafísico; como una mirada que penetra en el todo profundo de la realidad de lo que existe y que traspase las barreras de más allá del

---

[35] Fink, E. o. c p. 37.

[36] NT o. c. Escritos Preparatorios *Visión Dionisiaca del mundo* 3 p. 245 DGT o. c. Band 1 Nachgelassene Schriften- *Die dionysische Weltanschaung* Af. 3 p. 567[-20].

bien y del mal. A través del concepto del juego busca Nietzsche expresar la «inocencia del devenir», para expresar una consideración del mundo opuesta a toda interpretación moral y cristiana, pues para él, el cristianismo es la más aberrante variación que sobre el tema moral la humanidad ha llegado a experimentar. El tema central del cristianismo es que el hombre, a pesar del quietismo que constantemente le inculca, se sienta culpable y el filósofo, al declarar «la inocencia del devenir», nos incita a la lucha y nos quita de encima el complejo de culpa por las destrucciones que podamos causar. La moral cristiana relega el arte, todo arte, al reino de la mentira. Es una vengativa aversión contra la vida misma. Pero toda vida se debe basar en la apariencia, en el arte, en el engaño, en la óptica, en la necesidad de lo perspectivo y en el error. La vida tiene que carecer de razón de manera constante y renovada e inevitable para que refleje lo que constantemente es, algo amoral y para que no nos apeguemos demasiado a ella y no alimentemos demasiado el ego. La vida tiene que ser sentida como indigna de ser apetecida, como algo no-válido en sí. La vida como una valoración radicalmente opuesta de la vida, es decir, una valoración puramente artística, o sea, anticristiana. Ay que despreciar a la vida para poder incrementar la vida. Nietzsche llamó a esta nueva valoración de la vida (del artista), como dionisiacas o como el anuncio previo del nuevo anticristo. Dice Nietzsche:

> *"De hecho el libro entero no conoce, detrás de todo acontecer, más que un sentido y un ultra-sentido del artista, un "dios" si se quiere, pero desde luego, tan sólo un Dios-artista, completamente amoral y desprovisto de escrúpulos, que tanto en el construir como en el destruir, en el bien o en el mal, lo que quiere es darse cuenta de su placer y su soberanía idénticos, un dios-artista que, creando mundos, se desembaraza de la necesidad implicada en la plenitud y la sobreplenitud, del sufrimiento de la antítesis en él acumuladas...".*[37]

En el concepto del juego heracliteano, es donde Nietzsche nos inicia en la idea de la «inocencia del devenir», en oposición a toda interpretación moral cristiana. El intelecto está al servicio de la voluntad de vivir. Habla despectivamente de aquellos que inventaron el conocer,

---

[37] NT o. c. Ensayos de autocrítica 5 p. 31 DGT o. c. Band 1 Versuch einer Selbstkritik Af. 5 p. 17$^{-15\text{-}20}$.

considerando, a ese momento excelso, como el momento más altivo y a la vez más mentiroso de la historia universal, pues la verdad es resbaladiza, huidiza y engañosa. Cree Nietzsche que, sólo el hombre intuitivo, como el de la Grecia antigua, sabe luchar, crear y vencer. Sólo este hombre, cree él, puede formar una verdadera cultura y *"consolidar el dominio del arte sobre la vida"* (Fink, E. o. c. p. 40-41). Esta es la razón por la cual es crítico de Sócrates, de Platón y de todo lo que se aleje de lo griego antiguo y se acerque al cristianismo. Así, la mentira del intelecto se basa en la inaprehensibilidad conceptual de la vida, vista por supuesto desde la perspectiva metafísica y no biológica. El intelecto descansa en una ilusión que sostiene y le da razón de ser a la vida y a los valores que determinan la misma. En la meta más alta de la lucha del intelecto se alcanza el arte del encubrimiento. Este encubrimiento, más la sagacidad de la astucia, es parte de la naturaleza del hombre. El intento de Nietzsche es legar a través del análisis del pensamiento a una genealogía «del instinto de verdad», partiendo del instinto del encubrimiento y de la falsificación. Es decir, todo causas naturales y metafísicas, no religiosas, cristianas ni del «más allá».

Nietzsche no sólo nos dio su concepción del mundo, sino que además, nos expuso una noción directriz de la cultura al presentarnos la Grecia de la época trágica como su paradigma de comportamiento del hombre que él aspira que seamos: en su fundamentación mística, en su estilo artístico total, en su productividad creadora, en su constante cometer errores como los del hombre que siempre actúa; es un hombre tipo soldado que fue a Troya y que libró batallas inolvidables y paradigmáticas para el mundo Occidental como las de las Termópilas y Salaminas (dirigidas por Leónidas y Temístocles respectivamente contra la invasión del imperialismo persa en 480 a d n e); en su autorrepresentación somatizada diaria de la obra de arte trágica, con lo cual nos proporciona un criterio de permanente valoración para el hombre. La noción de cultura de Nietzsche, no es la de Schopenhauer, con quien rompió el «¡*dulce!*» cautiverio a que éste lo había condenado, ni la de Wagner, con el cual también rompió más nítidamente expuesto en sus escritos, sino la de fundir, como dice en las Intempestivas y en muchas otras obras, al pueblo de su país, Alemania, en alma, naturaleza y objetivos.

El hombre trágico, y genio, de Nietzsche, no es sino una prefiguración del *Übermensch*. Vivir la grandeza imaginada de lo que será el superhombre, y haberla vivido en los griegos antiguos (con el cantar y el revoloteo del pájaro dionisiaco de hoy, claro), es un modo de vivir y columbrar a lo lejos la verdad. ¿Qué o quién es el *Übermensch*? Es el tipo de ser que, comparado con el hombre insignificante de hoy, se caracteriza por su aspecto sobre-humano; es el hombre que posee una visión cósmica y que, en sí mismo, constituye un destino e irradia valores. Su grandeza no es sino una forma de ser de la verdad. Su actitud es estar abierto al imperativo del juego dionisiaco, utilizando como medio de expresión de este juego el lenguaje, las figuras artísticas, la música y el ejemplo personal. Este modelo de hombre solamente debe de ser comprendido a través de su grandeza. El genio, existiendo de forma masiva en una sociedad desarrollada, es el instrumento del fondo creador de la vida y su propia esencia se refleja en la creación artística, entendida ésta como creación no en el sentido de productividad, sino de metas altas en la vida y un hombre capaz de desencadenar la guerra necesaria que, como ya hemos dicho en este artículo, «es aquella que ahorra tiempo y desdichas», al decir de un gran patriota latinoamericano del siglo XIX y que no quiere, como los acomodados y mediocres, ir en coche a la libertad y que ésta y el bienestar de sí propio y de su pueblo les caiga, como el maná, del cielo. Partimos de la idea, para la práctica, que el que en su país no promueve la guerra necesaria, es un criminal; y que el que promueve la guerra si se puede a ésta evitar, es también un criminal; es un criminal, desde luego, no ante los tribunales, pero sí ante el juicio divino e histórico de los hombres. El superhombre, que promoverá la guerra necesaria, tendrá, al lado de la mesa de pensar, la de ganar el pan; al lado de la pluma, la espada; al lado de la nube en la que sueña, la tierra.

La actitud de *Übermensch* hay que comprenderla dentro del contexto del desarrollo de las fuerzas productivas sociales y del hombre individualizado al servicio de la verdad, pero de una verdad, que no se refiere a la «verdad científica» sino a la verdad como la mirada que penetra en el fondo del mundo, la verdad como intuición trágica para la forma de vivir la vida.

Como refiere E. Fink, ahora, muerto Dios (tema central de la 1ra. parte de AHZ), el lenguaje del hombre no es ya nombrar a los dioses, ni la invocación del santo, sino el lenguaje del hombre al hombre.[38] El *Übermensch* no mira para el cielo a ver si después de más de 2000 años, sentado a la vera de Dios, viene el Mesías a redimirnos de los pecados. El superhombre pertenece, según la inferencia de Fink, al prototipo de los grandes despreciadores, de los que tienen capacidad de ser precursores, de los que saben mandar y a la vez obedecer, de los que se ofrendan a la tierra; de los que van de vuelta a la naturaleza, pero elevados y listos para metas superiores; de los que se ofrendan a la tierra, al «sentido de la tierra»;

> *"...los conocedores, los trabajadores e inventores, los que aman su virtud y sucumben en ella, los pródigos de alma, los pudorosos de la felicidad, los justificadores tanto del futuro como del pasado, los que castigan a su dios, los de alma profunda, los muy ricos, los espíritus libres".*[39]

Al parecer, si se analiza a simple vista, el concepto acerca del hombre en Nietzsche es ambiguo, pues aparecen dos figuras o elementos: el tipo creador y el no-creador; el hombre-genio y el hombre mediocre u hombre-rebaño (hombres de segunda mano, que no prevén y esperan la tormenta, como dijo el cubano José Martí, con los brazos en cruz; hipotónicos, cuyo grito de combate nadie oye). Y, cuando se dice «rebaño», se refiere más que todo a los inficionados por el cristianismo y a los sumisos seguidores del poder. Antes de seguir adelante, hagámonos la siguiente dura pregunta, ¿no es así la realidad que por cada hombre creador, por cada guerrero del pensamiento, por cada precursor existimos por lo menos cinco mil cobardes, epígonos y mediocres? ¿Cuántos prefieren la *peligrosa dignidad* a la vida inútil? La mayoría de los hombres somos desgraciadamente hombres del montón, que en muy pocas cosas nos diferenciamos del resto de los animales y Nietzsche no teme enfrentar esta realidad y denunciarla como filósofo. ¿Cuántos existen como Alejandro, un dios para sus contemporáneos y para Nietzsche que, consumió su vida lleno de violentas pasiones y ardientes

---

[38] Fink, E. o. c. cap. 3 El mensaje 2 El superhombre y la muerte de Dios p. 79.

[39] *Ibíd.* cap. 3 p. 83.

sueños, y el hombre integralmente más bello que haya cruzado por la tierra envuelto en la leyenda, que murió joven, como Cristo y como Aquiles, y que prefirió un momento de luz cegadora a una existencia larga y mediocre? Eh, ¿cuántos son como Julio César al que también de vez en cuando nos remite Nietzsche? Casi se pueden contar con los dedos de las manos. Por eso es por lo que precisamente dice Nietzsche en boca de Zaratustra que el hombre no es fin ni meta, sino tránsito; sí «tránsito» al superhombre y éste a su vez, tránsito a otro superhombre. Aunque siempre habrá «mando», hasta en la «máxima dorada» o en el comunismo, habrá también plena identificación mando-subordinación y los subordinados estarán, a su vez, capacitados para el mando si hiciera falta y los jóvenes que un día fueron buenos soldados, llegado el momento oportuno serán igualmente buenos generales. Observamos que Nietzsche considera al hombre-genio y al hombre-rebaño.

Concibe al hombre-genio desde su tarea cósmica, convirtiéndose éste en el portador privilegiado de la verdad universal, o sea, de la verdad del todo. Ni Wagner, ni Schopenhauer, ni David Strauss, ni Víctor Hugo, ni Zola ni Balzac ni Parsifal; en cambio, Julio César, Alejandro, Napoleón, Dostoievski, Stendhal, estos sí, estos, entre otros, son los prototipos de Nietzsche. Incluyamos aquí a Göthe, a Pilato, a César Borgia, incluso antes que al Cristo (virtual anticristo). El juego de Dionisos es, a juzgar por los prototipos de Nietzsche, el devenir puro.

La cultura no es sencillamente una obra humana, sino que es el hombre en su rol de convertirse en su propio salvador (en un artista que encarna la grandeza), en un sabio; como un genio que crea y define una cultura. Este genio es para Nietzsche el instrumento de un poder sobrehumano, el medio que el fondo o forma del mundo se crea, para en definitiva encontrarse consigo mismo. Este genio es el lugarteniente de la verdad del fondo primordialmente uno del mundo. El genio no es sino el lugar donde ese fondo o forma del mundo se patentiza.

Compartimos la idea de Eugen Fink de que Nietzsche representa la crítica más severa de la religión, la filosofía, de la ciencia y de la moral en el sistema educativo en el cual fue moldeada Europa, todo lo contrario de Hegel, que pretendió buscarle a todo el lado positivo. No lo dice E. Fink, pero está claro que se debe a que toda la ideología europea está inficionada por la idea cristiana y por los ideólogos cristianos. Así, dice:

> *"Si Hegel realizó el ensayo gigantesco de concebir la historia entera del espíritu como un proceso evolutivo en el que se hallan integrados todos los pasos anteriores...si Hegel que podía dar una respuesta positiva a la historia de la humanidad occidental, Nietzsche representa, por el contrario, la negación despiadada, resuelta, del pasado, la repulsa de todas las tradiciones, la invitación a una radical vuelta atrás".*[40]

Pero nos parece que E. Fink un poco exagera o habrá que traducirlo también a él. Nietzsche *no niega* toda la cultura y la historia pasadas. El niega, sí, a todas las ideas sociales con reminiscencias cristiana y por eso plantea «una radical vuelta atrás». Esa «radical vuelta atrás», ¿hasta dónde llegaría? Llegaría tan atrás, que sería hasta donde no hubiera cristianismo, es decir, hasta los griegos antiguos y más atrás aún, a la época dorada del hombre, pero como inspiración e idea de trabajo, como momento temporal paradigmático, no como esquema rígido antidialéctico de concebir el cambio. Pone Nietzsche en duda la historia de la filosofía con reminiscencias cristianas (de Platón hacia acá, realmente no a partir de Sócrates), pues Platón fue el *puente que condujo al cristianismo* y al resto de la filosofía porque, con honrosas excepciones, toda está, de una manera u otra, contagiada de la idea bíblico-cristiana. Por eso ve a la filosofía como un movimiento profundamente negativo. El pensar de Nietzsche se rebela contra la filosofía, pues tras más de veinte siglos de hacer una interpretación exageradamente metafísica del ser, busca un nuevo camino, un camino propio, no tan trillado aún así aunque sea una nueva experiencia originaria del ser, desde un punto de vista socio-moral y no ontológico.

---

[40] Fink, E. o. c. La metafísica del artista p. 9. La palabra subrayada, viene destacada en el texto.

4.2 Conclusiones... con sentencias, flechas y otras ocurrencias filosóficas nietzscheanas

"...todo lo feo debilita y acongoja al hombre. Le trae a la memoria decadencia, peligro, impotencia; de hecho en presencia de lo feo el hombre pierde energías. En general, cuando el hombre está deprimido es que ventea la proximidad de algo«feo»...Su sentimiento de poder, su voluntad de poder, su coraje, su orgullo –todo eso baja con lo feo, sube con lo bello...Tanto en este caso como en otro nosotros sacamos una conclusión: las premisas de ella se hallan acumuladas en cantidad enorme en el instinto. Lo feo es concebido como señal y síntoma de degeneración: lo que se asemeja, aunque sea desde muy lejos, a la degeneración produce en nosotros el juicio «feo». Todo indicio de agotamiento, de pesadez, de vejez, de fatiga, toda especie de falta de libertad, en forma de convulsión, de parálisis, sobre todo el olor, el color, la forma de la desilusión, de la descomposición, aun cuando esto esté tan atenuado que sea sólo un símbolo– todo eso provoca una reacción idéntica, el juicio de valor «feo». Un odio irrumpe aquí: ¿a quién odia aquí el hombre? Pero no cabe duda: a la decadencia de su tipo. Aquí él odia desde el instinto más profundo de la especie; en ese odio hay estremecimiento, previsión, profundidad, visión a lo lejos, es el odio más profundo que existe. A causa de él es profundo el arte...".[41]

El hombre, dice Nietzsche, se sitúa ¡él mismo, «a sí mismo!» como medida de la perfección, pero se olvida, y es lo que hay que criticarle, que la belleza la ha hecho humana, ¡demasiada humana...! El hombre aprecia la vida en extremo, y cuando a la vida se la sobrevalora, en realidad no se la aprecia, porque el hombre se enconcha, es decir, en vez de dedicarse a vencer en la vida y a la vida, se dedica a cuidarse.

"La Iglesia combate la pasión con la extirpación, en todos los sentidos de la palabra: su medicina, su «cura», es el castradismo".[42]

---

[41] CI o. c. Incursiones de un Intempestivo Af. 20 p. 99 GD o. c. Band 6 Streifzüge eines Unzeitgemässen Af. 20 p. 124-10-15-20-25-30.

[42] CI o. c.. La moral como contranaturaleza Af. 1 p. 60 "Die Kirche bekämpft die Leidenschaft mit Ausschneidung in jedem Sinne: ihre Praktik, Ihre «Kur» ist der Castratismus". GD. o. c. Band 6 Moral als Widernatur Af. 1 p. 83-5.

"«Toda verdad es simple» – ¿No es esto una mentira duplicada".[43]

"¿Cómo? ¿es el hombre sólo un desacierto de Dios? ¿O Dios sólo un desacierto de los hombres?".[44]

"De la escuela de la guerra de la vida.-Lo que no me mata me hace más fuerte".[45]

"Ayúdate a ti mismo: entonces te ayudarán además todos. Principio [Princip] del amor al prójimo".[46]

"El actor de teatro, el mimo, el bailarín, el músico, el poeta lírico son radicalmente afines en sus instintos, y de suyo una sola cosa, pero poco a poco han ido especializándose y separándose unos de otros – hasta llegar a la contradicción. El arquitecto no representa ni un estado dionisiaco ni un estado apolíneo: aquí los que demandan arte son el gran acto de voluntad, la voluntad que traslada montañas (obsérvese que no es la fe quien 'desplaza montañas'), la embriaguez de la gran voluntad. Los hombres más poderosos han inspirado siempre a los arquitectos; el arquitecto ha estado en todo momento bajo la sugestión del poder. En la arquitectónica deben adquirir visibilidad el orgullo, la victoria sobre la fuerza de gravedad, la voluntad de poder; la arqui-tectura es una especie de elocuencia del poder expresada en formas, elocuencia que unas veces persuade e incluso lisonjea y otras veces se limita a dictar órdenes. El más alto sentimiento de poder y de seguridad se expresa en aquello que posee gran estilo (cuando lo bello obtiene la victoria sobre lo monstruoso). El poder no tiene ya necesidad de ninguna prueba; que desdeña el agradar; que difícilmente da una respuesta; que no siente testigos a su alrededor; que vive sin tener conciencia de que exista contradicción

---

[43] *Ibíd*. Sentencias y flechas Af. 4 p. 29 "«Alle Wahrheit ist einfach» - ¿Ist das nicht zweifach eine Lüge? ". GD. o.c. Band 6 Sprüche und Pfeile Af. 4. p. 59.

[44] *Ibíd*. 7 p. 34 " ¿Wie ist der Mensch n ur ein Fehlgriff Gottes?. - ¿Oder Gott nur in Fehlgriff des Menschen?". GD o.c. Band 6 Sprüche und Pfeile Af. 7 p. 60^{-5}.

[45] *Ibíd*. Af. 8 p. 34 "Aus der Kriegsschule des Lebens.- Was mich nicht umbrigt, macht mich stärkert". Af. 8 p. 60.

[46] *Ibíd*. Af. 9 p. 34. "Hilf dir selber: dann hilft dir noch Jedermann. Princip der Nächstenliebe". Af. 9 p. 60^{-10}.

contra él; que reposa en sí, fatalista, una ley entre leyes: esto habla de sí mismo en la forma del gran estilo".[47]

No soy profeta, pero sé que saldremos adelante. Pero no podemos pensar sólo en lo mejor, porque bajamos los brazos. Por último: El hombre es el único animal que, no sólo produce sus medios de vida, sino algo mucho más importante: produce los medios de producción (y qué medios de producción más maravillosos) y visto en cada momento temporal, como raza que hace arte, convirtió en arte esta actividad del trabajo. El hombre ha ido convirtiendo en arte la actividad que lo hace crecer como especie, la actividad productiva y liberadora.

---

[47] *Ibíd*. Incursiones de un Intempestivo. Af. 11 p. 93 GD o. c. Band 6 Streifzüge eines Unzeitgemässen Af. 11 p. 118[- 20-25-30] y 119[-5].

11 EL CRISTO Y SU CONTRAFIGURA: EL SUPERHOMBRE

"Que Dios nos libre de los inocentes y los buenos".[1]

"El hombre sensato no puede menos de gemir cuando, abriendo el libro de las teogonías antiguas y modernas, ve en él un número infinito de dioses, objeto del amor y el terror de los pueblos. ¡Cuánta pequeñez y tontería no había en el culto de los egipcios, de los indios, de los griegos y de los romanos!. ¡Qué de picardía y de infamia en sus sacerdotes!. Y los nuestros ¿han cambiado?. No. Decía Cicerón que dos adivinos no podían mirarse uno al otro sin reírse. ¡Qué poco pensaba él que entre los modernos algún día veríamos unos cuantos miserables, prodigarse unos a otros un incienso debido sólo a los dioses: y por cúmulo de ignorancia, que tratarían de persuadirnos de que eran los representantes de la divinidad!".[2]

1. Introducción

Nos proponemos en este Epílogo demostrar, a grandes rasgos. **a)** Que Nietzsche dedicó su filosofía a la idea de que el redentor que necesita el hombre no viene del «más allá», sino del propio hombre con la aparición del hombre nuevo, u hombre pleno u hombre extraordinario,

---

[1] Greene, Graham (1980) *El americano impasible*, Edit. Bruguerass, Barcelona cap. I p. 24.

[2] Holbach, Paul Henrie (1989) *Sistema de la naturaleza o las leyes del mundo físico y del mundo moral*, Casa Las Américas, La Habana. Edición al cuidado de Doménica Díez. cap. I p. 28, Nota 2 del original francés, publicada en 1770 con el seudónimo de J. B. Mirabaud. Para este filósofo francés, de origen alemán, la misión de todo filósofo es liberar al hombre de todo prejuicio religioso.

en fin, del superhombre. **b)** Que el pecado no existe, sino que el hombre, más bien, se siente pecador gracias al cristianismo, y que en base a eso se siente dominado por los sacerdotes, que se arrogan el papel de vicarios de Dios. **c)** Que el AT, tanto como el NT, nos vienen de invenciones de los hombres y no del cielo. Constantino I, el Grande (315-330), él mismo más pagano que cristiano, debe de haber revisado los evangelios, censurado y hasta debe haberlo consensuado, pues iba a ser, el cristianismo triunfante, el pilar ideológico del Imperio que trataba de salvar, sin sospechar, claro, que el cristianismo lo iba a destruir porque su esencia es destructiva. **d)** Que es imposible que Jesús, incoherente en su prédica, inculto, ingenuo políticamente, que hablaba no como el jefe político, sino como la muchedumbre de animales inferiores, pudiera ser, como lo califica Renan, *"héroe, genio y magna personalidad"*. Ya, de entrada, el «*no resistas el mal*», lo califica de idiota y no de héroe. **e)** Que el verdadero pecado del hombre es el ser sumiso, ser rebaño y ser epígono. El pecado no está en gozar del cuerpo y de las ideas, sino en creer, con tal de creer en cualquier cosa. **f)** Que Cristo es el virtual anticristo. Un Cristo sumiso y que no habla más que de irrealidades, ¿qué redentor puede ser? **g)** Que el ateísmo de Nietzsche es por convicción reflexiva, por mentalidad científica y por pertenecer a los que piensan. **h)** Que Nietzsche se propuso, desde el *Nacimiento de la tragedia*, hasta su último libro y aliento vital, devolver al hombre su adoración por sus sentidos, por lo instintivo de los griegos, por la vitalidad del animal humano y por desterrar el racionalismo cristiano y su moral. **i)** Que el más peligroso y dañino de los rabinos fue Pablo. **j)** Que aún las Iglesias son fuertes y encierran peligros.

Nos proponemos demostrar, en fin, el vitalismo nietzscheano contra la religión debilitadora del cristianismo. La Biblia no vino del cielo... vino de los hombres, pero, ¿de cuáles hombres y el porqué? Por eso a Nietzsche no le interesa en sí la cronología cristiana, sino que sólo le interesa para analizar su psicología y el tipo de paradigma que nos dan: un crucificado que no hizo nada para no serlo. Lo opone al Dios de la vida, la guerra, la victoria, el gozo y el devenir. De ahí, el concluyente ¡*Dionisos contra el Crucificado...!* Y dar la voz de alerta contra aquello que desconoce las causales naturales y nos somete y vuelve gregarios, de:

"En el principio Dios creó el cielo y la tierra... «Yo soy el Dios de las alturas; anda en mi presencia y trata de ser perfecto". (Génesis 1. 1 y 17. 1; textos paralelos 28. 3; 35. 11 y Ex. 6. 3).

También los Evangelios testifican que: por medio de Jesús:

"4 Jesús le respondió: Id y contad a Juan lo que oís y veis...5 Los ciegos ven, y los cojos andan, los leprosos son limpiados, y los sordos oyen, los muertos resucitan y se anuncia a los pobres la Buena Nueva, 6 y dichoso aquel que no se escandalice de mi". (Mt. 11, 4-6; 8,3. y 13,57 Textos paralelos: Dt. 18, 15 Is. 26, 19; 29, 18ss; 35, 5ss; Jn. 1, 21; Lc. 7, 18-28).

El cristianismo, desde luego, como todo en la vida, nace, se desarrolla y desfallece, o sea, es un proceso, en este caso comparable a la parábola balística, cuyo declive comenzó con el Renacimiento y en Francia se aceleró con los ideólogos que prepararon la toma del poder político por la burguesía revolucionaria en el siglo XVIII.

El hombre de Nietzsche es el hombre para enfrentarse al fin escatológico del mundo. Entre la naturaleza por un lado, pasándonos la cuenta, y nosotros por el otro presumiendo de inteligentes, vamos camino a la muerte segura. Claro, Nietzsche, con reminiscencias importantes de los titanes franceses del pensamiento (él tampoco pensaba en flecha, sino en espiral y dedicado a mejorar, no a cambiar lo que radicalmente ellos habían alcanzado en materia de ideas y de sistema social), creyó encontrar, con el superhombre que nos propone en *Así habló Zaratustra*, el hombre metademocrático, metareligioso y metapartido (más allá de la democracia, más allá las sectas y más allá de los partidos), que nos liberaría de las mediocridades y los males. Es decir, el hombre de una «*sociedad razonable*» armonizando los intereses individuales y colectivos al margen de las connotaciones políticas, lo cual es una condición ideal y buena, pero difícil de encontrar en la práctica. Eso sí, tanto los materialistas franceses como el filósofo alemán, han enfocado sus proyectiles de largo alcance y potencia contra el campo de la lucha religiosa y al advenimiento de una nueva sociedad, superior para el género humano y alcanzable a la larga, pero con inevitables vaivenes, es decir, con adelantos, marchas atrás temporales y momentáneas detenciones. La imaginación y la necesidad de creer en algo, ¿cualidad o debilidad? inherente al ser humano, ayudaron a crear y/o a creer en el Dios y en el Cristo. El hombre no debe de ser engañado, pero la necesidad de creer y la tendencia al auto-consuelo, lo llevan a querer ser engañado. También contribuyeron a ser engañado por el cristianismo las bajas condiciones sociales y el casi inexistente nivel de las ciencias.

Lo más importante en el cristianismo es la doctrina sobre el mítico-hombre-dios-Jesucristo, salvador, ungido salvador, hijo del Dios, del que se dice (sin existir prueba alguna como dice Nietzsche), que descendió del cielo a la tierra, aceptó padecimientos físicos y morales y luego resucitó para redimir del pecado original a los hombres. La vida terrenal, enseña el cristianismo, es sólo un refugio temporal para el hombre como preparación para la vida eterna más allá de la muerte terrena. Sin embargo, la realidad nos va enseñando que, extinguido el sistema de explotación de un hombre por otro hombre, desarrollados y democratizados los países, se van socavando las raíces sociales del cristianismo y de las religiones y al final quedarán en el recuerdo de los hombres sólo como supervivencia del pasado. Cuanto más agradable resulte vivir en la tierra, menos se pensará en el «más allá», pues el globo terráqueo será cada vez menos «*un valle de lágrimas*». Y todo, gracias a nuestros esfuerzos. Pero sea como sea, el nombre del Cristo y del cristianismo han resonado de una u otra manera en casi toda la humanidad en los últimos veinte siglos. Ha concitado amor en unos, no se puede negar, y odio atroz en otros. Ha inspirado también obras buenas, pero también controversias. Invadió, subterráneamente al Imperio Romano, que se corrompió y se destruyó a sí mismo, cuando parecía que lo apuntalaba; santificando esa piratería superior que significaron las cruzadas (cruzadas: la cruz como arma guerrera) para expulsar a los musulmanes de los santos lugares. (Siglos XI y XV con el PP. Urbano II Concilio de Clermont 1905) durante largos y terribles años organizó, sostuvo y aplicó la cacería de brujas y la Inquisición para eliminar no sólo toda idea innovadora de las ciencias naturales y sociales, sino para eliminar a los hombres que las portaban y también, por cierto, que eliminaban a los «supuestos herejes» de la manera más cruel y humillante, como se hizo con Pascal, y con los hombres más fuertes y poderosos de Roma. Para Nietzsche no es el cristianismo una religión noble como la predican a la hora de rendirle pleitesía al culto y al dogma. Ese noble momento del culto es para las grandes masas, casi siempre de rebaño y sobre todo, ingenuas y una minoría poderosamente interesada. ¿Qué fueron sino Tomás de Torquemada OP. (1420-1498) y los Jesuitas llevando a cabo la Contrarreforma católica tratando de impedir el avance de ideas más progresista o al menos heterodoxas y el Protestantismo? ¿No ha sido esa la actitud y el «*modus operandi*» de la jerarquía eclesiástica en América Latina coaligada siempre con la oligarquía financiera y latifundista, salvo las honrosas excepciones en que ha estado al lado de los más emprendedores y de los pobres y los humildes? Claro, ha habido eslabones transitorios y matices, y no debemos analizar sólo situaciones polares. En ocasiones ha estado obligada por las circunstancias a participar en empresas que ayudaron a la rueda de la historia: la expulsión de los árabes de España por ejemplo, cuya lucha final la encabezaron Isabel de Castilla y Fernando de Aragón. Si bien después resultó ese descubrimiento de América una carnicería humana, supuestamente bendecida por la Iglesia de ese tiempo. Pero no es menos cierto que el descubrimiento y conquista tuvo su lado positivo, pues el sistema social imperante entre los Inca y los Aztecas tenía más de un milenio de atraso en relación al sistema feudal y de incipiente capitalismo del cual ya era portadora España. Recordemos el caso de la expulsión de los Jesuitas del Paraguay por fomentar y defender la organización social de los indígenas guaranies (cfr. Argumento de la película The Misión) La Iglesia jerárquica como representación del poder espiritual muchas veces se ha portado como un partido más, y ya sea para una causa justa o para abusos; sin importarle derramar sangre indígena con tal de lograr el fin propuesto y a la cual prestó sus banderas. Pero en general la Iglesia fue siempre rémora y no rueda motriz. Hoy mismo, sin grandes resultados, sí, pero se opone ciertas investigaciones científicas con objetivos propios, según dice, pero en la realidad se opone a la ciencia para mejorar al hombre, y al goce de su cuerpo en sus múltiples facetas en virtud de su oposición al desarrollo del hedonismo que tanto defiende Nietzsche. Siempre ha preferido luchar contra el riesgo y por el ascetismo. La Jerarquía Eclesiástica ha sido siempre ideológica y la ideología, a la vez que trasciende límites y elude restricciones, como dice Henry Kissinger en *Mis memorias*, (cap. V p. 90) desprecia la tolerancia y la conciliación. En una palabra, la ideología es fundamentalista y por lo tanto, se opone al cambio y facilita el estancamiento, tal como sucede con los sistemas políticos donde falta la democracia. Mientras la filosofía, aunque desgraciadamente una gran parte de ella lastrada por las reminiscencias religiosas, tiene como objeto promocionar al hombre y en última instancia dirigirlo a metas superiores, la religión y más de la mitad de los partidos políticos en el poder, lo que pretenden es «mejorar», domar y dominar al hombre. Pero el cristianismo y la religión en este proceder van barranca abajo y sin frenos y no son estos los tiempos de Paul Henri Holbach (f. 1725-1789) y de Nietzsche.

2. Nietzsche y el Jesús de los Evangelios

"Que el hombre cese pues de buscar fuera del mundo en que habita una felicidad que la naturaleza le rehúsa; que estudie esa naturaleza, que aprenda sus leyes... que se sirva de sus descubrimientos para procurarse alguna porción de felicidad... Desgraciadamente todo nace de la imaginación, y ésta es la sola que hace que nos creamos dichosos o desgraciados, y es también la madre de la esperanza y de la ilusión".[3]

De la esperanza, de la ilusión y del desconocimiento de las causales naturales, nació el Cristo, el Dios y las religiones. En la memoria histórica, por tanto, la figura e imagen de Jesús se ha configurado como polifacético y a la vez contradictorio, según el científico ruso I. Kriveliov en su obra *Cristo:¿mito o realidad?*, suscitando en la mentalidad humana, desde la más profunda veneración y compasión hasta el odio y desprecio más vehementes. Claro, entre estos juicios polares, hay muchos estados transitorios, vaivenes y flujos y reflujos del oleaje humano.

El Cristo mendicante y milagrero como símbolo de fe, dogma y adoración fue santificado como es sabido y antes citado en este trabajo, en el Concilio de Nicea en el año 325. En el concilio celebrado en esa ciudad, y un poco más tarde en Constantinopla (año 381), al diseñarse el Símbolo Niceno como pilares del cristianismo se hizo hincapié en que ninguna Iglesia puede ponerlo en tela de juicio. Aún no existía la Inquisición (surgida en 1474 en España con los reyes católicos, que tenían el poder de manejar la nomenclatura amalgamando el poder seglar con el secular, nombraban ellos al Inquisidor General), pero con Inquisición o sin ella, la jefatura católica encontraba formas de castigar

---

[3] Holbach, Paul Henri o. c. cap. 1 p. 25.

las disensiones *heréticas*, como fue el caso de Arrio. En el Símbolo de la Fe, Jesús ocupa el lugar principal en los documentos básicos de la fe cristiana y le están dedicados, de los doce puntos con que cuenta, seis al Cristo como *"hijo unigénito de Dios nacido de su Padre antes de todos los siglos"*. En la Epístola a los Romanos según Pablo, Cristo es realmente la buena nueva predicada por el Profeta Elías y por Juan el Bautista.

> *"Esta buena nueva anunciada de antemano por sus profetas en las santas escrituras, se refiere a su hijo, que nació de la descendencia de David, según la carne, y que, al resucitar entre los muertos, fue constituido Hijo de Dios con Poder por obra del Espíritu Santo". (Romanos, 1, 2-4. Textos paralelos: Is. 52, 7; 61, 1; Mc. 1, 1; y 1.14).*

Se desprende, de la prédica de Pablo, tenida en cuenta en el concilio de Nicea, que Dios entregó a su hijo en la carne, no en el espíritu, para redimirnos del pecado, un pecado cometido únicamente por Adán, y por lo tanto, redimido por un solo hombre, el hijo de María que, al asumirlo Dios, se convierte en divino y miembro de la Trinidad, a la vez que redime a Dios del horrendo crimen al entregar a su hijo al suplicio y lo resucitó.

> *"Y tanto en la vida como en la muerte pertenecemos al Señor, pues Cristo probó la muerte y luego la vida, para ser Señor tanto de los vivos como de los muertos". (Romanos, 14, 8-9 Texto paralelo Hech. 10, 42).*

Había que desviar la atención de lo dicho por Arrio el hereje, que cómo iba el Cristo a formar parte de la Santísima Trinidad si era hijo de mujer mortal. Pero la Iglesia se enredó, así, en tremendo berenjenal. Si Cristo nació antes de los siglos, quiere decir que *no nació, sino* que ha sido, es y será eterno, como eterna es la materia según Nietzsche. Si nació antes de los siglos quiere decir que es eterno, pero una eternidad que ni nació, ni vive ni morirá y que por lo tanto, ¿cómo te puede conocer y mucho menos cómo puede amarte? Si nació *antes de los siglos,* ¿por cuál motivo entonces, en el Nuevo Testamento no dan detalles y fechas de su nacimiento? ¿Por qué, entonces, en el Nuevo Testamento se empieza así diciendo: *"Jesucristo, hijo de David, hijo de Abraham?"* ¿Por qué dice, en el conteo de generaciones, que, desde la deportación a Babilonia hasta Cristo son catorce?.

¿Por qué, entonces, en Mateo 1, 18, lo hacen hijo putativo, convenciendo a José de que no hubo infidelidad por parte de su esposa, sino que ésta «*concibió por obra y gracias del Espíritu Santo*» y que nació con exactitud en los días del reinado de Herodes? Pero desde luego, como ha reiterado Nietzsche en varias oportunidades, no hay pruebas de todo esto. Se basa en fabulaciones de carácter enigmático e inescrutable, que, siendo ininteligible para la razón humana, hay que creer en ellas a la fuerza y sin molestar la poca paciencia de los sacerdotes, pues así ha sido aprobada por ellos y por la Iglesia estas ficciones, como verdad suprema, sagrada y definitiva. No sirve a la vida esta verdad, y como tal, *no es verdad* para el concepto nietzscheano, pero es el dogma religioso-cristiano, y ya, con eso, no es discutible. Al Jesús nos lo presentan como «*luz de luces, engendrado, no hecho, y consustancial al Padre*». El Jesús (el salvador-*Erlöser*), descendió del cielo por mandato de su Padre y «*se hizo hombre*» (cfr. Credo Niceno del 1er. Conclio Ecuménico, el del Nicea 325 Dz. # 54 p. 23), es decir, podemos entenderlo como que Dios tomó por algún tiempo la imagen humana y apareció en la Tierra como hombre-Jesús, es decir, como hombre-salvador *(Erlöser)*. A uno no le queda más remedio que pregun-tarse, con Nietzsche: ¿Lo hizo para salvar a la humanidad descarriada y sufrida, lo cual, como es sabido, no consiguió? ¿Tiene, por eso, el Cristo-Jesús, según la Iglesia, principio humano constante y eterno, así como igualmente principio divino? ¿Esto es así, aunque no concuerde con la admisión de su nacimiento en una fecha fija y que en cierto y determinado momento se «*hizo hombre*»? ¿Hombre-genio? Dice Nietzsche: *"Jesús es lo contrario de un genio: es un idiota"*.[4]

Así, a cajas destempladas lo trata el filósofo y sin miedo de ninguna clase. Es un idiota, un lunático que no advierte la realidad (la vida), que gira, como dice Nietzsche, en torno a cinco o seis conceptos que ha oído y no ha comprendido en absoluto o ha entendido falsamente y en todo caso, de memoria es decir sin interiorizarlo. La vida, para Jesús, es ajena y éste no comprende, como todo infeliz y lunático, los instintos varoniles y animales de todo hombre verdadero, es decir: los instintos sexuales, de lucha a muerte, de orgullo, de heroísmo y así, no puede ser

---

[4] AC o. c. Af. 29 ps. 57-58 Nota 63 de Andrés Sánchez Pascual p. 132.

salvador ni redentor, pues no ama en realidad a la guerra. En todo el Nuevo Testamento hay un solo y débil llamado a la guerra y a las armas. Dice el evangelista de los judíos:

> *"No piensen que vine a traer la paz a la tierra; no vine a traer la paz, sino la espada. Vine a poner al hijo en contra de su padre. A la hija en contra de su madre; y a la nuera en contra de su suegra No es digno de mí, el que ama a su padre o a su madre más que a mí; no es digno de mí, el que ama a su hijo o a su hija más que a mí. No es digno de mi el que no toma su cruz para seguirme". (Mt. 10. 34 a 39 y 7, 6 textos paralelos Lc. 12. 51- 2. 34 y 22. 36).*

Es decir, un solo llamado a la espada, pero para que lo adoren a él como al Gran Tirano. Para que florezca como las flores del camposanto, la tiranía y su espíritu de tener animal de rebaño, y ¿qué es el animal de rebaño?. Es ese ser despreciable, débil, dócil, antivida, lento mentalmente, degenerado, decrépito, doliente por necesidad menesterosa, antípoda del espíritu libre y aristocrático. Trajo, sí, la espada, pero para decir lastimeramente: ¡Soy yo el que manda y la recompensa está en el cielo, si hacen lo que yo digo! Vale decir, *no* para acabar con la debilidad y sus portadores, como siempre quiso Nietzsche, cortar por lo sano, como la filantropía del buen cirujano, sino para perpetuar la debilidad y el pecado porque a ese precio existe Dios, el Dios de los sacerdotes, que, cuando dicen *¡obedezcan a Dios!,* es a ellos a quien hay que obedecer. Todo el hilo conductor de la filosofía nietzscheana nos lleva a estas ideas. El cristianismo no quiere consolar a los débiles, sino controlarlos, que son cosas diferentes. Pero hablemos claro, del Jesús que hacemos referencias, es del que nos dan como «Jesús», pues no hay pruebas de la existencia del tal Jesús crucificado o no crucificado del que refieren los Evangelios. La única prueba que existe, es la coincidencia de un crucificado, de los tantos que había en aquella época humana (después la sentencia de muerte se cambió por la guillotina, el fusilamiento y la silla eléctrica), es la que existe comparada con un personaje real que se llamó Poncio Pilatos, procurador = *(ἐπίτροπο)* romano de Judea del 26 al 36 y muerto en Francia allá por el año 39. Ese, Poncio Pilatos sí existió. Y que por cierto, como dijimos en el capítulo VII donde tratamos a la verdad nietzscheana, en el enfrentamiento que relata el Nuevo Testamento entre los dos personajes, el gobernador romano quedó como un gigante en su porte noble y aristocrático al lado del mendicante que después crucificaran y que nos dan como hijo de Dios enviado para redimir del pecado a los hombres. Por lo tanto, lo que se aprecia, tanto del Nuevo Testamento como de los Concilios donde se eternizó y dogmatizó la fe cristiana, y que no fue precisamente el ansia de encontrar la verdad, sino el montaje artístico real y la correlación de los intereses e influencias de las agrupaciones enfrentadas en los concilios para sacralizar el Nuevo Testamento y fortalecer la Iglesia como institución de poderla servicio de la religión. Cristo, divinizado según el símbolo de la fe, se encuentra ahora en el cielo. Pereció en la Tierra como un hombre débil, pobre y humilde, pero cuando regrese lo hará con toda la gloria de la Tierra y de los cielos como un Dios Todopoderoso y dueño de los universos. ¿Es esa la idea?.

Según la Iglesia y su doctrina, la misión del Cristo cuando estuvo en la Tierra consistió en tres objetivos: como profeta, como príncipe de los sacerdotes y como rey. De cómo cumplió estas misiones es lo que brevemente vamos a tratar de explicar. Lo de profeta no tiene discusión; en sí la cumplió bastante bien esta misión, al menos en partes: profetizó el fin inevitable del mundo que aunque no se ha cumplido en más de 2000 años, está ahí, vigente, la profecía. Profetizó asimismo que vendría de nuevo y aunque se le espera por miles de años sin señal alguna de que se acerca, pero está también vigente la espera. En cuanto a las dos restantes, el asunto es más complejo de analizar. Eso de ser príncipe de los sacerdotes judíos ¿significa sacrificar a Dios para redimir los pecados humanos? Si es así, ¿cómo lo hizo Jesús? ¿Se sacrificó a sí mismo para en nombre de toda la humanidad expiar el pecado original de Adán y Eva? ¿Concilió así, a los hombres con Dios? ¿El sacrificio redentor del Cristo cubre sólo el pecado original o el acumulado de pecados en la historia posterior del hombre? Es difícil de responder y aun hoy no se sabe a ciencia cierta por qué murió el Jesús de los Evangelios. Según Nietzsche esta es la causa y hemos de atenernos a ella:

> "Murió por su culpa, –falta toda razón para aseverar, aunque se lo haya aseverado con tanta frecuencia, que murió por la culpa de otros".[5]

---

[5] AC o. c. Af. 27 p. 56 "Er starb für seine Schuld, - es fehlt jeder Grund dafür, so oft es auch behauptet worden ist, dass es für die Schuld Andrer starb". DAC o.c. Band 6 Af. 27 p. 198-25.

Quiere decir que no se sacrificó ni murió para redimir. Murió, *ese idiota* según Nietzsche, a veces llamado también por nuestro filósofo *"anarquista santo"*, por ingenuo y por creer en cosas que están fuera de la realidad, es decir, de la vida. Con firmeza había dicho del él Pilatos,

> *"¿...qué maldad ha hecho?... Yo no me hago responsable de la sangre que se va a derramar. Es cosa de ustedes". (Mt. 27, 23-24 textos paralelos: Lc. 23, versículos 4- 13 -1 5- y 22, 1. Mc. 15, 1 y Jn. 18, 28)*

Cristo, quería morir; el pueblo, inflamado por los sacerdotes, quería que muriera. ¿por qué él quería morir y por qué los sacerdotes querían que muriera? Según Nietzsche (AC Af. 27 p. 56), la rebelión de Jesús no fue contra la corrupción, sino contra la casta y por eso él (Nietzsche), no alcanzaba a ver contra quién realmente iba dirigida la rebelión. El cristianismo nació en terreno falso, en una forma de enemistad mortal contra la realidad. Jesús jamás entendió la realidad, es decir, a la vida y se rebeló, en el fondo sacerdotalmente, contra todo lo sacerdotal en un círculo vicioso tiránico, religioso y «santo» por una forma abstracta de existencia negándolo todo, y dice Nietzsche: *"Jesús niega la Iglesia, el Estado, la sociedad, el arte, la ciencia, la cultura, la civilización"*.[6]

Supuestamente Jesús parece ser la negación hecha carne y sangre de la negación no-noble, o sea, no la dialéctica y materialista negación de la negación encaminada a buscar la verdad. Jesús, al no entender nada, luchaba contra todo y se buscó como seguidores a elementos inestables del bajo pueblo judío de la época y que en nada lo defendieron, pues tampoco ellos entendían otra cosa que no fuera, en última instancia, el cambio de señor a quien dedicarle su instinto esclavo y de servidumbre y ductibilidad.

El cristianismo es, en su esencia, negativo, pues no tuvo, en su nacimiento, base firme ni verdadero evangelio, sino valores falsos (sacerdotales), contra valores falsos (también sacerdotales), en una sociedad provisionalmente desmoralizada, entre otras cosas, por la ocupación romana y el mundo faraónico en que se desenvolvió por milenios. Jesús

---

[6] AC o. c. Af. 27 p. 56 nota 60 de Andrés Sánchez Pascual p. 131 "...Das Christenthum verneint die Kirche...". DAC o. c. Band 6 Af. 27 p. 198-30.

era falso porque no atacaba a las causas, sino a los efectos en último caso, es decir, no a la corrupción en sí, sino a los efectos de la corrupción. No atacó a la raíz, qué sabía él de eso, sino a que atacó simplemente a las ramas. Recapitulando nuevamente esta cita, (cfr. Cpt. II p. 220 nota 109) dice Nietzsche:

> *"Yo no alcanzo a ver contra qué iba dirigida la rebelión de la que Jesús ha sido entendido o malentendido como iniciador, sino fue la rebelión contra la iglesia judía… Pero un ataque a la Iglesia (la palabra Iglesia en el sentido estricto y exacto), era en el fondo, un ataque al instinto más hondo del pueblo, a la más tenaz voluntad de vivir de un pueblo que jamás haya existido en la tierra".*[7]

Todo parece indicar que Jesús como taumaturgo, era inconsciente de sus actos. No era consciente de la antítesis que se producía a su alrededor ni de las consecuencias que las mismas traían. Confiesa Nietzsche que por eso le costaba tanto a él leer los evangelios y los consideraba, ya a la edad de veinte años, *"mera ociosidad erudita"*, (AC Af. 28 p. 57 *"…–blosser gelehrter Müssiggang"*. A. 28 p. 199[-10]). Lo que sí le interesaba al filósofo, tanto que le dedicó a ello su vida, tal como debe interesarnos a nosotros, era el tipo psicológico del llamado redentor, el cual puede encontrarse en los evangelios…a pesar de los evangelios. Y nos preguntamos, ¿Jesús está «transmitido», es decir, produjo catarsis purificadora para redimir pecados? ¿Es Jesús, héroe y genio como lo presenta Renán, *"ese bufón en cuestiones psicológicas"*. (AC 29 p. 57 *"Herr Renan, dieser Hanswurst in psychologicis…"*. p. 199[-30]) Dejemos que sea Nietzsche quien nos conteste cuando nos dice: *"Si hay algo-no-evangélico es el concepto héroe"*.[8] Por supuesto, refiriéndose a Jesús. ¡¿Qué héroe ni que heroísmo puede haber donde la moral que predomina es la de no hacer resistencia?! *"No resistan a los malvado"*, parodia Nietzsche a Cristo en Mateo (5, 39) para argumentar la actitud antihéroe del Cristo. ¿Qué mensaje no-negativo puede haber en el cristianismo, cuando la palabra clave, según Nietzsche es esta: *"no resistas al mal"*, hecha guía y bandera por el conde-escritor-ruso, en cierta forma

---

[7] *Ibíd.* Af. 27 p. 56 DAC o. c. Band 6 Af. 27 p. 198 [-5].

[8] AC o. c. Af. 29 p. 58 "Aber wenn irgend Etwas unevangelisch ist, so ist der Begriff Held". DAC o. c. Band 6 Af. 29 p. 199[-30].

medio oscuro, León Tolstói (1828-1910), espejo, pero sólo eso, espejo, *de la revolución* rusa contra el zarismo? Si uno no resiste al mal, ¿qué pinta entonces en la vida?, y con eso, ¿¡hacer de Jesús un héroe!? ¡Hasta los vegetales luchan unos contra otros y mueren unos y perviven otros a causa de esa lucha atroz por la vida! Hay que saber ser-enemigo y para eso es preciso distinguir entre el bien y el mal. Contesta Nietzsche de manera diáfana y cortante:

> *"Nada de nuestro concepto, de nuestro concepto cultural de «espíritu» tiene sentido alguno en el mundo en que Jesús vive. Dicho con el rigor del fisiólogo, aquí estaría en su lugar más bien, una palabra completamente distinta: la palabra idiota".*[9]

Ni los hechos más concretos de Jesús, su milagrero peregrinar y su muerte, hace falta analizarlo, es decir, no nos importa para nada la cronología ni los hechos concretos, sino la psicología del que nos llegó como «redentor» y ya éste nos dio la clave: «no resistas al mal», con lo cual, para el que tuviera dudas, dejó definitivamente de ser un héroe y por lo tanto, un redentor para convertirse en un idiota multiplicado. En ese no-poder-ser-enemigo también termina el héroe y en ese *"Bienaventurado los pobres de espíritu, porque de ellos es el reino de los Cielos"* (Las bienaventuranzas: Mt. 5, 3 –Textos paralelos: Lc. 6. 20-26. Sal. 1.1. 33; 12; 84. 5; Is. 25. 6; y 49. 10.), murió para siempre el evangelio y el redentor. No hacía falta que el Cristo llegara al madero para matar al evangelio, sino que con brindarles sólo a los pobres de espíritu el reino de los cielos, con eso, mató al mensaje correcto de los hombres, pues no es que los consolara, sino que los perpetúa como resistidores y resignados. Jesús era sublime y el sublime, como el psicópata, le tiene miedo instintivo a la realidad o en el caso contrario, no la percibe. Esto le sucedía a Jesús. En conclusión, Jesús fue profeta, mal profeta, sí, pero él tenía también otras tareas, tales como la de ser rey de los judíos y príncipe de los sacerdotes. Ni supo o no quiso en verdad movilizar al pueblo, ni se ganó a los sacerdotes, y como rey, fue limosnero y estuvo siempre por debajo del procurador romano, de Herodes y los faraones. Como supuesto príncipe de los sacerdotes, ¿por

---

[9] *Ibíd*. Af. 29 p. 58 Ver nota 66 de Andrés Sánchez Pascual p. 133 DAC o. c. Af. 29 p. 200[-10].

qué no hizo desaparecer el mal sobre la Tierra considerado por la Iglesia causa y efecto del pecado original? ¿Es que espera el segundo advenimiento para eliminar el mal o es que cierta cantidad de mal hace falta como rueda de la historia y como base del poder de sus vicarios y Jesús así lo entendía? Pero dada la ingenuidad del Cristo demostrada fehacientemente en toda su cronología mendicante, es dable pensar que esta antinomia no era cabalmente entendida por él ni que era capaz de formular semejante antítesis. Un hombre pobre, acosado y sufrido como el Cristo, no podía ser rey, y mucho menos «rey judío» como se dice en los evangelios, aunque los teólogos evitan tratar la esencia judía del reino de Jesús. Por ello lo presentan como rey de todos los hombres y de todo el mundo. Según el escritor ruso I. Kriveliov, los teólogos, entre ellos el metropolitano moscovita Makarios, dicen que las principales acciones y victorias de Jesús en la Tierra fueron:

a) Los milagros en que manifestó su poder real sobre toda la naturaleza, y más en particular sobre el infierno y la muerte;

b) Su descensión al infierno y su victoria sobre el fuego o la gehenna ($\gamma\varepsilon\varepsilon\nu\nu\alpha$) (lugar idolátrico al Dios Fenicio Malok de los Reyes de Acaz y Manasés : Jer. 7. 31; Mt. 5. 22-29; 10, 28; 19, 9; 23, 15-33; Mc. 9, 43; Lc. 12, 58-59; Ap. 19. 20; Santiago 3. 6).

c) Resurrección y victoria sobre la muerte –y– Su ascensión al cielo.

Manifestó su poder en todo lo increíble e indemostrable: en los milagros, en más ninguna otra acción. Pero, ¿incluso el más ingenuo de los mortales cree en estos? Menos creíble aún es la ascensión y descensión al infierno y al cielo respectivamente. Si no creemos en lo de la resurrección por imposible naturalmente, ¿vamos a creer en las descensiones y ascensiones? Otra pregunta que nos hacemos: ¿Murió en la carne para vivir en el espíritu? ¿Todo esto no es una burla a los hombres? Por eso Nietzsche condena al cristianismo (AC 62 ps. 108-9), o sea, por mentiroso y lo considera, con la Iglesia que de él surgió, y junto al alcohol, las dos más grandes corrupciones que ha padecido la humanidad. A la salud, la belleza, la buena constitución física, la valentía personal, el espíritu libre y aristocrático, a la bondad de alma, a la vida misma, ¿qué opone y/o da, según Nietzsche el cristianismo? Da lo «mejor de sí»: el parasitismo como única práctica de la Iglesia y un ideal de clorosis (con su ideal de santidad); beber hasta el final toda sangre, todo amor, toda esperanza de vida; el «más allá» como recompensa, como voluntad de negación de toda realidad; la cruz tenebrosa como signo de reconocimiento para la más subterránea conjura habida nunca (AC. Af. 62 ps.108-9). A la verdad (la realidad palpable y golpeadora), con toda la carga de errores que pueda tener, opone ingenuamente el Cristo, el infierno y el paraíso, todo en el «más allá». Y, el Zaratustra de Nietzsche, como nosotros, sabe que ni el Dios ni el Diablo ni el «más allá» existen y que el alma muere con la muerte física del cuerpo (AHZ Prólogo 6 p. 43 ASZ Vorrede 6 p. 22^{-10}). En las concep-ciones nietzscheanas, pues, es imposible que el Cristo haya descendido ni ascendido al infierno ni al cielo respectivamente como afirmaba Mamarios, el ex Metropolitano ruso. Muy poco favor le hacen los teólogos a Jesús, diciendo que en las milagrerías, en las resurrecciones y en los ascensos y descensos fue donde manifestó sus poderes divinos y su fuerza de rey. El Cristo, de haber existido, sufrió y aguantó maltratos, sólo eso, en vano, por supuesto, y nos ordena sufrir y aguantar igual que él. De esta manera, según la idea de los analistas científicos, entre ellos Nietzsche, acerca del supuesto salvador que Dios nos envió, la imagen de un mártir crucificado se entrelaza con la de un rey de los cielos y de la Tierra. Como que sufrió y aguantó (por cierto, que pelear, lo que se dice pelear, no peleó), tiene derecho a juzgar (él juzga todo el tiempo y a todos), a los vivos y a los muertos; es el soberano de cielo y tierra y que hace temblar por su «*grandeza*» y poderío a todos sin excepción.

Sin destacar los rasgos de grandeza y poderío del Cristo (aunque ellos no hayan existido), la Iglesia, representante del Dios en la Tierra, no puede gobernar. La Iglesia, sin el cuerpo místico del Cristo y sin su nombre no puede dar un paso en el gobierno del cielo y de la Tierra, sólo en su nombre y en su poder puede moverse. ¿Por qué Nietzsche condenaba tanto y con tan dura fuerza y odio (sí, odio), al Papa y a los sacerdotes? A los vicarios de Dios en la Tierra no les interesa, por inconveniente, destacar las siguientes cualidades del Cristo: predicador mendicante, mártir dócil, hombre pobre y acosado, sino todo lo contrario, es decir, dueño de los corazones y la mente humana, dueño de los destinos del hombre, dueño de un principio de fuerza y poder superior a todas las instancias terrestres. En tanto, repito, que vicarios de Jesucristo, los papas procuran adjudicarse esa fuerza extraterrestre, ese poder absoluto, y no la mendicidad. Recordemos que en otros tiempos los papas querían ser no sólo vicarios de Dios, sino reyes de los hombres en el mundo entero y algunos casi lo lograron. Ya hoy, con el mundo de hoy, más culto y por lo tanto más libre, esta aspiración, en la práctica, sería una ridiculez, pero la pretensión respecto al «reino» queda en pie y el vaticano existe como Estado y el Papa es su monarca, vitalicio para más señas en una época donde los dictadores deben de ir desapareciendo y el ejemplo debiera darlo la Iglesia, ya que éste se arroga el papel de guía espiritual de los hombres. Pero qué hacer, se alega que, Jesucristo, por intermedio de Pedro y Pablo, fue a la vez rey del cielo y de la tierra. La Iglesia hoy, en todo caso, bendijo, bendice y consagra todo lo que conviene a sus intereses. Pero por otro lado, la misericordia y la dulzura supuesta del Cristo evangélico aparecen bastante mermadas en la representación eclesiástica. Por el contrario, la Iglesia, soberana, poderosa y temible, sostén y/o rival de los tronos, poseedora en la Edad Media de millones de campesinos siervos, despiadada verdugo de todos los disidentes y de los propensos a la disidencia, aunque sea mínima (¡recuérdese la Inquisición!), y actuó siempre en el nombre de Cristo. ¿Dónde dejó ésta la misericordia y la no resistencia al mal? Cuando le convino, los olvidó a estos preceptos. Todo cuanto ha hecho la Iglesia, y todo lo que aun hoy quisiera hacer a pesar de que los tiempos son otros, lo hizo no al modo dócil e ingenuo del Cristo de los Evangelios, sino al modo gruñón, conspirador, organizador de sistemas de espionaje y con la supuesta crueldad del Dios del Antiguo Testamento. En la esencia del actuar terreno del poder eclesiástico, no hay nada, o hay muy poco, del Nuevo Testamento. Los métodos son los del Antiguo Testamento, es decir, los del faraón. De la docilidad y la misericordia del Cristo, la Iglesia sólo se acuerda cuando hay que decir cómo portarse en la misa y más que todo en tiempos de revoluciones en que los oprimidos se impacientan y vuelven levantiscos. Por eso, la imagen de un Jesús plebeyo, pobretón y dulce, la Iglesia la guarda bajo la manga para cuando hace falta mantener a las masas indiferentes a los bienes mundanos y ante las revueltas que a ella, como Iglesia, no le conviene en esos momentos. En tiempos así, la imagen plebeya forma parte de su arsenal ideológico; en otros tiempos el arma es el Dios del Antiguo Testamento: soberano, primero de los reyes en todo el universo, jerarca temible, quien ocupa desde hace mucho tiempo el lugar central en su ideología y predicación. Para muchos creyentes (a pesar de todo inteligentes) y honrados, no escapa que la Iglesia produjo en Cristo esa especie de simbiosis niño-fiera adaptándolo a las circunstancias. Pero en el actuar práctico, no es reconocible casi nunca el Cristo del Nuevo Testamento. De ahí que, aun hoy, muchos movimientos sociales han querido, contra la acción de la propia Iglesia, volver al Cristo original: mendigo humilde, caritativo y condescendiente sin límites que todo lo ve y que todo lo perdona. Parece ser que el código que nos quisieron transmitir esos titanes de la espiritualidad humana y fuentes nutricias de Nietzsche (los rusos Dostoievski y Tolstói), fue esa imagen humilde y no tan divina como la presentan tanto en el Nuevo Testamento como en toda la literatura católica posterior. De este precepto, el énfasis en el «no resistas al mal», levantada con fuerza por Tolstói acorde a los mandatos del Nuevo Testamento. En el Antiguo Testamento es todo lo contrario.

Gran alboroto creó aquello del «anticristo», dicho por Nietzsche. Pero no fue Nietzsche el primero en hacer alusión al anticristo, sino Dostoievski con el príncipe Mishkin de su obra *El idiota*. El príncipe Mishkin y Cristo constituyen virtualmente el anticristo. Lo del anticristo está explícito en Nietzsche e implícito en Dostoievski y lo hizo este último, empleando un personaje acendrado y encantador como el príncipe Mishkin saturado de libertad intrínseca. A través de este personaje bueno, noble e inofensivo le imputa a la Iglesia el haber desvirtuado la imagen del Cristo del Nuevo Testamento. El catolicismo predica un Cristo falso, un Cristo que es todo lo contrario del Cristo de los Sinópticos. El Cristo de la Iglesia católica es, virtualmente hablando, el anticristo, pues es, en esencia, un Cristo que cedió a la tercera tentación, que no puede existir sin imperio terrestre y ese no es el Cristo del Nuevo Testamento. El personaje de la novela de Dostoievski está convencido de que la Iglesia predica un Cristo que sucumbió ante la tercera tentación (que quería «todos los reinos del mundo y la gloria de ellos») a cambio, desde luego, de que adorase al Diablo. Según el evangelista, el Cristo rechazó indignado esa oferta del Diablo, pero en la práctica la Iglesia la acepta y la utiliza, no porque crea en Dios, sino por su altanera conciencia de la grandeza de la Iglesia y de la misión que tiene encomendada de guiar la especie humana. Y lógico, para cumplir esta misión no le conviene el Cristo de los Evangelios, pobre, humilde, sin ambiciones, que pasa silenciosamente en la muchedumbre con la apacible sonrisa de la infinita compasión, con suma modestia y absolutamente indefenso, sin poder alguno y que como ya dijimos y supracitamos, todo lo comprende y todo lo perdona. A la Iglesia y a la Inquisición en especial les conviene decir o sugerir en sus discursos que la Iglesia católica tiene la personalidad de Cristo según lo entienden y lo exteriorizan los papas. Pero Nietzsche, que es quien nos interesa, va mucho más allá aún de la actividad y la valentía titanesca de Dostoievski y Tolstói. Estos, denunciaron; el alemán va más allá y no sólo profundiza la denuncia, si así le puede llamar, de los dos Júpiter rusos. Para Nietzsche hay dos anticristos y estos son:

a) El mendicante y mártir dócil del Nuevo Testamento que todo lo perdona;

b) El Cristo rey del cielo y de la Tierra, prepotente y conspirador de los papas y de la Iglesia en nombre del cual gobiernan.

En ambos casos, ese Cristo se convierte en el anticristo virtual según la concepción nietzscheana, vale decir, ninguno de los dos es redentor ni salvador, que es lo que significa Cristo y/o Jesús según sea el caso que se les llame. Sin energías y carácter, no se puede ser líder para redimir a nadie; con el espíritu del dominio, la obtención de rebaños y la tiranía, tampoco se redime, pues lleva sin faltas a la servidumbre humana. Como respuesta a la antinomia que resulta del análisis y la práctica católica al aplicar el mensaje Evangélico, surge la respuesta de Nietzsche o su contrafigura: el superhombre expuesto explícitamente en AHZ y en EH, pero que implícitamente está contenida esta figura «del sentido de la tierra» en MBM, HDH, GM y en AUR. En el AC y en CI con su profunda, pero inteligente crítica, creó las condiciones subjetivas para presentar su objeto único y final como contraparte al Jesús débil: el superhombre, que nada tiene que ver con el «más allá» y se opone a las tres «fuerzas» que dominan la conciencia de los débiles devenidos «rebeldes»: «*milagro, misterio y autoridad*», que tomadas en conjunto atan la libertad del hombre, intolerable ésta para el Dios del Antiguo Testamento. y para la Iglesia del Nuevo Testamento y de los Concilios a partir del primer concilio ecuménico de Nicea contra los Arrianos (325 Papa. San Silvestre I. Símbolo Niceno. DZ. 54 p. 23)

El superhombre, así, es no sólo el virtual anticristo de Nietzsche, el redentor del hombre, sino el Cristo vital. El Cristo, o sea, el redentor del hombre es, en la concepción nietzscheana, el propio hombre, pero no el hombre domado por el cristianismo, sino el hombre preparado por el desarrollo y por la cultura. Así de simple y complejo a la vez resulta el asunto. El superhombre, para Nietzsche el redentor, trabajará con la realidad y será el antípoda de cualesquiera de las variantes en que nos han presentado al Cristo y no tendrá que trabajar, al ser hombre hijo de hombre, con ninguno de los tres poderes de Cristo y ni siquiera en contra de ellos. El es, «el superhombre», por encima de todo, un ser que nada tiene que ver con el Cristo ni con el «más allá» en ningún sentido. Son, simplemente, dos entes de universos diferentes en todo caso. Jesús basó, o la Iglesia así lo hizo, sus poderes básicos, como ye hemos dicho en: –milagros; –misterios y/o secretos; y la –autoridad. Veamos a pesar de todo cómo, quedó esto en la práctica:

c) En cuanto a los milagros: se negó explícitamente dos veces en los evangelios a hacerlos, pero cuántos milagros de curaciones se encuentran en los propios evangelios hechos por él, sin contar el primero de todo, el de la inmaculada concepción. Si se descuentan las prédicas, casi todo lo demás son curaciones milagrosas, resurrecciones, incluida la de él y milagros en general.

d) En cuanto al misterio y/o secreto: ¿Lo suspendió? No, pues todas sus prédicas están saturadas de misterios y de tácticas esotéricas, las que más practica el rebaño de la Iglesia. Ni una sola prédica no lo está. ¿Cómo cuáles? Es hijo de Dios y a la vez, hijo de hombre. ¿Está investido de una misión misteriosa de significación divina? La densa niebla de misterios encubre para los oyentes de Jesús su origen, así como su futuro y el de sus seguidores. Es oscuro y críptico todo esto de que tanto él habla: de su misión, de que debe sufrir y perecer, que debe resucitar luego y vivir, por último, regresar cubierto con toda la gloria del universo. Sus prédicas se basan en oscuras parábolas y alegorías ininteligibles y lo peor, cuando los apóstoles le preguntan el porqué habla en alegorías y parábolas, dice que es porque no quiere revelar al pueblo el misterio que lo envuelve: Le preguntaron sus discípulos:

> *"Los discípulos se le acercaron para preguntarle ¿Por qué le hablas en parábolas? Porque a ustedes se les ha permitido conocer los misterios del Reino de los cielos, pero a ellos no. Porque al que produce se le dará y tendrá en abundancia, pero el que no produce, se le quitará aun lo que tiene Por eso les hablo con parábolas porque cuando miran no ven, y cuando oyen no escuchan ni entienden". (La comparación del sembrador Mt. 13, 10-13 – textos paralelos: Mc. 4, 1; Lc. 8, 4; 10, 23; y 13, 26).*

e) Sobre la autoridad: ¿Se negó en algún momento a invocarla? No. ¡Nunca!, a pesar de su impotencia y quizás a pesar de ella y gracias a ella. Y, ¿cómo la invoca? Con lo «*dicho en las escrituras*», contesta, con la autoridad más alta de las posibles, vale decir, el Padre, Padre que está en los cielos y es conocido por él, pero no por los oyentes. Se le cree o no se le cree, porque pruebas y demostraciones palpables no hay, y la gente le creyó, ¿cómo es eso posible? Lo que el propio Pablo no podía creer lo creyeron, como bien dice Nietzsche acerca de Pablo, los imbéciles entre los cuales arrojó sus mentiras (AC. Af. 42 ps. 73-74) Lo que realmente quería Pablo era el poder, y lo alcanzó, para él como rabino y para los sacerdotes en general. La actitud de Jesús ante la autoridad (autoridad misteriosa, por supuesto) es absoluta y no es tan nihilista como a simple vista pueda parecer, pero eso sí, se basa en dos entes si se quiere metafísicos, a los que nadie ha visto ni verá: «*el Dios bueno y el Diablo malo*», que son, ambos, hijos de la decadencia y de la simpleza de los teólogos cristianos (AC. Af. 17 ps. 41-2) Es cierto que la Iglesia, la católica y la ortodoxa principalmente, han desvirtuado y falseado la imagen del Cristo, pero incluso, de no haber sido así, la imagen «verdadera», la que fielmente exhibe el Nuevo Testamento ¿nos sirve como redentor y/o como salvador? «Redimirnos-*erlösung*» debe de querer decir, en la idea cristiana, *mostrarnos cómo hemos de vivir, ¿no?* Pero en todo caso no nos sirve de redentor caso de que necesitáramos uno, porque no es el paradigma ideal. A nosotros nos sirve el superhombre, en una palabra, el propio hombre. Ahora bien, ¿es sólo de la Iglesia la culpa de la deformación, corrupción y/o tergiversación del Cristo? Según se deduce de la obra de Dostoievski sí, pero otros dos colosos de la espiritualidad humana, León Tolstói (con todo y sus errores por querer mejorar y adaptar al Cristo) y Federico Nietzsche, nos dan a entender que no, que también la muchedumbre tuvo mucha culpa en la corrupción y/o tergiversación cristiana al exagerar extravagantemente la imagen del Cristo y al dejarse engañar tan estúpidamente por Pablo.

El cristianismo original, si se quiere ese pequeño movimiento rebelde bautizado con el nombre de Jesús de Nazaret, es el instinto judío, vale decir, el instinto sacerdotal, que es, en su esencia, irreal; se convierte, al avanzar entre masas toscas y vulgares, en algo aún más irreal, en una invención más abstracta de existencia al combatir lo sacerdotal con lo sacerdotal. En los momentos de las mayores milagrerías cuando el mundo, o al menos Palestina se cubrió de tinieblas por tres horas (un supuesto eclipse desnaturalizado y divinizado), cuando el cojo anduvo, cuando el ciego vio, cuando el leproso se curó, cuando el manco de la mano seca convirtió de nuevo en saludable así, de pronto, su brazo, cuando el muerto resucitó, cuando los demonios son expulsados, cuando se camina sobre el agua sin hundirse, cuando Jonás después de estar tres días en el vientre de la ballena sale bueno y sano de ella; cuando se multiplican los panes y los peces y cuando en fin, las leyes de la naturaleza son desafiadas, cuando todo esto sucede, se pregunta uno, ¿cómo es que nadie, ni los paganos y demás hebreos contemporáneos lo siguió ni defendió, ni le dio una palabra de apoyo y ayuda y que finalmente murió como un mártir dócil de su causa este Jesús milagrero? Dice muy bien Carlos Kautsky:

> *"Quienes deseen entender las opiniones características a una época particular y distinguirla de las ideas de otras épocas, deben, ante todo, estudiar las necesidades y los problemas peculiares del período. En el fondo estas no son otras que los resultados del modo de producción del período, la manera por medio de la cual se mantiene la sociedad de la época".*[10](*)

---

[10] Kautsky, Karl, (1972) *Foundations of Christianity* Monthly Review Press. N. Cork. Chapter 1 The Pagan sourcesp. 27. (*) Karl Kautsky (1854-1938) Socialista alemán. Fue secretario de F. Engels. Fundó en Stuttgart la revista *Die Neue Zeit*. Rechazó la violencia como forma de poder y del proletariado. Optó por el pacifismo. Opositor de la revolución soviética. Defensor de la concepción más izquierdista del marxismo frente el revisionismo de Bernstein. Obras: *Die Agrarfrage* (1899), *Die Sociale Revolution* ((1903), *Terrorismus und Kommunismus* (1919), *Materialistiche Gechichtsauffassung* (1927).

Dice el trashumante filósofo alemán que se había hecho de la realidad una «apariencia»:

> *"El cristianismo tiene en su base algunas sutilezas que pertenecen a Oriente. Ante todo que en sí es completamente indiferente que algo sea verdadero, pero que es de suma importancia con tal de que se crea que es verdadero".*[11]

Además, Nietzsche se lamenta de cómo las razas fuertes del norte europeo no hayan rechazado de sí, con fuerzas, el Dios cristiano, con lo cual no le hicieron honor a sus verdaderas dotes religiosas, sin acabar, que es lo que debieron hacer,

> *"Tendría que haber acabado con semejante enfermizo y decrépito engendro de la decadencia".*[12]

Bueno, nosotros creemos que más que un problema de razas, que también puede haber algo de razas, cómo no, es más que todo un problema de atraso económico y que éste determina sobre lo social y religioso. El cristianismo primitivo u original y el de hoy con sus matices «modernos», fue dominado por la moral. ¿Por cuál moral? Por la austeridad moral de los judíos de la época exaltada por la constante persecución, por la naturaleza y por inminente fin del mundo; por una filosofía del sufrimiento y fatalista: si tu ojo te escandaliza, sácatelo; odia a la riqueza; odia a la sabiduría; espera el próximo descenso del señor; odia y peléate con tu hermano y preserva el amor y la fidelidad al Padre celestial; aborrece al padre y al hermano y ama sólo a Dios Padre, es decir, por una explosión increíble de iluminismo y fanatismo: sé perfecto, adora al Padre (Dios), en espíritu y verdad; dad al César lo que es del César y a Dios lo que es de Dios, con lo cual daba a entender que la riqueza podía seguir en manos de los romanos y los esclavistas y el tesoro espiritual en manos de los pobres; el que nunca haya pecado

---

[11] AC o. c Af. 23 p. 48 "Das Christenthum hat enige Feinheiten auf den Grunde, die zum Orient gehören. Vor allem weisses, dass es an sich ganz gleichgültig ist, ob Etwas wahr «ist», aber von höchster Wichtigkeit, sofern es als wahr geglaubt wird". DAC o. c. Band 6 Af. 23 p. 190-5.

[12] *Ibíd.* Af. 19 p. 43 "Mit einer solchen krankhaften und altersschwachen Ausgeburt der décadence hätten sie fertig werden müssen". DAC o. c. Band 6 Af. 19 p. 185-15.

que arroje la primera piedra, con lo cual contradice aquello de sé perfecto; la mujer que mucho ha amado, mucho será perdonada, con lo que se juzga igual a la adúltera que a la honrada; amad a vuestros enemigos, de manera que, ¿cómo se lucha contra el mal? haced el bien a los que os quieren mal y no resistas al mal y con esto, lógico, se mata todo espíritu libre y rebelde.

Por estas razones Nietzsche dedicó su vida intelectual a luchar contra el cristianismo, si bien de manera solitaria. El veía en el cristianismo, en la religión y en la Iglesia como secta y parte del Credo, una organización de dominio, de oscurantismo y de prejuicios y que a estos, bajo ningún concepto se les debe atribuir un carácter eterno porque limita el libre albedrío del hombre. Nietzsche se daba cuenta, por otro lado, que al fin ya el cristianismo no era el partido triunfante, sino en decadencia, es decir, ya habían pasado los tiempos en que Constantino, como buen y oportunista empresario, lo utilizó sin creer mucho en él, pues olió que era la religión del auge del momento histórico, sin contar que el Emperador interpretó mal los signos de los tiempos. Para la época en que «nació» el cristianismo, la humanidad, al contrario de lo que indica la lógica, en vez de hacia adelante, «marchó» hacia atrás. No en balde casi empieza Nietzsche *El anticristo*, dice: *"La humanidad no representa una evolución hacia algo mejor, más fuerte, o más alto..."*. (AC Af. 4 p. 32).

Ni la moral ni la religión, dice Nietzsche en (AC Af. 15 p. 44), tienen contacto alguno en el cristianismo, con la realidad y para engañar a la gente que quiere ser engañada, hablan de causas meramente imaginarias tales como: «Dios», «alma», «Yo», «espíritu» la «voluntad libre, o no libre», «pecado», «redención», «gracia», «castigo», «remisión de los pecados» y basada en una completa ausencia de las causales naturales.

Esta especie de cristianismo primitivo, en su doctrina de la redención no es sino una actividad subterránea, y afirma Nietzsche con un gran añadido de vitalidad griega y epicúrea:

"Yo las denomino una sublime prolongación del hedonismo sobre una base completamente mórbida..., "El miedo al dolor, incluso lo

infinitamente pequeño en el dolor –no podía acabar de otro modo que en una religión del amor...".[13][(*)]

Es una religión y una fe sin lucha, sin espada *"No penséis que he venido a traer paz a la tierra. No he venido a traer paz, sino espada"* (Mt. 10, 34 Textos paralelos Lc. 2, 34; 12, 51 y 22, 36), pero es la única vez, como ya habíamos supracitado, que se habla de espada y de guerra y de rebeldía, pues en general, y en particular, no hay antítesis por ninguna parte en el Nuevo Testamento; el reino de los cielos pertenece a los niños, a los retardados en su desarrollo púber y son infantilistas, sublimes e idiotas:

"La «buena nueva» consiste cabalmente en que ya no hay antítesis; el reino de los cielos pertenece a los niños; la fe que hace oír su voz no es una fe conquistada con lucha, –está ahí, está desde el principio, es por así decirlo, infantilidad que se ha retirado a lo espiritual... Semejante fe no se encoleriza, no censura, no se defiende: no lleva a la «espada»".[14]

La única prueba de sí misma ni siquiera con milagros, tan comunes en el cristianismo original, ni con premios ni con promesas, pero ella misma es en su esencia y en todo instante e instancia, un milagro y su prueba y su «reino de dios» y todo quiere hacerlo, hasta el beber y el comer, en comunión:

"El cristianismo primitivo maneja solo conceptos judeo-semíticos... Pero guardémonos de ver en esto algo más que un hablar por signos, una semiótica, una ocasión de emplear metáforas. Justo el no tomar literalmente ninguna palabra espara este anti-realista la condición previa para poder hablar sin más... El concepto, la experiencia "vida", única que él conoce, se opone en él a toda especie de palabra, fórmula,

---

[13] AC o. c. Af. 30 El odio instintivo a la realidad p. 59 "....Die Furcht vor Schmerz, selbst vor dem Unendlich – Kleinen im Schmerz – sie kann gar nicht anders enden als in einer Religion der Liebe...". DAC o. c. Band 6 Af. 30 Der Instinkt- Hass gegen die Realität p. 200[-10-15] * Sobre este tema del hedonismo y el amor eros, ver reciente comentario crítico a MBM. IV Sentencias e interludios Af. 168 p. 110, del Papa Benedicto XVI (cardenal Joseph Ratzinger) en su primera carta encíclica *Deus caritas est* Edición Vaticana, Dic. 25, 2005 Primera parte. nota [1] p. 3.

[14] *Ibíd*. Af. 32 p. 61 DAC o. c. Band 6 Af. 32 p. 203[-15-20].

ley, dogma. El habla meramente de lo más íntimo: «vida» o «verdad» o «luz» con sus palabras para designar lo más íntimo".[15]

Al cristianismo primitivo, por supuesto, como a todo lo primitivo, la cultura no le es conocida ni de oídas, como expresa Nietzsche (AC Af. 32 p. 62) y no necesita luchar contra ella y lo mismo ocurre con el estado, con el orden y la sociedad civil en su totalidad, así como con el trabajo, con la guerra (dos cosas de las que el hombre no puede prescindir) y justo el negar es lo más imposible para él. De la misma manera falta la dialéctica, la contradicción y falta el concepto de progreso y desarrollo y toda idea que no se base en la concepción del desarrollo de las fuerzas productivas sociales, no es más que una criminal propuesta estúpidamente idealista. ¿Cuáles son las pruebas de Cristo? Estas, según Nietzsche, que supera, que sepamos, a cuantos han analizado al cristianismo: «luces» interiores, sentimientos interiores de placer y afirmaciones interiores de sí mismo, meras pruebas de fuerza, no noción de verdadera fe, una verdad que pudiera ser probada con razones, y concluye Nietzsche:

> *"Semejante doctrina no puede tampoco contradecir, no comprende en modo alguno que haya, que pueda haber otras doctrinas, no sabe presentarse en absoluto un modo contrapuesto de juzgar… Allí donde tropieza con él, lo lamentará, desde su más íntima simpatía, como «ceguera», pues ella ve la «luz» –, pero no habrá ninguna objeción…".*[16]

Cristo es, más que todo, y no lo puede negar ni Kautsky ni otros que lo han pretendido, que en su imagen evangélica es el máximo predicador de la pasividad social y de la no resistencia a la vez que la intolerancia.

---

[15] AC o. c. Af. 32 ps. 61-62 Ver notas 71-72 y 73 p. 135 de A. Sánchez Pascual sobre el uso de algunos términos tomados por Nietzsche del Nuevo Testamento en este Af. 32 DAC o. c. Band 6 Af. 32 p. 203–25[-30] y 204[-5] "Ego sum lux mundi; qui sequitur me non ambulat in tenebris; sed habebit lumen vitæ". Jn. 8, 12; 14, 6: Mt. 10, 34 II Co. 3, 6 Juxta Vulgatam Clementinam o. c p. [110] cfr. Texto completo, nota 27 cap. VII ps. 411-412.

[16] *Ibíd*. Af. 32 p. 62 DAC o. c. Band 6 Af. 32 ps. 204[-30]- 205 En referencia al Evangelio de Lc. 4, 18-19 "Spiritus Dominis super me propter quod unxit me, evangelizare pauperibus misit me, sanare contritos corde; prædicare captivis remissionem, et cæcis visum…". Lc. cap. IV Ante apostolorum electionem 4, 18-19 Biblia Sacra Juxta Vulgatam Clementinam o. c. p. [66].

La no resistencia es para que no lo contradigan a él y al Padre Todopoderoso. Sólo Nietzsche, en este conjunto de pensadores con los cuales hemos trabajado, y que no se dejó corromper con «*sangre de teólogos*», fija indeleblemente la imagen pacifista, intolerante y junto a ello, débil del Cristo-redentor. Sea como sea, increíblemente muchos, menos nosotros y Nietzsche, quisieran tener en su campo a Cristo. Nosotros no necesitamos a Cristo, aunque no negamos que el cristianismo, en la forma que lo conocemos, ha sido uno de los fenómenos más gigantescos de la historia humana y que la Iglesia, como organización y también como Credo, ha subsistido durante 1968 años aproximadamente y aún es fuerte y está llena de vigor en muchos países.

Pero volvamos, aunque sea de pasada, a León Tolstói, que casi se convierte en San León o en San Tolstói para engrosar el Nuevo Testamento además de con Lucas, Mateo y Juan. A él lo mortificaba el rumbo que la Iglesia le dio al Cristo y quiso, como Renán, mejorarlo, pero siguiendo otros rumbos. También Tolstói, hombre valiente y honrado, estaba inficionado, muy a su pesar, con sangre de teólogos y en la práctica, también él fue teólogo, en este caso sin sotana, pero poco le faltó para ponérsela. Este, como es harto conocido, fue un personaje célebre y famoso, las dos cosas. A los cincuenta años perfeccionó sus conocimientos del griego antiguo y el moderno con el solo fin de leer el Nuevo Testamento en los originales y profundizar así sus investigaciones sobre el Cristo y tratar de no pensar ni decir lo mismo que alrededor de él decían sus parientes, amigos, conocidos y teólogos y filósofos en general. Luego, al profundizar sus investigaciones, deben de haber comenzado para él dudas atormentadoras, reflexiones dolorosas, molestos remordimientos y hasta discusiones consigo mismo. ¡Tan contrastantes eran las conclusiones a las que habría de ir llegando con su terrible buena intención y su profunda e ingenua buena fe! Indagó L. Tolstói en la literatura teológica y realizó una tan colosal investigación sólo comparable al titánico y colosal trabajo que llevó a cabo para escribir *La guerra y la paz* o y *Ana Karénina*, sus obras cumbres. Realizó muchas investigaciones históricas en la plena madurez de su vida y en momentos de mayor manifestación de su profundo intelecto. En las investigaciones realizadas trabajó, según cuentan sus biógrafos, con la paciencia de un monje chino y la dedicación laboral de un campesino germano. En numerosas cartas, libros y artículos publicó sus interpretaciones, divergiendo, desde luego, de la eclesiástica y lo hizo con la rectitud y la indomable valentía que caracterizó toda su vida. Con austeridad de combatiente rechazó la autoridad que la Iglesia se arrogó como intérprete de la doctrina de Cristo y en general la puso en duda a la Iglesia como institución social.[17]

En Nietzsche, para condenar a la Iglesia como secta, además de la decisión guiada por sus propias ideas basadas en los hechos históricos, pocos, por cierto, deben de haber influido grandemente las lecturas que llevó a cabo de los escritos y las investigaciones realizadas por el conde escritor. Para Nietzsche, como para Tolstói y Dostoeiveski, el balance histórico del cristianismo (entendido éste como lo entendía Nietzsche, «*como cristianismo eclesiástico*» y el de la Iglesia como secta y como Credo, fueron un balance histórico negativo. La Iglesia no es más que la denominación del engaño por medio del cual algunos seres humanos quieren dominar a otros como un partido político cualquiera y no como por lo regular hace la filosofía, que más bien quiere ayudar a guiar al ser humano.

3. Los puntos más oscuros e incoherentes del cristianismo. Negatividad de su mensaje

Tolstói pidió que leyéramos, sin intermediarios eclesiásticos (un poco, coincidiendo con los luteranos), los evangelios (a los que por demás, no los consideraba «sagrados», sino históricos), y que sacáramos nosotros nuestras propias conclusiones buscándole, si lo tuviera, el sentido inteligible de la doctrina evangélica. Nietzsche, por su parte, dijo que se aburría estudiando los evangelios. Para vencer esta aparente dificultad Tolstói da un consejo: los lugares oscuros deben interpretarse a la luz de otros que aparecen claros. Este método tiene también, como iremos viendo más adelante, aunque superficialmente acorde al objeto de este momento, sus dificultades, pues no son pocos, al contrario, son bastantes, los lugares oscuros que tiene La Biblia, tanto en el Antiguo Testamento como en el Nuevo Testamento. Una de las tantas limitaciones de Tolstói a pesar de su grandeza, es que criticó sí, a la Iglesia,

---

[17] Tolstói, León N. (1957) *Obras Completas*, Moscú t. 23 p. 219.

pero no llegó a ser ateo y ni tan siquiera laico. También él estuvo contaminado por la sangre de teólogos, como ya hemos citado de Nietzsche en varias ocasiones. El no llegar a ser ateo fue su gran limitación, con lo cual, lógico, se quedó por detrás y por debajo de Nietzsche. Para Tolstói, Jesús es:

a) Un hombre bondadoso;

b) Un hombre inteligente. Esto, quiere decir Tolstói, significa que por primera vez en la historia se les dijo a los hombres cómo tienen que vivir para ser felices, es decir, bajo los preceptos cristianos (¿no eclesiásticos?), que son absolutamente justos;

c) No tiene Jesús nada de Dios ni se ha llamado jamás Dios a sí mismo. Según Tolstói, llamó sí, Padre a Dios, pero en un sentido completamente distinto al que atribuye a estas palabras el cristianismo oficial (¿de nuevo, el eclesiástico?) y llamó a todos los hombres, sin excluirse él, «hijos humanos» dando a entender que «hijo humano» equivale a hijo divino. La unión a Dios, para la idea tolstoiana, es sólo unión simbólica «en el espíritu» y no al pie de la letra.

León Tolstói no pasó de la crítica a la Iglesia y cayó, de cualquier manera, en las redes de la religión y del cristianismo «no oficial» y terminando, desde luego, con una sotana mental con lo cual pretendió no condenar al cristianismo, sino mejorarlo al igual que unos cuantos hoy quieren hacer con Nietzsche. Pero el Cristo-hombre fue convertido en Dios gracias a la prédica eclesiástica y valientemente el pensador ruso lo denuncia. El escritor ruso denuncia también a la muchedumbre, siempre grosera y gregaria, pues le hizo coro a la Iglesia y entre ambas convirtieron a un hombre común y corriente, nada especial aunque le exagera el conde ruso la inteligencia y las buenas intenciones, en un Dios. La Iglesia, según Tolstói, se aprovechó de lo de la inmaculada concepción, para dar una imagen desacertada de la personalidad de Cristo y sobre esa base, a nombre de un «Dios fabricado», edificó su ideología de poder terrenal y de obtención de riquezas en beneficio de su propio bienestar material. De la doctrina toda, la muchedumbre sólo asimiló «lo divino», o sea, lo de Dios y que su muerte nos dio la salvación. En realidad la muchedumbre no se dio cuenta que el Jesús de la cruz no nos dio redención, si no que nos indica cómo debemos vivir, crucificados; esa es la idea nietzscheana acerca del redentor. Todos los hombres críticos (por ejemplo Holbach, Dostoievski, Tolstói, Nietzsche), instintiva y racionalmente desechan todo lo dicho en el Antiguo Testamento y en el Nuevo Testamento acerca de los milagros obrados por Jehová, por Cristo y por sus discípulos. En estos hombres, y en general en todos los hombres que piensan, causan grandes dificultades las leyendas evangélicas sobre los milagros. La base del mensaje evangélico son los milagros empezando por la creación del mundo, la inmaculada concepción de su hijo Jesús, la muerte de éste, la resurrección, descensión al infierno y la posterior ascensión al paraíso; en fin, en los evangelios, para no cansar repitiéndolos, los milagros obrados por Jesús, se presentan por el cristianismo eclesiástico, como prueba de su divina misión. Por ejemplo, este milagro donde reprimió al mar:

> *"El despertó, se encaró con el viento y dijo al mar «Cállate, cálmate». El viento se calmó y vino una gran bonanza. Después les dijo: «¿Por qué son ustedes tan miedosos? ¿Todavía no tienen fe?». Pero ellos estaban asustados por lo ocurrido y se preguntaban unos a otros «¿Quién es este, que hasta el viento y el mar le obedecen?»". (Mc. 4, 39-41 Textos paralelos: Mc. 1, 25 Salmo 89, 10 y 93, 3)*

De igual manera podemos interpretar aquello de saciar el hambre de cuatro mil hombres sin contar las mujeres y los niños con siete panes y algunos pescaditos. (Mt. 15, 32 Mc. 7, 31). Cuando la gente dejó entrever sus dudas, dijo misteriosamente Jesús: *"¿Por qué sois tan tímidos. No tenéis fe en la vida del espíritu?"*. Tolstói trata de presentar la vida de Jesús sin elementos sobrenaturales y Dostoievski hizo esfuerzos titánicos de romper su fe eclesiástica y denunciar las tergiversaciones del Cristo, pero por más que se esmeraron no pudieron ocultar las milagrerías como base y fundamento del Nuevo Testamento, las cuales, desde luego, sirven sólo para muchedumbres con espíritu servilista y para ingenuos e ignorantes. De igual manera se nos presentan las tres célebres tentaciones que para tantas teorías y para tantas justificaciones de poder han servido.

A juzgar por lo que hace la Iglesia en su práctica diaria, fue a la que según Dostoievski sucumbió Jesús y de ahí que la Iglesia gobierna en la Tierra en nombre de esta potencia que adquirió Cristo. (Entre paréntesis, en el Evangelio de Lucas es la segunda tentación y Tolstói la da como tercera, pero el orden de los factores en este caso no alteran el contenido). En realidad la Iglesia combina, cuando le conviene, la humildad que caracterizó al Cristo, aparte de las milagrerías que no tendremos en cuenta ahora, con el tono impositivo y Todopoderoso que es la esencia del Antiguo Testamento y en gran parte también del Nuevo Testamento reforzado este último con el estilo esotérico. Pero al revés de Nietzsche, Dostoeivski a su modo y Tolstói al suyo, tratan no de eliminar la creencia en el Dios y en el Cristo, sino de adornarlo, de hacerlo mejor, menos divino y por supuesto, más humano. En esto último, por ejemplo destacan la ausencia de rigorismo moral en el Cristo, que no obstante condenar el divorcio a no ser por «*causa de fornicación*», asiste a bodas, a fiestas, come en casas de gentiles algunas veces y en fin de cuentas fue traicionado en una cena. Dice Tolstói: cuando el conde de Yásnaya Polania, remedaba al Cristo:

> "*Acordaos de mí cuando tomen vino y pan; cuando tomen vino, acordaos de mi sangre, que se verterá para que viváis sin pecado; cuando coman pan, del cuerpo que sacrifico por vosotros*".[18]

Con esta interpretación León Tolstói se convertía en San Tolstói, ¿verdad?, en vez de en San Lucas, San Mateo, San Juan o San Marcos. Pero según la doctrina eclesiástica, en un rito convertido «*rito Teofágico*» (θεοΰφαχικο), cuando un creyente ingiere el pan ritual bajo la forma del cuerpo de Cristo y cuando bebe el vino de uva, como la sangre de Cristo, por lo tanto este tipo de rito en la visión de Tolstói parece tener una connotación vampirista.[19]

Este culto no es sino una rémora del sacrificio del «cordero pascual» del Antiguo Testamento. (Gn. 4, 3; I. Sam. 26, 19; Jue. 6, 18; Cap. 2 del Levítico Núm. 19, 9; I. Re. 15, 15; del Nuevo Testamento I. Co. 8, 11 y 11, 25; I. Tim. 1, 26. Hebr. 10, 4; 8, 5; I. Jn. 2, 22; 10, 10; Ef. 1, 7; 2, 13; Col. 1, 20 Apoc. 5, 6-8 y 13, 8. Por voz de Juan El Bautista, Cristo es presentado como el cordero, refiriéndose el Bautista, al tema del Siervo de Yahvé del 2do. Isaías, donde el cordero y el Siervo de Yahvé tienen

---

[18] Tolstoi, L. o. c. t. 23 p. 197.

[19] *Ibíd.* t. 23 p. 197.

la misma misión universal, es decir, la de abolir el pecado. (Is. 42, 1-4; 49, 1-7; 50, 4–11 y otros).

> *"Ahí viene el cordero de Dios que carga con el pecado del mundo" "Ἴδε ὁ ἀμνός τοῦ θεοῦ ὁ αἴρων την ἁμαρτίαα τοῦ κόσμου". "Ecce Agnus Dei, ecce qui tollit peccatum mundi…". (Jn. 1, 29 y 1, 35-37 Textos paralelos: I. Co. 5, 7 Cristo como víctima pascual. I Pe. 1, 18 y 2, 24).*

Nietzsche, por su parte, a las milagrerías y a este tipo de ritos vampirescamente confusos y a si el Cristo existió o no existió, no es a lo que más tiempo le dedicó. Para él, lo más importante es si el Cristo tiene o no utilidad para nosotros. Nietzsche, un gran teórico, era sobre todas las cosas, práctico. Si la verdad no era útil, ¿para qué la queríamos? Si el Cristo no es útil, ¿qué nos importa si existió o no y lo mismo con los detalles de algunos cultos y rituales? Así, se dedicó a estudiar el tipo psicológico del redentor y agrega, en este caso textualmente:

> *"Las tentativas que yo conozco de leer en los Evangelios incluso la historia de un «alma» paréceme pruebas de una aborrecible ligereza psicológica"*.[20]

Y Nietzsche califica a Renan de bufón por haber tratado de mejorar a Jesús aplicándole el concepto «genio» y el concepto «héroe». Por mejorar a Cristo, tanto los dos genios rusos citados, como Renan y la mayoría de los filósofos, le han hecho siempre el juego a la Iglesia por mucho que alguno de ellos la haya odiado y por muy bien que hayan colegido con su metafísica que Dios no puede existir, pues a ésta, a la Iglesia, lo único que le interesa del Cristo y de los Evangelios es su doctrina moral y los efectos de la tercera tentación para gobernar. Para la Iglesia lo principal no es saber si Cristo fue o no un Dios ni de quién provino el Espíritu Santo. De igual manera no tiene importancia ni es necesario saber cuándo y por quién fue escrito uno u otro evangelio a no ser como curiosidad histórica, ni tampoco qué parábola puede o no atribuírsele a Cristo. Lo importante, para los «mejoradores» del Cristo,

---

[20] AC o. c. Af. 29 p. 57 "Die Versuche die ich kenne, aus den Evangelien sogar die Geschichte einer «Seele» herauszulesen, scheinen mir Beweise einer verabscheuungswürdigen psychologischen Leichfertigkeit". DAC o. c. Band 6 Af. 29 p. 199[-25].

es la «luz que ilumina» al hombre por 2005 años a pesar de que ésta no ha mejorado ni un ápice la moral, la vida ni al propio hombre. Los moralistas y los mejoradores del hombre lo saben bien, pero cierran los ojos ante esta circunstancia trascendental, y en esencia, decisiva. El hombre es mejor hoy que hace 2000 años, pero a causa de haber mejorado sus condiciones materiales de existencia y de haber obtenido cultura y nivel científico. Conforme mismo las carencias materiales lastran el espíritu y lo apocan, el bienestar material y la lucha hacen crecer la vida espiritual del hombre. El hombre, por tanto, se ha ido él mismo redimiendo por comprender que no tiene sobre sí pecados, sino déficit culturales y morales que poco a poco va eliminando de su actuar. El hombre ha ido entendiendo, aunque muy lentamente, como dice Nietzsche en que, el cristianismo nació de pisar terreno falso:

> *"En un terreno tan falso en que toda naturaleza, todo valor natural, toda realidad tenían contra suya los instintos más hondos de la clase dominante creció el cristianismo, una forma de enemistad mortal, hasta ahora no superada, a la realidad".*[21]

Nietzsche no veía en Jesús, y mucho menos en los Evangelios, un maestro para predicar la moral que necesitamos, o sea, de aquella moral que nace de la realidad terrible de la vida, de aquella que nace entre detonaciones de guerra y que se hace visible entre espesas nubes, de aquella que nace de valores aristocráticos, del contraideal ascético, del contra ideal que él expuso en AHZ. En EH, GM, dice que la moral del Cristo o del cristianismo es:

a) la que nació del espíritu, sí, pero del espíritu del resentimiento y del antimovimiento,

b) de «*la voz de la conciencia*», pero del instinto de la crueldad y no como «*de la voz de Dios en el hombre*»,

c) la que nació del ideal ascético, es decir, del ideal sacerdotal, nocivo por excelencia por ser ideal de final y decadencia. Del análisis

---

[21] AC o. c. Af. 27 p. 55 "Auf einem dargestalt falschen Boden, wo jede Natur, jeder Natur-Werth, jede Realität die tiefsten Instinkte der herrschenden Klasse wider sich hatte, wuchs das Christenthum auf, eine Todfeinschafts-Form gegen die Realität, dis bisher nicht übertroffen worden ist". DAC o. c. Band 6 Af. 27 p. 197-15.

crítico de estos tres postulados nace «*la transvaloración de todos los valores*», (EH, en GM p. 122) Para Nietzsche, Cristo es la debilidad y la decadencia y debido a esta decisiva circunstancia, lo opone a Dionisos.

Dionisos, como Dios de los placeres, se asocia a la rebeldía, a la conquista, a la guerra, a la destrucción; el Cristo es todo lo contrario: el antimovimiento, el ascetismo, el ayuno, la clorosis, una catástrofe. Dice Nietzsche:

> *"¿Se me ha entendido?. –No he dicho aquí ni una palabra que no hubiese dicho hace ya cinco años por boca de Zaratustra–. El descubrimiento de la moral cristiana es un acontecimiento que no tiene igual, una verdadera catástrofe".*[22]

Y, ¿qué ha dicho Nietzsche, expresado en pocas palabras en boca de Zaratustra?

1) Este libro, como una virtual Biblia de los vitalistas, es el antípoda del Cristo y del Nuevo Testamento, es el libro del superhombre, o sea, el del verdadero redentor.

2) Es el libro del anti-rebaño y de los no-carneros-pastores-guías.

3) Es el libro donde fija en oposición del «más allá», el «sentido de la tierra», o sea, de veneración de la realidad y no veneración al cielo. Estas ideas de Nietzsche expuestas en AHZ son un rechazo principista y militante a todo lo que sea religión, infierno, paraíso, cielo, Dios, Cristo y cristianismo. Es decir, Nietzsche no tuvo intenciones de mejorar al cristianismo, sino de liberarnos de él. El que hace fuerzas para mejorar al cristianismo, lo hace por un destino que en vez de integrar y aglutinar, desintegra, escinde y divide. Escinde en dos partes la historia de la humanidad, o sea, se vive antes del cristianismo o después de él, pero no en división mecánica, sino en división del alma del hombre. El rayo nietzscheano cayó sobre lo que más alto se encontraba, es decir, sobre

---

[22] EH o. c. *Por qué soy un destino* Af. 8 p. 143. "¿Hat man mich verstanden? – Ich habe eben kein Wort gesagt, das ich nicht schon vor fünf Jahren durch den Mund Zarathustras gesagt hätte- Die Entdeckung der christlichen Moral ist ein Ereigniss, dass nicht seines Gleichen hat, ein e wirkliche Katastrophe". EH o. c. Band 6 *Warum ich ein Schicksal bin* Af. 8 p. 373-15.

lo que hasta ese tiempo se llamó «verdad»; al caer el rayo y extraer por primera vez un canto de la cantera virgen y fabulosa que es la vida sin el Cristo, sin el precio de pasar por una revolución, sólo armada la mano del cincel filosófico para irla aprovechando y convertirla en piedra labrada, se conoce ya al cristianismo como la forma más nociva, más pérfida y más subterránea de la mentira, esa mentira de arrogarse el derecho de «mejorar a la humanidad», en realidad, de chuparle la sangre a la vida misma para volverla, que es lo que interesaba, débil y anémica.

Eso es el cristianismo, más que todo el del Apóstol Pablo, antípoda de lo dionisiaco. Por eso, el final dice *"¿Se me ha comprendido?- Dionisos contra el Crucificado..."*.[23]

Pero para entender este duro final hay que haber asimilado primero todo el crítico, hostil y difícil aforismo 8 que le antecede. Dice así:

"¡El concepto Dios inventado como concepto antitético de la vida –en ese concepto, concentrado en horrorosa unidad todo lo nocivo, envenenador, difamador, la entera hostilidad a muerte contra la vida! ¡El concepto «más allá», «mundo verdadero», inventados para desvalorizar el único mundo que existe, para no dejar a nuestra realidad terrenal ninguna meta, ninguna razón, ninguna tarea!... El concepto «alma», «espíritu», y por fin incluye «alma inmortal», inventado para despreciar el cuerpo, para hacerlo enfermar –hacerlo santo–, para contraponer una ligereza horripilante a todas las cosas que merecen seriedad, a las cuestiones de alimentación, vivienda, dieta espiritual, tratamiento de los enfermos, limpieza, clima!".[24]

En lugar de la salud, la salvación del alma –es decir, una locura circular entre convulsiones de penitencia e histerias de redención! ¡El concepto pecado inventado, juntamente con el correspondiente instrumento de tortura, el concepto de «voluntad libre», para extraviar los instintos, para convertir en una segunda naturaleza la desconfianza frente a ellos. Y continúa Nietzsche con los justificados dicterios o

---

[23] EH o. c. Af. 9 *Por que soy un destino* p. 145 cfr. notas 124 Cap. IV Hacia una recreación de nuevos valores p. 294 EH o. c. Band 6 AF. 9 p. 374^{-30}.

[24] *Ibíd. Por qué soy un destino* Af. 8 p 144 EH o. c. Band 6 Af. 8 *Warum ich ein Schicksal bin* ps. 373^{-30} y 374^{-5}.

denigrantes al cristianismo antes del apotegma o célebre sentencia final:

> *"¡El concepto de desinteresado, de negador de sí mismo, el auténtico indicio de décadence, el quedar seducido por lo nocivo, el ser-incapaz-ya-de-encontrar-el-propio-provecho, la destrucción de sí mismo, convertidos en el signo de valor en cuanto tal, en el deber, en la santidad, en lo divino del hombre! Finalmente, lo más horrible –en el concepto de hombre bueno, la defensa de todo lo débil, enfermo, mal constituido, sufriente a causa de sí mismo, de todo aquello que debe perecer–, invertida la ley de la selección, convertida en un ideal la contradicción del hombre orgulloso y bien constituido, del que dice sí, del que está seguro del futuro, del que garantiza el futuro-hombre que ahora es llamado el malvado...!. ¡Y todo esto fue creído como moral!–. –Ecrasez l'infâme–".*[25](*)

Finalmente, Af. 9 de EH, como preguntándose qué decir ante esta basura eclesiástica, contestó: *"¡Dionisos contra el Crucificado!"*. La vida misma contra la debilidad, ¡nada de alianzas ni confusiones! ¿Necesitamos un redentor? Supongamos que sí, pero no para redimirnos de pecados que no son pecados, sino para decirnos cómo debemos ser, cómo debemos comportarnos y en este caso no sería un redentor, sino un paradigma, un líder a quien seguir para garantizar el futuro. Pero nunca el paradigma de Pablo, el más atrevido de los rabinos, pero no el único, que predica:

> *"Así que, hermanos, os ruego por las misericordias de Dios, que presentéis vuestros cuerpos en sacrificio vivo, agradable a Dios, que es vuestro culto racional".* (Rom. 12, 1 Deberes cristianos).

Combatiente, severo, vigoroso, temible jefe político, hombre de cultura y de acción y no un hombre con cabellos fláccidos como el lino, peinado a raya bien esmerado, con el corazoncito descubierto y los dedos pacíficos levantados, con vestimentas blancas como azucenas inmaculadas y una mirada peculiar de medio afeminado que se desatiende de todos los dramas sociales. Mejor el macho cabrío de las siete cabezas y los siete cuernos del Apocalipsis. No se busca un socio de Dionisos,

---

[25] EH o. c.. Af. 8 ps. 144-145 EH o. c. Band 6 Af. 8 p. 374 [20-25] (*) Aplastad a la infamia.

sino un hombre contrario-vital del Cristo, con el espíritu de Dionisos. No necesitamos tampoco un marxismo cristiano-evangélico impreso con letra ateísta. Y por mucho que uno se empeñe buscando en el Nuevo Testamento un Cristo rebelde, enérgico y que llame a unirse a él a todos los hombres, no lo encuentra; él trató precariamente por cierto, de unir sólo a los pobres, a los aburridos y débiles de espíritu. No simpatizaba Cristo con los fuertes y ricos. Tampoco los dictadores terrestres simpatizan con los fuertes, sino con los débiles, porque aquéllos y no éstos le hacen competencia y la competencia a él no le conviene, como tampoco le convenía a Cristo. Esta es la razón por la que Nietzsche se preocupa más de los fuertes y le simpatizan más que los débiles, pues el filósofo no nos educaba para la tiranía y lo que la acompaña: el espíritu de la servidumbre. Si no existen los débiles de espíritu y los pobres, ¿de qué viven los sacerdotes y los dictadores políticos?. Cristo advierte repetidas veces:

> *"Entonces Jesús dijo a sus discípulos: «Créanme que a un rico se le hace más difícil entrar al Reino de los Cielos. Se lo repito, es más fácil para un camello pasar por el ojo de una aguja, que para un rico entrar en el Reino de los Cielos »". (Mt. 19. 23-24 Textos paralelos: Mc. 10, 17; Lc. 12, 33; 18, 18 y 22, 29).*

El problema no está en ser o no ser rico, sino que al único que se puede amar es al jefe y si un hombre tiene riquezas, su corazón no está donde el jefe, sino donde tiene los bienes y así no sirve a la tiranía.

> *"Ningún servidor puede quedarse con dos patrones, porque verá con malos ojos al primero y amará al otro, o bien preferirá al primero y no le gustará el segundo. Ustedes no pueden servir al mismo tiempo a Dios y al dinero". (Mt. 6, 24; Lc. 12, 22; y 16, 13).*

En realidad él odiaba más a las riquezas que a los ricos tal como le resultaba con la sabiduría, a la que odiaba más que a los sabios mismos. ¡Qué falso paradigma! Sin embargo, de este desprecio a los ricos, de este idealismo barato, de este querer convertir en pobres a todos (El joven rico, Mt. 19, 21; Mc. 10, 17; Lc. 18, 18; 12; 33; 22, 29; Jn. 12, 5; Hech. 2, 45; 4, 34; 6, 20 y el Sal. 62, 11), viene la tendencia a considerar a Cristo como partidario y guía de los pobres. Influyeron también en esta anterior tendencia algunas circunstancias de su biografía: hijo de un carpintero, su modo de vida en extremo modesto, su muerte en la cruz en compañía de gentes tan humildes como él y el hecho de no haber reclutado discípulos entre los ricos, sino entre los pobres y pescadores rasos. La gente, desde tiempos inmemorables, ha tenido tendencias al sentimentalismo tipo melodrama o telenovela. Se postula la compasión, la admiración o la simpatía por el joven héroe que lucha por ser honrado en medio un mundo con mentalidad comercial, aunque sea de globalización y de fuerte cultura y presupuesto de vida; a la gente le gusta creer en el joven héroe bonito, bueno, humilde, cuanto más humilde mejor, que sufre mucho y que hace llorar. Ese joven héroe no importa que no llegue nunca al espíritu de la tragedia, sino al del melodrama y si acaso a la comedia. A la gente les gusta llorar por la inocencia y la infancia infeliz en la que ellos creen, a veces lo creen más aún los ricos, que desde su cómoda posición lloran por los grupos minoristas explotados; lloran con lágrimas en los ojos, casi siempre sinceramente incluso, y es lo que más mortifica, por el éxito de gente pobre, pero honrada, por la rehabilitación y salvación espiritual del delincuente de poca monta, así como de los avaros y malvados cuya alma es redimida por la acción y el amor de un niñito. Y todo esto, desde luego, no es más que sentimentalismo ingenuo del que se aprovechan los políticos y las religiones para medrar. Los sacerdotes de «*la teología de la liberación*» y muchas masas oprimidas de América Latina, así como el llamado «socialismo cristiano» que surgió en Europa Occidental a mediados del siglo XIX, se inspiraron, integrados por masas contagiadas por la supuesta devoción revolucionaria de Cristo, con los anteriores postulados. Pero del Nuevo Testamento, como de cualquier otro texto, se puede extraer lo que se quiera en base a los intereses y los gustos de una persona concreta o de un grupo social. También, los que quieren subirse sobre el hombro de los pueblos, pero no pueden hacerlo de otra manera, esgrimen, ante las masas humildes el origen pobre de Cristo y lo toman como ejemplo del odio a los ricos. En nuestro contexto latinoamericano y en nuestros tiempos muchos que se autotitulan revolucionarios atribuyen al Cristo la formulación del programa de la comunidad de los bienes y tratan de no dejar entrever que la «comunidad de bienes» no es más que un instrumento de poder y el tanto hablar de los pobres es para de ellos una escalera de sus ambiciones y al final se convierten en verdugos y caínes de esos mismos pobres. Es una situación absolutamente polar: los de extrema derecha, por así llamarlos, han dicho que

Cristo encomendó la custodia y distribución de los bienes materiales a los potentados, mientras que la riqueza espiritual, en el sentido que Nietzsche la critica, es decir, como moral, alma, más allá, cielo, etc., debía de ser guardada y acumulada por los pobres. Los pobres, además, debían obedecer a los gobernantes como al propio Dios y acumular virtudes morales y no riquezas materiales. De este tipo y cariz fueron por ejemplo, los discursos del Papa Pío XI, (1857-1939) Achille Ratti, reinó de 1922-1939, un buen ideólogo de los potentados en los años 30, firmó el Pacto de Letrán y es autor de la encíclica *Quadragessimo anno* (1931), escrita con motivo de los cuarenta años de la Encíclica Social *Rerum Novarum,* de 1891, del Papa León XIII (Gioacchino Pecci 1878-1903)

De alguna manera el Protestantismo estuvo ligado al capitalismo y al ascenso humano al aligerar el culto y la carga moral sobre el hombre. La humanidad ha mejorado gracias a la ciencia y a los superhombres y no a Cristo, porque además:

> *"¡Qué le importa a un sacerdote la ciencia! ¡Él está demasiado alto para eso! –¡Y el sacerdote ha dominado hasta ahora¡ ¡Él ha definido el concepto «verdadero» y «no verdadero»!...".*[26]

Justamente el sacerdote es el que representa a Cristo y ciertamente, a Cristo tampoco le importó nunca la ciencia ni la sabiduría ni la riqueza a las cuales odiaba a nombre de sus representantes y se colige que su justicia era la de perpetuar la pobreza, ¡eso sí, en comunidad! Pero desde que hubo espíritus libres (AC Af. 12 p. 37), se empezó a producir transvaloración de todos los valores y por lo tanto, progreso acelerado de la espiral humana. Y los espíritus libres (después del cristianismo y no cuento aquí los espíritus libres que hubo antes de la desgracia del cristianismo) empezaron con el Renacimiento. Haciendo una comparación de sus responsabilidades entre Buda y Cristo dice Nietzsche:

---

[26] AC o. c. Af. 12 p. 37 "!...Was geht einen Priester die Wissenschaft an! Er steht zu hoch dafür! – Und der Priester hat bisher geherrscht! Er bestimmte den Begriff «wahr» und «unwahr»!...". DAC o. c Band 6 Af. 12 p. 179^{-5}.

"Pues ya lo he destacado –la diferencia fundamental entre ambas religiones de décadence continúa siendo esta: el budismo no promete, sino que cumple, el cristianismo promete todo, pero no cumple nada".[27]

Más adelante en el AC nos dice que:

"El budismo es una religión para el acabamiento y del cansancio de la civilización, el cristianismo ni siquiera encuentra la civilización ante sí, -en determinadas circunstancias la funda". (AC. o. c. Af. 22 p. 47).

En cambio lo que más promete el cristianismo es la vida eterna. Así la predica el apóstol Pablo:

"8 Y si hemos muerto con Cristo, creemos también que viviremos con él. 9 Sabemos que Cristo, una vez resucitado de entre los muertos, no muere más y que la muerte en adelante no podrá contra él... 11 Así también ustedes considérense como muertos al pecado, y vivan para Dios en Cristo Jesús". (Romanos 6, 8-9-11; Textos paralelos I. Pe. 2, 24; 3, 18; Hech. 9, 26).

Si hubiéramos esperado por las promesas del cristianismo, que todas son para «la otra vida» aún estuviéramos, los que tuviéramos la desgracia de estar vivos, en el año uno con las milagrerías, las miserias y Poncio Pilatos y Herodes con las crucifixiones masivas. El cristianismo no es condición de nuestra vida y por eso la daña y cada uno, según el concepto nietzscheano, debe inventar su virtud, su imperativo categórico y las leyes más profundas de la conservación no sólo, sino más que todo del crecimiento del tipo de hombre al que se debe de aspirar: al tipo más valioso, más digno, más seguro del futuro. Pero el cristianismo le ha hecho la guerra a este tipo de hombre para en el lugar de él, criar al animal de rebaño. Por eso dice Nietzsche:

"Al cristianismo no se le debe adornar ni engalanar: él ha hecho una guerra a muerte a ese tipo superior de hombre, él ha proscrito los instintos fundamentales de ese tipo, él, ha extraído de esos instintos,

---

[27]*Ibíd.* Af. 42 p. 73 "Denn dies bleibt –ich hob es schon hervor– der Grundunterschied zwischen den beiden décadence-Religionen: der Buddhismus verspricht nicht, sondern halt, das Christenthum verspricht Alles, aber hält Nichts". DAC o. c. Band 6 Af. 42 p. 215[-25].

por destilación, el mal, el hombre malvado, –el hombre considerado hombre típicamente reprobable, como «hombre réprobo». El cristianismo ha tomado partido por todo lo débil...".[28]

Es decir, Nietzsche no sólo reprobaba al sacerdote, sino al cristianismo como tal. Esa es la gran diferencia con el resto de los pensadores que, condenando a la Iglesia y al credo como tal, pretendieron no obstante, mejorar, adornar y engalanar al cristianismo como si un inexplicable miedo y duda los invadiera, «¿no será que de todas maneras algo existe y debo curarme en salud para por si acaso?», tal parece que es como pensaban. Son muchos, demasiados, los lugares oscuros y/o incoherentes del cristianismo como lo que al fin y al cabo es, religión de la contranaturaleza, del terreno falso y de los hombres cansados. Sin pretender en tan breve tiempo agotar el tema, vamos a mencionar, siempre con el estudio nietzscheano del asunto, también con auxilio de otros autores, los que nos parecen más importantes:

- El cristianismo quiere hacerse dueño de animales de presa; su medio es ponerlos enfermos; debilitamiento es la receta cristiana para *"la doma, para la civilización"*. (AC Af. 22 p. 47 *"Zu Zähmung, zur Civilization"* p. 189[-20]).

Fijémonos como Nietzsche emplea la palabra «doma» (*Zähmung-zähmen*) y no otra precisamente y animales de presa y que su medio es ponerlos bajo control. El cristianismo según Nietzsche se vale de medios subterráneos para conquistar adeptos y mata si se ve en peligro, y en vez de salud, emplea enfermedad para aumentar sus filas. No puede ser de otra manera cuando trae en sus preceptos un mensaje esencialmente negativo. En el mismo af. 22 del AC desarrolla el filósofo la siguiente idea:

Otro punto oscuro y/o débil en el cristianismo es no sólo el inapropiado de *héroe y genio* atribuidos por Renan (1863), así como el de

---

[28] AC o. c. Af. 5 ps. 29-30 "Man soll das Christenthum nicht schmücken und herausputzen: es hat einen Todkrieg gegen diesen höheren Typus Mensch gemacht, es hat alle Grundinstinkte dieses Typus in Bann gethan, es hat aus diesen Instinkten das Böse, den Bösen herausdestillirt, - der starke Mensch als der typisch Verwerfliche, der «verworfene Mensch». Das Christenthum hat die Partei alles Schwachen...". DAC o. c. Band 6 Af. 5 p. 171[-20].

una *magna personalidad,* sino el de cómo combinar estas tres antinomias: héroe, incapacidad para oponer resistencia (como base de una moral que es la frase más honda en los evangelios – con la *buena nueva de la vida eterna,* vida eterna que será encontrada ¿dónde? Ya no en el cielo, no en el «más allá» (otra de las frases más honda y perseverante del cristianismo), sino aquí en la tierra y más concretamente, dentro de nosotros, como vida en el amor, sin distancia, sin exclusión ni sustracción, con la máxima de: no resistas al mal. Según Nietzsche, esta idea expresa gran contradicción e incoherencia doctrinal así como el:

> *"...odio instintivo a toda realidad, huida a lo «inaprensible», ir a lo «inconcebible» como aversión a toda fórmula, a todo concepto de tiempo y espacio, a todo lo que es sólido, costumbre, intuición, Iglesia, como un habitar en un mundo no tocado por ninguna especie de realidad, en un mundo meramente interior, en un mundo verdadero, en un mundo eterno... El reino de Dios está dentro de vosotros...".*[29]

Este texto es una referencia a Lucas, 17, 20-21. Y por otro lado, "El que no está conmigo, está contra mí; el que conmigo no recoge, desparrama". (Mateo, 12, 30; Mc. 9, 40). Y más:

> *"El que ama a su madre y a su padre más que a mí, no es digno de mí... el que no tome su cruz y me siga, no es digno de mí. El que encuentre su vida, la perderá; y el que pierda su vida por mí la encontrará*". (Mateo, 10, 37-38; Lc. 14, 26-27; 9, 23-24; 17,23; Dt. 33, 9; 16, 24-25; Mc. 8, 34-35 y Jn. 12, 25* encontrar, debe entenderse como ganar).*

Sí, no resistas el mal, pero Jesús causa división entre los hombres, y en aras de la dictadura y la servidumbre, también induce a la división entre las familias carnales: el hermano no es importante, lo importante es él y Dios y a nombre de éstos, el sacerdote. Si se preserva a Dios y a Cristo, lo demás no importa por muy catastrófico que sea.

En fin, ¿cómo compaginar héroe y genio con «pon la otra mejilla», si te piden tu túnica da también la capa y si te obligan a llevar la carga media milla, llévala dos? Ni Renan pudo resolver esta antinomia. Esto, a pesar de que cuesta mucho trabajo sacudirse el encanto de Renan,

---

[29] AC o. c. Af. 29 p. 58 DAC o. c. Band 6 Af. 29 p. 200[-20-25].

dedicado, con exposición literaria exquisita, a engrandecer la figura de Jesús. En la segunda mitad del siglo XIX la figura de Cristo en la opinión pública y en la intelectualidad europea pasó por el prisma de la imagen creada por el científico y escritor francés *Vida de Jesús*, de manera obligatoria como si fuera este libro el segundo Nuevo Testamento. En el mundo de habla hispana Renan fue tan popular como el propio Jesús debido no sólo a su brillantez literaria y científica, sino al exquisito libro sobre el redentor y a que dijo lo que la gente quería oír aunque no fuera verdad lo que se decía. Pero Nietzsche, filósofo de verdad, valiente entre los corajudos y científico de lo social, lo llama bufón, le dice que yerra mucho el blanco y que trata de conquistar desarrollando un espíritu que enerva y lo hace con «*la flexibilidad de un torcecuello*». Renan tenía una enorme y remarcable capacidad para inflar la más breve alusión a Cristo hasta que se convirtiera en un concepto. Y Cristo, al final, no estuvo contra nada y estuvo contra todo en una increíble inconsistencia doctrinal y política. Pero Renan, enamorado de la imagen de Cristo, todo lo exagera en forma exquisita y seductora esquematizando las narraciones evangélicas. Por eso Nietzsche lo llama bufón, pues en el fondo la imagen de Jesús, un hombre de poca cultura según se colige del Nuevo Testamento analfabeto en política, el francés lo presenta, en vez de como idiota, como sublime, como genio, como héroe, a imagen y semejanza de un parisiense de la época del segundo Imperio: fogoso y sentimental, elegante, gracioso, atractivo a las mujeres, aunque poco consecuente en las palabras y en las acciones. En la realidad Jesús era como las condiciones geográficas y sociales del oriente en aquella época dura y no exenta de encanto después de todo. Si algo bueno nos dice el Nuevo Testamento es cómo era el mundo dos mil años atrás no únicamente en el Oriente, sino también en el Occidente de Europa. Con el adorno a Jesús, Renan «adorna» el mundo de aquella época, pero la verdad es que nadie es mejor que la época en que le tocó vivir y actuar.

¡Y siguen las incoherencias doctrinales en los evangelios cristianos!. Según Nietzsche, *"En la psicología entera del evangelio falta el concepto de culpa y castigo; así mismo, el concepto de premio"*. (AC Af. 33 p. 63) El premio, además sin distinción, es para el cielo. Aquí, en la tierra, sufrir, ser tránsito, campo de entrenamiento y ensayo para la verdadera vida: la del «más allá». El cristianismo niega la única vida que existe, ésta, la de la realidad y la tierra. ¿Cómo la niega? Con el llamado a ser débil, a llevar el yugo:

> *"Carguen con mi yugo y aprendan de mi que soy paciente de corazón y humilde, y sus almas encontrarán alivio. Pues mi yugo es bueno, y mi carga es liviana." (Mt. 11. 29: Textos paralelos Lc. 10, 21; I. Jn. 5, 3; Jer. 6, 16; 31, 25; Os. 10, 11 y Prob. 3, 17).*

Se nos confunde con el llamado a no oponer resistencia, ni con palabras ni con el corazón, a quien es malvado con nosotros; a no divorciarte ni en caso de infidelidad (o fornicación, como le llama todo el tiempo el Nuevo Testamento); a mantener la paz interior, la única vida según Tolstói, y la represión al apetito sexual y el puritanismo monogámico; «no jurar», para no tener por encima a nadie más que a Dios. Se observa, de paso queremos decirlo, en el anterior aforismo 33, que Nietzsche fue 'copado' por la reminiscencias tolstoianas, pero no a la manera que lo interpreta Sánchez Pascual en nota 78. El llamado de Tolstói es: –*"estar en paz con todo el mundo", "eliminar la enemistad entre los hombres"*; y –*"tener paz interior y soportar las injurias"*.

Pero Nietzsche se burla de Tolstói, esa es la realidad, y no sólo aquí, sino en toda su filosofía en muchos momentos en forma tácita y en otros (pocos), de manera explícita y clara: el conde ruso llama al sosiego; Nietzsche a la guerra y a «ser enemigo». De Tolstói, liberador universal de espíritus como Voltaire, como muy bien es llamado este ruso, se ha nutrido, pero a la vez, donde es preciso, se burla debido al rigorismo moral de este hijo de osos siberianos. Se pregunta Nietzsche: *"¿Acaso también uno deba castrarse?",* (AC p.149). Es muy humano, humanidad de dulces viejecitas la idea tolstoiana *"estar todos hermanados entre sí, todos en paz con todos, todos gozando los bienes de la tierra hasta su final…"*. Pero este estado del corazón no pasa de ser un idealismo. El hombre es guerrero, como repite Nietzsche en toda su obra vitalista y pragmática y es, además, como dice así:

> *"En mi pecho, plaza de toros, pelean la libertad y el miedo. Cada una de mis mitades no puede existir sin la otra. Guerra de la calle, guerra del alma".*[30]

---

[30] Galeano, Eduardo (1978) *Días y noches de amor y de guerra*, Premio Casa de las Américas, La Habana, Cuba, con Edición al cuidado de Dominica Díez p. 47.

Eso es el hombre, una plaza de toros, una guerra civil dentro de él: mitad miedo, mitad valor; mitad sosiego, mitad acicate; mitad ardor y victoria. La práctica guerrera y triunfadora en la vida (¡no la oración, no la penitencia y la reconciliación!) es lo único que convierte al hombre en divino, en evangélico. Pero Jesús no supo nunca esto. Llegado el caso, fue aplastado por la imponente personalidad de Poncio Pilatos y Herodes Antipas, y en segundo lugar, no supo qué hacer con la masa que había soliviantado y no le quedó más remedio que morir sumisamente «por su culpa», como bien dice Nietzsche que murió. Parece ser que en sus condiciones históricas, él, Jesús, no tuvo la cultura necesaria ni el olfato y el practicismo teórico suficiente de político para saber tampoco qué hacer con los Paganos, los Saduceos y los Fariseos, en manos de quien estaban la riqueza y la sabiduría, y contra los cuales él constantemente predicó. Relata el evangelista Mateo hablando de la misión de Juan el Bautista y de Jesús:

> *"¿Qué fueron a ver ustedes al desierto? ¿Una caña sacudida por el viento? ¿Qué fueron a ver? ¿A un hombre vestido elegantemente? Pero los elegantes viven en palacios ¿Entonces que fueron a ver? ¿A un profeta? Eso si yo les aseguro que Juan es más que un profeta".* (Mt. 11, 7- 9; Lc. 7, 18; 16, 16; y 10, 12).

Comenta Nietzsche que Cristo fue ingenuo político y... *"ese anarquista santo que incitaba al bajo pueblo, a los excluidos y «pecadores»..."*. (AC Af. 27 p. 56) Cristo, como «ideólogo y guía de los pobres», no le gustaban la desigualdad social y el dominio económico y político de los ricos, pero tampoco tuvo la astucia y la mano dura de los reyes para equilibrar la justicia social. Pretendió suprimir la riqueza y el poder de los ricos. Pero se opuso, a la vez, a todo poder y en este sentido, es un verdadero anarquista, un «santo anarquista» como lo tilda Nietzsche. Todo magistrado, dice en algún lugar Renan, le parece un enemigo de los hombres, de Dios y considera como mero abuso a cualquier gobierno civil. Esa actitud del Cristo hacia a las autoridades seglares (actitud negativa, pues el poder hace falta), se debe sin duda, a los insuficientes conocimientos, a que era un hombre del pueblo, que no tenía suficiente nivel académico y cero noción de política. Por eso estaba en contra de todas las autoridades (eclesiásticas, políticas, militares), y de ahí lo de «anarquista»; lo de «santo», por decir que venía del cielo y porque no tenía reales intenciones de derrocar a las autoridades y ni una sola vez. Como no le queda más remedio que advertir al propio Renan, jamás deja entrever tan siquiera el pensamiento de una resistencia violenta y de llamar a los pobres a apoderarse de los bienes de los ricos. Algunos años después Pablo, como una continuidad fiel del mensaje de Jesús dijo:

> *"¹Que todos se sometan a las autoridades que nos dirigen. Porque no hay autoridad que no venga de Dios, y las que existen han sido establecidas por Dios. ²Por eso el que se rebela contra la autoridad se pone en contra del orden establecido por Dios, y el que se resiste prepara su propia condenación. ³En efecto, el que tiene miedo a las autoridades, no es el que obra bien, sino el que se porta mal. ¿Quieres no tenerles miedo a las autoridades? Obra bien y ellas te felicitarán. ⁴Están al servicio de Dios para llevarte al bien. En cambio, si te portas mal, ten miedo, pues no en vano disponen de las armas, y están al servicio de Dios, que juzga y castiga al que se porta mal". (Rom. 13, 1-4 textos paralelos: Jn. 19, 11; Mt. 22. 16; I. Tim. 2. 1; I Pe. 2, 13; Tt. 3, 1 y Prob. 8, 15).*

¿Para el caso particular del Cristo será que pensaba que con cuál objetivo se iba a apoderar del poder, si acorde a su pensamiento escatológico, el fin del mundo era inmediato? ¿O se debió a la inconsecuencia de su evangelio, a la unilateralidad y subjetividad de toda su prédica?. Yo pienso que pesaron en él ambos puntos de vista, pero predominó la inconsecuencia de su prédica y su analfabetismo político. Por eso, según crecía el número de los seguidores de Jesús, éste tropezó con dificultades cada vez mayores debido a lo cual, ¡vaya contradicción!, llegó el momento en que no supo qué hacer con las masas humanas dispuestas a seguirle a donde fuera:

> *"Arrastrado por esa espantosa progresión de entusiasmo, y obedeciendo a una predicación cada vez más exaltada, Jesús no era dueño de sí mismo; pertenecía a su papel y a la humanidad... hasta cierto punto".*[31(*)]

---

[31] Renan, Ernest. (1985) *Vida de Jesús*, Edaf. Madrid. Traducción de Agustín García Tirado p. 271 [(*)] Ernest Renan, francés 1823-1892 En esta obra niega la divinidad de Jesús. Esta obra es parte de *Histoire des origines du Christanisme* 8 Vls. 1863-83. Tuvo influjo literario de Johan Gottfried Herder (1744-1803) y Frédéric Ozanam (1813-1853) propulsor de un catolicismo social.

Ni siquiera la libertad intrínseca que le atribuye Dostoievski existía en él. En Jesús, al parecer, pugnaban dos sentimientos y una inconsecuencia: no era coherente como todo perturbado de las facultades mentales y peleaban en él no la libertad y el miedo como en todo hombre normal, sino el sentimiento apocalíptico-celestial y el terrenal. En esta pugna venció el primero y sucumbió a él, desechando la resistencia y la lucha mundana y esto lo llevó al suplicio y a la muerte cuyas características ya de sobra conocemos, pues su razón, si alguna vez la tuvo, se turbó aún más; sus discípulos lo creyeron loco y sus enemigos lo tildaron, no sin cierta razón, de lunático, de poseído y se convierte entonces en objeto de burlas. Sin embargo, es aquí, para E. Renán, cuando se convierte en héroe... en héroe de la pasión, abrumado por "la gran visión del reino de Dios que incesantemente brillaba en sus ojos". Esta constante visión le producía vértigos y exaltación frenética con intermitentes crisis morales que lo llevaron, como ya hemos dicho, abrazar la muerte. Nietzsche, sin embargo, en este contexto y en este momento del análisis, exclama indignado: *"¡Hacer de Jesús un héroe!"*. (AC Af. 29 p. 58) Fisiológicamente hablando, le cabría, claro está, la calificación que a su momento le dio: la de idiota. Una vez más tiene razón Nietzsche y en esta ocasión lo hace con sarcasmo ante la sublimación idealística-seductora de Ernest Renan.

Para Nietzsche, Jesús era, más que todo también, un simbolista que tomó por «verdades» a las realidades internas (iluminaciones y exaltaciones frenéticas a las que Dostoievski lo da a entender como «libertad intrínseca») provocadas por el brillo que en su cerebro alterado le producía el «reino de los cielos». Los constantes excesos de congojas que al parecer le acometían, lo convertían, de antemano, en un muerto alternándose con espantosas progresiones de entusiasmo. Estas circunstancias hacían que Jesús no fuera dueño de sí y que concibiera el resto, o sea, todo lo real-natural, temporal o histórico, *"únicamente como signo, como ocasión de parábola"*. (AC Af. 34 p. 71). El concepto de hijo de hombre, dice Nietzsche, no es una persona concreta y una realidad singular, sino un hecho «eterno» y un signo simbólico psicológico desligado del concepto tiempo, con lo cual se comete el delito más horrible porque aborda algo muy universal robado: la vida de los seres humanos. En los Evangelios, con la palabra «Padre» y con la palabra «Hijo», no se hace significar que todos los hijos humanos son, por eso, hijos divinos y que se es hijo de Dios, no en el sentido literal de la palabra, sino en tanto se cumple su voluntad. Aquí, según la doctrina eclesiástico-doctrinal se expresa *el ingreso en el* sentimiento de transfiguración global de todas las cosas y se viola al hombre, pues se le convierte en hijo, entonces, de la inmaculada concepción, con lo cual se *"ha maculado la concepción"*. (AC. Af. 34 p. 72) El redentor, de esa manera, no es redentor, sino paradigma, ejemplo de cómo se ha de vivir, el no oponer resistencia, no defender los derechos ni siquiera llevándolos a los tribunales, orar, sufrir, convivir con quienes te odian y te hacen mal. El verdadero hijo de hombre no pone la otra mejilla; el hijo de Dios sí, porque no tiene capacidad de lucha, sino de sufrimiento. Pero la Iglesia, cuando le hizo falta resistió al mal. ¿Qué son si no la Inquisición y las cacerías de brujas?

4. ¿Fue acaso Cristo para Nietzsche un supuesto idiota o paranoico?

La persona que tenga más que todo, capacidad de sufrimiento, es, en el mejor de los casos, un inofensivo Don Quijote de la Mancha enzarzado en ridícula pelea con los molinos de viento y contra malvados pero inexistentes caballeros. A Nietzsche no se le ocurrió otra cosa que llamar a Jesús, como hace rato sabemos y hemos repetido, *idiota, sublime e infantil*. Posteriormente otros *lo han calificado de paranoico*. Y todos lo juzgan no por otras cosas, sino por cómo se describe al Cristo en los Evangelios. Él, Cristo, es el protagonista principal de ese libro, como Jehová lo es del Antiguo Testamento y como *el ingenioso hidalgo* lo es del Quijote y el príncipe Mishkin de *El idiota*. No hay otra manera de juzgar al Cristo Jesús que no sea por el retrato que de él nos dan los Evangelios. ¿Quién fue el primero en llamarle *idiota* a Jesús? ¿Nietzsche? Directamente sí. Pero ya Dostoievski lo había sugerido con la encantadora e nobilísima personalidad del príncipe Mishkin. En este personaje quiso Dostoeivski representar su idea del Cristo.

Según I. Kriveliov y otros estudiosos de lo eclesiástico, varios autores, sin embargo, algunos calificados como herejes y otros como ateos firmes y consecuentes (Jean Meslier, por ejemplo, cura aldeano francés de los siglos XVII y XVIII, que mantuvo comprensiblemente ocultas sus creencias antirreligiosas hasta que después de muerto se encontraron sus libros escritos clandestinamente), califican a Cristo de paranoico, de nula personalidad, de demente y al cristianismo lo veía, como otros ideólogos de la Ilustración, marcadamente hostil e intransigente. La Iglesia ha ejercido sobre los creyentes un dominio completo e incompartido en sus mentes basado este dominio en una educación de fe absoluta en los dogmas. Sobre los no creyentes y sobre los enemigos reales o potenciales (con tendencias disidentes estos últimos), la Iglesia combinó el poder ideológico con el poder político y el judicial para imponer la fe y la obediencia. A las mujeres, cosa común aún hoy el Oriente, la Iglesia siempre las opacó y/o rebajó espiritualmente. Debido a cómo la Iglesia ha ejercido su poder y sus dogmas, mucha gente ha tenido que ocultar sus verdaderas convicciones durante largos períodos de tiempo. Igual, por cierto, sucede bajo los sistemas absolutistas donde está prohibido expresarse. ¡Cuántos libros no se han escrito como el caso del Testamento de este cura J. Meslier, encontrado por Voltaire que y han dormido ahí el sueño de los justos, esperando mejores tiempos!.[32]

No condenemos, entonces, a Jean Meslier Es natural que se fuera acumulando en los hombres honrados y pensadores, por muchos años, una sorda y subyacente furia difícilmente refrenable a la que un día debía dársele curso libre. De esta manera, aunque como consecuencia del hecho económico, se fue acumulando el odio de la Ilustración francesa al cristianismo. Los ya citados Holbach, Diderot y Voltaire, por ejemplo, descargaron sobre Cristo, sobre Dios y sobre la Iglesia, infinidad de sarcasmos, escarnios furibundos y denuncias implacables. Sólo J. Meslier y Nietzsche deben de haberle ganado en dicterios y ofensas. Por suerte para Nietzsche ya él no vivió en tiempos de la Inquisición, se habían aplacado las cacerías de brujas y su hermana un poco había «disfrazado» sus duras ideas. Se aprecia de los escritos de Nietzsche, que profundizó mucho en la psicología del Cristo y no se limitó a darnos

---

[32] Jean Meslier (1664-1729) sacerdote francés. Su vida habría pasado inadvertida sin su *"Testamento"* escrito en 1725, donde denuncia a la religión católica con un vigor excepcional. Se reveló materialista, socialista e incluso comunista y ateo. Voltaire edita este Testamento en 1733, aunque hay quienes le atribuyen su edición a Paul Holbach.. cfr. http://atheisme. free.fr./ Biographies/Meslier.htm

a entender que calificaba a Cristo de hombre nulo, que no tenía talento político, que era de espíritu débil, sin ciencia, sin destreza y que al final fue despreciado por todos: los sabios, los ricos, los políticos, los curas, y finalmente por los pobres que lo seguían y éstos terminaron convertidos en despreciable chusma (comportándose como lo que eran, animales inferiores) que también pidieron a Pilatos su muerte. Incluso, uno de sus apóstoles lo traicionó. Se opuso Jesús a todo lo que tenía fuerzas y arrastró multitudes de pobres y débiles, pero no para redimirlos y levantarlos a los pisoteados, sino para darles ejemplo de cómo debían vivir, en sumisión y sufrimiento. En una palabra, el Cristo no era útil ni a los ricos ni a los pobres, esa parece ser la verdad.

La óptica ateísta de Nietzsche no obliga sin embargo, a negar la posible historicidad de Cristo y en el lado opuesto, tampoco aceptarla obligatoriamente. Pero sí, debido a lo fuerte que en el género humano prendió esta religión, a dar la voz de alerta y a profundizar en el aspecto psíquico del Cristo Jesús. Eso fue, más que todo, lo que hizo Nietzsche. Y sin tomar demasiado a pecho el sentido injurioso de la expresión, se le puede nombrar al Cristo «loco fanático» y/o de «mentalidad trastornada». Y esto, en el sentido clínico de la palabra al igual que, con matices diferentes, se puede decir del Quijote, si bien el ingenioso hidalgo vivió loco y murió cuerdo y el «redentor» vivió y murió loco, pero ambos con la misma ansia perenne de hacer justicia a costa incluso de las acciones más ingenuas y descabelladas. Existen, para la teoría de la locura del Cristo, cuatro grupos de argumentos: primero, el juicio que se tenía de él en el mundo; segundo, sus propias ideas y discursos con la característica de la inconsecuencia y la incoherencia doctrinal; tercero, sus acciones y medios milagrosos de actuar; y cuarto, sus predicaciones en parábolas las cuales ni él mismo entendía. Se comportaba constantemente de manera extraña y a veces grosera. Siempre que les profiriera groserías, necesidades y disparates a los Fariseos, a los Escribas y demás gente con cultura, estos lo tildaban de estar poseído del demonio y hasta los discípulos suyos, por supuesto pobres y analfabetos la mayoría, se alejaban de él. Hasta Pedro tres veces lo negó. Cuando lo llevaron ante Herodes Antipas (Cfr. El proceso de Jesús Lc. 23, 8-12; Mt. 27, 1; Mc. 15, 1; Jn. 18, 28 y Hech. 4, 27), al parecer éste esperaba encontrarse con un destacado taumaturgo (θαυμα-εργόν-actos-prodigios) capaz de hablar y demostrar cosas interesantes, por lo que impaciente, esperaba el encuentro con Jesús. Pero después de hablar con él un momento comprendió que a quien tenía enfrente era un simplista interlocutor, medio chiflado que ni de qué hablar sabía y le mandó, decepcionado, que se retirara y le «*menospreció y escarneció*». Los judíos que lo acompañaban se mofaron de él y en vez de un cetro de rey, le dieron un bastón de mendigo y se burlaron bufonescamante de su figura y de su personalidad. Lo mismo, o medio parecido, sólo que un poco más trágico, le sucedió con Pilatos. Es de suponer que el gobernador romano esperaba encontrarse con un enemigo, con un hombre fuerte, y se encontró con un pobre diablo que decía ser rey de los judíos.

Donde más su patología salta a la vista es cuando se concluye en qué consistía su misión: Enseñar a los hombres su sabiduría; iluminar a los hombres con la luz de la verdad, pero en vez de decir directa y concretamente qué o cuál era su verdad, prefirió usar parábolas y alegorías explicándolo en actitud esotérica y de darse importancia, con lo cual se llega a la conclusión de que en realidad ni él sabía qué quería decir, como les sucede a los sicóticos que pierden la noción de la realidad; predicó el amor a los hombres y al mismo tiempo exigió de sus adeptos y seguidores que tomaran odio a sus padres y hermanos siempre que le fueran fieles a él y al Padre Eterno que está en los cielos; los argumentos empleados por Jesús para discutir con sus adversarios carecen de lógica, hasta tal punto que denotan ellos solos el trastorno de la estructura lógica del pensamiento. No tenía poder de convencimiento y hablaba como la gente simple del pueblo, sin sutilezas inteligentes, sin capacidad para la ambigüedad y el consenso, sin la habilidad para dar expresión política a las necesidades del momento, sin el arte de las sugerencias como los políticos, sin la dialéctica del que no simplifica los intereses de los grupos y de los individuos, con lo cual no se ganó una amplia coalición, entre otras cosas, al no presentar un programa, es decir, hablaba directamente o acudía al dogma y al misterio y todo, por la falta de lógica en sus disputas. Decía aparentando importancia que,

> "[36]*Jesús contestó: « Mi realeza no procede de este mundo; si fuera rey como los de este mundo, mi guardia habría luchado para que no cayera en manos de los judíos. Pero mi reinado no es de acá».* [36]*Pilatos le preguntó: «¿Entonces tu eres rey?». Jesús contestó: «Tú lo has dicho: Yo*

soy Rey. Para esto nací, para esto vine al mundo, para ser testigo de la Verdad». (Jn. 18, 36; 6, 15; 12, 32; Textos paralelos: Jn. 3, 32; 8, 47; 10, 26; Lc. 17, 20; 19, 12 y I Tim. 6, 13).

Tan pronto era rey de los judíos, como lo negaba, contradiciéndose a cada momento. Como se sabe, fue escarmentado y burlado por la muchedumbre. Jesús ni defenderse pudo o no quiso hacerlo. Lo único que hizo fue decirle a Pilatos *"que ninguna autoridad tendrías sobre mí si no te fue dada desde arriba..."*. (Jn. 19, 11 Textos paralelos: Sal. 82; Sab. 6, 3 y Rom. 13, 1) Por supuesto, ante esos «argumentos», como no lo entendían, la agente lo que hacía era abandonarlo o ignorarlo. Por lo demás, refuerzan, eso sí, la idea de su visión extra-terrena, la inconsecuencia y lo inoportuno de sus palabras y su acción, que sólo con la alucinación y visionerismo tendrían explicación. Por ejemplo, ni desde el Everest (el lugar más elevado de la tierra) se ve completo el reino de Nepal en el que se encuentra y desde el monte al que fue conducido por Satanás, *"vio todos los reinos del mundo"*. Por consiguiente parece ser que solamente en una interpretación metafórica se puede entender cómo fue que vio todos aquellos reinos. Pareciera que semejantes visiones y tales trastornos de la imaginación son propios nada más que de un tipo de metagnomo, hiperestésico, un esquizofrénico, o de alguien fuerte y momentáneamente debilitado por la falta de alimentación.

Los galenos modernos, si le aplican al Cristo en su trayectoria análisis con técnicas actuales, lo calificarían de paranoico. ¿Qué es la paranoia?: Una predisposición psicopática peculiar, mientras quedan intactos la intelección y el pensamiento correctos, pero con delirios y estados de melancolía seguidos de excitación y situaciones momentáneas de entusiasmo. Las representaciones mentales de un paranoico convergen generalmente hacia una idea fija y por lo común, guardan relación, según los psiquiatras, con su propia personalidad. Esta, su personalidad, le parece ser el centro de cuanto ocurre en el universo y, según que sea la índole del delirio, es objeto de todas las persecuciones, intrigas y acechanzas imaginables por parte de punto menos que todo el género humano en su conjunto; o bien es portadora de la más amplia y sublime misión, de importancia decisiva para toda la historia universal. El paranoico, desde luego, padece además de la enfermedad conocida como «culto a la personalidad», de la cual también parece haber padecido Jesús. Esta se manifiesta por lo regular así en quien la padece:

• Se cree centro divino de todo; se cree imprescindible en la historia y superior a todos los demás mortales y le rinde un culto divino a la política y/o a la religión, desdeñando las demás vocaciones u ocupaciones.

• Padece delirios de persecución, de celos, delirios de grandezas, de erotismos, de delirios de inventivas y cree ser de alto origen (en el caso de Jesús, hijo de reyes de la descendencia davídica y de Dios). En una visión nietzscheana de la personalidad del Cristo todo indica que Jesucristo supuestamente pudo haber padecido de un problema de identidad consistente en una megalomanía relacionada con la divinización de sí mismo y con la idea de que debía de salvar a toda la humanidad al precio de su propio sacrificio y sufrimiento. En específico:

a) Cree ser hijo de Dios, no importa qué Dios sea.

b) Cree ser un Mesías llamado a salvar al mundo.

c) Lo acaecido antes en el mundo no era más que un preludio de la aparición de su propia personalidad y lo que dijeron antaño los profetas y pitonisas se refería siempre a él.

d) El mundo está lleno de símbolos relativos a él mismo. El delirio de grandeza egocéntrica va acompañado en Jesús del de persecución y de perdición fatal. Adivina incluso cuál es el apóstol que lo va a traicionar, cómo y cuándo lo va a hacer y no hace nada para evitar el martirio que indudablemente le espera.

Por lo que se aprecia de su actuación, sus estados de ánimo y su tono psíquico-nervioso denotan en Jesús una inestabilidad típica entre el extremo o polo mayor de animación espiritual, por momentos, y de depresión profunda y decaimientos emocionales, casi absolutos, por el otro. Los mal llamados *milagros no son más que alucinaciones* que lo acometen de vez en cuando posiblemente provocadas, en parte, por el hambre. Por ejemplo, cuando se estaba bautizando en el Jordán «se abrieron los cielos» y apareció el «espíritu de Dios» en forma de paloma y se oyó una exclamación desde el cielo. Lo mismo sucede en sus relaciones complejas con Satanás durante los cuarenta días que estuvo por el desierto y las llamadas tentaciones. Todo esto son alucinaciones, tanto más intensas según avanzaba el ayuno de larga duración que se fue imponiendo.

No siempre las alucinaciones son un producto de la paranoia. Pero el paranoico sí siempre tiene alucinaciones al igual que el hambriento a juzgar, claro, por la literatura de psiquiatría y por las experiencias médicas. Por lo que hemos podido averiguar, el retrato de Jesús hecho en el Nuevo Testamento se corresponde con los síntomas clásicos del perseguido. Si en aquellos tiempos los autores de los Evangelios, no tomaron del natural sus ejemplos, ¿cómo pudo, con el bajo, bajísimo nivel de la ciencia en aquella etapa histórica imaginarse un personaje con esas características y ese historial clínico del salvador? Pero además, a juzgar por las pinturas «físicas» del Jesús de los Evangelios, uno se lo imagina como un ser con una debilidad física, nada de un hombre enérgico y capaz de combatir cuerpo a cuerpo. A juzgar además, por los iconos, efigies, etc., Jesús fue asténico, decaído y por lo tanto, debe de haber sido enfermizo a igual que Nietzsche. En ocasiones transpiraba cuando estaba emocionado, a ratos sudaba sangre y no tuvo fuerzas para llevar la cruz hasta el calvario.

Se llega incluso a decir que Leonardo da Vinci transmite esta idea en el cuadro *La última cena* y que quien está sentado a la derecha del Cristo no es un apóstol, Pedro, sino María Magdalena, hija de nobles como él mismo que también se dice en el Nuevo Testamento una fenomenal contradicción más, que descendía de David y de Salomón y que por lo tanto, de ser así, tenía cabal derecho a aspirar a ser rey de los hebreos. (Pero entonces sería «otro Jesús»). Lo que sí está claro es que el Jesús del Nuevo Testamento es un ser endeble y asténico y no parece tener nada del espíritu guerrero de David y Salomón y mucho menos la fortaleza, la decisión, la sabiduría y la coherencia, así como la crueldad sistemática del Jehová del Antiguo Testamento. En este sentido parece ser que este libro es mil veces más verás, más original y con más naturalidad que el Nuevo Testamento, tal como en algún lugar dice Nietzsche.

Creo que para Nietzsche, si en nuestro tiempo occidental apareciera un ser como Jesús, seguro que de inmediato sería internado en un centro psiquiátrico a cargo de calificados especialistas neuropatológicos para curarlo de enfermedad mental. Desde luego, no sólo Jesús es tildado de loco. Se estima que en general todos los fundadores han tenido algo de locos. Así lo da entender también Nietzsche en *Aurora (Morgenröthe)*, no sólo Dostoievski con su «hombre extraordinario» o su «asesino». Los fundadores de religiones, movimientos, profetas y grandes dirigentes fueron de alguna manera paranoicos y alucinados. De locos fueron tildados Buda, Zoroastro, Mahoma, Krishna, etc. Desde este punto de vista, discutible por cierto, pero con cierto matiz de verdad, todas las religiones son la crónica de la desorientación de personas sanas por unos cuantos dementes aislados, pero extraordinarios, que contaminaron psíquicamente a grandes masas por la tendencia de éstas a convertirse en «estúpidas muchedumbres» y rebaño gregario.

Según nos da a entender Nietzsche (en AC y CI), Jesús no es más que un eslabón en la cadena de profetas judíos, «*una judaína*», como despectivamente le llama él, me parece que pensando en el peor y más peligroso de todos los apóstoles, en Pablo. Una judaína de los estamentos superiores de la sociedad hebrea de la época (recordemos que Pablo se erigió en Apóstol de los Gentiles). Nietzsche trata este asunto de una manera diferente a otros que presentan al cristianismo como «antítesis del judaísmo» (I. Kriveliov) y oponen al propio Jesús a toda la masa de profetas judíos del Antiguo Testamento los cuales, tácitamente, predijeron (más bien sugirieron), la aparición del Cristo. Pero Jesús no es, para Nietzsche, lo mejor del pueblo judío, sino en todo caso lo peor. No fue incluso en muchos de sus rasgos de carácter un judío entre los judíos a pesar del desprecio que por otros pueblos sintió y que nos lo demuestra cuando una mujer sirofenicia (de la región de Tiro y Sidón) le pide que cure a su hija enferma «atormentada por un demonio» (¡se supone que de hambre!) y él le dice *"Jesús le contestó: «No se debe echar a los perros, el pan de los hijo»"*. (Mt. 15, 26): de lo cual se infiere que los hijos de Israel son hijos de Dios y los demás sólo canes, pues como dice en el mismo lugar *"no fui enviado sino a las ovejas perdidas del pueblo de Israel"*. (Mt. 15. 24) Aquí no debemos ignorar la óptica teológica del evangelista Mateo, cuyo evangelio estaba dirigido exclusivamente a los Judíos. Por eso su genealogía comienza desde Abraham a José, hijo de David, en cambio en Lucas comienza de José, hijo de David a Adán. (Mt. 1. 1-17 y Lc. 3. 23-38) El prójimo, para Jesús y para Jahvé, se colige de las expresiones nietzscheanas y de estos ejemplos del Antiguo Testamento y del Nuevo Testamento es el hombre judío, el que pensaba igual que él y no todos los hombres. Se las daba Jesús después como salvador de toda la humanidad, sí, pero se negó incluso a predicar entre los paganos aunque estos fueran judíos. Les dijo a sus apóstoles según los evangelios

> *"«No vayan a tierras extranjeras, ni entren en ciudades de los Samaritanos, ⁶sino que primero vayan en busca de las ovejas perdidas del pueblo de Israel »". (Mt. 10, 5-6; 15, 24 Misión de los doce Apóstoles. Textos paralelos: Lc. 9, 1-10; 9, 53; Jn. 4, 9; Hech. 8, 5; Mc. 6, 8 y Jer. 50, 6).*

El hecho cierto es que los apóstoles, al ver que los israelitas no les hacían ningún o muy poco caso, vulneraron las órdenes de Jesús y predicaron en otros lugares, pero en contra, como decimos, de la prédica de éste, que se limitaba, básicamente, a predicar entre los angaarets, o anabís, (fakir) o sea, entre los pobres judíos y sin instrucción, ignorantes, analfabetos. En cierto sentido hacía igual que los «izquierdistas» de hoy, que predican entre las gentes que no saben hacerse preguntas y ven todo simplistamente. En realidad el movimiento de Jesús, tal como uno lo aprecia por el Nuevo Testamento, era en sus inicios, más social que religioso. Por esta razón los romanos lo perseguían primero y lo adoptaron después… a pesar de ser amantes del culto pagano y en esencia politeístas, empezando por Constantino el Grande.

"Es indecente hoy ser cristiano", dice Nietzsche en (AC Af. 38 es ist unanständig, heute Christ zu sein p. 210[-5]) Lo que antes era enfermedad, hoy es indecencia. Para el creador del *El anticristo*, la humanidad ha sido algo así como un manicomio bajo el nombre de «cristianismo», «fe cristiana e Iglesia cristiana», etc. Ni una palabra queda, dice, de lo que en otros tiempos se conoció como «verdad». Los curas, los papas, los teólogos, los filósofos increíblemente influenciados por la idea de Dios y del Cristo, no yerran, sino que a sabiendas muchos mienten y la «seriedad» y el antimovimiento profundo del espíritu no permiten ya a nadie estar enterado de esto. Dice Nietzsche:

> *"El cristianismo es también antiético de toda buena constitución espiritual, –sólo puede utilizar como razón cristiana la razón enferma, toma partido por todo lo idiota, lanza una maldición contra el*

> «espíritu», contra la soberbia del espíritu sano. Dado que la enfermedad forma parte de la esencia del cristianismo, también el estado de ánimo o típicamente cristiano, la «fe», tiene que ser una forma de enfermedad, todos los caminos derechos, honestos, científicos del conocimiento tiene que ser rechazados por la Iglesia como caminos prohibidos...". [33]

La religión como secta, entrelazado con el sentido innato religioso, surgió de desquiciados mentales que impresionaron a las muchedumbres con sus supercherías desvalorizadoras de la naturaleza y los valores naturales y se convirtió el sacerdote en portavoz, *"en la especie más peligrosa de parásito, como la auténtica araña venenosa de la vida"*,(AC Af. 38 p. 68) Todo el mundo sabe cómo el sacerdote llegó a ser el dueño y señor de la vida. Sin embargo, ¿el hombre moderno, lo cual irrita a Nietzsche, aún no sabe esto? ¿Cómo es esto posible? ¿Será que Nietzsche exagera el papel del cristianismo contagiado con la mayoría de los filósofos alemanes que le precedieron? Yo creo que no. Aún el cristianismo es fuerte y por lo tanto, peligroso y más lo era en los tiempos no tan lejanos del que escribió *Así habló Zaratustra*, antípoda de La Biblia, cuna del superhombre, verdadero redentor. Aún el cristianismo, fuerte a pesar de todo, se opone a la vida: ser soldado, ser juez, ser un patriota, defenderse, mantener el honor propio, querer la ventaja propia, la apertura así sea con la guerra, ser orgulloso, es decir, *"todo instinto, toda valoración que se transforme en acción son hoy anticristianos"*. (AC 38 p. 76). Por eso para Nietzsche es vergonzoso seguir llamándose cristiano. ¿Cómo, se explica que "el sacrificio reparador del inocente sea por el pecado de los culpables? ¿Cómo Dios entregó a su hijo para un sacrificio tan horrendo? ¡Qué manera de acabar con el evangelio en nombre de la muerte-sacrificio! De ahí, de esa ofrenda cruenta nace todo lo demás. Y sigue Nietzsche en (AC Af. 41, p.80) explicándonos las sinrazones del cristianismo, su absurda doctrina y milagros como fundamento de la fe de los cristianos: Esta doctrina es:

– La doctrina del juicio y del retorno; –La doctrina de la resurrección; – Un estado después de la muerte, *"si Cristo no resucitó de entre los*

---

[33] AC o. c. Af. 52 ps. 89-90 DAC o. c. Band 6 Af. 52 p.s 232[-25-30]-233.

muertos, vana es nuestra fe, dijo Pablo, según Nietzsche y remata la idea en (AC Af. 44 p. 76),

> *"Los evangelios no tienen precio como testimonio de la ya incontenible corrupción existente dentro de la primera comunidad. Lo que Pablo llevó luego hasta el final, con el cinismo lógico de un rabino, no fue a pesar de todo, más que el proceso de decadencia, que comenzó con la muerte del redentor".*[34]

Lo de la resurrección, claro, es un invento para reforzar la fe y la idea de que la muerte es un tránsito a la vida eterna y que todo hombre, por bueno y honrado que sea o se crea él que lo es, debe sentirse pecador ante Dios para tener derecho a la *buena nueva*. Al menos esa es un de las ideas básicas de Pablo, al que Nietzsche califica de *rabino insolente*. —La inmortalidad personal: ¡¿inmortalidad personal sin exclusión y sin discriminación?! La idea de Pablo es que si el sol no discrimina a nadie y sale para todos, ¿cómo es que el hombre va a pretender exclusiones? Es conflictiva esta doctrina, pues puedo pasarme la vida afanado y luchando por este ideal o no, pero si fuí noble y ante todo si morí en Cristo Jesús y me sentí humilde y pecador, tendré, ganado el supuesto reino del más allá, pero también igual lo tendrá un bandido que a última hora se arrepintió. Esta es la que nos mata la rebeldía aquí en la tierra, en el único mundo; es la que nos hace sumisos para siempre:

> *"*[43]*Ustedes saben que se dijo: «Ama a tu prójimo y guarda rencor a tu enemigo y guarda rencor a tu enemigo».* [44]*Pero yo les digo: Amen a sus enemigos y recen por sus perseguidores.* [45]*Así serán hijos de su Padre que está en los cielos. Él hace brillar el sol sobre malos y buenos, y caer lluvia sobre justos y pecadores". (Mt. 5, 43-45; Lc. 6, 29 Textos paralelos Lc. 19, 8; Prob. 26, 21 y Ex. 23, 4).*

Es como uncirnos al yugo, al yugo de Cristo y ser nobles como él, en lo menesteroso y pobres, deshonrados para siempre. (Lo que al hombre deshonra no es en sí la pobreza, según la idea aristotélica que compartimos, sino el no luchar por dejarla detrás) Esta idea de *"amad a*

---

[34] AC o. c. Af. 44 p. 76. "Die Evangelien sind unschätzbar als Zeugniss für die bereits unaufhaltsame Corruption innerhalb der ersten Gemeinde. Was Paulus später mit dem Logiker-Cynismus eine Rabbiners zu Ende führte, war trotzdem bloss der Verfalls-Prozess, der mit dem Tode des Erlösers begann". DAC o. c. Band 6 Af. 44 p. 218[-25].

vuestros enemigos..." es la que nos pretende llevar a odiar la riqueza y la sabiduría, porque si en la otra vida, paradisíaca y tranquila, sin el acicate y la angustia que me mortifiquen, voy a ser eterno, ¿para qué he de ser rico y sabio en la tierra, ¡total, en ella no soy más que transeúnte! Mientras, otro más práctico y con la consigna de que la luz de adelante es la que alumbra, se hace rico y sabio por mí y goza de los bienes y placeres de la tierra. ¡Demasiada humildad incoherentemente practica la de este Cristo-redentor, demasiada corrupción del alma del hombre! De aquí, la «Ley contra el cristianismo» (cfr. AC o. c. p. 111) que, vista a simple lectura puede parecer la obra de un poseso, más si se sabe que Nietzsche terminó su vida con una supuesta esquizofrenia o sífilis que afectaron su mente. Pero para creer que es la obra de un endemoniado habría que no haber leído estas obras de; Nietzsche como el AC; CI; MBM; HDH; y AHZ. escritas, por su puesto, antes de su enfermedad. Si el mundo se acaba, mi más grande miedo, es porque ¿para qué existió si después de haber tenido a Nietzsche, a Cervantes y Shakespeare, desaparece y con él sus obras? Esto, dicho entre paréntesis. ¿Para qué tratar de endulzar a Nietzsche, es decir, para qué suavizarle su anticristianismo de diablo tozudo, confiado y guerrero como fue este filósofo? ¿A caso hay cómo neutralizar e imparcializar las demoledoras palabras de la «*Ley contra el cristianismo*»? Dice Nietzsche así en el último aforismo previo a la susodicha ley:

> "*Yo condeno al cristianismo, yo levanto contra la Iglesia la más dura de todas las acusaciones que jamás acusador alguno haya tenido en su boca. Ella es para mí la más grande de todas las corrupciones imaginables, ella ha querido la última de las corrupciones posibles. Nada ha dejado la Iglesia cristiana de tocar con su corrupción, de todo valor ha hecho un no-valor, de toda verdad, una mentira, de toda honestidad, una bajeza del alma. ¡Qué alguien se atreva todavía a hablarme de sus bendiciones «humanitarias! »*".[35]

Es cierto. Las pocas bendiciones «humanitarias», que haya podido hacer, habría que buscarlas como agujas en un pajar, las hizo por interés político para tener base de apoyo en momentos en que la necesitó. Sin embargo, física y espiritualmente mató a millones y millones. Y lo peor:

---

[35] AC o. c. Af. 62 ps. 108-109 DAC o. c. Band 6 Af. 62 p. $252^{-10\ -15}$.

corrompió el alma de la mayor parte de la humanidad. La Iglesia, como organización sectaria y partidista, ha vivido de calamidades naturales y sociales y otras las ha creado ella misma. ¿cuáles ha creado ella, entre otras? El gusano del pecado, por ejemplo; la falsedad de la igualdad de las almas, la cual ha sido la causa máxima de los rencores de todos, no de pocos, y de los que tienen rencores más viles y que acaban en revolución, *"…idea moderna y principio de decadencia del orden social entero"*, (AC Af. 62 p. 109). La Iglesia es la voluntad de la mentira, la voluntad de repugnancia hacia todos los instintos realmente buenos y honestos. La Iglesia niega la realidad, con sus lados buenos y duros, y soba, así, toda esperanza de vida.

La finalidad y el instinto del cristianismo tienden sólo a la destrucción, según Nietzsche en AC. dice: *"El cristianismo fue el vampiro del imperium romanum"* (Af. 58 p. 102). El Imperio Romano conquistó a Israel, pero el cristianismo, en contra de lo que pretendían los ideólogos romanos, subterráneamente primero y después por medio de los hombres fuertes, pero enfermos, conquistó al imperio. No es como los griegos, que con la cultura, se ganaron a Roma; no, el cristianismo se lo ganó con la naticultura y con la mugre; con la voluntad de destrucción como si fueran pirañas. *"La forma más grandiosa de organización* (así la califica Nietzsche al Imperio Romano) *en comparación con lo cual todo lo anterior, todo lo posterior es un fragmento, una chapuza"*, poco a poco y en forma implacable y metódica, fue conquistado y destruido por *los santos anarquistas,* enemigos de toda autoridad, y con él se apoderó el cristianismo del Occidente. Para el cristianismo fue un acto piadoso, sigue argumentado Nietzsche, destruir el mundo y no conocieron otro instinto y otro afecto que el de disolver, el de envenenar, marchitar, chupar sangre a todo lo que está en pie y se yergue con grandeza, a lo que tiene duración, a lo que promete un futuro a la vida. No dejaron, del Imperio Romano, al final, piedra sobre piedra, reduciéndolo, de la noche a la mañana como aquel que dice, a la nada. El Imperio Romano era tan fuerte y tan bien estructurado, que resistía incluso la dirección de pésimos emperadores y las más devastadoras invasiones militares, como un edificio antisísmico resiste los impactos de los más terribles terremotos y tsunamis, pero no resistió la labor de zapa del cristianismo:

> *"Pero no era suficientemente firme contra la especie más corrompida de corrupción, contra el cristianismo... ese gusano escondido se ha acercado subrepticiamente, en la noche, la niebla y el equívoco, a todos los individuos y que le ha succionado a todo individuo la seriedad para las cosas verdaderas, el instinto para las realidades, esa banda cobarde, femenina y dulzona la fue enajenando paso a paso a esa enorme construcción de «almas», –aquellas naturalezas valiosas, aquellas naturaleza virilmente aristocráticas que sentían la causa de Roma como su propia causa, como su propia seriedad, como su propio orgullo".*[36]

Los rodeos de los supuestos santos le hicieron más daño a Roma que las epidemias. A esa fue a la religión (a la cristiana preexistente), a la que verdaderamente Epicuro le hizo la guerra, no al paganismo. Epicuro combatió la corrupción de las almas por el concepto de culpa con el miedo al castigo y con el único "premio" de la inmortalidad, y con eso basta para saber que a quien se opone es al 'cristianismo' antes de éste nacer. Léase a Lucrecio, recomienda el alemán, para saber bien qué es lo que predicaba Epicuro, es decir, todo lo contrario a cuanto oliera a cristianismo (cultos subterráneos, la inmortalidad de las almas, la redención famosa, el espíritu maldito de anemia y destrucción), y hubiera vencido a la larga, pero...apareció Pablo, *"el odio hecho carne..."*, seguro de que, con aquel pequeño movimiento sectario de los cristianos, al margen del judaísmo, se podía producir un incendio mundial *con Dios en la cruz*, como símbolo (cfr. AC. Af. 58 ps. 101-102). E incendió Pablo al mundo, no Cristo... En el pensamiento de Nietzsche la mayor maldición que le ha caído a la humanidad (mayor que el azote de la peste de la fiebre amarilla, que el tifus y el Sida), es la organización de la jerarquía de la religión católica con su soporte organizacional, jerárquico piramidal, es decir es la misma Iglesia, y su basamento ideológico, o el cristianismo eclesiástico enmarcado dentro del campo doctrinal del ex Santo Oficio, hoy Secretariado de la Defensa de la Fe. Entre la servidumbre campesina que ejerció, entre las cruzadas que santiguó, entre los indios que evangelizó a golpes de crucifijos en el lomo, entre las cacerías de brujas y la Inquisición, mató más hombres y mujeres que aquellas epidemias terribles. Esto, sin contar a los que mató en

---

[36] AC o. c. Af. 58 p. 103 DAC o. c. Band 6 Af. 58 p. 246$^{-\ 1\text{-}15}$.

vida: que no los quemó, pero les soltó los perros negros y los acosó y desprestigió y "convenció" espiritualmente; ya la Iglesia no quema a nadie, pero ¡cuidado con ella!, su poder es aún incuestionable en Occidente, a pesar de que nuestra naturaleza intrínseca es la democracia y la pluralidad, contraria al mensaje cristiano. Prueba de su fuerza, y a la vez de su amenazante debilidad, es la creación en los últimos años de organizaciones fundamentalistas como por ejemplo el Opus Dei, Lumen Dei, Mile Jesús, Comunión y Liberación, Mémores Domini. Sociedad Pio X, los Legionarios de Cristo y otros, y la intranquilidad constante y agónica del fenecido Papa Juan Pablo II. Contamos en el actual balance histórico de la Iglesia cristiana, el atraso en las ideas, la subyugación espiritual del hombre que le ha costado siglos, quizás milenios, de atraso en la ciencia y las tecnologías con el miedo al fin del mundo y «*el día de la salvación*». Este día, sin embargo, lo da Nietzsche, en «*Ley contra el cristianismo*»[37] como el día en que se reniegue del cristianismo. Se criarán serpientes venenosas en el lugar en que hoy el cristianismo incuba sus huevos. Arremete este filósofo, contra el sacerdote, por ser predicador del cristianismo y dice que, contra éste:

Art. 1: *"contra el sacerdote no se tienen razones, se tiene el presidio,* (AC Af. La Guerra contra el cristianismo p. 111)

Y continúa bien claro: ¿Atentado a la moralidad pública?

Art. II *"Toda participación en un servicio divino es un atentado a la moralidad pública".* (AC p. 111)

Art III *"En el lugar maldito en que el cristianismo ha encovado sus huevos del basilico será arrasado.... En él se criarán serpientes venenosas".* (AC p. 112)

Art. IV: *"La predicación de la castidad es una incitación pública a la contranaturaleza...es el auténtico pecado contra el espíritu santo de la vida".*

---

[37] Sobre esta Ley contra el cristianismo, que le sigue al último aforismo del AC el 62 ps. 108 a 110 ver nota aclaratoria en el AC 169 p. 153 de Andrés Sánchez Pascual. El primero que dio a conocer este texto adjuntado por Nietzsche al AC, fue Erich Podach en su edición del AC (1961).

Art. V: *"Comer en la misma mesa con un sacerdote... con ello uno se excomulga a sí mismo de la sociedad honesta... Al sacerdote se lo hará morir de hambre, se le echará a toda especie de desierto".*

Art. VI: *A la historia «sagrada» se le llamará con el nombre que merece, historia «maldita»; las palabras tales: «Dios», «salvador», «redentor», «santo» se las empleará como insultos, como divisas para los criminales".*

Art. VII: *"El resto, sigue de aquí".*[38]

Para Nietzsche, mejor y más útiles son las serpientes que el cristianismo. La serpiente se arrastra, sí, pero en ello no hay nada malo, porque ese es su estado natural y si envenena a alguien es sólo para defenderse. Según Nietzsche ninguna serpiente nunca ha organizado conspiraciones y cacerías para emponzoñar hombres tal cual como parece hacerlo el cristianismo. Lo malo sobreviene cuando es el hombre, que nació para mirar de frente al sol y retar hasta a los dioses, se arrastra u otro hace que éste lo haga. El cristianismo se embosca hasta en el subsuelo y en el cuarto oscuro y desde ahí corrompe al hombre y acaba con él. El espíritu santo de la vida es la lucha y la relación hombre-mujer, entre ellas la complicidad sexual y predicar contra ellos en nombre de la nobleza y la purificación de las almas, es la maculación del hombre, la contranaturaleza y el no-valor.

El sacerdote trabaja para chupar la sangre de la vida, para difundir la anemia. A la historia «sagrada» *se le llamará historia maldita,* es decir, todo al revés de cómo es hoy. Las palabras, dice Nietzsche, que hoy se utilizan para designar lo sagrado, se utilizarán para ofender. Es decir, Nietzsche da a entender que lo que se ha expresado y propuesto es muy poco para lo que el cristianismo y al Iglesia se merecen. Al menos, así era en la época del filósofo Nietzsche. El, como se sabe, exageraba las frases un poco como aval de impacto para llamar la atención, pero asumiendo que tan sólo el diez por ciento de lo expresado se

---

[38] AC. o. c. Ley contra el Cristianismo. Guerra a muerte contra el vicio: el vicio es el cristianismo ps. 111-112 DAC. Gesetz wider das Christenthum Todkrieg gegen das Laster: das Laster ist das Christenthum p. 254$^{-5\text{-}10\ \text{-}15\text{-}20\text{-}25\text{-}30}$.

corresponda con lo que realmente sentía no sólo en su mente, sino en su corazón contra la Iglesia y el cristianismo, no se puede ignorar su sentir ateo y renovador, como millones y millones de seres humanos que, o sentían lo mismo, o pensaban así sin atreverse todos a decirlo como lo hizo Nietzsche. No solamente filósofos y pensadores en general, también hasta algunos papas, cómo no, sabían que Dios no existe y que éste y la religión no son más que un medio, no un fin en sí como proponen el apóstol Pablo y demás grandes predicadores. Bonifacio VIII,[39] por ejemplo, fue llevado al infierno por Dante en *La divina comedia,* porque no creía en Dios, en la resurrección y en la vida eterna, porque comercializó turísticamente a Roma y por supuesto, porque no expulsó del templo a los mercaderes. ¿Cuántos más habrán sentido y pensado lo mismo sin tener el valor de confesarlo? Pero lo importante no es para Nietzsche la existencia real e histórica y si existió o no existió el Cristo. Puede incluso haber existido a pesar de las pocas pruebas que al respecto existen. Visto el problema de una manera más honesta y diferenciada, lo importante sería saber el para qué nos sirve. Pero la Iglesia vive aún y puede seguir viviendo un poco más de tiempo mientras pueda mantenerse utilizando métodos de defensa y maniobra basados en los dogmas y la fe de las muchedumbres así como en el sentido de utilidad que les dan los poderes políticos y filosóficos o al menos mientras los filósofos no se liberen de las reminiscencias teológicas.

Las investigaciones histórico-científicas avanzan sólo de forma gradual, pero eso sí, aplastantes e implacables y con el desarrollo material y con los valores morales que seguirán de él y de la vida moderna, se irán estableciendo discusiones, en algunos casos quizás tumultuosas en las que actuarán, por una parte, los destructivos resultados de las investigaciones sobre la vida de Cristo y por otra, el interés de ciertos sectores de mantener a todo trance los cimientos de la religión cristiana. Pero como el primer factor irá prevaleciendo, es de suponer que las

---

[39] Papa Bonifacio VIII, Benedetto Gaetani 1220-1303 Decretos sobre las Indulgencias y sobre la unidad y potestad de la Iglesia), gobernó 9 años de 1294 a 1303 De la Bula del Jubileo: *Antiquorum habet.* 22 de Febrero del año 1300 y la Bula *Unam sanctam* del 18 de Noviembre de 1302 Denziger E. (1953) El Magisterio de la Iglesia- Enchiridion Symbolorum o. c. 467-468-469 ps. 169 a 171.

cosas tomarán, según lo que nos ayudó y nos sigue ayudando Nietzsche a comprender, un mal cariz para el cristianismo que, por lo demás, no es una excepción, en este aspecto, entre el resto de las religiones. Habrá en todo esto una tercera y más efectiva posición, la del silencio, es decir, la de ignorar naturalmente algo que fue, en el mejor de los casos, una estupidez de milenios.

Con la «Ley contra el cristianismo» y con su *"¿Se me ha comprendido? –¡Dionisos contra el Crucificado...!*, el filósofo Nietzsche quiso, de un golpetazo, borrar al cristianismo. Y no hubiera estado mal que lo lograra, pero eso no es posible ni necesario. En el fondo él, según establece en GM, sabe que es un proceso. Condiciones socio-objetivas y retraso del pensamiento en relación al desarrollo material así lo determinan. Pero el armamento (los cañones ideológicos) del bando conservador tradicional tiene un carácter muy precario en sus posiciones y son endebles, tan endebles como la constitución física y mental del Cristo.

El teólogo trabaja con la fe y la mística; el científico, con el hecho histórico y un poco con la metafísica y la especulación. Pero lo que sí parece difícil es unir fe y ciencia. El objeto y medios de la ciencia están reñidos con la fe en Dios. Y el único método que vale para buscar la imagen del hombre-Jesús es la investigación histórica y el Cristo-Dios místico no cuadró con el siglo ya científico y capitalista de la era nietzscheana ni cuadra mucho menos hoy, con el mundo de la explosión tecnológica, con el siglo de las comunicaciones casi mitológicas, de la bioingeniería genética y de la conquista de los espacios siderales. El hombre-Jesús y el Cristo-Dios no cuadran, en un siglo cada vez más materialista y secularizado con el superhombre que abunda y crece por días. Y que sepamos, no se halla, en la oscuridad de los siglos, donde único se le puede buscar, al hombre-Jesús como el hombre histórico real. Cuando más, se presentaron mitos como si fueran realidades y mucha mentira como algo verídico. Muchas veces esto se hace por parte de teólogos con sotana y sin sotana con métodos destinados a embrollar los conceptos de verdad histórica y de hechos históricos reales, esencia de misma de la ciencia histórica.

Pero mientras haya «muchedumbres tupo rebaño» que se comporten como animales inferiores, que se dejan engañar con «supuestos milagros», persistirá el hombre Jesús místico y creerá, esa multitud, que La Biblia nos llegó impuesta desde el cielo o nacida de las piedras. La Biblia es un producto del hombre con la idea quizás de dejar constancia de tiempos tumultuosos y no obra de ningún Dios. Esto, en el mejor de los casos. El Antiguo Testamento y el Nuevo Testamento fueron consagrados por Constantino I el Grande (315-330 d. C), emperador Romano que era más bien pagano y pareció bastante poco cristiano por cierto. En esta religión, cuando se profundiza en ella, nada es verdaderamente original y tal parece como si el origen sus símbolos fuera más bien pagano y de las tradiciones y leyendas pre-cristianas. Expongamos sólo algunos ejemplos para afirmar esta idea:

- Si Cristo tuvo doce apóstoles es de suponer que fue porque Israel tuvo doce tribus.

- Nació Jesús, según refieren los evangelios, el 25 de diciembre, pero el 25 de diciembre nació también, mucho antes, el Dios precristiano Mitra.[40]

- El Dios Mitras fue enterrado, cuando murió, en una roca y al tercer día resucitó.

- El 25 de diciembre es el cumpleaños de Osiris, Adonis (hijo de Ciniro de Chipre, amado por Afrotita, representa la belleza) y Dionisos. Lo demás, lo cogieron también de los paganos: el día semanal del señor y el Sabath de los judíos lo modificó Constantino para que coincidiera con el día de la veneración pagana del sol.

- Los discos solares egipcios se convirtieron en las coronillas que exhiben los santos católicos.

---

[40] Mitra, Dios benéfico indú, hijo de la diosa Aditi. Protector del orden social y posteriormente divinidad solar. En Persia donde creció su culto, era el único Dios de los misterios paganos. Se le consideraba igual que a Cristo como el intermediario entre Dios (Ahura-Mazda) y los hombres. En su culto de iniciación de practicaba el bautismo de sangre de toro (taurobolia) para lograr la inmortalidad del alma del iniciado. Este culto pasó a Roma. Juliano el Apóstata fue el último emperador que intento resucitar este culto en Roma. Enciclopedia Salvat. o.c. p.2252. vol. 8 En esta ciudad se puede ver hoy un altar dedicado a Mitra en las catacumbas de la Basílica San Clemente Romano.

- María amamanta al niño Jesús como a la diosa egipcia de la fertilidad Isis, hermana de Osiris, amamantaba a su hijo Horus y se dice también que resucitó a su esposo asesinado por su hermano Set. (Plutarco [h. 46-120] y del africano Lucio Apuleyo [h. 123—h. 180] hablan sobre su culto).

- ¿No será Jesús, como el caso de los dioses griegos y romanos de sus tiempos, un astro personificado y luego divinizado? ¡Los dioses salvadores Tammuz-Adonis, Mitra también nacieron un 25 de diciembre! ¿Es acaso fortuita esta fecha, que coincide en varias regiones? ¿Es que en la naturaleza y en la realidad orientales sucedió algo extraordinario en esa fecha?. Desde el 25 de diciembre empieza a aumentar el día por efecto de haber pasado el sol el punto de su máxima declinación. El sol, padre de la naturaleza, atraviesa de noche, bajo el horizonte, el meridiano inferior de la constelación del Capricornio y *nace* cada mañana. El, el sol, es el Salvador del género humano y todo lo que existe sobre la tierra, ¿y no habrán identificado con él a los dioses-salvadores en la imagen humana? Los seres humanos tenemos la tendencia a dar a muchas cosas un sentido antropomórfico y astrológico. El Rey León y el Pato Donald son mucho más que un león y un pato de muñequitos, casi somos nosotros mismos; Marte no es un planeta, es el Dios de la guerra transmitido en el hombre e hijo de Júpiter y Juno; Venus no es, como aquel que dice, tampoco un planeta, es la diosa-mujer representante de la belleza y el amor sexual. Aún hoy, en nuestro subconsciente, Zeus es un hombre-dios guerrero de los griegos, Júpiter para los romanos, y es un Dios de figura terrenal y varonilmente hermosa.

¿El Nuevo Testamento llama con alguna frecuencia cordero a Jesús? De hecho, en Apocalipsis se lo nombra de esa manera veinte y tres veces, así: en el apartado 5, cuatro veces; en el 6, dos veces; en el 7, cuatro veces; en el 13, dos veces; en el 14, tres veces; en el 16, una vez; en el 19, dos veces; en el 21, cinco veces y en el 22, dos veces. No lejos se encuentra la Vía Láctea, ¿y, no provocó ella, quizás, a los pastores, enterados del nacimiento del niño divino, que fueran a rendirle homenaje?. En fin, ¿no es toda la historia del nacimiento de Cristo una interpretación simbólica del cielo estrellado y bello, tal como dicen que se presentó, y aún se presenta, en los fines de año palestinos? ¿También la historia de la Anunciación, la "inmaculada concepción", etc., y el papel de luna que le corresponde al Arcángel Gabriel? En libro del Apocalipsis se refuerza la idea celeste y pagana (pagana no quiere decir malvada), de los símbolos del cristianismo. Dice así en el lugar citado:

> *"¹ Apareció en el cielo una señal grandiosa: una Mujer vestida del sol, con la luna bajo los pies de sus pies y en su cabeza una corona de doce estrellas. ²Está embarazada y grita de dolor, porque llegó su tiempo de dar a luz. ³Apareció también otra señal: un enorme «Monstruo» rojo como el fuego con siete cabezas y diez cuernos.... ⁴El Monstruo se detuvo delante de la Mujer para devorar a su hijo en cuanto nazca. ⁵Y la Mujer dio a luz a un hijo varón, que debe gobernar todas las naciones con vara de hierro. Pero el niño fue arrebatado y llevado ante Dios y ante su trono... ¹⁴Pero a la mujer le dieron las dos alas de águila para que volara al desierto...". (El porvenir: La Iglesia y el Mundo: Ap. 12. 1 a 5 y 14 Textos paralelos: Sal. 2, 9; 104, 2; Dt. 6, 10; Gn. 3,16; Gn 7, 7; 8, 10; 37, 9; Mi. 4, 9; Is. 7, 14 y 66, 7).*

El niño expuesto en el Apocalipsis es anónimo o no se expone de manera explícita su nombre, pero no cabe duda de que se refiere a Jesús. La mujer envuelta en el sol es la constelación de Virgo y espera el nacimiento de un niño. El dragón, ¿que representa al mal y a Satanás, es la constelación de la Serpiente? Las dos alas de que es dotada la mujer: la constelación de Virgo, en los dibujos antiguos aparece con frecuencia como una mujer alada. Se pueden encontrar más paralelos astrales para cualquiera de los episodios de la vida de Jesús descrita en los evangelios al igual que más coincidencias de números doce. Pero por ahora basta. Recordemos que tanto el Antiguo Testamento como el Nuevo Testamento, fueron escritos por hombres en épocas difíciles en que un mundo se venía abajo y otro nacía. Por otro lado, a Jesús lo dan como hijo del «espíritu santo», como hijo de José el carpintero y a la vez como descendiente de David y de Salomón.

¿Cómo entramar y/o ahornar todo esto?. Por fin qué, ¿es hijo de un obrero, de un rey o de Dios? ¡Una cosa o la otra! Si era de verdad descendiente de sangre real, pudo haber sido rey de los judíos, pero desde luego, les sucedió entonces a David Y a Salomón como al Zar ruso Pedro el Grande, que su hijo le nació débil y no apto para el gobierno, todo lo contrario a como él era; si era hijo de un carpintero, podía haber sido jefe de los oprimidos y si hijo de Dios, divino desde el primer día y no fue, sin embargo, divinizado (o sea, divinizado por los hombres) hasta el Concilio de Nicea en el 325 d. C. es decir, casi cuatro siglos después de haber nacido. Con la divinización de Nicea no se hizo más que destacar, para darle poder a la Iglesia, el carácter divino y celestial de Jesús, del Jesús-hombre-Dios, pero sin quitarle *algo* de hombre, es decir, divinizado, pero hijo de mujer mortal. No se podía absolutizar una de las vertientes, pues no servía entonces a los intereses políticos ni tampoco a los religiosos. Es decir, para Nietzsche, y para los filósofos con alguna objetividad en sus enfoques, Jesús tiene 'algo' de verdad, aunque sea poco, y mucho de embrollo, maledicencia e intenciones sectarias. Y no es un problema de estar en contra de los sacerdotes y estar a favor del cristianismo, «ese vicio», ese al que no se le puede engalanar, adornar, pues «ese vicio» es el que alimenta a los sacerdotes...y decir con Leonardo da Vinci, citado por Dan Brown: *"¡La ignorancia nos confunde. Oh, Miserables mortales, abrid los ojos!"*.

Por cierto, este llamado sirve no sólo para la religión, también para la política y con más razón hoy en que nos debatimos entre tendencias globalistas y tendencias de soberanías, pero también de soberanistas y en que el espíritu tirano se resiste a morir y a aumentar el rebaño. Si las creencias religiosas en general y en el Dios en particular no tuvieran incidencias en la vida política y en la práctica gubernativa, no valdría la pena hablar y emborronar cuartillas analizando al cristianismo. Para Nietzsche Cristo fue idiota, infantil, ingenuo, sublime, o paranoico, como lo juzgan otros, pero los papas, los sacerdotes y los teólogos, no. Para algunos, digamos el inefable E. Renán, heterodoxo, racionalista y humanista, fue *una magna personalidad*. Para el pueblo llano y para la curia romana de hoy (con fe bien acendrada y por lo tanto difícil de vencer), Cristo fue, sin embargo, el hombre de los milagros y la personalidad medio divina, mitad Dios, mitad hombre. De esta última forma nos lo pintaron los ideólogos de Constantino para que ayudara a la dominación en su imperio, y cuanto más divino, sin quitarle algo de hombre, mejor. Pero ojala pudiéramos demostrar fehacientemente que el cristianismo, el judaísmo, como el budismo y el islamismo, se basan en invenciones en estricta definición de lo que es la fe religiosa, tan mal tratada esta última, con sobradas razones, por Nietzsche en toda su obra, pero en especial en AHZ.

Fe es lo que imaginamos verdadero, ejemplo, el Nuevo Testamento pero que no lo podemos demostrar. Todo se basa en parábolas, metáforas y exageraciones milagrosas. El problema está cuando empezamos a creer literalmente en las metáforas creadas por nosotros mismos. Y eso es lo malo. Si La Biblia hubiera sido traída a la tierra ciertamente por algún Dios, no creyéramos tanto en ella. Pero fue inventada por nosotros. Por creer en metáforas y parábolas inventadas por el lenguaje humano, La Biblia es aún la guía de millones de personas en todo el mundo. En La Biblia, o en el Corán, o en la Thora creen los más disímiles y contradictorios personajes y hasta líderes mundiales dicen ser creyentes, tanto el que hace el *bien* como el que hace el *mal*. Los budistas creen que Buda nació de una flor de loto; los cristianos creen que Jesús nació de la inmaculada concepción y del espíritu santo y que Dios creó al mundo en siete días, así, de la nada. Sólo los que conocen y entienden bien las religiones saben que la misma se basa en invenciones y de que esta es precisamente la razón de que sólo con metáforas, parábolas y cosas increíbles se le podía dar a conocer. Y para ello hace falta fe. Sin fe, ¿cómo creer que Cristo caminó sobre las aguas, que convirtió el agua en vino, que nació de una virgen sin haber hecho el amor, que hizo ver al ciego, que hizo oír al sordo, que curó el brazo seco de un manco, que limpió (curó) a los leprosos, que dio de comer a miles con cinco panes y dos peces y aún sobró comida para llenar doce cajas (¡de nuevo el número doce!). Las alegorías religiosas, sin embargo, según la teoría de Ernest Renán, al fundirse con la realidad, y a falta de algo más valioso diríamos nosotros, ayuda a millones de personas a vivir y a sentirse mejor... aunque sea sobre presupuestos falsos como haría constar fehacientemente Nietzsche de una manera u otra en toda su obra, pero especialmente en el AC. Hasta aquí el análisis.

Y, finalmente, reclinado en la silla, concentrado a más no poder, apartada la mirada del ordenador, trato de encontrar, repasando mentalmente toda la obra de Nietzsche desde el *Nacimiento de la tragedia*, pasando por el AC, GM, MDM, HDH, UPV y AHZ, la frase adecuada con la cual expresar mis ideas conclusivas y por qué no, también mi cólera al meditar los evangelios, y en especial el de Pablo, el más dañino, tardío y gratuito de cuantos predicaron el cristianismo en los apóstoles primigenios, y a todos los que en él creyeron. ¡Pero no encuentro la palabra clave y demoledora a pesar de que la busco como si buscara el Santo Grial!. No me olvido, en este postrer momento, del libro que último debiera leerse de este alemán convertido, por obra y gracia de su mal genio y su rebeldía contra la estupidez de los alemanes de su época, en noble polaco. Me refiero a EH, su libro-biográfico; sí, aquel donde dice que, *"una cosa son mis (sus) escritos y otra cosa soy yo (es él)"*. Realmente pienso que después de tropezar con EH, no habría que leer nada más de lo escrito por este excelso pensador ya que en él abre, con inaudita honradez, su alma, no sólo su pensar.

Pienso que ninguno de nosotros ha logrado asimilar jamás, y quizás demoremos aún en hacerlo, como lo hicieron los ideólogos de la revolución burguesa de Francia en el siglo XVIII y a como lo entendió Nietzsche lo en el siglo XIX, que el cristianismo significó no sólo inutilidad, sino un crimen de 'lesa majestad' para el género humano. Las dimensiones de semejante absurdo ninguno de nosotros ha sido capaz de asimilarlo. También demoraremos en entender cabalmente a Nietzsche en su análisis del cristianismo y el alcance que tuvo. La capacidad de enjuiciar tamaño desatino, no nos fue dada a nosotros, sino sólo a los grandes liberadores de espíritu, a los inmortales, entre loscuales, en lugar cimero, se encuentra Nietzsche. De verdad. Cuando el último sacerdote se extinga, cuando se haya construido la última Iglesia y muera el último teólogo, no derramemos por ello ni una sola lágrima. Dejemos los iconos, las efigies religiosas y La Biblia y sus recuerdos, como objetos museables y como constancia de la historia monumental. Pero todavía hoy la Iglesia es fuerte, como hace un rato dijimos. Eso no se puede negar. Hoy la Iglesia no mata, es cierto, como también ya habíamos afirmado (tampoco la humanidad de hoy es la del siglo III-IV ni la del siglo XV ni se dejaría matar tan fácilmente), pero la institución religiosa no vaciló nunca en actuar bajo el lema de a «Dios rogando y con el mazo dando». Junto al culto y la misa pacifistas y paternales más que pacíficos, tuvo la fuerza incomparable de la organización, la conspiración como medio y como fin, el poder, la democracia basada en la fidelidad, y el asesinato como medida extrema para preservarse cuando le fallaron, cosa que le sucedió muy a menudo, las armas ideológicas. Pero, repito, aún debemos estar alertas porque si puede y lo necesita, vuelve a matar o nos achucha de alguna sutil manera los perros negros para matarnos en vida. Con tal de subsistir, aún es capaz de firmar concordatos con cuanto dictador fuerte quede por este mundo y como institución ella y como género nosotros, aún estamos esperando su necesaria autocrítica histórica por el daño que nos ha ocasionado. Todavía es fuerte y cuenta con dos fuerzas distintas y hasta antagónicas, pero que ella como nadie sabe combinar: los millones de creyentes poderosos y llanos y los que si bien no creen (son parte de los que piensan), la emplean y de los cuales ella saca su parte.

Nos queda no el consuelo, sino el convencimiento de que en la naturaleza y también en la sociedad como parte de ella, todo sucede de modo obligado y necesario, sometido a leyes, desde luego, a veces de manera caprichosa e implacable, pero sucede. Y en este proceso el papel de los hombres no es pasivo; los hombres dirigen la historia, si bien acorde a las circunstancias y no a su libre albedrío y elección. La religión es sólo una barrera temporal que el hombre superará, sustituyendo la predestinación divina, por un destino y una causa natural. Las condiciones materiales en desarrollo y la intención valiente y honrada presupone vencer las dificultades, incluidas las propias de la inconsecuente y temporal incomprensión de los acontecimientos sociales, de los cuales no es el cristianismo una excepción. Cada vez más se conocen y asimilan sus raíces gnoseológicas y socio-clasistas causantes de su aparición como fenómeno religioso. Cuanto mejor lo conozcamos, mejor y más sabiamente lo combatiremos; así sucede con el resto de las enfermedades físicas y mentales que aquejan al hombre. El vínculo universal es el movimiento y no Dios, ¡no nos detengamos!. Personalmente creo en los hombres en general y en su capacidad para elevarse. Particularmente le tengo confianza al mundo occidental con todas sus imperfecciones y sus errores históricos. De él y no de otra parte han nacido las grandes innovaciones y las amplias aperturas que han jalonado la historia humana desde la Antigüedad a hoy. Creo en el Asia que se empina y va dejando atrás las miserias materiales y me congratulo pensando que *además de por su sabiduría,* van hacia adelante inspirados en las ideas occidentales. Pero lo que más me fortalece es saber que, no obstante el cristianismo haberse desarrollado en Occidente, y lo que voy a decir lo confirma la agitación vivida por Juan Pablo II en sus veintisiete años de Pontificado, como más arriba manifesté, es que al contrario de lo que a simple vista parece, la cultura de Europa y EUA, y en general toda la cultura occidental, es profundamente hostil al mensaje del cristianismo. Es mayor en el hombre occidental la capacidad de vivir que la de amar a Dios.

CONCLUSIONES

La filosofía de la vida es lo que mejor caracteriza al pensamiento de Nietzsche. Afirmación de la vida con todo lo que conlleva, incluso el dolor y el sufrimiento. Ya desde *El origen de la Tragedia* hace este voto de confianza en la vida. Dionisos es vida, y vida en abundancia. Schopenhauer partía de la voluntad como noúmeno, pero no veía sino el sufrimiento y el dolor de la existencia. Nietzsche se inspira al comienzo en el filósofo del pesimismo, pero pronto comienza a diferir del maestro. La vida es sufrimiento pero también placer y, sobre todo, afirmación de sí misma. Más tarde dejará de hablar de la voluntad como noúmeno y como voluntad unitaria. En lugar del noúmeno nos movemos siempre en el juego de las apariencias; y en lugar de una voluntad unitaria lo que hay son una multiplicidad de voluntades de poder, cada una de las cuales busca afirmarse y expandirse. A partir de aquí podemos formular algunas conclusiones.

1. La vida como poder generador y regenerador

La afirmación de la vida es también el motivo principal alrededor del cual gira las reflexiones de Nietzsche sobre la historia. El peso muerto de la erudición mata la vida. El historiador no tiene ojos más que para el pasado, pero la vida es presente y futuro. El historiador obsesionado en lo pasado es incapaz de ver las urgencias de la acción. El hombre de acción no puede hacer justicia en el sentido objetivo del término, sino que tiene que tomar partido y hasta ser injusto para poder actuar. Sólo las creencias que afirman la vida, que son útiles para la acción del presente y del futuro son las que puede usar el hombre de acción. El hombre de acción tiene que pararse en el instante como un punto de partida actual y necesario para dirigir su obra aun si tiene que olvidarse de lo pasado.

Aunque Nietzsche no habla de la "muerte de Dios" hasta la *Gaya scienza*, sin embargo, desde muy temprano en su vida cortó con la creencia en el Dios del monoteísmo. Como filólogo se entretuvo por algún tiempo en los textos literarios y filosóficos de los griegos, y allí aprendió la vitalidad de los dioses griegos. Apreciaba aquella inmoralidad que los dioses griegos se permitían frente a lo que era permitido y prohibido a los humanos. Ese fervor por todo lo griego lo ilusionaba con convertirlo en modelo para su patria alemana. Ese aprecio de los griegos por el arte lo hereda también Nietzsche. La filosofía de la vida consistía en mirarlo todo desde el arte y el arte desde la vida. Incluso pedía Nietzsche que la ciencia dejara de ser esclava de los métodos y adoptara la perspectiva del arte y de la vida.

Afincado en una filosofía de la vida, Nietzsche emprende la crítica sistemática de la moral y de la religión, y específicamente del cristianismo. La moral nos ha enseñado a decir la verdad, pero ahora la verdad se vuelve contra la moral y la religión. La ciencia ha ido desplazando a Dios del puesto que la tradición platónico-cristiana le asignaba. Con Dios ya no se puede explicar nada. La teleología ha sido derribada por la teoría de la evolución. Nietzsche encontró en la teoría darwiniana de la evolución un gran aliado, no sin dejar de hacer críticas. Todas las especies se han superado y el hombre no puede quedarse atrás. La exigencia de la superación obviamente venía desde los griegos, bien sintetizada en el pensamiento del poeta Píndaro: "Llega a ser el que eres". Pero la teoría de la evolución de las especies le da mayor motivo a su imperativo categórico de superación.

2. La vitalidad como referencia de moralidad

La afirmación de la vida es el criterio que utiliza Nietzsche para juzgar la moral y la religión, y en definitiva, la cultura. La moral del cristianismo no es una moral de afirmación de la vida, sino una moral del resentimiento. Nietzsche como polo opuesto al divino Dionysos el Dios crucificado del cristianismo. Sin embargo, la crítica arrolladora del solitario de la Alta Engadina se dirige al Cristianismo como tal más que a la persona de Jesús, si bien también a éste no deja de dirigir sus dardos. La moral cristiana continúa la moral del Antiguo Testamento, la moral del sacerdote judío. Y esa es la moral del resentimiento. Pues en lugar de la afirmación de la vida es el punto de vista de los débiles y oprimidos el que se impone. Nace así una moral del rebaño; una moral de corderos que pretenden protestar porque un animal de presa los engulle. Y esa moral nacida de la debilidad y del resentimiento pasa del judaísmo al cristianismo, y de éste a la democracia y hasta el socialismo. El cristianismo enseña a postergar la felicidad para el ultramundo.

Platón y el cristianismo concuerdan en hacernos creer en esas vanas ilusiones. El más allá es la negación del más acá, de la vida, y del sentido de la tierra. A los predicadores del más allá es preciso dejarlos de lado y, en cambio, que Zaratustra enseñe el sentido de la tierra.

A los predicadores del amor al prójimo basado en el resentimiento, hay que sustituirlos por el evangelio de Zaratustra que enseña el amor al lejano. A los predicadores de la inmortalidad del alma es necesario sustituirlos por la enseñanza de Zaratustra que ve en el instante fugaz que vivimos aquí y ahora la eternidad misma. No hay más eternidad que la oportunidad que se da en el instante, pues el instante es parte de la gran rueda del eterno devenir. Sobre todo, a los predicadores del ascetismo que sacrifica el cuerpo a un alma que no se sabe lo que es, es necesario recordarles con Spinoza: "nadie sabe lo que puede un cuerpo". Nietzsche arremete con vehemencia contra quienes denigran el cuerpo. El alma no es sustancia, porque no hay más que devenir. No hay una sustancia alma sino puros fenómenos. Es necesario aplicar el fenomenismo al psiquismo. No hay un sujeto, un yo unitario ni un sujeto trascendental, kantiano o fichteano. El yo es un entramado de fuerzas donde a veces triunfa una fuerza a veces otra; "somos legión" dice Nietzsche imitando la expresión los demonios de Geraza cuando Jesús los expulsa. Los valores no son entidades trascendentes, sino símbolos de los afectos. Hay que sustituir la moral por una semiótica de los afectos. El cuerpo es un pensamiento más profundo que el alma de antaño, decía Nietzsche. El dualismo de cuerpo y alma ha sido la filosofía mítica que durante dos milenios el platonismo y el cristianismo nos han enseñado. Pero lo que importa es la vida, su afirmación, su superación. Y la vida es voluntad de poder. Y el poder se basa en los instintos, pasiones, afectos y en la propia energía vital de nuestro cuerpo. No somos un alma caída en un cuerpo, como enseñaba el pitagorismo y el platonismo. Somos cuerpos atravesados de intensidades pasionales, es decir, de voluntades de poder.

3. La muerte de Dios como fenómeno cultural

La muerte de Dios es para Nietzsche un fenómeno cultural. Lo que había sido la creencia dos veces milenaria de Europa ha llegado a su fin. Una creencia no tiene utilidad para la vida sino no se está convencido de ella. Y Nietzsche encuentra que las creencias de la fe cristiana han perdido entre sus contemporáneos toda convicción. Las creencias consisten en "tener por verdadero". Mientras se tiene algo por verdadero se cree en ello, y se cree con convicción. Para Nietzsche ello es independiente de si en realidad dicha creencia es verdadera o no. Basta que se la tenga por verdadera. De hecho, para Nietzsche las verdades lo son en cuanto son útiles a la vida, en cuanto la afirman, la potencian y nos mantiene en afán de superación. Muchas mentiras y falsedades hemos inventado para poder vivir. Se creía en el ser, cuando lo único que existe es devenir. Se creía en el sujeto cuando lo único que existe son fenómenos, signos de afectos, y los afectos intensidades corporales. Por tanto, la creencia no depende de la verdad, porque ésta no la conocemos. Son posibles infinitas interpretaciones, pero no sabemos cuál es la verdadera, aunque sabemos que algunas son falsas si denigran la vida. La creencia consiste en "tener por verdadero". Y mientras se tenga firme la convicción, la creencia está viva. Y la creencia está muerta cuando no hay convicción. Y eso es lo que encuentra Nietzsche en el cristianismo. Lo que triunfa cada vez más es el nihilismo. Es decir, la pérdida de valores que tengamos por verdaderos, que afirmen la vida. Nietzsche no lamenta la muerte de Dios, pues el cristianismo ha devenido nihilismo. Nihilismo es el cristianismo porque ha perdido la convicción en sus propios valores y creencias, y camina sobre la pendiente de la decadencia. Nietzsche es más radical aún. Mirándolo bien, dice, el cristianismo era nihilista desde sus comienzos, pues predicaba las creencias de los débiles, oprimidos y resentidos. Por ello, se ensaña en la crítica del cristianismo. No hay que salvar el cristianismo. Es necesario declararle la guerra a muerte. El lenguaje de Nietzsche se vuelve cada vez más retórico y agresivo contra el cristianismo; cada vez más a medida que avanza hacia el fin de su vida consciente, hasta encontrarnos con su Ley contra el Cristianismo.

El cristianismo nos hizo creer en la justicia supuestamente porque todos somos iguales en cuanto hijos del mismo divino padre. Muerto Dios nada queda de ese valor de la justicia como igualdad. Nietzsche se niega a creer en la justicia como igualdad predicada por la democracia, pues "ante el pueblo" no quiere el superhombre ninguna igualdad, al contrario, quiere afirmar la diferencia. La justicia nietzscheana es aristocrática, pues mantiene la diferencia de los poderosos y la igualdad sólo entre ellos mismos. Derribada la justicia cristiana, democrática y socialista, Nietzsche fue incapaz de pensar en otra forma de justicia que no fuera la vieja justicia caballeresca del aristocratismo; vieja remembranza de los reyes homéricos.

4. Nihilismo del presente y del porvenir

Pero el nihilismo avanza. Y Nietzsche dice hacer la historia no sólo del comienzo del nihilismo sino de lo que viene. Y aún hemos visto poco, afirma. Pero el nihilismo debe avanzar hasta tocar fondo. Nietzsche distingue entre un nihilismo pasivo y uno activo. El nihilismo pasivo avanza en la destrucción de creencias y valores pero a su vez no cree en nada ni afirma nada. Ahora bien, Nietzsche afirma que el ser humano no puede vivir sin valores. Vivir sin valores es tan imposible como una vida sin oxígeno. Por eso el suyo no es un nihilismo pasivo, reactivo y meramente demoledor. "Por encima de todo no pierdas la esperanza", afirma Nietzsche. Hay quienes perdieron toda esperanza, y creen que eso es lo que deben predicar y denigrar a quienes tienen esperanza. Pero no es así para Nietzsche. Pues él se afinca en la afirmación de la vida, en la voluntad de superación del superhombre y en el eterno retorno. Esa es la buena nueva. La vida es afirmación: crecimiento, superación, potenciación. El superhombre no es una nueva especie biológica como muchos han pretendido, malinterpretando a Nietzsche. El superhombre es el hombre y la mujer que se supera hasta "la enésima potencia" (según la magnífica fórmula de Deleuze, interpretando a Nietzsche). La misma voluntad de poder no es sino afirmación de la vida, de su potencia. La voluntad de poder es creación, y la fuerza desde la que se crea es la vida expansiva, activa y afirmativa. El eterno retorno es la perspectiva del superhombre. El superhombre es capaz de pensar que todo vuelve. El eterno retorno es para Nietzsche la suprema afirmación porque en ella se juega lo eterno. Si soy capaz de pensar que todo vuelve aunque sea idéntico, y de querer que vuelva igual, entonces he de querer lo máximo, porque ese máximo es lo que habrá de retornar. Cada instante es la ocasión de lo eterno, porque en cada instante tengo la oportunidad de arriesgarme a lo mejor y de querer que vuelva. Hay sin duda un tono religioso en esta pasión de eternidad que Nietzsche afirma. Pero él mismo lo dijo, el pensamiento del eterno retorno es la "religión de las religiones". Es el pensamiento afirmativo por excelencia. Es verdad que a veces habla del eterno retorno en un sentido naturalista, y no sólo como un imperativo axiológico. Pero la visión naturalista, como explica Vattimo, es la visión del superhombre, que se atreve a pensar que el mundo no es más que una metálica masa de fuerzas finitas en un tiempo infinito que se transformar sin jamás agotarse; pero si el tiempo es infinito y la fuerza finita han debido repetirse en ciclos determinados en un infinito número de veces, y así por toda la eternidad. Ese es el pensamiento naturalista del superhombre, y esa es la voluntad de poder que se afirma desde lo ínfimo hasta lo humano y sobrehumano. Esa afirmación del superhombre es la visión de la naturaleza que se corresponde con el mandamiento de obrar de modo que cada instante sea la ocasión para algo eterno, porque habrá de repetirse en un número infinito de veces. Y así he de quererlo.

Nietzsche denunció el nihilismo, contribuyó a profundizarlo, pero también ofreció su perspectiva basada en la voluntad de poder como afirmación de la vida y en el eterno retorno como afirmación del instante como ocasión de lo eterno. Su crítica despiadada de las religiones y las morales no abandona cierto tono religioso, sino que se afinca en él para enseñar la buena nueva de la eternidad, aunque instantánea, de la vida exuberante y de la superación sin más límite que las propias virtualidades.

BIBLIOGRAFÍA

I. De Friedrich Nietzsche

Nietzsche, Friedrich.

(1996) *Humano demasiado humano*, Ediciones Akal. Madrid. Tomos I y II. Introducción de Manuel Barrios. Traducción de Alfredo Brotons.

(1999) *Aforismos*, Granada, Edit. Comares y Renacimiento Selección, notas y crónica por Luis Pietrafesa.

(1999) *II Intempestiva: sobre la utilidad y el perjuicio de la historia para la vida*, Madrid. Biblioteca Nueva. Edición de Germán Cano.

(20001) *Así hablaba Zaratustra*, Alianza Editorial Biblioteca Nietzsche Madrid. Introducción, traducción y notas de Andrés Sánchez.

(2001) *Sabiduría para pasado mañana*, (selección de fragmentos póstumos 1869-1889). Madrid. Tecnos. Edición española de Diego Sánchez Meca.

(2001) *Estética y teoría de las artes*, Madrid. Tecnos. Prólogo y traducción de Agustín Izquierdo.

(1972) *Más allá del bien y del mal*. Madrid. Alianza Editorial. Introducción, traducción y notas de Andrés Sánchez.

(1973) *El crepúsculo de los ídolos*, Madrid. Alianza Editorial. Introducción, traducción y notas de Andrés Sánchez.

(1974) *El anticristo,* Madrid. Alianza Editorial. Introducción, traducción y notas de Andrés Sánchez.

(1972) *La genealogía de la moral*, Madrid. Alianza Editorial. Introducción, traducción y notas de Andrés Sánchez.

(1973) *El nacimiento de la tragedia*. Madrid, Alianza Editorial. Introducción, traducción y notas de Andrés Sánchez.

(1968) *Estudios sobre Grecia,* Madrid. Editorial.

(2000) *Aurora. Pensamientos sobre los prejuicios morales,* Biblioteca Nueva, Madrid. Edición de Germán Cano.

(2001) *La filosofía en la época trágica de los griegos*, Madrid. Valdemar. Col. El club de Diógenes. Traducción de Luis Fernando Moreno Claros.

(1996) *El viajero y su sombra*, Tomo III 2da. parte de HDH. Ediciones Akall, Madrid. Introducción de Manuel Barrios. Traducción de Alfredo Brotons.

(1999) *El viajero y su sombra,* Madrid. Biblioteca Edaf. Traducción de Carlos Vergara. (2da. Parte de *Humano Demasiado humano*).

(2001) *Ecce Homo*. Alianza Edit. Biblioteca Nietzsche Madrid. Introducción, traducción y notas de Andrés Sánchez Pascual.

(1993) *Fragmentos póstumos*, (1884-1888) Editorial Norma. Bogotá Traducción de Meléndez Acuña.

(2000) *EL Gay Saber,* Col. Austral, Madrid. Edición y traducción de Luis Jiménez Moreno.

(1999) *La ciencia jovial,* Monte de Ávila Editores Latinoamericana, Caracas. Venezuela. Traducción, introducción, notas e índice onomástico de José Jara.

(2000) *Consideraciones intempestivas, 1,* Madrid. Alianza Editorial Biblioteca Nietzsche. Introducción, traducción y notas de Andrés Sánchez Pascual.

(1999) *La voluntad de poderío,* Edaf, Madrid. Prólogo de Dolores Castrillo Mirat. Traducción de Aníbal Froufe.

(1973) *En torno a la voluntad de poder*, Ediciones Península Barcelona. Traducción y notas de Manuel Carbonel.

(1998) *El Nihilismo: Escritos póstumos*, Editorial. Península, Barcelona Selección y traducción de Gonçal Mayos.

(1998) *Aforismos*, Editorial Comares y Renacimiento, Granada Selección, Notas y Crónicas por Luis B. Pietrafesa.

(1997) *De mi vida, escritos autobiográficos de juventud, (1856-1869)* Valdemar, Club Diógenes. Madrid. Prólogo, Traducción y Notas de Luis Fernando Moreno Claros.

(2000) *Sobre la verdad y la mentira*, Editorial Tecnos, Madrid. Prólogo de Manuel Garrido. Traducción del alemán al español Luis ML. Valdés. ps. de la 15 a la 38. En el mismo libro: Vaihinger, Hans, *La Voluntad de ilusión en Nietzsche,* traducción de Teresa Orduña ps. de la 39 a 90.

II. En su original alemán

(1999) *Also sprach Zarathustra*, DTV. Gruyter-München Kritische Studienausgabe Herausgegeben von G. Colli und M. Monrtinari. Band 4.

(1999) *Menschliches Allzumenschliches*, DTV. Gruyter. München. Kritische Studienausgabe Herausgegeben von G. Colli und M. Monrtinari. Band 2.

(1996) *Die nachgelassenen Fragmente,* (eine Auswahl) Stuttgart Reclam Universal Bibliothek-Verlag.

(1999) *Der Fall Wagner, Götzen-Dämmerung, Ecce Homo, Dionysos-Dithyramben, und Leben und Werk*, DTV. Gruyter-München Kritische Studienausgabe Herausgegeben von G. Colli und M Montinari Tomo- 6.

(1994) *Weisheit für Übermorgen, Unterstreichungen aus dem Nachlaâ, (1869-1889)* Von Heinz Friedrich. DTV. Klassik München.

(1921) *Nietzsches Werkes*, Stuttgart. Kröner Verlag. (Taschen Ausgabe).

(1999) *Ecce homo*, DTV. Gruyter. München. Kritische Studienausgabe Herausgegeben von G. Colli und M Montinari Tomo- 6.

(1999) *Zur Genealogie der Moral*, DTV. Gruyter-München Kritische Studienausgabe Herausgegeben von G. Colli und M Montinari Tomo- 5.

(1999) *Jenseits von Gut und Böse,* DTV. Gruyter-München. Kritische Studienausgabe Herausgegeben von G. Colli und M. Montinari Tomo.

(1996) *Die nachgelessenen Fragmente*, Stuttgart, Reclam Herausgegeven von Günter Wohlfart.

(1979) *Werke II* , Frankfurt. Ullstein Materialen.

(1999) *Götze Dämmerung*, DTV. Gruyter. München. Kritische Studienausgabe Herausgegeben von G. Colli und M. Montinari Tomo 6.

(1999) *Der Wanderer und sein Schatten,* DTV. Gruyter. München. Kritische Studienausgabe Herausgegeben von G. Colli und M. Montinari Tomo- 2 Zweite Abthielung von *Menschliches allzumenschliches*.

(1999) *Die Geburt der Tragödie,* DTV. Gruyter. München. Kritische Studienausgabe Herausgegeben von G. Colli und M. Montinari Tomo 1.

(1999) *Die fröhliche Wissenschaft,* DTV. Gruyter. München. Kritische Studienausgabe Herausgegeben von G. Colli und M. Montinari Tomo 3.

(1999) *Morgenröthe, Gedanken über die moralischen Vorurtheile*, DTV. Gruyter München. Kritische Studienausgabe Herausgegeben von G. Colli und M. Montinari Tomo 3.

(1999) *Der Antichrist, Fluch auf das Christenthum*, DTV. Gruyter. München. Kritische Studienausgabe Herausgegeben von G. Colli und M. Montinari Tomo 6.

(1999) *Nachlaâ*, (1887-1889) DTV. Gruyter. München. Kritische Studienausgabe Herausgegeben von G. Colli und M. Montinari Tomo 13 ps. 105-106.

(1999) *Menschliches allzumenschliches,* DTV. Gruyter. München. Kritische Studienausgabe Herausgegeben von G. Colli und M. Montinari Tomo 2.

(1999) *Dionysos-Dithyramben,* (1888) DTV. Gruyter. München. Kritische Studienausgabe Herausgegeben von G. Colli und M. Montinari en Ruhm und Ewigkeit Tomo 6.

(1987) *Brevier*, Diogenes Verlag. Zürich-Schweiz. Ausgewählt, herausgegeben und mit einen Vorwort von Wolfgang Kraus.

III. Sobre Friedrich Nietzsche y otras fuentes

Abbagnano, Nicolás. (1962) *Diccionario de Filosofía*, FCE. México 2da. Edición. Traducción al español de Alfredo Galletti.

_____ (1966) *Introducción al existencialismo alemán y francés*, México Fondo Cultura Económica. 2da. Edición.

_____ (1971) *Historia de la filosofía*, La Habana. Edit. Instituto del Libro Tomo III.

Adelphi, Editorial. (1973) *Framenti Postumi*, 1888-1889, Milano.

Adorno, Teodoro W. (1990) *Dialéçtica negativa* Madrid. Edit. Taurus.

Allison, David. (1988) T*he new Nietzsche*, Cambridge-Mass. Editado por D. Allison.

Arendt, Hanna. (1984) *The life of mind*, York Hj. Books (versión castellana Madrid, Centro de estudios constitucionales).

Astrada, Carlos. (1992) *Nietzsche y la crisis del* Buenos Aires. Editorial. Almagesto-Rescate.

Avila, Remedios. (1999) *Identidad y tragedia: Nietzsche y la transformación del sujeto,* Barcelona. Edit. Crítica.

Autores varios. (1973) *Nietzsche aujourd'hui,* Paris, Unión Generale di Editions.

Banfi, Antonio. (1974) *Introduzioni a Nietzsche,* Milano, ISEDI.

Baroni, Christophe. (1961) *Nietzsche educateur de l'home au surhome,* Paris. Buchet-Chastel.

Barth, Hans. (1951) *Verdad e Ideología,* México. Fondo Cultural Económica.

Bataille, Georges. (1972) *Sobre Nietzsche,* Madrid. Edit. Taurus.

_____ (1996) *Lo que entiendo por soberanía,* Buenos Aires, Biblos.

Beyle, Henrri Marie- [de Stendhal*] (1953) *The red and the black,* The Modern Library. N. York. Translated by C.K. Scott Moncrieff. Chapter XXXIX, Y capt. LXXIV, p. 275, t II *pseudónimo.

Biblia Latinoamericana. (1998) Editorial Publicaciones Paulinas. Madrid.

Biblia Sacra Juxta Vulgatm Clementinam. (1956) Typis Societatis S, Joannis Evang. Declée et Socii, Edit. Pont. Romæ.

Bochenski. I.M. (1965). *La Filosofía actual,* México. F.C.E. 5ta. Edición.

Borge, Jorge Luis. (1979) *Historia de la eternidad,* Buenos Aires, Emecé.

Born, E. (1961) *Modern Atheism,* London, Hawthorn Books.

Botero Uribe, Dario. (1992) *Nietzsche: La Voluntad de Poder,* Bogotá. UNC, Facultad de Derecho, Ciencias Políticas y Sociales.

Brea, Francisco Luis. (2003) *Claves para una lectura de Nietzsche,* Editorial Academia de Ciencias República. Dominicana. Santo Domingo DN.

Brecht, Bertolt. (1963) *Galileo Galilei,* teatro, Editora del Consejo Nacional de Cultura, La Habana (1898-1956).

Brugger, Walter. (1972) *Diccionario de filosofía,* Barna, Herder, 1972. Séptima edición. (p. 608).

Cacciari, Massimo. (1994) *Desde Nietzsche, tiempo, arte y política,* Buenos Aires. Edit. Biblos.

Camus, Albert. (1951) *L'homme révolté*, Paris, Gallimard.

Cano, Germán. (2001) *Nietzsche y la critica modernidad*, Madrid, Biblioteca.

Carpentier, Alejo. (1983) *Obras completas:* Tomo II *El reino de este mundo,* y *Los pasos perdidos*, Siglo XXI Editores. México Edición a cargo de María Luisa Puga.

Colectivo de Autores. (1980) *Historia del arte*, I-V, Editorial Pueblo y Educación, Ministerio de Cultura, Cuba.

Castro Ruz, Fidel. (2003) *Discurso de clausura del encuentro mundial sobre globalización*, 14/2/03, La Habana, Cuba.

Collins, James. (1967) *The Existentialist,* Chicago. Henry Regnery Co.

Cragnolini, Mónica B. (2003) *Nietzsche, camino y demora,* Editorial Biblos, Buenos Aires. Argentina.

Cresson, André. (1959) *Nietzsche, sa vie, son ouvre avec une exposé de sa philosophie,* Paris. Presses Universitaires de France.

Chaix-Ruy. J. (1963) *Nietzsche,* Paris, Editions Universitaires. Classiques du XXe siècle Chamberlain, Lesley (1998) *Nietzsche en Turín*. Barcelona. Gedisa, 1998.

Choza. Jacinto. (1978) *Conciencia y afectividad (Aristóteles-Nietzsche y Freud),* Eunsa Pamplona. Capítulo II La Articulación entre afectividad y conciencia. El método hermenéutico de Nietzsche y Freud. ps. 53 a 152.

Deleuze, Gilles. (1965) *Nietzsche,* Paris. Presses Universitaires de France.

_____ (1987) *La imagen tiempo*, Buenos Aires. Edit. Paidós.

_____ (1971) *La Filosofía de Nietzsche*, Editorial Anagrama. Madrid.

Demoulié, Camile. (1996) *Nietzsche y Artaud*, México. Siglo XXI.

Denzinger, Enrique. (1963) *El Magisterio de la Iglesia*, Editorial Herder, Barcelona. Traducción de su original *Enchiridion Symbolorum,* por Daniel Ruiz Bueno.

Desiato. Mássimo. (1998) *Nietzsche, crítico de la posmodernidad*, Caracas. Edit. Monte Avila.

Diet, Emmanuel. (1974) *Nietzsche,* Cittadilla Editrice. Assisi. Italia. Del orginal francés *Nietzsche et les métamorphoses du divin* Editions du Cerf. Paris. Traduzione di Lorenzo Bachchiarello. Italo Mancini.

Derrida, Jacques. (1984) *Nietzsche: políticas del nombre propio*, En la filosofía como Institución. Barcelona. Edit. Juan Granica Ediciones.

Dostoyevsky, Fyodor M. (1821-1881) (2000) *Crimen y castigo*, Obras selectas Edimat Libros, Madrid.

_____ (1962) *El idiota,* Iberia, Barcelona Traducción del ruso por Sergio Zaitseo y Juan G.de Lucas.

_____ (1959) *Los hermanos Karamazov,* Aguilar, Madrid. 2da. Edición Traducción del ruso (*Bratia Karamosovi),* Prólogo y notas de Rafael Consinos Assens.

Dri, Rubén. (1994) *Razón y libertad*, Editorial Biblos Buenos Aires. Hermenéutica del cap. V de la Fenomenología del Espíritu.

Engels, Federico. (1974) *Lettere sul materialismo storico,* de Engels a Franz Mehring. *Opere scelte di Marx e Engels,* a cura de Luciano Gruppi.

Echevarría, José. (1986) *El superhombre y el idiota en libro de convocaciones,* Barcelona. Editorial Anthropos.

Filósofos Modernos. (1970) *La gaya ciencia*, p. 213, *Humano demasiado humano,* p. 209-212, *La Voluntad de Poder*, p. 223-225. Madrid. Editorial Filósofos Modernos Editorial.

Fink, Eugen. (1966) *La filosofía de Nietzsche*, Alianza Editorial, Madrid.

Gil Villa, Fernando. (1999) *El mundo como desilusión (La sociedad nihilista)*, Madrid, Prodhufi.

Granier, Jean. (1974) *Nietzsche, Vie et verité,* Paris. Presse Universitaires de France. Collection SUP. (Textes choisis).

_____ (1991) *Nietzsche*, México. Publicaciones Cruz.

_____ (1966) *Le problème de la Vérité dans la philosophie de Nietzsche*, Paris, Aux Éditions du Seuil.

Gruppi, Luciano. (1996) *Opere schelte di Kart Marx -Friedrich Engels*, Editori Riuniti, Roma. Italia.

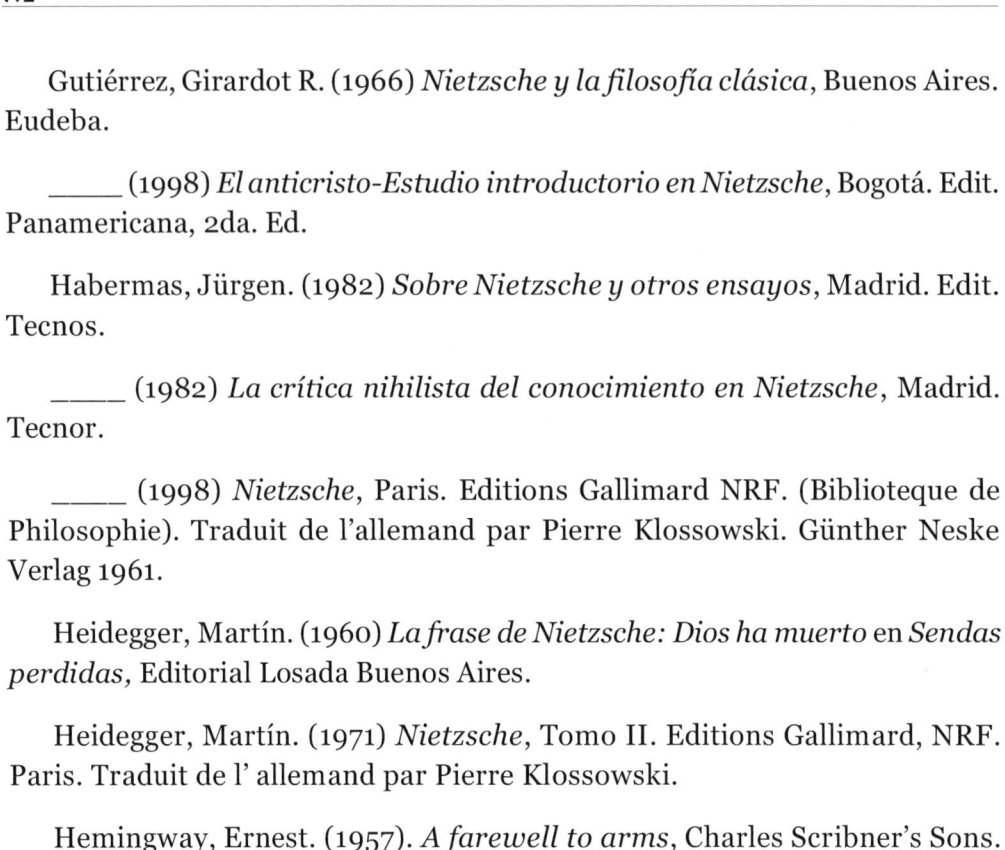

Gutiérrez, Girardot R. (1966) *Nietzsche y la filosofía clásica*, Buenos Aires. Eudeba.

_____ (1998) *El anticristo-Estudio introductorio en Nietzsche*, Bogotá. Edit. Panamericana, 2da. Ed.

Habermas, Jürgen. (1982) *Sobre Nietzsche y otros ensayos*, Madrid. Edit. Tecnos.

_____ (1982) *La crítica nihilista del conocimiento en Nietzsche*, Madrid. Tecnor.

_____ (1998) *Nietzsche*, Paris. Editions Gallimard NRF. (Biblioteque de Philosophie). Traduit de l'allemand par Pierre Klossowski. Günther Neske Verlag 1961.

Heidegger, Martín. (1960) *La frase de Nietzsche: Dios ha muerto* en *Sendas perdidas*, Editorial Losada Buenos Aires.

Heidegger, Martín. (1971) *Nietzsche*, Tomo II. Editions Gallimard, NRF. Paris. Traduit de l' allemand par Pierre Klossowski.

Hemingway, Ernest. (1957). *A farewell to arms*, Charles Scribner's Sons. N. York Chapter II.

Hernández Pacheco, Javier. (1990) *Friedrich Nietzsche,* (estudio sobre vida y trascendencia. Barcelona) Herder.

Hirschberger, J. (1974) *Breve Historia de la Filosofía*, Barcelona. Edit. Herder.

Homero. (1998) *La Ilíada,* Editorial Universidad de Puerto Rico, Biblioteca de Cultura Básica. Cuarta Edición 1967 y Edición # 13 reimpresa. Traducción de Luis Segalá. Edición e índices de Guillermo Thiele, prof. de la Universidad de Buenos Aires.

_____ (1972) *La Odisea,* Verón Editor. Barcelona. Versión directa y literal del griego por Luis Segalá Estalella.

_____ (1951) Dall'Odessea Collezione poeti delllo Specchio. Mondadori Editori Verona-Italia. Traduzzione di Salvatore Quasdimodo.

Izquierdo, Agustin. (1993) *El resplandor de la apariencia: La teoría de la cultura en Nietzsche*, Edit. Ensayo Librerías Prodhufi. Madrid.

____ (2000) Friedrich *Nietzsche o el experimento de la vida,* Edaf. Ensayo, Madrid.

Jara, José. (1998) *Nietzsche, un pensador póstumo*, Barcelona. Anthropos.

Jiménez, Alexander. (1998) *Nietzsche y la modernidad,* Edit. Fundación UNA. San José Costa Rica. Compilador Jiménez Alexander. Colaboradores Amán Rosales; Bernal Herrera; Fernando Contreras Castro Giovanna Gilgioli; Elizabeth Muñoz Baquero y Guillermo Coronado Céspedes Jiménez Meza, Manrique (1997) *Nietzsche, cuestión Judía y el Nazismo,* M. Jiménez Meza Editor, Litografía Mundo. San José Costa Rica. 2da. Edición. Un aporte a la teoría del Estado.

____ (2000) *Nietzsche y las tres transformaciones del Espíritu.*

Jiménez Meza Editor. San José, Costa Rica. 2da. Redición ampliada.

Jolivet, Regis. (1970) *Las doctrinas existencialistas*, Madrid, Gredos.

Jünger, Ernst. (1994) *Acerca del nihilismo*, Buenos Aires. Paidós Traducción de José Luis Molinuevo.

Kant, Inmanuel. (1970) *Crítica de la razón Pura,* t. I, Clásicos Bergúa, España, con Noticia Preliminar de Juan B. Bergúa.

Kaufman, Walter. (1963) *Nietzsche: philosopher-psychologist-antichrist*, New York. Meridian Books.

Kautsky, Karl. (1972) *Foundations of Christianity*, A Study in Christian Origins, Monthly Review Press, New York. Authorized Translation from the Thirteenth German Edition.

Kelly, William. (1967) *Readings in the philosophy of man*, N.York. Mc. Graw- Hill.Co.

Kerkhoff, Manfred. (1998) *Nietzsche en Puerto Rico*, Editor Kerkhoff. Edit. Universidad de Puerto Rico. EDUPR Colaboradores: Ludwig Schajowicz; Oscar Gerardo Dávila del Valle; Carlos Rojas Osorio; Rarael Aragunde; Francisco José Ramos; Walter Murray Cestero, Manfred Kerkhoff (compilador).

Klossowski, Pierre. (1995) *Nietzsche y el círculo vicioso*, Buenos Aires. Caronte Filosofía. Traducción de Roxana Pérez.

Leclercq, Jacques. (1965) *Grandes líneas de la filosofía moral*, Madrid. Gredos.

Lezama Lima, José. (1973) *Paradiso*, Ediciones Era. México 3ra. Edición revisada por el autor y al cuidado de Julio Cortaza y Carlos Monsiváis.

Lenz, Joseph. (1955) *El moderno existencialismo alemán y francés*, Madrid, Gredos.

Lobato, Abelardo O.P. (1973) *Hombre y Verdad,* Roma. Universidad Santo Tomás de Aquino. (PUST).

López Portillo, Paulina. (1997) *Libertad o poder*, México. Taurus Editorial. Ensayo en torno a Nietzsche-Heidegger y Levinas.

Löwith, Karl. (1996) *Nietzsche e l'eterno ritorno*, Bari. Laterza. Traducción al italiano Simonetta Venuti dal original *Nietzsche Philosophie der ewigen Wiedrekehr des Gleichen*.

_____ (1997) *El nihilismo europeo*, Barcelona. Herder. (Traducción de Adan Kovacsics). (En *El hombre en el centro de la historia* Balance Filosófico del siglo XX).

Maceiras Fafián, Manuel. (1994) *Para comprender la filosofía como reflexión*, Navarra. Editorial Verbo Divino (capt. 3 p.72).

Mann, Thomas. *Schopenhauer-Nietzsche-Freud*, Barcelona. Plaza Janes Editores 1986 Edición de Andrés Sánchez Pascual.

Marx, Karl. (1984) *Il 18 Brumario di Luigi Bonaparte*, Opere scelte di Marx e Engels, a cura de Luciano Gruppi. Editori Riuniti. Roma. ps. 485-588.

Marx, K. y Engels, F. (1984) *Manifesto del partito comunista*, Opere scelte di Marx e Engels, a cura de Luciano Gruppi. Editori Riuniti. Roma ps. 289-325.

_____ (1984) *Da la ideología tudesca,* Feuerbach Antitesi fra concezione matarialiustica e concezione idealistica. Opere scelte di Marx e Engels, a cura de Luciano Gruppi Editori Riuniti Roma ps. 227-230.

_____ (1970) *La ideología alemana*, Grijalbo. SA. Barcelona. 3ra. Edición Crítica de la novísima filosofía alemana en las personas de sus representantes Feuerbach, B. Bauer y M. Stirner Traducción B. Bauer y M. Stirner Traducción.

Massimo Manfredi, Valerio (2001), *Alejandro, el hijo del sueño*, t. I II y III, Instituto Cubano del Libro, Ediciones Especiales, con traducción de José Ramón Montreal (Se trata de una biografía novelada de Alejandro Magno; muy veraz resulta al comparársele con otras y escrita en claves modernas).

Másmela, Carlos. (1990) *Tiempo y posibilidad en la contradicción*, Medellín, Colombia. Edit. Otraparte.

____ (2000) *Heidegger: el tiempo del ser*, Madrid, Edit. Trotta.

Massuh, Víctor. (1969) *Nietzsche y el fin de la religión*, Buenos Aires. Editorial Sudamericana.

Meffesoli, Michel. (2001) *El instante eterno*, Buenos Aires. Paidós. (El retorno de lo trágico en las sociedades posmodernas).

Mejía, Jorge Mario. (1986) *Nietzsche y Dostoievski: sobre el Nihilismo*, Editorial Universidad de Antioquia. Medellín, Colombia.

Meyer, Jacob Peter. (1976) *Trayectoria del pensamiento político*, Fondo de Cultura Económica, México. Traducción de Vicente Herrero e introducción de R.H. Tawney. Con colaboración de R.H.S Crossman P. Kecskemeti, E. Kohn-Bramstedt, y C. J S Sprigge. 3ra. Reimpresión de 1ra. Edición en español.

Montoya, Jairo. (1995) *Nietzsche 150 años*, Editorial Universidad del Valle. Medellín Colombia. Mon Toya, Jairo compilador. Colabortadores: Aníbal Córdobas; Luis.A. Restrepo; Luis A. Palau; Carlos M.González, Jorge M. Mejía; Jean Paul Margot; Jorge A. Naranjo; Javier Escobar y Juan Gonzalo Moreno.

Navarro Cordón, J.M. (1983) *Historia de la filosofía*, Madrid. Anaya Edit. (II: El Vitalismo de Nietzsche como una nueva teoría de la realidad. Págs. 415 a 429).

Nehemas, Alexander. (1985) *Nietzsche, life as literature*, N. York, Harvard Press. Negri Antimo (1994) *Nietzsche: La sciednza sul Vesuvio*, Editori Laterza. Bari, Italia.

Nolte, Ernst. (1995) *Nietzsche y el nietzscheanismo*, Alianza Editorial. Madrid. Versión al Español de Teresa Rocha Barco, del original *Nietzsche und der Nietzscheanismus*.

Quesada, Julio. (1988) *Un pensamiento intempestivo*. Barcelona. Anthropos.

Renan, Ernest. (1985) *Vida de Jesús*, Edad. Madrid. Traducción de Agustín García Tirado.

Ricoeur, Paul. (1980) *De sí mismo como otro*, México. Siglo XXI. Traducción de A. Nera Calvo.

Rojas, Osorio C. (1995) *Foucault y el pensamiento contemporáneo*, Editorial de la Universidad de Puerto Rico. Río Piedras. P. R.

Ross, Werner. (1994) *Friedrich Nietzsche-El águila angustiada-Una biografía,* Barcelona-Paidós.

Rosental, Mihaíl. (1981) *Diccionario Filosófico*, Editora Política, La Habana.

Rozitchner, León. (2001) *La Cosa y la Cruz*, (Cristianismo y capitalismo, en torno a las Confesiones de San Agustín) 2da. Edición. Editorial Losada. Buenos Aires.

Ruano, Argimiro. (1984) *El mito del superhombre*, Mayagüez P. Rico. Universidad de Puerto Rico. Colección Cuadernos de Artes y Ciencias.

Salomé, Lou Andreas. (2000) *Nietzsche in seinen Werken*, Insel Taschenbuch, Frankfurt-Main. Mit Anmerkungen von Thomas Pfeiffer. Herausgegeben von Ernst Pfeiffer.

Saramago, José. (2005) *El evangelio según Jesucristo*, Editorial Punto de Lectura.

Buenos Aires. Argentina. Traducción del portugués Basilio Losada. *O Evangelho segundo Jesús Cristo.*

Scheler, Max. (1938) *El resentimiento en la moral,* Madrid, Espasa Calpe Revista de Occidente. Buenos Aires Traducción de José Gaos.

Schopenhauer, Arturo. (2000) *El mundo como voluntad y representación*, Editorial Porrúa, México Introducción de E. Federico Sauer.

Schweitzer, Albert. (1962) *Civilización y Etica*, Buenos Aires, Edit. Sur.

Severino, Emmanuele. (1995) *La Filosofía Contemporánea*, Milano, Biblioteca Universale Rizzoli. (IX Oltre il rimedio: Nietzsche p. 113-27).

_____ (1982) *Essenza del nihilismo*, Milano, Adelphi Ed.

Severini, Luigi. (1961) *Existencialismo*, Barcelona, Herder.

Silen, Iván. (1986) *Nietzsche: o la dama de las ratas*, México, Edit. Villacaña.

Sófocles. (1965) *Ayante Electra-Las traquinianas*, Espasa Calpe, Colección Austral Madrid. Prólogo y traducción por José M. Aguado 3ra. Edición.

Stepánova, E. (1964) *Engels*, Editorial del consejo Nacional de Universidades, La Habana, Cuba. Traducción de L. Vladov y P. M. Merino.

Teatro Griego: Esquilo- Sófocles – Eurípides – Aristófanes – Menandro, (1974) Edaf Madrid. Traducción de Fernando Segundo Brieva y Salvaterra, José Alemany Bolufer; Federico Baráibar y Zumárraga; Luis Nicolau D'Olwer y Victor Martín. Traducción al español de"El díscolo" de Menandro; Andrés María del Carpio.

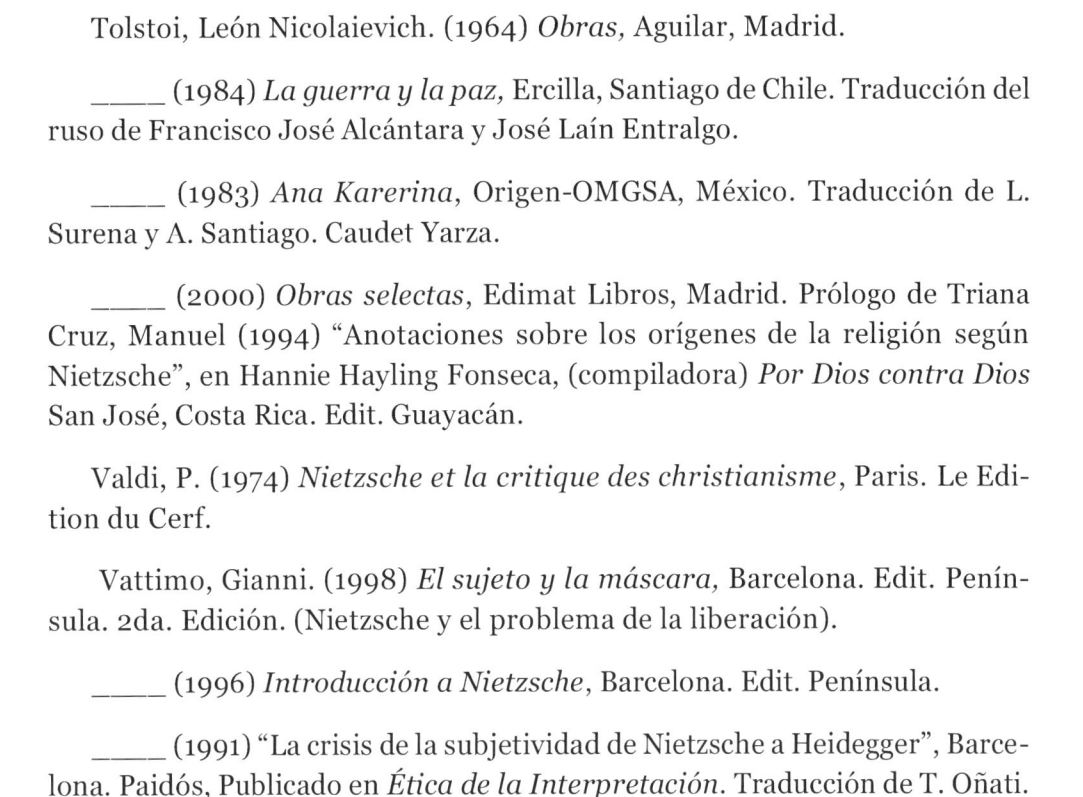

Tolstoi, León Nicolaievich. (1964) *Obras,* Aguilar, Madrid.

_____ (1984) *La guerra y la paz,* Ercilla, Santiago de Chile. Traducción del ruso de Francisco José Alcántara y José Laín Entralgo.

_____ (1983) *Ana Karerina*, Origen-OMGSA, México. Traducción de L. Surena y A. Santiago. Caudet Yarza.

_____ (2000) *Obras selectas*, Edimat Libros, Madrid. Prólogo de Triana Cruz, Manuel (1994) "Anotaciones sobre los orígenes de la religión según Nietzsche", en Hannie Hayling Fonseca, (compiladora) *Por Dios contra Dios* San José, Costa Rica. Edit. Guayacán.

Valdi, P. (1974) *Nietzsche et la critique des christianisme*, Paris. Le Edition du Cerf.

Vattimo, Gianni. (1998) *El sujeto y la máscara,* Barcelona. Edit. Península. 2da. Edición. (Nietzsche y el problema de la liberación).

_____ (1996) *Introducción a Nietzsche*, Barcelona. Edit. Península.

_____ (1991) "La crisis de la subjetividad de Nietzsche a Heidegger", Barcelona. Paidós, Publicado en *Ética de la Interpretación*. Traducción de T. Oñati.

Vermal, Juan Luis. (1987) *La crítica de la metafísica en Nietzsche*, Barcelona. Edit. Anthropos.

Walz, G. (1932) *La Vie de Frederic Nietzsche, d'apres sa correspondence*, Paris. Rieder. (Textes choisis).

Weyland, Miriam. (1953) *Una nueva imagen del hombre a través de Nietzsche y Freud*, Buenos Aires. Editorial Losada.

Wilde, Oscar. (1985) *El retrato de Dorian Gray*, Editorial Ercilla Stgo. De Chile. Traducción de Julio Gómez de la Serna.

Wittgenstein, Ludwig. (1973) *Tractatus Logico-philosophicus*, Madrid. Alianza Editorial.

Yalom, Irvin D. (1999) *El día que Nietzsche lloró*, Editorial. Emecé, Buenos Aires.

Zweig, Stefan. (1959) *El Mundo de ayer (Obras completas)*, Tomo IV. Editorial Juventud. Barcelona. Colección Clásicos y Modernos. 2da. Edición. ps. 1284 a 1668. Traducción de este capítulo: Alfredo Cahn.

REVISTA-ARTÍCULOS:

Cruz Vélez, Danilo. (1982) *"El nihilismo anterior a Nietzsche"*, Revista Latino- Americana de filosofía (Nov. Vol. VIII) p. 218.

Heidegger, Martín. (1969) *La voluntad de potencia como arte*, Madrid. *Revista de la Cultura de Occidente*. Tomo XIX.

Kerkhoff, Manfred. (1999) *"Suerte y soberanía" Nietzsche, Bataille, Derridá"*, Humacao Puerto Rico. Revista *"Exégesis"* UPR. No. 36.

Murray, Cestero, Walter. (2003) *Pensamiento sobre el nacimiento de la Tragedia de F. Nietzsche: la filosofía salvaje y el ánimo musical, Revista Diálogo* del Dpto. de Filosofía de la Universidad de P. Rico. Año XXXVIII #82 Julio 2003 ps. 121 a 162.

_____ (1985) *La lírica Griega: un comentario de las secciones #5 y #6 del Nacimiento de la Tragedia*, en *Revista Diálogos* de la Universidad de Puerto Rico. Año XX.

"Revista Argumentos". (1983) Nietzsche: 100 años del Zaratustra, Diciembre. Edit. Rubén Jaramillo, Bogotá.

"Revista Ideas y Valores". (2000) *Nietzsche,* Número especial: Universidad Nacional Bogotá-Colombia #114-Diciembre 2000 Colaboradores: Manuel Barios Casares, Scarlet Marton; Mónica Cragnolini; Máximo Desiato; Marco Brusotti; Andrés Luis Mota Itaparcica; Sergio Sánchez; Rafael Del Hierro Oliva; Fredy Téllez.

Rojas Osorio, Carlos. (1999) *"Marx en el nietzscheismo francés"*, Humacao. P.R. UPR. *Revista "Exégesis"* No. 35.

_____ (2002-2003) *Los espectro de Nietzsche*, Revista Ceiba UPR. Ponce., Puerto Rico Año 2 #2. Agosto-Mayo p. 75.

Salomé, Lou Andreas. (2000) *Nietzsche in seinen Werken*, Insel Verlag. Frankfurt am Mein. (Escrita por Lou Salomé en Berlín a sus 33 años, publicada esta obra por primera vez en Viena en 1894).

Schajowicz, Ludwig. (1987) *"Eurípides y Nietzsche"*, Ríen Piedras. P.R. *Revista "Diálogo"* 50. Universidad de Puerto Rico. págs. 7-26.

Stack, George. (1990) *"Emerson and Nietzsche's beyond man"*, Río Piedras P.R. *Revista Diálogos* UPR No. 56. ps. 87-102.

____ (1983) *"Nietzsche's Analysis of Truth"*, Rió Piedras. P. Rico *Revista "Diálogos"* #42. UPR. ps. 127-152.

Trias, Eugenio. (2000) *"El instante y las tres eternidades"*, Madrid. *"Revista de Occidente"* No. 226.

Trotignon, Pierre. (1983) "Circulus vitiosus deus" *Revista de Occidente* 126 p. 200.

Made in the USA
Columbia, SC
15 May 2024